国家出版基金项目
NATIONAL PUBLICATION FOUNDATION

［日］木宫泰彦◎著
陳捷◎譯

中日交通史

（一）

山西出版傳媒集團
山西人民出版社

圖書在版編目(CIP)數據

中日交通史/[日]木宮泰彦著；陳捷譯. —太原：山西人民出版社，2015.12
(近代海外漢學名著叢刊/鄭培凱主編)
ISBN 978-7-203-09296-4

Ⅰ. ①中… Ⅱ. ①木… ②陳… Ⅲ. ①中日關係－國際關係史－古代 Ⅳ. ①D829.313

中國版本圖書館CIP數據核字(2015)第226040號

中日交通史

叢刊主編 鄭培凱
著　　者 [日]木宮泰彦
譯　　者 陳　捷
責任編輯 馮靈芝

出 版 者 山西出版傳媒集團·山西人民出版社
地　　址 太原市建設南路21號
郵　　編 030012
發行營銷 0351－4922220　4955996　4956039
　　　　 0351－4922127(傳真)
天猫官網 http://sxrmcbs.tmall.com　0351－4922159(電話)
E-mail sxskcb@163.com 發行部
　　　　 sxskcb@126.com 總編室
網　　址 www.sxskcb.com

經 銷 者 山西出版傳媒集團·山西人民出版社
承 印 廠 山西出版傳媒集團·山西人民印刷有限責任公司

開　　本 700mm×970mm　1/16
印　　張 63.75
字　　數 481千字
印　　數 1—2000冊
版　　次 2015年12月　第1版
印　　次 2015年12月　第1次印刷
書　　號 ISBN 978-7-203-09296-4
定　　價 192.00圓(全七冊)

近代海外漢學名著叢刊編委會名單

總主編　鄭培凱

編委會　傅　杰　霍　巍　戴　燕（按姓氏筆畫排序）

總策劃　越衆文化傳播·周　威

總監製　南兆旭

統　籌　徐　勝　顔海琴

出版工作委員會

主　任　李廣潔

副主任　姚　軍　石凌虚

委　員　梁晉華　張文穎　秦繼華　馮靈芝

　　　　張　潔　崔人杰　王新斐　郭向南

設計總監　李尚斌

設計製作　王秀玲　吴圳龍　何萬峰　歐陽樂天

出版説明

近代海外漢學名著叢刊選取一九四九年以後未再刊行之近代海外漢學作品，編例如次：

一、本叢書遴選之作品在相關學術領域具有一定的代表性，在學術研究方嚮、方法上獨具特色。

二、爲避免重新排印時出錯，本叢書原本原貌影印出版。影印之底本皆經專家組審定，原書字體大小、排版格式均未做大的改變。

三、爲使叢書體例一致，本叢書前言、後記均采用繁體字排版。

四、個別頁碼較少的版本，爲方便裝幀和閱讀，進行了合訂。

五、少數作品有個別破損之處，編者以不改變版本内容爲前提，部分進行修補，難以修復之處保留缺損原狀。

六、原版書中個別錯訛之處，皆照原樣影印，未做修改。

由於叢書規模較大，不足之處，在所難免，殷切期待方家指正。

總序／温故而知新

晚清以來，西力東漸，西方文化思想的著作也大量譯成中文，最著名的如嚴復與林紓的譯著，影響了整個二十世紀中國的知識界與文學界，使得中國文化的思維脈絡爲之丕變。除了西方思想經典、文學與實證科學著作的翻譯，以實證方法系統化探討中國文史的域外漢學，也對中國學術思想界産生了莫大衝擊，改變了中國學術的著述方法與取嚮。

中國傳統的知識結構，是按經史子集四庫分類的，以儒家意識形態的經學爲文化知識的砥柱，以史學爲貫串歷史經驗的殷鑒，至於子部與集部，則是作爲保存文獻、擴大知識面的附帶知識，可以耽情冥想，可以悠遊玩賞，却都是邊緣化的知識，無關聖教的弘揚，無關文化精髓的宏旨。西方文藝復興之後的現代學術體系，在知識分類上，與中國傳統大相徑庭，講究系統分科，不同知識領域各有其客觀存在的價值，有其相對獨立的目的與標準。日本知識界在明治維新以來，鑒於東方文明落後於西方的船堅炮利，率先效法西方，在追求「文明開化」、「脱亞入歐」的過程中，爲日本學術發展循着現代西方的體例，建立了哲學、文學、歷史學、經濟學、法學、商學、物理學、化學、地質學、醫學、農學、工程學、植物學、動物學等等新型學科，企圖與西方學術齊頭並進，從而影響了中國近代學術體系的發展。

本叢刊選印二十世紀上半葉出版的漢學譯著近百冊，分爲三大類：「歷史文化與社會經濟」、「古典文獻與語言文字」、「中外交通與邊疆史」，反映民國時期學術界重視西方及日本漢學研究的成果，藉助他山之石，重新審視中國傳統歷史文化的意義，特別是開拓了傳統學術忽略的領域。五四新文化運動以來，中國學者如蔡元培、胡適都提倡「整理國故」，以理性實證的方法，對中國文化傳統做出系統化的研究，是與這些漢學譯著相輔相成的。這些譯著除了介紹域外漢學的成果，還引進了嶄新的學術研究方法與視角，有助於梳理中國文化傳統的脈絡，重新整合知識結構與學術體系。雖然這些學術著作不是中國學者的成就，無法納入二十世紀中國文史學術的主脈，但是從中文譯本的影響而言，起碼也應當視爲中國近代學術發展的支脈或潛流，不容忽視。可惜的是，到了二十世紀下半葉，因爲兩岸政治形勢的變化，這些漢學譯著，除了部分因王雲五重新入主臺灣商務印書館，而得以在臺灣做了少量的重印，在大陸的出版界，則完全受到遺忘，甚至在許多新成立的大學圖書館中也不見踪影。我們搜集了近百冊塵封的漢學譯著，呈現給二十一世紀的中國學術界，一方面是爲了銘記前人爲推展學術而做出的努力，另一方面也是爲了提醒新常態時期的學人，學術發展有其歷史累積的脈絡，可以從中汲取歷史經驗，温故而知新。

說到「温故知新」與這批早期漢學譯著的關係，可以從兩個方面來思考，以見翻譯域外漢學如何反映了時代精神，爲融匯東西方學術思維，重新闡釋中國文化傳承，做出不可磨滅的貢獻。一是域外漢學的研究對象，以中國歷史文化典籍爲主，屬於中西文化碰撞期間興起的「國學」範疇，與五四新文化人物提倡的「整理國故」運動若合符節。研究中國歷史文化，並賦予新的學術意義，是清末民初知識精英念兹在兹的心結。歷史發展走到一個環節，時代的狂風揚起了批判傳統的大旗，風中的英雄幫着推波助瀾，却又無時或忘自己民族文化主體的未來，糾纏於「傳統」能否「現代」的困境。域外漢學的出現，以西方實證方法研究中國歷史文化傳統，綜合東西方各種語言文字材料，擴大了研究國學的眼界，即使無法打開中國文化傳統是否走到盡頭的心結，至少是提供了一個解惑的方嚮，在大霧彌漫的夜晚，看到了依稀渺茫的星光。

二是翻譯域外漢學，有一種以子之矛攻子之盾的吊詭作用，逐漸化解了中國文化思維中的自大心理與封閉心態，讓唯我獨尊的國粹基本教義派解除武裝到牙齒的盔甲，轉而吸收並接受西方實證研究的學風。民國期間新式教育制度的推行、學術體系的變化、大學學術專業的創建，具體到北京大學國學門的成立，中央研究院規劃歷史、語言、考古的研究領域，都與翻譯域外漢學背後的旨意是息息相關的。因此，重新閱覽這批民國期間的漢學譯著，對二十一世紀的現代學人來説，温故而知新，不但可以窺知民國學人追求新知的心理狀態，也會刺激吾人反思，認真思考學術研究方法與中國學術發展的前景，更進一步，探索文化傳統的重新闡釋與新知介入的關係。知識體系的變化當然與傳統的重新闡釋有關，是外爍的影響大呢，還是內因變化的成分居多？

論語·爲政記載孔子説：「温故而知新，可以爲師矣。」歷代解經，對這個「爲師」的道理，有兩種相近似但又取嚮不同的解釋。朱熹四書集注説：「故者，舊所聞。新者，今所得。言學能時習舊聞而每有新得，則所學在我而其應不窮，故可以爲人師。若夫記問之學，則無得於心而所知有限，故學記譏其不足以爲人師，正與此意互相發也。」雖然朱熹把知識分爲「舊所聞」與「新所得」，强調的却是「學而時習之」，從中生發新的心得，也就是從詮釋舊典中得到新知。這個説法與朱熹在鵝湖之會以後，作詩唱和，寫給陸九淵的詩句，「舊學商量加邃密，新知涵養轉深沉」，异曲同工，是一個意思，萬變不離其宗，舊學與新知是同一個脈絡的知識學理。

然而，有些朱熹之前的經學家，解釋「温故知新」，却有不同的取嚮。皇侃論語義疏就説：「故，謂所學已得之事也。所學已得者則温尋之不使忘失，此是月無忘其所能也。新，謂即時所學新得者也。知新，謂日知其所亡也。若學能日知所亡，月無忘所能，此乃可爲人師也。」皇侃明確説到，「故」指的是過去所學的知識，而「新」則指的是新近學到的知識，新舊結合，相互發明，就可以「爲人師」了。邢昺論語注疏循着皇侃的思路，也説：「言舊所學得者，温尋使不忘，是温故也。素所未知，學使知之，是知新也。既温尋故者，又知新者，則可以爲人師也。」這裏講的「素所未知」，就不祇是研讀舊學，有了新的體會，從過去的傳統中發展出的「新知」，而是從來没聽過、没想過的新學問了。這種「素所未知」的新學問，結合「舊所聞」，對習以爲常的知識框架，就會產生巨大的衝擊，而出現飛躍性的結構變化。知識內容或許大體沿襲傳統，知識結構却得以重新整合，出現嶄新的認知系統，重新審視自己文化傳統的意義，打開文化傳承的新局面。二十世紀上半葉的漢學譯作，就發揮了這樣的作用，促使中國學者放棄自我中心的文化態度，從各種不同側面，探知中國歷史文化的光譜，以域外（或是全球）的角度觀測中國傳統，摇動了文化的萬花筒，看到七彩繽紛的中國。

嚴復在甲午戰争之後，改良變法思想風起雲涌之時，開始大量翻譯西方思想經典著作，是有感於國人（特别是傳統文化孕育的知識精英）思維系統封閉，企圖介紹實證新知，引進邏輯思維的方法，以破除儒學之道「一以貫之」與「放之四海而皆準」的虚妄。他翻譯天演論，在序文中提到，有人歸納東西方學術思想，認爲中國文化重精神，是形而上之學，立意高超，而西方文化重物質，是形而下之學，衹追求功利的回報。他認爲，這種自以爲是的蒙昧態度，陷入傳統舊學的框囿而不自知，没有自我反思的能力，無法吸收「素所未知」的新知識，也就無法開展並弘揚自己的文化傳統。嚴復非常清楚他翻譯西方經典的目的，是爲了介紹新知，打破中國傳統思維的封閉性，但是，作爲披荆斬棘的拓荒人，他深知思想封閉者的頑固心理，必須因勢利導，以免遭到盲目衛道之士的攻訐。嚴復有其防身的策略，不會像許褚戰馬超那樣赤膊上陣，而是以桐城文章譯述赫胥黎、斯賓塞、穆勒、亞當·斯密、孟德斯鳩，博得晚清知識精英的贊許，文章深閎而傳入了新知義理。從文化變遷的角度而言，通過翻譯，以迂迴戰術來介紹西方思想，得到巨大的成功，産生了改變傳統思維體系的實效，是中國近代思想史上影響深遠的大事。以此類推，民國時期大量翻譯域外漢學的影響，也是不容忽視的思想史課題。

關於清末民初西方學術思維衝擊中國知識精英，顛覆傳統文化的知識結構，錢穆在現代中國學術論衡的序言中，從中國文化本位的立場，發出深刻的感慨，做了籠統的批評：「文化异，斯學術亦异。中國重和合，西方重分別。民國以來，中國學術界分門別類，務爲專家，與中國傳統通人通儒之學大相違异。循至返讀古籍，格不相入。此其影響將來學術之發展實大，不可不加以討論。」錢穆所指出的問題，是傳統知識體系强調「通」，文史哲不分家，最崇尚通儒，而現代學術講究專業分科，各司其職，以至於讀不通古籍呈現的整體性知識思維。姚名達在撰寫中國目録學史的時候，對西力東漸，西潮帶來的翻譯著作及新知新學，也有類似的感慨：「四部分類法，不合時代也，不僅現代爲然。自道光、咸豐允許西人入國通商傳教以來，繼以派生留學外國，於是東西洋洋籍逐年增多。學問翻新，迴出舊學之外。目録學界之思想不免爲之震蕩。」這種對學術體系發生重大變化的觀察，反映了中國學人從晚清一直到民國，夾在東西方兩種不同思維體系的衝突中，身歷其境的切身感受，因此感觸良多。

二十世紀上半葉最能代表中國學術的通儒是王國維與陳寅恪，他們浸潤了經史子集的四部知識傳統，承繼乾嘉篤實的考據學風，却都經過西洋邏輯思維與實證科學的洗禮，參與中國知識結構的轉型。對西方現代知識結構如何在中國生根發芽，不但再三致意，并且以自己的學術實踐來努力促成。王國維早在一九〇二年就寫信給張之洞，反對把經學列爲大學分科之首，而主張效法西方與日本的大學，設立哲學科，明確指出知識結構的分類不可因循傳統，而必須另起爐竈。陳寅恪在一九二五年就清華大學建制的問題，寫了吾國學術之現狀及清華之職責，指出大學的職責在於學術之獨立，而中國學術界的情況令人十分不滿，必須認真效法西方學術的體制及實踐。他説：「蓋今世治學以世界爲範圍，重在知彼，絕非閉門造車者比。」這兩位國學大師，對西方與日本的漢學研究十分注意，都是以開放態度對待域外漢學研究，集思廣益，以成其大家。

再回到「温故知新」的歷代經解，説説文化傳承的闡釋學意義。劉寶楠在論語正義中指出，上古之時，文化知識是上層統治精英的家學，不再治理實際政事的長者可以傳遞德行的知識，可以爲人師。「温故而知新」，就顯示長者不忘舊時所學，且能吸收新知，繼承并發揚這種學術與政治合一的傳統。到了孔子之時，時代出現了變化，士大夫不見得能够謹守家法，弘揚德行，也不一定能够「爲師」了。孔子之後，世變日亟，「道術爲天下裂」，文化知識不再爲少數統治精英所壟斷，也不必然與治理政事有關，學術在民間百花齊放，百家争鳴。但是，學術知識發展的脈絡基本未變，仍然是要温故知新，進德修業。從劉寶楠不經意的闡釋中，可以看到時代變遷影響了學術文化的內容，改變了知識結構的體系，但其內在發展的理路仍舊，還是需要舊學與新知的融合，才能有所發展。

劉寶楠還引述了劉逢禄的解釋：「故，古也。六經皆述古昔、稱先王者也。知新，謂通其大義，以斟酌後世之製作，漢初經師皆是也。」劉寶楠贊成這個説法，並指出，漢唐人解釋「知新」，大多數都沿用此意。也就是説，舊學是傳統的知識結構體系，新知是時代變化出現的新知識，必須相互斟酌，才能發揮得宜。至於如何對舊學「通其大義」，就見仁見智，各有説法了。從這個通達的詮釋來討論近代西學東漸的情況，我們可以看到，「温故而知新」在民國學人的心底，是産生「傳統」與「現代」糾葛的心理陷阱，不易跨越。若依照朱熹的説法，「學能時習舊聞而每有新得，則所學在我而其應不窮」，雖然在哲理上可以模模糊糊説通，但在清末民初的具體歷史環節，西學的新知屬於完全不同的知識體系，在原有的舊學脈絡中，根本無從立足，如何「其應不窮」?所以，真要放之四海而皆準，提升「温故而知新」的普世意義，以理解域外漢學譯著與近代學術知識體系變遷的文化史意義，我們認爲，皇侃、邢昺，一直到劉寶楠的闡釋，是比較合適，並與現代文化闡釋學的説法相近。

伽達默爾（Hans-Georg Gadamer）在他的名著真理與方法中，説到認知理性與文化傳統的關係，特別指出，人們通過理性，來判斷歷史文化中事實的真相，但是人的理性與生存環境息息相關，與傳統所衍生的豐富文化底藴有關，不可能完全超越文化傳統的思維脈絡。他認爲，人生活在文化傳統之中，就不可能「遺世獨立」，以全能超越的抽象思辨來認識傳統，甚至是批判或顛覆傳統。傳統是歷史文化延續與傳承的表徵，不會一成不變，而我們的認知理性也會因時代變遷，而不斷重新詮釋傳統。伽達默爾的闡釋學以西方文化傳統爲例，説明新知如何納入傳統，而使文化傳統生機不斷，生生不息，與中國歷代經學家的説法（朱熹除外），有异曲同工之效。以此觀照民國時期的漢學譯著，我們認爲，這批學術新知傳入中國，對中國文化傳統的繁衍與發展，實有承先啓後之功。

近代海外漢學名著叢刊的出版，最值得感謝的是南兆旭先生二十多年來搜羅的執着與努力。雖然這套叢刊不能窮盡民國時期的漢學譯著，但是，能滙集上百册自一九四九年以來在國內不曾重印的學術著作，再度公之於世，總是功不唐捐的大功德。忝爲本叢刊的主編，我面對這批民國學術材料，先是感到紛雜無章，有些原作者的學術素養也難副當前的學術標準，甚爲猶豫。後轉念一想，這是上個世紀中國最紛亂時期的學術記録，也是民生凋敝，國勢隤危，內亂外患交加之際，仍有許多學者孜孜矻矻，戮力翻譯域外漢學，爲中國學術的傳承拓展新知的坦途，不禁肅然起敬，開始用心整理分類。掛一漏萬，在所難免，好在有學殖豐贍的諍友擔任分卷主編，並撰寫各分卷前言，實在是衷心銘感。有傅杰教授負責「歷史文化與社會經濟」、戴燕教授負責「古典文獻與語言文字」、霍巍教授負責「中外交通與邊疆史」，吾道不孤矣。在整理編輯過程中，周威先生費心最多，也是我要衷心感謝的。

道術之存亡，全在人心之嚮背。這批民國漢學譯著重新問世，對我們生長在承平之世的學人，應當有激勵的作用，爲學術研究多盡份力，讓中國學術發展更上一層樓。

鄭培凱

二〇一五年七月

前言

在中國近現代學術史上，一個重大的轉折時期出現在清末民初，中國文化和中國學術幾千年來所積澱的自負和驕傲，受到前所未有的衝擊和挑戰。這種壓力既來自外部，也來自於內部，既包含着一個古老民族對於西方列强從政治、軍事、經濟、文化等各個方面强勢壓迫的自然反抗，也有着當時學人從學術傳統、研究範式、價值取嚮、材料方法等深層次的理性思考。在這樣一個大背景之下，陳寅恪先生因主張「一時代之學術，必有其新材料與新問題」而著稱於世，傅斯年先生也因倡導「上窮碧落下黄泉，動手動脚找東西」而聲名顯赫。其實，傅斯年先生這句名言的出處是在他撰寫的歷史語言研究所工作之旨趣一文當中，在講這句話的前面，他還有很長的一段話比較了當時中西學術發展出現的差距，并且指出了學術發展的三項標準：

（一）凡能直接研究材料，便能進步。凡間接的研究前人所研究或前人所創造之系統，而不能繁豐細密的參照所包含的事實，便退步。（二）凡一種學問能擴張他研究的材料便進步，不能的便退步。西洋人研究中國或牽連中國的事物，本來没有很多的成績，因爲他們讀中國的書不能親切，認中國事實不能嚴辯，所以關於一切文字審求、文籍考訂、史事辯別等等，在他們永遠一籌莫展。但他們却有些地方比我們範圍來得寬些。我們中國人多是不會解决史籍上的四裔問題的，丁謙君的諸史外國傳考證，遠不如沙萬君之譯外國傳、玉連之解大唐西域記、高幾耶之注馬可波羅遊記、米勒之發讀回紇文書，這都不是中國人現在已經辦到的。凡中國人所忽略，如匈奴、鮮卑、突厥、回紇、契丹、女真、蒙古等問題，在歐洲人却施格外的注意……（三）凡一種學問能擴充他做研究時應用的工具的，則進步，不能的，則退步。……西洋人做學問不是去讀書，是動手動脚到處尋找新材料，隨時擴大舊範圍，所以這學問才有四方的發展，嚮上的增高。[一]

他這裏所强調的材料的擴充、方法的進步，尤其舉出研究中國「四裔問題」上西方學術界的重視與所獲成績的例子，實際上都暗含着兩層意思在內：其一，是倡導重視除文獻材料之外地下材料的出土，號召學人不讀死書，而要「動手動脚到處尋找新材料」，才有可能拓展學術空間，「隨時擴大舊範圍」。西方學者古書遠遠不如中國人讀得好，却能够不斷拓展新領域，取得新成績，這是一個重要的原因。其二，是主張將研究空間從傳統的中原地區嚮着邊疆地區（亦即舊籍中的「四裔」）拓展，認爲這將是中國學術未來發展的方嚮。他尤其提到的匈奴、鮮卑、突厥、回紇、契丹、女真、蒙古等問題，都是國人重視不足，但「在歐洲人却施格外的注意」的新問題。直到今天看來，傅斯年先生所倡導的這個方嚮，也仍然具有深遠的戰略眼光。民國時期學術所受海外漢學的影響是多方面的，而其中對於中國邊疆、民族和中外文化關係等方面的研究成果尤其引人注目，也爲時人所重視，都與這個時代背景有着密切的關係。

近代以來，西方學者（包括被國人視爲「東洋」的日本學者在内）的一批學術著作陸續被翻譯成中文出版，成爲當時國人瞭解西方並從而反觀自身的一面鏡子。其中，被選入本套近代海外漢學名著叢刊的許多名

[一] 傅斯年：歷史語言研究所工作之旨趣，國立中央研究院歷史語言研究所集刊第一本第一分，民國十七年十月。

家著作，堪稱其代表之作。這當中，有對中國古代民族史進行深入研究的白鳥庫吉著康居粟特考、帕克（E.H.Parker）所著匈奴史、津田左右吉著渤海史考等名著，也有涉及中國古代民族制度文化史的箭内亘著元朝制度考、元代經略東北考等系列研究專著。尤其是在中外文化交流和關係史方面，日本學者桑原騭藏著唐宋貿易港研究、木宮泰彦著中日交通史等著作，都開啓了這個領域的研究先河，影響甚爲深遠。

這批海外漢學名著的學術特點非常突出，一方面，它們大都充分利用了豐富的中國古代歷史文獻進行精深的文本分析，體現出作者的漢學水平和深厚的古文獻根基；但另一方面，從總體的研究方法上却與傳統的中國學術大相徑庭，作者已經不再像二十四史的史家那樣仍舊站在中原王朝正統史觀的立場來觀察所謂「四裔」，進行粗綫條的描述，而是以西方考古學、人類學、社會學等全新的研究方法和理論對研究對象從歷史語言、地理環境、社會組織結構、人群遷移流動、對外文化交流等不同的層面和角度加以剖析，從而展示出前所未有的學術新格局。在這批著作中，還有一部分屬於作者實地考察的行記，如鳥居龍藏所著東北亞洲搜訪記等，無論其學術水平如何參差不齊，但都體現出西方學術界重視田野工作、擴大和豐富新材料的研究取嚮，也和當時西方學者大規模進入我國邊疆地區開展所謂「考察」、「探險」活動的歷史背景相互呼應，由此對中國學人所産生的激烈震蕩和隨之而來「敦煌學」、「西夏學」、「蒙古學」、「藏學」等新的研究領域的形成，應當説都與之不無關係。

我們不能不注意到，在這批海外漢學名著中，日本學者的著述頗豐，這個特點也反映出近現代學術史上「東洋」與「西洋」之關係。自明治維新以來，日本以「脱亞入歐」爲國家目標，不僅在政治、經濟和軍事上努力以西方爲效仿和追趕對象，在文化上也與傳統的「以中國文化爲師」的模式拉開距離，出現了學術文化上的明顯轉型。在嚮西方學術學習借鑒方面，日本的確走在了中國的前頭，甚至承擔了嚮中國「轉手」輸入西方文化的「中間人」的角色。在中國的邊疆、民族、中西交通史等方面，日本學術界和西方學術界聯繫緊密，將其對中國傳統史籍的精深理解和西方研究範式的具體實踐有效加以結合，產生出一批重量級的學術成果，這也是清末民初投射在中國學術史背景上的一個濃重剪影。

當然也無須諱言，由於時代的局限，這套叢書所能够借以參考、使用的實物史料隨着地上地下考古文物的不斷發現，已經顯得落後。自二十世紀五十年代以來，中國學者在邊疆考古領域取得了重要的成績，尤其是在新疆、西藏、内蒙古、東北各地的田野工作爲匈奴、鮮卑、粟特、吐蕃、突厥等若干古代民族問題的研究都提供了大量新材料，提出了不少新問題。但是我們不能苛求前人，放在當時的歷史背景之下來看，叢書作者所顯現的問題意識、史料運用和研究方法，至今也仍然是具有借鑒作用的。

最後我們還應注意到，這批海外漢學著作的譯者有些是國人知曉的史學名家，如向達先生、趙敏求先生、方壯猷先生等，他們均具有深厚的傳統國學根底，也具有寬廣的國際視野，其中如向達先生曾遊學歐洲多國，在敦煌學、中西文化交流史研究等方面建樹卓越。但是，也還有更多的編譯者今天已經不再爲人知曉，這反而證明了一個事實：在清末民初這個中國近現代學術史轉型時期，西方學術所帶來的衝擊和影響，不僅僅波及少數學術精英，而且也深刻地震蕩着社會各個階層，中國人嚮西方學習從而變革求新、救亡圖存的强烈願望，可以説是這些譯著當年問世時最爲直接的「催生劑」。今天，在中華民族爲實現偉大的民族復興和「中國夢」的美好願景而努力奮鬥的新時代，重讀這套叢書，「温故而知新」，可以説是意味深長。

四川大學教授、博士生道師、教育部長江學者特聘教授

霍巍

作者簡介

著　者

木宮泰彦，資料不詳。

譯　者

陳捷，資料不詳。

漢委奴國王印

親魏倭王印

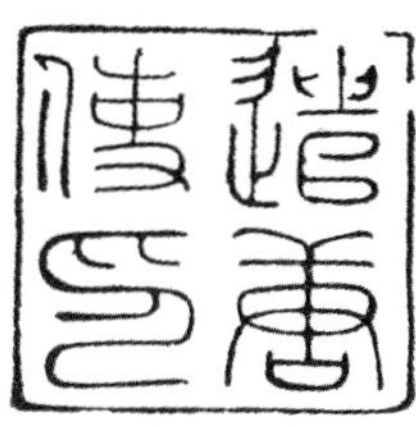

遣唐使印

繪文樣神獸鏡

台州 牒

當州今月壹日得開元寺主僧明秀[illegible]日本國
內供奉賜紫衣僧圓珍等叁人行者譯語人[illegible]
從本國來勘得譯語人丁滿[illegible]具說如後

僧叁人
壹人內供奉賜紫衣僧圓珍
壹人僧小師豐智
譯語人丁滿 行者的良 已上巡礼天
台五臺山及遊歷長安
壹僧小師閑靜 行者物忠宗大全吉
并隨身經書並留寄在國清寺
本國文牒并公驗共叁道

牒得本曹官典狀勘得譯語人丁
滿狀稱日本國內供奉賜紫衣求
法僧圓珍今年七月十六日離本國
至今年九月十四日到福州從福州
來至十二月一日到當州開元寺稱往
天台巡礼五臺山及遊歷長安隨
身衣鉢及經書并行者及本國行
由文牒等謹具勘得事由如前事
須具事由申上 者依者
郎中判具事由各申上者 准狀給
牒者故牒
大中柒年拾貳月貳日 史陳沂 牒
權司功參軍唐 [illegible]

台州府公驗

吳越王塔

日本國王金印

福州船圖

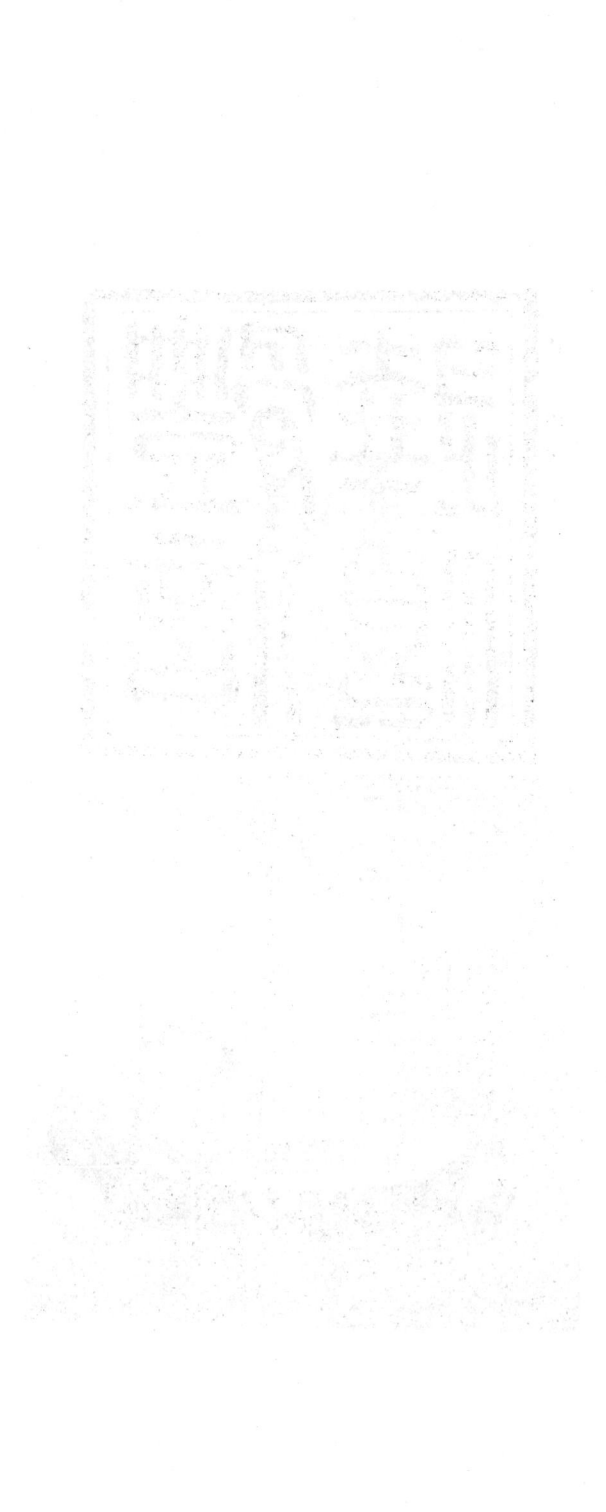

譯者序

中日之間，自東漢以來，國際之交誼，商舶僧侶之往還，二千年來，交通未絕。中國史籍，多語焉不詳，而日人此類記載則甚多。蓋我國文化所被雖廣，但古代國際交涉則不繁，而日本古文化，則皆取自我國；雙方記述之或詳或略，亦勢使然也。然卽以日本史料而論，古代史籍，只存斷片，近人研究，又多限於一題；其能綜合二千年之史實，作有系統的敍述者，亦惟木宮泰彥之中日交通史，最稱完善。木宮氏搜集中日古今材料數百種，詳加考證，比事屬辭，都四十萬言，吾人讀之，旣可詳悉二千年來中日交通之經過，且關於古代外邦之以朝貢爲名，謀貿易之利，及我國之以覊縻政策，作懷柔手段，皆可一目了然。此書於民國二十年迻譯，倉猝付印，格式未能完善，今已改正。書中所引日人著作，今皆改用原文書名題目，以昭實在而便取閱。

譯者識

原序

過去之中國，實我國文化之母也。我國與中國交通，逐漸採取其文化，彼進一步，我亦追踪一步。故欲尋我國文化發展之跡而追究其本質者，必先明日支交通之沿革，方能考察文化移植之狀況。不然，終不能得其眞相也。

晚近因史學之發達，關於日支交通之部分的研究頗多，然統一的綜合的研究則甚鮮；即有之，亦只外交史貿易史，而非著明文化移植之經過者。今者我國人對於本國文化之研究，熱度甚高，益欲眞確的深刻的探究其本質，當此時代，若無由文化移植方面考察之日支交通史，誠憾事也。著者有志於此方面之研究者多年，玆根據歷年蒐集之材料，撰爲此書，公之於世。顧才疏學淺，成績無多，不無遺憾；雖然，著者研究之興味油然未已，今後益加努力，當可達於完成之域也。

大正十五年　著者識

凡例

一、本書關於外交貿易等敍述頗詳，然目的皆在移植文化方面；故關於直接交涉之遣隋史，遣唐使及日本留學生、歸日漢人等所佔篇幅最多。

一、本書得力於先輩諸學者之研究者頗多，茲僅將直接取材者，在本文中或篇末註明，惜多脫漏。

一、本書時加著者之臆說，倘乞大方指正。

一、本書之一部分，昔曾登載專門雜誌，此次編入時，多加補正。

一、本書之時代區分，大體以中國朝代爲基準，因中國各朝各有特色，在著明移植文化上，易於明瞭故也。

一、本書常就一種事實，立有一覽表，此本著者爲便於研究計而立者，但亦便於讀者之檢査，故插入之。

一、本書中之年代，概以括弧記明西元以便對照。

一、本書卷末，附有詳細之中日交通表，以收綱舉目張之效。

目錄

第七章　遣唐使停止後之唐日交通……一六五

第八章　遣唐留學生與文化之移植……一八五

第十一章　日本與北宋之交通

第十八章　征西府與明朝之交涉……五八一

第十九章　足利幕府與明之交通貿易（其一）……五九一

第二十章 足利幕府與明之交通貿易(其二)……六二一

中日交通史

第一章　原史時代中國文化之傳播

一　日本海回流與中國文化

日本固氣候溫和，土地肥沃，邊緣大陸，星羅棋布之島嶼也。其不可永與大陸無關係也明甚。內田博士曾言：（註一）「海之爲物，能使國與國相隔離，又能使國與國相連絡，遠距離之交通，航海反易。故古代海上之交通，亦意外容易，且往來頻繁」云云；誠哉是言。

據考故學者之研究，與日本之神話傳說，及海流之調查，皆可推知原史時代，已有連絡日韓之交通大路；不特與韓土往來頻繁，卽中國之文化，亦依此路而傳通焉。其交通路之一，卽由古辰韓地連絡日本之山陰北陸地方者，是可名之曰日本海回流路。辰韓與山陰北陸之間，有一望無涯之海；當原史時代，航海術尚幼稚，除用獨木舟外別無他法。而謂此時已有連絡兩者之路，驟觀之，似屬妄談；然若知日本海中有左旋之回流，則此問題自能解決矣。

海流由溫度分之，有暖流與寒流。由其流於水面與否而分爲皮流與潛流。海流普通雖皆成皮流而流；然與他種海流衝突時，溫度低，比重較大之海流，則成潛流。溫度高比重較小之海流，則成皮流。寒流與暖流衝突，既成潛流而潛於暖流之下而流；迨至暖流盡處，則又浮出而成爲皮流矣。今就日本海之海流觀之，發源於間宮海峽之利曼海流，沿俄領沿海州海岸及朝鮮半島東岸而南下，與由西南來之對馬海流衝突。其一部分，方向轉於東，在對馬海流之北側，並行而流，大部成爲潛流而南下；在濟州島附近，復浮出，成爲中國海寒流之源。一方對馬海流，沿山陰北陸海岸，向東北行，在津輕海峽及宗谷海峽，分爲小支流，其後漸次微弱，至庫頁島西岸而消滅。故日本海中，因利曼海流與對馬海流之力，大略成爲沿周圍陸地而左旋之回流。日俄戰役，海參崴港外敷設之機械水雷，戰後俄國未曾掃海，其後水雷浮起者凡三百十三箇；被日本海回流所推送，達朝鮮東岸及鬱陵島者，有

五十九箇；由日本本州出雲，漂至津輕海峽之海岸及隱岐佐渡者，有一百九十八箇；可爲明證。(註二)

日本海既有左旋而流之回流，若由古辰韓地，乘越前國坂井郡發見之銅鐸上所繪防備顛覆之舟(註三)以航海，則極易達於日本之山陰北陸。但欲由山陰北陸向辰韓而行，則必逆行於此回流之上，恐不可能。故利用此海流以航海，只能來而不能回；嚴格以言之，原不能謂爲眞正之交通路。然此種利用海流之自然航路，當造船術航海術未進步之原史時代，固由韓土渡日本最利便之航路也。

日本古史所記之神代傳說，不可爲眞正證據，固不待言。然日本書紀某種本曾載，素戔嗚尊以埴土作舟，由新羅之曾尸茂梨渡出雲。又古事記亦載少名毘古那神由波穗乘天蘿摩船，達出雲云云。合兩者以思之，似非完全荒唐之說。津田博士之學說，謂素戔嗚尊關於新羅之語，不能爲古代出雲與新羅有交涉之證據，上代日韓交通路，實在筑紫方面，出雲與韓地不能認有直接交涉云云。(註四)由出雲方面直達韓地之不可能，上文已言之矣。然由韓土直到出雲，固未嘗不可能也。只因日本海回流路，爲自然的航海路，且開闢甚早，故大陸民族，由此航路漸次移住於日本各島。同時中國文化亦經由此航路波及於日本。於此最能惹起吾人之興味者，則銅鐸也。據多數學者所研究，銅鐸一物大概西紀前後二三世紀之間，日本曾使用之且曾製造之。(註五)製作銅鐸之技術，似與中國南部之銅鼓有關係。(註六)但其形狀則似先秦時代之古鐘。據近年朝鮮慶尙南道慶州入室里，發見四寸左右之小銅鐸與蒲鉾緣細紋鏡(與大正七年由大和國葛城郡吐田鄉掘出者同)以研究之，其製作技術，似受中國文化之影響；先起於古之辰韓地，後傳於日本者。(註七)然則經由何路而傳於日本乎？則似由日本海回流路，先傳於山陰及北陸之地，次第遍傳入內地者。觀梅原末治調查之銅鐸(出土地名)一覽表。(註八)銅鐸分布區域，東以加賀越前美濃，三河，遠江爲界；西以石見，安藝，讚岐，阿波，土佐爲界。多數學者(註九)謂型式較古，狀小而厚，有流水紋者，多在山陰北陸之一部至畿內一帶之地。型式較新，狀大而薄，有袈裟襷紋者，多在畿內至東海南海一帶。(註一〇)此亦可以證明予說。

銅鐸有起自天智天皇時之說，此一大問題，非一朝一夕所能解決，然以上所述，若大致可信，則中國文化之影響，自西紀前由日本海回流路，波及山陰北陸之地，次第播傳入內地，已可推測而知矣。

二 海北道中與中國文化之傳播

日本海回流路，在原史時代，旣爲由韓土渡日本之大航路矣。此外仍有重要交通路在；其路爲何，卽由辨辰之地經對馬，遠瀛（沖之島），中瀛（大島）至筑前之胸形（宗像）之路也。卽日本書紀神代卷所謂「海北道中」，又簡稱「道中」者是也。

神代紀謂天照大神在高天原與素戔鳴尊立誓時，大神取尊所帶之十握劍，嚙碎噴出，成霧一條，霧中生田心姬、湍津姬、市杵島姬三女神，授之於尊，此三女神爲筑紫胸形君等之所祭。又日本書紀云，天照大神教此三女神云：「宜降居道中助天孫（素戔鳴尊）」。他一種本日本書紀又言，此三女神降居葦原中國之宇佐島，在今「海北道中」，號道主貴，爲筑紫水沼等君所祭之神云。胸形，卽筑前國宗像郡。水沼，卽筑後國三潴郡也。（註一一）

合書紀中之記載以思之，素戔鳴尊渡新羅之路，似由筑紫者。三女神奉天照大神之命降於筑

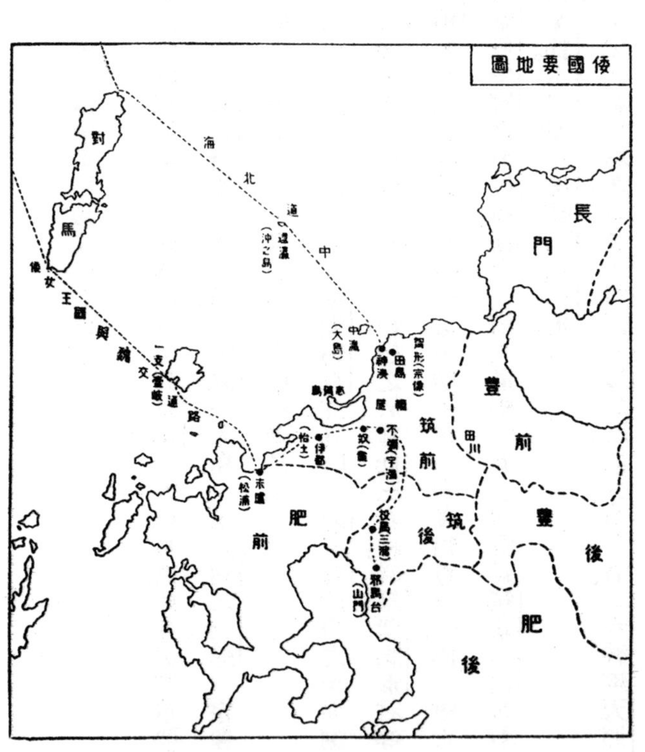
倭國要地圖
對
馬
長
門
海
北
道
中
豐
前
田川
筑
前
筑
後
肥
前
豐
後
肥
後

綮以助其行，故爲該地豪族胸形君、水沼君等之所奉。書紀所載，三女神中，湍津姬鎭座邊津宮，（初在宗像郡神湊之東海岸，後遷於同郡田島村。）稱第一宮，田心姬鎭座中津宮，（中瀛卽大島）稱第二宮，市杵島姬鎭座奧津宮，（遠瀛卽沖之島）稱第三宮。(註一二)由此思之，所謂「海北道中」又簡稱「道中」者，係指由筑前胸形（宗像）經中瀛（大島）、遠瀛（沖之島）、對馬渡辨辰之海路也。總之，日本所謂海北，卽指韓土，實上古所用之名。試觀宋書夷蠻傳倭王武（雄略天皇）贈宋順帝表文亦可推測矣。因而海北道中，爲指渡韓土之道中，亦自明矣。所謂宇佐島，當係海北道中之一島。吉田博士亦言在胸形海上之島。(註一三)喜田博士言「宇佐島當係鬱陵島，卽古之于山國」，(註一四)但日本書紀有「葦原中國之宇佐島」句，則鬱陵島似過於遠隔也。

據以上所述以推測之，已知有名爲「海北道中」之日韓交通路矣。然僅以神話傳說爲據，原難首肯，若與古史完全脫離，專就遺跡遺物以研究之，所得之結論若相一致，則不得不承認爲事實矣。此時足惹吾人之注意者，卽關於銅劍銅鉾之研究也。北九州所發見之銅劍銅鉾，係西紀前後二三世紀間所製作所使用者。中國朝鮮亦有同樣之遺物，則是由中國經朝鮮漸傳於北九州者矣。然此物固不皆爲傳來品也，日本亦曾自作之，因北九州地方，時時發見製造此物之模型也；此皆梅原氏等精細研究而得者。就銅劍銅鉾發見地名表（註一五）觀其分布區域，以北九州爲中心，南及大隅。在四國島中則偏於伊豫土佐讚岐，向東則漸少，自中國至紀伊亦皆有之。再精密檢查之，筑前以博多灣沿岸爲最多，發見地達二十八處八十五個；對馬十七處五十九個；筑後十五處四十八個；豐後十二處四十三個。由北九州發見者，鋒銳無比，多似中國製品。愈入內地，鋒口愈闊而形愈大，不適於實用，其狀態，有似銅鐸之厚而小薄而大者之關係。對岸朝鮮方面之調查雖未精密，但知由辨辰地慶尙南北道發見者最多，有三處凡十一個。（註一六）是等事實，足以表示中國文化所產之銅劍銅鉾，自西紀前二三世紀已經辨辰，對馬，入於博多灣沿岸地方，逐漸至筑後、豐後方面矣。因之該路線可推定爲當時之主要交通路，恰與書紀之海北道中一致。多數人以爲連絡筑紫與韓土之交通路，爲末盧（肥前松浦），一支（壹岐），對馬，金官（慶尙南道金海）等地；但此等交通路乃第三世紀前半，倭女王卑彌呼與魏帶方郡交通時代之路，以前似不經壹岐、松浦等地。若經由壹岐松浦，則此等地方，應發見許多銅劍銅鉾矣。然至今壹岐地方，只有壹岐郡鯨伏村熊野神社藏銅鉾一口，而出處仍未詳松浦地方僅發見二處，有銅鉾三口，銅劍一口，其中一處，尙屬疑問。

此交通路中之對馬海流，其速力一晝夜平均二十四海里，欲往復此路，則不可不橫斷此海流；但沖之島大島間，相距凡三十五海里，非至航海術稍發達後，究屬不能因而不得不謂此交通路，爲稍後於日本海回流路者。然則原史時代之連絡日韓最重要交通路，當爲大陸民族渡日本之大幹線矣。考古學者謂原始日本人由北方來；其說若確，則其大部分當由此路而來。再參合新羅王子天日矛渡來之傳說（註一七）與鎭座豐前國田川郡鹿春鄉之辛國神渡來之傳說以研究之，（註一八）亦可窺其一班矣。

三　海北道中與海神國

言及海北道中，則必聯想而及於海神國。（綿津見國）據記紀（指古事記與日本書紀下仿此）之傳說，海神乃伊奘諾尊在築紫橘之小戶祓除時，所現之表筒男中筒男底筒男三神也。又彥火火出見尊到海神國，得潮涸瓊、潮滿瓊而歸，征服皇兄火闌降命。又召海神豐玉彥之女豐玉姬爲妃等事，亦人所共知者也。書紀海神國條云：

「彥火火出見尊，憂苦甚深，行吟海畔時，逢鹽土老翁，老翁問曰，何故在此愁乎。對以事之本末，老翁曰，勿復憂，吾當爲汝計之，乃作無目籠，納彥火火出見尊於籠中，沈之於海，卽自然有可怜小汀，於是棄籠遊行，忽至海神之宮，其宮雉堞整頓，臺宇玲瓏。」（錄原文）

此段記載髣髴佛典（註一九）中所言龍宮之狀。又彥火火出見尊由海神處得潮涸瓊潮滿瓊之故事，能施太子赴龍宮龍王授以如意珠之故事（註二〇）亦與此相似。又如豐玉姬產時化爲龍之說，似亦由佛教經論加以種種潤色而成者。但海神之事，記紀中實常見之。延喜式神名帳，亦載有祀海神之社；姓氏錄，亦有海神後裔之氏；此種傳說，諒非無因。大概根據某種事實而略加潤色者耳。若海神之傳說，有若干可信事實藏於其中；則第一問題，不可不求海神國之所在。古來學者，對於海神國所在，議論紛紜，莫衷一是；如新羅說琉球說等，皆難首肯。觀延喜式神名帳，筑前國那珂郡，有住吉神社；該國糟屋郡又有志賀海神社；皆祀海神之社也。海神之子孫安曇、海犬養兩氏（註二一）久居糟屋郡地方，可據該郡有安曇鄉，犬養村而知之。又安曇部民之海部，多居於該地則可據糟屋郡鄰近之宗像、那珂、怡土三郡有海部鄉而知之博多灣沿岸之地，似與海神有密切之關係。吉田博士日韓古史斷，謂海神國即糧屋、那珂之地，殆不謬也。海神古日本語曰「海ッ持」(註二二)古來守海之神航海家所尊崇者。其子孫安曇氏之名，殆出自「海人ッ持」(註二三)乃世世管理航海者也。(註二四)合前兩事以思之，則海神國似在「海北道中」要衝之博多灣沿岸地，而握有海外交通之全權者也。

相傳神功皇后親征新羅時，在旁護衛者，即海神表筒男、中筒男、底筒男三神。其和魂守護皇后玉體，其荒魂爲先鋒引導御船。皇后凱旋時，從海神之命，在穴門之山田邑，祭其荒魂，在大津渟中倉之長峽，祭其和魂(註二五)云。此種傳說，亦可爲參考資料。所謂祭於穴門山田邑者，延喜式神名帳云，長門國豐浦郡有「住吉坐荒御魂神社三座。」大津渟中倉之長峽，即和名抄中之攝津國兎原郡住吉鄉也。(註二六)當仁德天皇時，攝津之難波爲海外交通之要港，故難波之黑江津亦祭海神住吉神社，即海神之社也。

海神國即後漢倭(北九州)奴國(儺)，其考證詳見次章。

(註一)內田博士國史總論三五頁。

（註二）大原利武氏海流ト民族（朝鮮史講座第三四號）。

（註三）嘗於越前國坂井郡大石村大字井對面發見小而厚之流水紋式銅鐸，上有繪畫狀之紋數種，其中一種係一人乘獨木舟，舟細而長，狀似梭舟，邊有木十數條，橫於舷側，狀如蜈蚣之足。西田直二郎博士謂與南洋土人爲防舟之顚覆而設備者相似。

（註四）津田博士古事記及ヒ日本書紀ノ新研究一七六頁。

（註五）喜田博士之銅鐸考（歷史地理第三十二卷第二號）謂「日本盛行銅鐸之時期似在二千一百餘年前至一千八百年前間」。梅原末治銅鐸ニ就イテ（藝文第十一年第四五號）謂「由此（指前漢中期至王莽前後）以後，少則二三百年，多則至四百年之後，爲日本行銅鐸之時期」和辻哲郎在其近著日本古代文化中云：「將銅鐸年代之上限置於西元前三世紀時似屬稍古」云。

（註六）鳥居博士銅鐸ニ就イテ（有史以前ノ日本所收）。

（註七）梅原末治考古學上ヨリ見タル上代ノ日鮮ノ關係（朝鮮第百號）。

（註八）歷史地理第三十二卷第二號。

（註九）喜田鳥居兩博士及沼田、梅原等皆謂小而厚有流水紋者爲古式，大而薄有袈裟襷紋者爲新式。惟濱田博士於歷史地理第三十二卷第二號中，載有全相反對之說。

（註一〇）梅原末治銅鐸ニ就イテ（藝文第十一年第四號）

（註一一）吉田博士日韓古史斷三七頁。

（註一二）古事記有「多紀理毘賣命者，坐胸形之奧津宮，次市寸島比賣命者，坐胸形之中津宮，次田寸津比賣命者，坐胸形邊津宮」（按日本古事記皆漢文，以上各語，乃其原文），等語，湍津姬在邊津宮，古事記與日本書紀一致，惟心田姬與市杵島姬，互相倒置。

（註一三）吉田博士日韓古史斷三七頁。

（註一四）喜田博士日韓兩民族同源論（民族ト歷史第六卷第一號）。

（註一五）史林第八卷第二號。

（註一六）梅原末治氏銅劍銅鉾ニ就イテ（史林第八卷）。

（註一七）天日矛事見垂仁紀，其渡來期，與大國主命同時代，可據播磨風土記而知之。古事記謂日矛追其逃妻，來至難波。筑前風土記逸文謂伊都（怡土）縣主之祖天日矛，由新羅之意呂山（蔚山）來。則日矛似由海北道中先到筑紫，更東行經瀨戶內海，到難波者。

（註一八）據釋日本紀卷十所引豐前風七記之文，「有昔新羅國之神渡來，鎮座田川郡鹿春鄉」之語，續紀卷六及延喜式神名帳，有辛國（卽韓國）之息長大姬大目命，忍骨命，豐比咩名三社。忍骨命卽天照大神之子忍穗耳尊，忍骨與忍穗耳，日本音近似故也。觀一種書紀以忍穗耳尊作忍骨尊可知矣。豐比咩命殆忍穗耳尊之嫡后。息長大姬大目命，殆尊之母。又據一種書紀云，天照大神始有使忍穗耳尊降於豐葦原水穗國之意，後以他故，改降忍穗耳尊之子邇邇藝尊。再參照前述豐前風土記以下之書，或係尊與息長大姬大目命，豐比咩命共由韓土經海北道中渡來，鎭座豐前國田川郡春鹿鄉之地者歟？

（註一九）海龍王經請佛品。

（註二〇）智度論十二止觀輔行一。

（註二一）古事紀云：「此三柱綿津見神者，阿曇連等之祖神以伊都久神也。」姓氏錄云：「安曇宿禰，海神綿積豐玉彥神子高見命之後也。　海犬養，海綿積命之後也。」（以上皆原文）

（註二二）古事記傳卷五云：「大綿津見神，據名義師說云，綿者海也；津者助辭；見者毛知二字之約音。卽海津持之意也。」

（註二三）古事記傳卷六云：「海人ツ持」中省略マ字，モチ二音約爲ミ。

（註二四）安曇氏世世管理航海人之說，據應神紀「處處海人訕哤之不從命，則遣阿曇連祖大濱宿禰，平其訕哤，因爲海人之宰」（錄原文）而知之。

（註二五）神功紀。

（註二六）古事紀傳卷三十，解說大津渟中倉之長峽云：「和抄名，其國（攝津）有兎原郡住吉鄉，現名住吉村。有名爲本住吉之神社。」

第二章　倭國與漢魏之交通

一　倭奴國及倭面土國與漢代之交通

漢武帝元封二年（前一〇九）發水陸軍，滅衞氏古朝鮮，按中國制，於其地置樂浪（平安南道，黃海道，京畿道之地，）眞番（鴨綠江上流附近一帶之地，）玄菟（咸鏡南道之地，）臨屯（江原道之地，）四郡；漢人於是漸由朝鮮半島北部至中部地方殖民焉。魏志東夷傳，謂辰韓人卽秦之亡人，爲避苦役而投韓者。此說有二因：一因漢人思想每喜謂四方夷狄之祖先與己等同族；一因秦辰二者相似，故有此附會之說。但漢人之移住者不少，則亦事實也。後至昭帝始元五年（前八二，）併四郡爲二，臨屯併於樂浪，眞番併於玄菟，玄菟地方之高句麗，逐漸勢起而侵其地。臨屯地方之濊貊亦強盛，故其時統治甚難，後漢時代，漢人之勢力範圍，大體僅及武帝始建之樂浪一郡耳。（註一）

是時日本北九州之住民，則漸與樂浪郡開始交通。漢書地理志云：

「樂浪海中有倭人，分爲百餘國，以歲時來獻。」

魏志倭人傳亦云：

「倭人在帶方東南大海之中，依山島爲國邑，舊百餘國，漢時有朝見者，今使譯所通三十餘國。」（註二）

漢書與魏志之所謂倭人，卽指日本北九州之住民，已爲多數學者所承認。漢書有「以歲時來獻」句，由此思之，魏志謂「漢時有朝見者」乃撰者推測之辭，惟大體亦近於事實。又後漢書東夷傳云：

「自武帝滅朝鮮，使譯通於漢者三十許國。」

後漢書之作在魏志之後，爲宋范曄所撰，其文似誤解前述魏志之文而記述者，無價値之可言。

後漢書又云：

「光武中元二年（前五七）倭奴國奉貢朝賀，……（中略）……光武賜以印綬，安帝永初元年（一〇七）倭國王師升等，獻生口百六十八。」

此事，魏志全無所見，恐係根據魏略者。（註三）漢光武帝賜倭奴國之印綬，卽日本天明四年，（一七八四）在筑前國糟屋郡志賀島叶崎掘得「漢委奴國王」之金印，已爲人所公認。「漢委奴國」之讀法及其所在地，當金印發見時，議論甚多；三宅博士謂應讀爲漢之委（倭）之奴之國，「奴」卽書紀中所見之「儺」卽後之「那珂」云（註四）此說今已爲學界之定說。倭奴國之位置，卽前章所述之海神國，是亦當注意者也。

後漢書謂安帝永初元年（一〇七）朝貢者，有「倭國王師升，」內藤博士謂（註五）北宋版通典，有「倭面土國王師升，」日本古版後漢書亦有「倭面土國王師升，」「倭面國王師升」等，又異稱日本傳所引之通典有「倭面土地王師升」之名。蓋原爲「倭面土國王，」後省稱爲「倭面國王，」又略爲「倭國王」或誤爲「倭面土地王」者。博士謂倭面土國當讀作ヤマト國，卽大和國云。竊謂或與倭奴國同，當讀爲「倭」之「面土國，」卽北九州之一地，亦未可知。但究爲北九州何地，則不可考耳。

據以上所述，北九州之土豪，自西紀前第一世紀頃，已開始與漢之樂浪郡交通。後自第一世紀中葉至第二世紀之初，倭奴國及倭面土國與後漢交通，則又極明瞭之事實也。

然則當時之中日交通路果何在乎？據前章所述，似由海北道中渡辨韓，沿馬韓海岸，逐漸北上，到樂浪郡者。樂浪郡之中心地為朝鮮縣，即古朝鮮之首都王險城，在今之平壤附近。（註六）當時朝鮮縣，為漢之極東互市場，濊貊韓倭人等遠近諸民族，似多集於此。自樂浪郡至後漢都城洛陽，則似不由海路，而由陸路遼東者。據文獻通考卷三百二十四云：

「倭人（中略）初通中國也，實自遼東而來，（中略）至六朝及宋，則多從南道。」

按文獻通考之編纂，遠在後世；其所記載，似係推測當時半島之形勢而言者。

既有連絡中日間之交通路矣，則不可不有移入漢代文化之道路。按博多灣沿岸地，發見許多中國製之銅劍銅鉾；筑前國筑紫郡春日村大字須玖並糸島郡怡土村大字三雲，發見彌生式系統之甕棺內多中國古鏡、璧玉之類；（註七）又由糸郡島小富士村之海岸遺跡，發見王莽時代之貨泉（註八）等；意皆由此交通路移入者也。

二　倭女王國與魏之交通

後漢末，遼東太守公孫度自立，統制漢之樂浪郡。其子公孫康於建安中（一九六——二一九）割樂浪郡之南部，新設帶方郡。（註九）帶方郡爲黃海道南部、京畿道全部、忠淸北道北部一帶之地，其郡治在帶方縣，似卽今之京城地。（註一〇）未幾，後漢亡，至魏吳蜀三國時代，最北部之魏滅公孫氏，併樂浪帶方二郡。是時日本北九州之倭女王國，經帶方郡與魏通好，蓋聞魏強盛故也。今據魏志倭人傳之記載，依次述其狀況如下：

（一）魏明帝景初二年（二三八），倭女王卑彌呼，遣難升米、都市牛利等至魏，其使者由帶方郡官吏，送至魏都洛陽，獻男生口四人女生口六人班布二匹二丈。此爲倭女王國第一次遣使。

（二）明帝深嘉之，下詔以卑彌呼爲親魏倭王，賜以金印紫綬，且任難升米爲率善中郎將，都市牛利爲率善校尉。贈卑彌呼之回禮，爲絳地交龍錦五匹，絳地縐粟罽十張，蒨絳五十匹，紺靑五十匹。又特贈紺地句文錦三匹，細班華罽五張，白絹五十匹，金八兩，五尺刀二口，銅鏡百枚，眞珠鉛丹各五十斤。詔書與金印紫綬及其餘珍寶於正始元年（二四〇），由帶方郡官吏送至倭女王國，卑彌呼卽託使臣上表答謝恩詔。此魏使至倭國第一次也。親魏倭王之金印現雖不存，但宣和集古印史中拓有此印，今存日本好古日錄中。

（三）正始四年（二四三），倭女王復遣伊聲耆掖邪狗等八人至魏，獻生口、倭錦、絳青縑緜衣、帛布、丹、木拊、短弓矢等物。魏任掖邪狗等爲率善中郎將。此倭女王國第二次遣使也。

（四）正始六年（二四五），魏賜難升米黃幢於正始八年（二四七）由帶方郡官吏送至倭國。此魏使至倭女王國第二次也。

（五）先是倭女王卑彌呼，與狗奴國男王卑彌弓不和，遣倭載斯烏越等赴帶方郡，說互相攻擊狀況。故此次送黃幢之帶方郡官吏，以檄告諭之。

（六）未幾卑彌呼死，男王立，然不能和其國民；乃立卑彌呼之宗女壹與爲王，時年僅十三歲。壹與遣掖邪狗等二十人送還魏使，並獻男女生口三十人，白珠五十孔，青大句珠二枚，異文雜錦二十四。

以上係魏志倭人傳所載，內藤博士謂（註一一）陳壽編纂魏志時，根據官府之記錄而記述者，似屬可信云。由此觀之自西紀二三八年始僅十年間，由倭女王國遣使臣至魏或至帶方郡者前後四次。魏使至倭女王國二次。其交通可謂繁矣。

由帶方郡至倭女王國之道路，魏志倭人傳曾詳記之，今述其梗概如下：

由帶方郡先沿韓國海岸南航，繼東行七千餘里，達狗邪韓國。於是離海岸渡海行千餘里，達對馬國。又南渡所謂瀚海，凡千餘里，到一大國。復海行千餘里，至末盧國。由此上陸向東南行五百里，達伊都國。雖有世襲之王，皆爲女王國所統屬，由帶方郡來之使者，常駐節於此。更東南百里有奴國。又東行百里，有不彌國。由此向南水路二十日，有投馬國。更南行水路十日陸路一月，達邪馬臺國。此即女王之都也。

此等記事，係據魏使到倭女王國所見聞而記錄者，當屬可信。倭女王卑彌呼之都邪馬臺國果何在乎？卑彌呼係何人乎？古來史家考證甚多，然未有定說。吾人據星野博士之說（註一二）以邪馬臺爲筑後國山門郡，以卑彌呼爲此地之一女酋。內藤博士曾發表一新說（註一三）以卑彌呼爲倭姬命，以邪馬臺爲大和。但橋本增吉著有反駁論甚詳。(註一四)富岡謙藏，據日本掘出之中國古鏡以推測之，則贊同內藤博士之說。(註一五)最近橋本增吉與梅原末治亦有論辯，(註一六)尙未解決。今根據從來所行之星野博士說，似較妥當。

上文所述自帶方郡至邪馬臺國之路線中，有狗邪韓國，卽加羅也。對馬國卽對馬。一大國（一大國宜據北史倭國傳，改爲一支，見本居宣長之馭戎慨言）卽壹岐。末盧國卽肥前之松浦。伊都國卽筑前之怡土。奴國卽筑前之儺。不彌國卽筑前之宇瀰。此乃本居宣長馭戎慨言以來之說，今已認爲定說。投馬國之考據，異說頗多，然邪馬臺爲筑後國山門郡之說若正，則以當其路線之筑後國三潴郡爲投馬國，似最適當。(註一七)

由此觀之，當時之交通路，已較海北道中稍偏於西，由對馬起程，不經東方之沖之島，大島，而渡魏志之所謂瀚海，（玄界洋之名似出於此）經壹岐，在肥前之松浦上陸，由此陸行，而至博多灣沿岸焉。又魏志倭人傳云：「對馬無良田，食海物自活，乘船南北市糴；」壹岐「差有田地，耕田猶不足食，亦南北市糴，」可知對馬壹岐之住民在此路中乘船，或南至北九州，或北至南鮮經營貿易。由此可知往來於此路者甚繁矣。又魏志辰韓傳云：

「國出鐵，韓、濊、倭皆從取之。諸市皆用鐵，如中國用錢，又以供給二郡（樂浪帶方。）」

由此觀之，當時韓、濊、倭人等，已以鐵爲賣買之媒介物矣。

由帶方郡至魏都洛陽之路，與第一第二世紀倭奴國、倭面土國與後漢交通時之路同，仍陸行經由遼東者。此可據前節引用之文獻通考可知之。

三　倭女王國所受中國文化之影響

倭女王國與魏交通，所受中國文化之影響，頗爲顯著。魏明帝贈卑彌呼之品物中，有名爲紺地交龍錦，紺地句文錦等錦，有名爲絳地縐粟罽細班華罽等毛織物，又有金銅鏡眞珠鉛丹等種種珍貴物品。此等物雖屬倭人中少數貴族階級所愛玩之奢侈品，然女王國中，必因此而鼓吹新技術，爲文化促進之動機。中國乃東洋文化之母國，而有統一之國家組織者也；洛陽，又以數千年文化爲背景之莊麗都城也；倭人來至中國，目覩其情形，必齎往若干新智識，而對中國文化作熱烈之欽慕。極思於政治方面亦如中國有統一國家組織；於經濟方面，亦思如漢人有燦爛如花之生活也。考漢書地理志謂「樂浪海中有倭人，分爲百餘國。」魏志倭人傳謂「倭人在帶方郡東南大海之中，依山島爲國邑，舊百餘國。」可知當一二世紀以前，分爲無數部落的小國，毫無統一之可言。然魏志倭人傳述北九州地方之狀況，謂有對馬、一支、末盧、伊都、奴、不彌、投馬、邪馬臺、斯馬、巳百支、不呼、姐奴、對蘇、蘇奴、呼邑、華奴蘇奴、鬼、爲吾、鬼奴、邪馬、躬臣、巴利、支惟、烏奴、奴等小國，皆女王卑彌呼所統治。可知卑彌呼時代，已漸入統一之途徑矣。其不屬於女王國卑彌呼者，僅其南方以男子爲王之狗奴國耳。可知女王國與男王國已成南北對峙之勢。然則此時所以現統一國家之氣運者，非由中國文化之刺戟而促進者歟！再觀當時韓土亦有馬韓中一國之百濟，欲統一馬韓諸國。辰韓中一國之新羅，欲統一辰韓諸國。此種氣運之推移，亦可以資參考。復觀卑彌呼之生活，如「以婢千人自侍，」「居處宮屋樓觀，城柵嚴設，常有人持兵守衛」等，殆亦由中國文化之所刺戟者。又卑彌呼歿後，「大作冢徑百餘步，殉葬者奴婢百餘人。」考九州地方當西曆紀元前後無營墳邱者；當時只有考古學者之所謂甕棺（屬彌生式系統之無釉大甕以口部相合而爲棺）與粗製式石棺（數石板並立作長方形之區劃，上部以平石覆之，）（註一八）埋於土中耳。而卑彌呼時代，乃營徑百餘步之大墳，其與中國文化之關係，爲如何乎！

相傳應神天皇時百濟之阿直岐來爲皇子菟道稚郎子之師。其後王仁來獻論語十卷千字文一卷，是爲漢字傳於日本之始。應神天皇時代，大體可認爲第四世紀中葉或其後半（註一九）然在應神以前一世紀之卑彌呼時代，倭女國王似已略解中國語，稍識漢字矣；如魏人素知之難升米使魏二次之掖邪狗等，實有此等智識之人才也。魏志倭人傳所載，「倭王因使上表答謝恩詔」倭使「詣郡（帶方）說相攻擊，」魏使到女王國「爲檄告喩之」等語，雖不無文飾之辭，然已證明倭人內有能解中國語有稍識漢字者矣。和辻哲郎謂（註二〇）此時似只知外交上貿易上爲實用符徵之文字，尚不能爲表現思想之文字云云，其信然歟？

（註一）白鳥箭內兩博士漢代ノ朝鮮（滿洲歷史地理第一卷）津田博士古事記及ヒ日本書記ノ新研究五四九頁。

（註二）魏志倭人傳所謂「漢時有朝見，今使譯所通三十餘國」之「今」字乃指魏而言者；後漢書東夷傳，誤解爲漢代之事，遂謂「使譯通於漢者三十許國。」

（註三）內藤博士卑彌呼考（藝文第一年。）

（註四）三宅博士漢委奴國王印考（史學雜誌第三編三十七號）。

（註五）內藤博士倭面土國（藝文第二年第六號）

（註六）白鳥箭內兩博士漢代ノ朝鮮。

（註七）梅原末治銅劍銅鉾ニ就イテ（史林第八卷）。

（註八）醫學博士中山平二郎遺物上ヨリ見タル古代北九州ノ文化（歷史ト地理第三卷第二號）。

（註九）魏志東夷傳。

（註一〇）白鳥箭內兩博士漢代ノ朝鮮（滿洲歷史地理第一卷）。

（註一一）內藤博士卑彌呼考（藝文第一年）。

（註一二）星野博士日本國號考（史學叢說第一集）。

（註一三）內藤博士卑彌呼考。

（註一四）橋本增吉氏邪馬臺及ヒ卑彌呼ニ就イテ（史學雜誌第廿一編）。

（註一五）富岡謙藏再ビ日本出土ノ支那古鏡ニ就イテ（古鏡ノ研究所收）。

（註一六）史學雜誌第三十七編。

（註一七）橋本增吉邪馬臺及ヒ卑彌呼ニ就イテ。

（註一八）甕棺及粗製石棺之考證，詳見梅原末治之銅劍銅鉾ニ就イテ（史林第八卷）。

（註一九）應神天皇時代若據那珂博士上世年紀考（史學雜誌第八編），則爲自西紀三六三年至西紀四一八年五十六年間，若據星野博士本邦上世紀年私考（史學叢說第一集）吉田博士之日韓古史斷，則爲自西紀三〇三年至西紀三九四年九十二年間。

（註二〇）和辻哲郎日本古代文化三六頁。

第三章　日本與中國南朝之交涉

一　大和朝廷之勢力西漸

自第一世紀中葉至第二世紀之初，日本北九州之倭奴國及倭面土國與後漢交通；第三世紀之前半，倭女王卑彌呼與魏及魏之朝鮮領土帶方郡通聘；已於前章述之矣。是等事實，甚惹史家之興味，故古來考證者甚多；此後日本與中國南朝之交涉，則不見有許多考證。然由中日國交上觀察之，由文化之影響考慮之，實有當重視之理由。

晉書四夷列傳云；

「泰始（晉武帝之年號，二六五——二七四）初遣使重譯入貢。」

可知日本北九州之倭國與中國之交通，至晉初仍繼續行之矣。

泰始以後倭國通聘事，向不見於中國史籍。此無非朝鮮半島之形勢一變，塞斷倭國與中國之交通路；又因倭國歸大和朝統轄之故。蓋第三世紀之末，鮮卑新起於遼西，使晉室與朝鮮半島領土之樂浪、帶方，斷絕連絡。於是出自鴨綠江谿谷之貊人，併吞樂浪郡，復侵略帶方郡北部，而建設高句麗。馬韓中之百濟，統一馬韓之地，復占帶方郡南部。而漢人在半島之勢力掃地無餘矣。辰韓之新羅，亦統一辰韓之地。於是半島中，高句麗、百濟、新羅三國，鼎足而立。此爲第四世紀之初（註一）之事。是時日本亦經略北九州之倭國；迨至第四世紀之後半，遂與半島發生交涉矣。

按記紀自神武天皇至開化天皇九代間，勢力範圍，僅及於畿內附近；故與北九州之倭國，政治上全無交涉。此可據魏志倭人傳推察而知之。至崇神天皇時，勢力西漸，似已及中國（日本地名）之中部地方（註二）崇神天皇在位時代，若據那珂博士之說，則在第三世紀前半；據星野吉田兩博士之說，則在第二世紀後半。前者與倭女王卑彌呼時代略同，後者在卑彌呼前六十年。（註三）自是時威力次第發展於西方，遂能經略北九州之倭國。舊唐書東夷傳亦謂「或云，日本舊小國，併倭國之地。」但究屬何時之事，則難決定。書紀所載有景行天皇親征熊襲事，即親征豐前，豐後，日向，肥後地方之土蜘蛛與熊襲之傳說也。然經略北九州倭國事，國史中毫無痕跡。然以意度之，大和朝至遲至第四世紀前半必已經略倭國。何則，倭國之地爲日韓交通上之要地，大和朝若不先置其地於治下，則第四世紀之後半不能與朝鮮半島直接起政治關係也。（註四）

記紀有神功皇后親征新羅之傳說，小說之色彩頗濃厚，原不能完全認爲歷史的事實。但第四世紀之後半日本以武力壓迫新羅，則不誣也。欲明其眞相，則當先考百濟始通日本之年代及其理由。按百濟朝貢日本之始，在近肖古王（三四六——三七五）時代。應神記云：

「百濟國主照古王以牡馬壹疋牝馬壹疋付阿知吉師以貢上。」（照錄原文）

百濟近肖古王，卽古事記之照古王，已爲學界之定說。神功紀四十六年有「百濟背古王」；四十九年有「其王肖古」；五十五年有「百濟背古王」；欽明記二年與姓氏錄有「速古王」，皆近肖古王也。（註五）近肖古王時代，始朝貢於日本，又可據續記四十津連等表文「降及近肖古王，遙慕聖化，始聘貴國」等語而知之。（註六）

然則百濟通好於日本根據何種理由乎？記紀亦無明文。若由半島之形勢考察之，是時百濟與北方高句麗交戰，復與東方新羅衝突，因欲在半島之一角，新樹勢力，始依賴日本耳。故日本對新羅加以武力的壓迫，必在是時。如神功記、應神記所載征伐新羅事；又新羅記所載「金奈勿尼師今三十八年癸巳（三九三）夏九月倭人來圍金城」事，原難遽信爲事實；但高句麗開土王陵碑記云；

「倭以辛卯年（三九一）來渡海，破百殘——（新）羅，以爲臣民。（註七）

九年己亥（三九九）百殘違誓與倭和通，王巡下平穰，而新羅遣使白王云，倭人滿其國境，潰破城地，以奴客爲民。

十年庚子（四〇〇）教遣步騎五萬往救新羅，從男居城至新羅城，倭滿其中，官軍方至，倭賊退——背息，追至任那加羅，從拔城城卽歸服。」（皆原文）

則第四世紀之末，日軍屢與新羅交戰，已甚明確。日本所以向新羅用武力者，又屬何種理由乎？新羅於第四世紀之前半，已統一辰韓之地，更進而欲伸其勢力於任那。自古與任那有密切關係者爲倭國，而新經略倭國者爲日本，任那爲對抗新羅計，勢不得不依賴日本保護耳。歷史事實，既已明瞭，則日本對新羅之政策，乃維持在任那之勢力者。（註八）

二 與中國南朝之交涉

日本至遲於第四世紀之前半，已經略倭國，故四世紀後半，因欲保護任那，乃用武力壓迫新羅。斯時百濟亦因依賴日本而朝貢於是日本與朝鮮半島之關係，日益密接，而交通頻繁，由是遂於第五世紀，與中國南朝開始交通矣。今根據中國史籍，依次考之如下：

（一）宋書夷蠻傳云：

「倭國在高麗東南大海中，世修貢職，高祖永初二年（四二一）詔曰，倭讚萬里修貢，遠誠宜甄可賜除授。」

據此文，則宋武帝永初二年（四二一）倭讚曾遣使於宋。南史夷貊傳云：

「晉安帝（三九七——四一八）時，有倭王讚，遣使朝貢，及宋武帝永初二年詔曰，倭讚遠誠宜甄可賜除授。」

觀此可知，其遣使事在晉安帝（三九七——四一八）之晚年。未幾晉亡，故宋武帝永初二年，授以詔書。此所謂倭，與後漢書魏志指北九州之倭者不同。實指日本而言也。通讀宋書以後之中國史籍中關於倭之記事，即可知之。然則讚果何人乎？據古事記舊本，應神天皇之歿年係甲午年，即西紀三九四年也。則仁德天皇在位，爲自乙未年（三九五）至丁卯年（四二七）間三十三年。（註九）由年代推之，倭讚當爲仁德天皇。吉田博士云：讚即仁德天皇諱大鷦鷯（オホサヽギ）之「サ」之譯音。（註一〇）異稱日本傳謂：讚爲去來穗別（イザホワケ）之略稱，即履仲天皇云。然由年代推之，其說誤矣。此爲第一次倭使通聘。

（二）宋書夷蠻傳云：

「太祖元嘉二年（四二五）讚又遣司馬曹達奉表獻方物，」（南史同）

太祖即宋文帝，此爲第二次倭使通聘。

（三）宋書文帝紀云：

「元嘉七年（四三〇）正月，倭國王遣使獻方物。」

據古事記舊本，仁德天皇之歿年爲丁卯年。（四二七）則元嘉七年（四三〇）爲履仲天皇時代。（參照第四節年表）此爲第三次倭使通聘。

（四）宋書夷蠻傳云：

「讚死，弟珍立，遣使貢獻，自稱使持節都督倭、百濟、新羅、任那、秦韓、慕韓六國諸軍事安東大將軍倭國王，表求除正。詔除安東將軍倭國王。珍又求除正倭洧等十三人平西征虜冠軍輔國將軍號，詔并聽。」（南史同）

此文雖不能知其精確之年代，但宋書文帝紀曾云：

「元嘉十五年是歲倭國遣使獻方物。」

則夷蠻傳所云，當係元嘉十五年（四三八）事。元嘉十五年，卽允恭天皇元年，則其使臣之進發，當在反正天皇時代。（參照第四節年表）異稱日本傳云，「反正天皇諱瑞齒別瑞珍字形似，故訛曰珍。」（原文）梁書東夷傳，以珍作彌，彌似譯瑞齒別第一假名「ミ」音者，果爾，則其初作彌，因彌與珍字形相似，以致誤傳，亦未可知。但反正天皇，爲仁德天皇之子，宋書之「弟珍」當爲子珍之誤。此爲第四次倭使通聘。

（五）夷蠻傳又云：

「二十年倭國王濟遣使奉獻，復以爲安東將軍倭國王。」（南史同）

所謂二十年者，即宋文帝元嘉二十年（四四三），文帝紀亦載有「二十年是歲倭遣使獻方物。」是時當日本允恭天皇時代，（參照第四節年表）故倭王濟當爲允恭天皇。天皇諱「雄朝津間」，因津濟二字字義字形皆相似而誤也。此爲第五次倭使通聘。

（六）夷蠻傳又云：

「二十八年，加使持節都督倭、新羅、任那、加羅、秦韓、慕韓六國諸軍事安東將軍如故。」（南史同）

二十八年，即宋文帝元嘉二十八年（四五一）也。文帝紀亦云，「二十八年秋七月甲辰，安東將軍倭王倭濟進號安東大將軍。」此爲第六次倭使通聘。

（七）夷蠻傳又云：

「濟死，世子興遣使貢獻，世祖大明六年詔曰，倭王世子興，奕世載忠，作藩外海，稟化寧境，恭修貢職，新嗣邊業，宜授爵號，可安東將軍倭國王。」

南史云：「濟死，世子興遣使貢獻，孝武大明六年。詔授興安東將軍倭國王。」孝武帝紀亦云，「大明六年三月壬寅，以倭國世子興爲安東將軍。」

宋孝武帝之大明六年（四六二），若從那珂博士之說，爲雄略天皇時代。從吉田博士之說，爲安康天皇時代。（註一二）然宋書呼雄略天皇爲倭王武，則依後說爲妥。因而世子興當爲安康天皇。天皇諱穴穗部，興蓋穗字之訛。據此文，大明六年爲孝武帝授爵之年，而派遣使者殆在大明四年；（四六〇）因孝武帝紀有「大明四年倭國遣使獻方物」也。此爲第七次倭使通聘。

（八）夷蠻傳又云：

「興死，弟武立，自稱使持節都督倭、百濟、新羅、任那、加羅、秦韓、慕韓七國諸軍事安東大將軍倭國王。順帝昇明二年（四七八）遣使上表曰……（表文揭示於次節）……詔除武使持節都督倭、新羅、任那、加羅、秦韓、慕韓六國諸軍事，安東大將軍，倭王。」（南史大概相同）

宋順帝之昇明二年，（四七八）爲雄略天皇時代。（參看第四節年表）天皇御諱大泊瀨幼武，故呼曰武。南齊書東夷傳云：

「建元元年（齊高帝之年號，西紀四七九）進新除使持節都督倭、新羅、任那、加羅、秦韓、慕韓六國諸軍事安東大將軍倭王武爲鎮東大將軍。」

合兩者以思之，倭王武遣使上表在宋順帝之昇明二年。（四七八）是時除倭王爲使持節都督倭、新羅、任那、加羅、秦韓、慕韓六國諸軍事安東大將軍。未幾宋亡，齊興，齊高帝建元元年（四七九），更進倭王武爵號，爲鎮東大將軍。此爲第八次倭使通聘。

宋亡於順帝昇明二年，故宋書以後，不見有倭使通聘事。南史夷貊傳云：

「梁武帝卽位進武號征東大將軍。」

梁書東夷傳，文獻通考，皆載此語，梁武帝新建國，亦仿齊高帝建國時進倭王武爲鎮東大將軍之例，故進武之爵號爲征東大將軍。但是時不見有倭使通聘事，按梁武帝卽位於西紀五〇二年，當顯宗天皇時代（參看第四節年表）古事記舊本載雄略天皇之歿年爲己巳年。（四八九）己巳年後十三年，仍進武（雄略天皇）爲征東大將軍，殊不可解。再查梁書武帝紀，此時授爵者，仍有高句麗、百濟、宕昌、倭、吐谷渾等。若謂此等諸國同時入貢，則無此事。蓋梁武帝卽位時，對於通聘於宋齊之各國，僅於儀式上進其爵號耳。自此至隋之興，不復見有倭使通聘事。

以上之考據若正，倭使通聘中國，前後凡六十年，仁德朝二次，履仲朝一次，反正朝一次，允恭朝二次，雄略一次，前後合計共八次。（參照第四節年表）

三 倭王武之表文

予於是最覺有興味者，爲宋書夷蠻傳所載倭王武（雄略天皇）上宋順帝之表文。其文如下：

「封國偏遠，作藩於外，自昔祖禰，躬擐甲冑，跋涉山川，不遑寧處，東征毛人五十五國，西服衆夷六十六國，渡平海北九十五國，王道融泰，郭土遐畿，累葉朝宗，不愆于歲，臣雖下愚，忝胤先緒，驅率所統，歸崇天極，道逕百濟，裝治船舫，而句驪無道，圖欲見吞，掠抄邊隸，虔劉不已，每致稽滯，以失良風，雖曰進路，或通或不，臣亡考濟，（允恭天皇）實忿寇讎，壅塞天路，控弦百萬，義聲感激，方欲大舉，奄喪父兄，（允恭天皇安康天皇）使垂成之功不獲一簣，居在諒闇，不動兵甲，是以偃息未捷，至今欲練甲治兵，申父兄之志，義士虎賁，文武效功，白刃交前，亦所不顧，若以帝德覆載，摧此彊敵，克靖方難，無替前功，竊自假開府儀同三司，其餘咸假授，以勸忠節。」

，南史通典所載大致相同，惟稍簡略。此表文，可以注意之點有三；

第一，此文雖僅摘錄表文中之要語，但實爲日人（此日人當然爲自帶方樂浪地方歸化之漢人或其子孫）手所作漢文之最古者。有六朝風調，駢驪體製，可藉以考察當時日本文化之發展，實極堪珍重之資料也。

第二，爲「自昔祖禰，躬擐甲胄，跋涉山川，不遑寧處，東征毛人五十五國，西服衆夷六十六國，渡平海北九十五國」之句。吉田博士謂「祖禰」當係「祖稱」，並推定爲應神天皇。稱有（「ホム」之意，因帝諱「ホムダ」也）（註一二）然按公羊傳有「生稱父，死稱考，入廟稱禰」之語，故「祖禰」應解作祖先祖宗之意。（註一三）要之，可以據此窺見日本列祖列宗，躬擐甲胄、跋涉山川，東討蝦夷，西平熊襲，又超海而服海北諸國（韓土）威力次第伸張，完成統一國家鴻業之情形。記紀中所載征伐蝦夷、熊襲、新羅等事，多有令人疑爲後人臆造之點，未可目爲歷史的事實。此表文雖簡單，頗可補其缺點，誠貴重之史料也。

第三，據此表文以推測之，知倭王武（雄略天皇）之遣使目的，實爲對高句麗之一種示威運動。按雄略記及韓史，高句麗於乙卯歲（四七五）大舉南侵，圍百濟之漢城，七晝夜陷之，殺蓋鹵王以下太后王子，雄略天皇於翌年（四七六年）以久麻那利（熊津，即任那下哆呼利之別邑）之地，與王之同母弟汶洲王，使再興其國。又明年（四七七年）使安致馬飼等為將，率舟師伐高句麗。由此考之，倭王武上宋順帝表文，實在西紀四七八年。

四　倭使通聘之目的

倭王武遣使至南朝之宋，若為對高句麗之政策，則以前七次遣使，其目的又安在乎？欲明其理由，當先考察日本與高句麗之關係。

日本書紀雖載有神功皇后親征新羅，高麗王自來日本營外降伏之語，但其非實事，不待深論。按百濟高句麗二國自百濟之近肖古王（三四六——三七五）時，已為仇敵。日本常援百濟而與高句麗戰，此可據前引之高句麗廣開土王陵碑記庚午年（四〇〇）之戰而知之。又觀同碑，載有；

「十四年甲辰（四〇四）而倭不軌，侵入帶方界……倭寇潰敗，斬殺無數。」

亦可知之。至應神記七年所載「高麗人來朝」之語，如解作擄高句麗俘虜而來，似尙爲得。至同二十八年之「高麗王遣使來朝」，仁德記五十八年之「高麗國朝貢」等語，由當時半島之形勢考之，實難視爲歷史的事實。再觀宋書中屢見之倭王爵號中，僅有倭百濟新羅任那秦韓慕韓六國，而無高句麗；北史倭國傳載「新羅百濟，皆以倭爲大國，並仰之，恆通使往來，」亦不見高句麗之名，可爲明證。

如是則第五世紀，高句麗並未與日本通好；再由百濟之關係上言之，實常處於敵國地位。其時高句麗，亦屢與中國南朝通聘，以假其威靈，以爲對付日本政策。試觀宋書以下之中國史籍，高句麗由西紀四一三年，入貢於晉始，其後屢屢通聘於宋、齊、梁，而受征東大將軍之號。（高句麗一面又臣事北魏，魏怒其通宋，獲其使者於光州，責其不義。）百濟亦於西紀四一六年，開始通晉，其後亦屢通南朝，而受鎭東大將軍之號。故日本欲征服韓土，以中國之錫命臨之，最爲便易，故爲對付高句麗計而通聘南朝，乃受六國諸軍事安東大將軍等之爵號也。今以年表揭載日本及高句麗百濟與中國南朝之交涉如次：

西元	干支	星野博士所考之歷代年次	那珂博士所考之歷代年次	吉田博士所考之歷代年次	日本書紀紀年	中國朝號帝號年號	倭高句麗百濟與中國南朝之交涉
四一一	辛亥	仁德一七	應神四九	仁德一七	一〇七一	反正六	(晉)安帝義熙七	
四一二	壬子	一八	五〇	一八	一〇七二	允恭元	八	
四一三	癸丑	一九	五一	一九	一〇七三	二	九	高句麗通晉
四一四	甲寅	二〇	五二	二〇	一〇七四	三	一〇	
四一五	乙卯	二一	五三	二一	一〇七五	四	一一	
四一六	丙辰	二二	五四	二二	一〇七六	五	一二	百濟通晉
四一七	丁巳	二三	五五	二三	一〇七七	六	一三	
四一八	戊午	二四	五六	二四	一〇七八	七	一四	倭使通晉
四一九	己未	二五	仁德元	二五	一〇七九	八	元熙元	
四二〇	庚申	二六	二	二六	一〇八〇	九	(宋)武帝永初元	宋武帝授高句麗王百濟王爵號
四二一	辛酉	二七	三	二七	一〇八一	一〇	二	宋武帝授詔於倭王讚
四二二	壬戌	二八	四	二八	一〇八二	一一	三	宋武帝授高句麗王爵號
四二三	癸亥	二九	五	二九	一〇八三	一二	景平元	

四二四	甲子	三〇	六	三〇	一〇八四	一三	文帝元嘉元	高句麗及百濟通宋
四二五	乙丑	三一	七	三一	一〇八五	一四	二	倭使通宋 宋文帝授詔於百濟王
四二六	丙寅	三二	八	三二	一〇八六	一五	三	
四二七	丁卯	三三	九	三三	一〇八七	一六	四	
四二八	戊辰	履仲元	履仲元	履仲元	一〇八八	一七	五	
四二九	己巳	二	二	二	一〇八九	一八	六	
四三〇	庚午	三	三	三	一〇九〇	一九	七	倭使通宋百濟通宋
四三一	辛未	四	四	四	一〇九一	二〇	八	
四三二	壬申	五	五	五	一〇九二	二一	九	
四三三	癸酉	反正元	反正元	反正元	一〇九三	二二	一〇	
四三四	甲戌	二	二	二	一〇九四	二三	一一	
四三五	乙亥	三	三	三	一〇九五	二四	一二	
四三六	丙子	四	四	四	一〇九六	二五	一三	宋文帝授高句麗王爵號
四三七	丁丑	五	五	五	一〇九七	二六	一四	

四三八	戊寅	允恭元	允恭元	允恭元	一〇九八	二七	一五	倭使通宋　高句麗通宋
四三九	己卯	二	二	二	一〇九九	二八	一六	高句麗通宋
四四〇	庚辰	三	三	三	一一〇〇	二九	一七	百濟通宋
四四一	辛巳	四	四	四	一一〇一	三〇	一八	高句麗通宋
四四二	壬午	五	五	五	一一〇二	三一	一九	
四四三	癸未	六	六	六	一一〇三	三二	二〇	倭使通宋　高句麗百濟通宋
四四四	甲申	七	七	七	一一〇四	三三	二一	
四四五	乙酉	八	八	八	一一〇五	三四	二二	
四四六	丙戌	九	九	九	一一〇六	三五	二三	
四四七	丁亥	一〇	一〇	一〇	一一〇七	三六	二四	
四四八	戊子	一一	一一	一一	一一〇八	三七	二五	
四四九	己丑	一二	一二	一二	一一〇九	三八	二六	
四五〇	庚寅	一三	一三	一三	一一一〇	三九	二七	百濟通宋
四五一	辛卯	一四	一四	一四	一一一一	四〇	二八	倭使通宋　高句麗通宋

四五二	壬辰	一五	一五	一五	一一一二	四一	二九	
四五三	癸巳	一六	一六	一六	一一一三	四二	三〇	
四五四	甲午	一七	一七	一七	一一一四	安康元	孝武孝建元	
四五五	乙未	安康元	安康元	安康元	一一一五	二	二	高句麗通宋
四五六	丙申		二	二	一一一六	三	三	
四五七	丁酉		雄略元	三	一一一七	雄略元	大明元	百濟通宋
四五八	戊戌		二	四	一一一八	二	二	高句麗百濟通宋
四五九	己亥		三	五	一一一九	三	三	高句麗通宋
四六〇	庚子		四	六	一一二〇	四	四	倭使通宋
四六一	辛丑		五	七	一一二一	五	五	高句麗通宋
四六二	壬寅		六	八	一一二二	六	六	宋孝武帝贈倭王與爵號
四六三	癸卯		七	九	一一二三	七	七	高句麗通宋
四六四	甲辰		八	一〇	一一二四	八	八	
四六五	乙巳		九	一一	一一二五	九	明帝泰始元	

四六六	丙午		一〇	一二	一一二六	一〇	二	
四六七	丁未		一一	一三	一一二七	一一	三	
四六八	戊申		一二	一四	一一二八	一二	四	
四六九	己酉		一三	一五	一一二九	一三	五	
四七〇	庚戌		一四	雄略元	一一三〇	一四	六	
四七一	辛亥		一五	二	一一三一	一五	七	百濟通宋
四七二	壬子		一六	三	一一三二	一六	八	
四七三	癸丑		一七	四	一一三三	一七	後廢元徽元	
四七四	甲寅		一八	五	一一三四	一八	二	
四七五	乙卯		一九	六	一一三五	一九	三	
四七六	丙辰		二〇	七	一一三六	二〇	四	
四七七	丁巳		二一	八	一一三七	二一	順帝昇明元	
四七八	戊午		二二	九	一一三八	二二	二	倭使通宋
四七九	己未		二三	一〇	一一三九	二三	(齊)高帝建元元	齊高帝贈倭王武爵號授高麗王爵號

四八〇	庚申		清寧元	一一	一一四〇	清寧元	二	
四八一	辛酉			一二	一一四一	二	三	高句麗通齊
四八二	壬戌			一三	一一四二	三	四	
四八三	癸亥			一四	一一四三	四	武帝永明元	
四八四	甲子			一五	一一四四	五	二	
四八五	乙丑			一六	一一四五	顯宗元	三	
四八六	丙寅			一七	一一四六	二	四	
四八七	丁卯			一八	一一四七	三	五	
四八八	戊辰			一九	一一四八	仁賢元	六	
四八九	己巳			二〇	一一四九	二	七	
四九〇	庚午	清寧元		清寧元	一一五〇	三	八	
四九一	辛未				一一五一	四	九	
四九二	壬申				一一五二	五	一〇	
四九三	癸酉				一一五三	六	一一	

四九四	甲戌				一一五四	七	明帝建武　元	齊帝授高麗王爵號
四九五	乙亥				一一五五	八	二	百濟通齊
四九六	丙子				一一五六	九	三	
四九七	丁丑			顯宗　元	一一五七	一〇	四	
四九八	戊寅				一一五八	一一	永泰　元	
四四九	己卯				一一五九	武烈　元	昏侯永元　元	
五〇〇	庚辰				一一六〇	二	二	
五〇一	辛巳				一一六一	三	和帝中興　元	
五〇二	壬午				一一六二	四	（梁）武帝天監　元	梁武帝賜倭王武高句麗百濟王爵號
五〇三	癸未				一一六三	五	二	
五〇四	甲申				一一六四	六	三	
五〇五	乙酉			仁賢　元	一一六五	七	四	
五〇六	丙戌				一一六六	八	五	
五〇七	丁亥				一一六七	繼體　元	六	

五〇八	戊子				一一六八	二	七	梁武帝授高句麗王爵號
五〇九	己丑				一一六九	三	八	
五一〇	庚寅				一一七〇	四	九	

高句麗，百濟，與中國南朝之交涉，僅錄宋書、南齊書、梁書、南史等書中之年代明確者。宋書夷蠻傳，高句麗條云：「太祖（文帝）世每歲遣使獻方物。」百濟條云：「其後每歲遣使表獻方物。」可知實際上之朝貢，較表中所列者爲多。

於此又有應考察者，中國史籍中之倭使通聘，爲任那日本府之宰臣冒稱日廷之名以通聘乎？抑承朝命以行乎？此實一疑問。本居宣長之馭戎慨言云：

「自遠飛鳥宮（允恭天皇）至穴穗宮（安康天皇）時，有遣使中國事。若謂曾奏明朝廷，朝廷許受中國封號，而自取其辱，恐未必然。」

此因通聘受封爲辱國，遂謂未曾奏明朝廷也。大日本史外國列傳亦謂任那日本府宰臣所擅爲者。（註一四）然新井白石之殊號事略云：

「中國書籍，雖有倭國王上表，天子賜以詔書之事，而日本史中無之。表，卽臣下上天子之書，詔，卽天子賜臣下之書也。但中國歷代國史，記載甚詳，不能謂必無其事；恐是時三韓地方所置之日本府宰臣，承本朝天皇之命，朝聘中國者。」

此乃謂日本宰臣承朝廷之命以行者。

由前數說考之，各有理由。意者有時宰臣等爲綏服韓土手段，擅自通聘者。有時亦特承朝命者。又有時由日廷直接遣使者，如是解釋，似最近於事實。

對中國上表稱臣，及受中國爵號，非不認爲辱國；但因當時日本與中國文化程度相差甚遠，日本外交文書之起草者，及爲使臣者，概爲帶方、樂浪地方歸化者之子孫；(註一五)故仰中國爲上國，而執卑下態度，蓋亦不得已也。

五　記紀所載與吳國之交涉

搜查日本古史，在古事記中所可認爲與中國南朝通交者，惟雄略天皇卷，有「吳人參渡來」

之語，此外全不見有此類之事。然日本書紀則常有之。

第一，應神紀三十七年及四十一年條，有「遣阿知使主都加使主於吳（註一六）求縫工女」之語。阿知使主等行至高麗，因道路不明，由高麗王命久禮波、久禮志二人引之到吳，攜兄媛、弟媛、吳織、穴織四婦女而返云云。此原爲雄略紀中之事，因錯簡而記載於應神紀者。古事記傳卷三十三，與馭戎慨言，皆主此說。然由當時半島之形勢考之，日本與中國通好，最爲高句麗所忌，故所謂高句麗王依阿知使主等之請，命人爲引導者，必無是事。又久禮波、久禮志之名，津田博士謂書紀中多載此種連稱人名，似非實在人物。

第二，仁德紀五十八年，有「吳國朝貢」句，此亦頗有疑義，本居宣長亦已疑之。古事記傳卷三十三亦云，「仁德天皇五十八年雖有吳國朝貢語，實不可信。」

第三，雄略紀六年有「吳國遣使貢獻」。此只可解作吳人經由百濟歸化日本者。非吳國特遣之使也。

第四，日本書紀之雄略紀云：

「八年二月遣身狹村主青，檜隈民使博德使於吳國。　十年九月戊子，身狹村主等，將吳所獻二鵝，到於筑紫。十二年四月己卯，身狹村主青與檜隈民使博德出使於吳。　十四年正月戊寅，身狹村主青等，共吳國使將吳所獻手末才伎漢織吳織及衣縫兄媛弟媛等，泊於住吉津。　是月爲吳客道通磯齒津路名吳坂，　三月命臣連迎吳使，卽安置吳人於檜隈野，因名吳原，以衣縫兄媛奉大三輪神，以弟媛爲漢衣縫部也，漢織吳織，衣縫，是飛鳥衣縫部、伊勢衣縫之先也。　四月甲午朔，天皇欲設吳人，歷問羣臣曰，其共食者誰好乎，羣臣僉曰，根使主可，天皇卽命根使主爲共食者，遂於石上高拔原，饗吳人，」（以上皆原文）

古事記之雄略記亦有「此時吳人參渡來，其吳人安置於吳原，故號其地謂吳原也」等語。由其內容推之，可認爲歷史事實。恐此卽宋書與南史所載：宋順帝昇明二年（四八七）倭王武（雄略天皇）遣使上表者也。但宋書與南史所載，只一次；書紀則二次。蓋原係一次，而書紀誤爲二次者。何則，第一次第二次均使身狹村主青與檜隈民使博德二人，第一次只云攜吳所獻之二鵝來，內容頗爲薄弱也。古事記傳四十一，亦疑云「八年與十二年二次遣使，實爲一次，殆因相傳之年代不同，故記爲二次。」

中國史籍所載倭使通聘事，前後凡八次，而日本記紀中無相當之記載，其唯一之痕跡，僅雄略紀耳，是果何故乎？當編纂書記時，參考中國史籍直抄其文而成書，實無疑義。如雄略紀二十三年之遺詔，實抄襲隋書高祖仁壽三年之詔與四年之遺詔而成。欽明紀二十三年之詔，實取梁書王僧辯傳盟誓之文，是皆最著之例也。故中國史籍所有倭事，書紀中殆皆有之，如神功紀三十九年，四十年，四十三年，皆引魏志倭人傳。同六十六年，引晉書四夷列傳，謂倭女王卑彌呼爲皇后，尤爲顯著。然而宋書中所載倭事，竟全不引用，是何故乎？或者當時宋書尚未傳入日本歟？按宋書，係永明五年（四八七）沈約奉齊武帝勅命而撰者，在書紀編纂之先二百四十餘年，其間日本遣使至隋至唐者，前後實及十次；是時日本之學生、學問僧留學者甚多，其中且有專學紀傳者，其時魏志、晉書、梁書、隋書等皆有已傳來之形跡；諒宋書亦必傳來矣。然則究因何故不引宋書中之倭事乎？按書紀編纂時代，尙以倭女王卑彌呼爲神功皇后，則倭王讚、珍、濟、興、武等，必不知其爲何人。又因書紀紀年極爲差誤，故難以引用耳。即略知之，或因對中國稱臣上表受爵號爲辱國之事，故略而不載耳。蓋當時日本智識階級，對於中國文化原異常欽慕崇拜中國之念原屬甚強；但一面因日本文化向上，對於國家有自尊心，不屑爲中國藩屬，常欲爲對等之國交，此可據聖德太子對隋之國書而知之。又遣唐使每不呈國書，(註一七)而唐帝賜書國史亦略而不載，(註一八)亦此意也。

六　日本與中國南朝之交通路

當時航行海外最重要之港，爲攝津之難波津。難波津似由今之淀川之河口，至大河川河口間海岸一帶之地。自第四世紀後半，日韓發生關係時，似已爲航行海外之要港矣。仁德天皇所以奠都於難波之高津宮者，亦以其地對於海外爲重要地點也。允恭紀四十二年曾云新羅之調船八十艘，泊於難波津；雄略紀十四年又云使吳（南朝宋）之身狹村主青、檜隈民使博德率吳人泊於難波之住吉津。(註一九)自仁德天皇時，祀守護海路之住吉神於此地者，亦此故也。

與難波津並重之港，爲務古水門。務古水門之名，曾見於神功紀元年。應神紀三十一年則有

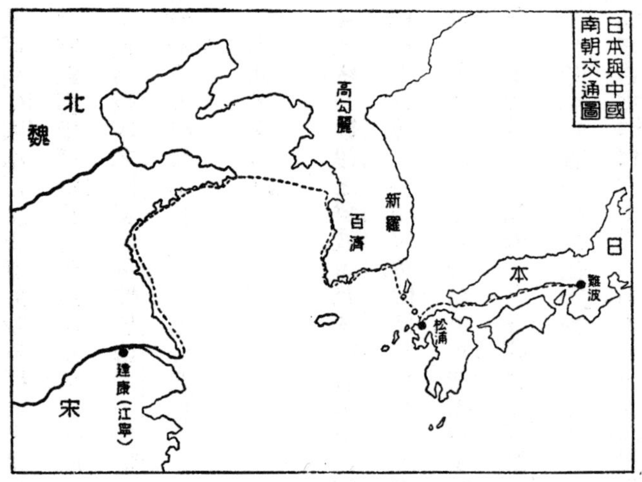

日本與中國南朝交通圖

「武庫水門」務古，武庫，皆讀爲「ムコ」故也。元亨釋書以下後世之書，謂「神功皇后埋兵器於此，故名武庫」者，實附會之說也。喜田博士言（ムコ）即「向」（ムカフ音與ムコ相似）（對面）之意，因務古水門爲難波對面之水門也。奈良朝以後，務古之中心爲今之兵庫。奈良朝以前在更偏於東之地。西宮之津門，即古武庫郡津門鄉之地，或云因其爲務古之津之門戶，故傳其名云；是說頗足動聽（註二〇）又應神朝新羅王所獻猪名部船匠居住之地，爲和名抄中之攝津國河邊郡爲奈鄉；即今之稻野村地方。由此考之，亦可見當時之務古，非今之兵庫，實仍偏於東也。總之務古水門，當時爲難波津之外港，船舶多集於此，故其地設有新羅亭，可據應神紀三十一年之記事（註二一）而知之。

難波津與務古水門，爲航海船舶解纜之所。自此遵瀨戶內海逐漸西下，過穴門（關門海峽）而至筑紫。其間碇泊地則不可知矣。再由筑紫前行，又遵何種路線乎？考中國南朝代代奠都建康，（江蘇省江寧，即南京。）其最近之路，當直向西行，橫斷中國東海。但當時造船術、航海術尚未發達，未能橫斷大洋，且所以派遣使臣至中國者，實因韓土之政治的關係，則經過百濟，爲其自然之結果。宋書倭王武表文中有「道逕百濟」一語，可以參照。

自筑紫渡韓土，似由肥前之松浦解纜。因遣赴韓土之征討軍，有發自松浦之形跡也。神功皇后親征新羅之傳說，雖未明記其道路；但萬葉集卷十五云「多良志比賣（神功皇后）御船，抵松浦之海，」則自古已云皇后凱旋時，由此津登陸矣。再觀萬葉集卷五，松浦佐用比賣之傳說（註二二）亦可知之。既由松浦出外洋，則當遵第三世紀前半北九州倭女王卑彌呼與魏帶方郡交通時之道路，經壹岐對馬而至任那之金海府，復沿海岸以達百濟。蓋由當時半島之形勢考之，經過高句麗，頗感困難，則爲前節所述之路明矣。自百濟前行，當航黃海，固可知之。但直指西南以向揚子江口乎，抑先至山東，沿江蘇海岸南下到建康乎？則不可知也。但由造船術、航海術均在幼稚時期以推之，恐屬於後者。遣唐使時代，仁明朝之遣唐大使藤原常嗣與請益僧圓仁回國之時，亦行此路。（註二三）文獻通考三百二十四云。

「倭人……（中略）……初通中國也，實自遼東而來。……（中略）……至六朝及宋，則多從南道，浮海入貢，及通互市之類，而不自北方，則以遼東非中國土地故也。」

此所謂南道，並非文武天皇以後之遣唐使自筑紫而經南島，或發自值嘉島（五島列島並平戸島之舊名）直横斷中國東海以達揚子江之南路，乃由百濟横斷海路黃海者所以謂之南道者，乃對於第三世紀前半，倭女王卑彌呼之使，由帶方郡赴魏都洛陽經陸路遼東之北道而言者也。

以上之考證倘幸而不誤，則當時中日交通路，乃沿大陸迂回而行者，故航行之日數頗多，然遭風波之難者則少。

七　中國南朝文化之影響

中國晉室南遷之際，貴族智織階級，多遷居江南，而古來漢族根據地之中原，則爲塞外種族所占據；因此遂令中國文化之區劃，生大變動。漢人文化之中樞，可視爲自此時遷於南方者。南北朝時代，南朝常罵北朝爲索虜，北朝常罵南朝爲島夷。其實北朝所佔之土地，雖係中原，而其人則左衽之索虜；南朝雖居島夷之地，而其人則開化之漢人。故保持漢人特有之文化者，非北朝而南朝也。

（註二四）宋書與南史之倭使通聘，雖專因政治之關係而來，但前後八次皆往返於漢人文化中樞南朝都城之建康，目覩中國宮廷之莊嚴儀禮，漢人之華麗文化生活，必齎若干新智識而歸，其影響於日本文化之發達者，必不少也。又前引之文獻通考曾云：「浮海入貢及通互市之類，」可見通聘時，亦兼營若干貿易，則漢人文化之產物亦必有若干傳至日本，直接間接皆爲促進日本文化之動機也。

於此最惹吾人之感興者，爲富崗謙藏古鏡之研究。據其說，謂日本出土之中國古鏡內，最占多數者，爲盛行於六朝之繪文樣式神獸鏡，此式鏡中圖示象獅等熱帶地方動物，與苗族遺物有特殊分布之銅鼓有相同者，殊有南方的色彩也。且於銘文中亦可旁證之。此等物可視爲日本與中國南朝交通時代，由日使攜來者；據此亦可推測中日交通之繁。又出土之範圍，西自日向之南部，東亘關東各地，則當時大和朝廷勢力發展之情勢亦可推測云。（註二五）又近時關野博士對於法隆寺，曾發表極有興味之說，謂法隆寺建築所用之雲形肘木，向來謂爲中國之北魏式，經百濟輸入日本者；然進而研究中國朝鮮之遺跡，則知不能輕易說過。何則，據自今以前之調查，中國朝鮮均不見有與雲形肘木類似之物，恐係南朝隆盛時，佛教藝術先由海路傳於百濟，復傳於日本者。不獨雲形肘木爲然，即法隆寺堂塔之全體式樣，亦屬南朝派，經百濟輸入者云。（註二六）富岡氏之說，關野博士之說，皆表示日本與中國南朝文化之交涉，非常濃厚者。

再就日本國史言之，其爲記錄甚不豐富時代之事，不能下明確之論斷，固無待言。然其對於日本織物，與裁縫技術影響之大，已可想見。此處所足述者，爲與身狹村主靑、檜隈民使博德等同來之手末才伎漢織、吳織、衣縫兄媛、弟媛也。所謂漢織、吳織、兄媛、弟媛者，書紀中每好用此種連稱的名辭，其實卽漢土之織機人，漢土之縫衣女也。古事記傳卷三十三亦云：「書紀稱吳國人之後，亦云漢某」姓氏錄諸蕃中，亦有加吳於漢內者，然則云吳織又云漢織者，不過以其有二人而分別舉之耳。」

當未受中國文化影響時代，日本曾作何等織物？服何等衣服乎？欲明瞭此事，雖甚難困；然其織物，大概以麻、楮、榖等植物質之纖維，織成極粗惡之布耳。筑紫之倭人，其時受中國文化之影響，雖多且早；然據魏志倭人傳，不過用橫幅作衣，而以線連續之；或取布一幅，中穿一洞，貫於頭上耳。(註二七)其餘種種，可想而知。其後至應神朝，因樂浪帶方二郡之秦人、漢人來歸，日本之養蠶織綢事業，頓形發達；至少畿內地方之貴族社會衣服，面目當爲之一新。迨漢織、吳織由吳國來，中國南部之華麗織物，亦次第生產。兄媛弟媛來裁縫之技術，亦日益進步改良矣。

書紀載雄略天皇之遺詔云：

「不謂遘疾彌留至於大漸，此乃人生常分，何足言及。但朝野衣冠未得鮮麗，教化政刑猶未盡善，與言念此，唯以留恨。」

按隋書高祖紀仁壽四年之遺詔云：

「不謂遘疾彌留，至於大漸，此乃人生常分，何足言及；但四海百姓，衣食不豐，教化政刑，猶未盡善，興言念此，唯以留恨。」

可知雄略遺詔卽抄襲隋高祖遺詔者，惟改「四海百姓衣食不豐」爲「朝野衣冠未得鮮麗」耳。撰書紀者特載此文，亦有深意。蓋自仁德朝以後，與南朝已幾番通聘，尤以雄略朝因漢織、吳織兄媛、弟媛來歸，受中國南部文化之刺戟尤多，故天皇常欲日本亦實現漢人所謂「衣冠之國」。其使小子部螺贏集國內之蠶，使后妃親臨蠶事，(註二八)又勅百濟招有藝能之帶方郡漢人，(註二九)復使臣連等聚集其所賜使之秦人等養蠶織絹，(註三〇)皆欲實現其理想者。然事未及成而歿，故遺詔有朝野衣冠未得鮮麗之憾。此語傳至書紀編纂時代，遂於書紀中留其痕跡焉。

日本模倣中國禮文政治之始，僅欲於形式上改良宮廷之衣冠，整理紛亂之族制政治，使有秩序耳。此種思想至推古朝聖德太子制定冠位，發布憲法，始得實現。但溯其淵源，則自與南朝交涉之雄略時代，日本之有識者，蓋已有此希望矣。其所以有此希望者，雖亦稍受由朝鮮來之北朝系文化所刺戟，然與北朝關係甚深之高句麗，是時與日本尚為敵國，恐其影響，未必甚大。而其時南朝為漢人文化之中樞，與日本有幾次直接交通，又由百濟為間接之交涉，故其時之文化，受南朝之影響為多。

（註一）津田博士朝鮮歷史地理第一卷緒言。

（註二）古事記云：孝靈天皇時，使大吉備津日子命與若建吉備日子命，於針間之道口，柔服吉備國，日本書紀云：崇神天皇時，遣吉備津彥於西道。兩者殊不一致。然大體可見崇神天皇時，皇威已及於吉備地方。

（註三）那珂博士上世年紀考（史學雜誌第八編）云：崇神天皇崩殂之年，為西紀二五八年。星野博士本邦上世紀年私考（史學叢說第一集），吉田博士之日韓古史斷，云在西紀一九八年。

（註四）津田博士我々ノ民族ト支那人及ビ韓人トノ交涉（古事記及ビ日本書紀ノ新研究）。

（註五）背古王之背字為肖字之誤，速古王之速字，在日本人讀之與肖字音相似；見古事記傳卷三十三。本居宣長謂「古事記之照古王，非近肖古王，而爲近肖古王之曾祖父肖古王」者，誤也。

(註六)崇神紀垂仁紀云：任那遣蘇那曷叱知朝貢於日本。姓氏錄卷三云：是時遣鹽乘津彥至任那爲其宰，人皆以此爲任那朝貢服屬之始，但此說之難信，可據津田博士之新羅征討ノ物語(古事記及ビ日本書紀ノ新研究)而知之。

(註七)百殘卽百濟，殘濟字音相通故也。又辛卯年上文爲「永樂五年乙未」，下文爲六年丙申，卽西紀三九一年之辛卯也。

(註八)第四世紀後半，日本以武力壓迫新羅事，津田博士之新羅征討ノ物語中，有詳細之考證。今爲敍明日本與中國南朝開始交涉之道路計，故敍述其大略。

(註九)古事記舊本記載應神天皇歿年爲甲午年。(三九四)仁德天皇歿年爲丁卯年。(四二七)則仁德天皇在位必爲三十三年。菅政友氏古事記年紀考，(史學雜誌第十七號)星野博士本邦上世紀年私考(史學叢說第一集)吉田博士日韓古史斷等，皆承認此說。獨那珂博士上世年紀考(史學雜誌第八編)因應神天皇在位之年過於短促，遂謂應神天皇歿年之甲午年(三九四)爲戊午年(四一八)之誤，若是則仁德天皇在位僅九年，(四一九——四二七)殊難贊同。

(註一〇)日韓古史斷三四五頁。

(註一一)那珂博士上世紀考，吉田博士日韓古史斷。

(註一二)日韓古史斷三七一頁。

(註一三)「祖禰」若據文獻通考(第三百二十四)作「祖彌」則彌乃譯反正天皇諱瑞齒別(ミツハワケ)之「ミ」音者,或即指反正天皇但仍以解作祖先祖宗之意爲善。

(註一四)大日本史外國列傳云,「彼史紀我風土物俗,虛實相半,至如載朝貢封爵等之事,則古今所無,蓋當時置府於任那,分帥臣鎭制之時高麗雖稱臣朝貢,而亦世奉彼正朔,受彼封爵,意爲任那帥臣者亦從而受其封號乎。」(錄原文)

(註一五)雄略天皇時,使吳(南朝宋)之身狹青檜隈博德,亦帶方樂浪地方歸化漢人之子孫。曰身狹,曰檜隈,均歸化漢人所居之大和高市郡之地名,因住其地,遂以地名爲氏名也。

(註一六)三國時代,佔據江南之吳,雖已滅亡其後在江南建國之宋齊梁陳三韓之人依舊稱之爲吳故日本亦倣之而稱吳爲。日本稱吳爲「クレ」,藝苑日涉云,「吳,此譯苦列(クレ),暮(クレ)字譯語,蓋猶言日沒處。」按吳在西方日沒之處,聖德太子贈隋之國書稱日本爲日出處,稱隋爲日沒處,即此意也。

(註一七)性靈集卷五爲大使與福州觀察使書。

(註一八)唐丞相曲江張先生文集卷三,有唐玄宗「勅日本國王書」,續紀寶龜十年五月條云,唐使孫興進等送遣唐判官小野滋野來朝,見上「唐朝書」。又續紀承和六年九月條,遣唐大使藤原常嗣齎奏「大唐勅書」,召內記藏之。但其文辭,國史皆略而不載。

（註一九）航海家所尊崇之守護海路神住吉神社，係祀海神表筒男、中筒男、底筒男三神者。相傳神功皇后親征新羅時，神曾守護御軍，故凱旋時，從神之言，於大津渟中倉之長峽（攝津國菟原郡住吉）祀其和魂，卽菟原住吉也。自仁德天皇時，難波爲航行海外之要港，因而難波之墨江，亦祀海神，故稱海神社爲住吉神社。菟原住吉雖云較古，但因難波地方繁盛，故僅難波之住吉神社著名於世；因而延喜式中，惟住吉神社爲名神大社，而菟原住吉，反不列焉。

（註二〇）喜田博士，上代ノ武庫地方（攝津鄉土史論所收）。

（註二一）是以諸國一時貢上五百船，悉集於武庫水門。當是時，新羅調使共宿武庫，爰於新羅亭忽失火，卽引之及於聚船，而多船見焚。由是責新羅人，新羅王聞之，讋然大驚，乃貢能匠者，是猪名部等之始祖也。（原文）

（註二二）萬葉集卷五，載有天平二年筑前國司山上憶良「詠領巾麾嶺歌一首」。歌中大意，謂宣化天皇二年，大伴狹手彥，因征新羅而赴任那，發自肥前之松浦時，其妾松浦佐用比賣登高山之頂，遙望船之啓行，悵然而不勝悲痛，乃搖領巾以惜別，見者無不流涕，時人因號其山爲領巾麾之嶺云。其山卽今肥前東松浦郡鏡村之領巾振山。肥前風土記亦載是說，但非佐用比賣，而爲弟日姬子。

（註二三）參照第六章第四節「遣唐使ノ航路」。

（註二四）桑原博士，晉室ノ南渡ト南方ノ開發（藝文第五年第十號）。

（註二五）富岡謙藏，再ビ日本出土ノ支那古鏡ニ就イテ，中國古鏡圖說補遺（古鏡ノ研究所收）。

（註二六）關野博士法隆寺ノ伽藍（太陽世界之驚異號）。

（註二七）魏倭志人傳云：男子皆露紒，以木緜招頭，其衣橫幅，但結束相連略無縫，婦人被髮屈紒，作衣如單被，穿其中央貫頭衣之。

（註二八）雄略紀六年三月條。

（註二九）同七年條。

（註三〇）同十五年條。

第四章　上古之歸日漢人與文化之移植

一　秦人漢人之入日本

朝鮮半島之樂浪帶方二郡，當第四世紀之初，爲新興之高句麗百濟併吞，於是半島之間，由漢武以來四百年之漢人勢力一掃而空。是時二郡漢人，或歸本國，或服屬高句麗百濟，其中聞東方有樂土而入日本者亦不少；此可據六國史與姓氏錄而知之。

樂浪帶方之漢人之大宗移來者，乃弓月君（融通王）率來之秦人，與阿知使主並其子都加使主率來之漢人也。弓月君事見應神紀十四年。阿知使主事，見同二十年應神紀又云：「秦造之祖，漢直之祖參渡來也，」可知彼等入日本，確在應神天皇時。古事記舊本所載應神天皇歿年爲甲午年，（三九四）故其年代大體可認爲第四世紀之末。

弓月君，或謂秦始皇五世孫，或謂十三世孫；阿知使主或謂漢靈帝三世孫，或謂四世孫；（註一）此等傳說各不相同，由年代推之亦不符合，故多不足信。蓋入日本之中國人、韓人，欲粉飾自家之門第，尊重一己之威嚴，多濫稱爲某帝某王之苗裔，通覽姓氏錄諸蕃條自明。

應神紀與古語拾遺謂弓月君率百二十縣之民來歸，此必非百二十縣之民全來也，意謂此等人所由來之地多至百二十縣耳。卽作此解，縣數亦未免過多。漢書地理志與後漢書郡國志，前漢之樂浪郡只二十五縣，後漢時只十八縣，（後漢末其南部七縣爲帶方郡。）再觀姓氏錄山城國諸蕃條，有「百二十七縣狛姓」句，同書左京諸蕃條有「二十七縣百姓」句；兩相參考，蓋原作「狛二十七縣百姓」，其後百狛二字互誤也。秦人之原住地，恐卽狛（高句麗）所居樂浪郡之地。魏志東夷傳謂辰韓乃秦之亡人避苦役投韓而建國者。然則入日本之秦人等，或者來自辰韓之地歟？但魏志所以謂辰韓爲秦人之後者，殆因辰秦之音相似，乃爲此附會之說耳。此與謂倭人爲吳太伯之子孫，謂匈奴爲夏后氏之苗裔相同，皆漢人之中國思想，殊不足信。（註二）

阿知使主率來者，爲十七縣之民。彼等自後漢滅亡時，移居帶方郡，居住既久，聞東方有聖主，遂歸日本，此可據其子孫坂上苅田麻呂之表文（註三）而知之。

弓月君率來之秦人，阿知使主率來之漢人，爲數甚多，恐有數百人至數千人之譜。據雄略紀並姓氏錄，雄略天皇時秦人等有九十二部一萬八千六百七十人。欽明紀亦云，天皇元年秦人等之戶數七千五十三。古語拾遺云，「秦漢百濟內附之民各以萬計」。姓氏錄中，又常見有姓太秦公宿彌，秦連，秦忌寸，秦造等家。漢人之數，除古語拾遺之「以萬計」外，坂上苅田麻呂奏章（註四）中，亦謂大和國高市郡之住民，殆皆漢人，他族不過十中之一二云。姓氏錄所載之木津忌寸，池邊直，栗栖直，火撫直，石占忌寸，藏人，檜前忌寸，葦屋漢人，高安忌寸，坂上大宿禰，櫻井宿禰，平田宿禰，內藏宿禰，路宿禰，佐太宿禰，谷宿禰，畝火宿禰；續紀所載之倭漢忌寸，木津忌寸；續後紀所載之山田造，大藏忌寸，內藏忌寸；三代實錄所載之坂上伊美吉等，皆漢氏也。

秦人漢人等至日本之道路，似由南韓經對馬、壹岐，先至肥前之松浦附近；自此由九州北岸，瀨戶內海，逐漸東上，在難波津附近登岸。如是長途之航海，老幼男女乘脆弱之小船以來，如何困難，如何危險耶？然所以大舉移來者，或因聞東方有聖主而懷此樂土，又因日廷利用彼等藝能，特遣使誘導而者來歟？應神紀云，秦人等爲新羅所阻，不能渡日，日廷特遣葛城襲津彥前往，復授精兵於平羣木菟宿禰，的戶田宿禰等討新羅以平其道。（註五）又續紀云，遣臣八腹氏攜帶方之漢人來歸。（註六）此等傳說內，雖必有若干誤傳之辭，然日本歡迎有藝能之秦漢人來歸，亦可想像矣。

二 秦人漢人與文化的影響

多數之秦人漢人來歸，其子孫大繁殖，遂成日本民族之一要素。由民族史上觀之，此實爲重大事件。然尤重要者，即對於日本文化之發達多所貢獻也。其對於文化之影響，廣及於物心兩方面，其尤著者，爲養蠶織物之發達。

日本養蠶業，似自上古已行之。如紀之保食神，及記之大氣津比賣神之蠶之起源之神話，與垂仁天皇贈任那國王以赤織絹之傳說，（註七）雖皆不能爲確證；然魏志倭人傳，謂北九州之倭人，於第三世紀之前半，已行養蠶業。（註八）此事係根據魏使到倭女王國，直接間接所見聞而記載者，不得不認爲確實。然其抽絲之法，以繭一一含於口中抽之，乃極幼稚之法也。（註九）因而其生產額甚少，質亦惡劣，不過僅供一部人之服用耳。

自秦人等來歸，日本養蠶織絹之業頓形發達。據姓氏錄，仁德天皇時，分置彼等於諸郡，使從事養蠶織絹。因彼等所獻之織物，觸肌膚而覺溫煖，乃賜姓波多（ハタ）公。秦字所以讀爲「ハタ」者或由機（ハタ）人之意而出，抑由肌（ハダ）字而出，雖未可知，但彼等來歸未久，養蠶織絹之術，遂開一新面目，則可想見也。後至雄略天皇十五年，集合臣連等所曾驅使而已分散之秦人等九十二部一萬八千六百七十人，賜姓秦酒公，使從事養蠶織絹。未幾彼等所獻之絹縑，日廷聚積甚多，因賜姓太秦公。（註一〇）又同十六年，分置秦人等於適於植桑之地。（註一一）天皇之意無非利用彼等之技能，振興日本之產業，使國民生活日益向上耳。而漢人等織絹技術之優，亦可由「綾人」之名而知之。蓋因彼等中多善織中國式美麗之綾者，故名曰綾人。斯時彼等似又兼營養蠶。

秦人漢人等，對於日本的文化之影響，亦不可忽視。彼所用之語言、文字，乃以數千年之漢人文化爲背景，而有複雜之內容者。彼等帶來之思想中，蓋含有儒家思想、道家思想、陰陽五行與讖緯思想等，因而使日本語之內容益深，國民之思想益富。是時日本人習外來之漢字，非常困難，而秦漢人等則深與漢字相親，故處理政治上之事務等，概屬彼等之職。履仲天皇時，於齋藏之外，建內藏以藏官物，時爲藏官而掌出納者，阿知使主也（註一二）雄略天皇時更建大藏，使蘇我麻智檢校三藏，其時掌出納者，弓月君之子孫秦氏也。掌記錄者，阿知使主之子孫東文直，王仁之子孫西文首也。（註一三）阿知使主之子孫，所以以內藏大藏爲氏者，因掌三藏之記錄也。彼等又長於作文，兼通海外事務，故外交文書皆使起草，或出使海外焉。如宋書南史等所載倭王武（雄略天皇）上宋順帝之表文，有六朝風韻，駢儷體裁，堂堂大文，毫無和臭，恐亦成自彼等之手者。又雄略天皇時，使吳（中國南朝宋）之身狹青檜隈博德，亦皆漢人也。

三　新漢人與文化之移植

弓月君阿知使主以後，帶方郡之漢人，繼續渡來者甚多，影響於日本文化之發達者頗大。

雄略紀七年，天皇聞西漢才技歡因知利言，帶方郡藝能優秀之漢人多留於百濟，乃遣吉備弟君使百濟以歡因知利副之，使獻此等漢人。是時來日者，爲陶部高貴，鞍部堅貴，畫部因斯羅我，錦部定安那錦，譯語卯安那等。書紀之小註云其他又有手人部，衣縫部，宍人部（註一四）等。按陶部高貴，鞍部堅貴等，皆部長之名，可見彼等各率部下數人至數十人而來者。書紀呼彼等爲「新漢」，乃對於應神天皇時阿知使主率來之漢人區别以言之者。

陶部之名，自此始見於書紀。由日本陶器業發達上觀之，頗堪注意。據考古學者之說，由日本古墳中發掘之窰貨種類有二：一帶赤褐色，質較軟；一爲鼠色，質較硬，並曾用轆轤。前者，乃自石器時代以來接續製造者。據垂仁紀之說，其時野見宿禰自出雲偕土師部百人來作埴輪，製造此種土器，名土師器。後者，由陶部來歸後製造者，名陶器。土器陶器，均爲日常之食器。古墳中掘出者，陶器居多。因陶部來歸而製造陶器，其需要益增，其業益盛；而土器僅用於古風之祭葬耳。

鞍部、畫部、錦部來歸，與推古朝之藝術，有密接之關係，此點亦堪重視。據敏達紀，天皇十三年，蘇我馬子遣鞍作村主司馬達等於四方，以索修行者，在播磨國得高麗之還俗僧惠便。達之女島，號惠便出家，名善信尼。司馬達等之上，冠以鞍作之名，或係雄略天皇時來歸之鞍部之子孫歟？從來諸家之說，謂司馬達等爲南梁人，繼體天皇十六年（五二二）來歸者，然古書中全無所見。扶桑略記卷

三、延曆寺僧禪岑記云。

「第二十七代繼體天皇即位十六年壬寅，大唐漢人案部（鞍部）村主司馬達止此年春二月入朝，即結草堂於大和國高市郡坂田原安置本尊歸依禮拜。」（原文）

由此思之，元亨釋書改「大唐漢人」爲「南梁人」殆後世傳訛之語，殊難信爲事實。蓋自繼體天皇十六年（五二二）至敏達天皇十三年（五八四）其間有六十二年之久。考書紀中繼體天皇十六年至敏達天皇之十三年間之紀年，安閑天皇以後與古事記舊本略相一致，可知其中無大錯誤。古事記舊本，不載武烈天皇之歿年，故繼體天皇在位之年，難以斷定。然由前後之關係推之，其誤亦只三四年，至多不過六七年。若司馬達等於繼體天皇十六年來歸，是時至少以二十歲計算，至敏達天皇十三年，已八十二歲矣。如是高年，仍出索修行者，恐無其事。又據書紀小註，此時出家之司馬島爲十一歲，達即以二十歲來日，其子必爲七十二歲所生矣。且梁書亦不見有日本與梁交通事。(註一五)百濟與梁交通亦少，只有繼體天皇十六年(五二二)之前年，即梁武帝之普通二年（五二一）遣使上表耳。則達等固無由梁渡日本之機會也。

故予以爲達乃雄略天皇時來歸之鞍部子孫。鞍部等居河內國澀川郡鞍作村，世世從事製鞍，故其家世多不聞於世；後因司馬達等深信佛教，與蘇我馬子相親，乃顯名於世。其女島乃日本之始爲尼者，其子多須奈亦於用明天皇歿時出家，一家均爲熱烈之崇佛者，故棄其從來製鞍業，而專從事於製作佛像。因佛教之興隆，佛像之需要益增，加以彼等熱烈之信仰心，故其技益精；至多須奈之子鳥（止利）遂爲推古朝第一名工，傳名於後世焉。（註一六）又推古天皇十五年隨小野妹子使隋之鞍作福利，三十三年任僧都之鞍部德積，恐亦其一族也。

畫部殆以繪畫術世仕於日廷者，天智天皇時，賜姓倭畫部，稱德天皇時，賜姓大崗忌寸者，恐卽其子孫也。（註一七）錦部，據姓氏錄山城諸蕃漢條云「錦部村主，錦織村主同祖，波能志之後也」總之畫部與錦部之來歸，遂使日本之繪畫、紋樣、織物等技巧，入於新氣運。

推古朝之彫刻、繪畫、織物、刺繡等，盡善盡美之藝術，決非一朝一夕之功，考其淵源，雄略天皇之文化政策與新漢人之歸化，實有最密接之關係。

（註一）弓月君，據姓氏錄爲秦始皇五世孫；據三代實錄元慶七年秦永原等之奏言，爲十三世孫。阿知使主，據續紀延曆四年坂上苅田麻呂之表文爲漢靈帝曾孫；三代實錄，爲四世孫；姓氏錄作三世孫，又作四世孫。

（註二）白鳥箭內兩博士漢代ノ朝鮮（滿洲歷史地理第一卷）。

（註三）續紀延曆四年六月癸酉條。

（註四）續紀寶龜三年四月庚午條。

（註五）書紀應神天皇十四年及十六年八月條。

（註六）續紀延曆四年六月癸酉條。

（註七）垂仁紀之小註，謂加羅王子都怒我阿羅斯額上生角，來至角鹿，（敦賀），垂仁天皇云：可以先帝崇神天皇之諱御間城爲加羅國號，於是始有任那國號。此時曾賜以赤織絹。津田博士新羅征討ノ物語謂都怒我阿羅思之名，及額上生角之語，似皆因解釋角鹿地名附會而成者。又因欲解釋任那讀爲「ミマナ」之理由，乃謂其服屬時期在御間城天皇時代；此皆難認爲歷史的事實。按任那之名，高句麗之廣開土王陵碑記始見之，初作「ニンナ」，不知何時變爲「ミンナ」，更變爲「ミマナ」。伴信友之中外經緯傳中，曾詳說之。

（註八）魏志倭人傳云：「紵麻蠶桑緝績，出細紵縑緜。」

（註九）神代紀之某一種本云：「口裏含蠶，得抽絲。」

（註一〇）雄略紀　姓氏錄。

（註一一）雄略紀。

（註一二）書紀中僅云建藏職置藏部。古事記謂以阿知使主爲藏官。古語拾遺云，使阿知使主與百濟博士王仁記錄出納。

（註一三）古語拾遺。

（註一四）宍人部，亦書爲害人部，割烹肉類之部氏也。宍人部以外，漢人之來歸者既多，日本食物之範圍，當亦次第推廣，烹調法亦當加以種種改良。

（註一五）梁書，梁武帝卽位時，進倭王武（雄略天皇）爵號爲征東大將軍。此蓋武帝新建國時，仿前代宋齊之例，對於諸蕃，惟儀式上賜爵號耳；是時難認有倭使入中國事。梁武帝卽位在西紀五〇二年，卽顯宗天皇時代雄略天皇歿後十三年也。此又可據高句麗、百濟、宕昌、吐谷渾等亦同時授爵號而推得之。參看第三章第二節。

（註一六）推古紀十四年，天皇賜鞍部鳥之勅語云，「朕欲興隆內典，方將建佛刹，肇求舍利時，汝祖父司馬達等，便獻舍利。又於國無僧尼，於是汝父多須那爲橘豐日天皇出家，恭敬佛法，又汝姨島女，初出家爲諸尼導者，以修行釋教。今朕爲造丈六佛，以求好佛像，汝之所獻佛本，則合朕心。又造佛像既訖，不得入堂，諸工人不能計，以將破堂戶，然汝不破戶而得入，此皆汝之功也」（以上皆原文）據此可以窺知司馬達等以下之歷史。

（註一七）姓氏錄左京諸蕃條。

第五章　遣隋使

一　隋書記載之倭使通隋

遣隋使，普通雖以推古天皇十五年（六〇七）遣小野妹子等使隋爲始；然觀隋書東夷傳與北史倭國傳則知當此以前日本已與隋通交矣。隋書云：

「開皇二十年，俀王（倭王）姓阿每字多利思比孤，號阿輩鷄彌（註一）遣使詣闕。」（北史同）

隋文帝開皇二十年（六〇〇），相當於日本推古天皇八年，此事日本國史未曾記載。按隋書，乃唐高祖武德五年（六二二）封德彝顏師古二人所修，距開皇二十年，僅二十二年耳。後太宗貞觀三年（六二九）魏徵等又訂正之，至貞觀十年成；故其記事，不可不認爲正確。但日廷是否遣使，實有可疑之餘地。本居宣長馭戎慨言，謂「西邊之人所爲。」考當時朝鮮半島之形勢，任那日本府已滅，日本欲恢復之而未成，當是時，新起於大陸之隋，已完成統一之業，更有欲謀海東諸國之形勢。在韓土之日本鎮將等，或因欲探大陸之情勢而遣使，亦未可知。隋書高祖紀，是年突厥、高句麗、契丹等東方諸國，多入貢於隋，亦可供參考。

二　遣隋使之往復

日本上古，於物心兩方面使國民生活之內容日以豐富者，皆賴中國之文化，已無待言矣。此文化，乃韓人與樂浪帶方之漢人所齎；三三五五，順其自然，由半島而徐徐流入，其勢極緩。但當時日本之先覺者，已稍讀中國典籍，理解中國文化，景仰之念甚厚，決不能久待此自然之推移也。必也突進於文化之母國，直接移植優秀之文化，方可以饜其欲望。而具體實行此意志者，即派送遣隋使也。

推古天皇十五年（六〇七）七月，聖德太子，遣大禮小野妹子，與通事鞍作福利使隋，普通以此爲遣隋使之始。（註二）妹子等至隋，致其使命，在翌年三月。隋書煬帝紀云：

「大業四年（推古天皇十六年西元六〇八年）三月壬戌，百濟、倭、赤土、加羅國並遣使貢方物。」

據此文，是時百濟亦入貢，或係爲日本使臣之嚮導者，亦未可知。三國史記，亦特記日本與隋通交，(註三)或者因與百濟有關係之故。又新羅開始與南朝梁通聘時，(註四)亦百濟爲嚮導，可供參考。

妹子等畢其使命後，偕隋使文林郎裴世清(註五)等十三人，經百濟而還，次年四月抵筑紫。日廷遣難波吉士雄成，引導隋使；六月十五日到難波，是日以飾船三十艘迎隋使入難波之高麗館旁新設之館。八月三日裴世清等始入京。是日遣飾騎七十五疋，迎之於海石榴市衢。(註六)隋書東夷傳，記其事云：

「倭王遣小德阿輩臺從數百人，設儀仗鳴鼓角來迎。」

八月十二日，裴世清等入朝，上方物並國書。是日聖德太子命諸王諸臣，悉戴金髻華於頭，衣服用錦紫繡織及五色之綾羅，其儀禮之盛，可以想見。九月十一日，裴世清等自難波啓程歸國。是時日廷又遣小野妹子爲大使，吉士雄成爲小使，鞍作福利爲通事，隨隋使赴隋，並使學生四人學問僧四人從之。（註七）隋書東夷傳云：「復令使者隨清來貢方物。」然北史倭國傳則云：「其王與世清來貢方物。」馭戎慨言謂北史誤會隋書之文而記載者。（註八）

隋書東夷傳云，是年煬帝遣羽騎尉朱寬慰撫流求，流求不從，朱寬取其布甲而還。時倭使來朝，示之，答爲邪久國（屋久島）人所用，（註九）殆卽此時之事。妹子翌年（六〇九）九月回國，福利未回。（註一〇）此第二次遣隋使也。推古天皇二十二年又派犬上御田鍬矢田部造使隋，（註一一）翌年七月歸國。此第三次遣隋使也。（註一二）

三　遣隋使之目的並國書

推古天皇十五年，聖德太子，遣小野妹子等使隋之目的，書紀未曾記載。隋書東夷傳云：

「使者曰，海西菩薩天子重興佛法，故遣朝拜。」

蓋聞隋帝承北周武帝廢佛之後，盡力興復佛教，故遣使朝隋；則主要目的，爲求佛教明矣。然第二次遣使之際，有學問僧四人與學生四人從之，則意不僅在佛教，且欲廣爲輸入大陸之文化矣。厩戸慨言云：

「聖德太子聽政時，因求佛法屢次遣使；又其時韓國人來，亦常稱贊中國；又見書籍所載種種盛事，故萬事皆欲模仿之，而勃不可遏也。」

此爲最妥當之見解。隋書東夷傳載此時致隋之國書云：

「日出處天子致書日沒處天子無恙。」

然善隣國寶記所引之經籍後傳記云：(註一三)

「日出處天皇致書日沒處天子。」

蓋日本國書本作天皇，隋書改爲天子者。

日本於第五世紀，對中國南朝通聘，前後雖至八次之多；若謂此爲與中國直接國交之始，實難承認。(註一四)蓋其時之國交，對於中國稱臣上表，皆出於歸化漢人之筆，甚卑下之國交也。聖德太子對隋結對等之國交，不可謂非外交上之一新紀元。隋煬帝覽國書不悅，謂鴻臚卿曰：「蠻夷書有無禮者勿復以聞，」(註一五)然仍使文林郎裴世清等十三人從妹子至日本又何故乎？經籍後傳記說明之曰：

「猶怪其意氣高遠，遣裴世清等十三人。」

此種說明，仍非十分透徹之辭，蓋中國每喜招致外蕃，以矜漢人之文化，而滿足其自尊心，是爲漢代以後歷朝之傳統政策。而虛榮心極強，充滿統一精神之煬帝爲尤甚；故即位之初，即募能通異域者。大業三年（六〇七），遣常駿與王君政赴赤土國。(註一六)又於是年遣朱寬於流求，(註一七)在此前後，又遣韋節杜行滿於西番諸國。(註一八)則裴世清至日之目的可知矣。

書紀謂妹子回國時奏云，煬帝所贈回書，途中在百濟被掠，故不得上。天皇下羣臣議其罪，議決處流刑，天皇恐隋使聞之不美，特勅赦之。本居宣長馭戎慨言論此事曰，隋帝之書，甚爲倨傲，故妹子僞稱被百濟掠取，祕不上聞也。隋使到難波，爲六月十五日，入京在八月三日，其間止於難波者，凡五十日；蓋此時即議妹子之罪，而議論未決，抑或聞煬帝見日本國書不悅，而欲中止隋使入京歟？然隋書東夷傳云：

「我夷人僻在海隅，不聞禮義，是以稽留境內，不卽相見。」

日本內幕，許多複雜情形，祕而不宣，此不過表面上外交辭令耳。

妹子雖未奏上隋帝之回書，而隋使裴世淸所上之國書，據書紀所載則如下：

「皇帝問倭皇，使人長吏大禮蘇因高等至，具懷。朕欽承寶命，臨御區宇，思弘德化，覃被含靈，愛育之情，無隔遐邇。知皇介居海表，撫寧民庶，境內安樂，風俗融和，深氣至誠，遠脩朝貢，丹款之美，朕有嘉焉。稍暄，比如常也。故遣鴻臚寺掌客裴世淸等，指宣往意，幷送物如別。」

此處稱日本天皇爲倭皇，甚屬可疑。經籍後傳記云：

「其書曰，皇帝問倭王，聖德太子甚惡其黜天子之號爲倭王，而不賞其使。」

此言最近事實，蓋作書紀者改王爲皇也。又文中之蘇因高，必指小野妹子，似譯小妹子之日本音者。（註一九）

裴世淸歸國時，所以又遣妹子者，一爲外交上之儀禮，一因送學生學問僧也。此時之國書，據書紀記載如次，

「東天皇敬白西皇帝，使人鴻臚寺掌客裴世清等至，久憶方解。季秋薄冷，尊候如何，想淸悆，此卽如常。今遣大禮蘇因高、大禮乎那利等往，謹白不具。」

馭戎慨言評曰：

「第二次國書改日出處天子爲東天皇，日沒處天子爲西皇帝，蓋聞彼王見前書不悅，故稍加敬意。然仍不稱彼爲皇帝，惟對於東而稱西、我國則倭王二字皆改，仍稱天皇，惡其書稱倭王爲無禮，故不從之。」

聖德太子，一面欽慕中國文化，極思攝取之，一面又重國家之體面，故對隋執對等之態度也。

四　日隋交通路

日隋交通路，係經由百濟者。觀隋書與三國史記（註二〇）可知之。自百濟至難波津之航路，隋書東夷傳詳載之云：

「上遣文林郞裴淸使於俀國。（倭國）度百濟行至竹島，南望耽羅國，經都斯麻，迥在大海中，又東至一支國，又至竹斯國，又東至秦王國，其人同華夏，以爲夷洲，疑不能明也。又經十餘國，達於海岸。自竹斯國以東皆附庸於倭。」

竹島爲全羅南道珍島西南之一小島。耽羅國即濟州島，都斯麻國即對馬，一支國即壹岐，竹斯國即筑紫。秦王國或謂即安藝之嚴島(註二一)似難置信。有謂譯周防之音者(註二二)近似。馭戎慨言云「殆聞山陽道西端之國之地名而誤記者亦未可知。」按姓氏錄有以秦氏爲秦王後者。再由「其人同華夏」句觀之，或與山陽道西部秦氏之住地有關係。

據隋書考察之，自百濟至難波津之路，與第五世紀日本與中國南朝交通時代之路，大略相同。惟自百濟至隋時，爲橫斷黃海以達山東登州文登縣赤山莫琊口（山東省靖海灣附近）乎？抑沿高句麗之西海岸北上，更經遼東半島之東海岸，橫過渤海灣口，在山東登州附近上陸乎？殊難明瞭。前者，爲日本與南朝交通時代之路(註二三)且爲遣唐大使藤原常嗣與請益僧圓仁歸國時之路。(註二四)後者爲唐與新羅、渤海等東方諸國頻頻往來之路。賈耽之道里記，記載此路頗詳，即乘舟出山東登州，向東北行，渡烏湖海（渤海之入口）至都里鎮（旅順）由此過青泥浦（大連）沿遼東半島而東，達烏骨江（鴨綠江）之口，更南經長口鎮，（黃海道豐州）而至唐恩浦（仁川南之南陽）焉。(註二五)又據全遼志，唐鴻臚卿崔忻於開元二年（七一四）使渤海，過今之旅順，曾鑿井建碑以爲記念。(註二六)遣隋使遵行何路，雖不可知；想必在山東之一角登岸由此赴長安之路，亦不能明；恐係經青州兗州曹州到汴，由此沿黃河南岸經洛陽而至長安。

五　遣隋留學生與文化之移植

推古天皇十六年，小野妹子再使隋時，從行者有學生倭漢直福因，奈羅譯語惠明，高向漢人玄理，新漢人大國，學問僧新漢人旻，南淵漢人請安，志賀漢人惠隱，新漢人廣齊等八人。(註二七)遣隋留學生，所以皆派漢人及新漢人者，因彼等素與漢字相親，又略通中國語，研究中國文化最爲適宜也。他如推古天皇三十一年歸國之僧惠光、醫惠日，(註二八)舒明天皇四年歸國之僧靈雲，勝烏養，(註二九)十一年歸國之僧惠雲等，(註三〇)其入隋之年代史書缺而不載，或係推古天皇二十二年從遣隋使犬上御田鍬偕行者歟？

遣隋留學生一覽表

人名	入隋年代	歸國年代	留學年數	雜纂
倭漢直福因	推古天皇十六年從小野妹子入隋	推古天皇三十一年從新羅使歸國	15	
奈羅譯語惠明	同右	?		
高向漢人玄理	同右	舒明天皇十二年從新羅使歸國	32	因作河內錦部郡高向，故以地名爲氏。書紀大化二年條，有高向博士黑麻呂，則玄理似應讀爲クロマロ。白雉五年爲遣唐押使入唐，未幾歿於唐。
新漢人大國	同右	?		
新漢人旻（日文）	同右	舒明天皇四年從遣唐使犬上御田鍬歸國	24	日本書紀推古天皇十六年有日文，舒明天皇四年孝德天皇元年作旻，似係一人。參與大化改新，大化元年舉爲十師。白雉四年卒。
南淵漢人請安（清安）	同右	舒明天皇十二年從新羅使歸國	32	書紀舒明天皇十二年有清安。當以請安爲正。同書皇極天皇三年有南淵先生，即請安也。
志賀漢人惠隱	同右	舒明天皇十一年從新羅使歸國	31	舒明天皇十二年五月大齋會時，奉敕講說無量壽經。
新漢人廣齊（惠齊）	同右	推古天皇三十一年從新羅使歸國	15	又按中臣本通證引之一本有惠齊，日本書紀推古天皇三十一年亦有惠齊，殆係一人。
惠光	?	同右		

醫惠日（藥師惠日）	？	同右		續紀天平寶字二年條，謂雄略天皇時自百濟來歸之德來五世孫，留學於隋學醫術，賜名藥師。舒明天皇二年，及白雉五年爲遣唐副使，其子孫世世居難波，故稱難波藥師。
靈雲	？	舒明天皇四年從遣唐使犬上御田鍬歸國		大化元年舉爲十師之一人。
勝鳥養	？	同右		
惠雲	？	舒明天皇十一年從新羅使歸國		大化元年舉爲十師之一人。

觀此表，遣隋留學生中史上留名者僅十餘人，其數決不可謂多。惟彼等留學期間甚長，竟有至二三十年之久者，必非專修佛學與儒學也。卽令對於他事，不甚留意；然於種種方面與中國文化接觸，見聞亦必多。其人數雖少，其及於日本影響則頗大。彼等說出中國之情況，必引起當時智識階級之好奇心，因受猛烈之刺戟，而有不可禁止之勢。又彼等之留學期間，自隋末直至唐初，唐代宮廷之儀禮，與政府之組織，及諸般法制，次第整理，皆必注意及之。今據新舊唐書刑法志，唐會要卷三十九，通鑑卷百八十五等，表示唐代編纂法典之概要如下：

名稱	撰者	頒行年代	卷數及其他
武德新格	劉文靜等	高祖武德元年（六一八）六月	由隋之開皇律令損益而成，凡九十三條。
武德律	裴寂蕭瑀等	高祖武德七年（六二四）四月	根據隋之開皇律，篇目亦準開皇律，凡十二卷五百條。
武德令	同右	同右	根據隋之開皇令，凡三十卷。
貞觀律	房玄齡等	太宗貞觀十一年（六三七）正月	凡十二卷五百條，篇目同開皇律。
貞觀令	同右	同右	凡三十卷二十七篇千五百九十條，或謂千五百四十七條。
貞觀格	同右	同右	凡十七卷七百條。
貞觀式	同右	同右	三十三卷。
貞觀留司格	同右	同右	一卷。

彼等目睹唐代禮文政治之美，對於自國紊亂之族制政治，當覺不滿。當時智識階級，聞彼等之傳述，均有急思模倣之心。其意以爲內容卽不能遽善，形式上，如改良宮廷之衣冠，整理政府之編制，必先爲之。蓋此種希望，並非自此時始，溯其淵源，自與吳國（南朝之宋）通交之雄略朝，已發其萌芽；至推古朝而益濃厚。故聖德太子有制定冠位，發布憲法之擧，及遣隋留學生等歸國，其欲望益高，

乇有不可遏抑之勢。是時適值蘇我氏滅亡，遂有大化改新之舉。大化改新之中心人物，爲中大兄皇子，中臣鎌足二人，皆曾受教於南淵請安（註三一）者。再觀以高向玄理僧旻二人爲國博士任大化改新之重要職務，亦可以知其故矣。

（註一）姓阿每，字多利思比孤者，天足彥（ノタリヒコ）也。足彥二字，孝安、景行、成務等歷代天皇之諱皆有之，殆已成爲天皇之異名，隋書當據所聞而記載之也。阿輩鷄彌，唐類函云，「其國號阿輩鷄彌，華言天皇也。」阿輩鷄彌，似係譯大君（オホキミ）之音。異稱日本傳云：「多利思比孤，舒明天皇諱息長足日廣額（オキナガタラシヒヒロヌカ），訛曰多利思比孤。開皇二十年，當我推古天皇八年，舒明天皇爲推古天皇後王，故混言之。阿輩鷄彌，推古天皇諱御食炊屋姬訛之也，」（以上原文）云云，其說似誤。

（註二）書紀推古天皇十五年七月庚戌條。

（註三）三國史記云，「百濟三十世武王九年春三月遣使入隋朝貢，隋文林郎裴清奉使倭國，經我國南路。」（原文）

（註四）梁書新羅傳云，「其國小，不能自通使聘，普通二年，王募名秦，始使使隨百濟，奉獻方物。」

（註五）書紀，北史，皆作裴世清。隋書，三國史記作裴清。裴清蓋裴世清之略稱也。

（註六）書紀推古天皇十六年四月，同六月丙辰，同八月癸卯條。

（註七）書紀推古天皇十六年八月壬子，同九月辛巳條。

（註八）北史倭國傳云，「其王與世清來貢方物，」隋書東夷傳云，「其王與清相見，大悅曰……（中略）……復令使者隨清來貢方物，」北史似抄隋書之文，而脫落兩清字間百餘字者。

（註九）隋書東夷傳云，「明年（大業四年）帝復令寬慰撫之，流求不從，寬取其布甲而還，時倭國（倭國）使來朝，見之曰，此夷邪久國人所用也，」邪久國，書紀作掖玖，夜句，續紀作夜久，益久。在種子島西南，今之屋久島也。書紀推古天皇二十四年條云：「三月掖玖人三口歸化，夏五月夜久人七口來之，秋七月亦掖玖人二十口來之，」（原文）是爲屋久之事見國史之始。據隋書則日本人已能略知南島之情形矣。

（註一〇）書紀推古天皇十七年九月條。

（註一一）舊事本紀卷九云：「詔大仁矢田部御嬬連公，改姓命造，則遣大唐使，復大禮犬上君御田鉏爲小使而遣之，」（原文）是矢田部爲大使也。

（註一二）書紀推古天皇二十二年六月己卯，同二十三年秋七月條。

（註一三）經籍後傳記，不知何時之書。據善鄰國寶記元永元年（一一一八）中原師安等與日本書紀同時引用，似係極古之書。

（註一四）參考第三章第二節與中國南朝之交涉。

（註一五）隋書東夷傳。

（註一六）隋書南蠻傳赤土條云：「煬帝卽位募能通絕域者，大業三年屯田主事常駿，虞部主事王君政等請使赤土。」

（註一七）隋書東夷傳流求條。

（註一八）隋書西域傳。

（註一九）日本書紀通釋卷五十三云：「蘇因高譯小妹子之字音者。信友謂按小野應讀爲サヌ，サヌ之約音爲ス，唐人譯サヌ爲蘇，譯イモコ爲因高云，其說難信。」

（註二〇）參照本章註三。

（註二一）松下見林異稱日本傳。

（註二二）靖方溯原卷上。

（註二三）參照第三章第六節，「與南朝之交通路。」

（註二四）續後紀承和六年八月甲戌。圓仁入唐求法巡禮行記會昌四年條。

（註二五）賈耽道里記，述唐代遼東方面之海路云：「登州東北海行，過大謝島（大竹島？）龜歆島（欽島），烏湖島（城隍島），三百里，北渡烏湖海（渤海灣入口之海），至馬石山（老鐵山）東都里鎭（旅順），二百里，東傍海壖，過靑泥浦（大連），桃花浦，杏花浦，石人汪，槖駝灣，烏骨江（鴨綠江）八百里，乃南傍海壖過烏牧島，貝江（大同江）口，椒島，得新羅西北之長口鎭（豐州）又過秦王石橋，麻田島，古寺島，得物島千里，至鴨綠江唐恩浦（南陽）口。」括弧內之地名，根據隋唐二朝高句麗遠征之地理（滿洲歷史地理第一卷所收。）

（註二六）崔忻所建之碑，俗稱鴻臚井之碑。蓋崔忻官鴻臚卿也。其文云：「勅持節宣勞靺鞨使鴻臚卿崔忻鑿井兩口永爲記驗開元二年五月十八日造。」見松井等氏之渤海國ノ疆域（滿洲歷史地理第一卷）。

（註二七）書紀推古天皇十六年九月辛巳條。

（註二八）又三十一年七月條。

（註二九）書紀舒明天皇四年八月條。

（註三〇）又十一年九月條。

（註三一）書紀皇極天皇三年條云：中大兄皇子、中臣鎌足所受教者，僅有「南淵先生」四字，雖闕其名，其爲請安，殆已可爲定說。集解云，「按推古天皇十六年紀，所謂學問僧南淵漢人請安是也，按此時釋氏兼儒，如孝德天皇之時，旻法師任國博士是也，由此觀之，請安亦兼得周孔之教，故稱先生。（原文。）

第六章 遣唐使

一 遣唐使之四期

遣隋使，既一度與優秀之中國文化接觸，而攝取其幾分矣；日本智識階級，猶以爲未足，景慕之情懷，模倣之欲望，勃不可遏，故有遣唐使之舉。

遣唐使，自舒明天皇二年（六三〇）犬上御田鍬始，至宇多天皇寬平六年（八九四）九月止，前後共十九次（內有一次爲迎入唐使，三次爲送唐客使）其間歷二十六代，二百六十四年之久。故雖同名爲遣唐使，而因其時代不同，其內容亦異，今爲一目瞭然計，列表如下：

遣唐使一覽表

數字之上：
- □爲任命後停止之符號
- △爲未至唐之符號
- ×爲迎入唐使之符號
- ※爲送唐客使之符號

人名之上：
- ○爲未入唐之符號
- ·爲歿於往復途中或歿於唐之符號

任命次序	一	二（甲）	二（乙）	三
執節使（押使）大使・副使	大仁犬上御田鍬 大仁藥師惠目	大使小山上吉士長丹 副使小乙上吉士駒	大使大山下・高田根麿 副使小乙上・掃守小麿	押使大錦上・高向玄理 大使小錦下河邊麻呂 副使大山下藥師惠日
判官錄事其他	？	凡一百二十一人	凡一百二十人	判官大乙上書麿　宮道阿彌陀　崗宜　置始大伯　中臣間人老　田邊鳥
使舶數	？	一	一	二
往　任命並出發年月	舒明二年（六三〇）八月出發	孝德白雉四年（六五三）五月出發	同右	孝德白雉五年（六五四）二月出發
往　所攜入唐留學生	？	道嚴　道通　道光　惠施　・覺勝　辨正　惠照　僧忍　・知聰　道昭　定惠　安達　巨勢臣藥　冰連老人	・道福　・道向	？
往　航路	北路？	北路？	南路？	北路
復　歸國年月	舒明四年（六三二）八月	孝德白雉五年（六五四）七月		齊明元年（六五五）八月
復　歸國時同行者	靈雲　僧旻　勝鳥養　唐使高表仁　新羅送使	百濟使　新羅使		？
復　航路	北路	北路		北路？
備考			入唐途中在薩摩國薩摩郡附近船破溺死	

四		五	※△六	七
·大使小錦上坂合部石布 副使大山下津守吉祥		小錦下守大石 小山下坂合部石積	小山下伊吉博德 大乙下笠諸石	小錦中河內鯨
?		吉士岐彌 吉士針間	?	?
二		?	?	?
齊明五年（六五九）七月出發		天智四年（六六五）十二月出發	天智六年（六六七）十一月出發	天智八年（六六九）出發
（第一船）	（第二船）			
?	?	?	?	?
北路	北路	北路	北路	北路？
	齊明七年（六六一）五月	天智六年（六六七）十一月	天智七年（六六八）正月	?
	?	唐使司馬法聰	?	?
	北路	北路		北路？
漂流於南海之島，被島人所殺。東漢阿利麻等五人乘島人之船到唐括州。	唐挟新羅，將滅百濟，扣留日本使於長安十個月。	因送唐使劉德高等同國而遣者。	因送唐使司馬法聰而遣者，僅至百濟而還。	

八	九
執節使直大貳粟田眞人○大使直廣參高橋笠間副使直廣肆坂合部大分高橋笠間辭大使，以坂合部大分代爲大使，從五位下巨勢邑治爲新副使○	押使從四位下多治比縣守大使從五位上○阿倍安麿大使從五位下大伴山守副使正六位下藤原馬養
大佑務大肆許勢祖父 中佑進大壹鴨吉備麿 小佑追廣肆掃守阿賀流 大錄進大參錦部道麿 少錄進大肆白猪阿麿 少錄山於憶良 大通事垂水廣人 伊吉古麿	大判官一人 小判官二人 大錄事二人 小錄事二人 此行共五百五十七人
?	四
文武大寶元年（七〇一）正月任命同二年六月發筑紫	元正靈龜二年（七一六）八月任命養老元年（七一七）三月發自難波
道慈	玄昉 吉備眞備 大和長岡 ·阿倍仲麿
南路	南路?
文武慶雲元年（七〇四）七月，副使巨勢邑治，慶雲四年三月回國。大使坂合部大分與元正朝之遣唐使同歸。	元正養老二年（七一八）十月
	文武朝遣唐大使坂合部大分
南路?	南路?

一〇	
大使從四位上多治比廣成 副使從五位下中臣名代	
判官外從五位下平羣廣成・判官正六位上田口養年富・判官正六位上紀馬主・判官秦朝元 准判官從七位下大伴首名 判官四人錄事四人同行共五百九十四人	
四	
聖武天平四年(七三二)八月任命同五年四月發自難波	
榮叡・普照 玄朗 玄法	
南路 ?	

(第一舶)	(第二舶)	(第三舶)	(第四舶)
天平六年十一月	天平八年七月		
玄昉，吉備眞備，大和長岡	唐僧道璿，婆羅門僧正菩提，林邑僧佛徹，唐人袁晉卿，皇甫東朝，波斯人李密醫。		
南路	南路		
		漂流於崑崙，惟判官平羣廣成等四人於天平十一年十一月歸國。	中途遭難，未回日本。

二			
大使從四位下・藤原清河 副使從五位下 大伴古麿 副使從四位上 吉備眞備			
判官正六位上 大伴御笠 判官正六位上 巨萬大山 判官正六位上 布勢人主 判官四人主典四人，合第二三船共二百二十餘人			
四			
孝謙天平勝寶二年（七五〇）九月任命同四年閏三月發自難波			
藤原刷雄 膳大丘 行賀 ？			
南路			
（第一船）	（第二船）	（第三船）	（第四船）
	天平勝寶六年正月	天平勝寶五年十二月	天平勝寶六年四月
	唐僧鑑眞並其弟子法進曇靜思託等		
	南路	南路	南路
漂流至安南，大使藤原清河歸唐，仕於唐。			

×一二	迎入唐大使從五位下高元度	判官○內藏全成　錄事羽栗翔　此行共九十九人	一	淳仁天平寶字三年（七五九）正月任命同二月出發	?	北路	天平寶字五年八月 唐使沈惟岳三十九人，以唐船送歸 南路	因迎前遣唐大使藤原清河而遣者，判官內藏全成等由渤海回，僅高元度等五十一人到長安。
□一三	大使從四位下○仲石伴　副使從五位上○石上宅嗣　石上宅嗣罷，以從五位上藤原田麿爲副使。	?	四	淳仁天平寶字五年（七六一）十月任命	淳仁天皇天平寶字五年十月命安藝國造使船四隻，又命東海東山北陸山陰南海諸道貢牛角七千八百隻，以仲石伴爲遣唐大使，石上宅嗣（後藤原田麻呂代之）爲副使，蓋迎入唐大使高元度歸國時，唐朝因安祿山之亂，兵器多失，欲日本贈牛角爲造弓材料、因而遣唐使爲送牛角於唐，並送唐使沈惟岳等而被任命。使舶既成，至難波時破壞一舶，罷之，改任中臣鷹主爲大使，高麗廣山爲副使，以爲送唐客使。天平寶字六年七月將發之際，因風不順而止。				
※□一四	送唐客大使從五位下○中臣鷹主　副使正五位上○高麗廣山	?	二	淳仁天平寶字六年（七六二）四月任命				

一五	大使正四位下。佐伯今毛人 副使正五位上。大伴益立 副使從五位下。藤原鷹取 副使大伴益立罷，以從五位上小野石根，大神末足爲副使。大使佐伯今毛人因病不往，以副使石根代行大使事。	判官　海上三狩 判官正六位上　小野滋野 判官從六位上　大伴繼人 准判官　羽栗翼 錄事正六位上　毛野大川 錄事　韓國源	四	光仁寶龜六年（七七五）六月任命 同八年六月發自筑紫	？	南路

（第一舶）	（第二舶）	（第三舶）	（第四舶）
	寶龜九年十一月漂至薩摩出水郡	寶龜九年十月漂至松浦	寶龜九年十一月漂至甑島
唐使趙寶英，藤原清河之女喜娘等		唐使孫興進	
南路	南路	南路	南路
途中船破，副使小野石根，唐使趙寶英溺死，舳漂至天草，艫漂至甑島。			

次	使	官員	船數	任命及出發	舶	赴唐者	航路	歸國年月	歸國者	航路	備考
※一六	送唐客大使從五位下布勢清直	判官正六位上甘南備清野 判官正六位上多治比濱成	二	光仁寶龜九年（七七八）十月任命，同十年五月發自難波		唐使孫興進	南路？	桓武天應元年（七八一）六月		南路？	因送同唐使孫興進等而特遣者
一七	大使從四位下藤原葛野麿 副使•石川道益	判官正六位上菅原清公 同○三棟今嗣 同•高階遠成 同•甘南備信影 准判官正六位上笠田作 錄事正六位上山田大庭 同上毛野穎人 准錄事朝野錄取 判官四人 錄事四人	四	桓武延曆二十年（八〇一）八月任命，同二十二年發自難波，未幾遇暴風舶破，復修繕之，同二十三年七月發自筑紫。	（第一舶）	空海 橘逸勢	南路	延曆二十四年六月	最澄 義空	南路	
					（第二舶）	最澄 義空	南路	延曆二十四年六月		南路	
					（第三舶）						第三舶於延曆二十四年七月四日發自肥前松浦郡庇良島，忽遭南風漂泊於孤島，判官三棟今嗣等脫身上岸，舶上載弓手數人漂流不知所往，故未赴唐。
					（第四舶）						第四舶是否赴唐不明，空海橘逸勢等，與判官高階遠成，於大同元年八月歸國，殆乘第四舶乎？

一八

大使從四位上　藤原常嗣
副使從五位下　小野篁。

判官從五位下　長岑高名
判官正六位上　菅原善主
判官正六位上　•藤原豐
准判官從六位下　藤原貞敏
准判官　良岑長松
錄事從七位上　山代氏益
錄事從七位上　松川貞嗣
錄事　大神宗雄
同　伴須賀雄
准錄事　高丘百興
同　丹墀高主
同　縣主益雄
判官四人，錄事四人，此一行共六百五十人，但第三船百四十人未往。

四

仁明承和元年(八三四)正月任命，同三年七月發自筑紫，遭暴風，第三船破壞，四年七月以三船再發，又遭暴風，至五年七月始復發。

圓行　常曉　戒明　義澄　○眞濟　○眞然　圓仁　惟正　•惟曉　•圓載　仁好　丁雄滿　伴始滿

南路

歸國時，大使藤原常嗣嫌使船不完全，由楚州分乘新羅船九艘，傍新羅之南而歸，承和六年八月，錄事大神宗雄之第六船先歸，常嗣繼率七船到肥前浦郡，他一船爲錄事山代氏益所乘，十月始至博多。請益僧圓行常曉戒明義澄等，皆從遣唐使回國。第二船似別發於唐，漂泊入南海賊地，與土賊戰，知乘船事菅原梶成等分乘一小船，於承和七年四月回至大隅，繼而准判官良岑長松駕第二船回大隅。

一九	大使從四位下 ○菅原道眞 副使從五位上 ○紀長谷雄	?	?	宇多寬平六年 （八九四）八月 任命	寬平五年三月，留唐僧有名中瓘者，報告唐國擾亂狀態，道眞奏渡海困難，請停止遣唐使，寬平六年九月遂停。

觀右表，遣唐使之任命，前後至十九次之多，淳仁朝天平寶字五年並六年（此爲送唐客使）與宇多朝皆任命而中止。天智天皇六年之伊吉博德等，因送唐之百濟鎮將劉仁願派來之司馬法聰等回國而遣者，六年十一月十三日發自日本，翌年正月二十三日回國，其間僅二月，祇可認爲送至百濟。（註一）又淳仁天皇天平寶字三年之高元度，爲迎前遣唐大使藤原清河者，故名「迎入唐使」。（註二）光仁天皇寶龜九年之布施清直，因送還唐客孫興進等，故名「送唐客使」。（註三）此皆因特殊之目的而派遣者。除以上六次外，明稱遣唐使而至唐者，前後凡十三次。此十三次遣唐使，因時代、目的、組織、航路等有種種變更，故可區分爲四期，以便參考。

第一期自舒明天皇至齊明天皇，其間凡三十年，有四次遣唐使。推古天皇三十一年留學於隋之學問僧學生等歸國，奏曰：

「大唐國者，法式備定珍國也，常須達。」（原文）（註四）

繼隋而興者爲唐，日本因欲移植優秀之文化，故遣使通唐，此可視爲遣隋使之延長者。其時遣唐使一行之組織，尚無一定；較之第三期第四期遣唐使，規模頗小。其航路大概與遣隋使同，北向朝鮮半島之西岸，沿遼東半島東岸而橫斷渤海灣口，在山東一角上岸。

第二期，爲天智朝之兩次遣唐使，乃因百濟與唐之政治的關係而遣者，雖名遣唐使，實與其他遣唐使有別。初天智天皇三年（六六四）五月，唐之百濟鎮將劉仁軌，（註五）使郭務悰等爲使，來至對馬，致牒書並禮物。其前一年日軍因救百濟，與唐軍戰於白村江，此時劉仁軌欲探日本國勢，故有此舉；日本似已知之，故謂百濟鎮將私使，不許入國。是歲於對馬、壹岐、筑紫置防人烽火，又於筑紫築水城，翌年（六六五）又於長門、筑紫等處築城，嚴加防備；合觀之可以知其大概矣。是歲九月，唐又使劉德高郭務悰至日本致書函，十二月歸國，日本是時曾遣守大石、坂合部石積爲遣唐使，蓋送還唐使者也。（註六）書紀小註亦云：「蓋送唐使人乎。」東國通鑑云：

「唐麟德二年（六六五）乙丑，仁軌領新羅使者，及百濟，耽羅，倭人四國使，浮海西還。」

可知大石等曾至唐矣。六年（六六七），百濟之鎮將劉仁願，使司馬法聰等，送坂合部石積等歸國，日本亦使伊吉博德等送還法聰，但博德等則未曾至唐。八年（六六九），又遣河內鯨爲遣唐使，惟國史無詳細記載，故難明瞭。唐書東夷傳咸亨元年之使，似卽指此。唐書云：

「咸亨元年（六七〇），遣使賀平高麗。」

第三期，乃自文武天皇至孝謙天皇，約計五十年間之四次遣唐使也。是時當唐中宗、睿宗、玄宗之世，爲唐代文化達於極點之期，日本以前代之形式的模倣爲不滿足，乃進而欲深求其眞髓，而徹底的攝取。斯時遣唐使人員之組織亦有一定，規模既大，儀容亦盛，可謂遣唐使之最盛期。日本天平時代燦然美備之文化，多爲此期學問僧、學生所負擔者。又是期之航路，與前期不同，由筑紫經由南島，橫斷中國東海以達揚子江口附近，卽南路也。

第四期，自光仁天皇至仁明天皇，凡六十年間，有三次遣唐使，是期遣唐使之組織與規模，或與前期同，或出於其上，形式上頗覺旺盛，而其實已至衰微之期矣。是時唐當安史亂後，人民流離失所，內則宦官專橫，節度使跋扈；外則回紇、吐蕃、南詔侵入，文運亦漸衰。斯時日本對唐之文化之可攝取者已略取之日本自國之文化，已在萌芽時期，故對於使唐一事，不若前代意氣之盛，不過以其爲祖先之貽謀，僅於義務上遵行之耳。因而對於遣唐使，態度冷淡，遣唐使任命後，往往中止或變更；學問僧，學生之留學期間亦頗短；普通一二年，超過五年者甚少。其航路，雖亦由南路，然已不似前期經由南島，而直由筑紫橫斷中國東海。

二　遣唐使之組織

遣唐使，書紀中名「西海使」（註七）萬葉集作「入唐使」。（註八）其組織隨時代而異，不能一律。各期均大使、副使各一人，第三期以後，大使由四位任命，副使由五位任命，僅孝德天皇白雉四年遣唐使，大使副使各二人，大使吉士長丹，副使吉士駒等，由朝鮮沿岸赴唐；大使高田根麻呂，副使掃守小麻呂等，由南島赴唐，（註九）蓋恐遣風波之難，故分道而往，無非欲達遣使之目的也。又孝謙天皇天平勝寶二年，任命藤原清河爲大使，大伴古麻呂爲副使，翌年復追加吉備眞備爲副使。（註一〇）因眞備爲元正朝遣唐留學生，在唐十七年之久，熟悉一切情形，故特派爲清河之助。大使副使之下，又有判官（文武朝名大佑中佑少佑）錄事，（文武朝名大錄少錄，孝謙朝名主典）各數人，聖武朝以後各四人。普通判官六位，錄事七位。此外又有准判官，准錄事。其他時代，大使之上，有更置執節使，或押使（註一一）者。執節使押使賜節刀，判官已下有犯死罪已下之罪者，有處斷之權。聖武天皇以後，不置執節使押使，惟賜大使以節刀。光仁朝，大使佐伯今毛人因病不往，特授節刀於副使小野石根，使行大使事，名曰持節副使。（註一二）

大使，副使，判官，錄事，爲遣唐使四等官，均選博通經史，文藝優秀，熟悉唐之形情者任之。遣唐使職員之中，又有知乘船事、造舶都匠、譯語、主神、醫師、陰陽師、畫師、史生、射手、船師、音樂長、新羅譯語、奄美譯語、卜部、雜史、音聲生、玉生、鍛生、鑄生、細工生、船匠、柂師、傔人、挾杪、水手長、水手等，（註一三）又有多數學問僧學生同行，故同行人員甚多。第一期，大概二百四五十人；第三期以後倍加，普通五百人內外；最多者爲元正朝五百五十七人，聖武朝五百九十四人，（註一四）至仁明朝，竟增至六百五十一人。（註一五）是行也分乘四舶，發自筑紫；未幾，遭暴風，第三舶一百四十八人遇難覆沒，（註一六）赴唐者實僅五百八內外。

三　遣唐使船

遣唐使時代，航行大洋之船名「舶」。(註一七)第一期遣唐使時代中，舒明朝使舶之數不明。其他三次皆二舶，每舶載百二十八內外；(註一八)因而是期之遣唐使人員，大概可推定為二百四五十人。第二期亦不明，恐只一舶。第三期、第四期內，惟文武朝不明，其他皆四舶，因而和歌中稱遣唐使舶，曰「四舶」。(註一九)第三期，第四期似較第一期人員加倍。其舶，在文武朝時，命周防國製造。元正朝命近江、丹波、播磨、備中四國製造；其他概命安藝國製造。是時特任命造舶使長官及次官以監造之。(註二〇)四舶中第一舶，大使乘之；第二舶，副使乘之；第三舶，第四舶，上席之判官乘之，其大小雖不明，然由種種方面推測，知可乘百二十八至百六十八。(註二一)常陸風土記，天智天皇朝，在石城國所造大船，長十五丈，寬一丈餘。遣唐使舶之大小，當皆與此相似。其構造亦不明。按天智天皇白雉元年，命安藝國造百濟船二艘；其後遣唐使舶，概命安藝國製造。蓋遣唐使舶為百濟式；不過較應神、仁德朝之猪名舟稍進步耳。大概船體無縱通力，質殊脆弱，若被大浪播蕩，或觸暗礁，即由中部斷折為二。圓仁之入唐求法巡禮行記，記載仁明朝之第一舶，觸於揚州附近砂上云：

「使頭以下至於水手裸身緊逼褌，船將中絕，遷走艫舳，各覓全處，」（註二二）（原文）

續紀亦載光仁朝遣唐持節副使小野石根所乘之第一舶被難情狀云：

「第一船海中斷，舳艫各分。」（註二三）（原文）

蓋船甚長大，其舳與艫以兩大木連合建造者。續紀記此事云：

「打破左右棚根，潮水滿船。」（原文）

續後紀記載仁明朝之遣唐使第三舶遭難云：

「梔折棚落，潮溢人溺。」（註二四）（原文）

再觀遣明使船之圖，左右兩舷皆設有棚（吊板），可以想見矣。

遣唐使船大概爲利用風力之帆船，送遣唐使歌中每有「眞梶繁貫於大船」（註二五）之句，蓋左右兩舷，多設棹櫓，不能利用風力時，則搖之以使船進，因而必須多數水手。續紀載迎入唐大使高元度等十人歸國時，唐造長八丈之船，送之歸國，除水手官沈惟岳等九人外，同行有水手三十人。

（註二六）唐大和上東征傳亦云：唐僧鑑眞，於天平二十年赴日本，由揚州乘船，是時同行者三十五人其中水手十八人。由此觀之，是時同行者之半數以上爲水手，遣唐使一行雖有五百人內外，蓋其中二百五十人以上爲水手也。又恐漂流南海島中時，蠻人劫掠，故船中又多備弓箭手。此外船師、柂師、船匠、雜使、音聲生、玉生、鍛生、鑄生、細工生、傔人、挾杪等智識階級僅三四十人，多亦不過五六十人。此事於後章研究遣唐使與文化移植之關係時，最宜留意。

遣唐使船，又備有小艇數隻，於必要時下而用之，與現在之救命艇同。入唐求法巡禮行記記載如下；

「不久霧氣微霽，島體分明，未知何國境，便下艇，差射手二人，水手五人，遣令尋陸地，問其處名。」（註二七）（原文）

其艇對於大船，稱爲「同船」（註二八）或「獨底船」（註二九）即獨木小舟也。

四　遣唐使之航路

當時航海術極其幼稚，遣唐使一往一復，平均計算每二十年一次。故是時之人，關於航路，僅有約略之智識。現因無詳細記錄，且遇逆風時，又多漂流於所定航路之外，故今日無從確指其航路。

遣唐使人員乘船之港，爲難波之三津浦，殆即現在大阪市南區三津寺町也。伊吉博德書（註三〇）亦謂齊明朝之遣唐使自此出發。詠遣唐使之歌，亦有「大伴之三津之濱松」「發自難波方三津之埼，」「乘船於住吉之三津」之句。（註三一）同人每次皆由三津浦啓行，西下瀨戶內海，至筑紫而碇泊於大津浦。此可觀伊吉博德書與續紀（註三二）而知之。大津浦又名娜大津，亦名博多大津，即現在筑前之博多也。此港爲太宰府之門戶，不獨遣唐使爲然，凡往外國之船舶，咸碇泊於此。由此赴唐，分南北兩路。北路，續紀中稱爲渤海道或渤海路，（註三三）經壹岐，對馬，通過朝鮮之南畔與耽羅國（濟州島）之間，到現今之仁川附近，由此或即橫斷黃海，或沿朝鮮半島西岸及遼東半島東岸，橫斷渤海灣口，至山東之一角上陸，與遣隋使時代之航路（註三四）同。南路則南下筑紫西岸，經南島，橫斷中國東海，而達揚子江口，亦有由筑紫之値嘉島（五島列島並平戶島之舊名）附近，橫斷中國東海者。

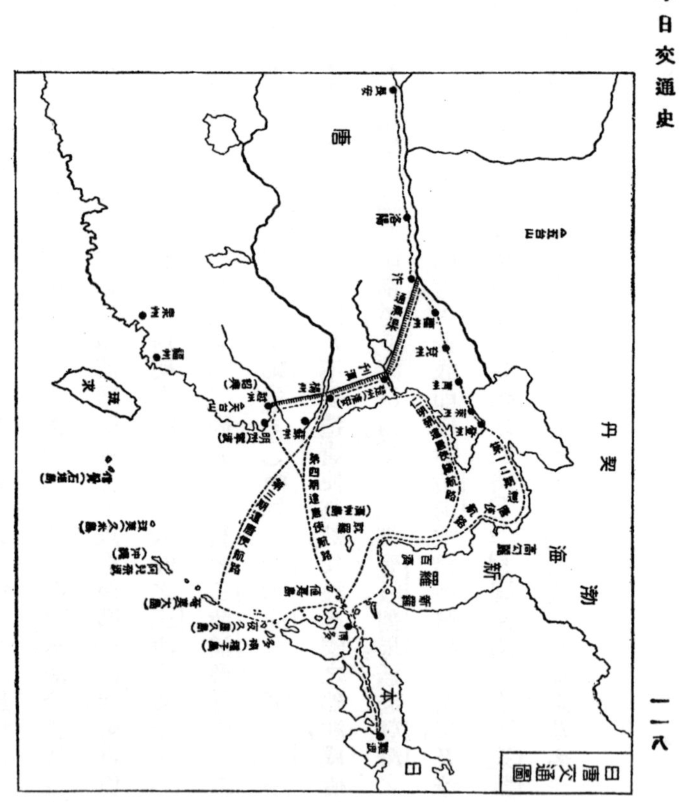
日唐交通圖

第一期概由北路，試觀孝德朝白雉五年遣唐使高向玄理等在山東萊州上陸；(註三五)舒明朝遣唐使犬上御田鍬等歸國時，隨新羅之送使而來，亦可知矣。(註三六)總之第一期遣唐使，概與遣隋使同，故其航路亦同。惟孝德朝白雉四年之遣唐使爲例外，其時任命大使副使各二人，大使吉士長丹，副使吉士駒以下一百二十一人，由北路入唐；大使高田根麻呂，副使掃守小麻呂以下一百二十人，在薩麻之曲、竹島之門遇難。(註三七)薩麻，卽薩麻國薩麻郡之地，竹島，卽薩摩國南之島。由此等地名考之，乃欲經南島，橫斷中國東海者，其計畫雖歸失敗，但實爲遣唐使取南路之先驅。

第二期遣唐使係因朝鮮半島之政治關係而遣者，亦取北路。第三期以後之遣唐使，皆由南路。只聖武朝之遣唐判官平羣廣成，仁明朝之遣唐大使藤原常嗣等歸國時，取北路。(註三八)又淳仁朝迎入唐大使高元度，往路亦取北路。蓋乘渤海使楊承慶等來朝機會，而迎孝謙朝之遣唐大使藤原清河，乃附渤海使而差遣者。(註三九)圓仁於承和六年由山東之文登縣赴五臺山，途中詣登州開元寺，有以下之記錄。

「此開元寺佛殿西廊外僧伽和尚堂內北壁上，畫西方淨土及補陀落淨土。是日本國使之願，卽於壁上書著緣起，皆悉沒卻，但見日本國三字，於佛像左右書著願主名，盡是日本國人官位姓名。錄事正六位上羽豐翔，雜使從八位下秦育，雜使從八位下白牛養，諸吏從六位下秦海魚，使下從六位下行散位（缺兩字）度傔人從七位下連雄貞傔人從八位下紀朝臣貞（缺一字）尋問無人說其本由，不知何年朝貢使到此州下。」（註四〇）（原文）圓仁雖謂「尋問無人說其本由不知何年朝貢使到此州下，」但文中有「錄事正六位上羽豐翔」之名，當為從高元度入唐之錄事羽栗翔之誤。據此亦可知高元度入唐所過之地矣。自遣隋使以來，幾次往復，皆取北路，乃忽棄之而取南路，必有重大之理由。前後十三次遣唐使中，取北路者皆平安；取南路能免風波之難者甚鮮。乃棄北路而取南路，可謂避易而趨難矣，是何故耶？

其第一理由，蓋因朝鮮半島之形勢變更也。第一期遣唐使時代，半島中仍有百濟、高句麗二國，常與日本聯和，而為中日交通之媒介。第二期遣唐使時代，新羅強盛，已滅百濟、高句麗二國而統一半島矣。第三期遣唐使時代，新羅益恃其勢，而無禮於日本，故孝謙天皇天平勝寶四年，派遣問罪使，

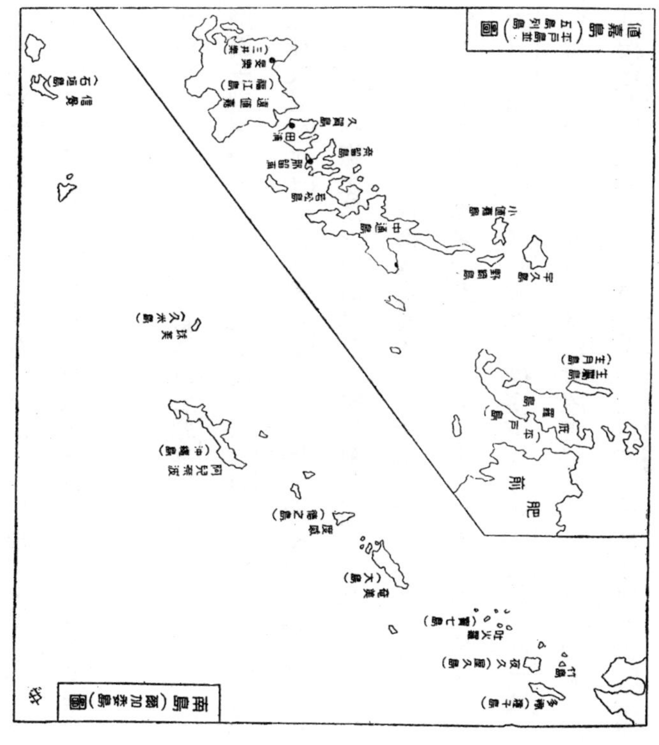

(註四一)淳仁天皇天平寶字三年,乃定征討新羅之議,而作大規模之準備。(註四二)以是之故,第三期以後之遣唐使,不能通過新羅之領海,故舍北路而取南路也。唐書東夷傳記孝謙朝遣唐使之事如下,可供參考。

「新羅梗海道更繇明越州(浙江省舊寧波府紹興府之地)朝貢。」

第二理由,則第三期遣唐使時代南島概服屬於日本日本人始知可經由此等各島渡唐也。試觀文武天皇二年,使文忌寸博士等八人赴南島招致各國,三年七月多褹(種子島)夜久(屋久島)奄美(大島)度感(德之島)等島來朝而授以爵位,(註四三)後僅隔一年半,卽於大寶元年正月任命遣唐使粟田眞人等由南路入唐。元正天皇和銅七年十二月,奄美、夜久、度感之外,又有信覺(石垣島)球美(久米島)等來朝獻方物。(註四四)南島形勢,次第明瞭,因而是期之遣唐使,不由筑紫橫斷中國東海;先於肥前、肥後、薩摩之海岸南下,經夜久、吐火羅(吐火羅卽今之寶七島)到奄美附近,由此西航,渡中國東海而達揚子江口附近。歸時亦行此路,續紀敍孝謙朝遣唐第一舶之歸路,有「舉帆指奄美島」一語。(註四五)唐大和上東征傳記載孝謙朝遣唐副使大伴古麻呂之第二船，於天平勝寶五年十一月發自蘇州，經南島歸國之航路云：

「十五日壬子，四舟同發，有一雉飛第一舟前，仍下矴留。十六日發。二十一日戊午，第一第二兩舟同到阿兒奈波島（冲繩島），在多禰島（種子島）西南，第三舟昨夜已泊同處。十二月六日南風起，舟着石不動，第二舟發向多禰，去七日至益救島（夜久即屋久島）。十八日自益救發，十九日風雨大發，不知四方，午時，浪上見山頂。二十日乙酉午時，第二舟着薩摩國阿多郡秋妻屋浦。」（註四六）（照錄原文）

此文乃敍第三期遣唐使航路之貴重史科也。又續紀天平勝寶六年二月條云：

「丙戌敕大宰府，去天平七年，故大貳從四位上小野朝臣老，遣高橋連牛養於南島樹牌。而其牌經年今既朽壞，宜依舊修樹。每牌顯著島名，并泊船處，有水處，及去就國行程，遙見島名。令漂著之船知所歸向。」（照錄原文）

既在南島建牌，記述島名、泊處、有水處、去國路程等，以便漂流之船知所歸向，則可證明是時之中日交通路係經由南島者。

經由南島耗費時日良多，與北路同，且有橫斷中國東海之危險同一冒險，則不如即由筑紫橫斷中國東海矣。故第四期遣唐使，不經南島，先發自筑紫之大津浦（博多）達肥前國松浦郡值嘉島（平戶島並五島列島之舊名）若得順風，則可直航中國東海。如光仁朝之遣唐使船，在松浦郡合蠶田浦（在五島列島之福江島與久賀島之間）等待信風；(註四七)桓武朝之遣唐使第一，第二船，發自松浦郡田浦，第三船發自庇良島（平戶島）(註四八)仁明朝之遣唐使船，發自松浦郡旻樂埼（福江島北端三井樂）(註四九)皆其證也。其歸路亦直指值嘉島，可據光仁朝第三船，回到松浦郡橘浦；桓武朝第二船回松浦郡鹿島；（值嘉島）而知之。(註五〇)三代實錄，日本貞觀十八年三月九日參議大宰權帥在原行平之起請二條內，亦記值嘉島之情形云：

「地居海中，境隣異俗。大唐、新羅人來者，本朝入唐使等，莫不經此島。」（照錄原文）

此路較經由北路與南島之兩路，航程最短，且無停泊之港；若得順風，航海之日數，不過十日內外耳。(註五一)航海日數所以縮短者，因是時攝取中國文化之欲望，已不若前代之熱烈，心中又有渡海危險之懼，只以祖先之貽謀，不得不遵行之，故第四期遣唐使，特縮短航海日數以安慰之也。

第四期遣唐使之航路內，尤須說明者，爲仁明朝遣唐使之歸路。是時大使藤原常嗣，嫌日本使舶不完全，乃雇楚州（江蘇省舊淮安府）之新羅船九艘，分乘之，傍新羅之南，回至松浦郡生屬島（生月島）（註五二）（與常嗣同歸者，僅遣唐第一、第四舶人員。第二舶另發於唐，漂至南海賊地，與土賊戰；知乘船事菅原梶成等，分乘一小船，先回大隅，後淮判官良岑長松亦駕第二舶回大隅）又是時隨常嗣歸國之圓仁，（初圓仁隨常嗣入唐，欲由揚州向天台山，因不得勅許，不得已而歸，）仍思遂其巡拜天台山之宿志，途中於山東登州文登縣下船（註五三）大概亦係北路。承和十四年圓仁歸國時，亦由此路，詳見圓仁之入唐求法巡禮行記。即自楚州沿海岸北上，到登州文登縣赤山莫琊口（山東省靖海灣附近，）由此向正東，橫斷黃海，沿新羅西岸南下，通耽羅國（濟州島）之北，遙望東方對馬，而至値嘉島，遂還筑前之博多津。（註五四）此路實當時楚州（唐代由淮水通外海，）與新羅交通之門戶，其地有新羅坊，新羅人多居之，（註五五）此可視爲唐與新羅之交通路，延長至日本者。常嗣等由新羅船歸國，勢必由此航路矣。

日本使舶，由南路到唐之地點，並歸時解纜之地點，固隨時有異，然大體則一致，今表示如次：

時代	到唐地點	歸航解纜地點
文武朝	楚州鹽城縣	?
元正朝	?	?
聖武朝	?	蘇州
孝謙朝	明越州	蘇州
光仁朝	揚州海陵縣	第一船　蘇州常熟縣 第二船　同 第三船　揚州海陵縣 第四船　楚州鹽城縣
桓武朝	第一船　福州長溪縣 第二船　明州	明州下鄮縣
仁明朝	揚州	楚州

據此表，則知皆在蘇州、揚州、明州、楚州等近揚子江口之地。桓武朝之第一船，所以到福州長溪

縣者，因漂流海上月餘故也，歸國時仍使錄事山田大庭回至明州，與第二船同由明州之下鄮縣解纜。（註五六）

五　遣唐使往復狀況

派發遣唐使事決定後，先任命大使、副使及以下職員。未幾，行朝拜禮。普通於此時之前後造使船。至準備完成時，對大使（或執節使押使）行賜節刀禮。是時詔曰：使人自判官以下，犯有死罪以下之罪者，依罪處斷。（註五七）又時有饗餞之禮。未幾同發自難波之三津浦，西下瀨戶內海，碇泊於筑前大津浦（博多）自此或向北路，或向南路而赴唐。

遣唐使於航海時應準備何種必要物品，甚不明瞭。惟仁明朝之遣唐使船，由大宰府備有錦甲一百，冑一百，袴一百，（註五八）此無非恐漂泊南海島中，防蠻人襲擊耳。延喜式（註五九）中載有遣唐使所備之藥品如左：

「唐使十一種，犀角丸、大戟丸各四劑，七氣丸、八味理沖丸、百毒散、度嶂散各十二劑，伏苓散十六劑，神明膏六劑，萬病膏升麻膏各八劑，黃良膏四劑，所須藥種各依本方。其用度雜物篩六口，料絹一丈二尺，裹油絁一丈三尺六寸五分，紙九十八張，木棉二斤十四兩，酢七斗七升，調布一端四尺，拭白布二丈，陶壺二十三口，炭七斛九升」（原文）

「草藥五十九種，芎藭、白朮、地楡、桔梗各八斤，獨活、前胡、升麻、夜干、栝樓、牛膝、伏苓、柴胡、烏頭、附子、天雄、商陸、蜀椒、黃蓍、松脂、石南草各六斤，大戟、防己、黃蘗、紫菀、苦參、昌蒲各四斤，石韋、澤寫、玄參、槀本、熟艾、漏蘆、藺茹、甘遂、虵銜、梨蘆、干地黃、枳實、桑根白皮、丹參各二斤，杏人、五味子、兎絲子、葶藶子、虵床子、半夏、蒲黃、麥門冬、僕柰各四斤，練胡麻一斗六升，桃人一石二斗，黃芩、麻黃各八斤，黃連、茵芋、吳茱萸、防風、橘皮各六斤，白蘞四斤，盛雜藥韓櫃四合（著鏁）裹櫃席八枚，黑葛四斤，麻繩四了，杋四支。」（原文）

此等藥品乃備途中患病者之用。

航海時之糧食，沿途在碇泊地購買生料，一出海洋則用當時旅行家所用之乾糧。承和六年，圓仁乘遣唐使船歸國時，途中記述云：

「四月十六日，今日始，主水司以水倉水充船上人，官人已下，每人日二升，傔從以下水手已上日每人一升半。

十八日，改食法，日每人糒一升，水一升。

二十六日，粟錄事下船，到押衙處相看，兼作帖請食糧。先在東海縣，但過海之糧，此船過海，逆風卻歸流著此間，事須不可在此喫過海糧，仍請生料云云。」（註六〇）（皆原文）

遣唐使一班人員，途中食乾糧與生水，僅以充饑，且被風雨之侵凌，巨浪之顛簸，有繼續數十日至數月之久者，其勞苦亦云甚矣。況出行概在六七月炎熱時期，途中病死者亦不少。圓仁曾云，仁明朝遣唐使一班人員，於承和五年七月到揚州，多患痢疾，其文云？

「七月十三日，大熱，未時雷鳴。自初漂着以來，蚊蝄甚多，其大如蠅，入夜惱人，辛苦無極。中時留學僧等來，同居寺裏，患赤痢。

二十四日，依准判官藤原貞敏卒爾下痢，諸船於此館前停宿，兩僧下船看問病者。

二十五日寅時發去，人人患痢，行船不一准。」（註六一）（原文）

又述翌年五月歸國時在山東沿岸海中一事云：

「五月一日水手一人自先沈病將臨死。未死之前，纏裹其身，載艇送棄山邊。送人卻來云，棄著岸上，病人未死乞飯水，語云我病若瘉尋村里去。船上之人莫不惆悵。」（註六二）（原文）

臨危之病人，棄於寂寞無人之海濱。有同舟之誼者，固不得不一洒同情之淚也。由是觀之，因移植中國之文化而犧牲者，固不知幾許矣。

當遣唐使船航海時，先定方向以候風，是爲隨員中卜部之任務。（註六三）洋中若遇濃霧，難定方向時，或遭逆風時，卽下碇以防其漂流。及霧消風順，再行前進。（註六四）若近陸地，入淺海，防有暗礁，則下小艇以探前途之淺深，或詢該陸地爲何國境。（註六五）使船發自日本時，皆與同行數船並行出外洋，暗夜互通火信以資連絡，（註六六）但途中因遭暴風，彼此相失，各自達於中國者爲多。

遣唐使等既至中國後之狀態，因無詳細記錄，故難明其眞相。然可據渤海國使至日本時狀態而推測之，蓋日本對於渤海國使之辦法，概取法於唐朝對日本之規則也。

一班人員既達彼地，到該州都督府報到，聽其處置。都督府循例安置供給，立卽詳報京師。

(註六七)復限定赴京之人數，而使前往。光仁朝之遣唐使，到揚州海陵縣者凡六十五人。（第一船判官大伴繼人歸國時之奏章中言六十五人，第三船判官小野滋野奏章中言八十五人，恐係傳寫之誤。）(註六八)桓武朝之第一船到福州長溪縣者凡二十三人，第二船到明州者二十七人。(註六九)仁明朝之第一、第四船到明州，惟大使藤原常嗣、判官長岑高名、菅原善主、錄事高丘百興、大神宗雄、別請益生伴須賀雄眞言請益圓行等，並雜職已下三十五人，許往京師。(註七〇)可知得入京者不過同人中一部分耳。

自登陸後至長安之路線不明。由北路入唐者，似自山東之登州或萊州，經青州、兗州、曹州到汴，由此沿黃河南岸經洛陽以到長安。由南路者，到蘇州或明州（浙江省寧波府）復至揚州，由此經楚州（江蘇省舊淮安府）到汴，亦經洛陽而入長安。自揚至汴，大都利用邗溝，通濟渠兩運河。仁明朝之遣唐使，有分乘官船五艘，溯運河而上之記錄。(註七一)既到上都之長樂驛，例由內使(註七二)率馬來迎，且持酒脯宣慰。同人於是駕馬入京，安置於外宅。(註七三)唐朝特置所謂監使(註七四)者，辦理外宅一切事務，頗加優遇。此與日本對渤海使，置存問使與領客使者相似。繼進國書貢物於天子，在宮中禮見繼復召見所請皆許，設宴於內廷，賞賜有差(註七五)時有授以唐之官職者。(註七六)使臣在京，若值正月元旦，則與百官諸蕃同行朝賀。(註七七)事畢拜辭，唐使監使宣勅，贈以禮物，且設宴餞別。於是同人領留學生等，由內使監送歸國，內使有半途而回者，亦有送至日本者。(註七八)遣唐使回國後，立卽馳驛上奏，及入京師，大使有進節刀之禮，朝廷於是賞功除職，賜物，免其傜役。

六　遣唐使之遭難與其原因

遣唐使往復時，蒙風波之難，或船破、或漂流者頗多。概言之，行北路時，惟第一期、第二期沿岸而行者，遇難較少。北路中災害最烈者，爲齊朋天皇五年之遣唐使。是時大使坂合部石布之第一舶，與副使津守吉祥之第二舶，於八月十一日發自筑紫大津浦，(博多)九月十三日到百濟南畔之島，十四日二舶相伴出洋，十五日夕，第一舶遭逆風漂泊於爾加委島(南島)被島人所害，僅東漢阿利麻、坂合部稻積等五人盜島人之船，得達唐之括州。(浙江省永嘉縣)第二舶則漂流至唐之越州。(浙江省舊紹興府)(註七九)

第三期以後，似行南路，無一次不遭若干災難。往復均安者惟元正朝多治比縣守之一班人員耳，續紀亦云：「此度使人略無闕亡。」（註八〇）遣唐使職員內，置有造舶都匠，與船匠，又有新羅翻譯、奄美翻譯及多數射手，即備船破漂流時之用者。行南路時遭難最甚者爲聖武、孝謙、光仁、三朝之遣唐使。

聖武朝遣唐使多治比廣成等到唐，使事畢後，于天平六年十月，四船相從發蘇州，海上忽遭暴風，大使多治比廣成之第一舶，幸漂流至多褹島（種子島，）副使中臣名代之第二舶，復吹還至唐，天平八年七月歸國。判官平羣廣成之第三舶，漂流至崐崙國，（註八一）同行百十五人或被殺，或死於瘴，僅廣成等四人得免歸唐。由阿倍仲麻呂斡旋，唐朝給以船糧，由渤海道歸國。天平十年三月，自山東登州過海，五月到渤海國，時渤海王大欽茂亦將遣使至日本，乃同發渤海，海上又遇風波，一船覆沒，渤海大使胥要德等四十人溺死。廣成等則於天平十一年十月，漂流至出羽。第四舶終未返。（註八二）

孝謙朝之遣唐使，於天平勝寶五年十一月，發自蘇州，經阿兒奈波島（沖繩島）歸國。海上遭暴風，大使藤原淸河及元正朝之遣唐留學生阿倍仲麻呂所乘之第一船，吹向南方，漂至安南，其後二人備嘗辛苦，始得至唐，後仕於唐，頗受寵遇。副使大伴古麻呂之第二船，經薩摩國漂至阿多郡秋妻屋浦。(註八三)副使吉備眞備之第三船，經益久島（夜久島卽屋久島）漂至紀伊之牟漏琦。判官布勢人主之第四船，漂至薩摩石籬島。(註八四)

光仁朝之遣唐使歸國時最苦。持節副使小野石根之第一船，與副使大神末足之第二船，於寶龜九年十一月五日同發蘇州而出洋。八日初更大風忽起，潮水滿船，石根以下三十八人，唐使趙寶英等二十五人，隨波逐浪而死於海。其後風仍不止，至十一日五更，帆檣倒於船底，船分兩段，判官大伴繼人，前遣唐大使藤原淸河之女喜娘等四十一人，團居於方丈之舳上，漂泊海上六日，始漂至肥後天草郡西仲島。主神津守國麻呂等五十六人，居艫上，漂至薩摩甑島。第二船漂至薩摩出水郡。判官小野滋野之第三船，先在揚州海陵縣，於九月九日得正南風出發，三日後遭逆風，擱淺砂上，破損頗巨，從事修理，十月十六日出發，二十三日到肥前松浦郡橘浦。判官海上三狩之第四船，由楚州鹽城縣出發，漂流到耽羅國（濟州島），被島人拘留，錄事韓國連源，祕密解纜，率衆四十餘人，達薩摩

甑島。(註八五)

桓武朝之遣唐使，於延曆二十二年四月十六日，由難波津出發，未幾，遭暴風，船壞，明經請益大學助教豐村家長以下，溺死者甚多，復修理船舶，至二十三年七月六日，由肥前松浦郡田浦出洋。又遭暴風，大使藤原葛野麻呂之第一船，漂流海上三十四日，至八月十日始達福州長溪縣，副使石川道益之第二船，則至明州。(註八六)第三船於七月四日發自松浦郡庇良島，忽遇南風，漂至孤島，判官三棟今嗣等脫身上岸，船上仍有弓手數人漂去，不知所往，未能至唐。(註八七)第四船是否赴唐，亦不明。大同元年八月，判官高階遠成與空海、橘逸勢同行歸國，或乘第四船亦未可知。(註八八)

仁明朝之遣唐使於承和三年七月二日，四船相並發筑紫，忽遭逆風，第一、第二、第四船幸漂回至肥前，第三船柁折棚落，潮水滿船，溺死者甚多。同行者百四十八人，各各拆船，造筏而乘之，隨浪漂至對馬南浦者十六人，漂至肥前者九人。於是再修船舶，翌年七月，第一、第二、第四三船，由筑紫出發；又遇逆風，第一、第四船吹回至壹岐島，第二船吹至值嘉島。第三次又加修理，至五年六月，臨發時，副使小野篁稱病不行，大使藤原常嗣，於七月間率第一、第四二船出發，第二船以判官藤原豐爲船主，十

數日後出發。（註八九）

由是觀之，第三第四期往南路之遣唐使，殆每次必遭風波之難。固因其時造船術幼稚，船極脆弱，不能横斷直徑五百海里之中國東海，但最重大之原因，則在無季節風（Monson）之智識也。然續紀記載光仁朝遣唐使之事云：

「寶龜七年閏八月，庚寅，先是遣唐使船，到肥前國松浦郡合蠶田浦，積月餘日，不得信風。既入秋節，彌違水候，乃引還於博多大津。奏上曰，今既入於秋節，逆風日扇，臣等望待來年夏月，庶得渡海。是日勅，後年發期，一依來奏。」（照錄原文）

驟視之，似第四期遣唐使時代，已知季節風矣。然中國東海之季節風，自十月至翌年三月爲東北風，自四月至九月爲西南風。秋節以後爲渡唐良好時期，乃有「既入秋節，彌違水候」「今既入於秋節，逆風日扇，臣等望待來年夏月」等語，殊屬不合。度是時對於季節風並未明瞭，不過只就目前之風波而言之耳。

觀行南路之第三、第四期，遣唐使出發時期，皆於三四月發難波津而下筑紫，至六七月時，由筑紫出發。是時適多西南季節風，概難航海，其幸而未遇難者，亦不過適當風平浪靜時耳。歸國時期無定，凡在流行西南季節風之四月至九月歸國者，悉平安無事，自十月至三月歸國者則多東北季節風，而航行於冬季駭浪中，沉沒漂流之事，自不能免。今將往返之月與遭難之狀況，列一比較表如左：

時代	往唐			歸國	
	自難波出發	自筑紫出發	途中狀況	自唐出發	途中狀況
文武朝	?	六月	平安	七月	平安
元正朝	三月	?	平安	十月	平安
聖武朝	四月	?	平安	十月	遭難（第一舶歸國 第二三舶漂流 第四舶破）
孝謙朝	閏三月	?	平安	十一月	遭難（第一舶漂流 第二三四舶歸國）
光仁朝	四月	六月	平安	十月（第三舶）十一月（第一二四舶）	遭難（第一舶破 第二三舶歸國 第四舶漂流）
桓武朝	四月	七月	遭難（第三舶似未赴唐）	五月	平安
仁明朝	五月	七月（第一次） 七月（第二次） 七月（第三次）	遭難 遭難（第三舶破）（吹還） 平安	七月	平安

七　遣唐使之畏避與優遇

遣唐使等平安歸國者既少，凡被任命爲遣唐使者，如臨戰場，自分必死，因而設法退避，固人情也。尤以第四期遣唐使時代國民意氣已甚萎縮，且對於中國文化之欽慕心已薄，人多不願爲遣唐使，每託辭以避其任。如淳仁天皇天平寶字五年雖有遣唐使之任命，翌年改爲送唐客使，遂中止於無形之間。（註九〇）光仁朝之遣唐使亦幾經更換。（註九一）光仁朝之遣唐大使佐伯今毛人，已下筑紫，以入秋不得季節風爲口實，而延其渡海之期。副使以下雖留筑紫，大使則獨自還都。翌年將發行辭見禮時，到羅城門稱病不行；朝廷不得已，使副使小野石根持節行大使事。（註九二）又仁明朝之遣唐副使小野篁稱病不上船，作西道謠以譏遣唐使，其表面理由謂其所當乘堅牢之舶，被大使藤原常嗣所奪，實則懼渡海之險，欲避其任而藉此爲口實也。（註九三）

託辭以避遣唐使之任者既多，朝廷爲獎勵計，特加優遇。第一、第二期雖無明徵；第三期以後，任命遣唐使時，有拜朝、賜節刀禮，復賜饗餞。饗餞之際，又賜御製之歌，或賜御衣、黃金等物。孝謙朝賜遣唐大使藤原清河等饗餞時御製之歌云：

「維我大和之國兮，渡海上如平地，居船上如坐床，（日本屋內滿鋪之高地板，）是大神鎮護之邦。四舶聯翩兮，不日平安而歸航。歸航而相飲兮，飲豐美之酒漿。」

又歌云：

「四舶其早歸兮，朕祝於裳邊以待之。」（註九四）

又桓武朝之遣唐大使藤原葛野麻呂，副使石川道益之饗餞，特饗以漢法烹調，並賜以御製之歌曰：

「維此酒兮雖不多，指日平安而來歸兮，乃可慶之酒也。」

賜葛野麻呂御被三領，御衣一襲，金二百兩。賜道益御衣一襲，金一百五十兩。」（註九五）

仁明朝之遣唐大使藤原常嗣，副使小野篁等餞饗時，亦賜御製詩歌，命五位已上以「賜餞入唐使」爲題，使賦詩歌，賜常嗣御衣一襲，白絹御被二條，砂金二百兩。賜篁御衣一襲，赤絹御被二條，砂金百兩。（註九六）其他兼國事力度者等咸有賜與。（註九七）發遣之前，陞敍位階。且奉幣於神社，以祈海上之平安。(註九八)其尤鄭重者，仁明朝之遣唐使因兩次均遭逆風，於承和五年三月，命太宰府由九州各地選擇二十五歲以上精進持經心行無變者九人度之，分置於筑紫之筥崎宗像，阿蘇等重要諸社，專心行道，以祝遣唐使之平安。四月命五畿七道，自遣唐使出發之日直至歸國之日，皆誦海龍王經。(註九九)遣唐使事畢歸國行進節刀禮後，朝廷賞其功而陞其位，賜物並免徭役。(註一〇〇)

他如藤原清河遭逆風不能歸國，特派迎入唐使以迎之，(註一〇一)或託下任遣唐使賜以金帛，且下勅書命同歸國。(註一〇二)又光仁朝之遣唐判官海上三狩，歸時漂流至耽羅國（濟州島）被島人拘留；朝廷特任大宰少監下道長人，(註一〇三)爲遣新羅使以迎之。若不幸病歿於唐，則命後任遣唐使齎詔追贈官爵，以慰其幽魂。仁明朝派遣唐使時，贈大使藤原清河從一品，副使石川道益從四品上，判官紀馬主，田口養年，甘南備信影，紀三寅，掃守明等從五品上。(註一〇四)

不獨對遣唐使大加優遇也，且對於使船之船神亦敍位，賜錦冠。文武天皇慶雲三年二月，遣唐執節使粟田眞人之坐船名佐伯者，授從五位下，是爲使船敍位之始。(註一〇五)孝謙天皇之天平寶字二年三月，播磨，速鳥二船授從五位下，並賜錦冠。(註一〇六)仁明天皇之承和四年五月，遣唐第一

舶名「大平良」，授從五位下。(註一〇七)

八　日本對唐之態度

聖德太子，於外交上守自主的對等的態度，其後遣唐使時代，永從此例。如舒明天皇四年唐使高表仁送日本遣唐使犬上御田鍬來日，(註一〇八)與日本爭儀禮，遂不上唐帝之書而回。(註一〇九)孝德天皇白雉二年新羅貢調使服唐服而來筑紫，責之使還。(註一一〇)天智天皇之三年，唐使郭務悰來對馬，認爲唐百濟鎮將之私使，不許入國。(註一一一)光仁天皇寶龜十年送遣唐判官小野滋野來之唐使孫興進等，前後左右，建旗帶仗，因違先例，使撤去。(註一一二)日本國對唐之外交，皆守自主的對等的態度。然唐對外國，每視爲藩屬，以滿足其自尊心，日本能保持自主的對等的態度，繼續平和之國交，固不知費幾多心血矣。遣唐使每不齎國書者，(註一一三)無非欲避免爭禮之煩耳。唐帝時或致書于日本，(註一一四)國史均略而不載，蓋不欲破聖德太子外交上之舊例也。

日本對唐之態度既如是，故遣唐使至唐，威儀嚴正，與其他諸蕃迥異，因而唐朝對遇日本使臣，皆「待以上客，對龍顏而承綸音，頻邀佳問榮寵。」（註一一五）伊吉博德書謂：

「所朝諸蕃之中，倭最勝，」（註一一六）

非過言也。至第三、第四期遣唐使時代，文化程度亦幾能與唐平等，其儀容之堂堂，亦爲唐人所驚嘆。文武朝之遣唐執節使粟田眞人等之赴彼地也，唐人見之曰：

「聞海東有大倭國，謂之君子國。人民豐樂，禮義敦行。今看使人儀容大淨，豈不信乎。」（註一一七）

（原文）

又評眞人云：

「朝臣眞人者，猶中國戶部尚書。冠進德冠，其頂爲花，分而四散，身服紫袍，以帛爲腰帶。眞人好讀經史，解屬文，容止溫雅。」（註一一八）

孝謙朝遣唐大使藤原清河之赴彼地也，玄宗召見曰，「聞日本國有賢君，今見使者趨揖自異，禮義之國之稱，詢不誣也，」因命畫工圖其容貌，藏於藏中。並命使臣等周覽府庫及三教殿，及其歸也，又親作詩以賜之云：

「日下非殊俗。天中嘉會朝。朝余懷義遠。矜爾畏途遙。漲海寬秋月。歸帆駛夕颷。因驚彼君子。王化遠昭昭。」(註一一九)

又據副使大伴古麻呂歸國所奏，唐朝當正月元旦諸蕃舉行朝賀禮時，置日本使於西畔第二位，在吐蕃之下，置新羅使於東畔第一，在大食國之上；古麻呂作強硬之抗議云，自古至今，新羅皆爲我朝貢國，今反置我於其下，非禮也，遂改新羅在西畔第二，日本在東畔第一。(註一二〇) 遣唐使之能不辱國，於此可見一班矣.

九　遣唐使與文化之移植

欲考察遣唐使與文化移植之關係。不可不先考察爲遣唐使者之人物。遣唐使內，最重要者爲大使、副使、判官、錄事四等官。時或於大使之上，更置執節使或押使。此皆代表我國者，故必選深通經史文藝優秀者任之。如孝德白雉五年之押使高向玄理，副使藥師惠日，文武朝之執節使粟田眞人、少錄山上憶良，孝謙朝之大使藤原淸河，副使吉備眞備，光仁朝之送唐客大使布勢淸直、(註一二一)

判官甘南備清野，淳仁朝之副使石上宅嗣，桓武朝之判官菅原清公、准錄事朝野鹿取，仁明朝之大使藤原常嗣、副使小野篁、判官菅原善主，宇多朝之大使菅原道眞、副使紀長谷雄等，雖至後世，仍以學士文人見稱。此外縱無學問，亦必有一藝一能者。如仁明朝之准判官良岑長松，藤原貞敏，雖無他能，然前者善彈琴，後者善彈琵琶，故亦加入遣唐使之列。（註一二二）第二則選曾赴中國而精通中國國情者。蓋通彼地事情，方可不辱使命也。舒明朝之大使犬上御田鍬，乃曾充遣隋使者；副使藥師惠日，乃遣隋留學生。後孝德白雉五年又爲副使赴唐。孝德白雉五年之押使高向玄理，亦遣隋留學生，曾在隋三十二年。又聖武朝之判官秦朝元則生於唐，長於唐者。（註一二三）孝謙朝之副使吉備眞備，亦前留學生，在唐十七年。

遣唐使既爲有才學通中國國情者，故在唐期間，雖只一年內外，而於移植唐之文化上，實大有力焉。彼等所遊者爲長安，長安實唐代文化之中心，且爲伊蘭系文化、印度系文化朝宗之地，遣唐使參與莊嚴之朝廷儀式時，與大食及西域諸國之使臣接近，（註一二四）只見其聞所得已不少矣。況如多治比縣守在此短期間，仍就四門助教趙玄默學經書，（註一二五）藤原貞敏仍就上都劉二郎學琵琶，（註一二六）其他類此之事，當仍不少。

遣唐使歸國後位列公卿者頗多。如吉備眞備爲右大臣；粟田眞人，多治比縣守，多治比廣成，藤原葛野麻呂，爲中納言；藤原馬養，朝野鹿取，藤原常嗣，爲參議；菅原淸公爲非參議（註一二七）其他雖不爲公卿，而歷任中央與地方文武官，以在唐之見聞，乘機施於日本者亦不少。天平寶字六年，吉備眞備，在太宰府任大貳時，爲東海、南海、西海諸道節度使。造綿質襖冑各二萬二百五十具，其制一如唐式。象五行之色，以畫甲板之形，碧地加朱，赤地加黃，黃地加朱，白地加黑，黑地加白，凡四千五十具，皆按其方向之色。（註一二八）又弘仁九年菅原淸公爲式部少輔時，奏請令天下之儀式，男女之衣服，悉依唐制，改五位已上之位記，皆從漢式。（註一二九）此雖不過其一例，其他類此之改革，仍當不少。

遣唐使職員內有醫師、陰陽師、藥師、畫師等，又有玉生、鍛生、鑄生、細工生等。醫師爲療治同人之病者，爲遣唐使隨員中之一，一面又以入唐之機會，質問疑義；如菅原梶成爲遣唐醫師，兼以醫請益而入唐者是也。其傳云：

「梶成右京人也。業練醫術，最解處療。承和元年從聘唐使渡海，朝廷以梶成明達醫經，令其請

問疑義。」（註一三〇）（錄原文）

陰陽師亦同。春苑玉成為仁明朝之遣唐陰陽師兼陰陽請益，在唐時得難義一卷而歸，以教陰陽寮諸生。（註一三一）樂師為在唐禮見、對見、朝賀、拜辭時奏樂者；又與外國樂之輸入有密切關係。畫師為模寫唐地之寶貴風物者，圓仁之入唐求法巡禮行記開成四年正月條云。

「三月始畫南岳天台兩大師像兩鋪各三副。昔梁代有韓幹，是人當梁朝為畫手之第一。若畫禽獸像，及乎著其眼，則能飛走。尋南岳大師顏影，寫著於揚州龍興寺，勅安置法花道場瑠璃殿南廊壁上，乃令大使傔從粟田家繼寫取，無一虧謬。遂於開元寺令其家繼圖絹上容貌衣服之體也，一依韓幹之樣。」（錄原文）

畫師所齎回之畫，影響於日本繪畫、紋樣、建築等之發達亦不少。

十　遣唐使與貿易

遣唐使與文化之移植，既有密切之關係，則更應考慮者，為由唐齎來之文化的產物。蓋遣唐使表面雖爲修好而往，其實輸入文明物質，亦其主要目的之一。例如遣唐使至唐，貢有方物，唐亦贈有禮物，對於使臣亦各有賞賜。此明以國際的儀禮之形式爲官業的貿易也。日本貢唐之物，果何物乎？據唐書高宗紀，日本孝德朝之遣唐使，獻如斛大之琥珀，及如五斛器之瑪瑙。中國視爲珍寶，載之正史。但此不過其中特別者耳。普通之物，則以日本所產之銀絁、（粗帛）絲、綿、布之類爲主。唐使來日時，附贈唐帝之物，延喜式（註一三二）曾載之如下：

「銀大五百兩，水織絁，美濃絁各二百疋，細絁，黃絁各三百疋，黃絲五百絇，細屯綿一千屯，別送綵帛二百疋，疊綿二百帖，屯綿二百屯，紵布三十端，望陀布一百端，木綿一百帖，出火水精十顆，瑪瑙十顆，出火鐵十具，海石榴油六斗，甘葛汁六斗，金漆四斗」（錄原文）

唐之回禮爲何物，雖不能知，其重要者，似爲彩帛與香藥等物。遣唐使歸國時，朝廷多以此等物獻於神社山陵，或頒賜親王已下參議已上內侍等（註一三三）又日用傢具亦不少。奈良正倉院所藏之舶來品，多係遣唐使所齎來者。

又遣唐使等，自購唐地之物亦不少。考渤海使來朝時，日本內藏寮與之交易貨物，又准與市人交易，（註一三四）想遣唐使赴唐時亦同。按唐之制度，鴻臚寺之下，有典客署，署內有令（從七品下，）丞（從八品下，）掌客（正九品上）等官掌蕃客之朝貢、宴享、迎送等事；又掌蕃客在所住之四方館內互市之事。（註一三五）想日本遣唐使亦必與典客署交易也。舊唐書與唐書東夷傳言文武朝之遣唐執節使粟田眞人（但此係元正朝押使多治比縣守之誤）歸國時購買文籍甚多云。

當遣唐大使副使臨行賜宴時，朝廷每賜多數砂金。桓武朝大使原藤葛野麻呂賜二百兩，副使石川道益賜百五十兩，仁明朝大使藤原常嗣二百兩，副使小野篁百兩。（註一三六）又延喜式（註一三七）載遣唐使人員出發時賞賜之物，如下：

大使　絁六十疋，綿一百五十屯，布一百五十端。

副使　絁四十疋，綿一百屯，布一百端。

判官　絁十疋，綿六十屯，布四十端。

錄事　絁六疋，綿四十屯，布二十端。

知乘船事、譯語、請益生、主神、醫師、陰陽師、畫師，　絁五疋，綿三十屯，布十六端。

史生、射手、船師、音聲長、新羅奄義（義恐美字誤）等譯語、卜部、留學生、學問僧傔從， 絁四疋，綿二十屯，布十三端。

雜使、音聲生、玉生、鍛生、鑄生、細工生、船匠、柂師， 絁三疋，綿十五屯，布八端。

傔人、挾杪， 絁二疋，綿十二屯，布四端。

留學生，學問僧， 絁四十疋，綿一百屯，布八十端。

還學僧 絁二十疋，綿六十屯，布四十端。

水手長 絁一疋，綿四屯，布二端。

水手 綿四屯，布二端。

此等物原使作彼地之旅費者。但唐朝對日本使上下人等，亦各各給祿，如桓武朝及仁明朝遣唐人員之赴長安者，判官以下水手已上每人賜絹五疋（註一三八）故至唐以後，殆無須自用旅費，則日本所給者，蓋充作交易之資矣。圓仁之入唐求法巡禮行紀開成四年二月條，記仁明朝遣唐人員歸國時事云：

「八日長官傔從白鳥淸岑、長岑、留學生等四人爲買香藥下船到市，爲所由勘追捨二百餘貫錢逃走，

二十一日大使傔從粟田家繼先日爲買物下船往市，所由捉縛州裏留著今日被免來」（錄原文）

同人歸國時，因購唐物竟至犯唐之國法。（註一三九）則歸國時所購貨物文書，諒必甚多。書紀云，孝德白雉四年之遣唐大使吉士長丹歸國時，齎來文書寶物甚多。（註一四〇）後紀亦云，仁明朝遣唐大使藤原常嗣，歸至肥前國生屬島（生月島）時，朝廷特遣檢校使，由陸路搬運信物要藥等，繼復於建禮門前張三幄，置唐雜物賜臣下，稱爲宮市（註一四一）遣唐使所齎珍貴品物直接間接促進日本之文化，其力之大，已不待言矣。

續紀神龜二年十一月條云：有典鑄正六位上播磨弟兄者，由唐齎來甘子，又有中務少丞從六位上佐味蟲麻呂者，植其種子，能結子，兩人均以功授從五位下。此不過記載於史籍之一例耳，其他因遣唐使之往復，移植日本所無之珍貴植物者，當復不少。

（註一）書紀天智天皇六年十一月己巳，同七年正月戊申條。

（註二）續紀天平寶字三年正月丁酉條。

（註三）續紀寶龜九年十二月己丑條。

（註四）書紀推古天皇三十一年條。

（註五）書紀中雖作劉仁願，但據唐書是時劉仁願已歸本國，劉仁軌爲百濟鎮將。

（註六）書紀天智天皇三年條，海外國記（善隣國寶記所引）。

（註七）書紀白雉五年七月條。但遣百濟之使亦稱「西海使」，見書紀齊明天皇二年並三年條。

（註八）萬葉集八，九，十九。

（註九）書紀白雉四年夏五月壬戌條。

（註一〇）續紀天平勝寶二年九月己酉，同三年十一月丙戌條。

（註一一）孝德天皇白雉五年，與元正天皇靈龜二年之遣唐使中有押使。文武天皇大寶元年之遣唐使中有執節使。

（註一二）續紀寶龜八年四月癸卯條。

（註一三）遣唐使職員之名稱始見於延喜式卷三十；又散見於續紀，後紀，續後紀，文德實錄，三代實錄等。

（註一四）扶桑略記寶龜二年八月，又天平五年七月條。

（註一五）帝王編年記十三。

（註一六）續後紀承和三年八月條。

（註一七）和名抄十一，書紀皇極元年八月己丑條。

（註一八）書紀白雉四年五月辛亥條。

（註一九）孝謙天皇賜遣唐大使藤原清河之歌云：「願四舶其早歸兮，朕祝於裳邊以待之。」

（註二〇）續後紀承和元年二月癸未，同五月癸亥，同八月壬午條。

（註二一）據續紀，聖武朝之第三舶，有百五十人，孝謙朝之第一第二舶中，共二百二十餘人；光仁朝之第一舶，百六十人。據續後紀，仁明朝之第三舶，百四十人。

（註二二）圓仁入唐求法巡禮行記承和五年六月二十八日條。

（註二三）續紀寶龜九年十一月乙卯條。

（註二四）續後紀承和三年八月丁巳條。

（註二五）萬葉集卷八，天平五年閏三月笠朝臣金村贈遣唐使歌云：「發自難波方三津之埼兮，眞梶繁貫於大舶兮，渡白浪高湧之海兮。」又同十九年，光明皇后賜遣唐使藤原清河之歌云：「眞梶繁貫於大舶兮，送吾子至於唐兮，願神力其佑助兮。」

(註二六)續紀天平寶字五年八月甲子條。

(註二七)圓仁入唐求法巡禮行記開成四年三月十七日條。

(註二八)書紀皇極元年八月己丑條，「百濟使參官等罷歸，仍賜大船與同船三艘。」(原文)

(註二九)續紀養老三年正月庚寅朔條「大風也，以二船艘，獨底船十艘，充太宰府。」(原文)

(註三〇)書紀齊明天皇五年七月所引。

(註三一)萬葉集卷一「山上臣憶良在大唐時懷本鄉歌。」同卷八「天平五年癸酉春笠朝臣金村贈入唐使歌。」同卷十九「天平五年贈入唐使歌」(皆原文)

(註三二)續紀寶龜七年閏八月庚寅條。

(註三三)續紀天平十一年十一月辛卯，同天平寶字五年八月甲子條。

(註三四)參照前章第四節「日隋交通路」

(註三五)書紀白雉五年二月條。

(註三六)書紀舒明天皇四年八月條。

(註三七)書紀白雉四年七月條。

(註三八)續紀天平十一年十一月辛卯條。續後紀承和六年八月己巳條。

(註三九)續紀天平寶字三年二月戊戌條。

(註四〇)圓仁入唐求法巡禮行記開成五年三月七日條。

(註四一)續紀天平勝寶四年六月壬辰條。

(註四二)續紀天平寶字三、四、五年條。

(註四三)續紀文武天皇二年四月壬辰，同三年七月辛未條。

(註四四)續紀和銅七年十二月戊午條。

(註四五)續紀天平勝寶六年三月癸丑條。

(註四六)藤田明氏鑑眞ノ著シタ秋妻屋浦（日本交通史論所收）文中，謂秋妻屋浦爲阿多郡，似誤，實即川邊郡之秋目也，日本妻與目音相通，且文中有「浪上見山頂」一語，秋目實近於野間岳也。

(註四七)續紀寶龜七年閏八月庚寅條。

(註四八)後紀延曆二十四年六月乙巳，同七年癸未條。

(註四九)續後紀承和四年七月癸未條。

(註五〇)續紀寶龜九年十月乙未，後紀延曆二十四年六月甲寅條。

(註五一)光仁朝之遣唐持節副使小野石根奉使時，於寶龜八年六月二十四日入海，七月三日到揚州海陵縣。歸時第三船被逆風吹回，第二次風順，於寶龜九年十月十六日出發，二十三日回至肥前國松浦郡橘浦，航海日數僅八日。

(註五二)續後紀承和六年八月甲戌條。

(註五三)圓仁入唐求法巡禮行記開成四年條。

(註五四)同上會昌四年條。

(註五五)同上。

(註五六)後紀延曆二十四年六月乙巳條。

(註五七)續紀寶龜七年四月壬申條，續後紀承和三年四月丁酉條。

(註五八)續後紀承和二年三月丁巳條。

(註五九)延喜式三十七典藥寮。

(註六〇)圓仁入唐求法巡禮行記開成四年四月十六日，同十八日，同二十六日條。

(註六一)同上承和五年七月十三日，同二十四日，同二十五日條。

(註六二)同上開成四年五月一日條。

(註六三)同上開成四年四月十五日，同十七日條。

(註六四)同上開成四年四月十七日，同二十四日，同二十五日條。

(註六五)同上承和五年六月二十八日，同開成四年四月十七日條。

(註六六)同上承和五年六月二十八日，後紀延曆二十四年六月乙巳條。

(註六七)續紀寶龜九年十月乙未條。

(註六八)續紀寶龜九年十一月壬子，同十月乙未條。

(註六九)後紀延曆二十四年六月乙巳條。

(註七〇)圓仁入唐求法巡禮行記承和五年十月四日條。

(註七一)同上承和五年十月四日，同五日條。

(註七二)內使監使之名，散見於續紀寶龜九年十月，十一月，後紀延曆二十四年六月條，惟其內容不明。據舊唐書職官志，唐書百官志等，唐代有鴻臚寺（隋代名鴻臚寺，唐龍朔二年，改鴻臚爲同文，咸亨初復舊，光宅初改名司賓，神龍初復舊）置卿（從三品）少卿（從四品上）等官，掌賓客及凶禮，使領典客、司儀二署。典客署有令（從七品下），丞（從八品下）掌客（正九品上）等官，掌蕃客之朝貢，宴享，送迎等事。故日本史所謂內使監使，殆典客署之官員。然續紀寶龜九年十一月乙卯條，又明書「內使掖庭令趙寶英。」掖庭令爲內侍省掖庭局之長官。故所謂內使者，或係內侍省之官歟？又內侍省有內謁者監十人，掌儀法與奉宣勅令，監使既向日本使臣宣傳唐帝之勅令，或即內謁者監歟？

(註七三)外宅之名，散見續紀寶龜九年十月，同十一月，後紀延曆二十四年六月條，其內容亦不明。據唐六典卷十八，隋煬帝時，因招待四方使客，於建國門外，置四方館，各掌其方國及互市之事。唐代亦置四方館，隸屬中書省。所謂外宅，蓋卽四方館也。

（註七四）詳見註七二。

（註七五）續紀寶龜九年十月乙未，同十一月壬子，後紀延曆二十四年六月乙巳條。

（註七六）唐書東夷傳授日本使臣粟田眞人爲司膳卿，朝野羣載卷二十「異國賜本朝人位記」云；桓武朝之判官高階遠成，任爲中大夫試太子中允。

（註七七）續紀天平勝寶六年丙寅條。

（註七八）續紀寶龜九年十月乙未，同十一月壬子，後紀延曆二十四年六月乙巳條。

（註七九）伊吉博德書（書紀齊明天皇五年所引）。

（註八〇）續紀養老二年十二月甲戌條。

（註八一）唐丞相曲江張先生文集卷七所載唐玄宗勅日本國王書中，作林邑國。

（註八二）續紀天平六年十一月丁丑，同八年七月庚午，同十一年十一月辛卯條。

（註八三）參照第四節註四六。

（註八四）續紀天平勝寶六年正月壬子，同四月壬申條。唐大和上東征傳。

（註八五）續紀寶龜九年十月乙未同十一月壬子並乙卯條。

（註八六）日本紀略延曆二十二年四月癸卯，後紀延曆二十四年六月乙巳條。

（註八七）後紀延曆二十四年七月癸未條。

（註八八）舊唐書並唐書東夷傳。

（註八九）續後紀承和三、四、五年條。

（註九〇）續紀天平寶字五年十月癸酉同六年三月庚辰，同四月丙寅，同七月條。

（註九一）光仁天皇之寶龜六年六月，任命正四位下佐伯今毛人爲大使正五位上大伴益立，從五位下藤原鷹取爲副使。七年十二月，罷益立等，以從五位上小野石根，從五位下大神末足爲副使。八年四月將發之際，大使今毛人稱病不行，朝廷以石根爲持節使代行大使事。

（註九二）續紀寶龜七年閏八月庚寅，十一月己巳，八年四月戊戌，癸卯，六月辛巳條。

（註九三）續後紀承和五年十二月己亥條。

（註九四）萬葉集卷十九。

（註九五）日本紀略延曆二十二年三月庚辰條。

（註九六）續後紀承和三年四月壬辰條。

(註九七)享祿本類聚三代格卷六太政官符「應給遣唐使等兼國事力事」，類聚三代格卷四太政官符「應賜遣唐使度者事」。

(註九八)(註九九)續紀，後紀，續後紀，延喜式等其例甚多。

(註一〇〇)續後紀承和五年三月甲申，同四月壬辰條。

(註一〇一)續紀天平寶字三年正月丁酉，同二月癸丑條。

(註一〇二)續紀寶龜七年四月壬申條。

(註一〇三)續紀寶龜十年二月甲申條。

(註一〇四)續後紀承和三年五月戊申條。

(註一〇五)續紀慶雲三年二月丙申條。

(註一〇六)續紀天平寶字二年三月丁亥條。

(註一〇七)續後紀承和四年五月丁酉條。

(註一〇八)書紀舊唐書作高表仁，唐書文獻通考作高仁表，今據前者。

(註一〇九)高表仁至日爭儀禮事，見舊唐書，唐書。書紀僅有高表仁等入難波館賜神酒事，而無入京謁見等事，爭論儀禮，殆實事也。

(註一一〇)書紀白雉二年條。

(註一一一)書紀天智天皇三年條，海外國記（善隣國寶記所引）(據本朝書籍目錄，海外國記有四十卷，天平五年春文所撰。)

(註一一二)續紀寶龜十年四月辛卯條。

(註一一三)性靈集卷五爲大使與福州觀察使書。

(註一一四)唐丞相曲江張先生文集卷三，有唐玄宗勅日本國王書。續紀載有寶龜十年五月，唐使孫興進等送遣唐判官小野滋野來日，朝見上「唐朝書」。又續後紀承和六年九月條，遣唐大使藤原常嗣齎奏「大唐勅書」，使內記藏之。國史均略而不載。

(註一一五)性靈集卷五爲大使與福州觀察使書。

(註一一六)書紀齊明天皇五年所引。

(註一一七)續紀慶雲元年七月甲申條。

(註一一八)舊唐書東夷傳。

(註一一九)延曆僧錄（延曆僧錄，係隨從鑑眞來之思託所撰，爲奈良朝貴重史料，今散佚不傳，僅日本高僧傳要文抄，東大寺要錄，東大寺雜錄引用之。本文所據者，係日本高僧傳要文抄第三所引。

（註一二〇）續紀天平勝寶六年正月丙寅條。

（註一二一）唐書東夷傳云，「建中元年使者眞人興能獻方物，眞人蓋因官而氏者也，興能善書。其紙似繭而澤，人莫識」。異稱日本傳云，興能不知何人，按建中元年，卽日本光仁天皇之寶龜十一年，爲送唐客大使布勢清直之入唐時期，蓋按清直二字之日本音書作興能者。

（註一二二）三代實錄，元慶三年十一月十日乙丑，同貞觀九年十月四日己巳條。

（註一二三）懷風藻辨正法師傳。

（註一二四）續紀天平勝寶六年正月丙寅條。

（註一二五）唐書東夷傳云，「開元初粟田復朝，請從諸儒授經，詔四門助教趙玄默，卽鴻臚寺爲師，獻大布爲贄，悉賞物買書以歸。」粟田眞人爲文武朝之執節使，後未復至唐，此爲元正朝押使多治比縣守之誤。

（註一二六）三代實錄貞觀九年十月四日己巳條。

（註一二七）公卿補任。

（註一二八）續紀天平寶字六年正月丁未條。

（註一二九）續後紀承和九年十月丁丑條。

（註一三〇）文德實錄仁壽三年六月辛酉條。

(註一三一)續後紀承和八年正月甲午條。

(註一三二)延喜式卷三十大藏省。

(註一三三)後紀延曆二十四年七月辛卯，日本紀略大同三年正月辛丑，續後紀承和六年十二月辛酉及庚午條。

(註一三四)三代實錄貞觀十四年五月二十日同二十一日同二十二日條。

(註一三五)唐六典卷十八鴻臚卿，舊唐書職官志。唐書百官志。

(註一三六)日本紀略延曆二十二年三月庚辰，續後紀承和三年四月壬辰條。

(註一三七)延喜式卷三十大藏省。

(註一三八)圓仁入唐求法巡禮行記開成四年二月六日條。「州官准勅給祿、案觀察使帖稱，准閏正月二日勅，給使下赴上都二百七十人每人五疋，計一千三百五十疋，准貞元廿一年二月六日勅，每人各給絹五疋者，舊例無有祿給僧之例，今度祿時與僧等但不入京留置，一判官以下水手已上，每人各賜五疋，更無多少」(錄原文)

(註一三九)遣唐使同人到市購物，被勘追捉縛，其理由不明。按大寶令，日本官司未曾交易以前，不許私與諸蕃交易，又三代實錄元慶六年十一月二十八日條，禁止與渤海使私行交易所齎貨物。日本制度一概模倣唐制，蓋唐代亦有此禁，故日本人因私購而犯之歟？按宋代亦禁止私與外人交易，宋會要云：「太平興國初京師置榷易院，乃詔諸番國香藥寶貨，至廣州、交趾、泉州、兩浙，非出於官庫者，不得私相市易」(粵海關志卷二所引) 詳見桑原博士宋末ノ提舉市舶使西域

人蒲壽庚ニ就イテ。（史學雜誌第二十六編第十號）

（註一四〇）書紀白雉五年七月條。

（註一四一）續後紀承和六年八月甲戌、同十月癸酉條。

中日交通史

（五）

[日]木宫泰彦◎著
陳　捷◎譯

山西出版傳媒集團
山西人民出版社

第十九章　足利幕府與明之交通貿易（其一）

一　足利義滿對明國交之開始

明太祖洪武六年（日本文中二年西一三七三）雖遣祖闡克勤二僧赴日本而抵京都，其時足利幕府實未曾遣使赴明。明史雖有足利將軍使節之記錄，此不過所謂貪商假名之徒所爲耳。足利幕府之遣使赴明實以應永八年（明建文三年西曆一四〇一）爲嚆矢。

應永八年，有筑紫商人肥富某者，自明歸，說將軍義滿以兩國通商之利；義滿納之，以肥富爲正使，祖阿爲副使使明。肥富以如何言語，勸動義滿，雖不能詳；彼殆見諸番與明交通，以進貢之名而佔極大利益，乃欲倣效之歟？其時義滿欲成南北朝合一之大業，將有種種新設施，或因財源涸竭，故喜而納之歟？後義持拒絕與明交通時，歸咎於肥富之口辯，（註一）不過其遁詞耳。其國書云：

「日本准三后某（足利義滿）上書大明皇帝陛下。日本國開闢以來，無不通聘問於上邦。某幸秉國鈞，海內無虞，特遵往古之規法，而使肥富相副祖阿通好。獻方物，金千兩，馬十匹，薄様千帖，扇百本，屏風三雙，鎧一領，筒丸一領，劍十腰，刀一柄，硯筥一合，同文臺一箇，搜尋海島漂寄者幾許人還之焉。某誠惶誠恐頓首頓首謹言。」（錄原文）（註二）

此國書，據康富記乃應永八年五月十三日菅相公秀長起草，前宮內卿行俊淸書者。義滿此次遣使，似曾奏上朝廷，謂雖係國書體裁，並無辱國之處，此與後來義滿私遣之使大異。書中之「海內無虞特遵往古之規法而使肥富相副祖阿通好」等句，最宜注意。據此可知足利幕府前此未曾遣使於明。其意蓋謂今者南北合一，自此遵往古之規法，開國際之交通也。然以一商人肥富與祖阿爲使，實不免辱國矣。所謂祖阿者何如人乎？據吉田家日次記應永九年八月三日條，有「遁世者素阿彌」一句，蓋義滿近侍，原名素阿彌，因不雅馴，故改名祖阿歟？

應永九年（明建文四年西曆一四〇二）祖阿等歸國，明惠帝遣禪僧道彝天倫與教僧一庵一如偕來，（註三）此蓋倣太祖遣禪僧仲猷祖闡與教僧無逸克勤二僧之例者。是年八月達兵庫；義滿因觀明舶，特下兵庫。（譯者按義滿蓋迎接明使也，特美其名曰觀舶耳）特使掃除路次加以警衞，迎至京都，館於法住寺。（註四）九月五日，在北山殿行接見禮儀仗頗盛。（註五）是時惠帝所贈之國書如次：

「（上略）朕自嗣大位，四夷君長，朝獻者以十百計；苟非戾於大義，皆思以禮撫柔之。茲爾日本國王源道義，（足利義滿）心存王室，懷愛君之誠，踰越波濤，遣使來朝，歸逋流人，貢寶刀駿馬甲冑紙硯，副以良金，朕甚嘉焉。日本素稱詩書國，常在朕心，第軍國事殷，未暇存問；今王能慕禮義，且欲爲國敵愾，非篤於君臣之道，疇克臻茲。今遣使者道彝一如，頒示大統曆，俾奉正朔，賜錦綺二十匹，至可領也。（下略）」（註六）

惠帝呼義滿爲「爾日本國王源道義，」且云「頒示大統曆，俾奉正朔，」完全以屬國視日本，義滿甘受此國書，實我日本外交史上未曾有之汚點也。

明使天倫一如二僧留京都凡六閱月，其間常與五山僧徒往來，其事散見於不二遺稿，臥雲日件錄等書。（註七）明使於翌年（永樂元年西曆一四〇三）二月十九日發自京都，向兵庫，三月三日乘船歸國。(註八)是時義滿又以天龍寺之堅中圭密爲正使，及梵雲，明空，通事徐本元等赴明。(註九)斯時惠帝之叔父燕王，舉兵迫金陵，逐惠帝而卽帝位，是爲成祖(永樂帝。)此消息傳至日本，義滿乃作國書(註一〇)上成祖。書云:

「日本國王臣源表，臣聞太陽升天，無幽不燭，時雨霑地，無物不滋。矧大聖人明並曜英，恩均天澤，萬方嚮化，四海歸仁。欽惟大明皇帝陛下，紹堯聖神，邁湯智勇，戡定弊亂，甚於建瓴，整頓乾坤，易於返掌。啓中興之洪業，當太平之昌期，雖垂旒深居北闕之尊，而皇威遠暢東濱之外。是以謹使僧圭密，梵雲，明室，通事徐方元，仰觀清光，伏獻方物，生馬貳拾匹，硫黃壹萬斤，馬腦大小叁拾貳塊計二百斤，金屏風三副，槍壹千柄，太刀壹百把，鎧壹領，匣硯一面幷匣，扇壹百把。爲此謹具表聞。臣源

年號　日　日本國王臣源。」(註一一)

此書，據善鄰國寶記爲圭密所作；據吉田家日次記應永十五年二月十九日條，爲絕海中津所作。考鎌倉時代，與元朝交涉，北條氏皆奏上朝廷，朝廷詢於朝臣，返牒亦命朝臣起草，而下之幕府。義

滿是時不聞有奏上朝廷之舉。其書乃義滿使一禪僧起草者，是義滿與明之私交，與朝廷無關也。絕海中津嘗入明，謁太祖，奉上熊野古祠詩，蒙太祖贊賞。其蕉堅稿詩集之跋，乃成祖信任之僧道衍所撰。(註一二)故彼崇拜明朝之念甚強，乃作此種國書。義滿竟用之，亂君臣之分，辱日本國體甚矣。距其時不遠之善鄰國寶記著者瑞溪周鳳評之云：

「彼國以吾國將相爲王，蓋推尊之義，不必厭之；今表中自稱王，則此用彼國之封也，無乃不可乎。又用臣字非也，不得已則日本國之下如常當官位，其下氏與諱之間，書朝臣二字可乎。蓋此方公卿恆例，則臣字屬於吾皇而已，可以避臣於外國之嫌也。」（錄原文）

圭密等於是年十月到成祖處。先此成祖以新登極，曾遣左通政趙居任、行人張洪，及僧道成等告諭日本，先日本使者而行，及日本使至，大悅，厚遇之，遣居任等送還日本。(註一三)明使於應永十一年（永樂二年西曆一四〇四）分乘船五艘發自中國，五月三日三艘先入兵庫港。(註一四)是時義滿因覽明船，特下兵庫。(註一五)是月十二日明使入京，凡七八十人，騎馬者三十餘人。(註一六)（據東寺王代記八月二十八日明人五六十人入京，此蓋五艘中後二艘中人員入京者。）是時明使所齎之國書云：

「上略咨爾日本國王源道義(足利義滿)知天之道，達理之義，朕登大寶，卽來朝貢，歸嚮之速，有足褒嘉，用錫金印，世守爾服，眷茲海甸。下略」(註一七)

文中有「用錫金印」之文，最宜注意。明史日本傳亦有贈冠服龜紐金章之語。金印，乃日本國王之印，封義滿爲日本國王者。滿濟准后日記永享六年六月三日條亦云：

「鹿苑院殿(義滿)以來，受日本王封號，並由中國賜印曰日本王之印。」

是時結有勘合貿易條約（永樂條約）明贈永樂年號之本字勘合一百道並日字勘合底簿一册。(註一八) 勘合並勘合底簿參照第二十章第二節）定爲十年一貢，人止二百，船僅二艘，不得攜軍器，違者以寇論。(註一九)

二　日明之兩期勘合貿易

應永十一年（明永樂二年西曆一四〇四）日明締結貿易條約，爲區別貿易船與倭寇船計，特送勘合並其底簿來日日本貿易船，自此皆攜勘合抵明，名爲進貢，實營貿易。此種勘合貿易，大體應分爲二期。第一期自應永十一年（明永樂二年西曆一四〇四）義滿締結日明貿易條約，至應永二十六年（明永樂十七年西曆一四一九）義持與明斷絕交通，其間凡十五年。是期勘合貿易船至中國者，凡六次，明使來日凡七次。第二期自永享四年（明宣德七年西曆一四三二）義教恢復日明交通，派遣使節至天文十六年（明嘉靖二十六年西曆一五四七）義晴派遣最後之遣明使，其間凡一百十五年。是期派遣勘合貿易船凡十一次，明使來日一次。予設此種時代之區別者，主要之理由如左：

（一）第一期與第二期條約不同也。第一期乃依據應永十一年義滿與明締結之永樂條約而通交者。第二期乃依據永享四年義教對明復活外交時締結之宣德條約而通交者。永樂條約已如前述，十年一貢，人二百人，船二艘。宣德條約惟十年一貢與永樂條約同，人則改爲三百，船則改爲三艘（註二〇）。兩條約雖皆未能實行其規定，要之第一期實據永樂條約者，第二期實據宣德條約者。

（二）日明兩國態度前後不同也。蓋日明勘合貿易，日本欲借進貢之名而佔貿易之利；明人亦希望禁遏海寇以爲允許貿易之代價。此乃第一期第二期所相同者。惟第一期日本常欲買明朝之歡心，依明之要求，討伐海賊，每次皆捕其巨魁送明，（註二一）明使來日，待遇頗爲鄭重。（註二二）明朝亦努力迎合日本之意，日使抵明，必遣報聘使送還之；明使者歸國時，日本亦遣使送之；年年歲歲，彼此使節，往來不絕，故至義持對明絕交，明仍一再遣使希望復活也。（註二三）明人雖於永樂條約中，規定十年一貢，其實每年往來，明人已自破其例矣。至第二期，日本只欲得貿易之利益，未曾遵守宣德條約；進貢之度數，人數，船數，力求增多，而無討伐倭寇捕送於明之事。對明使之待遇，亦改從輕微，以自保體面；明人態度，亦較前爲消極，遣使僅一次，似恐拒絕交通，則倭寇之侵害愈甚，不得已而應之者。因而日本使者至明時，每迫其嚴守宣德條約。（註二四）

（三）日本勘合船之內容不同也。由明人方面觀之，不問幕府所經營，藩侯及寺社所經營，皆視日本勘合船爲日本國王（即足利將軍）所遣者。然由日本方面言之，第一期之勘合船，凡六次，船數三十七艘；雖有搭載藩侯出資之商品而往者，但此等船，實皆幕府所經營。（註二五）第二期幕府船甚少，十一次中，總船數爲五十艘，其中幕府船僅七艘。此外除皇室內裏船一艘外，其餘四十二艘，悉大名（藩侯）船與寺社船。（註二六）

日明之勘合貿易前後狀況既異，故分爲二期最爲適當。次節先述第一期勘合貿易船，而第二期勘合貿易，更於次章詳說之。

三 第一期勘合貿易船之往來

第一期勘合貿易時代，兩國使船，來往不絕，此往則彼來，彼歸則我往，今順其年代，記載如次：

第一次　應永十一年（明永樂二年西曆一四〇四）明使趙居任等來日，自此根據所謂永樂條約，開勘合貿易。是年七月末，居任等歸國，義滿使僧明室等送之，（註二七）此實第一次勘合貿易船也。明室等於十一月到成祖處，賀册立皇太子。（註二八）彼等歸國，成祖遣使送之，其使者於應永十二年（明永樂三年西曆一四〇五）至日，五月入京。（註二九）是時明使所齎之國書中，皆稱義滿爲「日本國王源道義」，賛賞其禁止對馬壹岐等諸島海寇，並言今後當戒戢其民，就農樂業云。（註三〇）

第二次　送還明室等來日之使者歸國之期，似在應永十二年八月，因義滿於八月三日下兵庫覽明舶也。(註三一)明使歸國時，義滿又遣使者赴明，此第二次勘合貿易船也。使者於是年十一月抵明，獻對馬壹岐之海寇巨魁二十八，成祖大悅，優遇使者，遣鴻臚寺少卿潘陽、中官王進等贈義滿九章冕服等，且還其所獻倭寇之巨魁，使日本自行處斷。(據明史日本傳)日本使者到寧波時，置彼等於甑中蒸殺之。籌海圖編云其銅甑猶存，爐灶之遺址在蘆頭堰云。應永十三年(明永樂四年西曆一四〇六)日本使歸國時，成祖又遣侍郎俞士吉送之。(註三二)五月十九日達九州，二十九日一船先到兵庫，六月八日又有六七艘到岸，其規模之大可知。未幾明使入京，十一日在北山殿行延見禮。(註三三)是時明之國書，仍稱義滿爲「日本國王源道義。」義滿嘗言夢見明太祖，故國書中嘉其夢寐之間不忘恭敬，又褒嘉其發兵平對馬壹岐之海寇，擒巨魁送明之事。(註三四)是時又封日本之山名壽安鎮國之山，成祖自製碑文，建於其上，(註三五)該碑文載於皇明實錄，殊域周咨錄等，其山卽阿蘇山云。(註三六)當時南朝批評義滿受日本國王之號云：

「日本雖小國，皇統相繼，獨立而爲天下皇帝，人皇百餘代爲夷國不受王號，而今源道義代爲

武臣如斯，似彰日本恥辱於異朝者乎。」（錄原文）（註三七）

是年六月十五日，義滿爲覽明船，下尼崎，又七月二十三日請明使遊覽奈良。（註三八）

第三次　應永十三年八月，明使俞士吉等歸國時，義滿以應永十年曾赴明之相國寺堅中圭密爲正使，中立副之，以使明，此第三次勘合貿易船也。翌年（明永樂五年，西曆一四〇七）五月二十五日成祖與圭密之書，現藏相國寺。（註三九）（明史日本傳言永樂四年六月義滿使者到明謝賜冕服；但是年五月俞士吉來日，冕服方至義滿處，此明史錯誤也。）圭密等歸國時，明又遣使送還。其使者於應永十四年八月入京，仍在北山殿行延見禮。（註四〇）是時明使所齎之國書中，極口嘉賞義滿擒送海寇巨魁事，（註四一）蓋圭密等使明時，又如應永十二年之例，繫送海寇獻於明也。十月二十日，義滿與明使同遊常在光院，觀賞紅葉；是時着明之服，使明人舁其輿云。（註四二）其後明使暫留日本，至十五年（永樂六年，西曆一四〇八）正月十九日，發自京都，二月三日由兵庫歸國。（註四三）

第四次　應永十五年二月，明使歸國時，義滿又派遣使者赴明。惟日本史書未載此事，據明史日本傳，是年日本朝貢獻海寇；其歸也，請賜仁孝皇后所製之勸善內訓二書，各給百本，由從來舊例推之，殆附隨明使而派往之使也。此爲第四次勘合貿易船。

第五次　應永十五年五月，義滿薨，幕府因舊來之關係，遣使告明；此第五次勘合貿易船也。是時使者爲堅中圭密，據義持於應永二十六年（永樂十七年，西曆一四一九）對明使之言知之。(註四四)圭密等於是年十一月達北京，(註四五)成祖於十二月二十一日贈義持國書並祭文，遣中官周全渝（明史日本傳作周全，無渝字，）致日本國書中言義滿討伐倭寇之功，並表弔慰之意，且諡以恭獻。(註四六)十六年（永樂七年，西曆一四〇九）周全渝等來日，義持於七月五日在北山殿延見之，其儀式等仍與前同。(註四七)是時義持已有與明斷絕國交之志，不樂接見明使；但所以未遽斷絕者，以其爲弔先君之使，故勉強延見之；迨明使歸國時，乃使圭密告以斷絕之意云。(註四八)

第六次　據明史日本傳翌年（永樂八年，西曆一四一〇）四月，義持使者到成祖處謝恩；若果有此事，則爲第六次勘合貿易船也。義持遣使赴明，必非其本意，蓋因成祖遣使弔慰，外交上之儀禮，不得不如此耳。十八年（永樂九年，西曆一四一一）二月，成祖又遣王進來日，義持乃斷然拒絕，未許入京。明使於九月九日由兵庫歸。(註四九)明史日本傳記此事云：

「明年(永樂九年)二月復遣王進齎勅褒賚，收市物貨，其君臣謀阻進不使歸，進潛登船，從他道遁還。」

所謂他道者，不知何道，殆第二期勘合貿易船屢屢往來之南海路。——通過土佐沖經薩摩到明寧波之航路——此後五六年間，彼此使節全絕。

四 足利義持對明拒絕國交

應永十八年(永樂九年，西曆一四一一)義持所以拒絕明使王進，毅然與明斷絕國交者，蓋當時元浴斯波義將善輔義持，能匡正前代之失也。義滿薨時，朝廷賜以太上天皇之尊號，義將勸義持辭之，(註五〇)可知其爲持大義知名分之高潔之士。由此觀之，義滿受明國書，儀式過於鄭重，有損體面，義將竊有不服之心又可知矣。(註五一)

義持對明，既斷絕國交，當然不討伐海寇。故前此一旦屛息之海賊，復擾明之沿岸，自山東以至福建海岸一帶，倭寇出沒無常。明人無防禦之策，故仍欲用以前之外交手段，使日本自禁之。成祖永樂十五年（日本應永二十四年西曆一四一七）松門金鄉平陽等處，捕獲海寇數十人，送至北京。成祖利用機會，特使刑部員外郎呂淵送還日本，以示仁德，且致書諭義持。(註五二)呂淵於永樂十六年七月到日，（西曆一四一八）不得要領而歸。永樂十七年（西曆一四一九）七月，明之通事周肇來日，致幕府書云：

「使臣呂淵去歲(應永二十五年)奉國命，齎勅書帶倭人來，日本國公幹令人通報國王，命古幢長老到海濱，未曾審詳來意，長老旋車後，一向信息不聞，以此齎持勅書回京師。」（錄原文）(註五三)彼等歸明，在是年四月，(註五四)是時適薩摩之島津氏遣使至成祖處，故前述之周肇書中又云：

「續有本國日向州人駕船一隻，裝硫黃馬匹進貢，因無國王文書不領。」（錄原文）

皇明實錄卷百十亦云：

「永樂十六年(日本應永二十五年)四月乙巳，行人呂淵自日本還，其國王義持遣日隅薩三州刺史島津滕存忠等奉表隨來謝罪，表曰，日本蕞爾小邦，自臣祖父受命朝廷，霑被恩德，不敢背忘，比因倭寇旁午，遮遏海道，朝貢之使，不能上達云云。」

此文乃誤以島津氏之使者，爲義持之使者也。觀其表文「自臣祖父以來受命朝廷」之語自知。若謂義持之書，則其祖父爲義詮，義詮時代實在明朝建國以前也。存忠爲島津久豐之法號，所謂「自臣祖父以來受命朝廷」者，言島津氏久於元中三年（洪武七年西曆一三七四）曾遣使者至太祖處也。（註五五）

呂淵第一次旣不得致其使命而回，成祖又於是年十一月再使呂淵持書赴日本，且送還所捕日本之海寇。是時國書中謂義持恃險阻而不朝貢，屢遣人寇掠邊境，羣臣頻請發兵問罪，姑念汝先王（義滿）之賢明恭順，且不忍苦日本無辜之民，故不加討伐，若再寇掠不已，勢必用兵云。（註五六）呂淵等於永樂十七年（日本應永二十六年西曆一四一九）六月二十日入博多，暫留大宰府，（註五七）七月達兵庫，以通事周肇之名，致書幕府，述來日之原由。義持仍不許入京，遣元容西堂告之云：

「本國開闢以來，百皆聽諸神，神所不許，雖云細事，而不敢自施行也。頃年我先君，（義滿）惑於左右不詳肥官（官字恐富字之誤）口辨之說，猥通外國船信之問；自後神人不和，雨暘失序，先君尋亦殂落。其易簀之際，以册書誓諸神，永絕外國之通問；就辜先君告命而犯諸神憲章哉。去歲旣命古幢長老，往諭此意，今有使而至，蓋前諭未達也。又責以海島小民數侵邊圉，是實我所不知也。今倘云止之，則前亦知而令之也，豈有人主而教民爲不善者乎？何不思之甚矣。雖然，逋逃亡命，或竄身於窮絕之海島，時時出害邊民者恐有之，當命沿海之吏制。」（錄原文）（註五八）

呂淵等遂於八月歸國，此後終義持一世，明日交通，一時全絕。（註五九）

五　遣明使節與使船及航路

義滿義持時代，日明使節之往來，旣說明其大概矣；今爲一目瞭然計，列一覽表如次：

義滿義持時代日明使節往來一覽表

次數	使臣名	入明年月	歸國年月
一	肥富某 祖阿	應永八年 建文三年	應永九年八月到兵庫 建文四年

次數	使臣名	來日年月	歸國年月
一	道彝天倫 一菴一如	應永九年八月到兵庫 建文四年	應永十年三月發自兵庫 永樂元年

二	堅中圭密 梵雲 明空	應永十年三月發自兵庫 永樂元年 同年十月到北京	應永十一年五月到兵庫 永樂二年	二	左通政趙居任 行人張洪 僧道成	應永十一年五月發自兵庫 永樂二年	應永十一年七月發自兵庫 永樂二年
三（第一次勘合船）	明室	應永十一年七月發自兵庫 永樂二年 同年十二月到北京	應永十二年五月到京都 永樂三年	三	？	應永十二年五月到京都 永樂三年	應永十二年八月發自兵庫 永樂三年
四（第二次勘合船）	？	應永十二年八月發自兵庫 永樂三年 同年十二月到北京	應永十三年五月到兵庫 永樂四年	四	鴻臚寺少卿潘陽 中官王進 侍郎俞士吉	應永十三年五月到兵庫 永樂四年	應永十三年八月發自兵庫 永樂四年
五（第三次勘合船）	堅中圭密 中立	應永十三年八月發自兵庫 永樂四年	應永十四年八月到京都 永樂五年	五	？	應永十四年八月到京都 永樂五年	應永十五年二月發自兵庫 永樂六年
六（第四次勘合船）	？	應永十五年二月發自兵庫 永樂六年	？				
七（第五次勘合船）	堅中圭密	應永十五年十一月到北京 永樂六年	應永十六年七月到京都 永樂七年	六	中官周全渝	應永十六年七月到京都 永樂七年	？
八（第六次勘合船）	？	應永十七年四月到北京 永樂八年	？	七	中官王進	應永十八年二月發自北京 永樂九年	應永十八年九月發自兵庫 永樂九年

八	刑部員外郎呂淵	應永廿五年 永樂十六年	應永廿五年四月到北京 永樂十六年				
九	刑部員外郎呂淵	應永廿六年七月到兵庫 永樂十七年	應永廿六年八月發自兵庫 永樂十七年				

右表自應永八年（建文三年一四〇一）義滿遣肥富及祖阿，與明開始交通；至義持拒卻明使呂淵，斷絕交通止，其間凡十九年。日本使者赴明八次（內六次爲勘合貿易船）明使來日九次，往來可謂繁矣，

當時遣明使之組織如何，無可考證。但其正使副使，除第一次外，似均由京都五山之僧徒中選任。蓋京都五山與足利幕府有特殊之關係，且五山僧徒優於學問，長於詩文，又最明通中國情形也。明人最初亦遣道彝天倫一菴一如二僧者，亦仿元成宗遣普陀山僧一山一寧（註六〇）。明太祖遣嘉興府天寧禪寺仲猷祖闡金陵瓦官教寺無逸克勤（註六一）之例以期外交上之圓滑也。自第二次以後，乃以通政司、鴻臚寺、行人司等官員，與中官爲使。

當時遣明船，由第二期勘合貿易時代之例考之，似皆千斛內外之船。(註六二)據永樂條約，勘合船定爲每次二艘，謂成祖特贈入貢用二艘云。(註六三)然一向未能實行，每次實皆有六七艘。教言卿記記應永十三年（永樂四年西曆一四〇六）日本使者與明使鴻臚寺少卿潘陽等同至兵庫情形云：

「五月二十九日唐船先一艘著岸　六月八日唐船已六七艘著岸。」（錄原文）

觀此可知不止二艘矣。後義教於永享四年（明宣德七年西曆一四三二）以天龍寺僧道淵爲正使，派遣勘合船五艘，恢復國交。其後曾將所餘永樂年號本字勘合五十七道還明。(註六四)永樂勘合者，乃締結永樂條約時明人送來勘合百道，使用四十三道，而餘五十七道也。四十三道中，除道淵等用五道外，其餘三十八道，乃自應永十一年第一次至應永十七年第六次前後六次勘合船所用者。按此計算，每次平均約派遣六七艘。(註六五)

當時遣明船起帆之港，皆在兵庫。自兵庫通瀨戶內海，寄港於博多，經五島而直抵寧波。（宋代之明州，元代之慶元）入口之後，遵運河而行，經餘姚、紹興、蕭山、杭州、嘉興、蘇州、常州、揚州、鎮江、淮安、彭城、沛、濟寧、天津等而抵北京。（都南京時，由鎮江至南京）此據第二期勘合貿易船之航路（註六六）而知之。發兵庫時在二三月，或七八月，由博多經五島橫斷中國東海，概利用秋季所謂小汛，（東北季節風。）於十月十一月間到北京，在彼地度歲，待翌年初夏之西南季節風而回航。

六　貿易品與貿易之狀態

此時代之勘合船，與第二期勘合貿易不同。無大名（藩侯）船與寺社船，概由幕府自行經營。吉田家日次記敍應永十年（明永樂元年，西曆一四〇三）二月，遣堅中圭密等赴明時之事云：

「自兵庫來月三日可乘船云云，種種兵具以下被遣之，此次亦爲商賣，諸大名沙汰遣之。」

（錄原文）

觀此則其中包含諸大名（藩侯）出資之商品亦甚多，但不似第二期藩侯船寺社船占大部分，幕府船僅一二艘，或竟無耳。（註六七）當時貿易之種目，殆與第二期相同，有貢獻方物，國王附搭品，使臣自進物，三種。唯史料缺逸，難詳。貢獻方物者，足利將軍貢明帝之物也。應永八年（明建文三年，西曆一〇四一）遣肥富祖阿等赴明時貢獻方物如左：

金千兩　馬十匹　薄樣（薄紙）千帖　扇百本　屏風三雙　鎧一領　筒丸一領　劍十腰　刀一柄　硯筥一合　文臺一箇

應永十年（永樂元年，一四〇三）遣堅中圭密，梵雲，明空等之時，方物如左：

馬二十匹　硫黃一萬斤　馬瑙大小三十二塊　金屏風三副　槍一千柄　大刀一百把　鎧一領　匣硯一面并匣　扇一百把（註六八）

當時貢獻品目，尚無一定。明帝賜足利將軍之物，亦無一定。應永九年（明建文四年，西曆一四〇二）來日之明使道彝天倫一菴一如等所齎者，僅錦綺二十匹。（註六九）應永十一年（永樂二年西曆一四〇四）來日之明使趙居任等齎物如左；

紵絲五匹　紗五匹　絹四十匹　紅雕漆器五十八件　盤十四箇　香疊二副　卓器二卓每卓十六件共三十二件　葵花樣鑑粧一副　盤一個　碗五箇（註七〇）

應永十三年（永樂四年，西曆一四〇六）來日之明使潘陽等齎物如左：

白金千兩　織金及諸色綵幣二百匹　綺繡衣六十件　銀茶壺三　銀盆四　綺繡紗帳衾褥枕席器皿諸物(註七一)

應永十四年（永樂五年，西曆一四〇七）來日之明使齎物如左：

花銀一千兩　銅錢一萬五千貫　錦十匹　紵絲五十匹　青二十八匹　羅三千匹　紗二十匹　骨朶雲紅三匹　素八匹　綵絹三百匹　玉仙人手一箇　珍珠八塊顆　褥子五牀　被二牀　大紅絨繡梧桐葉紵絲枕頭一箇　青紗銷金涼帳一頂　桃紅花綾暖幔子一頂　大紅圓線縧一條　大紅線繫腰小圓縧二條　皂線繫腰小圓二條　大紅線穿中縧一幅　黃銅茶瓶二箇　黃銅銚四個　剔紅尺盤二十箇　剔紅香盒三十箇　果子四簍(註七二)

（譯者按珍珠八塊顆之塊字恐誤）

足利將軍以貢獻方物之名贈明帝，明帝以頒賜物之名爲回禮，要之不過借外交上之儀禮作一種官貿易耳。第二期勘合貿易時代貿易品之大部分爲國王附搭品，與使臣自進物，當係沿襲第一期勘合貿易時代之格式者。故第一期之品目，亦當與第二期同；以刀劍、硫黃、銅、扇、蘇方木、蒔繪物、

屏風、硯等爲主。明政府對於此等物，想係以銅錢給價。其貿易方法，想亦與第二期同；唯無確證耳。(註七三)

此時代不獨日本使者赴明，明使亦常來日，明使一班人員，留居京都與兵庫者常及數月。每次來日，帶有多數商品，多與日人直接交易。永享六年（宣德九年，西曆一四三四）明使雷春等來日，其宿所原有定爲仁和寺法住寺之議，後以明人等出賣商貨，每日必赴京都，若在途中遭盜，不免爲日本玷，故改以六條法花堂爲宿所。(註七四)又是時明人等所齎之新貨唐墨，流布頗多；(註七五)此雖第二期之事，第一期諒亦相同也。

(註一)善鄰國寶記。
(註二)同上。
(註三)和漢合符卷十。
(註四)吉田家日次記應永九年七月二十八日，八月三日，十一月條。
(註五)翰林葫蘆集第十四卷鹿苑院殿百年忌陞座　武家年代記裏書。
(註六)善鄰國寶記。

（註七）參照第二十一章第五節。

（註八）吉田家日次記應永十年二月十九日條。

（註九）善鄰國寶記。

（註一〇）吉田家日次記應永十年二月十九日條。

（註一一）善鄰國寶記。

（註一二）蕉堅稿。

（註一三）明史日本傳。

（註一四）大乘院日記目錄　增修和漢合運圖。

（註一五）兼宣公記應永十一年四月十九日條。

（註一六）東寺王代記應永十一年五月十二日條。

（註一七）善鄰國寶記。

（註一八）同上宣德玖年捌月二拾三日附別幅。

（註一九）明史日本傳。

（註二〇）明史日本傳。

（註二一）參照本章第三節。

（註二二）參照第二十章第一節。

（註二三）參照本章第四節。

（註二四）參照第二十章第四節。

（註二五）參照本章第五六節。

（註二六）參照第二十章第六節。

（註二七）空華日工集下。

（註二八）明史日本傳。

（註二九）空華日工集下　東寺王代記應永十二年五月一日條　和漢合符卷十。

伏敵編云是時明使爲俞士吉，然俞士吉來日，在應永十三年五月。田中義成博士之足利時代史，亦據明史日本傳謂是時鴻臚寺少卿潘陽及中官王進來日，殆誤認翌年之事爲是年者。

（註三〇）善鄰國寶記。

（註三一）教言卿記應永十二年八月三日條。

（註三二）明史日本傳記是時之事云：「對馬壹岐諸島賊，掠濱海居民，因諭其王捕之。王發兵殲其衆，繁其魁二十人，以三年（永樂）十一月獻於朝，且修貢。帝益嘉之，遣鴻臚寺少卿潘陽，偕中官王進，賜其王九章冕服及錢鈔錦綺。……明年（永樂四年）正月又遣侍郎俞士吉」云云，似遣使二次者；然此可解為日本使抵北京時，遣鴻臚寺少卿潘陽及中官王進贈義滿九章冕服來日；其後日本使歸國，又遣侍郎俞士吉者。

（註三三）教言卿記應永十三年五月十九日二十九日，六月八日十一日等條。

（註三四）善鄰國寶記。

（註三五）明史日本傳　皇明實錄卷四十。

（註三六）全浙兵制日本風土記。

（註三七）南方紀傳應永十三年條。

（註三八）教言卿記應永十三年六月十五日條　大乘院日記目錄應永十三年七月二十三日條。

（註三九）相國寺文書。

（註四〇）教言卿記應永十四年八月五日條。

（註四一）善鄰國寶記。

（註四二）教言卿記應永十四年十月二十日條。

（註四三）東寺王代記應永十五年正月十九日二月三日條。

（註四四）善鄰國寶記。

（註四五）明史日本傳云：「永樂六年十一月再貢，十二月其國世子源義持遣使來告父喪」十一月與十二月遣使二次，似難置信，想係義持使者十一月抵明，撰明史者以成祖十二月二十一日有贈義持國書及祭文事，乃誤解爲十二月又有使者抵明歟？

（註四六）善鄰國寶記。

（註四七）教言卿記應永十六年七月五日條。

（註四八）善鄰國寶記。

（註四九）如是院年代記。

（註五〇）東寺執行日記。

（註五一）滿濟准后日記永享六年五月十二日條。

（註五二）明史日本傳。

（註五三）善鄰國寶記。

（註五四）明史日本傳。

（註五五）參照第十八章第二節。

（註五六）脩史爲徵卷一。

（註五七）歷代鎭西要略卷五。

（註五八）善鄰國寶記。

（註五九）武家年代記裏書。

（註六〇）參照第十四章第三節。

（註六一）參照第十八章第二節。

（註六二）參照第二十章第六節。

（註六三）明史日本傳。

（註六四）善鄰國寶記宣德玖年捌月二十三日別幅。

（註六五）關於勘合事參照第二十章第二節。

（註六六）參照第二十章第七節。

（註六七）第二期勘合貿易時代，每次幕府船僅一二艘，或全無，參照第二十章第六節。

（註六八）善鄰國寶記。

（註六九）同上。

（註七〇）大明別幅并兩國勘合。

（註七一）皇明實錄卷四十太宗。

（註七二）大明別幅并兩國勘合。

（註七三）第二期勘合貿易時代之貿易種目品目並貿易方法，參照第二十章第八九十各節。

（註七四）滿濟准后日記永享六年五月十二日條。

（註七五）看聞日記永享六年七月五日條。

第二十章　足利幕府與明之交通貿易（其二）

一　第二期勘合貿易船之來往

應永二十六年（永樂十七年西曆一四一九）義持辭卻明使呂淵之後，彼此交通斷絕者十年；至永享四年（宣德七年西曆一四三二）義教當國，又遣使赴明。蓋明宣宗以四方諸藩皆來朝貢，獨日本久不通聘，不無遺憾，乃託琉球王致意也。（註一）派遣使節事，於永享四年六月議定，以天龍寺僧龍室道淵爲正使。勘合船中，合幕府船大名船寺社船共五艘。（註二）使少貳滿貞與對馬之國人，警護航路。是年八月十九日發自兵庫，義教特下兵庫，觀其出發。（註三）此一班人在博多附近度歲；至翌年（宣德八年，西曆一四三三）春期大汛始赴明，是年六月達北京。（註四）此行所以遲滯者，因是時命薩摩之島津忠國輸硫黃十五萬斤，（觀後例，島津氏所輸硫黃，似在博多裝入）但島津氏有內訌，中生齟齬，故不能如預定之期進行也。(註五)是時國書，乃惟肖得巖（雙桂和尚）起草，署名爲「日本國王臣源義教，」用明宣德年號。(註六)宣宗見義教使者，大喜。其正使道淵，本寧波府人，三十歲時赴日本，就博多聖福寺之宏書記出家，歷住長門安國寺與聖福寺。宣宗極嘉獎之，特授以僧錄司右覺儀之職，下諭使歸日本，爲天龍寺住持。(註七)道淵等歸國時，宣宗以內官雷春爲正使，裴寬玉甫厚爲副使，與鴻臚寺少卿潘錫行人高遷等同持國書使日本，(註八)且送本字號勘合一百道並日字號勘合底簿一册。(註九)是時明使所齎之國書，對於義教，書爲「日本國王源義教。」義教見義持以來中絕之明使，今又來日，甚表喜悅之意。(註一〇)明使一班人員有五六百人之多，分乘船五艘，合日本勘合船共十艘，舳艫相銜，於永享六年（宣德九年西曆一四三四）五月二十二日到兵庫，六月一日入京，館於六條法花堂。六月五日在室町殿行延見禮。是時儀式，視義滿時較爲簡略，稍保日本體面。義滿時使公卿二人至總門迎迓，接受明書，燒香三拜後，復跪坐。義教則僅至四足門迎迓，受明書時只燒香二拜耳。是月十七日，明使請日本禁遏海寇，且請送還被海寇俘虜之明人。八月二十一日明使發京都歸國，(註一一)是時義教又以恕中中誓爲正使，派船六艘。此乃第二次勘合船也。直至義晴於天文十六年（嘉靖二十六年，西曆一五四七）使策彥周良爲正使之最後勘合船止，總計派遣勘合船十一次，各次勘合船，柏原昌三氏有最詳細之研究（註一二）茲揭一覽表於左，綜合的論述其大體焉。

第二期 自永享四年至天文十六年 遣明勘合貿易船一覽表

次數	將軍	正使，副使，綱司，居座，士官，從僧	勘合船及帶勘合攜	勘合之收得及返還	往航路	入明年代	歸航路	歸國年代
第一次	義教	正使 龍室道淵 瑞（書記）	幕府及畠山，一色，細川，赤松，山名等潘侯，醍醐寺大乘院等寺家，共派五艘，攜永樂勘合五道而行	歸國時齎回宣德勘合一百道，底簿一冊	中國路	永享四年八月發自兵庫，停留博多附近頗久，永享五年趁春汛赴明	中國路	永享五年六月發自北京，六年五月歸兵庫
第二次	義教	正使 恕中中誓 永項	幕府船，醍醐寺，山名寄合船，大乘院船等共六艘，攜第一號至六號六道宣德勘合而行	入明時持剩餘之永樂勘合五十七道底簿一冊還明	中國路	永享六年八月發自京都	中國路	永享八年七月到京都

第三次	第四次
義政	義政
正使 綱司 綱司 居座 居座 從僧 從僧 從僧 從僧 從僧 從僧 從僧 從僧 從僧 東洋允澎 如三芳貞 貞芫 清海 妙增 允邵 天與清啓 咲雲瑞訢 蕭元壽嚴 文明東曦 闌隱馨 九淵龍賝 南叟龍朔 東林如春	正使 居座 居座 居座 居座 居座 土官 土官 土官 從僧 從僧 天與清啓 妙增 紹本 春洋 壽敬 通懌 提點永扶 全杲 性春 桂菴玄樹 蕭元壽嚴 雪舟等楊
一號船天龍寺 二號船伊勢法樂社 三號船天龍寺 四號船九州探題 （聖福寺營造船） 五號船島津氏 六號船大友氏 七號船大內氏 八號船大和多武峯 九號船天龍寺 十號船伊勢法樂社 攜第七號至十六號十道宣德勘合而行但五號之島津氏船未往	一號船（和泉丸）幕府，二號船（宮丸）細川氏，三號船（寺丸）大內氏，後一號船和泉丸未往，以寺丸代之，三號大內氏之船又以他船代之，攜第一號至第三號景泰勘合三道而行
歸國時齎回景泰勘合一百道底簿一冊	入明時持剩餘之宣德勘合八十四道同底簿一冊還明，得成化勘合一百道同底簿一冊而歸，途中為大內氏所奪（但大內氏後又納還于幕府）
中國路	中國路
寶德三年十一月發自兵庫享德二年三月發自五島四月到寧波九月到北京	寬正五年七月發自京都應仁二年正月發自筑紫同五月到寧波
中國路	南海路
享德三年二月發自北京七月到長門	文明元年八月回土佐

第五次	義政	正使笠芳妙茂 副使玉英慶瑜 從僧蕭元壽嚴	一號船幕府 二號船（相國寺、勝鬘院） 三號船大內氏 攜第四號至六號三道景泰勘合而行		中國路	文明八年四月自堺發	南海路	文明十年十月回京都
第六次	義政	正使子璞周瑋 居座蕭元壽嚴 居座東歸光松 居座首龍 居座金溪梵釋 居座全融 從僧圭圃周璋 從僧希宗友派 從僧一初統 從僧心月梵初 從僧歡甫喜	一號船幕府 二號船朝廷 三號船幕府 攜第七號至九號三道景泰勘合而行		南海路	文明十五年四月發自堺	中國路	文明十七年十二月回五島奈留浦，十八年七月歸至堺
第七次	義植	正使堯夫壽蓂 從僧古川勤 從僧文成鷲 從僧育英	一號船細川氏 二號船細川氏 三號船幕府 四號船細川氏 五號船大內氏 六號船大內氏 細川船幕府船攜第十號至十三號四道景泰勘合，大內船攜成化勘合第三四號而行	歸國時齎回弘治勘合一百道及底簿	中國路	明應二年三月自堺發	中國路	明應五年三月自北京發，是年秋歸

第八次		第九次	
義澄		義晴	
正使 了菴桂悟 副使 光堯 居座 光悅 居座 玄衛 居座 省佐 居座 宗設謙道 居座 永賢 土官 宗棟 土官 勝康 士官 安範 從僧 友竹貞 從僧 桂軸久	宋素卿	正使 宗設謙道 副使 月渚永乘	鸞岡瑞佐 宋素卿
一號船大內氏 二號船細川氏 三號船大內氏 攜第一號弘治勘合而行	四號船細川氏 攜弘治勘合第四號而行	一號船大內氏 二號船大內氏 三號船大內氏 攜第一號至第三號三道正德勘合而行	四號船細川氏 攜第五號弘治勘合而行
入明時持所餘之景泰成化勘合，並底簿還于明，新得正德勘合一百道同底簿而歸，途次為大內氏所奪			攜所餘之弘治勘合將還于明，似于寧波變亂之際，為大內船宗設謙道所奪
中國路	南海路	中國路	南海路
永正六年十一月發自堺，七年正月放洋，遇風災而返，八年春再赴明	永正七年春到寧波	大永三年四月到寧波	
中國路	南海路	中國路	
永正十年六月發自寧波歸國	似于永正七年歸國	與細川船瑞佐等爭，惹起寧波大亂，殺府吏，劫掠附近而歸	與大內船之宗設謙道等爭，成寧波之大亂，瑞佐戰歿，宋素卿下寧波獄而死

第十次	義晴	正使　湖心碩鼎 副使　策彥周良	一號船大內氏 二號船大內氏 三號船大內氏 是謂攜弘治勘合，而未行正德勘合，或孰知，		中國路	天文八年四月發自五島	中國路	天文六年十月歸五島十一年正月到京都
第十一次	義晴	正使　策彥周良 副使　釣雲	一號船大內氏 二號船大內氏 三號船大內氏 四號船大內氏 攜弘治勘合正德勘合而行	入明時持弘治勘合十五道正德勘合四十道及底簿還于明	中國路	天文十六年二月發自山口，是年五月發自五島，十月過舟山列島，十七年三月至寧波上陸，十八年四月到北京	中國路	天文十八年八月發自北京歸國

（備考一）表中所謂中國路者，乃由兵庫或堺通過瀨戶內海，經博多五島抵寧波之航路也。（在博多準備之船，不通過瀨戶內海；然亦有便宜上入中國路者。）所謂南海路者，乃由堺通過土佐沖，經薩摩之坊津，到寧波之航路也。（在坊津準備之船，不通過土佐沖，然亦有便宜上入南海路者。）

（備考二）南方紀傳有「嘉吉二年春遣於大明」之語；薛氏日本考略有「正統七年，倭船九隻來貢」之語；嘉吉二年，（正統七年，）似有勘合貿易船赴明者。然此殆寶德三年，（景泰二年，）天龍寺伊勢法樂社等派遣勘合貿易船九艘所誤傳者也。

二　勘合之制

予前屢用「勘合貿易」「勘合船」等名詞，今先就勘合二字，說明其性質。明代海禁極嚴，爲防祕密貿易計，乃定勘合制。洪武十六年（日本弘和三年西曆一三八三）首與暹羅國定勘合之制，後漸及於各外國。(註一三)據廣東通志所載之暹羅國勘合制，與戊子入明記所載之日本國勘合制，比對觀之，知對於各國之制度，大略相同。

對日本國之勘合制，分日本二字，作成日字號勘合一百道，本字號勘合一百道，計二百道。日字號勘合底簿二册本字號勘合底簿二册，計四册。內日字號勘合一百道，日字號勘合底簿一册，本字號勘合底簿一册，置於明之北京禮部。本字號底簿一册，置福建布政司處，本字號勘合一百道，日字號勘合底簿一册，送於日本。日本赴明貿易船，每船攜勘合一道而行。既至明布政司與底簿比對後，護送至北京（概以進貢之名行貿易，故使者必抵北京朝見）復由禮部取其勘合，與底簿比較，查其硃墨字號，是否相符。其勘合中記明使臣以下之姓名貿易品船數等，（日本勘合船進口處，原限於寧波一港，似不應由福建布政司點檢勘合，但憲章類編有云：「本朝初由大小琉球迂繞福建至浙，」蓋明初日本船經琉球臺灣而抵福建，由福建赴寧波故也。後此事等於具文，觀允澎入唐記、策彥入唐記可知）又明使來日時，攜明禮部之日字號勘合，與日本保管之日字號勘合底簿，對比硃墨字號，以證其不僞；歸國時日本贈明之物，亦記入勘合中攜歸。（註一四）

此種勘合之制，何所本乎？按明於洪武三年（日本建德元年，西曆一三七〇）已用之於戶籍；（註一五）至此又應用於海外貿易也。更上溯之，殆根據元代市舶法者。元代對於外國商船，概由市舶司豫給公驗；外國商舶赴元時，預請本國長官，在公驗之空紙內塡明姓名貨名件數觔重等；抵元時先到市舶司照數點驗，始許貿易。（註一六）

明朝對日本送勘合之始，在永樂二年（日本應永十一年西曆一四〇四）明使趙居任等來日時，送來永樂年號之本字勘合一百道，並日字勘合底簿一册；第一期勘合貿易時代之六次勘合船，與第二期第一次道淵等所率之五艘勘合船，概攜永樂年號之勘合而行者。道淵等歸國時，與明使雷春等，攜來宣德年號之本字勘合一百道，與日字勘合底簿一册，故第二次之勘合船六艘，攜宣德勘合第一號至第六號共六道而行。且以餘存之永樂舊勘合五十七道，與其底簿，歸還於明。（註一七）此後明朝每逢改元，皆送新勘合與其底簿來日，日本亦皆將餘存之舊勘合及其底簿還明。

第三次之勘合船十艘，攜第七號至第十六號十道宣德勘合而行，（但第五號船島津氏船未赴明）歸國時攜景泰新勘合並其底簿而來，第四次幕府船細川船大內船三艘，攜第一號至第三號三道而行，且歸還餘存之宣德勘合八十四道並其底簿於明。（註一八）歸時得成化新勘合一百道並其底簿而回。是時日本適有應仁之亂，船主中之一大內氏屬於西陣，若通過瀨戶內海恐被大內氏所劫，故改由九州南端，通過土佐沖由所謂南海路而歸國，然仍被大內氏所襲，成化新勘合與貨物，悉被剽奪。（註一九）據蔭涼軒日錄長享元年十月二十九日又三十日條，大內氏所劫之勘合，後又還於幕府。自此之後對明貿易，大內細川兩氏互相競勢，對於勘合，糾紛不已。柏原氏之論文，曾詳說之。

成化勘合，既被大內氏所奪，故第五次勘合船三艘，不得已而攜景泰舊勘合第四五六號三道而行。（註二〇）且於表中陳明成化勘合被賊剽奪。（註二一）第六次之勘合船三艘，亦攜景泰舊勘合第七，八，九號三道而行。(註二二)第七次大內細川兩氏互爭勘合，經許多波折之後，細川船三艘幕府船一艘，攜景泰舊勘合而行；大內船二艘攜成化新勘合而行，實違定例。(註二三)歸國時齎弘治勘合一百道並其底簿而回。第八次了菴桂悟所率之大內船二艘，細川船一艘，乃攜弘治勘合第一，二，三號三道而行者。(註二四)細川氏意頗不滿，又以明人宋素卿爲綱司，率一船由南海路赴明，(註二五)攜弘治勘合第四號而行。宋素卿爲寧波朱氏子，名縞，因與日商有債務關係，質於日本者，(註二六)素卿長於文學，景徐周麟之翰林葫蘆集有題爲「次韻朱素卿」之詩，因此爲細川氏所重用。了菴桂悟入明時，似曾攜餘存之景泰成化舊勘合並其底簿還明，新得正德勘合一百道並其底簿而回，途中又被大內氏所奪。(註二七)大內氏不但不還，且強請幕府委任保管；(註二八)永正十三年(一五一六)四月，使幕府承認大內氏獨占對明貿易權。(註二九)故第九次大內氏獨占三船，攜正德勘合第一，二，三號三道，派宗設謙道等率之赴明。細川氏爲對抗計，又向幕府強索得弘治勘合一道，使瑞佐，宋素卿乘一船由南海路往。(註三〇)細川氏船入寧波港後，於大內氏船，瑞佐宋素卿等厚賄府吏，先檢其船，貨物得先上陸，大內船之宗設謙道等大怒，殺府吏，大掠寧波，紹興而歸；細川船之瑞佐戰死，宋素

卿被捕，死於寧波獄中；明朝因此廢寧波市舶司，拒絕日本貿易。(註三一)

然若果拒絕日本貿易，倭寇之侵害必甚，故雖規定拒絕而不能實行；此後第十次第十一次之勘合船，依然受國賓之待遇。第十次碩鼎爲正使，策彥爲副使，以大內船三艘組織之，所攜之勘合無考。昔第九次瑞佐宋素卿等所率之細川船，曾攜餘存之弘治勘合，擬還於明；當寧波爭亂之際，似被大內船所得，大內氏遂有弘治正德兩種勘合，故第十次所攜，必爲其中之一。(註三二)歸國時曾請求嘉靖新勘合，明朝因弘治正德舊勘合未還，不允。(註三三)（續史籍集覽所收之策彥入唐記，謂是時曾得嘉靖勘合；然妙智院藏策彥和尚初渡集無此說，故難置信；詳見柏原氏之日明勘合ノ組織ト使行。(註三四)於是以餘存之弘治勘合十五道還明，謂其餘被素卿所竊；又歸還餘存之正德勘合四十道，其餘十五道留作後用。(註三五)柏原氏解釋此事，言所云弘治勘合被宋素卿所竊者，乃因在寧波與細川船爭奪時，失去大半，故佯言被宋素卿所竊耳。又第九次大內船僅用正德勘合三道，還明者四十道，留作後用者十五道，其餘四十餘道，竟無明文；疑大內氏私給種子島氏矣。蓋大內氏與細川氏對抗，必將對明貿易一要津之種子島，收入手中也。種子島家譜云：

「天文十三年，（嘉靖二十三年，西曆一五四四）四月渡唐船（二號合船）解纜」

「天文十四年乙巳六月十四日二合船歸朝。」（錄原文）

可知種子島曾派遣勘合船，其勘合必得自大內氏者。明史日本傳云：

「二十三年，（嘉靖二十三年，日本天文十三年）七月來貢未及期，且無表文，部臣謂不當納，卻之。」

恐卽種子島船也。（註三六）第十一次勘合船歸國時，屢與明朝禮部交涉，欲得嘉靖勘合亦未允，（續史籍集覽所收策彥入唐記謂是時曾得嘉靖勘合一道，然妙智院藏策彥和尙再渡集無此說。）

據以上所述，由明送來之勘合，概藏於幕府；其授與之權，通前後言之，大體皆歸幕府掌握。成化勘合，雖一時爲大內氏所奪，後仍還於幕府。正德勘合雖奪之不還，形式上仍必請幕府委任保管，其完全私占者，僅寧波爭亂之際，由細川船所奪之弘治勘合耳。

授與勘合之權，爲幕府所掌握，得之卽可公然派遣貿易船，佔許多利益；大內細川兩氏及寺社等，皆熱烈競爭。故幕府常藏於堅固之府庫，授與之時，雖一道亦不可忽視，皆由正使副使於啓行時，親謁將軍而領之。（註三七）相國寺蔭涼軒主，曾就第二期勘合貿易時代之大部分，詳記幕府之外交事務，及掌管勘合，出納勘合事，其書名蔭涼軒日錄。

三　日本表文並日本國王印

第二期勘合貿易時代，每次派遣勘合船，皆由足利將軍上書明帝，當時名爲遣明表。遣明表皆命京都五山僧徒中之長於筆墨者起草，其書詳載東海瓊華集，戊子入明記，善鄰國寶記，續善鄰國寶記，蔭涼軒日錄，補菴京華集，補菴京華別集等書。表中大意，皆言特遣專使請明帝安，兼貢不腆之方物云云，署名爲「日本國王臣源某」。以用明朝年號爲常例。遣明表外，又附有副書，內載足利將軍貢獻方物之品目，又述所用勘合事；又或言因遭兵亂，公庫窮乏，請予銅錢，或列舉所希望之事。（註三八）明朝國書，亦有正書副書之別，正書之始，必書「皇帝勅諭日本國王源某」，下有嘉賞其勸誠之語，副書中載明帝頒賜物之品目。

遣明表甚損日本之體面，然其中亦應稍加考慮。義教於永享六年明使雷春等來日時，接待禮節改從輕微，以保日本體面，已如前述(註三九)遣明表亦然，永享六年第二次以恕中中誓爲遣明使時，對於遣明表中應否用「日本國王」之稱，頗加討論。三寶院之門跡滿濟，謂義滿時既用「日本國王」，今若改之，則以前代之非，顯示異朝，所用王字，亦可解作霸王之意，似屬無妨云云，語見其日記中。至於年號，義教云本當用日本年號，但永享四年第一次遣明表中既用明朝年號，此事亦應討論。鹿苑院住持寶山云可僅用干支；滿濟則謂前已用明年號，今又改之，於日本表裏均不合，此次只得仍依前例，用明年號，但當以書面申明下次難用之故，明朝當能諒解云云。(註四〇)是時之表，由惟肖得巖起草，文中有云：

「秋水長天，極目雖迷，上下春風，和氣同仁，豈阻東西」。(錄原文)

善鄰國寶記之作者瑞溪周鳳解之云：此文雖言蒼海渺茫之境，而兩國不定上下之意，寓於言外矣。又寬正五年第四次遣明表，由周鳳起草，其文云：

「黃河北流，一清以生上聖，白日西照，再中以發皇明」。(錄原文)

周鳳自加說明云，此數句遠頌高祖之德，近記今王之實，又擧惟肖得巖寓不屈於明之意。(註四一)

應永十一年（西曆一四〇四）義滿之時，明朝曾賜日本國王金印，第四次遣明表中似曾用之。蔭涼軒日錄寬正六年六月十四日條云：

「遣唐疏上，被押金印，仍讀誦之，別幅未製，又重可被押金印也。金印付龜形，……愚老（季瓊眞蘂）眼難辨，故召具集箴首座共押金印也。……龜形金印光輝照人，斤兩尤重，而以兩手難提持，實國家遺寶也。」（錄原文）

善鄰國寶記言是時遣明表中所蓋之印，其印文爲篆書「禮信達順」四字。又第五次第六次亦用金印，蔭涼軒日錄延德四年七月二日條，善鄰國寶記，補菴京華集，補菴京華別集等皆載之。第七次亦同，蔭涼軒日錄延德四年七月四日條云：

「早早可有御參云云。蓋御印事也。乃九峯季才同途而詣一條御所，遣唐書淸書，先以葉室公供台覽，其後於御對面所可擡御印之命有之。玄阿持金印箱，葉室公於御對面所令予（龜泉集證）開鎖子，予乃命九峯成印之。印肉無之，遣季才於松泉取寄印肉，印了供台覽。」（錄原文）

大意謂遣明表先行淸書，陳請將軍閱覽後，在其面前蓋金印，此等事爲蔭涼軒主所掌。第八次似亦用金印，第九次未用。第九次遣明表中，述金印因兵亂失落，只用花押以爲信，且請給新勘合與金印。(註四二)後因大內船之宗設謙道與細川船之瑞佐宋素卿在寧波惹起騷亂，明朝未肯給金印。第十次第十一次不知用何印。柏原氏謂此兩次遣明正使未攜將軍之遣明表，其印爲大內氏所蓋，現毛利侯爵家藏有木雕日本國王印云。(註四三)

四　宣德條約與其實行

第二期勘合貿易船，在百十五年間共十一次，平均十年一次。其中因製造船舶，採辦貿易品，或因爭奪勘合，故其準備期間，多費時頗久。如第四次派遣之計畫，定於長祿二年，（西一四五八）是年八月遣通事盧圓赴朝鮮，問朝鮮王何種物品爲合宜。(註四四)四年，建仁寺之天與清啓定爲正使，(註四五)幕府苦於財政窮乏，不能自行備辦船舶及貿易品，寬正五年（一四六四）七月清啓等下博多，託大內氏作諸般準備。(註四六)翌年大內教弘赴伊豫而病故。(註四七)文正元年（一四六六）閏二月乃由博多啓行，在肥前呼子浦遭颶風而折回，故又遲延。(註四八)至應仁二年（一四六八）

正月始出發。(註四九)其間實費十年光陰矣。第七次因大內細川兩氏競爭勘合，費時八年，第八次又費時十三年。(註五〇)準備期間，需時原久，而所以平均十年一次者，因宣德條約中定明十年一貢也。

明史日本傳云：

「永樂初，詔日本十年一貢，人止二百，船止三艘，不得攜軍器，違者以寇論，乃賜以二舟爲入貢用，後悉不如制，宣德初申定要約，人毋過三百，舟毋過三艘。」

永樂條約定明十年一貢，宣德條約仍沿其例，若過早則不許上陸。如第十一次大內船四艘，於天文十六年（西一五四七）五月二十日，發自肥前五島，六月一日達定海，寧波官憲以其違十年一貢之制，不許上陸，不得已而至定海，暫泊罌山十個月，至翌年三月十日到寧波始許登陸。(註五一)蓋明朝爲緩和倭寇之政策，雖歡迎日本來貢（即非歡迎，至少亦不拒絕）但若次數過多，則貿易與待遇，需費過巨也。又規定「人毋過三百舟毋過三艘」者，理由亦同，然不能實行。第二次多至六艘，第三次九艘，人員則有千餘人，允澎入唐記中關於寧波之茶飯條中，有「招日衆千餘人」之語，可知矣。是時明朝曾令日本使臣嚴守宣德條約，(註五二)故日本於第四第五第六三次，僅派船三艘，第七次因大內細川兩氏競爭勘合，互不相讓，結果幕府船一艘，細川船三艘，攜景泰勘合；大內船二艘，攜成化勘合，共派船六艘。(註五三)第八次了菴桂悟爲正使時，原決定大內船二艘，細川船一艘，細川氏不滿，迫幕府另給勘合一道，使宋素卿爲綱司，稱四號船，不通過大內氏之領海，獨由南海路抵寧波。桂悟所率之三船，適在海上遭颶風，延擱時間，故細川氏之船，得先貿易而歸。(註五四)及桂悟抵明，明人要求下次當嚴守三艘之條約。(註五五)桂悟得正德新勘合而歸，大內氏要之於途而奪之，獨占第九次三船，而以宗設謙道等爲使，細川氏不服。又請於幕府，得弘治舊勘合，使瑞佐宋素卿等率一船由南海路赴明，已如前述。

要之宣德條約規定之十年一貢、人三百人、船三艘、各節，惟十年一貢大體能實行，至於人三百人船三艘二者，明人雖屢次要求嚴守，而日本仍沿第一期勘合貿易時代之慣習，加以大內細川兩氏之競爭，殆全未實行也。

五　遣明使職員

遣明使職員，普通正使副使各一人，居座、士官、通事各數人，時或置綱司。正使副使掌管幕府之外交貿易事務，專由醍醐寺三寶院與相國寺蔭涼軒主推薦，大概由天龍寺相國寺建仁寺東福寺等京都五山之僧徒中選任之。永享四年（一四三二）第一次正使龍室道淵，寧波府人，歷住長門之安福寺聖福寺，因其通悉中國情形，故天龍寺迎之派爲對明復活通交之使者。(註五六)第四次之天與清啓，第九次之宗設謙道，第十一次之策彥周良，則以其前曾爲居座或副使，有入明經驗也。(註五七)正使副使爲足利將軍之使，進發時必親謁將軍，接受遣明表及副書，(註五八)齎往明都北京，見明帝於奉天殿，捧呈表文，獻進貢品，送還舊勘合並其底簿，領受新勘合並其底簿，此皆使臣之任務也。又遣明使之主要目的，在假進貢之名以營貿易，故使臣又監督北京會同館之貿易，寧波杭州南京等沿途各地之官私貿易，對於貿易品之價值等，與明朝官司當交涉之衝，又爲一種商務官。(註五九)正使副使之任命權在幕府，通前後未有變更，中世以後，大內細川兩氏爭奪勘合甚劇，兩氏對於正使副使，亦各欲得合己意者，故任命之後，屢有變更。例如第七次長享二年（一四八八）二月以相國寺塔頭崇壽院主仲璋爲正使；崇壽院爲堺南莊之領主，利於細川氏，而不利於大內氏。故大內氏之雜掌與文首座，雖任命爲居座，因事爭執，不能就任。此間或欲以相國寺慈照院主景徐爲使；或欲以該寺崇禪院主天澤爲使，經許多曲折之後，至明應二年（一四九三）二月，始以鹿苑院之堯夫壽蓂爲正使。(註六〇)

正使副使以下，各船有居座、士官、數名。幕府船之居座，由幕府任命。其他則不必由幕府任命。然概於京都五山僧徒內精通外交事情者選任之。如肅元壽嚴，自第三次以後，爲居座、士官、入明者凡四次。(註六一)居座、士官爲一船之幹部，其船貿易權，歸彼掌管。

各船又有通事數名。通事概以明人歸順日本者充之。第一次通事中，有四條唐人善德寶；(註六二)又戊子入明記中之柴通事，沈通事，薛通事，張通事，林通事，院通事；允澎入唐記之通事盧圓，道通事。策彥入唐記之周通事，吳通事；由其名推之，皆明人歸日者也。其中因被倭寇所擒而歸順日本者，似亦不少。明史日本傳謂第四次遣明使之通事抵明，自言本寧波人，幼時被倭寇所掠，賣於日本云。

以上爲遣明使之主要職員。此等職員，又各攜從僧僕人而行。此外操船者有船頭，脇船頭，水手等。從行商人，亦搭乘焉。初時幕府、藩侯、寺社、自行經營貿易船，從行商人之數較少，商人搭船，必納稅。一人之稅納幾十貫文貨一馱，又納稅若干貫，乃許搭乘。此等人名曰「客人衆」。（註六三）第四次一號船所載人員，除正使以下職員外，從僧從僕凡五十四人，水手五十二人，客人衆三十五人。（註六四）其後每船一艘，常令博多與堺之商人攤認若干貫文，故商人搭乘之數大增。第十次之一號船，職員十五人，水手五十八人，從行商人至一百十二人；二號船，職員五人，水手四十人，從行商人九十五人；三號船，職員六人，水手三十五人，從行商人九十人。（註六五）以前名爲客人衆，只許便乘之商人，後竟成爲主體矣。

六　日本勘合貿易船之內容組織

欲知日本遣明勘合貿易船之內容組織，先宜知當時用何等之船。戊子入明記有「可成渡唐船分」條，列擧如次：

豐前國

門司　泉丸　二千五百斛　此係大船，不能渡唐。

同上

同　寺丸　一千八百斛　此亦大船，前常遇險。

同上

同　宮丸　一千二百斛　此船可行無礙。

周防國

富田彌增丸　一千斛。

同上

上關藥師丸　五百斛。

同上

深溝熊野丸　六百斛。

同上

楊井　宮丸　七百斛。

備後國

尾道住吉丸　七百斛。

同上

鞆　宮丸　一千斛。

同上

田島　宮丸　七百斛。

同上

院島熊野丸　六百斛。

第四次以泉丸充幕府船，以寺丸充大內船，以宮丸充細川船。泉丸過大，操縱頗難，後以大內船之寺丸代之。（但大內船又以何船代之不明，）（註六六）故是時之渡唐船，普通在六七百斛之譜。自千八百斛至二千五百斛之船，用者甚少。第十一次之一號船，長二十三尋，檣長十三尋。（註六七）以上之渡唐船，概名某丸，可知當時之船，已概名爲丸矣。先是第一次醍醐寺大乘寺之同行船，名八幡丸，（註六八）第二次醍醐寺山名氏之同行船，名小泉丸。（註六九）稱爲丸者，原出於親愛之意。嬉遊笑覽云：

「舟之名，上古呼以枯野，早馬等名，中世加丸字，因愛是舟而擬於人也。又昔人對於所愛之物，多加丸字，如稱馬曰節丸，犬曰翁丸，鷹曰綠丸，狆曰花丸……是也。又庭訓往來言諸國之貨倉曰問丸，言其船到則裝貨故也。

日本船之構造，是時大有改革，在日本造船史上，有特筆記載之價値。籌海圖編卷之二云：

「日本造船與中國異，必用大木取方相思合縫，不使鐵釘，惟聯鐵片；不使麻筋桐油，惟以草塞罅漏而已。名短水草費功甚多，費材甚大……其大者容三百人，中者一二百人，小者四五十人，或七八十人。其形卑隘，……其底平，不能破波。其布帆懸於桅之正中，不似中國之偏，桅機常活，不似中國之定，惟使順風，若遇無風逆風，皆倒桅盪櫓，不能轉戧。故倭舡過洋，非月餘不可。今若易然者，乃福建沿海奸民，買舟於外海，貼造重底，渡之而來，其舡底尖能破浪，不畏橫風鬪風，行使便易，數日卽至也。」

此乃就倭寇船而言者，勘合船當亦相同。

勘合船順勘合號數呼爲一號船二號船三號船。正使常乘一號船，名爲本船。其餘諸船名曰類船。(註七〇)自永享四年第一次至天文十六年第十一次勘合船總數五十艘。此等船非全由幕府派遣者。幕府船僅於第一、二、四、五、六、七次中有一、二艘，總計七艘。除第六次由朝廷派遣內裏船一艘外，其餘四十二艘悉寺社船，或藩侯船也。(註七一)寺社船，藩侯船，仔細觀察之，亦因時代而有消長。義教時代，卽第一、二兩次時，藩侯船中有畠山、一色、細川、赤松、山名等船。(註七二)其時大內細川兩氏對明貿易，尙未有特殊勢力。寺社船中，以醍醐寺爲最有勢力。第一次與大乘院等合派八幡丸。(註七三)第二次爲籌本寺營造費，與山名氏合派泉丸。(註七四)當時醍醐寺三寶院之滿濟准后參與幕府之外交貿易事務，故最有勢力。第三次九艘之內，天龍寺占最重要之一號船三號船九號船共三艘。(註七五)蔭涼軒日錄與戊子入明記皆呼此次勘合船爲「天龍寺船時。」天龍寺於文安四年（一四四七）遭火災，因欲重修，爲籌營造費計，故九艘之內，占有三艘，蓋尊重該寺創建時天龍寺船之古歷史者。又醍醐寺之下寺伊勢法乘社，亦占重要之二號船與十號船，共二艘。(註七六)蓋醍醐寺仍有相當勢力也。

因營造寺社而籌淨財，派遣勘合船之舉，以第三次爲終局。藩侯船中畠山、一色、赤松、山名、等船，亦完全消滅。自此概爲領有兵庫博多之大內氏，與守護堺港要地之細川氏所占。又第五次之二號船，爲相國寺勝鬘院船，此蓋爲向幕府請求勘合計，以營造寺院爲名耳；其實不過入明使僧等營私利者也。蔭涼軒日錄文明十九年六月二十六日條云：

「已前爲勝鬘院造立，雖白請勘合，無寺家與隆，各以自受用爲本，然時者正使居座等，其仁一大事耳。」（錄原文）

此後寺院雖屢擬派船，惟因大內細川兩氏之爭奪勘合，不能實現。例如第七次，建仁寺曾有派遣勘合船之希望，一山諸老，曾以連署式運動蔭涼軒主集證。(註七七)又前將軍義政亦擬派遣相國寺船三艘，曾使集證調查天龍寺船故事。(註七八)然因大內細川兩氏之激烈競爭，建仁寺諸老之希望，與前將軍之企圖，終不能實現。長享元年（一四八七）八月一日，一時曾決定一號船二號船爲幕府船，三號船爲大內船。(註七九)但伊勢氏以營造京西太秦廣隆寺爲名，運動收幕府船一艘爲己有；(註八〇)結果乃不顧宣德條約三艘之規定，終以細川船三艘，幕府船一艘，大內船二艘，同時渡航。(註八一)又定第八次派遣之計畫時，明應七年（一四九八）正月相國寺諸老相商因該寺開基之義滿百年忌辰，在九年後之永正四年（一五〇七）爲籌其費用計，希望派相國寺船三艘。(註八二)亦因大內細川兩氏抗爭，經許多曲折，終被排除，而派大內船二艘，細川船一艘。(註八三)細川氏又請得勘合一道，使宋素卿率四號船赴明。(註八四)

要之第二期勘合貿易船五十艘之內，幕府船僅七艘，其他概爲藩侯船與寺社船也。故對明勘合貿易之利，若認爲幕府得其全部，則大誤矣

就勘合船一一考查之，其內容亦各不相同。表面觀之，雖同名爲幕府船，藩侯船，寺社船；然有幕府藩侯寺社自行經營之時代；有使一部商人納一定之乘船費貨物費而許其搭載之時代；又有完全由商人包辦而徵抽分錢之時代。時代不同，內容自異，其中情形，頗爲複雜。

由大體言之，第一二次，似由幕府藩侯寺社各自支附費用，採辦貿易品，而自經營之。試觀第二次，幕府曾因勘合船渡航，取費用於京中之土藏；大乘院亦向四十八所之領民課稅；可以知矣。(註八五)

一藩侯一寺社不能籌辦一船時，則聯合出船，稱寄合船。第一次，醍醐寺大乘院等寺家，合派寄合船八幡丸，其費用七萬疋（每匹四十五制錢）由各寺家分擔。(註八六)第二次醍醐寺與山名寺共派寄合船小泉丸。(註八七)貿易利益，殆歸經營其船者所得。

第三次組織法大變。是時無幕府船，因天龍寺占一號船三號船九號船也。幕府貢獻之方物，由天龍寺代辦。明朝頒賜物，納於幕府。此外悉爲寺家所得。蔭涼軒日錄文明十九年五月十八日條記天源院肅元之語云：

「渡唐船十艘調之，嶋津者雖領勘合辭而不渡，其內三艘者天龍寺自受用之船也。進物者自寺家辨之；自大唐返物者皆爲公物，自餘悉可寺物也。」（錄原文）

觀此文可知矣。（此後無幕府船時，殆皆用是法。）然天龍寺又不能自辦貢物，故先遣綱司芳貞，三號船居座妙增，往博多勸商人採辦之。鹿苑日錄明應八年八月六日條云：

「天龍寺貞都聞爲綱司，增都聞爲三號船之居座，皆赴博多誘商人以調船并進物等也。」

（錄原文）

是時，天龍寺又先向幕府請得公帖（補授五山十刹等前住職之法階之公文書也，是時南禪寺之公帖價百十七貫文）賣於關西諸僧，以補渡航費之不足。正使東洋允澎入明時，留滯博多八閱月餘，全係辦理此事者。（註八八）鹿苑日錄明應八年八月六日條云：

「金溪和尙曰：天龍寺船歸朝之時，於鹿苑有抽分也，于時院主則竺雲和尙也。所謂抽分錢者，荷物日本之直，有博物之人而定其直，以其十分一納之於寺也。」（原文）

天龍寺不僅使博多商人經理船及貢物也；即貿易品亦完全由博多商人包辦，寺家於其歸國之後，按日本價估其搭載貨抽取十分之一焉。又是時六號船之大友船，亦由商人包辦，歸國之後，原約徵收十分之一，後又少取所約之十分之三。豐後萬壽寺之僧曇芳瑞入京告瑞溪周鳳語云：

「旦那大友國中之政，有可稱道者。去歲（享德三年）入唐船歸，各出抽分，先命諸商定物價，令出十分一。然可出一貫者減三百，可出十貫者減三貫，餘可例知也。此亦寡欲之至也。」（錄原文）

（註八九）

此外諸船，恐亦相同。（抽分率，稍有差異，固不待言。）

第四次有幕府船一艘，幕府因財政窮乏託大內氏準備一切。先是寬正五年（西歷一四六四）七月，遣正使天與清啓赴博多（註九〇）六年五月清啓奏請朝廷以大內教弘之子武治爲彈正少弼，而向大內氏借一千貫文，採辦貢物並補貿易品之不足。（註九一）又戊子入明記「公方樣御商賣物分」中列舉扇、硯、大刀、長槍、刀、銅、金、硫黃等，則幕府自行從事貿易明矣。然一部分貿易，仍使特定之僧侶武士商人等包辦。戊子入明記謂是時搭乘幕府船者，千貫文之客人衆十八人；五百貫文之客人衆十八人；此皆五山之職僧武士，京都、兵庫、博多等之商人也。此客人衆，因營貿易，出一定之乘船費並貨物費，乃許搭船。聯合出千貫文者，名千貫文衆；出五百貫者，名五百貫文衆。詳見下文所引之鹿苑日錄。

第六次之幕府船二艘，以一艘四千貫文二艘八千貫文之價，使堺之商人包辦，鹿苑日錄明應八年八月六日條，記載如次：

「慈照相公（足利義政）渡之之時，予與子璞肅元共往。堺之人所請切者一艘四千貫也，然間八千貫獻之。三號船一號船也，二號船者內裏之船也，甘露寺之伯父龍首座所請也云云。昨日玖首座……又曰乘船者一人，別償二十貫文，荷物者一駄十二貫也。昔償八貫文也，持荷物十駄之商人者不出乘賃二十貫文也，而已之外又乘一員也，二十駄之人者，已之外乘二人也。以已上之錢而造船，供船，復營唐之進物也，又因請勘合而用禮錢也。昔者歸朝之時，舉荷物而定日本之代，以其十分一之□□□□□錢之爾，今則堺之商人請□之故，一艘□□□□貫未渡已前所定也，是亦抽分錢也。」（錄原文）

據此，則知第三次非歸國後按日本價估其貨物而徵十分之一之抽分錢者，乃於未往之前，約定不問歸國後損益，每艘納入四千貫文者。與歷應年間天龍寺船辦法同。然一人不能包辦全船，故集多數商人聯合包辦，視自己貨之多寡，分擔四千貫文。商人乘船者，每一人納二十貫文，貨物一駄，又納十二貫文。但一人有貨物十駄者，免除本人乘船費二十貫文外，仍可再搭乘一人。有二十駄者，可搭乘二人。以此法所得之金，作造船費並採辦貢物。此後勘合船似屢用此法。當籌劃第八次勘合船時，先略定一號船三號船爲幕府船，二號船爲細川船，擬倣第六次勘合船一艘四千貫文，由堺之商人包辦之例；玖首座云，一艘四千貫文，價額過大，商人負擔太重，請改爲一艘三千貫文云。（註九二）

七 日明交通路與警備

日本勘合貿易船之起帆地，其初與前代相同，仍爲兵庫。當時幕府之倉庫在此，故由明齎來之貨物，上陸後即可入庫。（註九三）第三次天龍寺船及貢物因託博多商人代辦，故以博多爲起點。（註九四）第四次似亦發自博多。試觀正使天與清啓先下博多，託大內氏準備一切；是時之船籍，又在豐前之門司，可知。（註九五）此後大內氏在對明貿易方面有特殊之權力，故在博多經營一切者爲多。當時博多爲極殷盛之港。箱崎爲明人居留地，至有大唐街。（註九六）今福岡之唐人町，似係彼地明人移往者。（註九七）先由博多到肥前之五島附近，待春汛或秋汛出外洋，橫斷中國東海，直向寧波。春汛秋汛，均爲東北季節風，但風之方向亦稍不同，故春季由南方之五島奈留浦出洋；秋季由北方之肥前大島小豆浦（今之的灣）出洋。（註九八）歸國時，因五月以後變爲西南季節風，故發寧波。當時航海者稱西南季節風爲「まぜ」，有時爲「左まはり」，位在辰巳（即東南）其時必經朝鮮之耽羅（濟州島）歸國。（註九九）

以上航路，乃繼續前代者。至此期之中頃以後，大內細川兩氏，抗爭甚劇，乃開新航路。新航路以堺港爲起點，經四國之南，寄港於薩摩之坊津。由此橫斷中國東海，或經南島而赴寧波。此路對於經瀨戶內海之中國路，稱爲南海路。（註一〇〇）第一次行此航路者，爲第四次勘合船。文明元年（一四六九）發自寧波，由此路歸國。是時爲應仁之亂最激烈時，幕府船與細川船若行中國路，則被西陣之大內氏所掠，故改由九州之南，出土佐沖。然貨物勘合，仍被大內氏所奪。正使天與淸啓等僅以身免。（註一〇一）兵庫博多在大內氏之勢力圈內，而堺港則細川氏所守護者。旣以堺港爲勘合船之起帆地，故開此新航路。文明八年（西一四七六）第五次勘合船，乃最初在堺港準備者；（註一〇二）然赴明時，仍行中國路。文明十年（西一四七八）歸國時，似因避大內氏掠奪，改行南海路者。試觀幕府命薩摩之島津氏爲歸路之警備可知。（註一〇三）文明十五年，（西一四八三）第六次船，幕府船二艘，內裏船一艘，完全與大內氏無關，故在堺港準備，而由南海路前往。（註一〇四）其船於文明十七年（西曆一四八五）十二月歸國，十九日達五島奈留浦，先報幕府；（註一〇五）幕府對於應行南海路，或行中國路，詳加討論；結果仍行中國路，果被大內氏抑留於平戶。後幕府遣使下書於大內氏，至十八年七月四日，始得回堺。(註一〇六)第八次了菴桂悟爲正使，率三船由中國路入明。細川氏另遣宋素卿以一船由南海路入明。(註一〇七)第九次宗設謙道爲正使，率大內船三艘赴明。細川氏在種子島建造一船，在薩摩山川港裝貨，遣瑞佐宋素卿等由南海路赴明。(註一〇八)要之勘合船之行南海路者，不過第四五次之歸路，第六次之往路，第八九次宋素卿等細川船，共五次耳。蔭涼軒日錄文明十七年十二月二十四日條，記第六次之勘合船回五島奈留浦之事云：

「歸朝舟先規自南海路歸洛。然者來年四五月頃可令歸洛目中國海路推舟，來正月末頃可令歸洛之由，注進僧申之。」(錄原文)

鹿苑日錄明應八年八月六日條云：

「近來者船不過大內所領者，故船過南海南邊，其費太多矣。」(錄原文)

行南海路，航海日數較多，經費亦巨，頗不利益。幕府與細川氏，爲免大內氏之掠奪，不得已而出此。

勘合船雖在寧波貿易，但其主要目的，則到北京呈貢物，受明朝之回禮，又在會同館營私人貿易；故皆必由寧波赴北京。往覆途中，皆經杭州南京等要地營貿易。（只第九次因在寧波爭執，惹起騷亂，未到北京，）由寧波到北京之要道，據允澎入唐記驛程錄可知之。係乘船通過浙省河川與大運河而到北京者。卽由寧波之四明驛，乘船溯甬江，經餘姚、紹興、蕭山，渡錢塘江而達杭州，自此順運河經嘉興、蘇州、常州、鎮江，橫斷揚子江，復入運河，經揚州、淮安、彭城、沛縣、濟寧，渡黃河而達天津；復溯運河，到通州上陸，由此向北京。往復途中，皆溯江繞道至南京貿易。

日明之交通路，已如上述。但此交通路中之瀨戶內海與九州沿海，爲海賊之巢窟；來往船舶之所懼者，不在風波而在海賊。故幕府每次派遣勘合船，皆下諭中國九州諸國之藩侯，命其警備，名爲「渡唐船警固」。第一次勘合船，命築前之少貳滿貞與對馬之國人警備（註一〇九）第四次則對攝津、播磨、備前、備後、安藝等守護，及宗上松浦、下松浦、松浦、臺岐守、奈留、佐志、大島、大友、宇久、大和、大內、平戶、松浦、肥前守及諸國各處之海賊，（此所謂海賊，非普通之海賊，乃割據瀨戶內海諸島，擁有海軍者，又名海賊衆。）皆發御教書，命爲警備（註一一〇）。蓋幕府既授勘合於諸藩侯及寺院，命其籌辦貢物與貿易品之一部，又由商人徵收抽分錢，則保證海上之安全，乃幕府之義務也。後因大內細川兩船抗爭，勘合船行南海路時，乃命其沿岸之薩摩島津氏警備。第五次勘合船歸國，第六次赴明皆然。(註一一)又鹿苑日錄明應八年八月六日條記第三次派遣勘合九艘時事云：

「此時之船皆一艘一艘警固之人乘之，萬一商人等有猥藉則各致之罪，以故無犯法者矣。」

(錄原文)

據此，則知託商人包辦時，因防商貨被奪，各船皆派有警備之人。

八　貿易品之種目

勘合貿易船，對明朝稱爲進貢船。如應仁二年第四次勘合船，號「日本國進貢船」，插一丈三尺之大旗而行。(註一二)雖云借用進貢之名行貿易，其內容則頗複雜。大別可分爲貢獻方物，使臣自進物，國王附搭品三種目。

貢獻方物，概於遣明表之副表內，記載其品目。第二次之貢獻方物凡十一種。如左：

馬二十匹　撒金鞘大刀二把　硫黃一萬斤　馬腦大小二十塊　金屏風三副　槍一百

柄　黑漆鞘柄大刀一百把　長刀一百柄　鎧一領　硯一面幷匣　扇一百把（註一一三）

第三次亦同。是時曾問明之內官馬與硫黃，是否需要。明人答云，硫黃由琉球進貢，馬則難渡，宜以黃金鑄成銚子提子香爐等入貢云。（註一一四）然觀善鄰國寶記、戊子入明記、補菴京華集、補菴京華別集等所載，第四次以後之貢物，殆無變化，不過減馬四疋耳。此等品物，由幕府自行採辦，而令諸藩侯及五山僧徒獻進者亦不少。（註一一五）第三次無幕府船。天龍寺於九艘之內占三艘，故貢獻之物，令天龍寺採辦，約定明朝回禮，納於幕府。（註一一六）此後無幕府船時，概用是法。但表面皆足利將軍以日本國王之名，貢於明帝者，明帝回禮，卽所謂皇帝頒賜物品，目載於國書之副書中。內有頒賜日本國王卽足利將軍之物，與賜王妃卽將軍夫人之物。

第一次賜日本國王之物如左：

白金二百兩

粧花絨錦四匹（四季寶相花藍一匹，細花綠一匹，細花紅二匹。）

紵絲二十匹（織金胸背麒麟紅二匹，織金胸背獅子紅一匹，織金胸背白澤綠二匹，晴花骨朵雲青一匹，晴細花綠四匹，晴細花紅一匹，晴紅花青一匹，素青三匹，素紅二匹，素綠三匹。）

羅二十匹（織金胸背麒麟紅一匹，織金胸背獅子青一匹，織金胸背虎豹綠一匹，織金胸背海馬藍一匹，織金胸背海馬綠一匹，素紅五匹，素藍三匹，素青三匹，青柳綠二匹，素柳青一匹，素砂綠一匹，素茶褐一匹。）

紗二十匹（織金胸背麒麟紅一匹，織金胸背獅子紅一匹，織金胸背白獬青一匹，織金胸背海馬綠一匹，織金胸背虎豹綠一匹，晴花骨朵雲紅一匹，晴花骨朵雲青一匹，晴花骨朵雲藍二匹，晴花骨朵雲柳青一匹，晴花骨朵雲綠二匹，晴花八寶骨朵雲綠一匹，素綠一匹，素紅一匹，素青一匹。）

彩絹二十匹（綠七匹，紅七匹，藍六匹。）

賜王妃之物如左：

白金一百兩

粧花絨錦二匹（細花紅一匹，四季寶相花藍一匹。）

紵絲十匹（織金胸背犀牛紅一匹，織金胸背海馬青一匹，晴花八寶骨朶雲青一匹，晴細花紅一匹，晴細花青一匹，晴細花綠一匹，素青一匹，素紅二匹，素綠一匹。）

羅八匹（織金胸背獅子青一匹，織金胸背虎豹紅一匹，素藍二匹，素紅二匹，素青一匹，素柳一匹。）

紗八匹（織金胸背獅子綠一匹，織金胸背犀牛紅一匹，晴花骨朶雲藍一匹，晴花骨朶雲青一匹，素紅二匹。）

彩絹十匹（紅三匹，綠四匹，藍三匹。）（註一一七）

此後頒賜物，大致相同。觀善鄰國寶記，續善鄰國寶記自明。惟第一次除列舉之頒賜物外，又有特賜物品甚多。其品目如左：

大紅心青邊織金花紵絲座褥一個	硃紅漆彩粧戧金轎一乘
硃紅漆戧金交椅一對	脚踏褥一個
脚踏褥二個	大紅織金紵絲褥二個

硃紅漆戧金交床二把

大紅羅銷金梧桐葉傘二把

渾織金羅十匹

綵絹三百匹

銀酒壺二個

銀漱口盂二個

銀茶匙十二把

大紅花一個

墨綠四季花二個

鍍金事件全古銅點金班花瓶二對

象牙彫茘枝烏木捍攩合子二個

硃紅漆戧金椀二十個

大紅心青邊織金紵絲座褥二個

渾織金紵絲十匹

渾織金紗十匹

銀盂二面

銀茶瓶二個

銀酒盂二個

銀匙二把

黑綠茶花一個

硃紅漆戧金寶相花摺疊面盆架二座

古銅點金班香爐二個

香兒一百個

橐全黑漆戧金椀二十個

橐金魷燈籠四對　雲頭桃竿全龍香黑二十笏

青黃信紙五百張　兔毫筆三百枝

各樣牋紙一百枚　蛇皮五十張

豹皮三十張　猿皮一百張

虎皮五十張　熊皮三十張

苓香拾箱　鸚哥二十個

滿濟准后日記永享六年六月五日條云，以上各物裝唐櫃六十合，多如山積。蓋自義持斷絕國交之後，日明交通一旦復活，明人極其歡迎；故正使道淵等歸國時，明朝以內官雷春為正使，裴寬王甫厚為副使，與鴻臚少卿潘錫行人高遷等使於日本。(註一一八)

足利將軍貢獻明帝之方物，皆因欲換明之頒賜物而往者，故僅給常例之頒賜物，日本幕府，尙不滿足，有再三要求特賜物者。允澎入唐記景泰五年(日本享德三年，西歷一四五四)二月條有云：

「一日朝參奉天門正使(東洋允澎)捧表，請益方物給價。　四日禮部召逍通事，向日本人所求曰給價若不依宣德八年例，再不歸本國云云。　六日禮部曰方物給價其可照依宣德十年例。七日綱司(芳貞)謁禮部曰，十年例還本國誅戮，只願憐察，　八日禮部院集侍郎郎中員外郎主客司等議定給價」

觀此，則知第三次遣明正使東洋允澎，與綱司芳貞曾與明禮部交涉，要求勿如宣德十年之例(即第二次遣明使時之例)，惟給常例頒賜物)請如宣德八年之例(即第一次遣明使時之例)給特賜物。此次交涉，頗爲有效，是時除常例之頒賜物外，又特贈左列各物。

古銅大香爐二個(共重一千二百四十斤)　古銅小香爐一個(重七十五斤)

黄銅方香爐一個(重二十一斤)　黄銅花瓶一對(共重四十七斤)

黄銅磬一口(重一十五斤)　鐃鈸二雙(共重三十三斤)

黄銅花龜鶴一對(重三十一斤)(註一一九)

明會典給賜日本國之部云：

「正貢例不給價，正副使自進幷官收買附來物貨，俱給價，不堪者令自貿易。」

柏原氏云『雖有「正貢例不給價」之規定，但事實上正貢亦給價。』驟觀柏原氏之語，似於頒賜物外，又給以錢鈔者，（註一二〇）其實不然。柏原氏之意，謂雖有正貢例不給價之明文，但對於獻物，以頒賜物報之，亦等於給價，非謂又以錢鈔給價也。當第四次派遣遣明使時，義政欲於頒賜物之外，再以特賜物之名，得銅錢與書籍，公然使瑞溪周鳳，在副書中援引先例，並錄進日本未有之書籍之名，其國書如左：（註一二一）

「書籍銅錢仰之上國，其來久矣，今求二物，伏希奏達，以滿所欲。書目見於左方，永樂年間多給銅錢，近無此舉，故公庫索然，何以利民，欽待周急。

教乘法數全部　三寶感錄全部　賓退錄全部　北堂書鈔全部　兔園策全部　史韻全部

歌詩押韻全部　遐齋集全部　張浮休畫墁集全部　遯齋閑覽全部　石湖集全部　類說全部　揮塵錄全部附後錄十一局第三錄三局餘錄一局　百川學海全部　老學菴筆記全部」（錄原文）（註一二二）

所謂「永樂年間多給銅錢」者，殆指永樂五年（應永十四年，西歷一四〇七）頒賜義滿物中，有銅錢一萬五千貫也。（註一二三）此次明朝似允其求，但正使天與清啓等歸國時，被大內氏襲擊，悉遭剽奪耳。故義政於第五次派遣明使時，又言公庫索然，援永樂事例，請給銅錢，並求下開之書籍。

佛祖統紀全部　三寶感應錄全部　教乘法數全部　法苑珠林全部　賓退錄全部　兎園策全部　遯齋閑覽全部　類說全部　百川學海全部　北堂書鈔全部　石湖集全部　老學菴筆記全部（註一二四）

此次被明朝拒絕，言無照永樂給賜之例。正使笠芳清茂又上表奏請，終於頒賜物外，給銅錢五萬文。（註一二五）第六次遣明使時，義政仍厚顏無恥，豫先自定其數，請賜銅錢十萬貫，並云：

「抑弊邑久承焚蕩之餘，銅錢掃地而盡，官庫空虛，何以利民，今差使者入朝，所求在此耳。」

（錄原文）（註一二六）

明朝亦未容納其要求。續善鄰國寶記載有是時明朝國書及其副書，未言贈銅錢事。

使臣自進物乃正副使以及從僧通事等貢獻明朝之物也。策彥入唐記嘉靖十九年（天文九年西歷一五四〇）三月十五日條，有「正使以下捧自進物」之語，乃記第十次遣明正使碩鼎副使策彥等捧呈自進物者。自進物之主要者爲刀劍。第八次遣明使之自進物，有刀劍九百八十把。（註一二七）第十次之自進物，一號船大刀二百九十把，二號船大刀一百六十把，三號船大刀二百六十把。（註一二八）要之自進物實賣於明政府之商品，明朝照數給價，觀前引大明會典給賜日本國之部自明。

國王附搭品，內容隨時代而異，頗爲複雜。當幕府藩侯寺社自行經營勘合船時代，戊子入明記中，有「公方樣御商賣物」及藩侯寺社之商品，客人衆之商品。後由博多及堺之商人包辦時代，所謂國王附搭品者，則皆此等商人之商品也。由日本方面觀之，內容不同，頗爲複雜。由明朝方面觀之，同爲國王附搭品之名，亦仍視爲日本國王附搭於貢物中之貿易品。但名雖附搭，其數實占日本貿易品之大部分。第三次船有九艘，故其數量亦多。其品目如左：（註一二九）

硫黃三十九萬七千五百斤　　銅十五萬四千五百斤

蕡（或作費）黃十萬六千斤　　大刀九千五百把

長刀四百十七把

槍五十一把

扇一千二百五十本

蒔繪物大小六百三十四色

又戊子入明記載義教時之商賣物如左：

大刀八百五十張

扇二千二百本

銚子提百具

延金百兩自御倉出

蘇方木二千斤自御倉出

赤銅命但馬國美作國備中國備前國送至尾路

砥石剃刀砥　其數不明　明朝退還

又「公方樣御商賣物分」如左：

三百文扇子三百本

二百文扇子八十本

石王寺硯百八十面

大刀五百腰

槍長刀四十枚

銅三十五駄內拾駄備中守護進上

金三百五文目

硫黃三萬斤

前者似係永享六年第二次幕府船之國王附搭品，後者乃寬正五年第四次幕府船之國王附搭品也。又下行價銀帳幷驛程錄載第十次勘合船三艘之國王附搭品如左：

一號船　大刀一萬二千九百五十四把　銅十二萬斤

二號船　大刀五千八百七十五把　銅九萬斤

三號船　大刀五千三百二十三把　銅八萬八千五百斤

九　貿易品

貿易之種類，原分貢獻方物等三種。貿易品之名目，則以刀、劍、硫黃、銅、扇、蘇木、描金物、屛風、硯等爲主要。就中以刀劍爲最主要。貢獻方物，使臣自進物，國王附搭物中，每次必占多數。蓋日本刀，中國名爲倭刀，自宋代已爲中國人所珍重。(註一三〇)其鍛煉之精妙，非中國人所能模倣。天工開物云，倭國之刀，背闊不過二分許，架於手指之上，能不欹倒，不知如何鏈法云。東西洋考亦云：

「倭刀甚利，中國人多鬻之，其精者能卷之使圓，蓋百鍊而繞指也。」

明徐燉之筆精亦云：

「嘉靖中胡總制宗憲，有軟倭刀，長七尺，出鞘地上卷之，詰曲如盤蛇，舒之則勁自若。」

故派遣勘合船時，每次輸出刀劍甚多。第一次第二次不過各三千把，（註一三一）第三次則九千九百六十八把，（註一三二）第四次至三萬餘把，第五次七千餘把，第六次有三萬七千餘把之多。（註一三三）明朝規定，刀劍不許私自貿易，悉由明政府收買。（註一三四）刀劍既多，價額自鉅，明人有不能悉收之苦，故是時明朝國書，限令今後照宣德年間之例，（即第一次第二次勘合貿易）不得過三千把。（註一三五）然不能實行，第七次第八次亦各七千把。（註一三六）第十次又二萬四千一百五十二把。（註一三七）以上僅國王附搭品中刀劍之數。若加入貢獻方物，使臣自進物中之刀劍，其數更巨。由前後十一次之勘合船，輸出刀劍，恐至二十萬把。

然則明人對於此等刀劍，每把給價若干乎？第一次第二次定為一把一萬文，（註一三八）第三次五千文，（註一三九）第四、五、六次三千文，第七次定為一千八百文。但因日本隨員曾在濟寧殺明人，只國王附搭品大刀七千把之內，五千把每把給一千八百文；其餘二千把，每把只給三百文。第八次國王附搭大刀七千把之內，明朝收納三千把；其餘四千把，及使臣自進大刀九百八十把，退還不收；然亦給價每把三百文。蓋是時正使了菴桂悟率領三艘（大內船二艘細川船一艘）赴明，細川氏另遣四號船一艘，由南海路先到，以每把三百文交易而歸；其後明人對於桂悟等三艘，亦以每把三百文之例收買之。桂悟等認爲不當，一再愬訴，結果將所餘之國王附搭大刀及使臣自進大刀，全部收納，倣第七次之例，只三千把每把一千八百文，其餘每把三百文。桂悟等謂第七次有濟寧特別事情，而此次宋素卿所管四號船，非常例之進貢船，不可以彼爲例。經幾次交涉，結果每把給一千八百文。明人所以讓步者，因桂悟頗強硬故也。桂悟云：

「然萬一新例不改，賞賜不復舊，則敝邦貢事一切絕於此時也。抑洪武以來進者幾番，奉使者幾人，今日悟等何人，薄福奉節入朝，逢此時運，迷惑之極，進退維谷。以桂悟光堯，何面目可見國王哉，決留殘骸於大國之地，與草露俱銷，可示孤忠。其他六百餘人，一任彼進退。」（錄原文）

又云：

「或者上國嫌厭往來之繁，一旦棄小國積世禁賊之功，欲顯拒絕之意。變例如此，則恐失我國王之心，廢職貢之事，他日海寇聞風復集，其罪誰當。」（錄原文）卽隱約表示若不允此要求，則留居寧波之六百人，將起擾亂；倭寇亦將再來，以恐嚇明政府也。(註一四〇)然刀價此後日益下落，最後第十一次勘合貿易每把僅一千文。(註一四一)刀價所以次第下落者，固因輸入過剩，亦因製造太多，品質逐漸粗劣也。鹿苑日錄明應八年八月六日條云：

「所獻之太刀，普廣相公(足利義教)之時，唐之價者，初者千疋，中者五百疋，後者二貫五百文也。其謂者所遣太刀，或者有名者也，裝束亦費其工。次第減價以造焉，故唐之代，亦次第減也。」（錄原文）

刀劍利益最厚。據第三次之例，日本一刀值八百文至千文之譜，明給價五千文，(註一四二)是時利益，殆四五倍。

硫黃亦主要輸出品。所貢方物中每次一萬斤，已如前述。國王附搭品，第一次二十萬斤。是時有名瑞書記者，與山名船謀，偸竊五萬斤，第二次遂禁止輸出。後因欲得醍醐寺營造費，又特許之。(註一四三)第三次勘合船九艘，輸出達三十九萬七千五百斤之多，(註一四四)明政府遂不完全收買，允澎入唐記云，正使東洋允澎等，由北京歸時，在南京退還硫黃三萬斤。經覺要抄云，「法樂社枝船特意運來之硫黃，依舊持回日本。」是時明政府給價爲六萬貫，其中五萬貫爲刀劍代價，一萬貫爲硫黃代價。(註一四五)可知硫黃乃次於刀劍之重要輸出品也。是時日本使者，曾問明之內官，硫黃是否需要，答以硫黃由琉球貢進，故不甚貴重。(註一四六)貢獻方物中之硫黃一萬斤，通前後無變化。國王附搭者，第四次幕府船三萬斤；(註一四七)合其他二艘，恐超過十萬斤。其後似全無輸出，因下行價銀帳并驛程錄第十次國王附搭品中，全無硫黃之名也。硫黃概由薩摩之島津氏，豐前之大友氏輸納(註一四八)送至門司博多平戶裝船。戊子入明記云：

「一　硫黃四萬斤　大友方志摩津方島津方　進之，於門司博多兩所請取之」（錄原文）

允澎入唐記亦云，發自博多到平戶島時，見薩摩船搭載硫黃而來。

銅之輸出亦多。第三次，銅十五萬四千五百斤。(註一四九)第四次「公方樣御商賣物分，」內三十五駄。(註一五〇)第十次，一號船十二萬斤，二號船九萬斤，三號船八萬八千五百斤，計二十九萬八千五百斤。(註一五一)銅與硫黃相反，次第加多。蓋日本不善煉銅，銅中含銀質甚多，中國人再煉之，採出雾銀，獲利甚多也。(註一五二)戊子入明記云：

「一　赤銅　命但馬國美作國備中國備後國四國送至尾路。」

蓋日本之中國地方產出之銅，由尾道裝出也。

扇在貢獻方物中，每次占百把，國王附搭品中亦甚多。戊子入明記，謂義教時商賣物有扇二千二百本。（代價四百四十貫文）第四次「公方樣御商賣物分」內，三百文扇三百本，二百文扇八十本。蓋日本之扇，自宋代已爲中國人所珍重，在彼地夜間張燈賣之，因獲利甚厚故也。第三次勘合船入明時，等持寺唉雲訢以一扇易翰墨全書一部。(註一五三)東西洋考引兩山墨談，述日本扇流布於明之狀態云：

「中國宋前惟用團扇，元初東南使者持聚頭扇，人盡譏笑之。我朝（明朝）永樂初，始有持者，及倭充貢，偏賜羣臣，內府又倣其制，天下遂通用之。」

又輸出蘇木。大乘院日記目錄享德二年十二月二十七日條中，有「簀黃」；戊子入明記有「蘇方木，」允澎入唐記有「蘇木，」皆蘇木也。蘇木煎之，可爲染料。戊子入明記記載義教時商賣物，有一段如左：

「一　蘇方木　二千斤　自御倉出代二百貫文」（錄原文）

第三次蘇木十萬六千斤。（註一五四）然是時正使東洋允澎由北京歸時，由南京退還一部分（註一五五）其後輸出不多。

除以上數種外，其他數量較少者，有蒔繪之漆器屛風，硯，等。蒔繪（描金）物自平安朝中頃以來，即爲贈宋之物，爲日本美術工藝品中，足以誇耀中國者。明宣德中，曾派人至日本學習此技，有名楊損者學習此技，曾自出一新機軸云。（註一五六）貢獻方物中，龍式大刀鞘與硯盒，皆以梨木爲質，加以描金。扇盒亦描金。（註一五七）國王附搭品，第三次有描金物大小六百三十四色。（註一五八）屛風亦自宋代被中國珍重。貢獻方物中之屛風，貼金而繪花鳥等畫，頗爲優美。貢獻方物中，亦有硯。第四次「公方樣御商賣物分」內，有石王寺硯一百八十面。（註一五九）

以上乃日本向明輸出品之大要。由明輸入日本者，不得不推銅錢爲第一。對於使臣自進物，國王附搭品，明人給價，槪用洪武永樂宣德等錢。前後十一次勘合船輸出之刀劍總額二十萬把，一把給價平均二千文，合計達四十萬貫。他如硫黃、銅、蘇木等貿易品之給價，義政哀懇明朝特賜之錢幣，可知銅錢輸入日本者爲數甚多。此等錢幣對於日本國內錢幣之流通，影響甚大。日本貨幣史上經濟史上所最宜注目者也。

輸入書籍亦頗多。義政向明請求日本稀覯之書籍，已如前述。而遣明使等一班人員，在彼地購入書籍亦頗多。臥雲日件錄等書中常見之。（註一六〇）允澎入唐記云，第三次勘合船歸國時，漂流至耽羅（濟州島）求水，初耽羅官人頗形危懼，後見船中搭載明之書籍，其疑始解。是亦輸入書籍甚多之一證也。

又輸入中國名畫亦不少。文明八年（一四七六）相阿彌之君臺觀左右帳記中，舉唐、五代、宋、元等名畫家至一百五十六人，並各記其所長。（其中如張思恭高然暉等僅見於日本書籍中，中國畫史不見其名，或係訛傳，亦未可知。）試觀義政時代，成於此等畫家之手（卽非皆眞蹟，至少亦傳言成自其手）之名畫甚多，亦可知矣。此等畫乃由日本南北朝時代次第輸入者，而在此時代新傳入者亦不少。

此外由明輸入者，仍不止一二。籌海圖編卷之二，對於倭人所好之物，列舉以下各品，皆輸入日本之物也。

絲　所以爲織絹紵之用也，蓋彼國自有成式花樣，朝會宴享必自織而後用之，中國絹紵但充裏衣而已，若番舶不通，則無絲可織，每百斤直銀五六十兩，取去者其價十倍。

絲綿　髠首裸程，不能耐寒，冬月非此不煖，常因匱乏，每百斤價銀至二百兩。

布　用常服，無綿花故也。

綿紬　染彼國花樣，作正衣服之用。

錦繡　優人劇戲用之，衣服不用。

紅線　編之以綴盔甲，以束腰腹，以爲刀帶、書帶、畫帶之用，常因匱乏，每百斤價銀七十兩。

水銀　鍍銅器之用，其價十倍中國，常因匱乏，每百斤賣銀三百兩。

針　女工之用，若不通番舶而止通貢道，每一針價銀七分。

鐵鍊　懸茶壺之用，倭俗客至飲酒之後，啜茶，啜已即以茶壺懸之，不許着物，極以茶爲重故也。

鐵鍋　彼國雖自有而不大，大者至爲難得，每一鍋價銀一兩。

磁器　擇花樣而用之，香爐以小竹節爲尙，碗碟以菊花稜爲尙，碗亦以葵花稜爲尙，制若非觚，雖官窰不喜也。

古文錢　倭不自鑄，但用中國古錢而已，每一千文價錢四兩，若福建私新錢每千價銀一兩二錢，惟不用永樂開元二種。

古名畫　最喜小者，蓋其房書精潔，懸此以爲淸雅，然落款圖書不用。

古名字　書房粘壁之用，廳堂不用也。

古書　五經則重書禮而忽易詩春秋，四書則重論語學庸而惡孟子，重佛經，無道經，若古醫書見必買，重醫故也。

藥材　諸味俱有，惟無川芎，常價一百斤價銀六十七兩，此其至難至寶貴者也，其次則甘草，每百斤二十金以爲常。

氈毯

馬背氈　王家用靑，官府用紅。

粉　女人搽面之用。

小食籮　用竹絲所造，而漆飾者，然取古者若新造則雖精巧不喜也，小盒子亦然。

漆器　文几古盒硯箱三者其最尙也，盒子惟用菊花稜圓者不用。

醋

由明輸入稀覯之書籍，優秀之古名畫，珍貴之織物，精巧之傢具等，直接間接，促進日本學問美術工藝之發達，使貴族社會文化生活之內容益行豐富。東山時代之特異文化，卽對於此等輸入品加以精細之硏究，而能正當理解之之效果也。

一〇　貿易之狀況

遣明勘合船，雖以貿易爲目的，然名稱上則爲進貢船，故明政府對於日本使臣之待遇，與對商人不同，極其鄭重而懇切。允澎入唐記謂第三次遣明船抵普陀山，（舟山列島之一小島）泊於蓮華洋時，有彩船百餘艘，遶船歡迎，贈酒水食糧等。繼達沈家門又有諸官人乘畫船五十餘艘，吹角打鼓來迎。巡檢司又遣官船前導，經定海入寧波港云。此種舉動，殆成恆例。第四次勘合船，抵沈家門時，官船亦來迎，並使通事送書而督促之。(註一六一)既到寧波，明內官來迎，館之於嘉賓館。一面報告北京政府，言日本進貢船來。杭州之布政司按察使等，又爲日本一班人員洗塵，屢於勤政堂觀光堂張筵宴，設茶飯。斯時日本方面亦設日本酒席，宴饗明官。於是布政司按察使等，使自一號船起，順次將貨物上陸而檢點之，入於東庫。貢獻方物使臣自進物，國王附搭品中明政府當收買者，裝入匣內，送至北京南京等處。其餘悉退還。未幾北京禮部來劄云：

「聞日本國進貢船來朝，速令起闕云云」

於是一班人員在四明驛乘船，由浙省河川及大運河，向北京而行。是時往北京之人員，亦非少數。第三、四、五、六次入京人員，數達三百餘人。到近於北京之通州上陸，乘驛丞官發出之車馬驛驢而向北京。到崇陽門，記明一班人員之姓名，使入會同館。會同館卽館外藩使臣之處也。未幾在鴻臚寺習禮亭，習朝參之禮。於是在奉天殿謁見，捧呈表文。後有闕左門賜宴，會同館茶飯等，幾多儀禮宴饗，由寧波送來貢獻之方物等，達會同館時，禮部主客司檢點而收納之。有時在奉天門行獻進方物之儀，或以其中之馬、瑪瑙等呈請明帝御覽。未幾給予價值。以上不過據允澎入唐記，壬申入明記，策彥入唐記等述其大體耳。每次稍有不同，固不待言。

此時一方面在會同館，又行私人貿易。皆按明朝規定，刀劍之類，概供明政府之官貿易，不許私賣。(註一六二)此外明政府有未能收買者，方許私行貿易。大明會典給賜日本國之部，有「不堪者令自貿易」。會同館之私人貿易，似爲對明貿易中之主要者。明應五年(明弘治九年西曆一四九六)三月第七次遣明使隨員，在濟寧殺人，(註一六三)故第八次遣明使，限定只許五十人入京。是時正使了菴桂悟等請許二百九十二人入京。且云：

「悟等從人及商衆歷歲月凌風波遠來，直欲拜帝闕之壯麗，且得京城貨物也。」(錄原文)

(註一六四)

蓋日本之隨從商人，熱望至會同館貿易也。會同館之私人貿易，規定開市五日。開市之時，明政府派官吏嚴行監督之。限定貨品，禁止賒買，窩藏，及私相交易。潛入人家交易，賣買違禁貨物等。(註一六五）第十一次遣明使時，於嘉靖二十八年（日本天文十八年西一五四九）六月二十四日至二十六日在會同館交易三日。明之官吏親臨査檢事見策彥入唐記。在北京許多外交儀禮，與官私貿易告竣，乃辭北京，歸通州，行人司之職員與伴送官相送登舟，於是下運河而歸寧波。途中又溯江到南京。（註一六六）遣明使在寧波北京間往復途中凡有要地，亦營貿易，允澎入唐記謂第二次遣明使一班人員，當在寧波未往北京之前，曾向南京送硫磺二次，凡五萬斤。由北京歸南京時，退還硫磺三萬斤，銅一千二百五十扛。翌日又退還銅及蘇木，給宣德新錢三千萬，紗絹五十端。又在杭州領貨價銅錢三千萬。由杭州至寧波間，又給貨價銅錢三萬貫。由此觀之，沿道各地之官貿易，或豫先由寧波將貨物送往；或於上京途次在各地上陸；回時領貨價與紗絹等。以上乃沿道各地之官貿易也。至私人貿易亦必有之，已不待言。據壬申入明記第八次遣明使時，因杭州官人孫讚負日本總船頭重秋債務五百餘兩未償。日本正使等屢訴於該地之布政司。布政司答云，若孫讚不償，則賣卻彼之房屋什器償之，若仍不足，由官補足。後將孫讚房屋等賣去，不滿百兩，日本正使言當以其妻子爲質，帶往寧波。且在北京交易時，明商未償價者，亦請官人嚴責使償，並言孫讚之不償債務，爲杭州布政司之責任云。據此，則知沿道各地之私人貿易，亦與在會同館同，在官憲監視之下行之。因而中國商人不償債務時，由其地官司負責，迫之使償。然除在官憲監視之下之私人貿易外，又常與彼地商人等結託，冒犯禁令而祕密貿易。天文十六年（嘉靖二十六年，西一五四七）浙江巡撫朱紈，來杭寧監視祕密貿易頗嚴，然累代因祕密貿易而占利益之貴官大姓等不悅之，聯合彈劾朱紈，遂致罷職；即可知矣。（註一六七）往來寧波北京間所用之船，多由明政府供給。允澎入唐記，發寧波以後情形云；

「上虞縣換船夜泊曹娥江」（錄原文）

又記由北京歸寧波時情形云：

「河西驛伴送官淮關子具馬快船一十五隻，隻載車八兩貨物人員二十三四輩」（錄原文）

由通州至北京，陸路凡六十里。由明政府給車馬驛驢。允澎入唐記，記由通州到北京情形云：

「驛丞官出車馬驛驢，日衆各乘之起京，晚入崇陽門」（錄原文）

又記其歸途情形云：

「午前出會同館，馬六十匹，騾四十匹，驢一百匹，車一百二十兩，晚至通州通津驛。」（錄原文）

食糧亦概由明政府給與。大明會典蕃夷土官使臣下程條云：

「凡使臣進貢沿途關支廩給口糧，回還亦如此。」

「凡使臣進貢回還，沿途茶飯廩給口糧之外，又支送下程。」

觀此則知往復沿途受茶飯之供應，並與以廩給口糧，支送下程矣。第十次遣明使給與之廩給口糧如左：

「在寧波官人廩給白米五升其外十三色　口糧黑米二升其外四色　自寧波至杭州之間同上白米五升其外八色　同白米二升其外七色　於杭州廩給白米五升十二色　口糧白米一升半八色　自杭州至北京之間廩給白米五升十一色　口糧白米二升其外九色　於北京廩給口糧上下無差異白米五升羊一疋鵝一隻雞一隻其外十二色蓋五日分也但羊鵝雞十人別也　北京貢回廩給白米三升孔方七十三充　口糧白米一升同卌五色」（錄原文）（註一六八）

又允澎入唐記記第三次遣明使在北京時情形云：

「官給米麵粉酒酪菓子醬柴等。」（錄原文）

大明會典會同館條云：

「本館額設館夫四百名，分屬南北二館，專造飯食以供使客。」

可知在北京時，不僅給與食糧，且有會同館之館夫代爲烹飪。一行人員，將由寧波解纜歸國時，市舶司又給與海上所用之糧米。允澎入唐記云：

「市舶司給海上三十日關米人各六斗。」（錄原文）

是時同行人員有千餘人，所給糧米總額，實在六百石以上。普通又給與衣服。允澎入唐記記第三次遣明人員，在北京各給與衣裳。策彥入唐記亦言第十次遣明人員曾給衣服。

一行人員，或供給船車，或給與糧食衣服，似無何等不自由之事矣。然前後十一次遣明使，亦非每次受同等待遇，皆施以恩惠者，仍視明政府之財政狀態，與遣明使之感情如何，亦有待遇不良者。鹿苑日錄明應八年八月六日條，記玖首座之談話云：第七次遣明使等辭北京而歸國，途中因乏人夫，搬運領錢，頗爲困難。途中又乏食物，不得不以高價購入食物云。策彥入唐記云，第十一次遣明使未給衣裳，正使策彥等一再與禮部交涉，結果只給與百分；策彥訴云，到寧波仍缺五百分；禮部答云，待至杭州當給與之云。

(註一)明史日本傳　明史日本傳謂此事在宣德七年，(日本永享四年)按看聞日記有「唐船渡明自去年，(永享三年)批准」之語，又永享三年曾命島津氏送硫黃於明，殆宣德六年事也。

(註二)看聞日記有「唐船公方相國寺諸大名等三艘」之語，大乘院日記目錄則有四號船之名，滿濟准后日記載永享六年回航者有五艘。

(註三)滿濟准后日記永享四年六，七，八月條　看聞日記永享四年，八月條。

(註四)善鄰國寶記。

(註五)滿濟准后日記永享四年七月十二日條。

(註六)東海瓊華集　戊子入明記。

(註七)異國使僧小錄　善鄰國寶記。

(註八)善鄰國寶記。

(註九)戊子入明記。

(註一〇)善鄰國寶記。

(註一一)滿濟准后日記永享六年五，六，七，八月條，看聞日記永享六年五，六，七月條。

(註一二)日明勘合貿易ニ於ケル細川大內二氏ノ抗爭(史學雜誌第二十五二十六編)。

（註一三）廣東通志。

（註一四）戊子入明記。

（註一五）皇明資治通紀。

（註一六）參照第十五章第五節。

（註一七）善鄰國寶記宣德九年八月二十三日附別幅　戊子入明記。

（註一八）戊子入明記。

（註一九）大乘院寺社雜事記文明元年八月十三日條。蔭涼軒日錄長享元年十月二十九日條。

（註二〇）蔭涼軒日錄長享元年十月二十九日條。

（註二一）善鄰國寶記。

（註二二）蔭涼軒日錄長享元年十月二十九日條。

（註二三）此事詳於柏原昌三氏之日明勘合貿易ニ於ケル細川大内二氏ノ抗爭。

（註二四）鹿苑日錄明應八年八月十九日條。

（註二五）壬申入明記　異國出契所收將軍義澄遣明表。

（註二六）明史日本傳。

(註二七)續善鄰國寶記。

(註二八)大館常興日記天文十年三月朔日條。

(註二九)室町殿內書案。

(註三〇)續善鄰國寶記。

(註三一)南聘紀考　明史日本傳　閩書島夷志　圖書編日本考　京都將軍家譜大永三年條。

(註三二)柏原昌三氏日明勘合貿易ニ於ケル細川大內二氏ノ抗爭。

(註三三)明史日本傳　策彥入唐記。

(註三四)柏原昌三氏日明勘合ノ組織ト使行（史學雜誌第三十一編）。

(註三五)明史日本傳。

(註三六)柏原昌三氏日明勘合貿易ニ於ケル細川大內二氏ノ抗爭。

(註三七)蔭涼軒日錄延德二年閏八月十日條。

(註三八)參照本章第八節。

(註三九)參照本章第一節。

(註四〇)滿濟准后日記永享六年六月十五日，同八月二十三日條。

善鄰國寶記中卷所載是時之遣明表，佚其年號。下卷別幅所載者用明宣德年號。

(註四一)善鄰國寶記。

(註四二)續善鄰國寶記。

(註四三)柏原昌三氏日明勘合ノ組織ト使行　參看第二十二章第一節。

(註四四)戊子入明記。

(註四五)蔭凉軒日錄長祿四年八月十七日條。

(註四六)同寬正五年七月六日條。

(註四七)親元日記寬正六年九月三日條。

(註四八)蔭凉軒日錄文正元年卯月二日條。

(註四九)島隱集似謂應仁元年出發，然按戊子入明記則似在應仁二年正月。

(註五〇)此等事散見於蔭凉軒日錄，鹿苑日錄，因過多故略之。

(註五一)大明譜。

(註五二)蔭凉軒日錄文明十九年六月二十七日條。

(註五三)柏原昌三氏日明勘合貿易ニ於ケル細川大內二氏ノ抗爭。

（註五四）明史日本傳　異國出契　壬申入明記。

（註五五）壬申入明記。

（註五六）異國使僧小錄。

（註五七）參照本章第一節第二勘合貿易船一覽表。

（註五八）蔭涼軒日錄明應元年七月五日條，曾載遣明使辭見之狀況。

（註五九）此等事件，見允澎入唐記，壬申入明記，策彥入唐記等書。

（註六〇）散見於蔭涼軒日錄長享二年二，三，五月，延德三年三，五月，延德四年六，七月，明應二年二月等條。

（註六一）補菴京華別集　默雲詩藁卷三送行。

（註六二）滿濟准后日記永享六年五月十一日條。

（註六三）參照本章第六節。

（註六四）戊子入明記。

（註六五）下行價銀帳並譯程錄。

（註六六）戊子入明記。

（註六七）大明譜。

（註六八）滿濟准后日記永享四年六月五日條。

（註六九）同永享六年六月二十四日條。

（註七〇）允澎入唐記。

（註七一）參照本章第一節。

（註七二）滿濟准后日記永享四年六月五日，同六年五月十四日條。

（註七三）滿濟准后日記永享四年六月五日條。大乘院日記目錄永享四年八月十六日條。

（註七四）滿濟准后日記永享六年六月二十四日條。

（註七五）（註七六）蔭涼軒日錄文明十五年五月十九日條。鹿苑日錄明應八年八月六日條。

（註七七）蔭涼軒日錄文明十七年七月二十九日，同十八年六月十三日，七月二日條。

（註七八）蔭涼軒日錄文明十八年十二月二十八日，同十九年正月二十一日，五月十六，十八，十九，二十三日條。

（註七九）蔭涼軒日錄長享元年八月二十五日條。

（註八〇）蔭涼軒日錄長享二年正月二十九日條。

（註八一）大內細川兩氏爭奪勘合事，詳見柏原昌三氏之日明勘合貿易ニ於ケル細川大內二氏ノ抗爭。

（註八二）鹿苑日錄明應七年正月十日條。

(註八三)鹿苑日錄明應八年八月十九日九月十八十九日條。

(註八四)壬申入明記。

(註八五)滿濟准后日記永享六年二月二十六日條。大乘院日記目錄永享六年十一月十一日條。

(註八六)滿濟准后日記永享四年六月五日條。

(註八七)滿濟准后日記永享六年六月二十四日條。

(註八八)允澎入唐記。

(註八九)臥雲日件錄享德四年正月五日條。

(註九〇)蔭涼軒日錄寬正五年七月六日條。

(註九一)戊子入明記。

(註九二)鹿苑日錄明應八年八月六日條。

(註九三)滿濟准后日記永享六年六月九日條。

(註九四)鹿苑日錄明應八年八月六日條。

(註九五)蔭涼軒日錄寬正五年七月六日條　親元日記寬正六年五月二十六日條　戊子入明記。

(註九六)武備志日本考。

（註九七）大宰府管內志。

（註九八）大乘院寺社雜事記文明五年條，「渡唐船春由肥前國大島小豆島五十里南出船，秋由五島五十里北出船，其故自八月至二月北風，自三月至七月南風也。」文中所謂「五十里北」係「五十里南」之誤；「五十里南」係「五十里北」之誤。肥前大島小豆浦與五島奈留浦，約距五十日本里，前者在北，後者在南也。由實例觀之，第三次勘合船，於寶德三年秋由大島放洋，因無風，故延至翌年春，始由五島奈留浦放洋。

（註九九）大乘院寺社雜事記。

（註一〇〇）蔭凉軒日錄文明十七年十二月二十四日條。

（註一〇一）大乘院寺社雜事記　蔭凉軒日錄長享元年二月二十九日條　補菴京華集。

（註一〇二）島津文書墳文明六年八月二十一日。

（註一〇三）薩藩舊記。

（註一〇四）鹿苑日錄明應八年八月六日條　薩藩舊記。

（註一〇五）大乘院寺社雜事記。

（註一〇六）散見蔭凉軒日錄文明十八年四、五、六、七月等條。

（註一〇七）異國出契所收將軍義澄遣明表　壬申入明記。

(註一〇八)種子島家譜　南聘紀考。

(註一〇九)滿濟准后日記永享四年七月十二日條。

(註一一〇)戊子入明記。

(註一一一)薩藩舊記。

(註一一二)戊子入明記。

(註一一三)善鄰國寶記。

(註一一四)蔭凉軒日錄文明十九年五月十九日條。

(註一一五)戊子入明記。

(註一一六)蔭凉軒日錄文明十九年五月十八日條。

(註一一七)善鄰國寶記。

(註一一八)同上。

(註一一九)善鄰國寶記　允澎入唐記。

(註一二〇)柏原昌三氏日明勘合貿易ニ於ケル細川大內二氏ノ抗爭。

(註一二一)蔭凉軒日錄寬正六年九月十日,同五年七月十八日條。　臥雲日件錄寬正五年七月十四日條。

（註一二二）善鄰國寶記。

（註一二三）大明別幅並兩國勘合。

（註一二四）補菴京華集。

（註一二五）續善鄰國寶記。

（註一二六）補菴京華別集。

（註一二七）壬申入明記。

（註一二八）下行價銀帳並驛程錄。

（註一二九）大乘院日記目錄享德二年十二月二十七日條。

（註一三〇）參照第十一章第二節。

（註一三一）（註一三五）續善鄰國寶記。

（註一三二）（註一四四）（註一四九）（註一五四）（註一五八）大乘院日記目錄享德二年十二月二十七日條。

（註一三三）（註一三六）（註一四〇）壬申入明記。

（註一三四）（註一三九）（註一四二）（註一四五）（註一五三）臥雲日件錄長祿二年正月八日條。

（註一三七）（註一五一）下行價銀帳幷驛程錄。

（註一三八）鹿苑日錄明應八年八月六日條。

（註一四一）大明譜。

（註一四三）滿濟准后日記永享六年六月九日，同二十四日條。

（註一四六）蔭涼軒日錄文明十九年五月十九日條。

（註一四七）（註一五〇）（註一五七）（註一五九）戊子入明記。

（註一四八）滿濟准后日記永享四年七月十二日，同六年六月二十四日條。

（註一五二）天工開物。

（註一五五）允澎入唐記。

（註一五六）東西洋考卷六　皇明文則張汝弼禓義士傳。

（註一六〇）參照第二十一章第四節。

（註一六一）戊子入明記。

（註一六二）臥雲日件錄長祿二年正月八日條。

（註一六三）明史日本傳　壬申入明記。

（註一六四）異國出契。

(註一六五)大明會典交易朝貢夷人禁令。

(註一六六)允澎入唐記。

(註一六七)名门[illegible]。

(註一六八)下行價銀帳並驛程錄。

第二十一章　入明僧及來日明人之移植文化

一　史籍中之入明僧

明代三百年間，日本禪僧之入明者頗多。僅予所寓目者，已百餘人。五山文學開拓者上村觀光氏所著五山詩僧傳卷首，曾列舉入明僧之名。然不過五十餘人；入明年代，亦多不正確。又同是一人而兩出，或兩人而指爲一人者，亦頗不少。左揭之一覽表，乃根據予自行蒐集之材料而採錄者；然亦不敢謂爲完備。若仔細檢覈五山僧徒之語錄，詩文集，傳記等，當仍可發見許多入明僧也。

入明僧一覽表（加。符號者，乃爲遣明正使，副使，居座，士官，或其從僧而入明者。）

人名	入明，在明，歸國等年代	在明年數	在明時之狀況附注	典據

絕海中津（佛智廣照淨印翊聖國師）	應安元年入明 永和四年歸國	10	夢窗疎石之弟子，與汝霖良佐同入明，參中天竺之季潭泐，道場之清遠渭之，靈隱之良用貞，天童之了道一等，嘗謁見太祖，賦日本熊野古祠之詩	歸國後住甲斐之惠林寺，在阿波開創寶冠寺，後義滿請住京都之等持，相國等寺	佛智廣照淨印翊聖國師年譜，絕海語錄，空華日工集
汝霖良佐	應安元年入明 永和四年歸國	10	與絕海中津同入明，在蘇州之承天寺掌箋翰，在鍾山與五山諸老點校大藏經，長于文章，翰林學士宋景濂曾賞讚其文稿，爲作跋文，與絕海中津同謁太祖，蒙問熊野古祠之事	歸國後住播磨之法雲寺，義滿于城西開寶幢寺時，以春屋妙葩爲開山，使良佐爲住持	跋日本僧汝霖文稿後，延寶傳燈錄，本朝高僧傳
至道弘				空華集有「送至道弘上人南遊」一詩，至道弘歸國，呈南遊詩數首於義堂周信	空華集，空華日工集
與東	應安三年歸國			歸國謁義堂周信，呈諸老所送之偈，又詳述江南大亂之狀況	空華日工集
靈南	應安三年歸國		被明擒獲，明使楊載來日時，送還征西府		修史爲徵大明皇帝書
陽谷	應安三年歸國		同右		同右

中　端	應安三年在明			入明僧與東與無聞聰歸國時，曾言中端在楚石琦會中之事	空華日工集
○祖　來	應安四年入明		爲征西將軍宮懷良親王之使者，入明抵金陵謁太祖，獻馬及方物		明史日本傳
權中　巽	應安六年歸國		大統靑山之嗣，入明爲杭州中竺之藏主，明使仲猷祖闡無逸克勤等來日時，爲作通事而歸國		臥雲日件錄，空華日工集，善鄰國寶記
笠端斤然	應安六年在明			應安六年椿庭海壽由明歸國，語人云，笠端斤然病於明州翠峯	空華日工集
大道　志	安六年在明			應安六年椿庭海壽由明歸國，語人云，大道志居南京之天界寺，絕海之蕉堅稿中亦有「鄉友志大道金陵臥病」之詩	空華日工集，蕉堅稿
○宣聞　溪	應安七年入明		爲征西府使者赴明，上書於中書省，獻馬及方物		明史日本傳
無聞　聰	約在應安七年歸國		淨智寺之僧，入明參楚石琦逆川順仲銘新等	歸國謁義堂周信，述楚石琦見義堂所作之詩，歎曰「日本有此郎乎」	空華集，空華日工集
伯英德俊	應安中入明約於永和二年歸		與法弟大年祥登同入明，參天童山之了龍一	歸國謁義堂周信，述明人賞贊義堂詩之情形，歷住圓覺建長南禪等寺	空華日工集，了幻集，延寶傳燈錄，本朝高僧傳，五山歷代

大年祥登	同右		與法兄伯英德俊同入明，歷遊諸名刹而請益焉	歸國後歷住建仁南禪等寺	空華日工集，延寶傳燈錄，本朝高僧傳，五山傳，南禪住持籍
元章周郁				絕海之蕉堅稿，有「送元章歸日本」之詩，住天龍寺	蕉堅稿，五山傳
中山法穎	應安時入明			歸國後，康曆永德間，住壽福建長二寺，至德二年管理天龍寺，繼領南禪寺	峨眉鴉臭集，本朝高僧傳，鎌倉五山記，南禪住持籍
曇聰	應安中入明		肥後正觀寺大方元恢之徒，應安元年元恢寂後，持其頂相入明，請天寧之楚石琦作贊		延寶傳燈錄，本朝高僧傳
仲明察	應安中入明		入明就學於天界寺之季潭，得所謂仲明之字，義堂周信曾就此事作仲明說		空華集
山(上人)				古劍妙快之了幻集，有「送山上人之江南」一詩	了幻集
得志	永和時在明		在明病死於杭州		空華日工集
。廷用文珪	第一次　永和二年入明		爲征西府之使者入明，曾請翰林學士宋景濂作京北轉法輪禪寺記，刻之堅珉		明史日本傳，本朝高僧傳
	第二次　永德二年入明		爲征西府使者再入明		圖書編，籌海圖編

久菴道可	永和三年歸國			歸國謁義堂周信，述明初佛教衰頹之狀態	空華工日集
如瑤	第一次　永德元年入明		爲征西府之使者入明		圖書編，籌海圖編
	第二次　至德元年入明		爲征西府之使者再入明，關於胡惟庸事件，郎在是時		圖書編，明史日本傳
志滿	永德三年在明		在各處募化資財，自永德三年重修涼州之大雲寺		增修大雲寺碑記
鄂隱慧奯（佛慧正續國師）	至德三年入明		絕海中津之徒，善楷書，兼工辭藻，入明歷參諸名宿，歸國時，明承天之仲銘克新有送行偈	歸國後，逸居於土佐之吸江菴，細川賴之招住阿波之寶冠寺，後歷住相國天龍等寺	南遊稿，佛惠正續國師鄂隱和尙行錄，延寶傳燈錄
靈岊	明德時入明		天龍寺獨芳清曇之徒，明德元年清曇寂，持其頂相入明，請天界之季潭作贊而回		本朝高僧傳
龍岩				惟忠通恕之雲壑猿吟，有「送龍岩上人南遊」之詩	雲壑猿吟
恕（侍者）				嘗入明以詩僧著名於世	臥雲日件錄
恰雲				由明歸國，久住筑紫，春屋妙葩遣使促其歸京，	同右
等聞	應永十年入明　同十一年歸國	1	從堅中圭密入明，持絕海和尙語錄，求淨慈之道聯作序文而歸		絕海和尙語錄序

亮哲				享德二年遣明使允澎等抵北京，遊法華寺，遇一老僧曰，我師乃日本之亮哲也	允澎入唐記
○仲芳中正	應永八年入明		從遣明使入明，善楷書，奉成祖勅，書永樂通寶新錢之文	曇仲道芳之弟子，相國寺普廣院僧也	補菴京華集
○堅中圭密	第一次 應永十年入明十一年歸國	1	爲遣明正使入明，偕明使趙居任回國		善鄰國寶記
	第二次 應永十三年入明十四年歸國	1	爲遣明正使入明		相國寺文書
	第三次 應永十五年入明十六年歸國	1	爲遣明正使入明，偕明使周全渝回國	南禪寺第七十五世	善鄰國寶記，五山傳
○祥菴梵雲	應永十年入明十一年歸國	1	從堅中圭密使明	建仁寺第七十二世	善鄰國寶記
○明空	同右	1	同右	疑卽下列之明室而誤書者	同右
○明室梵亮	應永十一年入明十二年歸國	1	爲遣明正使入明，歸國時齎夢窗國師之塔銘而回	建仁寺之七十四世	空華日工集
○中立	應永十三年入明十四年歸國	1	爲遣明副使，從堅中圭密入明		相國寺文書

○龍室道淵	永享五年入明六年歸國	1	爲遣明正使入明，宣宗授以僧錄司右覺儀之職	原係明寧波府人，四十歲時來日，嗣博多聖福寺宏書記之法，歷住長門之安國寺聖福寺天龍寺	善鄰國寶記，異國使僧小錄
○瑞（書記）	同右	1	爲遣明使入明	或即前列之龍室道淵，或另爲一人，未明	滿濟准后日記
○恕中中誓	永享六年入明八年歸國	2	爲遣明正使入明	天龍寺物先周格之法嗣，歷住相國天龍等寺	善鄰國寶記，蔭涼軒日錄，五山傳
○永　頊	同右	2	爲遣明使入明		滿濟准后日記
○翱之惠鳳			似從遣明使恕中中誓等入明，歷遊江南之禪刹而歸	岐陽方秀之徒，其詩文集名竹居清事，義政行德政時，著有德政論一篇	竹居清事
○東洋允澎	享德二年入明		天龍寺之僧，爲遣明正使入明，歸途寂於杭州		允澎入唐記
○如三芳貞	享德二年入明三年歸國	1	天龍寺之僧，爲遣明綱司入明		同右
○貞　光	同右	1	爲遣明綱司入明		同右
○清　海	同右	1	建仁寺之僧，爲遣明居座入明		同右
○允　郜	同右	1	爲遣明使之從僧入明		同右
○咲雲瑞訢	同右	1	等持寺之僧，爲遣明使之從僧入明	南禪寺二百六世	允澎入唐記，臥雲日件錄

文明東曦	同右		1	東福寺之僧，遵其師信中以篤遺囑，攜其詩文集質於明之文儒名緇，從遣明使入明		竹居清事
蘭隱　馨	同右		1	從遣明使入明，攜東福寺翱之惠鳳之詩文集竹居清事，求前監察御史張式之作跋		竹居清事，翰林葫蘆集
九淵龍賝	同右		1	爲遣明土官入明	歸國時，以勸忍百箴考經二册，贈瑞溪周鳳，歷住建仁南禪二寺	竹居清事，臥雲日件錄
天與清啓	第一次	享德二年入明同三年歸國	1	從遣明使入明，建仁寺之僧也	帶來書籍甚多，以清江貝先生文集三册贈瑞溪周鳳	允澎入唐記，臥雲日件錄
	第二次	應仁二年入明文明元年歸國	1	爲遣明正使入明		戊子入明記，竹居清事
妙增	第一次	享德二年入明同三年歸國	1	天龍寺僧，爲遣明居座入明		允澎入唐記
	第二次	應仁二年入明文明元年歸國	1	爲遣明居座再入明		戊子入明記，蔭涼軒日錄
	第一次	享德二年入明同三年歸國	1	從遣明使入明		補菴京華別集，默雲詩稿

肅元壽嚴 第二次	應仁二年入明文明元年歸國	1	從遣明使入明		同右
肅元壽嚴 第三次	文明八年入明同十年歸國	2	從遣明使入明		同右
肅元壽嚴 第四次	文明十五年入明同十七年歸國	2	爲遣明居座入明	天龍寺百五十五世	同右
紹本	應仁二年入明文明元年歸國	1	爲遣明居座入明		戊子入明記蔭涼軒日錄
眷洋	同右	1	同右		戊子入明記
壽敬	同右	1	同右		同右
通憚	同右	1	同右		同右
提點永扶	同右	1	香積寺之僧，歎寺宇之荒廢，因欲得修營費，乃爲遣明居座入明		戊子入明記竹居清事
全杲	同右	1	爲遣明土官入明		戊子入明記
性春	同右	1	同右	文明六年又使朝鮮	同右

○桂菴玄樹	應仁二年入明 文明五年歸國	1 (註5)	長門永福寺僧，爲遣明士官入明，留五年，遊於蘇杭之間，曾就鉅儒學朱子學	歸國後因避亂遊於豐筑肥，次抵薩摩開創桂樹院，談宋學，對於鎭西文運之興隆，多所盡力，後住建仁寺	戊子入明記，島隱集，桂菴禪師碑銘，漢學起源
○雪舟等楊	應仁二年入明 文明元年歸國	1	從遣明使入明，就長有聲李在，學設色之旨，破墨之法，明帝見其畫以爲奇寶，命爲天童山第一座，又承尚書姚公之囑，描禮部院之壁畫	歸國住周防雲谷寺，後住石見大喜菴	雪舟破墨山水自贊，半陶稿，梅花無盡藏，天開圖畫樓記，本朝畫史
○純(藏主)	同右	1	爲遣明幕府船千貫文之客人衆而入明		戊子入明記
○松(侍者)	同右	1	同右		同右
○良　心	同右	1	同右		同右
○良　意	同右	1	同右		同右
○達(藏主)	同右	1	爲遣明幕府船五百貫文之客人衆而入明		同右
○元(都寺)	同右	1	同右		同右
○集　安	同右	1	同右		同右
○集　因	同右	1	同右		同右

○竺芳妙茂	文明八年入明同十年歸國	2	爲遣明正使入明	天龍寺百七十九世	蔭涼軒日錄，補菴京華集，續善鄰國寶記
○玉英慶瑜	同右	2	爲遣明副使入明		蔭涼軒日錄，補菴京華集
○子璞周瑋	文明十五年入明		鹿苑院僧爲遣明正使入明	文明十七年七月寂於寧波	補菴京華別集，翰林葫蘆集，鹿苑日錄，蔭涼軒日錄
○圭圃周璋	文明十五年入明同十七年歸國	2	子璞周瑋之弟子從周瑋入明		補菴京華別集
○希宗友派	同右	2	瑞溪周鳳之弟子，爲求周鳳之塔銘及語錄外集之序跋，從遣明使入明		翰林葫蘆集，補菴京華別集，蔭涼軒日錄
○一初　統	同右	2	相國寺桃源瑞仙之弟子，從遣明使入明		補菴京華別集
○心月梵初	同右	2	相國寺僧，從遣明使入明	長享二年任遣明副使，辭不赴	補菴京華別集，蔭涼軒日錄
○歡甫　喜	同右	2	從遣明使入明		同右
○東歸光松	同右	2	爲遣明居座入明，攜了菴桂悟之語錄，請序於明人黃隆	東福寺百八十一世	蔭涼軒日錄，了菴桂悟語錄，鹿苑日錄
○首　龍	同右	2	爲遣明居座入明		蔭涼軒日錄
○金溪梵釋	同右	2	同右	後住相國寺南禪寺，又任僧錄司	鹿苑日錄
○全　融	同右	2	同右		蔭涼軒日錄

○堯夫壽蓂	明應二年入明 同五年歸國	3	鹿苑院之僧，爲遣明正使入明		同右
○古川　勤	同右	3	建仁寺之僧，從遣明使入明		翰林葫蘆集
○文成　鷟	同右	3	南禪寺之僧，從遣明使入明		同右
○育　英			明應二年從遣明使入明		同右
○了菴桂悟 （佛日禪師）	永正八年入明 同十年歸國	3	東福寺僧，八十三歲爲遣明正使，抵明，武宗慕其德，使住育王山廣利寺，賜金襴袈裟，歸國之際，王陽明等鉅儒惜之，各作詩餞別	入明前，在大慈院內營堆雲軒，隱棲於此，名堆雲和尙，歸國後住南禪寺	翰林葫蘆集，蔭涼軒日錄，壬申入明記，鄰交徵書
○光　堯	同右	3	爲遣明副使入明		續善鄰國寶記，異國出契，壬申入明記
○光　悅	同右	3	爲遣明居座入明		異國出契
○玄　衞	同右	3	同右		同右
○省　佐	同右	3	同右		同右
○永　賢	同右	3	同右		同右
○宗　棟	同右	3	爲遣明土官入明		同右
○勝　康	同右	3	同右		同右

○安　籠	同右	3	同右		同右
○友竹　貞	同右	3	從遣明使入明		翰林葫蘆集
○桂軸　久			從永正七年之遣明使入明		同右
○宗設謙道	第一次 永正八年入明同十年歸國	2	爲遣明居座入明		異國出契
	第二次 大永三年入明同年歸國	1	爲遣明正使，由大內船入明，在寧波與細川船之瑞佐，宋素卿等相爭，殺明官，劫掠附近而歸		續善鄰國寶記，南聘紀考，明史日本傳
○月渚永乘	大永三年入明同年歸國	1	爲遣明副使與宗設同入明	就桂菴玄樹學宋學，以門下之秀見稱，住日向之安國寺	南聘紀考，豐州島津文書
○鷲岡瑞佐	大永三年入明		爲細川船之綱司入明，與大內船之宗設等爭，遂成寧波大亂而戰歿		南聘紀考，明史日本傳，續善鄰國寶記
○湖心碩鼎	天文八年入明十年歸國	2	博多聖福寺之僧，爲遣明正使入明		策彥入唐記，明史日本傳
○策彥周良	第一次 天文八年入明同十年歸國	2	天龍寺之僧，爲遣明副使入明		妙智院文書，策彥入唐記

	第二次　天文十六年入明同十八年歸國	2	爲遣明正使再入明，明世宗特賜唱和之詩	歸國時，後奈良天皇大加優賞，賜遣行慰勞之宴，信長聞其德望，屢招致城中，詢異域之風物政治	同右
。釣　雲	天文十六年入明同十八年歸國	2	爲遣明副使入明		策彥入唐記
。德　陽	弘和三年入明		爲豐後之大友義鎮，周防大內義長之使者入明		明史日本傳
。清　授	同右		同右		同右

（註）桂菴玄樹塔銘中，雖云在明七年。彼實於應仁二年爲土官入明，文明五年歸國，在明僅五年耳。

二　求法僧與使僧

入明僧大體可分爲二類。第一類，即在締結永樂勘合貿易條約以前，三三五五，託身於商舶以入明之求法僧也。其目的與入元僧同，與其謂爲鑽研禪學，寧謂欲經驗彼地之叢林生活，玩味中國之風趣，欲作不劣於中國人之詩文而往者。然表面則皆爲求法而入明。彼等在明期間，比較爲長。移入中國文學及諸種文化，最爲有力。就中以應安元年（一三六八）入明之絕海中津汝霖良佐爲最著名。中津尤長於詩，在明時與竹菴渭浦菴復等以詩交。明太祖曾召見於英武樓，對於熊野古祠有所勅問，中津賦詩云：

「熊野峯前徐福祠　滿山藥草雨餘肥　只今海上波濤穩　萬里好風須早歸」

太祖和之云：

「熊野峯高血食祠　松根琥珀也應肥　當年徐福求僊藥　直到如今更不歸」

其詩文集蕉堅稿之序，乃明成祖最信任之僧錄司左善世道衍所撰。其文中贊美中津之詩云：「日本絕海禪師之於詩，亦善鳴者也。自壯歲挾囊乘艘，泛滄溟來中國，客於杭之千歲嵓，依全室翁以求道，暇則講乎詩文，故禪師得詩之體裁，清婉峭雅，出於性情之正，雖晉唐休徹之輩亦弗能過之也。（註一）

汝霖良佐則長於文，明翰林學士宋景濂見良佐文稿，歎賞不置，曾於其卷尾書有跋文。（註二）

此外如伯英德俊、大年祥登、鄂隱慧奯，亦富於辭藻者也。

第二類爲帶日本使命而入明之僧侶。當永樂勘合貿易條約締結以前，專由九州之征西府派遣。以後概由足利幕府派遣。以永樂條約爲界，以前則求法僧占大部分；以後全絕，所謂入明僧者皆使僧也。蓋明人嚴防日本海寇，除勘合貿易船外，不許入口也。善鄰國寶記云：

「自古兩國商舶，來者往者，相望於海上，故爲佛氏者，大則化唱道之師，小則遊方求法之士，各遂其志。元朝絕信之際，尚爾，況其餘乎？有勘合以來，使船之外，決無往來，可恨哉！」（錄原文）

翰林葫蘆集送貞友竹遊大明國序亦云：

「中華初無勘合之信，往來者各從其志，永樂之後，以勘合爲符信，不捧表文，不特勘合者，禁而不入，得一入者，其留僅歷一年，但貨財交易，作賈胡留耳，何因得彷彿先輩之萬一耶！」（錄原文）

故永樂以後，有南詢之志者，概爲遣明正使，副使，居座，士官，或爲彼等之從僧而入明。竹居清事奉贈九淵禪師遊大明國序云：

「禪師有志乎南遊者久矣，今茲方有入貢船，乃之匿名於使臣士官之列，姑以酬其夙志也。蓋

其志有所在而存焉，非淺徒可覬覦也」（錄原文）

據此可察其一斑矣。彼等之內，亦有長於詩文，優於學藝，在明大博聲譽者。如仲芳中正（應永八年入明）善楷書，成祖勅命書永樂通寶之錢文（註三）桂菴玄樹（應仁二年入明）每出一詞，藝林傳誦，稱爲有盛唐之風。（註四）雪舟等楊（應仁二年入明）受尙書姚公之囑，描禮部院之壁畫，明帝見之，謂爲稀世之珍寶，命爲天童山第一座。（註五）了菴桂悟（永正八年入明）以八十三歲之高齡，被任爲遣明正使，及抵明，武宗慕其德風，使住育王山廣利禪寺，賜金襴袈裟，歸國之際，大儒王陽明曾作詩餞別。（註六）其他類是者尙多。

三　入明僧之遊歷地

入明僧之遊歷地，求法僧與使僧當然不同。求法僧概遊歷江南五山十刹，各擇其所好之地而掛錫，與入元僧無異。使僧因帶日本使命而行，概抵明都北京，（都南京時則往南京）瞻仰明朝宮闕之莊麗，是爲當時使僧所誇耀者。往北京時，概行水路，由寧波經餘姚紹興蕭山杭州嘉興蘇州常州鎮江南京（往復皆至）揚州淮安彭城沛濟寧天津等地。（註七）往復途中隨處滯留，遊歷附近之名刹勝境。允澎入唐記言在寧波遊白衣寺，鏡淸寺，延慶寺，壽昌寺，萬壽寺，與附近之育王山，天童山。在杭州詣淨慈靈隱二寺。在楓橋訪寒山寺。在北京歷遊大興隆寺，正覺寺，知果寺等諸大刹，受茶菓茶飯之饗，與寺僧互相問答。又在北京奉天殿謁見捧呈表文，獻進貢物，在闕左門饗宴，有許多莊嚴儀式。在會同館與諸外國來朝之使臣交遊，皆依明廷之儀禮云。允澎入唐記景泰四年條云：

「十月十三日南蠻爪哇國人百餘人在館（會同館）求通信於日本。　十四日女眞人來朝皆服馬皮，似韃旦人。　十八日韃見韃旦人來朝，獻馬七十四。　二十日回回人來朝，獻馬二十匹。　二十一日入回回人館，見書字，字橫行似梵字而非。　十二月二十一日日本淸海高麗官人賜茶飯於本館，爭位，主客司來，左日本，右高麗。」（錄原文）

又景泰五年條云：

「正月一日五更朝參，……入於闕左門，賜光祿宴。日本，賴麻，高麗，韃旦，回回，達達，女眞，雲南，四川，琉球等諸番皆預焉。」（錄原文）

遣明正使、副使、居座、士官及從僧，概由勘合貿易船往復，因而其在明之日，惟有往復於寧波北京間之期間，大概不過一年內外。桂菴玄樹之塔銘，雖云在明七年，然彼於應仁二年爲大內船之士官入明，似未必有七年之久，又雪舟等楊於其破墨山水自贊中自記云：「數年而歸本邦」，蓋自出發至歸國統記之數，其實在明僅一年耳。(註八)然其期間雖短，但在中國研求學藝而移入於日本者實不少。如桂菴玄樹遊歷蘇杭間，親就鉅儒，學宋學，歸國後在豐筑、肥、並薩摩等處講之，致力於興隆鎮西文運者甚多。(註九)雪舟等楊從學於當時名畫手長有聲與季在二師，學設色破墨之法，又從當時之好尚，倣高彥敬之畫風，以描山水。(註一〇)又伊勢松阪人五郎太夫祥瑞者，在明學着色陶器之製法，歸國後，在肥前之有田附近開窯，又在奈良附近之鹿脊山，製造陶器，亦製陶史上重要之事實也。(註一一)但祥瑞之事，異說頗多，殊難究其眞相。桂林漫錄卷上載有一詩云：

詩送居士五郎太夫歸日本

「敬將玉帛覲天顏　回首扶桑杳渺間　舡舶古鄞三佛地　杯傳新酒四明山　梅黃細雨江頭別　帆引淸風海上還　明到賢王應有問　八方職工溢朝班」

大明正德癸酉（日本永正十年）夏六月朔

四明　李春亭

觀此詩則係永正八年（一五一一）從遣明使了菴桂悟入明，十年（一五一三）六月歸國者。

四　入明僧之攜來品

入明僧之攜來品，似屬不少；然資料缺逸，不能充分闡明。當時五山僧徒，好弄詩文，究儒學，帶來詩文集儒書等書籍，當必甚多。臥雲日件錄云：

「享德三年十一月淵懸西堂歸朝，今日來過，略說大方境之美，因惠勸忍百箴考經二册。十二月二十六日禪居清啓西堂來，出清江貝先生文集三册見惠。享德四年三月十一日得鹿苑寺書，書曰今日設浴，建仁清啓西堂亦招來，齋前急當來云云，飯罷。直赴鹿苑寺，浴罷點心，案上有之史全部四十册，仍檢目錄則本紀四十七卷，列傳九十七卷也。此本啓西堂自大明持來，列傳第五十九，有程鉅夫趙孟頫袁桷傳，又釋老志載帝師事。三

月十六日外記又語，自大明曰諸史會要者來，中載日本伊路波東福僧持之云云。」（錄原文）

此乃九淵龍睬與大與清啓隨從寶德三年（一四五一）遣明使東洋允澎入明，歸國後以其所齎書籍，贈臥雲日件錄之作者瑞溪周鳳者也。遣明使一班人員歸國齎回書籍既多，所以於日本詩文學儒學，漸次與以淸新之刺戟。

入明僧又以入明之便，每就明之名緇鉅儒，請作頂相贊，塔銘，行實，與語錄詩文集之序跋，而帶回者亦甚多。蓋仍守前代之遺風。當時之禪僧，極崇拜中國，以此爲無上之榮譽也。予所知者，凡十餘種，列舉於左：

日本國建仁禪寺月篷見禪師塔銘　靈隱豫章來復撰

天授元年（洪武）八年九月，杭州靈隱景德禪寺之豫章來復所撰者，但帶來之僧未明。

（見本塔銘）

日本國天龍禪寺開山夢窗正覺心宗普濟國師碑銘　翰林學士宋景濂撰

應安元年絕海中津入明，義堂周信草其師夢窗疎石之行狀付之，託呈明朝大儒宋景濂求作碑銘。中津入明後，託於無逸克勤（文中二年曾奉使來日本）由其斡旋，故有太祖之勅命。天授二年（洪武九年）二月，宋景濂撰文，因事未得攜回，後經三十年至應永十二年遣明使明室梵亮歸國之際始攜回。（見本碑銘及空華日工集）

義堂和尙空華集序　中竺季潭宗泐撰

天授二年（洪武九年）杭州中竺之季潭宗泐撰，帶來者不明，或云義堂周信之法弟隨從季潭宗泐入明之絕海中津也。（本書序）

汝霖文稿跋　翰林學士宋景濂撰

翰林學士宋景濂見入明僧汝霖良佐之文稿歎賞之，因於其後作跋。（同書跋）

肥後正觀寺大方元恢和尙頂相贊　天寧楚石楚琦撰

應安元年肥後正觀寺之大方元恢寂後，其徒曇聰持其師之頂相入明，請天寧楚石楚琦作贊而歸。（延寶傳燈錄，本朝高僧傳）

轉法輪藏禪寺記　翰林學士宋景濂撰

廷用文珪中興京北寶福寺，建經藏，後光嚴院曾賜轉法輪藏禪寺勅額，天授二年爲征西府使者入明，請宋景濂撰寺記，歸國，刻之堅珉。（本朝高僧傳）

天龍寺獨芳清曇禪師頂相贊　天界寺季潭宗泐贊

明德元年天龍寺之獨芳清曇寂後，其徒靈昆持其頂相入明，得當時在金陵天界寺季潭宗泐之贊而歸。（本朝高僧傳）

絕海和尙語錄序　淨慈道聯撰

絕海和尙蕉堅稿序　僧錄司左善世道衍撰

絕海和尙蕉堅稿跋　杭州天竺如蘭撰

右三者爲絕海中津之徒等，聞於應永十一年從遣明使堅中圭密入明時所得者。（同語錄序，蕉堅稿序並跋）

鄒之和尙竹居清事跋　前監察御史張式之撰

蘭隱馨於享德二年隨遣明使東洋允澎入明，攜東福寺鄒之惠鳳詩文集竹居清事而行，得

前監察御史張式之之跋而回。（同書跋，翰林葫蘆集）

瑞溪和尚塔銘語錄外集序跋

瑞溪周鳳之徒希宗友派因求其師之塔銘語錄外集之序跋，於文明十五年從遣明使子璞入明。（翰林葫蘆集，補菴京華集）

了菴桂悟語錄序　黃隆撰

東歸光松於文明十五年爲遣明居座入明時得之。（同書序）

永享六年（明宣德九年西一四三四）明使鴻臚少卿潘錫來日東福寺之信中以篇示以所作之詩文，潘錫評曰「禪林中有如是巨擘乎！詩猶可商確，惟如疏語非區區所及也。」然以篇仍恐其面諛，未敢遽信，欲親自入明質之大儒名緇，後因病不果行，以爲遺憾。臨終時，囑於其徒文明東曦，東曦於享德二年（一四五三）隨遣明使東洋允澎入明，即爲此也。（註一二）觀此則當時五山僧徒如何苦心欲作中國式之詩文，如何以得中國大儒名緇之讚辭爲無上之榮譽，亦可知矣。五山文學與平安朝貴族所作之中國文學，與德川時代儒者所成之中國文學不同，完全脫去倭臭，其所以爲純粹之中國文學者，非偶然也。

五　來日明人與文化之移植

室町時代，日明之交通頻繁，由明來日之僧侶，何止二三；惟不如前代有知名於後世之高僧耳。如永享五年（一四三三）承義教之命赴明之龍室道淵，原爲明人，已如前述。(註一三)又鎌倉建長寺中藏有喜江禪師頂相，（明治四十年指定爲國寶）據明應九年（一五〇〇）建長寺玉隱英璵所書之贊，謂喜江爲杭州天目山中峯明本之法孫，俗姓李氏，住鎌倉長壽寺，此乃僧傳不載之歸日僧也。此外不著錄於僧傳之歸日僧如喜江者，當必不少。

又明朝派爲使臣來日之僧侶，多爲學德著名之高僧。居日本之期間雖短，但於詩文學問，實多所刺戟。如文中二年（明洪武六年，西曆一三七三）之明使仲猷祖闡，無逸克勤，在京都二閱月，(註一四)與五山僧徒交遊，作詩卷之序，删削詩文，見義堂周信詩文，則極口贊揚，詳見空華日工集。(註一五)又如應永九年（明建文四年，西一四〇二）來日之禪僧道彝天倫，教僧一庵一如，在京都六個月，與五山僧徒往來，遊高雄神護寺，賦有詩章，見臥雲日件錄。(註一六)又如東福寺之岐陽方秀，欲面謁天倫一如，因官禁嚴，不得入門，乃以書函往來，詳見其詩文集不二遺稿。曾託祖阿（應永八年與筑紫商人肥富某使明，歸國時偕明使天倫一如回國）求天倫作其別號岐山之字說。又求一如作其室號不二室之銘。又曾舉教論之疑義十條請示，並請求下開日本未見之書。(註一七)

一　華嚴清凉國師大疏晉水源師錄疏注經者。演義鈔六十卷。科文二十卷。

一　圭峯行願品記，原人發微錄，禪源詮都序。此三部未見科文。

一　起信論圭峯密師疏。

一　雷菴受禪師，括摭李長者華嚴論樞要，束爲三卷者，本國未見此本。

一　夢堂所編新修科分六學高僧傳。

右五部願附商舶以惠本國學者。（錄原文）

以上僅就僧侶而言。僧侶以外，來日居京都與博多之明人亦不少。彼等之中，有避元末明初之亂而來者，有被倭寇捕獲而來者。如宋素卿，及隨從遣明使作通事者，皆歸日之明人。已如前述。(註一八)

觀五山僧徒之日記詩文集，常有歸化或來日之明人之名。臥雲日件錄載有明溫州人德廉與謝良，被倭寇捕來，久住京都建仁寺之禪居菴。(註一九)空華日工集又載有蘇州教授陸仁（字元良，又稱雪樵）者，避元末之亂，來日在博多兩三年。應安元年絕海中津入明時，始同船歸國。(註二〇)歸日明人中，善於雕版，致力於日本開版事業者亦不尠，空華日工集應安三年九月二十三日條，記明之雕工來日下鎌倉之事云：

「唐人刮字工陳孟千陳伯壽二人來，福州南臺橋人也。丁未年（貞治六年）七月到岸，大元失國，今皇帝改國爲大明，孟千有詩，起句云吟毫玉兎月中毛。」

可知陳孟千陳伯壽二人，因元末之亂，失其職業，聞日本入元僧等言日本大興開版事業，乃來日者。貞治六年（一三六七）七月到岸，至應安三年（一三七〇）九月始下鎌倉，蓋居博多與京都者，已三年之久矣。

當時開版事業最盛者，爲五山各寺，所刻語錄詩文集僧傳儒書等，種類甚多。大正十五年十一月京都開第十二次大藏會，陳列之五山版，僅禪籍已及三十種。五山版內最占多數者，爲臨川寺版，乃夢窗疎石之高弟春屋妙葩（智覺普明國師）所監督，在天龍寺之屬寺臨川寺中刊行者。雕工皆明人之歸順日本者，其中推陳孟榮爲最著名之名手，曾雕刻宗鏡錄、平石如砥禪師語錄、蒙求等許多書籍。古版宗鏡錄第百卷之識語有云：

「應安辛亥結制日．天龍東堂春屋妙葩命工雕之　江南陳孟榮刊刀」（錄原文）

陳孟榮與空華日工集中之陳孟千陳伯壽同姓，又同時代，蓋同族同時至日本者。與陳孟榮齊名之雕工，又有俞良甫者，福建道興化路莆田縣仁德里人，曾在京西嵯峨從事雕版，刻苦多年，雕成般若心經（應安二年春出版）月江語錄（應安三年六月出版）碧山堂集（應安五年八月出版）李善注文選（應安七年十月出版）唐柳先生文集（至德四年秋出版）等許多典籍。李善注文選之跋云：

「於日本嵯峨自辛亥（應安四年）四月起刀，至今苦難始成矣，甲寅（應安七年）十月謹題。」

據此可知其苦心努力之狀態矣。不特此也，彼於困苦之間，又自拋私財，於至德元年（一三八四）四月刻傳法正宗記，其書跋云：

「福建道興化縣仁德里住人俞良甫，於日本嵯峨寓居，憑自己財物，置板流行，歲子孟夏四月謹題。」

此雖亡命一工人，對於日本文化之助力，實有可永遠記憶者矣。此外如福才、林、洗、元、月古等，其名未能完全留傳者，蓋皆援助陳孟榮俞良甫等從事雕版之歸日明人也。此等人諒亦不在少數，觀五山版之序跋可知之。（註二一）

（註一）佛智廣照淨印翊聖國師年譜　絕海和尚語錄　蕉堅稿。

（註二）跋日本僧汝霖文稿後。

（註三）補菴京華集。

（註四）桂菴禪師塔銘。

（註五）天開圖畫樓記（古畫備考二十上所載）　半陶稿卷三。

（註六）翰林葫蘆集　鄰交徵書。

（註七）參照第二十章第七節。

（註八）參照第二十章第四節。

（註九）島隱集　桂菴禪師碑銘　漢學起源。

（註一〇）雪舟破墨山水自贊　雪舟筆水墨山水跋。

（註一一）日本陶工傳。

（註一二）竹居清事送文明曦上人遊大明國序。

（註一三）參照第二十章第一節。

（註一四）花營三代記。

（註一五）空華日工集應安六年八月三十日，八年三月十八日，至德二年二月二十

（註一六）臥雲日件錄寬正三年十月二十日條。

（註一七）不二遺稿。

（註一八）參照第二十章第二節第五節。

（註一九）臥雲日件錄寬正五年四月三日條。

中日交通史

（七）

[日]木宫泰彦◎著
陳　捷◎譯

山西人民出版社
山西出版傳媒集團

中日交通年表

自隋文帝開皇十三年至清宣宗道光十七年凡一千二百四十五年

(隋)文帝	開皇13	14	15	16	17	18	19	20	仁壽
西紀	593	594	595	596	597	598	599	600	601
								倭使通隋(隋書)	
推古	1	2	3	4	5	6	7	8	9
日本紀元	1_53	1254	1255	1256	1257	1258	1259	1260	1261
	癸丑	甲寅	乙卯	丙辰	丁巳	戊午	己未	庚申	辛酉

隋帝	年	公元	事蹟	日本天皇	年	皇紀	干支
文帝	2	602		推古	10	1262	壬戌
	3	603			11	1263	癸亥
	4	604			12	1264	甲子
煬帝	大業	605			13	1265	乙丑
	2	606			14	1266	丙寅
	3	607	七月，遣隋使小野妹子通事鞍作福利赴隋（紀）		15	1267	丁卯
	4	608	三月，遣隋使致方物於隋（隋書）〇四月，妹子等歸筑紫，隋使裴世清等十三人同來〇六月，世清等至難波〇八月，世清等入京〇九月，世清等歸國使，遣隋使小野妹子吉士雄成通事鞍作福利等送之，學生福因惠明玄理大國，學問僧旻請安惠隱廣齊等隨行（紀）		16	1268	戊辰
	5	609	九月，妹子雄成等歸自隋（紀）		17	1269	己巳
	6	610			18	1270	庚午
	7	611			19	1271	辛未
	8	612			20	1272	壬申

隋 煬帝				恭帝	（唐）高祖							
9	10	11	12	義寧	武德	2	3	4	5	6	7	8
613	614	615	616	617	618	619	620	621	622	623	624	625
	六月，遣隋使犬上御田鍬矢田部造等赴隋（紀）	七月，犬上御田鍬等歸自隋（紀）								七月，遣隋學問僧惠齊惠光，學生藥師惠日福因等，隨新羅使還（紀）		
推古 21	22	23	24	25	26	27	28	29	30	31	32	33
1273	1274	1275	1276	1277	1278	1279	1280	1281	1282	1283	1284	1285
癸酉	甲戌	乙亥	丙子	丁丑	戊寅	己卯	庚辰	辛巳	壬午	癸未	甲申	乙酉

高祖	9	626		推古	34	1286	丙戌
太宗	貞觀	627			35	1287	丁亥
	2	628			36	1288	戊子
	3	629		舒明	1	1289	己丑
	4	630	八月，遣唐使犬上御田鍬藥師惠日等赴唐（紀）		2	1290	庚寅
	5	631			3	1291	辛卯
	6	632	八月，遣唐使犬上御田鍬藥師惠日等由唐還　〇唐使高表仁，學問僧旻靈雲，學生勝鳥養等偕來（紀）		4	1292	壬辰
	7	633			5	1293	癸巳
	8	634			6	1294	甲午
	9	635			7	1295	乙未
	10	636			8	1296	丙申
	11	637			9	1297	丁酉
	12	638			10	1298	戊戌

中國	年	西曆	事項	日本	年	皇紀	干支
太宗	13	639	九月，學問僧惠隱惠雲，從新羅使由唐還（紀）	舒明	11	1299	己亥
	14	640	十月，學問僧請安，學生高向玄理，由唐經新羅歸國（紀）		12	1300	庚子
	15	641			13	1301	辛丑
	16	642		皇極	1	1302	壬寅
	17	643			2	1303	癸卯
	18	644			3	1304	甲辰
	19	645		孝德	大化	1305	乙巳
	20	646			2	1306	丙午
	21	647			3	1307	丁未
	22	648			4	1308	戊申
	23	649			5	1309	己酉
高宗	永徽	650			白雉	1310	庚戌
	2	651			2	1311	辛亥

中國紀年（高宗）	公元	記事	日本紀年	皇紀	干支
3	652		孝德 3	1312	壬子
4	653	五月，遣唐大使吉士長丹，副使吉士駒，學問僧道嚴，道通，道光，惠施，覺勝，辨正，惠照，僧忍，知聰，道昭，定惠，安達，知辨，義德，學生巨勢藥，冰老人，坂合部，磐積等一百二十一人，同乘一船赴唐，〇遣唐大使高田根麻呂，副使掃守小麻呂，學問僧道福，義向等一百二十人，別乘一船，赴唐　〇七月，高田根麻呂之船在薩摩國薩麻郡附近遭難，門部金等漂至神島（紀）	4	1313	癸丑
5	654	二月，遣唐押使高向玄理，大使河邊麻呂，副使藥師惠日等，赴唐〇押使高向玄理卒於唐〇七月，遣唐大使吉士長丹，副使吉士駒等，與百濟新羅使同回筑紫（紀）〇學問僧知辨，妙位，法勝，學生高黃金等歸國（紀註）	5	1314	甲寅
6	655	八月，遣唐大使河邊麻呂等由唐還（紀）	齊明 1	1315	乙卯
顯慶	656		2	131[illegible]	丙辰
2	657		3	1317	丁巳
3	658		4	1318	戊午
4	659	七月，遣唐大使坂合部石布，副使津守吉祥等，分乘二船赴唐（紀）〇八月，大使石布之舶，漂流至爾加委島，被島人所殺，東漢阿利麻，坂合部稻積等五人，逃往唐之括州〇閏十一月，吉祥到洛陽謁唐帝（伊吉博德書）	5	1319	己未
5	660		6	1320	庚申

中國	年號·年	公元	事項	日本	年	皇紀	干支
高宗	龍朔	661	五月，遣唐副使津守吉祥等，由唐經耽羅島歸筑紫（伊吉博德書）	齊明	7	1321	辛酉
	2	662		天智	1	1322	壬戌
	3	663			2	1323	癸亥
	麟德	664	五月，唐之百濟鎮將劉仁軌，使郭務悰等爲使，至對馬上表函及方物〇十二月，唐使郭務悰等回國（紀）		3	1324	甲子
	2	665	九月，唐使劉德高郭務悰等來筑紫進表函〇十二月，唐使劉德高等還國，是歲守大石，坂合部石積等，使於唐（紀）〇是歲遣唐學問僧定慧歸國（紀註）		4	1325	乙丑
	乾封	666			5	1326	丙寅
	2	667	十一月，唐之百濟鎮將劉仁願，使司馬法聰等，送我遣唐使坂合部石積等來〇十一月使伊吉博德，笠諸石，送唐使司馬法聰等（紀）		6	1327	丁卯
	總章	668	正月，伊吉博德等歸國（紀）		7	1328	戊辰
	2	669	是歲，河內鯨等使於唐〇是歲，唐使郭務悰等二千餘人來日本（紀）		8	1329	己巳
	咸亨	670			9	1330	庚午
	2	671	十一月，沙門道久，築紫君薩野馬，韓島勝娑婆，布師首磐等四人，由唐歸對馬，唐使郭務悰等六百人，送使沙宅孫登等一千四百人，分乘船四十七隻來日（紀）		10	1331	辛未
	3	672		弘文	白鳳	1332	壬申

唐	年號	西曆	事項	日本	年	皇紀	干支
高宗	4	673		天武	2	1333	癸酉
	上元	674			3	1334	甲戌
	2	675			4	1335	乙亥
	儀鳳	676			5	1336	丙子
	2	677			6	1337	丁丑
	3	678	遣唐學問僧道光歸國（三國佛法傳通緣起）		7	1338	戊寅
	調露	679			8	1339	己卯
	永隆	680			9	1340	庚辰
	開耀	681			10	1341	辛巳
	永淳	682			11	1342	壬午
	弘道	683			12	1343	癸未
中宗	嗣聖	684	十二月，遣唐留學生土師宿禰甥，白豬史寶然等，乘新羅船歸國（紀）		13	1344	甲申
	2	685	五月，學問僧觀常，雲觀，從新羅使行 ○（但赴唐留學，抑赴新羅留學，不明）（紀）		14	1345	乙酉

中宗	西曆	事項	日本年號	年	皇紀	干支
3	686		天武	朱鳥	1346	丙戌
4	687	九月，學問僧智隆從新羅使歸國（智隆爲赴唐留學，抑赴新羅留學，不明）（紀）	持統	1	1347	丁亥
5	688			2	1348	戊子
6	689	四月，學問僧明聰，觀智，從新羅使歸國〇（明聰觀智，似留學新羅者）（紀）		3	1349	己丑
7	690	九月，遣唐學問僧智宗，義德，淨願等，歸國（紀）		4	1350	庚寅
8	691			5	1351	辛卯
9	692			6	1352	壬辰
10	693	三月，學問僧辨通，神叡，從新羅使行（似留學新羅者）（紀）		7	1353	癸巳
11	694			8	1354	甲午
12	695			9	1355	乙未
13	696			10	1356	丙申
14	697		文武	1	1357	丁酉
15	698			2	1358	戊戌

中宗										
16	17	18	19	20	21	神龍	2	景龍	2	3
699	700	701	702	703	704	705	706	707	708	709
		正月，任命粟田眞人爲遣唐執節使，高橋笠間爲大使，坂合部大分爲副使（續紀）○高橋笠間辭大使，坂合部大分代之，新任巨勢邑治爲副使（續紀考證）○四月，遣唐使朝拜○五月，授遣唐執節使粟田眞人以節刀（續紀）	六月，遣唐使發自筑紫（續紀）○遣唐學問僧道慈，從遣唐使入唐（私考）	是歲，遣唐學問僧智鳳，智鸞，智雄等，入唐（三國佛法傳通緣起）	○七月，遣唐執節使粟田眞人歸國（續紀）			三月，遣唐副使巨勢邑治歸國（續紀）○五月，學問僧義法，義基，總集，慈定，淨達等，由新羅歸（此五人似留學新羅者）（續紀）		
文武									元明	
3	4	大寶	2	3	慶雲	2	3	4	和銅	2
1359	1360	1361	1362	1363	1364	1365	1366	1367	1368	1369
己亥	庚子	辛丑	壬寅	癸卯	甲辰	乙巳	丙午	丁未	戊申	己酉

唐帝	年號	西曆	事項	日本天皇	年號	紀年	干支
睿宗	景雲	710		元明	3	1370	庚戌
	2	711			4	1371	辛亥
	太極	712			5	1372	壬子
玄宗	開元	713			6	1373	癸丑
	2	714			7	1374	甲寅
	3	515			靈龜	1375	乙卯
	4	716	八月，任命多治比縣守爲遣唐押使，阿倍安麻呂爲大使，藤原馬養爲副使〇九月，改任月大伴山守爲遣唐大使（續紀）	元正	2	1376	丙辰
	5	717	二月，遣唐使等朝拜〇三月，賜遣唐押使多治比縣守以節刀〇三月，遣唐使發自難波，學問僧玄昉，學生吉備眞備，大和長岡，阿倍仲麻呂等，隨行（續紀）		養老	1377	丁巳
	6	718	十月，遣唐押使多治比縣守等歸國〇文武朝之遣唐大使坂合部大分亦隨之還〇十二月，遣唐押使進節刀〇是歲，遣唐學問僧道慈歸國（續紀）		2	1378	戊午
	7	719			3	1379	己未
	8	720			4	1380	庚申
	9	721			5	1381	辛酉

唐	年	西曆	事項	日本	年	皇紀	干支
玄宗	10	722		元正	6	1382	壬戌
	11	723			7	1383	癸亥
	12	724		聖武	神龜	1384	甲子
	13	725			2	1385	乙丑
	14	726			3	1386	丙寅
	15	727			4	1387	丁卯
	16	728			5	1388	戊辰
	17	729			天平	1389	己巳
	18	730			2	1390	庚午
	19	731			3	1391	辛未
	20	732	八月，任命多治比廣成爲遣唐大使，中臣名代爲副使 〇九月命近江丹波播磨備中等國，造遣唐使船四隻（續紀）		4	1392	壬申
	21	733	三月，遣唐使朝拜 〇閏三月授遣唐大使多治比廣成以節刀 〇四月，遣唐使發自難波（續紀）遣唐學問僧榮叡，普照，玄朗，玄法等從行（唐大和上東征傳）		5	1393	癸酉

玄宗	西曆	事項	聖武	皇紀	干支
22	734	十一月，遣唐大使多治比廣成之第一舶達多褹島，學問僧玄昉，學生吉備眞備，大和長岡等歸國，似乘廣成之舶者（續紀）	6	1394	甲戌
23	735	三月，遣唐大使多治比廣成由唐還，進節刀○四月入唐留學生吉備眞備，以唐禮，大衍曆經，大衍曆立成等，獻於朝○是歲遣大宰大貳小野老，高橋牛養，至南島樹牌，記明島名，泊處，有水處，離國之行程等，使漂泊之船，知其方向（續紀）	7	1395	乙亥
24	736	七月，遣唐副使中臣名代歸國○唐僧道璿，婆羅門僧正菩提僊來○林邑僧佛徹，唐人袁晉卿，皇甫東朝，波斯人李密醫等來日，似在此時（續紀）	8	1396	丙子
25	737		9	1397	丁丑
26	738		10	1398	戊寅
27	739	十一月，遣唐判官平羣廣成等歸國（續紀）	11	1399	己卯
28	740		12	1400	庚辰
29	741		13	1401	辛巳
天寶	742		14	1402	壬午
2	743		15	1403	癸未
3	744		16	1404	甲申

唐帝	年	西紀	事項	日本天皇	年	皇紀	干支
玄宗	4	745		聖武	17	1405	乙酉
	5	746			18	1406	丙戌
	6	747			19	1407	丁亥
	7	748	遣唐學問僧榮叡病歿於唐（唐大和上東征傳）		20	1408	戊子
	8	749		孝謙	天平感寶 天平勝寶	1409	己丑
	9	750	九月，任命藤原清河爲遣唐大使，大伴古麻呂爲副使（續紀）		2	1410	庚寅
	10	751	十一月，復命吉備眞備爲遣唐副使（續紀）		3	1411	辛卯
	11	752	三月遣唐使等朝拜○閏三月授遣唐大使藤原清河以節刀○是歲遣唐留學生藤原刷雄，膳大丘等，隨遣唐使入唐（續紀）		4	1412	壬辰
	12	753	十二月，遣唐副使吉備眞備之第三船歸至益久島（夜久島）○遣唐學問僧普照，乘眞備之船歸國（唐大和上東征傳）		5	1413	癸巳
	13	754	正月，遣唐副使大伴、麻呂歸國（續紀）○唐僧鑑眞，並其弟子法進，曇靜，思託，義靜，法載，法成，智首，潘仙童，胡國人安如寶，崑崙人軍法力，瞻波人善聽等二十四人，乘古麻呂之第三船來日（唐大和上東征傳）○二月，勅修理天平七年大宰大貳小野老所樹之南島牌，以便漂泊之船知歸向○四月，遣唐判官布勢人主之第四船，來至薩摩國石籬浦（續紀）		6	1414	甲午

		肅宗						代宗	
14	至德	2	乾元	2	上元	2	寶應	廣德	2
755	756	757	758	759	760	761	762	763	764
				正月，任高元度爲迎入唐大使，內藏全成爲判官，往迎前遣唐大使藤原清河〇二月，迎入唐大使等出發〇十月，判官內藏全成等由渤海歸，僅大使高元度等十一人赴唐（續紀）		八月，唐使沈惟岳等，送迎入唐大使高元度等歸國〇十月，命安藝國造遣唐使船四艘〇十月，任命仲石伴爲遣唐大使，石上宅嗣爲副使（續紀）	三月，罷遣唐副使石上宅嗣，以藤原田麻呂代之〇四月，遣唐使船成，由安藝來至難波時，其一船破，罷遣唐使爲送唐客使，任命中臣鷹主爲大使，高麗廣山爲副使〇七月，送唐客使中臣鷹主等將發，以不得便風而止（續紀）	十月，遣唐留學主高內弓，學問僧戒融等，乘送渤海使板振鎌束船歸國（續紀）	
孝謙			淳仁						
7	8	天平寶字	2	3	4	5	6	7	8
1415	1416	1417	1418	1419	1420	1421	1422	1423	1424
乙未	丙申	丁酉	戊戌	己亥	庚子	辛丑	壬寅	癸卯	甲辰

唐	西曆	記事	日本	皇紀	干支
代宗 永泰	765		稱德 天平神護	1425	乙巳
大曆	766		2	1426	丙午
2	767		神護景雲	1427	丁未
3	768		2	1428	戊申
4	769		3	1429	己酉
5	770		光仁 寶龜	1430	庚戌
6	771		2	1431	辛亥
7	772		3	1432	壬子
8	773		4	1433	癸丑
9	774		5	1434	甲寅
10	775	六月，任命佐伯今毛人爲遣唐大使，大伴益立，藤原鷹取爲副使，使安藝國造船四隻（續紀）	6	1435	乙卯
11	776	四月授遣唐大使佐伯今毛人以節刀〇遣唐使舶泊肥前松浦郡合蠶田浦，月餘不得信風，閏八月，奏請還博多，以待來年夏月，許之，〇十一月唐大使佐伯今毛人還京進節刀〇十二月罷遣唐副使大伴益立，以小野石根，大神末足爲副使（續紀）	7	1436	丙辰

代宗			德宗					
12	13	14	建中	2	3	4	興元	貞元
777	778	779	780	781	782	783	784	785
四月，遣唐使辭見，大使佐伯今毛人到羅城門，稱病不能動 ○六月遣唐大使佐伯今毛人，因病不往，又授小野石根節刀代行大使事 ○七月遣唐使等到唐之揚州（續紀）	正月遣唐使等到長安 ○十月判官小野滋野之第三船歸至肥前松浦郡橘浦，唐使孫興進等偕來 ○十一月第四船回薩摩甑島，第二船達薩摩出水郡，第一船破，副使小野石根，唐使趙寶英等六十三人溺死，主神津守國麻呂等五十六人，乘艫到甑島，判官大伴繼人等四十一人乘舳到天草 ○十一月因送唐客，命安藝國造船二艘（續紀）○十二月任布勢清直爲送唐客使，甘南備清野，多治比濱成爲判官	因迎由唐歸國途中被耽羅國所留之遣唐判官海上三狩，二月，遣下道長人赴新羅 ○五月唐使孫興進等見天皇，致唐朝書並方物，未幾歸國 ○七月遣唐判官海上三狩等歸筑紫（續紀）		六月送唐客使布勢清直等由唐回，進節刀（續紀）				
光仁				桓武				
8	9	10	11	天應	延曆	2	3	4
1437	1438	1439	1440	1441	1442	1443	1444	1445
丁巳	戊午	己未	庚申	辛酉	壬戌	癸亥	甲子	乙丑

宗												德
14	13	12	11	10	9	8	7	6	5	4	3	2
798	797	796	795	794	793	792	791	790	789	788	787	786

武												桓
17	16	15	14	13	12	11	10	9	8	7	6	5
1458	1457	1456	1455	1454	145	1452	1451	1450	1449	1448	1447	1446
寅戊	丑丁	子丙	亥乙	戌甲	酉癸	申壬	未辛	午庚	巳己	辰戊	卯丁	寅丙

中國帝號	年號	西曆	事項	日本天皇	年號	皇紀	干支
德宗	15	799		桓武	18	1459	己卯
	16	800			19	1460	庚辰
	17	801	八月，任命藤原葛野麻呂爲遣唐大使，石川道益爲副使（月本紀略）		20	1461	辛巳
	18	802			21	1462	壬午
	19	803	三月，遣唐使等朝拜並賜餞〇四月授遣唐大使藤原葛野麻呂以節刀〇五月遣唐使奉還節刀，蓋發自難波，未幾遭暴風，舶壞不得渡海故也（日本紀略）		22	1463	癸未
	20	804	七月，遣唐使舶發自筑紫，未幾遭暴風，藤原葛野麻呂之第一舶漂泊至唐之福州，石川道益之第二舶漂泊至明州（石川道益卒於唐，判官菅原清公率其衆）（後紀）〇空海，橘逸勢，乘第一舶，最澄，義眞，乘第二舶入唐（大師御行狀集記，橘逸勢傳，叡山大師傳）〇十一月葛野麻呂到長安（後紀）		23	1464	甲申
順宗	永貞	805	五月，遣唐使第一舶第二舶發自唐之明州〇六月，第一舶回對馬，第二舶回肥前（後紀）〇最澄由第一舶歸國（叡山大師傳）〇七月，遣唐使第三舶，發自肥前庇良島，忽遭南風，漂至孤島，判官三棟今嗣等脫險上岸，舶載射手數人，不知所之（後紀）		24	1465	乙酉
憲宗	元和	806	八月空海，橘逸勢等，隨遣唐判官高階遠成歸國（大師御行狀集記，橘逸勢傳）	平城	大同	1466	丙戌
	2	807			2	1467	丁亥

唐	西曆	事蹟	日本	皇紀	干支
憲宗 3	808		平城 3	1468	戊子
4	809		4	1469	己丑
5	810	是歲七月，入唐僧靈仙奉唐帝勅，與罽賓國三藏般若等翻譯大乘心地觀經梵夾，翌年三月譯成，上之（靈仙三藏行歷考）	嵯峨 弘仁	1470	庚寅
6	811		2	1471	辛卯
7	812		3	1472	壬辰
8	813		4	1473	癸巳
9	814		5	1474	甲午
10	815		6	1475	乙未
11	816		7	1476	丙申
12	817		8	1477	丁酉
13	818		9	1478	戊戌
14	819		10	1479	己亥
15	820	是歲入唐僧靈仙登五台山，是爲日本僧登五台之始（靈仙三藏行歷考）	11	1480	庚子

中國帝王	年號	公元	事項	日本天皇	年號	皇紀	干支
穆宗	長慶	821		嵯峨	12	1481	辛丑
	2	822			13	1482	壬寅
	3	823			14	1483	癸卯
	4	824		淳和	天長	1484	甲辰
敬宗	寶曆	825	十二月，入唐僧靈仙託渤海使上表物，淳和天皇嘉之，特賜百金（靈仙三藏行歷考）		2	1485	乙巳
	2	826			3	1486	丙午
文宗	太和	827			4	1487	丁未
	2	828	是歲，渤海僧貞素，攜日廷賜入唐僧靈仙之黃金，登五台山（靈仙三藏行歷考）		5	1488	戊申
	3	829			6	1489	己酉
	4	830			7	1490	庚戌
	5	831			8	1491	辛亥
	6	832			9	1492	壬子
	7	833			10	1493	癸丑

中國帝號	年號	西曆	事蹟	日本帝號	年號	皇紀	干支
文宗	8	834	正月，任命藤原常嗣爲遣唐大使，小野篁爲副使 〇二月，任丹墀貞成爲造舶使長官（後紀）	仁明	承和	1494	甲寅
	9	835			2	1495	乙卯
	開成	836	二月遣唐大使藤原常嗣，副使小野篁，在紫宸殿引見，賜祿 〇四月，賜遣唐大使副使餞宴，授大使以節刀 〇五月，遣唐使發難波 〇七月，遣唐使發自筑紫，忽遭逆風，第一第二第四船漂迴肥前，第三船破損，多溺死者 〇九月，遣唐大使副使入京，奉還節刀，〇九月任伴氏上爲修理遣唐舶使長官，修理使舶（後紀）		3	1496	丙辰
	2	837	三月遣唐使朝拜並賜節刀，大使副使等向大宰府 〇五月，遣唐第一船大平良授從五位下 〇七月，遣唐三舶向松浦郡旻樂埼，發博多，未幾遭逆風，第一第四船漂至壹岐，第二船漂至値嘉島（後紀）		4	1497	丁巳
	3	838	四月，勅自遣唐使進發之日至歸國之日，五畿七道諸國，誦海龍王經（後紀）〇六月遣唐使出發，副使小野篁稱病不行 〇七月第一第四船先發，第二船未發（日本紀略）學問僧圓仁，圓載，圓行，常曉，戒明，義澄，圓仁之從僧惟正，惟曉，行者丁雄萬，圓載之從僧仁好，行者伴始滿等入唐（入唐求法巡禮行記，常曉和尚請來目錄）		5	1498	戊午
	4	839	八月，先是遣唐第一第四船一班人員，分乘楚州之新羅船九隻歸國，是月，錄事大神宗雄之第六船先回，繼而大使常嗣，率七船回肥前松浦郡生屬島，〇十月，錄事山代氏益所駕之一船回博多（續後紀）〇請益僧常曉，戒明，義澄，從遣唐使歸國（入唐求法巡禮行記，明匠略傳）〇遣唐使回京，進節刀（續後紀）		6	149[illegible]	己未

唐帝	年號	西曆	事項	日皇	年號	皇紀	干支
文宗	5	840	四月，遣唐第二船知乘船事菅原梶成等回大隅 ○六月，遣唐第二船准判官良岑長松等回大隅（續後紀）	仁明	7	1500	庚申
武宗	會昌	841	是歲秋，學問僧惠蕚，並圓載弟子仁濟，順昌，入唐（入唐求法巡禮行記）		8	1501	辛酉
	2	842	是歲春，惠蕚爲求供給五台山旅費，乘唐人李鄰德之舶歸國（入唐求法巡禮行記）○八月，學問僧惠運，唐人李處人，搭肥前値嘉島所造之舶入唐（安祥寺惠運傳）		9	1502	壬戌
	3	843	十二月，學問僧圓載之弟子仁好，順昌等，因回國請衣糧，乘新羅人張公靖等之舶，抵長門國（入唐求法巡禮行記，續後紀）		10	1503	癸亥
	4	844	是歲發自日本之船兩隻，到唐之常州 ○是歲，惠蕚攜五台山之供給再入唐（入唐求法巡禮行記）○是歲，圓載之弟子仁好，攜日廷賜圓仁之黃金二百兩，再入唐（續後紀）		11	1504	甲子
	5	845			12	1505	乙丑
	6	846	是歲圓仁之弟子性海，因送書信物件至圓仁處，乘唐人李鄰德之舶入唐（入唐求法巡禮行記）		13	1506	丙寅
宣宗	大中	847	是歲，日本人神御井等之舶，到唐之明州（入唐求法巡禮行記）○六月，惠運，惠蕚，仁好等，乘唐人張支信之舶歸國（安祥寺惠運傳續後記）○九月，圓仁並其弟子惟正，性海，行者丁雄萬等，乘新羅人金珍等之舶歸國（入唐求法巡禮行記）		14	1507	丁卯
	2	848			嘉祥	1508	戊辰
	3	849	八月唐商五十三人駕一船，載來貨物甚多（續後紀）		2	1509	己巳
	4	850			3	1510	庚午

中國帝號	年號	西曆	事蹟	日本天皇	年號	皇紀	干支
宣宗	5	851		文德	仁壽	1511	辛未
	6	852	閏八月，唐商欽良暉來（智證大師傳）		2	1512	壬申
	7	853	請益僧圓珍，與弟子豐智，閑靜，譯人丁雄萬，行者的良，物忠宗，大全吉等，乘唐商欽良暉之舶入唐（行歷抄，智證大師傳，圓珍台州府公驗）		3	1513	癸酉
	8	854			齊衡	1514	甲戌
	9	855			2	1515	乙亥
	10	856	是歲秋，圓珍遊廣州，託李英覺，陳太信，送天竺貝多樹柱杖，廣州班藤柱杖，琉璃瓶子等至日本（智證大師將來目錄）		3	1516	丙子
	11	857			天安	1517	丁丑
	12	858	六月，圓珍等乘唐商李延孝之舶歸國（智證大師傳）		2	1518	戊寅
	13	859		清和	貞觀	1519	己卯
懿宗	咸通	860			2	1520	庚辰
	2	861			3	1521	辛巳
	3	862	七月唐商李延孝等四十三人來（三代實錄）〇九月，眞如法親王並其從僧宗叡，賢眞，惠蕚，忠全，安展，禪念，惠池，善寂，原懿，猷繼等，乘唐商張支信在肥前國松浦郡柏島所造之舶入唐（頭陀親王入唐略記）		4	1522	壬午

懿宗 咸通	西曆	事項	清和 貞觀	皇紀	干支
4	863	四月，賢眞，惠萼，忠全等，乘張支信之舶歸國（頭陀親王入唐略記）〇是歲，圓珍託唐商詹景全，致書於長安興善寺三藏智慧輪（上智慧輪三藏決疑表）	5	1523	癸未
5	864	是歲，唐商詹景全來（上智慧輪三藏決疑表）〇八月，命唐僧法惠住筑前觀世音寺爲通事（三代實錄）	6	1524	甲申
6	865	是歲，詹景全回國（上智慧輪三藏決疑表）〇七月，唐商李延孝等六十三人駕船一艘來（三代實錄）〇學問僧宗叡，乘李延孝之舶歸國（據三代實錄，禪林寺僧正傳，宗叡歸國在貞觀八年，請來目錄作貞觀七年）	7	1525	乙酉
7	866	九月唐商張言等四十一人駕船一艘來（三代實錄）	8	1526	丙戌
8	867		9	1527	丁亥
9	868		10	1528	戊子
10	869		11	1529	己丑
11	870		12	1530	庚寅
12	871		13	1531	辛卯
13	872		14	1532	壬辰
14	873		15	1533	癸巳

中國紀年	西曆	記事	日本紀年	皇紀	干支
僖宗 乾符	874	六月，命以船入唐求法，勅大宰府賜管內正稅稻千束　〇同月，遣伊豫權掾大神巳井，豐後介多治安江，入唐求香藥　〇同月，唐商崔及等三十六人駕一船來（三代實錄）	清和 16	1534	甲午
2	875		17	1535	乙未
3	876	七月，唐商楊清等三十一人駕一船來（三代實錄）	18	1536	丙申
4	877	閏三月，延曆寺僧濟詮，安然，玄昭，觀溪等四人，因欲入唐求法，赴大宰府　〇七月，唐商崔鐸等六十三人駕一船來，多治安江等乘是船攜回貨物甚多　〇是歲，圓珍之從僧豐智，（改名智聰）偕唐人駱漢中，并從者二人回國（三代實錄）	陽成 元慶	1537	丁酉
5	878		2	1538	戊戌
6	879		3	1539	己亥
廣明	880		4	1540	庚子
中和	881	是歲，唐商張蒙來，唐婺州人李達，代圓珍託張蒙送來一切經闕本百二十卷（上智慧輪三藏決疑表，智證大師傳，唐房行履錄）	5	1541	辛丑
2	882	是歲，圓珍託唐人李達送函，並黃金至長安大興善寺三藏慧輪處，以求闕經，又使弟子三慧入唐，求闕經三百四十卷（上智慧輪三藏決疑表，智證大師傳，唐房行履錄）	6	1542	壬寅
3	883	是歲，天台山國清寺諸德並越州良諝和尚之弟子，託唐商柏志貞致書於圓珍（智證大師傳）	7	1543	癸卯
4	884		8	1544	甲辰

唐帝	年號	公元	事項	日本天皇	年號	皇紀	干支
僖宗	光啓	885	是歲，唐商到大宰府，諭府司禁止王臣家使及管內吏民，私以貴値競買舶來品（三代實錄）	光孝	仁和	1545	乙巳
	2	886			2	1546	丙午
	3	887			3	1547	丁未
	文德	888		宇多	4	1548	戊申
昭宗	龍紀	889			寬平	1549	己酉
	大順	890			2	1550	庚戌
	2	891			3	1551	辛亥
	景福	892			4	1552	壬子
	2	893	三月，在唐僧中瓘，託唐商王訥送函至日本，報告唐之凋弊（菅家文草）○七月，唐商周汾等六十人來博多　○八月，使大宰府給在唐僧弘擧衣糧（入唐五家傳）		5	1553	癸丑
	乾寧	894	七月，給在唐僧中瓘報牒（日本紀略，菅家文草）○八月，任菅原道眞爲遣唐大使，紀長谷雄爲副使（日本紀略，扶桑略記）○九月，停止遣唐使（日本紀略）		6	1554	甲寅
	2	895			7	1555	乙卯
	3	896	三月，唐人梨懷應召入京（日本紀略）		8	1556	丙辰

昭						宗		哀	帝	(後梁)太	
4	光化	2	3	天復	2	3	天祐	2	3	開平	2
897	898	899	900	901	902	903	904	905	906	907	908
						八月，禁止諸院諸宮諸王臣家等之使者，於唐舶來時越關私買唐物（太政官符）〇九月，唐人景球等獻羊一頭，白鵝五隻（扶桑略記，日本紀略）					
	醍								醐		
9	昌泰	2	3	延喜	2	3	4	5	6	7	8
1557	1558	1559	1560	1561	1562	1563	1564	1565	1566	1567	1568
丁巳	戊午	己未	庚申	辛酉	壬戌	癸亥	甲子	乙丑	丙寅	丁卯	戊辰

中國帝號	年號	公元	記事	日本	年	公元	干支
祖	3	909	二月，致牒狀於在唐僧中瓘（日本紀略，扶桑略記裏書）○閏八月，使大宰府檢進中國商舶之貨物（扶桑略紀）	醍醐	9	1569	己巳
	4	910			10	1570	庚午
	乾化	911			11	1571	辛未
末帝	2	912			12	1572	壬申
	3	913			13	1573	癸酉
	4	'14			14	1574	甲戌
	貞明	915			15	1575	乙亥
	2	916			16	1576	丙子
	3	917			17	1577	丁丑
	4	918			18	1578	戊寅
	5	919	七月，交易唐物使當麻有業，上中國商客鮑置求所贈之孔雀於朝，又以交易唐物呈御覽（日本紀略扶桑略記）		19	1579	己卯

末帝			後唐莊宗			明宗						
6	龍德	2	同光	2	3	天成	2	3	4	長興	2	3
920	921	922	923	924	925	926	927	928	929	930	931	932
						五月，興福寺僧寬建，奏請乘中國商舶入唐，許之（扶桑略記）	正月，僧寬建乘中國商舶入唐（日本紀略）					
醍醐			醍醐								朱雀	
20	21	22	延長	2	3	4	5	6	7	8	承平	2
1580	1581	1582	1583	1584	1585	1586	1587	1588	1589	1590	1591	1592
庚辰	辛巳	壬午	癸未	甲申	乙酉	丙戌	丁亥	戊子	己丑	庚寅	辛卯	壬辰

帝王	年號	西曆	記事	天皇	年號	皇紀	干支
明宗	4	933		朱雀	3	1593	癸巳
閔帝	應順 清泰	934			4	1594	甲午
廢帝	2	935	九月，吳越人蔣承勳獻羊數頭（日本紀略）〇十二月，交易唐物使藏人藤原親盛，赴大宰府（公忠朝臣集，朝忠卿集，新千載和歌集）		5	1595	乙未
高祖（後晉）	天福	936	七月，大宰府報告吳越人蔣承勳季盈張等來日〇八月左大臣藤原忠平贈吳越王書（日本紀略）		6	1596	丙申
	2	937	十月，使大宰府抄進是年並翌年之中國曆本（日本紀略）		7	1597	丁酉
	3	938	七月，大宰府進中國商客所獻之羊二頭，八月，賜大宰府之布於吳越人蔣承勳（本朝世紀）		天慶	1598	戊戌
	4	939			2	1599	己亥
	5	940	七月，左大臣藤原忠平贈書於吳越王元瓘（日本紀略）		3	1600	庚子
	6	941			4	1601	辛丑
	7	942			5	1602	壬寅
出帝	8	943			6	1603	癸卯
	開運	944			7	1604	甲辰
	2	945	七月，大宰府奏吳越商客蔣袞，俞仁秀，張父過等百人，到肥前松浦郡柏島（本朝世紀）		8	1605	乙巳

中國帝王	年號	西曆	事項	日本天皇	年號	皇紀	干支
出帝	3	946		朱雀	9	1606	丙午
（後漢）高祖	天福12	947	是歲，吳越人蔣袞爲吳越王佐之使者來日，上書狀並土宜（本朝文粹）〇閏七月，左大臣藤原實賴，以回書並砂金二百兩贈吳越王佐（本朝文粹帝王編年紀）	村上	天曆	1607	丁未
隱帝	乾祐	948			2	1608	戊申
	2	949			3	1609	己酉
	3	950			4	1610	庚戌
（後周）太祖	廣順	951			5	1611	辛亥
	2	952			6	1612	壬子
	3	953	是歲，吳越人蔣承勳，爲吳越王王弘俶之使者來日，上書狀並錦綺等珍物，七月，蔣承勳歸國，右大臣藤原師輔贈回書於吳越王（本朝文粹）		7	1613	癸丑
世宗	顯德	954			8	1614	甲寅
	2	955			9	1615	乙卯
	3	956			10	1616	丙辰

世宗			(宋)太祖									
4	5	6	建隆	2	3	乾德	2	3	4	5	開寶	2
957	958	959	960	961	962	963	964	965	966	937	968	969
七月，吳越國之持禮使盛德言來日上書（日本紀略）		正月，吳越國之持禮使盛德言來日上書（日本紀略）										
村上											冷泉	
天德	2	3	4	應和	2	3	康保	2	3	4	安和	2
1617	1618	1619	1620	1621	1622	1623	1624	1625	1626	1627	1628	1629
丁巳	戊午	己未	庚申	辛酉	壬戌	癸亥	甲子	乙丑	丙寅	丁卯	戊辰	己巳

中國	公元	事項	日本	皇紀	干支
太祖 3	970		圓融 天禄	1630	庚午
4	971		2	1631	辛未
5	972		3	1632	壬申
6	973		天延	1633	癸酉
7	974		2	1634	甲戌
8	975		3	1635	乙亥
太宗 太平興國	976		貞元	1636	丙子
2	977		2	1637	丁丑
3	978	是歲宋人來日（小右記）	天元	1638	戊寅
4	979		2	1639	己卯
5	980		3	1640	庚辰
6	981		4	1641	辛巳
7	982	三月，因賜宋人金，徵金於陸奥（小右記）○七月，僧奝然將入宋行母之逆修（本朝文粹）	5	1642	壬午

太宗										
8	雍熙	2	3	4	端拱	2	淳化	2	3	4
9:3	984	985	[illegible]86	987	988	[illegible]89	990	99	992	993
八月，僧奝然乘吳越商陳仁爽徐仁滿等之舶入宋（成算法師記）			七月，大宰府奏宋商鄭仁德來日　○入宋僧奝然，乘仁德之舶歸國（扶桑略記宋史）	二月，入宋僧奝然，由宋攜來栴檀釋迦像，（十六羅漢繪像，）摺本一切經入京（日本紀略，百練抄，扶桑略記）　○十月，宋商朱仁聰來日（扶桑略記）	正月，僧源信遇宋商朱仁聰，以所著之往生要集等交之，託流布於宋地（正元古寫源信僧都傳）○二月，僧奝然使弟子嘉因並宋僧祈乾，乘宋商鄭仁德之舶赴宋，獻物於宋帝（續左亟抄，日本紀略，宋史）	三月，僧寂昭請入宋（日本紀略）	是歲，宋商周文德來日（勝尾寺緣起）是歲，宋商揚仁紹來日（元享釋書）	六月，僧奝然之弟子迎唐佛入京（日本紀略）○九月，宋雲黃山僧行迪，致書比叡山源信（日本紀略）	三月，僧源信託宋商揚仁紹以其所著之因明論疏，四相違略註釋，贈宋雲黃山僧行迪，又以一本贈長安慈恩寺弘道大師門下各人，請決是非而垂教焉（因明論疏四相違略註釋）	
圓融		花山		一條						
永觀	2	寬和	2	永延	2	永祚	正曆	2	3	4
1643	1044	1645	164[illegible]	1647	1648	1649	1650	1651	1652	1653
癸未	甲申	乙酉	丙戌	丁亥	戊子	己丑	庚寅	辛卯	壬辰	癸巳

太宗	5	994		一條	5	1654	甲午
	至道	995	九月，宋商朱仁聰林庭幹等七十餘人到若狹（台記日本紀略權記）○是歲，宋僧源清，贈法華示珠指等七卷於比叡山，求中國所鈌之智者大師仁王般若經疏等（本朝文粹）		長德	1655	乙未
	2	996	閏七月，宋人獻鵝羊（日本紀略）○十一月，使明法博士勘宋商朱仁聰等罪名（日本紀略小右記）○十二月，使大江匡衡作致宋僧源清回書，用天台座主覺慶之名，贈以智者大師仁王般若經疏等（本朝文粹）		2	1656	丙申
	3	997	四月，使慈覺智證兩人駁斥宋僧源清所送之法華示珠指等書（元亨釋書，天台霞標）○九月，還宋人去年所獻之鵝羊（日本紀略）		3	1657	丁酉
真宗	咸平	998			4	1658	戊戌
	2	999			長保	1659	己亥
	3	1000	七月，定唐物價值，八月，宋商朱仁聰因不賜雜物價而哀訴（權記）		2	1660	庚子
	4	1001	是歲，僧源信著因明義斷纂要注釋，託宋僧齊隱贈宋慈恩寺弘道大師之門人（正元古寫源信僧都傳）		3	1661	辛丑
	5	1002	三月，僧寂昭請赴宋巡禮五台山聖跡（日本紀略百練抄）○是歲，宋建州之海賈周世昌，遇風漂至日本（宋史）		4	1662	壬寅
	6	1003	七月，諸卿奏宋商來日（百練抄，）○八月，僧寂昭發自肥前入宋（扶桑略記歷代皇紀）		5	1663	癸卯
	景德	1004			寬弘	1664	甲辰

宋帝	年	西元	記事	日本天皇	年	皇紀	干支
眞宗	2	1005	八月，大宰府奏宋商曾令文來（日本紀略，百練抄，權記）○下安置宋商之諭（小右記）○十二月，入宋僧寂昭致書於左大臣藤原道長（法成寺攝政記）	一條	2	1665	乙巳
	3	1006			3	1666	丙午
	4	1007	九月，野人若愚（具平親王）致書於入宋僧寂昭（皇朝類苑）		4	1667	丁未
	大中祥符	1008	七月，左大臣藤原道長致書於入宋僧寂昭○九月，治部卿源從英致書於入宋僧寂昭（皇朝類苑）○是歲，日本使者到宋云，國東祥光現，舊傳中原天子聖明，方有此瑞，眞宗大喜，勅建一寺，賜額名神光（皇朝類苑，佛祖統紀）		5	1668	戊申
	2	1009			6	1669	己酉
	3	1010			7	1670	庚戌
	4	1011			8	1671	辛亥
	5	1012		三條	長和	1672	壬子
	6	1013	是歲，宋牒狀來，使式部大輔高階積善草回牒（日本運上錄）		2	1673	癸丑
	7	1014			3	1674	甲寅

中國帝王	年號	西曆	事蹟	日本天皇	年號	皇紀	干支
眞宗	8	1015	五月，入宋僧寂昭之從僧念救，因請知識物而歸國，並求寂昭，元燈，念救，覺因，明蓮等五人度緣　○六月，道長致入宋僧寂昭書　○閏六月，以宋商周文德所獻之孔雀呈御覽　○七月，念救發自京都，再赴宋（日本紀略小右記百練抄）	三條	4	1675	乙卯
	9	1016			5	1676	丙辰
	天禧	1017		後一條	寬仁	1677	丁巳
	2	1018			2	1678	戊午
	3	1019			3	1679	己未
	4	1020	九月，大宰府上宋商客解文（小右記）		4	1680	庚申
	5	1021			治安	1681	辛酉
	乾興	1022			2	1682	壬戌
仁宗	天聖	1023			3	1683	癸亥
	2	1024			萬壽	1684	甲子
	3	1025			2	1685	乙丑

宋帝	年	西曆	事蹟	日本天皇	年	皇紀	干支
仁宗	4	1026	六月，先是宋人周良史獻名籍於關白賴通，因其生母爲日本人，希望爵位，是月賴通覆以書，並贈砂金三十兩慰之（宇槐記，左經記，百練抄）〇七月，宋台州商客周文裔歸國〇是歲秋，宋福州商客陳文祐歸國（小右記）〇十二月，大宰府遣人至宋贈土物（宋史）	後一條	3	1686	丙寅
	5	1027	是歲秋，宋福州商客陳文祐又來（小右記）〇是歲，入宋僧寂昭致書於道長（百練抄）		4	1687	丁卯
	6	1028	八月，宋商到對馬〇九月，宋福州商客周文裔又來（小右記）〇十月，關白賴通在清涼殿視唐物（左經記）〇十二月，周文裔上書右大臣藤原實資，並贈方物（小右記）		長元	1688	戊辰
	7	1029			2	1689	己巳
	8	1030			3	1690	庚午
	9	1031	九月，獻唐物於上東門院，並賜中宮及皇太子（小右記）		4	1691	辛未
	明道	1032	十二月，關白賴通代先公道長覆入宋僧寂昭書（日本紀略百練抄）		5	1692	壬申
	2	1033			6	1693	癸酉
	景祐	1034	是歲，入宋僧寂昭寂於宋杭州清涼山麓（續本朝往生傳）		7	1694	甲戌
	2	1035			8	1695	乙亥
	3	1036			9	1696	丙子

中國	年號	西曆	記事	日本	年號	皇紀	干支
仁宗	4	1037	五月，宋商慕晏誠等漂泊至日本（百練抄）	後朱雀	長曆	1697	丁丑
	寶元	1038	十月，以宋商慕晏誠載還貨物之官符下大宰府（百練抄）		2	1698	戊寅
	2	1039			3	1699	己卯
	康定	1040	四月，大宰府請以攜回金錢之官符，給宋商慕晏誠等（春記）		長久	1700	庚辰
	慶曆	1041			2	1701	辛巳
	2	1042			3	1702	壬午
	3	1043			4	1703	癸未
	4	1044	七月，宋商張守隆漂泊至但馬（百練抄）		寬德	1704	甲申
	5	1045			2	1705	乙酉
	6	1046	十月，議宋人來日事（百練抄）	後冷泉	永承	1706	丙戌
	7	1047	十一月，大宰府捕宋商在客舍放火者四人，下之獄○十二月，筑前人清原守武私自入宋，沒收其貨物，流於佐渡，其黨五人處徒刑（扶桑略記，百練抄）		2	1707	丁亥
	8	1048	八月，宋商來日，議決不納（百練抄）○十一月，大宰府獻宋曆（扶桑略記）		3	1708	戊子

宋帝	年	公元	事項	日皇	年	皇紀	干支
仁宗	皇祐	1049	是歲，給僧慶盛官符入宋（入唐記）	後冷泉	4	1709	己丑
	2	1050	九月，宋人張守隆來歸，賜以安置官符（百練抄）		5	1710	庚寅
	3	1051	九月，議宋商漂至日本事（百練抄）		6	1711	辛卯
	4	1052			7	1712	壬辰
	5	1053			天喜	1713	癸巳
	至和	1054			2	1714	甲午
	2	1055			3	1715	乙未
	嘉祐	1056			4	1716	丙申
	2	1057			5	1717	丁酉
	3	1058			康平	1718	戊戌
	4	1059			2	1719	己亥
	5	1060	八月議宋商林養（林表）俊政（俊改）等漂泊至越前事（百練抄，扶桑略記）		3	1720	庚子
	6	1061			4	1721	辛丑

仁宗	7	1062		後冷泉	5	1722	壬寅
	8	1063			6	1723	癸卯
英宗	治平	1064			7	1724	甲辰
	2	1265			治曆	1725	乙巳
	3	1066	五月，宋商王滿來日，贈靈藥及鸚鵡（百練抄，扶桑略記）〇九月，前漂泊至日本之宋人又來，請貿貨物（百練抄）		2	1726	丙午
	4	1067			3	1727	丁未
神宗	熙寧	1068			4	1728	戊申
	2	1069	四月，賜物於宋人盧範，使歸國（扶桑略記）	後三條	延久	1729	己酉
	3	1070	三月，僧成尋請入宋，巡禮五台山等佛蹟（朝野羣載）〇是歲，宋商潘懷清獻佛像於大宰府（續本朝通鑑）		2	1730	庚戌
	4	1071	二月，僧成尋發自京都，將入宋（扶桑略記）		3	1731	辛亥
	5	1072	三月，僧成尋偕其弟子賴緣，快宗，聖秀，惟觀，心賢，善久，長明等七人，乘宋商孫忠之船，發自肥前壁島入宋（參天台五台山記）〇六月，天皇覽唐物（百練抄）		4	1732	壬子
	6	1073	十月，入宋僧成尋命其弟子賴緣，快宗，惟觀，心賢，善久，並宋僧悟本等，乘宋商孫忠之船，送來宋帝贈日本之金泥法華經，錦二十匹，及在宋求得之新譯經等（參天台五台山記百練抄）		5	1733	癸丑

中國	年	公元	事項	日本	年	皇紀	干支
神宗	7	1074		白河	承保	1734	甲寅
	8	1075	正月，議應否收納宋帝所贈貨物（百練抄）○十月，復議應否收納宋帝所贈貨物（水左記玉葉）○十一月，又議應否收納宋帝所贈貨物（百練抄）		2	1735	乙卯
	9	1076	六月，議答宋帝禮物（水左記百練抄）		3	1736	丙辰
	10	1077	二月，觀宋商所獻之羊（百練抄，扶桑略記）○三月，太皇太后宮大夫源隆信致書於入宋僧成尋（朝野羣載）○五月，使長李朝臣草覆宋帝書，答禮定用六丈織絹二百匹水銀五千兩（百練抄）○還宋商所獻之羊（扶桑略記）		承曆	1737	丁巳
	元豐	1078	正月，僧仲回攜覆宋帝書並答禮入宋（玉葉宋史）		2	1738	戊午
	2	1079	十月，議宋贈物事（百練抄）○是歲，宋商孫忠攜來宋人致大宰府之牒（善鄰國寶記）		3	1739	己未
	3	1080	五月，議宋商孫忠所齎來宋牒及信物事○閏八月又議宋牒信物事（帥記，百練抄）○閏八月，宋商孫忠又齎宋明州之牒到越前敦賀（扶桑略記）○八月，議孫忠所齎宋明州之牒（帥記中右記）○九月，又議明州牒事（帥記）		4	1740	庚申
	4	1081	十月，又議宋牒事（水左記）○是歲，入宋僧成尋寂於宋之開寶寺（本朝高僧傳）		永保	1741	辛酉
	5	1082	八月，觀宋商楊宥所獻之鸚鵡（百練抄）○十一月，使大江匡房草覆宋之牒，交宋商孫忠（百練抄）		2	1742	壬戌
	6	1083			3	1743	癸亥

宋帝	年號	西曆	事項	日皇	年號	皇紀	干支
神宗	7	1084		白河	應德	1744	甲子
	8	1085			2	1745	乙丑
哲宗	元祐	1086			3	1746	丙寅
	2	1087	十二月，議宋人到越前事（百練抄）	堀河	寬治	1747	丁卯
	3	1088	十月，却宋人張仲所贈之豹（百練抄）		2	1748	戊辰
	4	1089			3	1749	己巳
	5	1090			4	1750	庚午
	6	1091	九月，大宰權帥藤原伊房使僧明範等二十八人赴遼（遼史）〇宋人堯忠來敦賀（爲房卿記）		5	1751	辛未
	7	1092	九月，日本遣使於遼（遼史）		6	1752	壬申
	8	1093			7	1753	癸酉
	紹聖	1094	三月，諸卿奏陳前大宰權帥藤原伊房遣明範等至遼交易貨物之罪（百練抄）		嘉保	1754	甲戌
	2	1095			2	1755	乙亥
	3	1096			永長	1756	丙子

宋帝	年號	西曆	事項	日本天皇	年號	皇紀	干支
哲宗	4	1097	九月，宋人送牒來 ○十二月，大宰府致覆牒於宋明州（師守記）	堀河	承德	1757	丁丑
哲宗	元符	1098	十一月，議宋人來大宰府事（中右記）	堀河	2	1758	戊寅
哲宗	2	1099		堀河	康和	1759	己卯
哲宗	3	1100		堀河	2	1760	庚辰
徽宗	建中靖國	1101		堀河	3	1761	辛巳
徽宗	崇寧	1102	是歲，宋泉州商客李充來日（朝野羣載）	堀河	4	1762	壬午
徽宗	2	1103		堀河	5	1763	癸未
徽宗	3	1104	是歲，宋泉州商客李充歸國（朝野羣載）	堀河	長治	1764	甲申
徽宗	4	1105	八月，宋泉州商客李充等又到大宰府，進本國公憑請交易（朝野羣載）	堀河	2	1765	乙酉
徽宗	5	1106		堀河	嘉承	1766	丙戌
徽宗	大觀	1107		堀河	2	1767	丁亥
徽宗	2	1108		鳥羽	天仁	1768	戊子
徽宗	3	1109		鳥羽	2	1769	己丑

徽宗	西曆	事蹟	鳥羽	皇紀	干支
4	1110	四月宋商李侁來日（朝野羣載）	天永	1770	庚寅
政和	1111		2	1771	辛卯
2	1112		3	1772	壬辰
3	1113		永久	1773	癸巳
4	1114		2	1774	甲午
5	1115		3	1775	乙未
6	1116	五月，諸卿議宋牒事（百練抄）	4	1776	丙申
7	1117	九月，議宋牒事（師守記）	5	1777	丁酉
重和	1118	三月，使諸博士審定宋牒是否合舊例（善鄰國寶記，師守記）〇六月，議宋牒事（百練抄）	元永	1778	戊戌
宣和	1119	三月，議宋牒事（百練抄）	2	1779	己亥
2	1120		保安	1780	庚子
3	1121		2	1781	辛丑
4	1122		3	1782	壬寅

中國帝號	中國年號	西曆	日本帝號	日本年號	皇紀	干支
徽宗	5	1123	鳥羽	4	1783	癸卯
	6	1124	崇德	天治	1784	甲辰
	7	1125		2	1785	乙巳
欽宗	靖康	1126		大治	1786	丙午
(南宋)高宗	建炎	1127	(日本)崇德	2 大治	1787	丁未
	2	1128		3	1788	戊申
	3	1129		4	1789	己酉
	4	1130		5	1790	庚戌
	紹興	1131		天承	1791	辛亥
	2	1132		長承	1 92	壬子
	3	1133		2	1793	癸丑
	4	1134		3	1794	甲寅
	5	1135		保延	1795	乙卯
	6	1136		2	1796	丙辰

高宗											
7	8	9	10	11	12	13	14	15	16	17	18
1137	1138	1139	1140	1141	1142	1143	1144	1145	1146	1147	1148
崇德				近衛							
3	4	5	6	永治	康治	2	天養	久安	2	3	4
1797	1798	1799	1800	1801	1802	1803	1804	1805	1806	1807	1808
丁巳	戊午	己未	庚申	辛酉	壬戌	癸亥	甲子	乙丑	丙寅	丁卯	戊辰

宋	紀年	西曆	記事	日本	年號	皇紀	干支
高宗	19	1149		近衛	5	1809	己巳
	20	1150	是歲宋商劉文仲來日（百練抄）		6	1810	庚午
	21	1151			仁平	1811	辛未
	22	1152			2	1812	壬申
	23	1153			3	1813	癸酉
	24	1154			久壽	1814	甲戌
	25	1155			2	1815	乙亥
	26	1156		後白河	保元	1816	丙子
	27	1157			2	1817	丁丑
	28	1158			3	1818	戊寅
	29	1159		二條	平治	1819	己卯
	30	1160			永曆	1820	庚辰
	31	1161			應保	1821	辛巳

中國年號	西曆	事項	日本年號	皇紀	干支
孝宗 32	1162		二條 2	1822	壬午
隆興	1163		長寬	1823	癸未
2	1164		2	1824	甲申
乾道	1165		永萬	1825	乙酉
2	1166		六條 仁安	1826	丙戌
3	1167		2	1827	丁亥
4	1168	四月僧榮西入宋，九月與僧重原同歸國（興禪護國論序　塔銘　元亨釋書）	3	1828	戊子
5	1169		高倉 嘉應	1829	己丑
6	1170	九月平清盛招宴宋人於福原之別莊，請後白河法皇臨觀（玉葉）	2	1830	庚寅
7	1171	是歲僧覺阿與法弟金慶同入宋（嘉泰普燈錄　五燈會元　元亨釋書）	承安	1831	辛卯
8	1172	九月宋明州刺史贈方物並牒書至日（玉葉）	2	1832	壬辰
9	1173	三月平清盛贈宋明州刺史返牒並答禮（玉葉　百練抄）	3	1833	癸巳
淳熙	1174		4	1834	甲午

宋	年	西曆	事項	日本	年號	皇紀	干支
孝宗	2	1175	是歲僧覺阿贈物於其師宋杭州靈隱之佛海慧遠（嘉泰普燈錄）	高倉	安元	1835	乙未
	3	1176	是歲日本商船飄至宋明州，宋給糧食而歸（宋史）		2	1836	丙申
	4	1177			治承	1837	丁酉
	5	1178			2	1838	戊戌
	6	1179	十二月平清盛以新由宋輸入之太平御覽，上於高倉天皇（百練抄）		3	1839	己亥
	7	1180			4	1840	庚子
	8	1181		安德	養和	1841	辛丑
	9	1182	是歲宋之鑄師陳和卿來日（玉葉　東大寺造立供養記）		壽永	1842	壬寅
	10	1183	是歲日本人七十三人漂流至宋秀州華亭縣，宋朝給以常平倉錢米（宋史）		2	1843	癸卯
	11	1184			3 元曆元	1844	甲辰
	12	1185	十月源範賴以唐錦唐綾羅絹唐墨唐席等上後白河法皇（吾妻鏡）		4 文治元	1845	乙巳
	13	1186	十二月以天野爲景爲鎭西九國奉行人（吾妻鏡）		文治 2	1846	丙午
	14	1187	是歲僧榮西再入宋（興禪護國論序　塔銘　元亨釋書）		3	1847	丁未

宋帝	宋年號	西曆	記事	日本帝	日本年號	日本紀年	干支
	15	1188			4	1848	戊申
	16	1189	是歲攝津三寶寺僧大日能忍，遣弟子練中勝辨二人赴宋明州育王山，贈書幣於拙菴德光（訂補建撕記）	後鳥羽	5	1849	己酉
光宗	紹熙	1190			建久	1850	庚戌
	2	1191	六月太宰府呈請依宋國之請，處罰宋人楊榮陳七太（玉葉）○是歲榮西歸國（興禪護國論序 塔銘 元亨釋書）		2	1851	辛亥
	3	1192			3	1852	壬子
	4	1193	是歲日人漂流至宋泰州及秀州華亭縣，宋朝給以常平米（宋史）		4	1853	癸丑
	5	1194			5	1854	甲寅
寧宗	慶元	1195			6	1855	乙卯
	2	1196	是歲以武藤資賴爲大宰少貳，補鎮西守護職，又以大友能直補鎮西奉行職（歷代鎮西記）		7	1856	丙辰
	3	1197			8	1857	丁巳
	4	1198			9	1858	戊午
	5	1199	四月僧俊芿偕弟子安秀長賀由博多入宋（泉涌寺不可審法師傳）		正治	1859	己未
	6	1200	是歲日本商舶飄至宋平江府，宋給錢米歸國（宋史）		2	1860	庚申

宋帝	宋年號	公元	中日交通事項	日本天皇	日本年號	皇紀	干支
寧宗	嘉泰	1201		土御門	建仁	1861	辛酉
	2	1202	是歲日本商船飄至宋明州定海縣，宋給錢米歸國（宋史）		2	1862	壬戌
	3	1203			3	1863	癸亥
	4	1204			元久	1864	甲子
	開禧	1205			2	1865	乙丑
	2	1206			建永	1866	丙寅
	3	1207			承元	1867	丁卯
	嘉定	1208			2	1868	戊辰
	2	1209			3	1869	己巳
	3	1210			4	1870	庚午
	4	1211	二月僧俊芿出宋明州出發，三月達博多（泉涌寺不可棄法師傳）	順德	建曆	1871	辛未
	5	1212			2	1872	壬申
	6	1213			建保	1873	癸酉

寧宗											
7	8	9	10	11	12	13	14	15	16	17	寶慶
1214	1215	1216	1217	1218	1219	1220	1221	1222	1223	1224	1225
是歲僧安覺良祐歸國（泉涌寺不可棄法師傳）（律苑僧寶傳 本朝高僧傳）○是歲僧法忍淨業入宋		是歲源實朝因欲渡宋而造大船（吾妻鏡）	是歲僧慶政滯留於宋泉州（高山寺舊藏波斯文文書）○是歲僧思齊幸命，二人入宋（泉涌寺不可棄法師傳）						三月僧道元從師明全，與廓然，亮照，同發博多入宋，是時加藤景正木下道正亦從行，景正傳入製陶術，道正傳入解毒丸製法（訂補建撕記 道元和尚行錄 永平三祖行業記 瀨戶窯世系）		
順德							仲恭	後堀河			
2	3	4	5	6	承久	2	3	貞應	2	元仁	嘉祿
1874	1875	1876	1877	1878	1879	1880	1881	1882	1883	1884	1885
甲戌	乙亥	丙子	丁丑	戊寅	己卯	庚辰	辛巳	壬午	癸未	甲申	乙酉

宋帝	年號	公元	事項	日本天皇	年號	日本紀元	干支
理宗	2	1226		後堀河	2	1886	丙戌
	3	1227			安貞	1887	丁亥
	紹定	1228	是歲僧法忍淨業歸國（律苑僧寶傳　本朝高僧傳）		2	1888	戊子
	2	1229			寬喜	1889	己丑
	3	1230			2	1890	庚寅
	4	1231			3	1891	辛卯
	5	1232			貞永	1892	壬辰
	6	1233	是歲僧法忍淨業再入宋（律苑僧寶傳　本朝高僧傳）	四條	天福	1893	癸巳
	端平	1234			文曆	1894	甲午
	2	1235	四月僧圓爾辨，圓神子榮尊，發自肥前之平戶入宋（聖一國師年譜　榮尊和尚年譜）		嘉禎	1895	乙未
	3	1236			2	1896	丙申
	嘉熙	1237			3	1897	丁酉
	2	1238	六月僧神子榮尊歸國（榮尊和尚年譜）○是歲僧明觀智鏡入宋（律苑僧寶傳　本朝高僧傳）		曆仁	1898	戊戌

宋	年	公元	紀事	日本	年	皇紀	干支
理宗	3	1239		四條	延應	1899	己亥
	4	1240			仁治	1900	庚子
	淳祐	1241	五月僧圓爾辨圓發自明州，經耽羅歸國，七月達博多（聖一國師年譜）○是歲僧法忍淨業歸國（律苑僧寶傳，本朝高僧傳）		2	1901	辛丑
	2	1242	是歲僧圓爾辨圓聞宋杭州徑山火災寄贈木材（聖一國師年譜）○是歲宋明州天童山贈如淨禪師語錄於越前永年寺道元（建撕記）	後嵯峨	3	1902	壬寅
	3	1243			寬元	1903	癸卯
	4	1244	是歲僧聞陽湛海歸國（律苑僧寶傳　本朝高僧傳）○是歲僧一翁院豪入宋（延寶傳燈錄　本朝高僧傳）		2	1904	甲辰
	5	1245	是歲僧妙見道祐悟空敬念在宋（東巖安禪師行實）		3	1905	乙巳
	6	1246	是歲宋僧蘭溪道隆，偕弟子義翁紹仁，龍江等數人來日（元亨釋書本朝高僧傳		4	1906	丙午
	7	1247	十一月西國禁輸米於宋（帝王編年記）	後深草	寶治	1907	丁未
	8	1248			2	1908	戊申
	9	1249	三月僧心地覺心發博多入宋（圓明國師行實年譜）		建長	1909	己酉
	10	1250			2	1910	庚戌

宋帝	年號	公元	記事	日本天皇	年號	皇紀	干支
理宗	11	1251	是歲僧無關普門入宋（無關和尚塔銘）	後深草	3	1911	辛亥
	12	1252	是歲僧無象靜照入宋（法海禪師行狀記）		4	1912	壬子
	寶祐	1253	是歲僧源心在宋（圓明國師行實年譜）○是歲僧寒岩義尹入宋（寒岩禪師略傳　日城洞上諸祖傳）		5	1913	癸丑
	2	1254	四月定唐船爲五艘，其餘悉毀之（吾妻鏡）○六月僧心地覺心歸國（圓明國師行實年譜）		6	1914	甲寅
	3	1255	是歲，前關白藤原實經，使以一族子弟書寫之法華經四部，納於宋杭州徑山之正續院（聖一國師年譜）○是歲僧聞陽湛海歸國（律苑僧寶傳　本朝高僧傳）		7	1915	乙卯
	4	1256	是歲僧心地覺心以水晶念珠金子等，贈其師宋杭州護國仁王禪寺之無門慧海（圓明國師遺芳錄　同行實年譜）		康元	1916	丙辰
	5	1257			正嘉	1917	丁巳
	6	1258	是歲僧山叟惠雲入宋（佛智禪師傳）		2	1918	戊午
	開慶	1259	是歲僧徹通義介入宋（永平三祖行業記　日域洞上諸祖傳）	龜山	正元	1919	己未
	景定	1260	是歲宋僧兀菴普寧來日（兀菴禪師語錄　東巖安禪師行實）		文應	1920	庚申
	2	1261			弘長	1921	辛酉
	3	1262	是歲僧無關普門歸國（無關和尚塔銘）○是歲僧藏山順空入宋（元亨釋書　本朝高僧傳）		2	1922	壬戌

（元）世祖	西曆	事蹟	龜山	日本紀元	干支
4	1263	（按此下多係元日交涉故宋朝年號從略至元十六年宋始亡）	3	1923	癸亥
至元	1264	是歲僧禪忍在宋（大覺禪師語錄）	文永	1924	甲子
2	1265	是歲無象靜照圓海歸國（法海禪師行狀記　延寶傳燈錄）〇是歲宋僧兀菴普寧歸國（兀菴禪師語錄　東巖安禪師行實）	2	1925	乙丑
3	1266	八月蒙古王忽必烈以黑的，殷弘，爲國信正副使，使高麗之臣宋君斐金贊爲嚮導，赴日本（元史　東國通鑑）〇是歲僧白雲惠曉入宋（佛照禪師塔銘）	3	1926	丙寅
4	1267	正月元使黑的等由巨濟島還（元史　東國通鑑）〇是歲僧寒岩義尹歸國（寒岩禪師略傳　日域洞上諸祖傳）	4	1927	丁卯
5	1268	正月高麗使者潘阜抵大宰府，上蒙古及高麗國書（五代帝王物語　關東評定傳　師守記　深心院關白記）〇八月忽必烈遣脫朵兒等至高麗，檢閱兵船，並探到日本水路（元史）〇是歲僧山叟慧雲歸國（佛智禪師傳）	5	1928	戊辰
6	1269	二月蒙古使者黑的殷弘等抵對馬，土人拒而不納，虜島民塔二郎彌三郎歸（帝王編年記　五代帝王物語　鎭西要略）〇〇九月高麗人金有成等送還塔二郎彌三郎歸，且齎中書省之牒抵對馬（元史　東國通鑑　關東評定傳）〇是歲宋僧大休正念來日（佛源禪師語錄）	6	1929	己巳
7	1270	正月日本天皇以答蒙古之書送鎌倉，幕府抑而不遣（本朝文集）	7	1930	庚午
8	1271	九月蒙古使者趙良弼到筑前，欲赴京都上國書，太宰府不允，問難數日後，進其副本，大宰府致之鎌倉，幕府上京都（五代帝王物語　帝王編年記　吉續記）〇是歲宋僧西澗士曇來日（大通禪師行實）	8	1931	辛未

世祖 9	10	11	12	13	14	15
1272	1273	1274	1275	1276	1277	1278
正月蒙古使趙良弼歸高麗，使張鐸率日民彌四郎等十二人赴元，僞爲日本使者謁忽必烈（東國通鑑 高麗史 元史）〇三月忽必烈命中書省送還彌四郎等（元史）〇五月張鐸來上高麗之書（關東評定傳）	三月，元使趙良弼又抵太宰府，欲上京都未許，五月歸元（東國通鑑 高麗史 元史）	十月，元將忻都，洪茶丘，以蒙漢軍一萬五千，高麗軍八千，梢工水手六千七百人，戰艦九百餘艘，侵對馬壹岐，進迫博多灣，海陸接戰數合後，二十日夜有暴風雨，元艦覆沒，溺死者一萬三千五百人，餘皆逃遁（東國通鑑 八幡童記 竹崎季長繪詞）	四月，元使杜世忠何文著等，到長門之室津（關東評定傳）八月幕府使送杜世忠等於鎌倉，九月斬於龍口（北條九代記）十二月幕府下令太宰府，期以明年三月征高麗（東寺文書）	三月幕府將伐高麗，令鎭西將士調兵（野上文書 武雄社本紀 薩藩船記）	春，渡宋之商船歸國，告宋國滅亡，六月太宰府報於鎌倉（建治三年記）〇是歲日本商人持黃金抵元，請易銅錢許之（元史）〇是歲僧道意房歸國（聖一國師年譜）〇是歲元於泉州廣州慶元上海澉浦置市舶司（元史）	七月宋僧蘭溪道隆寂（塔銘 元亨釋書）〇十一月〇元置淮東宣慰使於揚州，詔諭沿海官吏，通日本商船（元史）〇十二月北條時宗遣無及德詮，宗英二僧赴宋迎名僧（圓覺寺文書）〇是歲宋僧西澗士曇歸國（大通禪師行實 元亨釋書）
龜山 9	10	11	後宇多 建治	2	3	弘安
1932	1933	1934	1935	1936	1937	1938
壬申	癸酉	甲戌	乙亥	丙子	丁丑	戊寅

世祖			後宇多		
至元16	1279	五月，宋僧無學祖元，從鏡堂覺圓，梵光一鏡等，由明州來日（佛光國師語錄年譜塔銘）六月元將范文虎，使部下周福，欒忠，通事陳光，僧日僧本曉房靈果，持牒狀抵對馬，幕府斬之於博多（關東評定傳）是歲，僧白雲惠曉，桃溪德悟，龍峯宏雲歸國（佛照禪師塔銘延寶傳燈錄，名刹由緒書）〇是歲日本商船四艘抵慶元，元許交易而歸（元史）是年宋始完全滅亡	2	1939	己卯
17	1280		3	1940	庚辰
18	1281	五月，元將忻都，洪茶丘，高麗將金方慶，率蒙漢麗軍四萬人，以戰艦九百艘，由合浦出發，侵壹岐，迫博多，七月范文虎率江南軍十萬人，乘戰艦三千五百艘，抵筑肥海上，閏七月一日，颶風起，元艦覆沒（八幡愚童記　竹崎長繪詞　東國通鑑　元史）	4	1941	辛巳
19	1282		5	1942	壬午
20	1283	八月，忽必烈遣普陀山僧愚溪如智，提舉王君治諭日本，如智等中途遭暴風而回（南海觀音寶院禪寺住持如智海印接待庵記　元史）	6	1943	癸未
21	1284	四月，忽必烈又遣愚溪如智，參政王積翁來日本，抵對馬，舟人殺積翁，如智空回（南海觀音寶院禪寺住持如智海印接待庵記　元史）	7	1944	甲申
22	1285		8	1945	乙酉
23	2186	九月宋僧無學祖元寂（行狀　塔銘）	9	1946	丙戌
24	1287		10	1947	丁亥

元帝	年	西曆	記事	日本天皇	年	皇紀	干支
世祖	25	1288		伏見	正應	1948	戊子
	26	1289	十一月宋僧大休正念寂（元享釋書　鎌倉五山記）		2	1949	己丑
	27	1290			3	1950	庚寅
	28	1291			4	1951	辛卯
	29	1292	六月，日本商舶四艘赴元遇暴風，三艘破，僅一艘抵慶元交易（元史）〇十月，高麗王遣金有成贈國書，且送還是歲五月漂至耽羅之日本商人（高麗史）〇十月日商舶抵慶元求互市（元史）		5	1952	壬辰
	30	1293	四月，元制定市舶抽分雜禁二十一條　溫州市舶司併於慶元市舶司，皆屬杭州稅務（元史）		永仁	1953	癸巳
	31	1294			2	1954	甲午
成宗	元貞	1295			3	1955	乙未
	2	1296	是歲僧可菴圓慧入元（本朝高僧傳）		4	1956	丙申
	大德	1297	是歲元廢泉州市舶司（元史）		5	1957	丁酉
	2	1298	夏日本商舶抵慶元，元成宗使普陀山僧一山一寧附其舶使日本（妙弘濟大師行狀記）〇是歲元併上海澉浦市舶司於慶元市舶司（元史）		6	1958	戊戌

元帝	年	公元	事蹟	日本天皇	年號	皇紀	干支
成宗	3	1299	三月元成宗使普陀山僧一山一寧持國書來日本，一寧隨西澗士曇，石粱仁恭等，到博多，十月抵鎌倉（元史北條九代記妙慈弘濟大師記）	後伏見	正安	1959	己亥
	4	1300			2	1960	庚子
	5	1301	十一月異國船來襲薩摩之甑島，遇風濤逃去（北條九代記　吉續記）		3	1961	辛丑
	6	1302		後三條	乾元	1962	壬寅
	7	1303			嘉元	1963	癸卯
	8	1304			2	1964	甲辰
	9	1305	是歲，日本商舶抵慶元，僧龍山德見附之入元（眞源大照禪師龍山和尙行狀）		3	1965	乙巳
	10	1306	四月，日本商人有慶抵慶元貿易，獻金鎧甲（元史）〇九月宋僧鏡堂覺圓寂（大圓禪師傳　鎌倉五山記）〇十月宋僧西澗士曇寂（元享釋書）是歲僧遠溪祖雄入元（遠溪祖雄禪師之行實）		德治	1966	丙午
	11	1307	是歲日本商人與元官吏爭，焚掠慶元（眞源大照禪師龍山和尙行狀）〇是歲僧雪村友梅附商舶入元（雪村大和尙行道記）		2	1967	丁未
武宗	至大	1308	是歲僧可菴圓慧歸國，元僧東里弘會來日（本朝高僧傳　延寶傳燈錄）		延慶	1968	戊申
	2	1309	春僧崇山居中入元，元僧東明惠日來日（本朝高僧傳　東明和尙塔銘）		2	1969	己酉

宗	仁									宗	英
3	4	皇慶	2	延祐	2	3	4	5	6	7	至治
1310	1311	1312	1313	1314	1315	1316	1317	1318	1319	1320	1321
是歲僧復菴宗已，無隱元晦等入元（本朝高僧傳　延寶傳燈錄）	春僧孤峯覺明入元，（孤峯和尚行實）			是歲僧祖繼大智入元（大智禪師偈頌　延寶傳燈錄　本朝高僧傳　洞上聯燈錄）		是歲僧遠溪祖雄歸國（遠溪祖雄禪師之行實）	十月元僧一山一寧寂（一山國師行記　元亨釋書）	八月元僧東里弘會寂（本朝高僧傳）是歲僧嵩山居中（第二次入元），石室善玖，古先印元，業海本淨，明叟齊哲等入元（本朝高僧傳　延寶傳燈錄　古先和尚行狀）	是歲元僧靈山道隱來日　本朝高僧傳　延寶傳燈錄）	是歲僧寂室元光，鈍庵俊，可翁宗然，物外可什，別源圓旨等入元（寂室和尚行狀　圓應禪師行狀　別源和尚塔銘　本朝高僧傳延寶傳燈錄）	秋無涯仁浩入元（無涯錄）
花								園	後	醍	醐
3	應長	正和	2	3	4	5	文保	2	元應	2	元亨
1970	1971	1972	1973	1974	1975	1976	1977	1978	1979	1980	1981
庚戌	辛亥	壬子	癸丑	甲寅	乙卯	丙辰	丁巳	戊午	己未	庚申	辛酉

宗	宗	泰定宗	泰定宗	泰定宗	泰定宗	天順帝	明宗
2	3	泰定	2	3	4	致和 天曆	2
1322	1323	1324	1325	1326	1327	1328	1329
春月林道皎入元（月林道皎禪師行狀）○是歲元定慶元泉州廣州三市舶提舉司（元史）	是歲僧崇山居中歸國（本朝高僧傳 延寶傳燈錄）	是歲僧祖繼大智歸國（大智禪師偈頌 本朝高僧傳 延寶傳燈錄 洞上聯燈錄）	三月，元僧靈山道隱寂（本朝高僧傳 延寶傳燈錄）○九月僧中巖圓月入元（中巖和尚自歷譜）○是歲爲嚮建長寺營造費，派遣建長寺船（中村文書）	六月，元僧清拙正澄，偕弟子永鉷，與日本入元僧無隱元晦，古先印元，明叟齊哲等，同由元出發，八月達博多（清拙大鑑禪師塔銘，本朝高僧傳，延寶傳燈錄）○七月僧瑞興等四十人赴元（元史）○是歲僧不聞契聞入元 石室善玖 寂室元光歸國（不聞和尚行狀 圓應禪師行狀 本朝高僧傳）○是歲鎌倉淨妙寺之太平妙準，使其徒安禪人入元，求福州版大藏經（藏經舍利記）	是歲僧古源邵元入元（古源和尚傳）	是歲僧友山士偲，正堂顯入元（友山和尚傳）	五月，元僧明極楚俊，受日本文侍者邀請，與竺僊梵仙，懶牛融，及入元僧物外可什，雪村友梅，天岸慧廣等同船，由福州出發，六月來日（梵仙錄 明極大和尚塔銘 竺仙和尚行道記 雪村和尚行道記 本朝高僧傳 延寶傳燈錄）○是歲僧本禮，爲迎入元僧龍山德見入元（龍山和尚行狀）
後醍醐	後醍醐	後醍醐	後醍醐	後醍醐	後醍醐	後醍醐	後醍醐
2	3	正中	2	嘉曆	2	3	元德
1982	1983	1984	1985	1986	1987	1988	1989
壬戌	癸亥	甲子	乙丑	丙寅	丁卯	戊辰	己巳

元帝	年號	公元	事項	日本天皇	年號	皇紀	干支	北朝天皇	年號
文宗	至順元	1330	是歲僧月林道皎，別源圓旨，歸國（月林道皎行狀　別源和尚塔銘）		2	1990	庚午		
寧宗	2	1331		後醍醐	元弘	1991	辛未	光嚴	
	3	1332	夏僧中巖圓月，一峯通玄，歸國（中巖和尚自歷譜）		2	1992	壬申		正慶
順宗	元統元	1333	是歲南山士雲之弟子祖庭芳，因迎當時住於元大都大覺寺之東洲至道入元（聖一國師年譜）○是歲僧不聞契聞歸國（不聞和尚行狀）		3	1993	癸酉		2
	2	1334	十二月元僧石梁仁恭歸國（本朝高僧傳）○是歲僧空叟智玄入元（名刹由緒記　汲江山平田禪寺草創記）		建武	1994	甲戌		
	至元元	1335			2	1995	乙亥		
	2	1336	九月元僧明極楚俊寂（本朝高僧傳）		延元	1996	丙子	光明（北朝）	建武3
	3	1337			2	1997	丁丑		4
	4	1338			3	1998	戊寅		曆應
	5	1339	正月元僧清拙正澄寂（清拙大鑑禪師塔銘　本朝高僧傳）○是歲僧無文元選，元通等入元，大朴玄素，空叟智玄歸國（無文選禪師行業　本朝高僧傳　延寶傳燈錄　名刹由緒書　汲江山平田禪寺草創記）		4	1999	己卯		2
	6	1340			興國	2000	庚辰		3

元·順宗	公元	事項	後村上	皇紀	干支	北朝
至正	1341	秋僧愚中周及赴元，在慶元上陸（大通禪師語錄）〇十月元僧東明惠日寂（東明和尚塔銘　本朝高僧傳　延寶傳燈錄）〇十二月足利直義許天龍寺遣商船二艘赴元（天龍寺造營記錄）	2	2001	辛巳	光明 4
2	1342	秋天龍寺派遣商舶一艘赴元（天龍寺造營記錄）〇秋僧泉侍者等二十五人入元（梵仙錄）〇十月僧性海靈見赴元，在慶元上陸（性海和尚行實）	3	2002	壬午	康永
3	1343	七月河津氏明因欲請元畫工描虎關師錬之頂相，遣使赴元（海藏和尚紀年錄）	4	2003	癸未	2
4	1344	秋僧大拙祖能與同志數十人赴元，達福州長樂縣（大拙和尚年譜）	5	2004	甲申	3
5	1345	五月僧友山士偲，此山妙在歸國（友山和尚傳）	6	2005	乙酉	貞和
6	1346	是歲僧善慧受復菴宗已明叟齊哲之命，持書幣贈元杭州天目山法雲塔院（開山大光禪師語錄）	正平	2006	丙戌	2
7	1347	是歲僧古源邵元歸國（古源和尚傳）	2	2007	丁亥	3
8	1348	春僧無我省吾入元（本朝高僧傳　延寶傳燈錄）〇七月元僧竺僊梵仙寂（竺僊和尚行道記　本朝高僧傳）	3	2008	戊子	4
9	1349		4	2009	己丑	崇光 5
10	1350	三月僧龍山德見，無夢一清，特峯妙奇，善慧等十八人，乘元之商船歸國（園太曆）〇是歲僧椿庭海壽入元，無文元選，義南，碧巖璨等同船歸國（無文選禪師行實　無文禪師行狀　本朝高僧傳）	5	2010	庚寅	觀應

順宗	公元	事項	後村上	皇紀	干支	北朝
11	1351	三月僧愚中周及由慶元出發，初夏到博多（大通禪師語錄）○五月性海靈見歸國（性海和尚行實）○是歲僧大初啓原入元○元僧東陵永璵來日（釋氏稽古略　本朝高僧傳　延寶傳燈錄）	6	2011	辛卯	崇光 2
12	1352	是歲僧宗猷入元（本朝高僧傳）	7	2012	壬辰	後光嚴 文和
13	1353		8	2013	癸巳	2
14	1354		9	2014	甲午	3
15	1355		10	2015	乙未	4
16	1356		11	2016	丙申	延文
17	1357	秋僧無我省吾歸國（本朝高僧傳　延寶傳燈錄）	12	2017	丁酉	2
18	1358	是歲僧大拙祖能歸國（大拙和尚年譜）	13	2018	戊戌	3
19	1359		14	2019	己亥	4
20	1360		15	2020	庚子	5
21	1361		16	2021	辛丑	康安
22	1362		17	2022	壬寅	貞治

中國	年	西曆	事項	日本	年	皇紀	干支	北朝	年
順宗	23	1363	是歲僧無我省吾再入元（本朝高僧傳　延寶傳燈錄）	後村上	18	2023	癸卯	後光嚴	2
	24	1364	是歲僧觀中中諦入元（本朝高僧傳）		19	2024	甲辰		3
	25	1365	五月元僧東陵永璵寂（本朝高僧傳　延寶傳燈錄）○是歲古劍妙快歸國（同上）		20	2025	乙巳		4
	26	1366			21	2026	丙午		5
	27	1337	七月明之刮字工陳孟千陳伯壽來日（空華日工集）		22	2027	丁未		6
（明）太祖	洪武	1168	十一月明太祖遣使到日本征西府（皇明資治通紀）○是歲僧絕海中津，汝霖良佐，仲藏主等入明（佛智廣照國師年譜　空華日工集　本朝高僧傳　延寶傳燈錄）	長慶	23	2028	戊申		應安
	2	1369	三月明太祖遣楊載等七人至征西府責倭寇事，懷良親王殺其使者五人，楊載吳文華被禁三個月後釋之（明史　修史爲徵）		24	2029	己酉		2
	3	1370	三月明太祖遣趙佚至日本征西府，另使楊載送還被擒之日本海賊僧侶十五人（修史爲徵　明史　圖書編）○是歲僧與東歸國（空華日工集）		建德	2030	庚戌		3
	4	1371	十月日本征西府使者僧祖來抵金陵，獻馬及方物，且送還爲倭寇所掠之明人七十餘人（明史）		2	2031	辛亥		4
	5	1372			文中	2032	壬子		5

太祖	西曆	事蹟	長慶	皇紀	干支	後圓融
6	1373	五月明太祖以僧仲猷祖闡無逸克勤爲使者，以日本入元僧椿庭海壽，權中巽爲通事，赴日本（善鄰國寶記　明史）○六月明使仲猷祖闡等入京，八月出京（花營三代記）○是歲僧笠端斤然，大道志在明（空華日工集）	2	2033	癸丑	6
7	1374	五月明使仲猷祖闡等歸金陵（明史）○七月僧宣聞溪抵明，上書於中書省，貢馬及方物（明史）○是歲大隅守島津氏久，遣僧赴明，上表貢方物（明史）	3	2034	甲寅	7
8	375		天授	2035	乙卯	永和
9	1376	四月，日本征西府使者僧廷用文珪抵金陵，上書及方物（明史）	2	2036	丙辰	2
10	1377	是歲僧久菴道可歸國（空華集）	3	2037	丁巳	3
11	1378	是歲僧絕海中津，汝霖良佐歸國（佛智廣照國師年譜　空華日工集）	4	2038	戊午	4
12	1379	是歲日本使者抵明（明史）	5	2039	己未	康曆
13	1380	是歲日本使者持足利義滿之書贈明丞相（明史）	6	204	庚申	2
14	1381	是歲日本使者僧如瑤赴明　太祖以無表文卻之，命禮官贈書於懷良親王並義滿，表示將用兵征伐之意（明史高祖帝御製文集）	弘和	2041	辛酉	永德
15	1382	是歲僧廷用文珪使明（圖書編　籌海圖編）	2	2042	壬戌	2

太祖	西曆	事項	後龜山	皇紀	干支	北朝	北朝年號
16	1383	是歲明防祕密貿易，兼嚴海禁，定勘合之制（廣東通志）〇是歲，僧志滿在明，重修涼州大雲寺（增修大雲寺主記）	3	2043	癸亥	後圓融	3
17	1384	是歲僧如瑤使明（圖書編）	元中	2044	甲子	後圓融	至德
18	1385		2	2045	乙丑	後圓融	2
19	1386	是歲日本使者抵明（明史）〇是歲僧鄂隱慧奯入明（佛慧正續國師鄂隱和尚行錄 延寶傳燈錄）	3	2046	丙寅	後圓融	3
20	1387		4	2047	丁卯	後小松	嘉慶
21	1388		5	2048	戊辰	後小松	2
22	1389		6	2049	己巳	後小松	康應
23	1390		7	2050	庚午	後小松	明德
24	1391		8	2051	辛未	後小松	2
25	1392		9	2052	壬申	後小松	3
26	1393			2053	癸酉	後小松	明德 4
27	1394			2054	甲戌	後小松	應永

太祖	28	1395		後小松	2	2055	乙亥
	29	1396			3	2056	丙子
	30	1397			4	2057	丁丑
	31	1398			5	2058	戊寅
惠帝	建文	1399			6	2059	己卯
	2	1400			7	2060	庚辰
	3	1401	是歲足利義滿使祖阿及筑紫商人肥富某使明（善鄰國寶記）僧仲芳中正從遣明使入明，成祖令書永樂通寶之新錢文（補菴京華集）		8	2061	辛巳
	4	1402	八月明使道彝天倫，一菴一如，與日本使者祖阿等來日（和漢合符　吉田家日次記　翰林葫蘆集）		9	2062	壬午
成祖	永樂	1403	二月明使道彝天倫等出京，三月由兵庫歸國，是時義滿以天龍寺僧堅中圭密爲正使，及祥菴梵雲，明空，通事徐本元等使明（吉田家日次記　善鄰國寶記）〇八月明舶漂至相模三浦（中古日本治亂記）〇十月堅中圭密等抵明（明史）		10	2063	癸未
	2	1404	五月明使趙居任等，送堅中圭密等來兵庫，後入京，贈冠服龜紐金印，且齎永樂年號勘合並底簿來，定明遣明使十年一次，人二百，船二艘（大乘院日記目錄　善鄰國寶記　明史）〇七月趙居任歸國之際，使僧明室梵亮等送之（空華日工集）		11	2064	甲申

成祖	西曆	事蹟	日本	皇紀	干支
3	1405	五月明使送明室梵亮等來日（空華日工集　東寺三代記　和漢合符）○十一月義滿又遣使者送還（教言卿記　明史）○八月明使歸國，義滿使者抵明，獻對馬壹岐之海寇二十人（明史）	後小松 12	2065	乙酉
4	1406	五月明使俞士吉等，送義滿使者來兵庫，後入京（教言卿記　明史）○七月明使遊覽奈良（教言卿記大乘院日記目錄）○八月明使歸國，義滿以堅中圭密爲正使，中立爲副使，使於明（相國寺文書）	13	2066	丙戌
5	1407	八月明使送還堅中圭密等入京，十月義滿與明使遊常在光院，賞紅葉（教言卿記）	14	2067	丁亥
6	1408	正月明使發自京都歸國（東寺王代記）○是歲日本使抵明獻海寇，請賜仁孝皇后所製之勸善內訓二書（明史）○五月義滿薨，使堅中圭密赴明報告（善鄰國寶記）	15	2068	戊子
7	1409	七月明使周全俞來日，上國書並祭文，謚前將軍義滿爲恭獻（善鄰國寶記　教言卿記）	16	2069	己丑
8	1410	四月義持使者至成祖處謝恩（明史）	17	2070	庚寅
9	1411	二月明使王進來兵庫，義持卻之，不許入京，九月王進歸國（如是院年代記）	18	2071	辛卯
10	1412		19	2072	壬辰
11	1413		稱光 20	2073	癸巳
12	1414		21	2074	甲午

成祖										仁宗	宣宗	
13	14	15	16	17	18	19	20	21	22	洪熙	宣德	2
1415	1416	1417	1418	1419	1420	1421	1422	1423	1424	1425	1426	1427
			是歲明使呂淵送還日本海寇數十人，且持書來日，不得要領而回（明史　善鄰國寶記）〇是歲島津久豐遣使於明（皇明實錄）	七月明使呂淵再抵兵庫，義持不許入京而回（修史爲徵　善鄰國寶記）								
稱光												
22	23	24	25	26	27	28	29	30	31	32	33	34
2075	2076	2077	2078	2079	2080	2081	2082	2083	2084	2085	2086	2087
乙未	丙申	丁酉	戊戌	己亥	庚子	辛丑	壬寅	癸卯	甲辰	乙巳	丙午	丁未

明帝	年	西曆	事蹟	日本	年	皇紀	干支
宣宗	3	1428		後花園	正長	2088	戊申
	4	1429			永享	2089	己酉
	5	1430			2	2090	庚戌
	6	1431			3	2091	辛亥
	7	1432	八月將軍義教遣天龍寺僧龍室道淵於明（滿濟准后日記　看聞日記）		4	2092	壬子
	8	1433	六月龍室道淵達北京（善鄰國寶記）		5	2093	癸丑
	9	1434	五月明使雷春等，送龍室道淵等來日，贈宣德年號之勘合及底簿，遣明使定爲十年一次，人三百，船三艘（善鄰國寶記　戊子入明記　滿濟准后日記　明史）〇八月明使出京歸國，是時義教使恕中中誓永璵等護送還明（滿濟准后日記）		6	2094	甲寅
	10	1435			7	2095	乙卯
英宗	正統	1436	七月遣明使恕中中誓永璵等歸國（蔭涼軒日錄）		8	2096	丙辰
	2	1437			9	2097	丁巳
	3	1438			10	2098	戊午
	4	1439			11	2099	己未

英宗										景宗		
5	6	7	8	9	10	11	12	13	14	景泰	2	3
1440	1441	1442	1443	1444	1445	1446	1447	1448	1449	1450	1451	1452
											十一月遣明使東洋允澎等發自兵庫（允澎入唐記）	八月遣明使東洋允澎等發自博多，九月到小豆大島，因風不順退回（允澎入唐記）
後花園												
12	嘉吉	2	3	文安	2	3	4	5	寶德	2	3	享德
2100	2101	2102	2103	2104	2105	2106	2107	2108	2109	2110	2111	2112
庚申	辛酉	壬戌	癸亥	甲子	乙丑	丙寅	丁卯	戊辰	己巳	庚午	辛未	壬申

明年號	西曆	事項	日本年號	皇紀	干支
景宗 4	1453	三月，遣明使東洋允澎等發自五島，四月達寧波，九月抵北京（允澎入唐記）〇是時入明者，有如三芳貞，貞光，清海，妙增，允郃，天與清啓，笑雲瑞訢，肅元壽巖，文明東曦，蘭隱馨，九淵龍睬，南叟龍朔，東林如春等（參照入明僧一覽表）	後花園 2	2113	癸酉
5	1454	二月，遣明使發自北京，五月正使東洋允澎寂於北京，六月發自寧波，七月歸長門（允澎入唐記）	3	2114	甲戌
6	1455		康正	2115	乙亥
7	1456		2	.116	丙子
英宗（復辟）天順	1457		長祿	2117	丁丑
2	1458	八月，遣通事盧圓赴朝鮮，詢朝鮮王派遣遣明使時，以進獻何物爲宜（戊子入明記）	2	.118	戊寅
3	1459		3	2119	己卯
4	146)	八月以建仁寺僧天與清啓任遣明正使（蔭涼軒日錄）	寬正	.120	庚辰
5	1461		2	2121	辛巳
6	1462		3	2122	壬午
7	14 3		4	2123	癸未
8	1464	七月遣明正使天與清啓下博多託大內氏準備遣明船（蔭涼軒日錄）	5	2124	甲申

中國	西曆	事項	日本	皇紀	干支
憲宗 成化	1465	六月，幕府命中國九洲沿海諸侯，並諸國海賊（此非海上之盜賊乃割據一方者之名）爲遣明船之警衞（戊子入明記）	後土御門 6	212	乙酉
2	1466	閏二月，遣明船發自博多，至肥前呼子浦，遭颶風退回（蔭涼軒日錄）	文正	2126	丙戌
3	1467		應仁	2127	丁亥
4	1 6	正月，遣明使天與清啓等，發自筑紫，五月到寧波（戊子入明記）○是時入明者，有妙增，紹本，眷洋，壽敬，通譯，提點永扶，全杲，性春，桂菴玄樹，蕭元壽嚴，雪舟等楊等（參照入明僧一覽表）	2	21 8	戊子
5	1469	八月，遣明使天與清啓等歸國，抵土佐沖，爲大內氏所襲，由明齎來之貨物及成化新勘合悉被奪（大乘院寺社雜事記　蔭涼軒日錄　補菴京華集）	文明	2129	己丑
6	1470		2	2130	庚寅
7	1471		3	2131	辛卯
8	1472		4	2132	壬辰
9	1473	是歲僧桂菴玄樹歸國（桂菴禪師碑銘）	5	2133	癸巳
10	1474	九月，遣性春赴朝鮮，請其告明，成化勘合爲賊所奪，今後以景泰舊勘合通聘（善鄰國寶記）	6	2134	甲午
11	475		7	2135	乙未
12	1476	四月，遣明正使竺芳妙茂，副使玉英慶瑜，從僧蕭元壽嚴等，由堺出發（大乘院寺社雜事記　補菴京華別集　默雲詩稿）	8	2133	丙申

明帝	明紀年	西曆	事蹟	日本天皇	日本紀年	皇紀	干支
憲宗	13	1477		後土御門	9	2137	丁酉
	14	1478	二月，幕府命島津氏保護遣明船歸航（薩藩舊記）○十月，遣明正使竺芳妙芳，副使玉英慶瑜等歸國（蔭涼軒日錄）		10	2138	戊戌
	15	1479			11	2139	己亥
	16	1480			12	2140	庚子
	17	1481			13	2141	辛丑
	18	1482			14	2142	壬寅
	19	1483	四月，遣明使子璞周瑋等由堺出發，幕府命島津氏警衛（薩藩舊記）○是時入明者，有肅元壽嚴，東歸光松，首龍，金溪梵釋，全融，圭圃周瑋，希宗友派，一初統，心目梵初，歎甫喜等（參照入明僧一覽表）		15	2143	癸卯
	20	1484			16	2144	甲辰
	21	1485	十二月，遣明使子璞周瑋等歸至五島奈留浦（大乘院寺社雜事記）		17	2145	乙巳
	22	1486	七月，遣明使子璞周瑋等歸堺（蔭涼軒日錄）		.8	2146	丙午
	23	1487			長享	2147	丁未
	弘治	1488			2	2148	戊申

孝宗												
2	3	4	5	6	7	8	9	10	11	12	13	14
148[illegible]	1490	1491	1492	1493	1494	1495	1496	1497	1498	1499	1500	1501
				三月，遣明使堯夫壽植等，由堺出發（蔭涼軒日錄）○是時入明者有古川勸，文成鷟，育英等（參照入明僧一覽表）			三月，遣明使堯夫壽植等，發自北京，秋歸國					
後土御門												
延德	2	3	明應	2	3	4	5	6	7	8	9	文龜
2149	2150	2151	2152	2153	2154	2155	2156	2157	2158	2159	2160	2161
己酉	庚戌	辛亥	壬子	癸丑	甲寅	乙卯	丙辰	丁巳	戊午	己未	庚申	辛酉

明	年	西曆	事項	日本	皇紀	干支
孝宗	15	1502		後柏原 2	2162	壬戌
	16	1503		3	2163	癸亥
	17	1504		永正	2164	甲子
	18	1505		2	2165	乙丑
武宗	正德	1506	十一月，遣明正使了菴桂悟，副使光堯等，由堺出發（實隆公記）	3	2166	丙寅
	2	1507		4	2167	丁卯
	3	1508		5	2168	戊辰
	4	1509		6	2169	己巳
	5	1510	正月，遣明使了菴桂悟等，發自赤間關，遇風災退回（荻藩閥閱錄所收文書）（春細川船之宋素卿抵寧波（明史）	7	2170	庚午
	6	1511	春遣明使了菴桂悟等赴明（壬申入明記）○是時入明者，有光悅，玄衞，省佐，宗設謙道，永賢，宗棟，勝康，安範，友竹貞，桂軸久等（參照入明僧一覽表）伊勢松坂人五郎太夫祥瑞，從遣明使入明，學染物及陶器製法（桂林漫錄）	8	2171	辛未
	7	1512		9	2172	壬申
	8	1513	六月遣明使了菴桂悟等，發自寧波歸國（餘姚王守仁送了菴序）	10	2173	癸酉

中國	年	西曆	事項	日本	年	皇紀	干支
武宗	9	1514		後柏原	11	2174	甲戌
	10	1515			12	2175	乙亥
	11	1516			13	2176	丙子
	12	1517			14	2177	丁丑
	13	1518			15	2178	戊寅
	14	1519			16	2179	己卯
	15	1520			17	2180	庚辰
	16	1521			大永	2181	辛巳
世宗	嘉靖	1522			2	2182	壬午
	2	1523	四月，遣明正使宗設謙道，副使月渚永乘等抵寧波，細川船之鸞岡瑞佐與宋素卿爭，惹起寧波大亂，殺府吏，劫掠附近而歸（南聘紀考 明史 閩書 圖書編 京都將軍家譜）		3	2183	癸未
	3	1524			4	2184	甲申
	4	1525			5	2185	乙酉

世宗												
5	6	7	8	9	10	11	12	13	14	15	16	17
1526	1527	1528	1529	1530	1531	1532	1533	1534	1535	1536	1537	1538
後奈良												
6	7	享祿	2	3	4	天文	2	3	4	5	6	7
2186	2187	2188	2189	2190	2191	2192	2193	2194	2195	2196	2197	2198
丙戌	丁亥	戊子	己丑	庚寅	辛卯	壬辰	癸巳	甲午	乙未	丙申	丁酉	戊戌

世宗	西曆	事項	後奈良	皇紀	干支
18	1539	四月，遣明正使湖心碩鼎，副使策彥周良，發自五島，五月抵寧波（策彥入唐記）○七月明船來周防（續本朝通鑑）	8	2199	己亥
19	1540	三月遣明使湖心碩鼎等抵北京（策彥入唐記）	9	2200	庚子
20	1541	五月遣明使湖心碩鼎等，發自寧波，六月歸五島（策彥入唐記）○七月明船來豐後神宮寺（豐薩軍記）	10	2201	辛丑
21	1542	是歲明船入肥前平戶（新豐寺年代記）	11	2202	壬寅
22	1543	八月明船五艘來豐後（豐薩軍記）	12	2203	癸卯
23	1544	四月種子島氏發勘合船赴明（種子島家譜）	13	2204	甲辰
24	1545	六月種子島之勘合船歸國（種子島家譜）	14	2205	乙巳
25	1546	是歲明船來豐後之佐伯（豐薩軍記）	15	2206	丙午
26	1547	二月遣明正使策彥周良，副使鈞雲，發自山口，五月發自五島入明，在舟山列島住十個月（大明譜）	16	2207	丁未
27	1548	三月遣明使策彥周良等在寧波上陸（大明譜）	17	2208	戊申
28	1549	四月遣明使策彥周良等抵北京，八月由北京歸國（策彥入唐記）	18	2209	己酉
29	1550		19	2210	庚戌
30	1551	是歲明船來越前（續本朝通鑑）	20	2211	辛亥

世宗	西曆	事蹟	後奈良／正親町	皇紀	干支
31	1552		21	2212	壬子
32	1553		22	2213	癸丑
33	1554		23	2214	甲寅
34	1555		弘治	2215	乙卯
35	1556	是歲明浙江總督胡宗憲，遣蔣洲陳可願，前浙江總督楊宜遣鄭舜功，至豐後大友義鎭處（閩書　靡書編　武備志　明史）⊙是歲豐後之大友義鎭，周防之大內義長，遣僧德陽清授等赴明，欲求勘合以營貿易（同上）	2	2216	丙辰
36	1557	十月大友義鎭遣善妙等四十餘人赴明，送還明之海賊王直（明史）	3	2217	丁巳
37	1558		永祿	2218	戊午
38	1559		2	2219	己未
39	1560	是歲明儒江夏友賢來薩摩，仕於島津氏（漢學起源）	3	2220	庚申
40	1561		4	2221	辛酉
41	1562		5	2222	壬戌
42	1563		6	2223	癸亥

（21–23、弘治、2、3：後奈良；永祿、2–6：正親町）

世宗			穆宗						神宗			
43	44	45	隆慶	2	3	4	5	6	萬曆	2	3	4
1564	1565	1566	1567	1568	1569	1570	1571	1572	1573	1574	1575	1576
		三月明船五艘漂至相模三浦，北條氏康檢其船，使加修理而返明（中古日本治亂記）○是歲明船來伊豆（續本朝通鑑）				是歲南蠻人請大村氏定長崎爲進口之港（長崎拾介　長崎實錄　崎陽羣）	是歲肥前之大村氏，使家臣友永對馬，開長崎市井（長崎志）				三月明船來豐後（大友家記）	是歲明船又抵豐後（大友家記）
正					親					町		
7	8	9	10	11	12	元龜	2	3	天正	2	3	4
2224	2225	2226	2227	2228	2229	2230	2231	2232	2233	2234	2235	2236
甲子	乙丑	丙寅	丁卯	戊辰	己巳	庚午	辛未	壬申	癸酉	甲戌	乙亥	丙子

神宗	西曆	事蹟
5	1577	
6	1578	七月明舶來伊豆，遣北條氏政人監督交易（續本朝通鑑）
7	1579	
8	1580	
9	1581	
10	1582	
11	1583	
12	1584	
13	1585	
14	1586	
15	1587	
16	1588	是歲以長崎爲公領（長崎志　長崎覺書）○是歲秀吉命宗義調遣使朝鮮，告欲攻明請假道，朝鮮不許（朝鮮通交大紀）
17	1589	是歲宗義調遣僧玄蘇柳川調信至朝鮮，議通信事（朝鮮通交大紀）

正親町 / 後陽成	皇紀	干支
正親町 5	2237	丁丑
6	2238	戊寅
7	2239	己卯
8	2240	庚辰
9	2241	辛巳
10	2242	壬午
11	2243	癸未
12	2244	甲申
13	2245	乙酉
14	2246	丙戌
後陽成 15	2247	丁亥
16	2248	戊子
17	2249	己丑

神宗	西曆	事項	後陽成	皇紀	干支
18	1590	三月，朝鮮以黃允吉金誠一爲正副使至日本（朝鮮通交大紀）〇九月秀吉引見朝鮮使於聚落第，歸國之際，與以書，告攻明之意，命朝鮮爲先鋒（朝鮮通交大紀　朝鮮征伐記）	18	2250	庚寅
19	1591	夏，宗義智自赴釜山，告以秀吉攻明事，朝鮮不答（朝鮮通交大紀）〇秋，秀吉決意攻朝鮮，命明年正月發先鋒兵，以二三月渡海（豐臣秀吉譜　朝鮮征伐記）	19	2251	辛卯
20	1592	四月，攻韓軍發自筑紫，至釜山上陸（西征日記　懲毖錄　豐臣秀吉譜）〇是歲使寺澤廣高管理長崎（五本長崎記）〇是歲始以村山東安爲長崎代官（長崎雜話　長崎志）〇是歲在長崎置町年寄（長崎集　長崎御用書物　古集記）	文祿	2252	壬辰
21	1593		2	2253	癸巳
22	1594		3	2254	甲午
23	1595		4	2255	乙未
24	1596	六月明使楊方亨沈惟敬等率四百餘人來日，九月秀吉引見於伏見城（交鄰考略　太閤記　朝鮮征伐記）	慶長	2256	丙申
25	1597	二月秀吉再發征韓軍（韓陣文書　豐臣秀吉譜）〇是歲始開長崎之外町（長崎志　長崎覺書）	2	2257	丁酉
26	1598	八月秀吉卒，九月罷征韓軍（豐臣秀吉譜　朝鮮征伐記）	3	2258	戊戌
27	1599		4	2259	己亥
28	1600	八月島津氏之臣鳥原喜衛門使於明（南聘紀考）是歲秋明舶始入長崎（外國入津記）	5	2260	庚子

神宗			後陽成		
29	1601		6	2261	辛丑
30	1602		7	2262	壬寅
31	1603	是歲始以小笠原爲宗任長崎奉行（五本長崎記）	8	2263	癸卯
32	1604	是歲於長崎置糸割符年寄，建會所於本博多町（堺市尹書留 長崎志 崎陽記錄 長崎覺書）〇是歲長崎置唐通事，以明人馮六充之（長崎志）	9	2264	甲辰
33	1605		10	2265	乙巳
34	1606	是歲島津家久遣其臣鳥原喜右衛門赴琉球，贈書於明之封册使，求與明貿易（異國日記）	11	2266	丙午
35	1607	是歲明泉州商客許麗寰來薩摩貿易（南浦文集 異國日記 島津國史）	12	2267	丁未
36	1608	是歲明泉州商客許麗寰由薩摩久志浦歸國（南浦文集 異國日記 島津國史）	13	2268	戊申
37	1609	三月對馬之宗義智，遣僧玄蘇，柳川春水，赴朝鮮，爲修貢於明，求假道（考事撮要 朝鮮通交大紀）〇七月明舶十艘來薩摩，入鹿兒島，坊津，貿易（異國日記）〇九月令對中國貿易用丁銀（官本當代記 慶長小說）	14	2269	己酉
38	1610	八月，明人林奇楊等抵駿府上書（異國日記）〇是歲廣東之商舶來長崎，授以朱印（同上）〇是歲應天府之商客周性如來肥前五島，十二月抵駿府謁家康，授以朱印，家康命本多正純繕書，託周性如贈於福建總督，求送勘合來日（異國日記 羅山文集）	15	2270	庚戌

中國紀年	西曆	事項	日本天皇	年號	皇紀	干支
神宗 39	1611	十一月明商抵駿府謁家康，請在長崎貿易，許之（駿府記）	後水尾	16	2271	辛亥
40	1612	七月明舶與日本商舶共二十六艘入長崎（駿府記）○八月明人鄭芝龍抵駿府謁家康，上藥物數種（駿府記）		17	2272	壬子
41	1613	春家康命島津家久寄書於琉球王，使向明求勘合貿易之復活（南浦文集　南聘紀考）○六月，長崎奉行因有漳州商舶六艘入港，報告駿府（駿府記）		18	2273	癸丑
42	1614			19	2274	甲寅
43	1615	閏六月，漳州商舶漂至紀伊之浦津，許其交易（駿府記）○是歲按照明商貨物之賣買額徵口錢（唐阿蘭陀商法）		元和元	2275	乙卯
44	1616	是歲以末次平藏爲長崎代官（長崎雜話　長崎志）○是歲於長崎立銀爐，改鑄灰銀及明舶持回之丁銀（長崎集　長崎實錄大成）		2	2276	丙辰
45	1617	六月，島津家久承幕府命，明船隨風來薩摩者不許頃刻繫留，須令直赴長崎（外藩通書）		3	2277	丁巳
46	1618			4	2278	戊午
47	1619			5	2279	己未
光宗 泰昌	1620	是歲明僧眞圓來日（長崎志　長崎覺書）		6	2280	庚申
熹宗 天啓	1621	是歲浙江省之單鳳翔來日，入京呈都督書，訴海上掠盜之患，因書中有可疑處，斥之使回（異國日記）		7	2281	辛酉
2	1622			8	2282	壬戌

中國	年	公元	記事	日本	年	皇紀	干支
熹宗	3	1623	是歲長崎創建興福寺（又名南京寺）（長崎志　長崎覺書）	後水尾	9	2283	癸亥
	4	1624	是歲福建總督贈書於長崎代官末次平藏，訴日本人在海上奪掠商船事（紀年錄　羅山文集）		寬永	2284	甲子
	5	1625	是歲長崎代官末次平藏答福建總督書，謂海賊非日人（紀年錄　羅山文集）		2	2285	乙丑
	6	1626			3	2286	丙寅
	7	1627			4	2287	丁卯
毅宗	崇禎	1628	是歲明僧覺海，了然，覺意，來日，在長崎創建福濟寺（又名漳州寺）（長崎志　長崎覺書）		5	2288	戊辰
	2	1629	是歲明僧超然來日，在長崎創建崇福寺（又名福州寺）（長崎志　長崎覺書）	明正	6	2289	己巳
	3	1630			7	2290	庚午
	4	1631			8	2291	辛未
	5	1632	是歲明僧如定來日（長崎志）		9	2292	壬申
	6	1633	是歲定明舶歸航期爲九月二十日（長崎記）		10	2293	癸酉
	7	1634	五月在長崎立牌示，禁止輸出武具於外國（德川實紀）		11	2294	甲戌
	8	1635	是歲禁止明舶抵他港，惟長崎一港許貿易（長崎集）		12	2295	乙亥

中國帝王	年	西曆	事項	日本天皇	年	皇紀	干支
毅宗	9	1636	自是歲起，明船入港貨物，須改裝官船（長崎覺書　京監拔書　崎陽記錄）○是歲公布關於外國諸禁制及通商方法（長崎始原）	明正	13	2296	丙子
	10	1637	是歲始定差宿之制（崎陽記錄）○是歲明僧覺海寂（長崎志　長崎覺書）		14	2297	丁丑
	11	1638	是歲於野母日野山設遠見番所（長崎志　長崎集　長崎實錄大成）		15	2298	戊寅
	12	1639	是歲明僧普定來日（長崎志）		16	2299	己卯
	13	1640			17	2300	庚辰
	14	1641	是歲以筑前之黑田氏任長崎警護（長崎志　黑田家譜）○自是歲起，一船口錢之內，以三貫目為宿主所得，其餘分配於長崎町內（長崎記　長崎覺書）		18	2301	辛巳
	15	1642	是歲以佐賀之鍋島氏任長崎警護（長崎志　鍋島家譜）		19	2302	壬午
	16	1643	是歲越前三國浦之商船，漂至清國，翌年由北京經朝鮮回長崎（甲子夜話　市中雜談）		20	2303	癸未
	17	1644	是歲明僧超然寂（長崎志　長崎覺書）	後光明	正保	2304	甲申
福王	弘光	1645	十二月，明都督崔芝遣參將林高來日本，求借援兵三千，甲二百領（華夷變態　續善鄰國寶記　同外記　外蕃通書）○冬明遺臣周鶴芝遣使至薩摩，請援兵（日本乞師記）○是歲明僧逸然性融來日（長崎志　長崎覺書）		2	2305	乙酉

中國	年	西曆	事蹟	日本	年	皇紀	干支
唐王	隆武	1646	三月，明遺臣周鶴芝欲遣參謀林籥舞至薩摩借兵，因黃斌卿言而中止（海東逸史　日本乞師記）○八月，明之遺臣鄭芝龍，遣使至日本請援兵（華夷變態　外蕃通書　南龍君遺事）○是歲明僧百拙，淨聞覺聞，來日（長崎志）	後光明	3	2306	丙戌
永明王	永曆	1647	二月，明遺臣周鶴芝遣使至薩摩請援兵（海外慟哭記）○三月周鶴芝使義子林皋至日本請援兵（日本乞師記　東南紀事）○六月，明之遺臣馮京第黃孝卿等來長崎請援兵（海外慟哭記　日本乞師記　東南紀事　海東逸史）		4	2307	丁亥
	2	1648	二月明僧眞圓寂（長崎志　長崎覺書）○是歲明之遺臣鄭成功遣使請援兵（華夷變態　鄭氏臺灣紀事）○是歲明之遺臣鄭彩來書，求武器（同上）		慶安	2308	戊子
	3	1649	五月，明之遺臣鄭彩贈書琉球求兵器，且託請援於日本，共同發兵（華夷變態）○七月福州船漂至薩摩山川津（寬明日記）○十月明之遺臣馮京第黃宗羲等來長崎。請援兵（海東逸史　結埼亭集）○十一月明之魯王被奸僧湛微所紿，遣阮美來求援兵（日本乞師記　小腆紀事　華夷變態　○冬明之遺臣俞圖南來日（明季續聞）		2	2309	己丑
	4	1650	是歲明僧蘊謙戒琬來日（禪宗史料）		3	2310	庚寅
	5	16 1	是歲明僧道者超元來日（長崎志）		4	2311	辛卯
	6	1652	五月公布與外國通商方法（長崎役所留）○是歲長崎興福寺僧逸然，爲迎隱元隆琦，贈書幣於福州黃檗山（隱元廣錄　同年譜　同塔銘）		承應	2312	壬辰
	7	1653	是歲在長崎町，順次定明附町，使掌消防及雇入人夫等事務（長崎覺書）○是歲明僧澄一，獨立性易，來日（長崎覺書　續日本高僧傳　獨立禪師碑銘　名家略傳）		2	2313	癸巳

永明王								
8	9	10	11	12	13	14	15	康熙
1654	1655	1656	1657	1658	1659	1660	1631	1662
七月，隱元隆琦率弟子大眉，慧林（獨知），獨湛，獨吼，南源，獨言，良演，恆修，無上，惟一，喝禪等來日（隱元禪師年譜 同塔銘 黃檗開山國師傳 黃檗譜略 長崎志 長崎覺書）	是歲廢絲割符制，改爲相對商賣（古集記 堺市尹留書 糸鑑拔書）是歲木菴性瑫，慈岳琛，來日（木菴禪師年譜 黃檗開山國師傳 續日本高僧傳 長崎覺書）○是歲明僧普定，淨達覺聞，歸國（長崎志）		是歲，明僧卽非如一，千呆性安，來日（卽非和尙年譜 續日本高僧傳 黃檗開山國師傳 長崎志 長崎覺書）○是歲明僧如定寂（長崎志）	六月，鄭成功由臺灣遣使上方物並書（華夷變態 外蕃通書 長崎港草 長崎志）○是歲鄭泰由臺灣請援兵（外蕃通書）○是歲明僧悅山道崇來日，道者超元歸國（黃檗開山國師傳 長崎覺書 長崎志）	七月在長崎設錢爐，鑄載往外國之銅錢（御日記）○是歲賜隱元隆琦寺地於宇治，開黃檗山萬福寺（隱元廣錄 同年譜 同塔銘）○是歲明遺臣朱舜水陳元贇來日（舜水文集附錄 先哲叢談）	七月，明官張光啓爲借兵來日（海上見聞錄）	是歲明僧高泉性潡，曉堂，軸賢等來日（黃檗譜略 黃檗開山國師傳 長崎志 長崎覺書）	
	後西							
3	明曆	2	3	萬治	2	3	寬文	2
2314	2315	2216	2317	2318	2319	2310	2321	2322
甲午	乙未	丙申	丁酉	戊戌	己亥	庚子	辛丑	壬寅

（清）聖祖	西元	事蹟	靈元	皇紀	干支
2	1663	七月鄭經由臺灣遣蔡政至長崎 請領鄭泰存於長崎之餘款（華夷變態 外蕃通書）	3	2323	癸卯
3	1664		4	2324	甲辰
4	1665	是歲德川光圀迎朱舜水往（舜水文集附錄）	5	2325	乙巳
5	1666	是歲停止長崎之差宿，清商概宿泊於宿町（長崎記 長崎覺書 長崎實錄大成）○是歲停止清商贈奉行之八朔禮物（長崎志）	6	2326	丙午
6	1667		7	2327	丁未
7	1668	五月令與清貿易用金（長崎實錄大成 正保實錄）○是歲清船歸航時期，改爲十一月中（長崎記）○是歲定輸出入禁止品目（長崎記 長崎覺書 令條留 大成全 憲教類典）○是歲明僧逸然性融，軸賢寂（長崎志 長崎覺書）	8	2328	戊申
8	1669		9	2329	己酉
9	1670		10	2330	庚戌
10	1671	二月臺灣船漂至肥前五島（西鎮要覽）○十一月，長崎奉行牛込忠左衞門改對清貿易法（古集記 長崎御用書物 長崎集）○是歲對清貿易又改用銀（長崎記） 是歲歸化僧卽非如一寂（卽非和尚年譜 續日本高僧傳）	11	2331	辛亥
11	1672	是歲改對清貿易法爲市法商賣（古集記 長崎御用書物 長崎集）是歲復令清商贈長崎奉行八朔禮物（長崎覺書） 是歲明僧獨立性易寂（碑銘 名家略傳）	12	2332	壬子

聖祖		事項	靈元		
12	1673	是歲清僧東瀾澤，西意來日（長崎覺書）○是歲歸化僧隱元隆琦，大眉性善，蘊謙戒琬寂（隱元年譜　同塔銘　黃檗譜略　黃檗開山國師傳）	延寶	2333	癸丑
13	1674	六月，清船送來漂至臺灣之陸奥相馬人民（華夷變態）○是歲清僧玉岡雪堂來日（長崎覺書）	2	2334	甲寅
14	1675	十一月，臺灣鄭經遣使至長崎，取鄭泰寄存長崎之餘款，得二十六萬（海上見聞記）○是歲長崎會所，由本博多町，移於八百屋町，稱爲市法會所（長崎志　崎陽記錄　長崎覺書）○是歲歸日僧西意寂（長崎覺書）	3	2335	乙卯
15	1676	是歲歸日僧雪堂寂（長崎覺書）	4	2336	丙辰
16	1677	是歲清僧心越興儔，慧雲，東岸來日（續日本高僧傳　日本洞上聯燈錄　長崎覺書）	5	2337	丁巳
17	1678		6	2338	戊午
18	1679		7	2339	己未
19	1680	是歲在長崎十善寺村海岸，造梅崎土藏，以納清船貨物（長崎志）	8	2340	庚申
20	1681	九月，南京船在薩摩國野間破沉（華夷變態）○是歲歸化僧慧林性機（獨知）寂（黃檗譜略　黃檗開山國師傳　續日本日僧傳）	天和	2341	辛酉
21	1682		2	2342	壬戌
22	1683	是歲歸化僧惟一喝禪寂（長崎覺書　長崎志　黃檗開山國師傳）	3	2343	癸亥

聖祖	西曆	記事	日本	年號	皇紀	干支
23	1684	是歲歸化僧木菴性瑫寂（木菴年譜　黄檗開山國師傳　續日本高僧傳）	靈元	貞享	2344	甲子
24	1685	正月，清商貿易銀額定爲六千貫，廢市法商賣，再行糸割符，同時改市法會所爲割符會所（長崎覺書　長崎志　崎陽羣談　崎陽記錄　長崎始末）○七月，福州廈門之官船十三艘，由清之官吏江君開梁俯壽率領來日（華夷變態）○八月，清之漁船十艘，漂至長門（甘露叢）		2	2345	乙丑
25	1686	七月，明紹興人張斐，欲恢復明朝，來日請援兵（張斐筆談　莽蒼園文槀　書舊得聞）○十月清舶一艘漂至天草（甘露叢）○是歲清僧悅峯道章來日（長崎志　長崎覺書）		3	2346	丙寅
26	1687		東山	4	2347	丁卯
27	1688	六月，廣東船送來日本薩摩之漂流民十人（華夷變態）是歲許貿易之清舶，定爲七十艘（長崎市尹書留　長崎虫眼鏡）○是歲在長崎小瀨戸山上設番所（長崎志）是歲歸化僧獨吼性獅，東岸寂（黄檗譜略　續日本高僧傳　長崎覺書）		元祿元	2348	戊辰
28	1689	四月，長崎十善寺村御藥園唐人街成，使來航之清人，悉居於此（長崎實錄大成）○六月禁止外國通商之高價投標（德川實紀）○七月清舶漂至日向（甘露叢）○是歲歸化僧慈岳琛寂（長崎覺書）		2	2349	己巳
29	1690	是歲在長崎設湊番所（長崎集）		3	2350	庚午
30	1691	是歲歸日僧澄一寂（長崎覺書　續日本高僧傳）		4	2351	辛未
31	1692	三月福州船送來日本薩摩之漂流民十二人（華夷變態）○是歲歸化僧南源性派寂（黄檗譜略　續日本高僧傳）		5	2352	壬申

聖祖	公元	記事	東山	皇紀	干支
32	1693	八月清船送來漂至普陀山之日本讚岐人民源海脈，月潭，澹林，大衡，聖垂方炳來日（華夷變態　長崎志　長崎覺書）○是歲清僧靈	6	2353	癸酉
33	1694	七月，暹羅船送來漂至彼地長門之民十二人（華夷變態　長崎志　長崎覺書）○是歲清僧喝浪來日（華夷變態　長崎覺書）	7	4354	甲戌
34	1695	九月，福州船漂至薩摩永良部島（華夷變態）○是歲許江戶商人伏見屋四郎兵衛銀額一千貫之貨物交易，獻運上金千五百兩（令節錄　令條集　長崎志）○是歲歸化僧高泉性潡寂（黃檗譜略　黃檗宗史料　黃檗開山國師傳）	8	2355	乙亥
35	1696	是歲又許伏見屋四郎兵衛銀額五千貫之貨物交易，獻運上金一萬兩（令節錄　令條集　長崎志　白石私記）○是歲歸化僧心越興儔寂（續日本高僧傳　日本洞上聯燈錄）	9	2356	丙子
36	1697	是歲許長崎之町年寄高木彥右衛門，於清船七十艘之外增加貿易十艘，許以貨物交易，銀額爲七千貫（長崎奉行書留　白石私記　長崎覺書）是歲建貨物交易會所於本興善寺町（長崎志）	10	2357	丁丑
37	1698	正月寧波船在肥前之五島破沉（華夷變態）○是歲長崎大火，梅崎土藏燒毀（長崎志）○是歲改長崎之割符會所爲長崎市所（長崎志　崎陽記錄）	11	2358	戊寅
38	1699	七月除去長崎內町外町之區別（長崎志　長崎覺書）○是歲定長崎本地分配金爲七萬兩，其餘上納（白石私記）	12	2359	己卯
39	1700		13	2360	庚辰
40	1701		14	2331	辛巳

中國	年	西曆	事項	日本	年	皇紀	干支
聖祖	41	1702	是歲長崎市民因收藏清船貨物，在海中新地建土藏十二間（長崎志）	東山	15	2362	壬午
	42	1703	八月清醫陸文齋來日（長崎實錄大成）○十一月唐人街火（同上）		16	2363	癸未
	43	1704			寶永	2364	甲申
	44	1705	九月唐人街火（長崎實錄大成）○是歲歸化僧千呆性安寂（黃檗開山國師傳 黃檗宗史料 長崎覺書）		2	2365	乙酉
	45	1706	是歲歸化僧獨湛性瑩寂（黃檗譜略 黃檗開山國師傳 續日本高僧傳）		3	2366	丙戌
	46	1707	六月廣東船送來漂至瓊州之陸奧人民（華夷變態）○八月唐人街火（長崎志）		4	2367	丁亥
	47	1708			5	2368	戊子
	48	1709	是歲新井白石上外國貿易建言數條（白石上書）○是歲清僧別光慧徹，智勝來日（華夷變態 和漢寄文 長崎實錄大成）是歲清僧大衡歸國（長崎志）是歲歸化僧悅山道崇寂（黃檗開山國師傳 長崎覺書）		6	2369	己丑
	49	1710	四月，長崎奉行別所播磨守久松忠次郎，上外國貿易意見書（長崎奉行書留）○是歲清僧一貫全嚴來日（華夷變態 長崎志）	中御門	7	2370	庚寅
	50	1711	是歲清僧旭如蓮昉，桂國來日（黃檗譜略 華夷變態）		正德	2371	辛卯
	51	1712			2	2372	壬辰

聖祖	公元	事項	中御門	皇紀	干支
52	1713	閏五月，廣東船送來筑後久留米之漂民（和漢寄文　長崎志　廣東漂着記）○七月廣東船送來奧州之漂民五人（長崎志）○是歲長崎奉行大岡越前守，上海外貿易意見書（長崎奉行書留）	3	2373	癸巳
53	1714		4	2374	甲午
54	1715	三月，發布新商法，限清船一年三十艘，貿易銀額六千貫，船主各給信牌爲證（月堂見聞錄　堺市尹書留　長崎御新令　正德新令）○六月以新商法宣示長崎人民（長崎書付）○是歲定輸出禁止品（同上）是歲於長崎奉行外，置長崎目付（正德新令）	5	2375	乙未
55	1716	三月，增信牌十枚，入港清船增爲四十艘，貿易銀額改爲八千貫（堺市尹書留）○四月護送漂至薩摩之破船於長崎，以有私營貿易嫌疑，船主以下皆被禁（長崎實錄大成）○是歲於長崎聖堂設唐韻勸學會，使通事之子弟學習中國語（同上）	享保	2376	丙申
56	1717	四月，清船十四艘漂至豐前海上，使豐前小笠原氏長門毛利氏筑前墨田氏擊退之（柳營祕鑑　唐船追拂記）○是歲歸化僧靈源海脈寂（長崎志）	2	2377	丁酉
57	1718	三月，清船至筑前豐前之海上，使小笠原黑田毛利諸氏擊退之（柳營祕鑑　唐船追拂記）○五月，由平戶護送清漂民四十三人至長崎，判明爲祕密貿易在筑前海中擊退者，處之以刑，因在日清人哀求，許其歸國（長崎紀事）○是歲幕府託清商求良醫良馬（崎港商說　長崎紀事）	3	2378	戊戌
58	1719	三月，清醫吳載南來日，六月病死（崎港商說　長崎紀事）○是歲清僧道本寂傳來日（鄰交徵書　長崎志）○是歲歸化僧旭如蓮昉寂（黃檗譜略）	4	2379	己亥

聖祖			世宗			
59	60	61	雍正	2	3	4
1720	1721	1722	1723	1724	1725	1726
六月清舶漂至筑前豐前之海上，使小笠原黑田毛利諸氏擊退之（享保年錄　承寬雜錄）○自是歲起，入港清舶改限三十艘（長崎實錄大成　長崎紀事）○是歲清之畫家伊孚九舶載良馬二匹來日（崎港商說　長崎紀事）	六月清醫陳振先來日（長崎紀事）○七月清醫朱來章來日（長崎志　長崎覺書）○是歲清僧杲堂元昶來日（和漢寄文　崎港商說）	是歲清僧大鵬正鯤（道徽其嚴）伯珣昭浩來日（崎港商說　長崎志　和漢寄文）	是歲定長崎之運上金爲九萬兩（雜話談附錄　月堂見聞集）○是歲清僧竺菴淨印來日（長崎紀事）	是歲歸化僧悅峯道章寂（長崎志　長崎覺書）○是歲因清商郭亨統前年渡良馬，且前年給牌事有義氣，特授終身信牌（長崎紀事）	二月清醫朱來章，偕清醫朱子章，清儒朱佩章再來日（長崎志）○四月，清商伊敬心，吳子明，因告發祕密貿易事受賞（長崎覺書　長崎志）○六月清醫周岐來來日（長崎紀事　長崎實錄大成）	二月清儒朱佩章爲迎馬醫及善騎射者，得臨時信牌歸國，十一月再來日（和漢寄文　長崎志）○三月，黃檗山第十二世杲堂，託清舶帶書贈於福州之黃檗山，杭州之靈隱福巖兩寺，招請清僧（同上）○三月清醫朱子章卒（長崎志）○五月清醫朱來章歸國（長崎志）○六月南京船漂至天草（和漢寄文）○八月清舶漂至長門須佐浦，毛利氏擊退之（長崎（享保年錄　長崎志）○八月清商周元翰捕獲祕密貿易者受賞（長崎志）○十月清醫趙淞陽來日（長崎紀事　長崎實錄大成）
中御門						
5	6	7	8	9	10	11
2380	2381	2382	2383	2384	2385	2386
庚子	辛丑	壬寅	癸卯	甲辰	乙巳	丙午

清帝	年號	西曆	紀事	日帝	年號	皇紀	干支
世宗	5	1727	五月清醫周岐來歸國（長崎實錄大成）○六月清騎士陳采若，沈大成，馬醫劉經光來日（長崎實錄大成　長崎年表舉要）○十二月清儒沈燮庵來日（長崎年表舉要）	中御門	12	2387	丁未
	6	1728			13	2388	戊申
	7	1729	八月清醫趙淞陽歸國（長崎實錄大成）○是歲建雜物交易會所於長崎今魚町（長崎覺書　長崎實錄大成）		14	2389	己酉
	8	1730	十一月清商謝愷臣因捕獲祕密貿易者受賞（長崎志　享保年錄）		15	2390	庚戌
	9	1731	四月清馬醫劉經光，騎士陳采若，歸國（長崎實錄大成　長崎年表舉要）○十月清騎士沈大成歸國（同上）○十二月清畫家沈南蘋來日（文晁畫談）○是歲清儒沈燮庵歸國（長崎年表舉要）		16	2391	辛亥
	10	1732	十月清船漂至肥前沖之島（長崎志）		17	2392	壬子
	11	1733	四月，入港清船，定爲二十五船，（長崎實錄大成）○九月清畫家沈南蘋歸國（文晁畫談）○是歲定長崎運上金爲三萬五千兩（大成令）		18	2393	癸丑
	12	1734			19	2394	甲寅
	13	1735			20	2395	乙卯
高宗	乾隆	1736	二月唐人街火（長崎志）○日本令長崎奉行，滯留清船不准遲延，立令歸航（德川實紀）○自是歲起，不定長崎之運上金額，以本地分配之餘款上納（大成令）	櫻町	元文	2396	丙辰

高宗	西曆	記事	櫻町	皇紀	干支
2	1737	二月唐人街火（長崎紀事）	2	2397	丁巳
3	1738		3	2398	戊午
4	1739	五月北京船漂至陸奥田代濱（柳營祕鑑）○自是歲起，入港清船定爲二十艘（長崎實錄大成）	4	2399	己未
5	1740		5	2400	庚申
6	1741		寬保	2401	辛酉
7	1742	五月清船送來漂至舟山列島之日本薩摩人民（漂流紀聞　長崎志）○十二月入港清船定爲十艘（長崎紀事）	2	2402	壬戌
8	1743	五月臺灣船在薩摩之寶島遇難（長崎志　長崎紀事）	3	2403	癸亥
9	1744		延享	2404	甲子
10	1745	閏十二月送漂至薩摩加世田之漳州人至長崎（長崎志）	2	2405	乙丑
11	1746	正月送漂至薩摩平島之漳州人至長崎（長崎志）○五月入港清船定爲二十艘（長崎紀事）○八月唐人街清人等爭鬬，死傷十八人，故禁止商人等不准入唐人街欄內（長崎紀事）	3	2406	丙寅
12	1747		4	2407	丁卯
13	1748		寬延	2408	戊辰

高宗	西曆	記事	桃園	皇紀	干支
14	1749	正月入港清船定爲十五艘（長崎紀事）	2	2409	己巳
15	1750	九月以唐人街工社（水手）等暴動，沒收船主信牌，科工社罰金（長崎紀事）	3	2410	庚午
16	1751	十二月清船送來是歲三月漂至福建之陸奧釜石人六人（長崎志）	寶曆	7411	辛未
17	1752		2	2412	壬申
18	1753	六月關於祕密貿易事由長崎奉行下令取締（大成令續集 憲教類典）〇十二月南京船遇風漂至八丈島（巡海錄）	3	2413	癸酉
19	1754	正月清船送來漂至舟山列島之日本陸奧人民十三人（迷復記 長崎志續編）〇七月廣東船送來陸奧相馬之漂民六人（長崎志）	4	2414	甲戌
20	1755		5	2415	乙亥
21	1756	八月，爲取締祕密貿易，令行西國中國之諸侯，復令長崎奉行諭知在港清商（大成令續集）	6	2416	丙子
22	1757	六月漳州空船漂至肥前之五島（長崎紀事）	7	2417	丁丑
23	175[illegible]	是歲歸化僧竺庵淨印寂（長崎紀事）	8	[illegible]418	戊寅
24	1759	三月，清船送來前年九月漂至臺灣之志摩人三人（臺灣漂流記 長崎志）	9	2419	己卯
25	1760		10	2420	庚辰

高宗	西曆	事項	日本	年	皇紀	干支
26	1761		桃園	11	2421	辛巳
27	1762	七月上海船送來日本陸奥新濱之漂民十五人（白石叢書 奥民唐土漂流記）		12	2422	壬午
28	1763		後櫻町	13	2423	癸未
29	1764	三月令諸國獎勵生產輸出清國之海參鮑魚（天明集成絲綸錄）		明和	2424	甲申
30	1765	七月令諸國獎勵生產輸出清國之魚翅海參鮑魚（天明集成絲綸錄）		2	2425	乙酉
31	1766	十二月北京船漂至薩摩甑島，明年三月送至長崎（長崎志）		3	242	丙戌
32	1767		後桃園	4	2427	丁亥
33	1768	七月，清船漂至紀伊日置浦，護送至長崎，許其貿易（唐船漂着記 長崎志續編）○十一月唐人街火（長崎志續編）		5	2428	戊子
34	1769			6	2429	己丑
35	1770			7	2430	庚寅
36	1771			8	2431	辛卯
37	1772			安永	2432	壬辰
38	1773			2	2433	癸巳

高宗	西曆	事項	日本年號	皇紀	干支
39	1774	是歲歸日僧大鵬正鯤寂（崎港商說）	後桃園 3	2434	甲午
40	1775	十二月，清商孟定侯，許玉堂，送來前年漂至泉州之陸奧一關船夫十五人（迷復記）	4	2435	乙未
41	1776	五月清船送來漂至潮州之陸奧人十三人（長崎志續編）○是歲歸化僧伯珣照浩寂（長崎志）	5	2436	丙申
42	1777		6	2437	丁酉
43	1778	是歲令諸國獎勵生產輸出清國之海參鮑魚（天明集成絲綸錄）	7	2438	戊戌
44	1779		8	2439	己亥
45	1780	四月清船漂至安房千倉浦，令其迴航長崎（柳煙雜記　南京船漂着記　栗園漫抄）	9	2440	庚子
46	1781	四月，送前年十一月漂至薩摩平島之清商來長崎，分乘歸國之清船返清（長崎志續編）	光格 天明	2441	辛丑
47	1782		2	2442	壬寅
48	1783		3	2443	癸卯
49	1784	七月唐人街完全燒毀（長崎志續編）○是歲起，清船一艘之盈物，令出砂糖七千五百斤（同上）	4	2444	甲辰
50	1785	是歲廢長崎之俵物會所，改爲俵物方役所，屬長崎會所，又對諸國賣買水產物，有所訓令（長崎志續編　天明集成絲綸錄）	5	2445	乙巳
51	1783		6	2446	丙午

帝號	年次	西曆	事項	日本年號	皇紀	干支
高宗	52	1787		光格 7	2447	丁未
	53	1788		8	2448	戊申
	54	1789	三月送漂至大隅屋久島之漳州人民來長崎，五月又送漂至薩摩諏訪島之清商來，分乘歸國之清船而回（長崎志續編）	寬政	2449	己酉
	55	1790	四月入港清船定爲十艘（長崎實錄大成）○六月清船送漂至廣東之陸奧出羽越後人民來日（近聞寓筆）	2	2450	庚戌
	56	1791		3	2451	辛亥
	57	1792		4	2452	壬子
	58	1793		5	2453	癸丑
	59	1794		6	2454	甲寅
	60	1795	六月松前之漁夫漂至滿洲，至寬政九年，由清船送回長崎（長崎志續編）	7	2455	乙卯
仁宗	嘉慶	1796	六月廣東府之漁船漂至陸奧大室濱（寬政丙辰唐船漂着記）	8	2456	丙辰
	2	1797		9	2457	丁巳
	3	1798	十二月廣東船送日本陸奧出羽之漂民四人來（長崎志續編）	10	2458	戊午
	4	1799		11	2459	己未

仁宗	西曆	記事	光格	皇紀	干支
5	1800		12	2460	庚申
6	1801		享和	2461	辛酉
7	1802		2	2462	壬戌
8	1803		3	2463	癸亥
9	1804		文化	2464	甲子
10	1805		2	2465	乙丑
11	1806		3	2466	丙寅
12	1807	正月寧波船漂至下總銚子浦，上書請挽船（文化丁卯唐船漂著記）○是歲清商請今後十一年間准以原價百貫目之貨物，另行帶來（通航一覽續輯）	4	2467	丁卯
13	1808		5	2468	戊辰
14	1809		6	2469	己巳
15	1810		7	2470	庚午
16	1811		8	2471	辛未

清帝	年	西曆	事項	日帝	年	皇紀	干支
仁宗	17	1812		光格	9	2472	壬申
	18	1813			10	2473	癸酉
	19	1814			11	2474	甲戌
	20	1815	十二月南京船漂至伊豆下田，使迴航長崎（海防問答 偶覩祕錄）		12	2475	乙亥
	21	1816	閏八月，廣東船送日本薩摩之漂民來（覊圜漫抄）		13	2476	丙子
	22	1817		仁孝	14	2477	丁丑
	23	1818			文政	2478	戊寅
	24	1819			2	2479	己卯
宗	25	1820			3	2480	庚辰
宣宗	道光	1821			4	2481	辛巳
	2	1822			5	2482	壬午
	3	1823			6	2483	癸未
	4	1824			7	2484	甲申

宣宗	西曆	事項	仁孝	皇紀	干支
5	1825		8	2485	乙酉
6	1826		9	2486	丙戌
7	1827		10	2487	丁亥
8	1828		11	2488	戊子
9	1829	是歲令取締輸出中國之水產物（通航一覽續輯）	12	2489	己丑
10	1830		天保	2490	[illegible]寅
11	1831	二月令賣買清船載來之藥材（通航一覽續輯）○三月，關於輸出清國之海參鮑魚魚翅等賣買，訓令諸國（天保集成絲綸船）	2	2491	辛卯
12	1832		3	2492	壬辰
13	1833	是歲下令取締輸出中國之水產物（通航一覽續輯）	4	2493	癸巳
14	1834		5	2494	甲午
15	1835		6	2495	乙未
16	1836		7	2496	丙申
17	1837		8	2497	丁酉

国家出版基金项目
NATIONAL PUBLICATION FOUNDATION

中日交通史（六）

[日]木宫泰彦◎著
陳　捷◎譯

山西出版傳媒集團
山西人民出版社

第二十二章　明末之中日交通

一　九州諸侯與明之通交及貿易

明朝對外國商船，按定期攜勘合捧國王表文以進貢之名營貿易者，概不禁止。若明人私赴外國從事貿易者，則太祖「有不許寸板下海」之祖訓，歷朝奉爲原則而禁止之。蓋明人之私赴外國者，有化爲海賊，或爲海賊引線之憂也。雖然，海禁亦時有寬嚴，不能盡依規定行事，觀於一再立「私通番國」之禁可知。又觀明律與明會典私出外境違禁下海之禁令，凡私赴海外輸出違禁貨物者，則在禁止之列。若係官許搭載不違禁之貨物，則無妨也。（註一）事實上，當日本足利氏之季世，明之商船赴日本者甚多。其中有至周防（天文八年七月）越前（天文二十年）伊豆（永祿九年天正六年）相模（永祿九年）等地者。（註二）但最繁者似在豐後肥前平戶薩摩等地。明船來至豐後地方者，據豐薩軍記卷一宗麟政務幷唐船渡海二條云：

「前天文十年七月二十七日唐船到豐後神宮寺明人二百八十八來日……同十二年八月七日又五艘來同十四年到佐伯之浦。其後永祿年間來數次。天正三年乙亥有到臼杵之浦者，此時攜來猛虎四疋，大象一疋，孔雀，鸚鵡，麝香，名人書畫，幷綾羅錦繡伽羅，猩猩皮各二十間以下種種珍寶。」

采覽異言卷一云：

「西蕃之來自此國始，天文十年辛丑秋七月，驀有大海船一隻，直至豐後國神宮浦，其所駕者二百八十人，明茅元儀曰，西蕃波羅多加兒國佛來釋古者傳鳥銃於豐州，卽謂之也。」（錄原文）

此段之末，乃引明武備志之文。言天文十年（一五四一）七月，明船來至豐後神宮浦，船中有葡萄牙人佛來釋古者傳入鳥鎗云。日本西教史亦言天文十年葡萄牙人三人由暹羅向中國，途中遭暴風，漂流至薩摩之鹿兒島云。按天文十二年（一五四三）葡萄牙人曾漂流至種子島，觀此則知天文十二年以前，已有來日本者。要之明舶來至豐後者頗多，觀閩書島夷志，圖書編日本國考，武備志日本考，明史日本傳，蒼霞草日本考等明代史書，則知弘治二年（嘉靖三十五年一五五六）明使來豐後之大友義鎮處者二次，由義鎮遣使至明者亦二次。當時浙江總督胡宗憲，患倭寇之侵害，奏請諭日本國王禁寇，且招還居日本平戶之海賊巨魁明人王直。（明史日本傳有汪直）。朝旨准之，乃遣寧波諸生蔣洲陳可願二人爲正副使。二人來至日本五島，見王直等傳旨。當時平戶（註三）雖屢寇明，然其本心實欲通貢互市，故誓願伐賊，且送還陳可願。是時王直亦使養子毛臣隨可願歸國具狀陳情。蔣洲則宣諭諸島而抵豐後，又遣僧人宣諭周防之山口，（對馬之宗家現存嘉靖三十五年十一月初三日明使蔣洲對宗氏請禁倭寇之原書，此即明史日本傳所謂「蔣洲宣諭諸島」之一也）是年前浙江總督楊宜，亦遣鄭舜功來豐後，請禁遏倭寇。蔣洲等歸國時，豐後之大友義鎮，周防之大內義長（大友義鎮之弟）遣僧德陽清授等送還所掠明人，具方物奉表謝罪，請給勘合而修貢。據俞大猷之議處日本貢夷中所載蔣洲報告，大內氏所保管之餘存弘治正德勘合，已被兵亂燒失，只存金印一顆。（應永十一年，明成祖贈足利義滿之「日本國王」金印，因兵亂遺失。大內氏乃用模造木印印於天文八年（西一五三九）及十六年表中，現存於毛利家（註四）故是時使船，未攜勘合。表文中亦無日本國王之名，僅捺日本國王印。明史謂有貢物而無印信勘合，或有印信而無國王名稱，皆違朝典；惟旣來進貢，送還被掠人口，且又謝罪，故優遇之。後弘治三年（明嘉靖三十六年西一五五七）十月，王直應胡宗憲之招而歸國時，義鎮又組織商船，遣善妙等四十餘人至中國貿易。

肥前之平戶，亦明船入口之處，與豐後並重。蓋平戶自古爲中日交通之要津。領主松浦隆信又注意於海外貿易，歡迎外船來航故也。大曲記云：

「松浦隆信，厚待外商，故有名五峯者，由中國至平戶津，在印山故址，營造唐式之屋居之，自是中國商船，往來不絕。且有南蠻黑船，亦來平戶津，故唐與南蠻之珍物，年年輸入不少。」

所謂「五峯」者，卽前述之海賊明人王直也。王直爲明之密商，任俠而有謀略，招集惡少葉宗滿徐惟學王汝賢王漱等而指揮之，輸出違禁貨物於呂宋，安南，暹羅，麻六甲等處，遂成巨富。（註五）後至日本平戶，在勝尾山東麓之印山寺故址，構中國式之房屋居之。其來日年代不明；新豐寺年代記謂天文十一年（西歷一五四二）明船入平戶，時松浦郡雖富裕，而男女人數日減，欲雇人使用，頗感不便云。因女爲妓女，男則不畏死而入明爲盜賊也。蓋卽王直來日時之事。此種推測若不謬，則彼來平戶時，爲天文十一年。其時日本商人頗倚信之，每齎貨物抵明，必以彼爲牙儈，及朱紈爲浙江總督，防止祕密貿易頗嚴，明之奸商，藉此不償日商之債，日商責王直甚急，彼遂招亡命之徒二千人，盤居平戶，自號徽王，（其生地爲徽）且指揮日本三十六處之海賊，一再劫掠明之沿岸。時其母及妻，仍在杭州也。後浙江總督胡宗憲遣使者蔣洲，齎彼母妻之書，以動彼之心，遂於弘治三年（明嘉靖三十六年西歷一五五七）十月歸國而被誅，凡在日本十五年。（註六）南浦文集砲鐵記云：天文十二年（西歷一五四三）八月，葡萄牙人三人，漂至種子島時，船中有明儒生五峯云。此五峯亦卽王直，是天文十九年（西歷一五五〇）葡萄牙商船來平戶，亦彼爲引線者。

當時明船來至薩摩者亦不少。蓋薩摩領主島津氏，早注意於對明貿易。島津氏久與久豐二人，曾遣使至明，已如前述。（註七）又第二期勘合貿易時代，赴明船有取南海路者，故薩摩之坊津，遂爲日明交通之一要津。博多方面之船，亦多經此港。故薩摩州坊津之名，廣爲明人所知。武備志日本考津要條云：

「國有三津，皆商船所聚，通海之江也。西海道有坊津、（薩摩州所屬）花旭塔津、（筑前州所屬）洞津、（伊勢州所屬）三津，惟坊津爲總路，客船往返必由。」

仕於島津氏以講朱子學著名之明儒江夏友賢，亦永祿三年（明嘉靖三十九年西歷一五六〇）來薩摩者。（註八）

二　薩摩島津氏與明之通交及貿易

足利氏季世，九州諸侯，盛行與明通交貿易。然至織田豐臣時代，南蠻船來日者，次第加多，而明船之來日者，幾乎斷絕。（註九）

明朝海禁所以加嚴者，因日本用兵朝鮮，日明國際關係險惡之故。但從來與明人關係頗深之薩摩島津氏，極望對明貿易復活，而苦無機會。先是朝鮮泗川之戰，明將茅國科質於日本，五大老命島津義弘送之還國。義弘命其臣鳥原喜右衞門當此大任，且趁此機會謀對明貿易之復活。喜右衞門慶入琉球，對於航海通商，頗有經驗。乃乘名爲天神丸之船，於慶長五年（西歷一六〇〇）八月，發坊津而到福州，復抵北京，頗受優遇。是年之末，平安而歸坊津。將歸國時，明對島津氏約以翌年遣福州商船二艘至薩摩互易國產。薩摩方面聞之，甚喜，日日望明舶之來。然是年經夏過秋，杳無消息。蓋當時島津氏所用堺之商人名伊丹屋助四郎者，密聚無賴之徒，邀擊明舶於海洋，殺其人，奪其貨也。此事不久敗露，雖處助四郎以刑，而喜右衞門苦心經營之事，終成泡影矣。(註一〇)明人方面，以福州商舶，經年不歸，頗以爲異。乃於萬歷三十三年（日本慶長十年西一六〇五）遣册封琉球使夏子陽王士禎探問情形。琉球王尙寧特於翌年遣崇元寺宜謨里主至薩摩，以賀家久襲封爲名，來探此事，且招喜右衞門至琉球，詢問實況。(註一一)是時薩摩對於掠奪事件，嚴守祕密，家久作書授喜右衞門，轉贈明之册封使。義久亦贈書於琉球王。家久書中言希望年年由薩摩遣商船至琉球，與明商舶相會交易，且云琉球亦可沾利益。(註一二)蓋島津氏之意，原望明舶來薩摩；義久因希望琉球王爲之斡旋，故用此等辭令也。喜右衞門之抵琉球，蓋欲遊說夏子陽等者。其後慶長十二年（西歷一六〇七）泉州商客許麗寰來薩摩貿易，居一年，翌年由久志浦（坊津之北一日里）回航。是時義久致書許麗寰約明年再來；若不幸漂流他州，亦必由薩摩派員往迎，並希望定器皿貨財之價。書中並謂「其盟之堅者金石膠漆物莫能間」云。（註一三）因有此約，故翌年（西一六〇九）七月，明船十艘，相銜而來薩摩，由鹿兒島與坊津二地入港。此等船各呈載貨目錄於島津氏，島津氏更上之於駿府，駿府不解其目錄之名，由本多正純託金地院崇傳，添註日本假名。崇傳乃與圓光寺元佶浦井宗普會商，添註假名而上之。其中三通，載在異國日記。其餘七通，大致相同，從略。茲錄其一通如左：

七月初二日，到坊津澳唐船裝載貨物開具

上書

緞　綾
青紬　光素
素綾　絲紬
紬　帽料
素紬　藍紬

合計六百三四

天鵝絨
毛毡
水銀
黑糖
川芎
甘草
魚皮
碗
人參
十八仔

胡糸
扣線
白糖
蜜
山苺蒔
甘松
墨
礬
酒盞
傘

唐船主 陳振宇 陳德

觀此目錄，卽可知當時明船所齎之商品，實貴重史料也。(註一四)此後明船之來薩摩者似不少。元和三年（西一六一七）六月，島津家久承幕府之意示諭明商云：明船隨風來至薩摩者，片刻亦不許繫船，宜直向長崎進發。(註一五)此可爲當時明船來薩摩之證據。寬永十二年（西一六三五）明商仍只許在長崎一港交易。而私抵薩摩營祕密貿易者，仍紛紛不絕。但當時爲暗中貿易，今日已無可徵之資料，僅由明末仕於唐王之水軍都督周鶴芝事蹟，略傳些少之消息耳。清初學者黃宗羲所著日本乞師記、海外慟哭記中，言有周鶴芝者，原係海賊，往來日本，與薩摩侯結爲父子。因欲恢復明朝，曾於正保二年（一六四五）四年（一六四七）兩次遣使至薩摩請兵云云。想係往來薩摩之私商也。薩摩又曾託琉球居間，間接與明貿易，是亦不可忽者。按慶長十八年（一六一三）曾對琉球發布法度數條，定明遣明船發自琉球之渡航期，又給銀拾貫目銅一萬斤，爲通商之資本。(註一六)又琉球據十年一貢之例，與明貿易，以所得唐物之一部，貢於薩摩。

三　德川氏與明之通交及貿易

外船始入長崎之年代不明，大略在永祿末年。先是來至平戶之葡萄牙船，因大村純忠之誘致，移於其領內之橫瀨浦，繼入福田浦。惟該港風波險惡，停泊不便；永祿末年，遂入其南之長崎。長崎港水深無風波，故元龜元年（一五七〇）大村氏即請定此處爲外船入口之港。(註一七)自此葡萄牙船，年年入港，各國商人咸集，頓成繁盛之地。明商船亦逐漸來航，唯其數不多耳。繼以秀吉用兵朝鮮，明舶之來航者，一時全絕；至慶長五年（一六〇〇）秋，始有來長崎交易者。(註一八)日本商舶之赴明者殆絕無焉。（秀吉自文祿元年以來，對於京都堺長崎等商人，雖授以朱印，獎勵海外貿易。然此等朱印船皆赴柬埔寨、東京、暹羅、媽港、呂宋、高砂等海南諸國，無赴明者。）及德川家康統一日本，極望對明貿易之復活。慶長十一年（一六〇六）使薩摩之島津義久與琉球王尚甯書云：

「中華與日本不通商船者三十餘年於今矣。我將軍（家康）憂之之餘，欲使家久與貴國相談，而年年來商船於貴國，而大明與日本商賈通貨財之有無。」(註一九)（錄原文）

觀此可知家康之意志，較島津氏爲尤切矣。又慶長十四年（一六〇九）三月對馬之宗義智以僧玄蘇及柳川智永爲報聘使赴朝鮮，締結所謂己酉通商條約，亦因修貢於明，欲假道朝鮮之故；

〔註二〇〕此亦出於家康之意，不難察也。

慶長十五年（一六一〇）廣東商船，偶然來航，長崎奉行長谷川藤廣請授以朱印如左：

「廣東府之商船，到着于日本，則雖何之國國島島浦浦，任商主之心，可得市易買賣之利。若姦謀之輩，枉覃不義者，隨商主訴忽可處斬罪，日本之諸人等宜承知，敢勿違失矣。」

時慶長十五年庚戌孟秋日」（錄原文）

又是時應天府商人周性如來至肥前五島，十二月抵駿府謁家康，又授以朱印如次：

「應天府之周性如商船，來于日本時，雖爲著到何之浦浦津津，加守護速可達長崎，諸人宜承知，若背此旨及不義者，可處罪科者也

慶長十五年庚戌十二月十六日」（錄原文）（註二一）

觀此等朱印狀，可知家康如何希望明船來航矣。是時家康命本多正純、長谷川藤廣二人作書，託周性如轉贈福建總督陳子貞，其書由林羅山起稿，正純書中言家康早有與明和平通好之意，明年福建商船來長崎時，請明帝給以勘合，帶來日本，並言擬趁秋日信風，日本派使船一隻至中國；又

日本商舶之航行海南諸國者，若遭風浪之難，漂流於明之沿岸時，求給薪水云云。藤廣書中言請明給勘合，當自爲專使赴明，再修兩國舊交，以後當年年通船舶，互相交易云云。（註二二）然明朝對此無何等答覆。羅山文集卷十二云：「彼國狐疑猶豫而無答書。」然恐不盡由於狐疑猶豫也，蓋當時明之海禁甚嚴，如周性如者，恐係竊赴海外之私商，其書是否曾交福建總督，不能無疑，然此後家康對於復活勘合貿易之希望，仍未放棄。慶長十八年（一六一三）春，琉球王尚甯以與明修聘之事告於島津氏，島津氏更報之駿府，家康以爲機不可失，命家久作書付琉球王，託其請於明朝，允勘合貿易之復活。其書係大龍寺文之玄昌起草，其中請求三事，並言務許其中之一。（一）或許日本商船抵明；（二）或明遣商船至琉球；（三）年年遣使通貨物之有無。又云：

「三者若無許之，令日本西海道九國數萬之軍進寇於大明，大明數十州之鄉於日本者，必有近憂矣，是皆日本大樹將軍意。」（錄原文）（註二三）

當時琉球雖附庸於薩摩，但對明亦頗畏敬，此種恐嚇之書，是否敢送達明朝，不能無疑。十九年（一六一四）四月，對馬之宗義智復遣使至朝鮮，爲與明通聘而求假道，當然亦出家康之意。（註二四）如是者，家康雖頻謀對明勘合貿易之復活，然終未成功。而明船之私來長崎營貿易者，逐年增盛。據羅山文集卷十二云：

「勘合不成，然南京福建商船每歲渡長崎者自此（指長慶十五年託周性如求勘合以後）逐年多多。」（錄原文）

據慶長十六年（一六一一）八月，長崎奉行長谷川藤廣報告江戶，言是年長崎來航外船共八十餘艘，則其中明船，諒必不少也。駿府記中亦常載明船來航之事。如慶長十六年十一月二十八日，明商抵駿府謁家康，請在長崎貿易，許之。由長崎奉行付與印劵。又如十七年七月二十五日，明船與日本商船由呂宋歸國者二十六艘。舳艫相銜而入長崎，齎白絲二十餘萬斤等，皆是明人鄭芝龍之來日本，即在是時。是年八月十五日抵駿府，謁家康，獻藥物數種。（外國入津記言藥物之外，又獻經國雄略二十卷。）並告家康以明國事情。十八年（一六一三）六月五日長崎奉行報告駿府，言漳州商船六艘入長崎。二十六日又有明船數艘來日（約翰賽利司之航海日記謂陽歷六月二十三日，即陰歷五月十六日，有中國民船二艘載砂糖來長崎等語，似指此事。）報之駿府。元和元年

（一六一五）閏六月三日，又有漳州商船，載多額砂糖，來紀伊之浦津，許其隨意交易；當時幕府對明商之態度，頗爲寬大。明商之來長崎也，即訪其故舊，宿於其家，爲相對自由之商賣。又令其僕役肩挑商品，徘徊市中賣之，幕府亦不加干涉。（註二五）又幕府因禁止天主教，葡萄牙西班牙人之市場，限於長崎；荷蘭英吉利人限於平戶；惟明船則任船主之請求，無論何地，皆許交易。（註二六）至元和三年（一六一七）六月，幕府始令來至薩摩之明船，立即退回長崎，（註二七）表示海外貿易港，限於長崎一港。至寬永十二年（一六三五）明船亦完全禁抵他港，所許交易者，亦惟長崎一港矣。（註二八）此後來航長崎之明船頗多。自是年至正保四年（一六四七）十二年間，來航隻數不明。自慶安元年（一六四八）至寬文六年（一六六一）十四年間，隻數如次：（註二九）

慶安二年　二十艘　　同　二年　五十九艘
同　三年　七十艘　　同　四年　四十艘
承應元年　五十艘　　同　二年　五十六艘
同　三年　五十一艘　　明曆元年　四十五艘

同　二年　五十七艘　同　三年　五十一艘
萬治元年　四十三艘　同　二年　六十艘
同　三年　四十五艘　寬文元年　三十九艘

四　明末之乞師及乞資

日本正保元年（一六四四）清軍南侵，流賊蜂起，明室遂亡。然其遺臣占據一方，奉明室諸王以謀恢復者甚多；正保萬治之間，數數遣使至日，請求援助。其時日人對於亡國遺臣之悲壯孤忠，當有表同情者。自萩野、中村（久四郎）兩博士始，以及內藤恥叟、稻葉君山、後藤肅堂、鳥山喜一氏等學者，討論此問題者亦甚多。就中如中村博士之明末ノ日本乞師及ビ乞資（註三〇）中多引用黃宗義日本乞師記、海外慟哭記等清代禁書，考證最爲完全。茲根據博士之說，復參加己意，而記其概要。明末乞師於日本至十七次（內一次爲間接乞師）之多，今順其年代，記之如左：

第一次　正保二年（明唐王隆武元年西曆一六四五）十二月

唐王之都督崔芝，遣參將林高至日本，請借兵三千。長崎奉行山崎權八郎報之江戶，家光使松平信綱詢於井伊直孝。翌年正月，使長崎御用取次井上政重等，答長崎奉行云：『年來唐船雖來長崎貿易，然皆祕密渡來；此次林高來日，訴述前情，無猝爾上言之必要。應命林高早歸國。』（華夷變態，續善鄰國寶記，及外記，外蕃通書）

第二次　同年冬

唐王之水軍都督周鶴芝，前爲海賊時，曾往來日本，與薩摩侯親密，結爲父子。遣人至薩摩，請援兵，期以正保三年四月，遣將來日，領受兵士三萬云。（日本乞師記）

第三次　正保三年（明唐王隆武二年西曆一六四六）三月

周鶴芝既請以正保三年四月由薩摩出援兵，至是將遣參謀林籥舞爲使。來日領兵，嗣因周鶴芝之副黃斌卿之言而中止。（海東逸史日本乞師記）

第四次　同年八月

唐王之太師平卣侯鄭芝龍，使黃徵明爲正使，康永寧爲副使，請援兵於日本。因海風飄蕩，被清軍所拘。黃徵明更艤小船，遣陳必勝黃徵蘭二人至長崎，所齎鄭芝龍之書，於是年十月，由長崎奉行送於江戶，凡八通。日本正京皇帝二通，上將軍二通，長崎王（長崎奉行）二通，皆述借兵事。又上將軍一通，長崎王一通，皆鄭芝龍自言其妻子之事，並招當時在平戶之小子七左衞門。（鄭成功之同母弟）是時幕府認為重要問題，召集老中以下各大老，一再計議，至數日之久。紀伊之德川賴宣，謂可借明人請兵機會，擴張日本聲威於四海。今若招集游民，可得十萬左右；再加西國中國大小諸侯，請自為總兵大將，攻入明地，以表示日本之手段云云。其時有謂赴援不利而諫止者，事遂中止。幕府原擬特遣上使至長崎，諭使者歸國，後聞明兵敗亡，鄭芝龍等降清，乃不遣上使，惟令長崎奉行告諭使者，謂福州已敗，不及赴援，返其獻物，使之歸國。（華夷變態，外蕃通書，南龍君遺事，思文大紀）

第五次　正保四年（明魯王二年西曆一四六七）二月

前正保二年周鶴芝向薩摩借兵三萬，因黃斌卿之言而中止；至是又援前議，遣使請兵。然當時薩摩之意已漸冷淡，不得要領而回。（海外慟哭記）

第六次　同年三月（據日本乞師記但東南紀事謂在正保三年四月）

周鶴芝之義子林皋，隨安昌王乞師日本，不得要領而回。似林皋亦曾抵薩摩。（日本乞師記，東南記事）

第七次　同年六月（據海外慟哭記。但日本乞師記謂在慶安元年。海東逸史謂在慶安二年三月。）

明御史馮京第與黃斌卿之弟黃孝卿來長崎請援兵。黃孝卿迷戀一日本妓女，似忘乞師事，爲日人所輕，終不得援兵云。（海外慟哭記，日本乞師記，東南紀事，海東逸史）

第八次　慶安元年（明魯王三年西曆一六四八）

鄭芝龍之子鄭成功，遣使請援兵幕府不允。（華夷變態，鄭氏臺灣紀事）

第九次　慶安二年（明魯王四年西曆一六四九）

建國公鄭彩（鄭芝龍之弟鴻逵之子）致書琉球，求長槍大劍衣甲硝藥等。且因琉球與日本親密，託其請援於日，共同出兵。此次間接乞師於日本。（華夷變態）

第十次　同年十月

兵部侍郎馮京第左副御史黃宗羲等來長崎請援兵不得要領而還。（海東逸史，鮚埼亭集卷十一梨洲先生神道碑文）

第十一次　同年冬

魯王之御史俞圖南，赴日本乞師，詳情不明。（明季續聞）

第十二次　同年十一月

僧湛微，由日本歸，託滋胡伯阮進奏魯王云，日本不假援兵者，因所贈金帛少也。若以普陀山慈聖李太后所賜藏經爲贄，必肯發兵。（湛微曾以藏經賣於日本而得巨利）魯王信之，使將軍阮美持書來日，抵長崎，知爲奸僧所賣，徒載藏經而歸。（日本乞師記，小腆紀事，華夷變態。）

第十三次　萬治元年（明桂王永歷十二年西歷一六五八）六月

鄭成功由臺灣派船一艘，（船中凡百四十七人）上方物並書信，幕府不給回書。九月，諭使者歸返其方物、長崎港草、長崎志、王露叢等書，以此使者爲請援兵而來者；但華夷變態與外蕃通書中所載之成功書，未言請兵事，或僅慕祖國之情而締舊交，亦未可知。（華夷變態，外蕃通書，長崎港草，長崎志）

第十四次　同年

外蕃通書中於「鄭經呈長崎奉行書」之後，記有此事。然據按文，乃鄭氏之一族鄭泰請援於日本者。若按文果確，則是第十四次之乞師也。（外蕃通書）

第十五次　萬治二年（永曆十三年西曆一六五九）

朱舜水之乞師，年代難定。假定爲其最後來日之萬治二年。（朱舜水先生文集附錄行實）

第十六次　萬治三年（永曆十四年一六六〇）七月

明兵官張光啓來日借兵，不允。（海上見聞錄）

第十七次　貞享三年（康熙二十五年西曆一六八六）七月

明紹興人張斐，密奉明室之一遺子，聞水戶德川光圀之高義，欲請其援手，以恢復明室，曾來

長崎未能如願。（張斐筆語，莽蒼園文稿耆舊得聞）

除此以外，明室遺臣求武器於日本者，仍有數次。正保二年（一六四五）明都督崔芝之使者林高來日時，求援兵三千與甲二百領。（註三一）慶安元年（一六四八）建國公鄭彩來書求武器，鳥銃，腰刀，角甲，硝鉛等。（註三二）明之遺臣，所以屢向日本請兵及武器者，因其中多海賊私商，往往來往日本，精通日本國情，與日本人親密故也。如鄭芝龍於慶長十七年（一六一二）來日，家康曾詢以明朝事情。（註三三）其後屢屢來日，平戶侯賜以邸地，遂繼明海賊巨魁顏振泉所謂日本甲螺者之後，而振威於中國東海。娶平戶藩士田川氏之女，生鄭成功（原名鄭森）焉。又如屢次遣使請兵於薩摩侯之周鶴芝，亦海賊也，嘗來日本，與薩摩侯結爲父子。（註三四）慶安四年（一六五一）八月，敗於舟山，相傳赴日本而不知所終。（註三五）彼等雖深倚信日本，屢請救援，日本則始終未允。且除第一次崔芝之乞師，第四次鄭芝龍之乞師，第八次第十三次鄭成功之乞師外，殆皆非中央問題也。彼等既不得援兵，又因日本自寬永十一年（一六三四）五月以來，禁止輸出武器，（註三六）乃上表請給武器，又不成，因竊向日本私商購武器用之者，亦不少。鄭成功之軍，稱爲鐵人，多偉軀有力之士，用日本式之鐵鎧被身，書以朱碧彪文，立於隊前，以挫敵鋒。又有稱爲倭銃隊者，蓋持日本鎗之軍隊也。(註三七) 又因與日本通商受經濟的援助者亦不少；如慶安四年（一六五一）十二月，鄭成功攻略福建之漳浦，聲威大振，敵軍降附者甚多，而糧餉缺乏；參謀馮澄世建議云，可賺日本物產，賣於呂宋暹羅交趾等國，以補不足，於是遣商船販賣日本鉛銅云。(註三八)又如鄭氏之戶官留守鄭泰（鄭成功之族）專當轉運糧食海外貿易等財政之任。曾由臺灣年年派遣商船至長崎交易。寬永二年（一六六二）成功歿於臺灣，子鄭經嗣位。鄭泰謀叛；事露自殺；鄭經查其貨籍，發見與日本交易之餘銀，有寄存長崎者。三年（一六六三）七月，遣蔡政至日本，致書長崎奉行，請其餘銀，以爲中興明室之費。(註三九)延寶三年（一六七五）十一月再遣使取得餘銀七十一萬內之二十六萬云。(註四〇)

(註一)矢野仁一博士支那ノ開國ニ就テ（史學雜誌第三十三編第五號）。

(註二)續本朝通鑑　中古日本治亂記。

(註三)明史日本傳，有薩摩洲，然由前後關係推之，似非薩摩而爲平戶。閩書島夷志，亦有「薩摩州松浦津」等字，蓋明人多以薩摩與平戶混同也。

(註四)柏原昌三氏日明勘合ノ組織ト使行（史學雜誌第三十一編）

（註五）圖書島夷志。

（註六）圖書島夷志　武備志日本考　明史日本傳。

（註七）參照第十八章第二節。

（註八）漢學起源卷三。

（註九）參看下節島津義久致琉球王書。

（註一〇）島原喜右衞門之使明，詳於川島元次郎之南國史話，此處僅記其概要耳。

（註一一）南聘紀考地　異國日記卷四　琉球國志略卷三。

（註一二）異國日記卷四。

（註一三）南浦文集中卷　異國日記中卷　島津國史卷二十三。

（註一四）異國日記卷一。

（註一五）外蕃通書卷九。

（註一六）舊琉球藩評定所書類。

（註一七）長崎拾介　長崎實錄　崎陽羣談。

（註一八）外國入津記。

（註一九）異國日記卷四。

（註二〇）考事撮要乾卷　朝鮮通交大紀卷五。

（註二一）異國日記卷一。

（註二二）羅山文集卷中。

（註二三）南浦文集卷中　南聘紀考卷八。

（註二四）朝鮮通交大紀卷五　此書乃錄自朝鮮之書，其備考中曾引「對馬島會平義智通書契言關白源家康乞由朝鮮通貢上國」之文。

（註二五）書河關商法。

（註二六）德川實紀　令條錄。

（註二七）外蕃通書卷九。

（註二八）長崎集　通航一覽卷百九十八。

（註二九）長崎記。

（註三〇）中村久四郎博士明末ノ日本乞師及ビ乞資。（史學雜誌第二十六編）

（註三一）華夷變態　外蕃通書。

（註三二）華夷變態　臺灣鄭氏紀事。

（註三三）駿府記。

（註三四）日本乞師記。

（註三五）海東逸史卷十一。

（註三六）德川實紀。

（註三七）鄭成功部下之鐵人與倭銃隊等，乃據中村久四郎博士之明末ノ日本乞師及ビ乞資中所引黃宗羲之行朝錄鄭成功傳，鹿樵紀聞卷中鄭成功之亂，朝川善庵之鄭成功傳碑等書者。

（註三八）小腆紀年卷十七。

（註三九）華夷變態　外蕃通書。

（註四〇）海上見聞記卷二。

第二十三章　日本與清朝之貿易

一　長崎與常崎之地方官吏

元龜元年（一五七〇）大村氏允南蠻人之請，以長崎爲通商港。翌年開闢市井，建島原町，大村町，外浦町，平戶町，文知町，橫瀨町等六町。其後博多町，樺島町，今町，五島町，內下町等次第興起，至有二三十町。天正十六年（一五八八）豐臣秀吉以之爲公領，免除地稅，名此等町爲內町。迨長崎逐年繁榮，願居此者日多，故慶長二年（一五九七）又開闢田畠爲屬町，使納一定地租，稱爲外町。其後町家益增，寬文十二年（一六七二）家數多之町，分爲二町三町。內町有二十六町，外町有五十一町。元祿十二年（一六九九），總町數八十町。是年七月，不分內外町，一律上納地租。諸公役配分銀等，亦一切平等。（註一）

長崎既爲唯一之海外貿易港，幕府特置長崎奉行，管理海外貿易兼監察諸外國之動靜，以備外寇。長崎奉行之下，掌民政兼管海外貿易者，有長崎代官。自元祿十二年（一六九九）又屢遣勘定衆徒目付等赴長崎。及至正德五年（一七一五）復定長崎奉行爲二人隔年交替任事。又任命長崎目付，爲奉行之佐。（註二）故長崎之地，有長崎奉行，長崎目付勘定方等幕吏指揮監督市政與海外貿易。然實際理市政掌貿易者，爲町年寄常行司等地方官。町年寄六人分派爲（一）皇室方寺社方管理，（二）審查酒類，（三）値年管理商賣，（四）徵收年賦，（五）徵收匯款年賦，（六）審查建築等職。（註三）各町中有所謂乙名之官，內外町各由乙名之中選出一人交互爲常行司。（註四）

參與貿易者，有絲割符年寄，（註五）絲宿老，（註六）大小通事，（荷蘭方面有大小通詞。）書物目利，伽羅目利，唐物目利，藥物目利，鹽硝目利，鮫目利，端物目利，油藥目利，絲目利，茶碗藥目利，唐革目利，唐繪目利，呂宋鹿皮目利，牛皮目利等官。（註七）諸目利當精查貨物時，即爲精查官，定其價値。其中書籍目利，掌調查被禁之兵書，天主教書，珍貴唐書等，爲最重要之職務。慶長九年（一六〇四），明人馮六通日本語，任爲唐通事，是爲唐通事之始。（註八）其後員數時有增減。寬永十七年（一六四〇）大通事六人十八年改爲四人。萬治元年（一六五八）加小通事四人。皆歸化明人或其子孫任之。（註九）元祿八年（一六九五）置通事目付二人。十二年置風說員。其後又任大小通事之子弟爲學習通事。其時有名爲奧船者，乃由印度支那諸港來航之舶也。爲之置暹羅通事、呂宋通事、東京通事等。（註一〇）風說員，當清舶入港時，與清商往來。凡清商等日常雜談，皆注意聽之；遇有異聞，卽記載之，報於奉行所，幕府據此以知海外事情，且便禁止天主教。（註一一）此外中國人亦有任年行司、目明等職者。寬永十二年（一六三五）任命住長崎之明人歐陽雲台、何三官、江七官、張三官、何八官、陳奕山六人爲年行事，是爲年行事之始。在港之清人，如有犯國禁或爭論等事，歸其裁判。（註一二）目明，爲清舶入港時，禁止天主教而設者。初正保元年（一六四四）來日之明人林友官，因謀祕密輸出日本刀，已定死刑。繼因其告發天主教徒而免其罪，並與是歲來朝之周辰官共同任命爲目明。至貞享時尙在。（註一三）

又當警備之任之地方官員，有町使、散使、船番、遠見番、唐人番等。町使初稱目付，慶長八年（一六〇三）置五人，後次第增加至數十人。（註一四）船番者，外舶入港時，任其警備者也。初以奉行所中官員充之；自寬文十二年（一六七二）用留居長崎之各國浪人十七人爲船番。彼等當外舶入港時，放出番船，繫於外舶之艫，以警衛之，番船俗名懸船。（註一五）遠見番居野母日野山之遠見番所，常注視西南之海上，見有外舶來長崎時，立卽報告奉行所。寬永十五年（一六三八）開設該番所時，惟以其地之百姓充之；自萬治二年（一六五九）始置遠見番十八人，水手十八人。（註一六）唐人番自元祿二年（一六八九）建唐人住地，悉置淸人於其圍內，乃設唐人番，使警衛其住地，後改用常出入是地之人，凡二十八人。（註一七）

二　淸船之往來

明末，中國商船之抵長崎者既多，明滅淸興，商船之往來益繁。今先據長崎記、長崎紀事、長崎志、長崎志續編、吹塵錄、唐方船數等書自寬文二年（康熙元年西一六六二）至天保十年（道光十九年西一八三九）百七十八年間赴日船數，列表如次；（下表照原書抄錄，故只將中國年代略注於附注中。）

赴日之清舶船數一覽表

年代	船數	附注	年代	船數	附注
寬文二	四二	康熙元年	三	二九	康熙二年
四	三八		五	三六	
六	三七		七	三〇	
八	四三		九	三八	
一〇	三六		一一	三八	
一二	四三		延寶元	二〇	康熙十二年
二	二二		三	二九	
四	二四		五	二九	
六	二六		七	三三	
八	二九		天和元	九	康熙二十年
二	二六		三	二七	
貞享元	二四	康熙二十三年	二	七三	是歲清商之貿易額定爲六千貫

年份	船數	記事	
三	八四	外退回船十八	
元祿元	七〇	外退回船七十七	是歲定清船之數爲七十艘
三	七〇	外退回船二十	
五	七〇	外退回船三	
七	七〇	外退回船三	
九	七〇	外退回船十一	
一一	六八		
一三	五三		
一五	八〇	外退回船十	
寶永元	八〇	外退回船四	康熙四十三年
三	八〇	外退回船十三	
五	五九	外退回船四十四	
七	五一	外退回船三	
二	五九	外退回船三	

年份	船數	記事	
四	一一五	外退回船二十二	
二	七〇	外退回船九	
四	七〇	外退回船二十	
六	七〇	外退回船十一	
八	六〇	外退回船一	自是歲始行代物替
一〇	七〇	外退回船三十三	是歲定清船之允許貿易船數爲八十艘
一二	六九	外退回船四	
一四	五六	外退回船十	
一六	八〇		
二	八〇	外退回船八	
四	八〇	外退回船四	
六	五四	外退回船三	
正德元	五七		康熙五十年
三	四〇	外退回船九	是歲定貿易銀額六千貫，入港清船三十艘給以信牌

四	五一			五	七	外因無牌退回船十三	
享保元	七	外因無牌退回船十九	康熙五十五年	二	四三	外因無牌退回船二	是歲定入港清舶爲四十艘
三	四〇	外因無牌退回船一		四	三七	外因無牌退回船三	是歲規定自翌年始，入港清舶爲三十艘
五	三六	外因無牌退回船一		六	三三		
七	三三		康熙六十一年	八	三四		雍正元年
九	一三			一〇	三三	外退回船一	
一一	四二			一二	四二	外退回船一	
一三	二二			一四	三一		
一五	三八			一六	三八		
一七	三六			一八	二八	外退回船二	是歲入港清舶定爲二十五艘
一九	三一			二〇	二九	外迎船一	雍正十三年
元文元	一六	外退回船一	乾隆元年	二	二五	外迎船一	
三	五		是歲規定自翌年始入港清船爲二十艘	四	二〇		
五	?			寬保元	四		乾隆六年

二	一五	外迎船一	是歲規定自翌年始入港清船爲十艘
三	一五		
延享元	二〇		乾隆九年
二	二〇	外迎船一	
三	一〇	外迎船一	是歲除規定船數外准古牌十隻入港
四	一〇		
寬延元	一二	外迎船一	乾隆十三年
二	一三	外號外船一	是歲入港清船定爲五艘
三	一〇	外迎船一	
寶曆元	一一		乾隆十六年
二	一五		
三	二五		
四	二四	外八丈島漂流船一	
五	一二		
六	七	外破船一	
七	一二		
八	一四		
九	一八	內二艘爲號外船	
一〇	一二		
一一	一二		
一二	一五		
一三	一三	內以一裝二之船一	
明和元	一四	內以一裝二之船一	乾隆二十九年
二	一二	內以一裝二之船一	是歲定入港清船爲十三艘
三	一二	同上	
四	?		
五	九		
六	一三		

七	一三			八	一三		
安永元	一三		乾隆三十七年	二	一三		
三	?			四	一三		
五	一三			六	一三		
七	一三			八	一三		
九	一三			天明元	一三		乾隆四十六年
二	一三			三	一三		
四	一三			五	一三		
六	一三			七	一三		
八	一三	外九號借船		寛政元	一三		乾隆五十四年
二	九	是歲規定自翌年始入港清舶爲十艘		三	一〇	外號外船二	
四	一〇			五	一〇	外三號迎船	
六	一〇	外一號迎船		七	一〇		乾隆六十年
八	五		嘉慶元年	九	一〇		

一〇	九			一一	三	外號外船二	
一二	八			享和元	一四		嘉慶六年
二	一一			三	一〇		
文化元	九	外號外船二	嘉慶九年	二	一一		
三	一〇			四	一〇		
五	九			六	一一		
七	一一			八	九	外號外船一	
九	一〇	外號外船三 別船一		一〇	一〇	外別船一	
一一	一〇			一二	一〇	同右	
一三	一三			一四	八		
文政元	八		嘉慶二十二年	二	七		
三	?		嘉慶二十五年	四	七		
五	六			六	七		道光元年
七	九			八	九		

九	九		一〇	九	
一一	九		一二	八	
天保元	九		二	六	
三	九	道光十年	四	五	
五	七		六	九	
七	六		八	九	
九	六		一〇	八	道光十九年

（備考）表中船數，自寬文二年至同十二年，據長崎記。自延寶元年至正德四年據長崎紀事。自正德五年至寶歷八年據長崎紀事，長崎志。自寶歷九年至寬政十一年據長崎志續編。寬正十二年以後據吹塵錄。

據右表，則知每歲入長崎港之清船，爲數甚多。但所謂清船者，乃汎稱亞洲之商船，固不僅來自清國諸港者。當時日本稱荷蘭船爲紅毛船。清人之船，來自南京、寧波、普陀山、温州、福州、臺灣、廈門、漳州、廣東等處者，當然稱爲唐船。卽來自東京、東埔寨、廣南、暹羅、咬𠺕吧等清國以外之地者，亦總稱爲唐船。予所謂清船者，亦同。日本又由其起帆地區別爲口船、奥船。口船，乃來自中國諸口者。奥船乃來自印度支那半島與咬𠺕吧者。來自兩廣附近者，名中奧船。（註一八）大概口船小而奧船大。但口船亦各不同。南京船（來自蘇州、松江、揚州、常州、淮安、鎮江諸港者，亦名南京船）即用河船乘出外洋。船底長而平，與福州船大異。兩者皆有本帆與彌帆，（竹席帆）對於逆風橫風，亦能自由航行，不擇季節而來，大者載重五六十萬斤，次三十萬斤，再次二十萬斤，小者亦十萬斤。奧船，與德川氏初期航行南海之日本朱印船同式。有本帆與彌帆，其上面懸高帆，又於船頭斜插短檣而懸船頭帆，自秋至夏，均能來航。長自十五六間至二十間。載重自百二三十萬斤及二百萬斤。此種清船，小船搭載三四十人，大船搭載百人。服務者名稱如次：

夥長　即航海長也。按羅針盤以定方向，考天時察地理者。

舵工　掌舵。與夥長同爲航海時重要人員。

頭碇　管碇泊。在港時爲最重要人員。

亞班　管帆柱。此爲最勞苦之人。

財附　掌出賣貨物諸事之會計日記等事。

總管　照料船中諸事者。

杉板工　管小舟。

工社　卽水手。人數最多。

香工　掌獻香華燈明於船菩薩媽祖，朝夕禮拜者。

船主　管理全船及與日本貿易交涉等事。(註一九)

日本每順其年入長崎港之次序編號，稱爲某年某號船。又據入港時期，區別爲春船夏船秋船等。(註二〇)

三　貿易額並入港船數之限制

德川幕府初對於淸舶之貿易額並入港船數，未加何等制限。淸廷亦除明代之海禁，許自由赴海外貿易。故來長崎之淸舶，逐年增加。尤以天和三年（一六八三）臺灣鄭克塽降淸時，康熙帝聞日本貿易有利，命福州廈門官憲，於貞享二年（一六八五）七月，以官船十三艘，積載臺灣之糖來日本。且命福州武官江君開，廈門文官梁爾壽等在船監督(註二一)是年來航清船之數，多至七十三艘。當時荷蘭之來航者，每歲亦自四五艘至十艘不等。故日本金銀銅之流出者爲數甚多。據寶永六年(一七〇九)長崎奉行報告自正保五年(一六四八)至寶永五年(一七〇八)六十年間，流出金之概數，凡二百三十九萬七千六百餘兩，銀三十七萬四千二百二十貫目。銅自寬文二年(一六六二)至寶永五年四十六年間，凡一億一萬一千四百四十九萬八千七百餘斤。(註二二)若再不加限制，則日本之金銀銅，不久將有枯竭之虞。故是年遂限制貿易總額，清人銀額六千貫，荷蘭人銀額三千貫。若在額內，許其貿易，過額則命退回。(註二三)此乃限制貿易額之始也。然此新章，全未預告，而忽然實行，是歲後到之清船，極感困難。故由十號船至五十一號船船頭四十二人，屢次連名上書言實不料有此新章，凡修理船隻，購製繩帆等費，固不待言；即曳船之工資，碼頭搬運之雜用等，亦所費不貲。此後無論如何，均可從命，唯今年載來貨物之全部，務請允許交易。自五十二號船至五十九號船八艘，又因不許貨物上陸，託唐通事請願，言途中遭風，船破浸水甚深，積於船底之糖，有溶解之虞；日夜汲水，力盡神疲，其困難情形，不堪言喻，請早許上陸云。(註二四)

是時雖限定貿易額，但當時日本貿易頗有利益，故清舶來航者益多。貞享三年（一六八六）入港者，達百二艘。（內退回船十九艘）四年達百三十七艘。（內退回船十九艘）蓋是時雖限定貿易額，而未限定船數。諭令退回之貨物，與退回之船數雖多，反致盛行祕密貿易。元祿元年（一六八八）八月，對於船數亦設制限。每年來航之清船，限六十艘。來航時期並起帆地，亦加規定如次；（註二五）

春船二十艘（南京五艘　寧波七艘　普陀山二艘　福州六艘）
夏船三十艘（南京三艘　泉州四艘　寧波四艘　漳州三艘　咬𠺕吧二艘　東埔寨一艘　普陀山一艘　廈門五艘　太泥一艘　福州四艘　廣東二艘）
秋船二十艘（南京二艘　交趾三艘　暹羅二艘　高州二艘　福州三艘　寧波一艘　廣東四艘　東京一艘　潮州二艘）

貿易額與許貿易之船數，既設一定限制，故年年退回之貨物與退回之船數甚多。清商方面，既感痛苦，日本商人以買此貨謀利者，亦以爲不便。於是開代物替（按價交換）之例。元祿八年（一六九五）江戶商人伏見屋四郎兵衞，請對於唐荷蘭之剩餘貨物，按銀額一千貫（內清商占三分之二荷蘭占三分之一）以銅作價。九年，伏見屋又請作銀額五千貫之代物替。（註二六）十年，長崎之町年寄高木彥右衞門，請於清舶七十艘外，許十艘貿易並請於前年所定代物替之額定五千貫外，追加二千貫。於是代物替之權，始歸於長崎。自此許貿易之清船爲八十艘，代物替達七千貫。對清貿易之總銀額實一萬三千貫。若以金換算，合二十一萬六千餘兩。（註二七）因此日本每年流出之銅，達八百九十萬二千斤。於是開大阪製銅廠；又命商人桔梗屋又八郎者包辦；又使製銀者包辦製銅。然雖講種種方法，而集於長崎之銅，每年仍患不足，不能爲定額之交易。於是清船，有失歸期而在日本過歲者。（註二八）斯時清舶之來航者益增，而命退回者甚多。日本商人，買定額內之貨物者，又課以口錢懸物等重稅；故清舶於入港及歸國時，犯禁而祕密貿易者極多，取締頗感困難。寶永七年（一七一〇）四月，長崎奉行上幕府書，有一節云：

「西國諸侯，雖於所領之海上極力注意，然力實有所不及。以近年唐人與日本人祕密貿易之法，大都傍晚乘船至離唐船二三日本里前後等候，及至日暮，目力不及時，則駛近唐船之旁。五町三町之間，夜中尙不能見，況在三十日里五十日里之海中乎？實屬防不勝防云。」

其書中又言每年來航淸船約百艘，其中不犯禁私售者僅五六艘。（註二九）故表面貿易額與船數雖有制限，然不嚴重取締祕密貿易而欲防日本金銀銅之流出，極爲困難。於是新井白石，於寶永六年（一七〇九）對於外國貿易建議數條，上之幕府。（一）命長崎奉行四人各就個人意見，上封事於幕府，以資改正外國貿易法。（二）日本雖不似他國徵收抽分錢，但向淸商徵收常例置銀，船別置銀等，向日商徵收口錢懸物等稅，分配於長崎本地官民。近時又徵運上金，彼此商人，得利甚少，故唐物騰貴，人皆困難。擬請幕府仿異國之例徵收抽分錢，而廢止分配長崎本地官民之錢；或停徵運上金而仍收分配長崎本地官民之錢；二者必取其一。（三）不用限定許可貿易船數之法，而限定來航之船數，並一船搭載之貨物。在定限內之船之貨全數收買，則私售之弊自絕，即可免定額外之金銀銅流出之虞云云。（註三〇）此書既上，幕府中人，有謂來航淸船之數，宜定爲八艘至十艘，銀額宜限三千貫者。先徵長崎奉行等意見。時長崎奉行別所播磨守久松忠次郎，曾於寶永七年（一七一〇）四月上意見書。是時覆呈，謂淸船限八艘至十艘，貿易額定三千貫，實甚困難。其理由如下：

以前悉以銀支付，今日以銀色不佳，乃以銅與貨物交易，清商所得利益甚薄；船數若再定爲八艘至十艘，則今年來航之船，此後非至第八年不能復來。清商等未易承諾，不承諾之船，則必悉命退回，不獨今年之貿易中絕，恐清舶自此即絕跡矣。如是則長崎本地之人，固不待言；即江戶上方，亦大困難。又清商即或承諾，但貿易額三千貫，較之從前之一萬三千貫僅四分之一，唐物驟缺，價值必驟高，人民亦覺困難云云。(註三一)然幕府則謂無論如何，不能仍依舊例。蓋當時日本所產之銅，非常減少，國用且有缺乏之虞。加以私行買賣者多，金銀銅流出太多故也。又當時幕府曾令諸員役，對外人不准動武。元祿十四年（一七〇一）六月，長崎奉行所之官員安達彥之丞，檢閱清舶，被清人凌擊，不得已而拔刀，遂被免職。故奉行所之官員，亦不能嚴行取締。(註三二)於是幕府根據新井白石之建議，期以正德五年（一七一五）改正海外貿易法。來航清船，限定三十艘，貿易銀額，限定六千貫。先於正德三年徵長崎奉行大岡越前守之意見。其諮詢書中分條詢問如下：（一）貿易銀額六千貫，對於由日本交付清商之銀、銅、俵物、諸色（解釋見後）應如何分配？（二）清舶三十艘中，對於中國及南洋諸港，又應如何分配。且兩方面積載貨物之銀額，又應如何分配？（三）清舶每艘積載貨物之銀額，應如何限定？（四）因限定每年來航船數而授之公憑，應如何辦理？（五）貿易法之改定，對於清商應如何通告？（註三三）後白石參考各方意見改正商法大綱細目二百十一條，凡八卷，上之幕府，此卽正德新商法也。幕府爲公布計，於正德四年（一七一四）八月，先命長崎奉行，對於清船交易畢後請歸者，命待至來春。（註三四）五年二月，遣大目付仙石丹波守，使番石川三右衛門二人爲上使，赴長崎。（註三五）三月，召集清船主等至長崎奉行所，發布新商法，且使通事在旅館中，詳告以各條之主旨，使船主等出具連署證書。正德新商法之主要點如下：（一）來航清船，每歲三十艘。其分配法，南京、福州、寧波計二十一艘，廈門二艘，臺灣二艘，廣東二艘，交趾、暹羅、咬𠺕吧各一艘。（二）貿易銀額限六千貫，每艘百九十一貫，稍有出入，尙無不可。（三）限定之清船三十艘，年年授以信牌。有牌者許互市，否則不許。信牌（又名割符）之制，乃新井白石模仿元代之市舶法中所載公驗之制而加以增減者。其文如次（註三六）（錄原文）：

信牌

長崎通商照票

長崎譯司某某某某某某時奉鎮台憲命，爲擇商給牌貿易肅清法紀事。照得爾等唐船通商本國者，歷有年所，絡繹不絕。但其來人混雜无稽，以致奸商故違禁例。今特限定各港船額，本年來販船隻內該某港門幾艘，每船所帶貨物限定估價約若干，爾以通生理，所諭條款，取其船主某親供甘結在案。今合行給照，即與信牌一張，以爲凭（憑）據，進港之日驗明牌票，繳訖即收船隻。其無凭者即刻遣回。爾等唐商務必愈加謹飾（飭），倘有違犯條款者，再不給牌票，按例究治，決不輕貸。各宜慎之，須至牌者。

右票給（港名）船主　某

正德伍年三月　　日給

譯司　　限　到

又由通事示諭清商規則九條。其第二條云：

「一，每船商貨若按限定銀額載來，其物完全收買。按照其年物價估計貨物。若在定額以外有三十貫目之餘貨，當以貨物交換。若定額外之貨，仍不止三十貫目，則皆強納入定額限數貨物之內，全數收買之。若其時淸商因其貨較定額銀數溢出甚多，不允僅以定額銀數收買，而起爭執時，除多餘貨物完全沒收外，並不給信牌，全船之人，永久禁絕往來。若載來貨物太少，仍按定額貨物呈報，則以常年物價與其年相類之船之物價比較，若較定額不足三十貫目，則減其一船之賣額，方許商賣。凡載來貨物，較一定銀額不足太多，亦不給信牌，一船之人，永久禁絕往來。」

其第四條云：

「一，領受信牌往來之船，以五島以南之海上，爲往來之路。若行規定之海路時，因被風波而漂流於意外之地，仍依向來規定之法辦理。若入港之時，不依一定之路，則其年不許商賣，並不給信牌，一船之人永久禁絕往來。歸時若無順風，不能行一定之海路，應退回長崎港，陳明理由，待有順風再行。若無故停船於港內，以遲延時日；或行規定以外之海路，則再來時不許商賣，不

給信牌，一船之人，永久禁絕往來。」（註三七）

是年六月，由長崎奉行大岡備前守，對於長崎地方官員關於商法亦有所訓誡（註三八）八月，又命清商等出證書嚴守令條。（註三九）是年秋，奧船七艘入港，此等船因未知發布新商法，仍許貿易歸時仍給信牌。（註四〇）

日本信牌之制度既已確立。翌年享保元年（一七一六）如期持牌而來者，僅奧船七艘，口船無來者。因去年莊運卿謝叶運等未給信牌，命其載回。故莊謝等見南京、寧波之船得信牌而歸者妬之，乃讒訴於官府，謂彼等已奉日本正朔，用日本年號，官署於是沒收其信牌，且加監視，故不能來也。是年二月，廣東船主李韜士來航，訴其無牌之原因，幕府斷然不許貿易，命其載回至享保二年（一七一七）五月，清商信牌案件始解決，信牌給還原主，自是年八月，乃有入長崎之清船。（註四一）是時因前年入港之清舶太少，號外船之許貿易者達四十三艘。是年三月，增加信牌十枚，改船數爲四十艘，貿易銀額改爲八千貫。（註四二）至五年又復爲三十艘。（註四三）此後船數，時有增減。由大體上言之，則隨時代之降而減少。蓋因日本輸出品中最重要之銅，出產漸少故也。今爲簡明起見，將元祿元年

（一六八八）初定貿易船數爲七十艘之後，船數之增減列表如次：

限定淸船船數增減狀況一覽表附。符號者爲許貿易之一定船數
附・符號者爲許入港之一定船數

法令發布之年月	開始實行之年	定船數	典據
。元祿元年八月	元祿元年	七〇	長崎市尹書留　長崎蟲眼鏡
。元祿十年	元祿十年	八〇	白石私記
・正德五年三月	享保元年	三〇	月堂見聞集　堺市尹書留
・享保二年三月	享保二年	四〇	堺市尹書留
・享保四年	享保五年	三〇	長崎實錄大成　長崎紀事
・享保十八年四月	享保十九年？	二五	長崎實錄大成
・元文三年	元文四年	二〇	長崎實錄大成
・寬保二年十二月	寬保三年	一〇	長崎紀事
・延享三年五月	延享四年？	二〇	長崎紀事
・寬延二年正月	寬延三年？	一五	長崎紀事

•明和二年	明和二年	一三	長崎實錄大成
•寬政二年四月	寬政三年	一〇	長崎實錄大成

四　淸船入港與回國時情形

淸船不問口船奥船，概先停泊於普陀山（舟山列島之一小島）候得順風，則駛來長崎。蓋自寬永十二年（一六三五）以來，對中國貿易港限於長崎一港故也。有時途中遭風波之難，漂泊於薩摩、五島、平戶、對馬等處，屢曳船曳入長崎。繼因有假託爲漂流而祕密營貿易者，故幕府取締更嚴。淸商入港時，須聲明「未曾泊船於日本何地今日逕行入港」。（註四四）自寬永十五年（一六三八）以來在長崎港西南野母崎之日野山上設遠見番所（望遠哨棚）置遠見番（望遠役）備遠望鏡，使常注視海上，見有異國船進長崎，立即在報事船上高懸「野母報告船」黑字大旗，迅速報告奉行所。惟野母距長崎有七日里之遙，報告有遲緩之虞。元祿元年（一六八八）又設番所（哨棚）於小瀨戶山上，用號報由野母通知小瀨戶，次第傳於十善寺村海邊，上筑後町觀音寺，以達於奉行

所。三年，長崎之江戶町，五島町，大黑町，稻佐，亦設番所，稱爲湊番所。(註四五)

中國商船入港之際，在昔無改裝船隻之事。只遣町年寄、町使、通事、系割符等前往，調查幕府之買入品耳。自寬永十三年（一六三六）始由奉行所差遣檢使，令其改裝官船。蓋因取締天主教，及防止祕密貿易，不得不然也。(註四六)其法隨時代而稍有不同；據寬文八年（一六六八）之規定，當報告有清船入港時，奉行所立出番船迎之。待碇泊港內，番船即繫於其艫，嚴重監視，至改裝告竣而止。又另由町使按清舶之數，派出番船。（清舶二艘，町使番船一艘，三艘至五艘派番船二艘，六艘以上三艘）由奉行所派遣與力二人，步行者一人，同心一人，町使一人，通事二人爲檢使。宿町附町之乙名組頭，亦到船宣讀禁止天主教之法度；復使每人足踏天主繪像，仔細檢點船中貨物，然後方許上陸。(註四七)藏清商貨物之庫，其初借用江戶町五島町大黑町等海岸之町藏。延寶八年（一六八〇）在十善寺村海岸建造長二十八間寬三間五戶之土庫，稱爲梅崎土藏。元祿十一年（一六九八）長崎大火，付諸一炬，市民請於海中新地築庫，許之。十五年，築東西七十間南北五十間之基地，造十二棟（寬三間長二十五間）六十戶（一棟五戶）之庫。自此清商貨物，咸入於此。(註四八)貨物入庫手續，此後大體相同。惟自正德五年（一七一五）設信牌之制，入港之際，先遣值年通事查明淸船之起帆地、來路，乘客人數，信牌之有無等。不持信牌者，無論如何請求，除供給薪水外，不許一切交易。若遇順風，立命歸國。有信牌者，由奉行所派遣檢使、風說役、通事目付、値年番、大小通事等，收査信牌，且探聽異國風說而記錄之，報告於奉行所。次令淸商具呈詳載貨物品量之書狀，於是差遣檢使，行改裝事。貨物上陸時，派遣檢使，在本船與倉庫監視。淸船兩側置番船二艘，駁船中，亦有奉行所之下役、船番、町使等，嚴重監視。由本船送貨物至倉庫時，本船檢使出一發條。倉庫檢使，以發條與貨物一一核對，無誤，乃於發條之後，簽書「不錯」字樣，送交本船檢使。此時如發現禁品、專賣品、寄進物（施捨寺社之物）等，皆印封之。（註四九）貞享二年（一六八五）以後，倉庫亦加印封。（註五〇）貨物入庫以後，又精査貨物。是時以町年寄、諸目利、通事等爲檢使，與淸商會同精査貨物之數量，評定品位，議定元値，以便交易。定元値時，極其嚴密。（註五一）然後或相對訂約買賣，或投票定價，依其時之市法行之。

交易告竣，乃命淸船歸國，其規定亦隨之而稍有不同。據寬文八年（一六六八）之規定，是時檢使，臨船監視貨物改裝原船，是時出口貨物，概由宿町附町之乙名加以印封，然後裝船。仍恐有隱匿禁品之虞，又拆其十中之二三檢查之。歸國時期，自寬永十年（一六三三）以來，每年以九月二十日爲限。遲來者限定五十日內回國。清商每因秋期無順風，航行不便，屢屢愬訴，故自寬文八年，歸國之期，許延至十一月中。出口之日，先由船主報告，當由奉行所派出番船監視，至白戸邊，復由町使另派番船監視，至帆影不見方回。（註五二）寬文十一年（一六七一）二月，清船歸國時，令船主出誓書，聲明不赴呂宋及信天主教之國，再來時不入長崎以外之港，不搭天主教徒，及住居海外之日本人，不運出日本武器武者繪等禁品。（註五三）正德五年（一七一五）新令，（一）清船歸國時，先命近國之諸侯，處處巡查，以防祕密貿易。（二）清船於交易畢後，順序一一命其歸國。（一時若有多船歸國，則須多數番船故也。）（三）歸國之先，奉行所之檢使地方官員等與清商會同檢點改裝應出口之銀、銅、俵物、諸色等。檢使與清商監視封固，裝於船中，未至出口之日，皆使船番守之，不許清人一人上船。（四）出口之日，清人等出唐人街時，精細檢查其衣服器具，方許上船。是時招船主至奉行所，授以復來之信牌後，立命出口。（五）使番船至港外遠望，是否遵行一定之路。（六）歸時

改裝貨物時，若發現違法之物，不與信牌，一船之人，永久不許來日本。(註五四)

五　差宿宿町唐人住地

初慶長年間，明商到長崎時，幕府待遇，頗爲寬大。彼等得自由訪其故舊而宿於其家。及元和元年（一六一五）以後，視商品之數量而使出銀，稱爲口錢（又名宿口錢）爲宿主所得。(註五五)故明船入港時，長崎町民等爭出小船迎之，競欲引至己家。自寬永十四年（一六三七）以後，又使明商出具書狀載明宿於某町某家，其宿處名爲差宿。(註五六)其時獲利益者，僅爲宿主，町內他人，不能分潤。故十八年（一六四一）規定口錢之內三貫目爲宿主所得，其餘分配於町內人民。又在明代，凡中國商呈報之書狀中町名氏名有不符者，或係漂流而來之船，則在內外町立定次序，使之宿泊。其町名爲宿町，口錢爲其町所得。及至清代，仍用此制。至寬文六年（一六六六）停止差宿，使清人悉宿泊於宿町。船主宿於乙名之居宅，其餘宿於宿町之各家。(註五七)清人之內，船中搭客，有屬於客唐人者，則使宿於宿町以外相知者之家，稱爲小宿。貨物大部分，亦送此處，小宿主取其口錢。未幾禁

止。（註五八）

清人宿泊於宿町，頗不循規矩，百弊叢生。往往喧嘩擾攘，或私通町家之妻女。又幕府雖限制貿易額，彼等仍每犯禁以作祕密貿易。故幕府於元祿元年（一六八八）九月，命長崎之町民卜定十善寺村御藥園之地，營唐人住地。翌年四月工竣，自是入港之清人，悉令居住於其圈內。據長崎實錄大成所記，其規模如次：

總坪數 九千三百七十三坪八合

唐人館之內 六千八百七十四坪

唐人住房二十（皆兩層樓每屋寬三間長九間或寬四間長七間） 市店百七（寬一間半長三間） 土神祠一（六坪） 關帝堂一（十六坪） 觀音堂一（六坪）

納涼台一（九坪） 水塘三 井三

大門內二門外之地 六百五十四坪六勺

乙名房屋一（四十三坪） 土庫一 表總長屋（五十五坪，此內有通事房，大門門房，守衛室二門門房一（寬一間半長三間） 偵探室一（一間四方） 蔽雨廣屋一（二十四坪，此內置唐人身邊攜帶之器物及船纜等。） 牢屋一（內柵寬二間長三間。外柵寬三間長四間。）

外廓竹垣之內 千八百三十五坪七合四勺

番所（守望所）五（寬一間長二間）

大門前碼頭 百九十三坪

碼頭守望所一（內分長五間寬三間寬一間半長二間二室）

土庫一（寬三間長十五間） 小屋一（唐人糧米精製所） 竹柵門守衛室（寬一間長一間半）

總計工費銀六百三十四貫四百四十匁餘。此中四百貫由幕府暫墊，向清人徵收屋租，分五年歸還。其餘二百三十四貫目餘，由長崎町內支出。幕府特在唐人住地，置乙名組頭以下筆者小役等職，使分理唐人一切事件。又新置唐人番二十八，使在大門二門崗位守望，懸牌禁止清人妄出園外，如因往衙署，或參拜寺院等事出外時，必由唐人番船番，町使等隨行。除一定員役之外，亦不許妄入園內。(註五九)但許妓女出入。並可從清人慾望留居園內。故其中有擁妓女如妻者，有懷妊生子者。當其人在日本時，許養育於園內。(註六〇)清人等每歲來日，每齎土產給其幼兒。富裕者每託長崎人買房屋以養育子女。唯不准攜子歸國，故父子哀別離者甚多云。(註六一)正德三年（一七一三）改定貿易法時，幕府有復行町宿之議，先徵長崎奉行意見。時長崎奉行大岡備前守，謂若使清人宿於町家，不易取締祕密貿易事，遂中止。(註六二)（譯者按每貫等於一千匁，每匁合中國一錢）

其後唐人街屢遭火災。自元祿十六年（一七〇三）十一月館內失火，燒十一住室，其後寶永二年（一七〇五）九月，四年八月，元文元年（一七三六）二月，二年二月，明和五年（一七六八）十一月，天明四年（一七八四）七月等，數遭此禍。就中以天明四年為甚。除關帝堂外，悉付一炬，其中清人八百九十二名，臨時分置於唐四寺，卽興福寺福濟寺崇福寺悟慎寺中。(註六三)唐人街消防之任，自元祿以來，令今古灰町，今鍛冶屋町，本五島町，新石灰町，島原町，出來鍛冶屋町，西築町，今籠町，本籠町，油屋町，東筑町，北馬町，丸山町，寄合町等十四町當之。(註六四)

六　貿易法

長崎之日淸貿易法，隨時代有許多變遷。初，慶長時，南蠻船多裝白絲來長崎。當時貿易法未定，外商貿易，不能發達，極感困難，訴於奉行所。時長崎奉行小笠原爲宗（一庵）謂若使彼等運回，則必不再來；乃謀於幕府，諭京都堺長崎之豪商，悉數收買之。翌年，南蠻船又載來白絲甚多，因而絲價大落。前年買絲之商人大受損失。幕府命以此等商人爲限定，一有利價值，按照前年收買額，憑絲割符（絲執照）買收。此爲絲割符之原起。慶長九年（一六〇四）五月，幕府對於京都、堺、長崎之商人，置絲割符年寄（官名）白絲貿易只許此等商人營之。外舶來航時，絲割符年寄未定白絲價值以前，禁止各地商人入長崎。(註六五)後至寬永八年（一六三一）江戶、大阪之商人亦加入，有五處商人之稱。十八年（一六四一）博多、對馬、筑後、小倉、肥前、平戶等商人，亦得有少量割符。(註六六)又如銀朱，自元和二年（一六一六）以來，亦惟許銀朱店賣買。(註六七)其他貨物，概爲相對訂約商賣。當時輸入品之七分爲白絲與端物（譯者按端物蓋指綢緞）每年以第一次入港之船，所定白絲之價值爲標準。此外各種貨價自然隨之而定。(註六八)白絲貿易，於每年之春定其價格，一年之間，不少移動。於是清商等相謀，春季輸入少量，使價格騰貴，至夏秋輸入多量，以博大利。明曆元年（一六五五）清商與絲割符年寄間因此發生糾紛；不得已展緩清舶歸帆之期限。幕府遂廢絲割符法，概改爲相對商賣。(註六九)但相對商賣徒促進日本商人之競買，唐物益貴，金銀之流出愈甚。故寬文十一年（一六七一）九月，牛込忠左衛門赴長崎奉行之任，密與地方諸員役謀，對於是年十一月入港之三十八號船貨物，使諸商人投標。以一號標二號標三號標之平均價格，示於清商。承諾則收買，不然則令退回。按一號標之價，賣於一號至三號標三人，其價與平均價間之餘數作爲口錢，分配於本地之人。十二年亦將用是法，但商人等競欲達三號標，投標者至數千人，終至喧嘩爭鬬，不得已而中止。於是又發明一法，名市法商賣。其法先由五地商人，各選出首領二人，名爲「札宿老」，管理人四五人、絲、綢緞、粗貨、藥材等目利十二三人，以此等人爲精查貨物官，在倉庫中與奉行所之檢使，町年寄，常行司等會同精查清人貨物；且按京都及附近一帶之行情，減價估值。五處各作成估值表，皆約較原值低下三四成，另加各物標本，送於奉行所。奉行所使町年寄參考其表，或以一二三號標之平均數爲元值，或以五處估值表之總平均爲元值，或按時時之需要供給，某物按削減之價，某物按高值之標，以爲元值，示知清商。清商若承諾則收買，不然則命退回。至於收買之貨，分配於日本商人亦有定法，先調查集於長崎各商人之身分，分爲大商人中商人小商人，預定其買額之比例，記其姓名，投於箱中，然後依拈鬮之法分配之。若白絲之分配，未達白絲總額以前，則一再拈鬮，以賣於拈出之商人。但拈得之商人，貨物不易一一分配，復投標以解決之。(註七〇)市法商賣，凡行十餘年，後因商人之數，次第增加，漸多混雜。貞享二年（一六八五）正月，定貿易額爲六千貫，廢止市法商賣，復用古法，再興絲割符，置絲宿老。(註七一)白絲以外之貨物，有用直組商賣之法，由長崎地方官員定元值者，有用投標商賣之法，由各商人投標定元值者。正德五年（一七一五）三月，諭清商等云：

「商賣之法，舊例由長崎地方官員定其年之物價。但商賣者，爲求利計也；故仍以投標法定物價爲善。自今以後，若因投標之價值低下，仍欲與官員公定其價者，應無庸議。」(註七二)

直組商賣之法，由長崎會所，向清商買取貨物，取幾成口錢，分配貨物於諸商人。投標商賣之法，則向商人徵收所謂「懸物」之稅，以此充長崎地方官員之薪俸，與町內之各種費用。(註七三)然則長崎會所，爲如何之機關乎？卽地方官員會同執行海外貿易事務之機關也。初慶長九年（一六〇四）定絲割符時，設於本博多町。延寶三年（一六七五）移於八百屋町。當時行市法商賣，故名市法會所。貞享二年（一六八五）因絲割符再興，名爲割符會所。至元祿十一年（一六九八）改稱爲長崎會所。其中分集會所，絲庫，銀庫，鐵場，廚房，連屋等。（註七四）其他又有代物替會所（參看第三節）俵物（海貨）會所，雜物替會所等代物替會所者，元祿十年（一六九七）代物替之權，歸於長崎時，建於本興善寺町。正德五年（一七一五）改行新商法，代物替之法停止，會所亦廢。（註七五）俵物會所，自元祿以來，日本之水產物盛行輸出，指定包辦人往各地收買，斯時遂設立俵物會所。天明五年（一七八五）廢之，改爲俵物方役所，由長崎會所直接辦理。（註七六）雜物替會所，因享保十四年（一七二九）有所謂雜物交易，除定額外，對於口船三十貫，中奧船三十貫，奧船四十貫之貨物，許以銅，海參，乾鮑，及其他海產物，藥材，皮革，眞珠，漆器等物相交易，會所建於今魚町，（註七七）

七　貿易稅

日本與海外貿易，在昔無可名爲課稅者。若強求之，則天龍寺船，歸國後進納現錢五千貫文於寺家，或爲課稅之一種。長崎貿易，初亦不課貿易稅。內外商人，咸集於此，自由交易，而得許多利益。及時代旣降，乃設「口錢」「懸物」「常例置銀」「船別置銀」「八朔禮物」等種種名目，而徵稅之事起矣。收其利者，初僅長崎町民之一部；繼則以長崎之所得，充地方官員之薪俸，及町內收入費。其他一部，稱爲運上金，上納於幕府。長崎貿易稅之最初者爲口錢。先是來長崎之中國商人，槪宿於故舊之家，自由貿易。元和元年（一六一五）長谷川藤廣爲長崎奉行，訂定規則。端物一端，徵銀十錢；粗貨銀額百錢，徵十錢，由買主付於宿主，名爲口錢（亦名宿口錢）。後來商舶貨物漸多，宿主所得益增。寬永十年（一六三三）核減其額，端物一端，徵銀五錢；粗貨銀額百錢，徵五錢。然口錢僅利於宿主，不能普利長崎人民；寬永十八年（一六四一）定明一船口錢之內，提出三貫爲宿主所得，其餘分配於長崎町內。又同時於內町外町，立定次序，凡漂來之船，使宿泊於此，稱爲宿町，其口錢爲該町所得。至明曆元年（一六五五）仍以宿主所得三貫之口錢過多，減爲一貫五百匁。寬文六年（一六六六）差宿全廢，槪使宿泊於宿町。而淸商等仍以熟識之家爲小宿，由小宿主取口錢。然弊害叢生，未幾小宿全被禁止。口錢內三分之二爲宿町所得，三分之一爲附町所得，故口錢又呼爲三分銀。(註七八)所謂附町者，承應二年（一六五三）七月，明船在稻佐之海濱因烘船底而失火，燒毀多船，乃於宿町以外立附町，掌管防備失火，兼雇用人夫。(註七九)

宿主所得之口錢，初爲宿町附町所得，後一轉而爲長崎所得。其直接原因，因寬文十一年（一六七一）改定貿易法，不爲市法商賣，而用一種投標式，執此事務之長崎市法會所，由清商收買貨物，分配於日本商人，而於其間得差銀。(註八〇)其差銀卽從來宿町附町所得之口錢也。故多分配於宿町附町，而長崎之內町外町，皆分配之。至延寶年中，又另徵本地員役等薪金。(註八一)貞享二年（一六八五）限制貿易額時，廢止市法商賣，再興絲割符。白絲以外之貨物，皆爲相對商賣，而向五處之絲割符商人徵收絲口錢。(註八二)他種則相對商賣端物課以由六分至二成之稅，粗貨課以由一成至三成之稅。然町內之雜用，逐日增加，至元祿元年（一六八八）端物之稅，改爲四成；粗貨之稅，改爲五成。加以諸員役之薪金，端物稅共計四成九分七釐；粗貨稅共計六成九分二釐，可謂重矣。(註八三)翌年，唐人街成，淸人概使居住圍內，徵收屋租。其額按貿易銀額，每百貫目取二貫十九匁，向買主徵收。(註八四)其後貿易法，有名爲直組商賣，由長崎會所向淸商收買貨物分配於諸地商人者。有名爲投標商賣，由各地商人自行投標者。前者有稱爲「幾成貼水之法」徵幾成口錢。後者徵所謂「懸物」，皆重稅也。(註八五)

以上所述之「口錢」「懸物」「屋租」等，皆向日本買貨商徵集者。其他又有「常例置銀」「船別置銀」「八朔禮物」，則向淸商徵集。常例置銀，始於何時，無考。惟貞享二年(一六八五)限定貿易額時，是歲遲到者，自十號船至五十一號船四十二名之船頭，大感困難。乃向官署請求，言今後無論如何，均惟命是聽。惟限於今年，仍請按前例貿易。倘倣中國徵收抽分錢(卽運上金)之例，而稍上納，亦所樂從。今願向長崎町出銀。端物銀額每百貫出銀十五貫，粗貨則出二十貫云云。(註八六)由是觀之，當時尙未有常例置銀明甚，恐卽由是歲許此等人貿易，乃新定此例者。按常例置銀，據正德五年(一七一五)六月之令，貿易之銀額每百貫徵收七貫六百八十三錢三分。此款自長崎之神社佛閣始，以至地方大小員役，廣行分配。(註八七)船別置銀，似與常例置銀同時興起者。寶永六年(一七〇九)，每船一艘，徵一貫百八十八匁二分。(註八八)八朔禮物，乃淸商贈長崎奉行以下諸員役之禮物，似早行於慶長元和之時。寬文六年（一六六六）河野權右衞門、松平三江郎爲奉行時，停止奉行之禮物，而贈加五百石之俸，僅諸員役受其禮物。（註八九）至寬文十二年（一六七二）又復舊。貞享元年（一六八四）以前，行市法商賣時，每船一艘，使以紗綾若干端綢縐若干端等實物相贈餽。翌年限定貿易額以後，規定禮物之數，每貿易銀額千貫目，奉行各四貫三百匁，代官八百六十匁，地方支配年寄六百匁，町年寄各三百五十匁，常行司各百四五十匁，合計十一貫六百六十匁。（註九〇）八朔禮物之名，初因八月朔日，贈物諸員役而起。其後乃無論何時，每當貿易告竣，則請奉行所定日屆期，清商等與警衞人員，通事，同到奉行所，謁見奉行，進上禮物。（註九一）此外又有盈物之名，亦可視爲一種之稅；所謂盈物者，原係搬夫搬運貨物時，漏洩於地之物，稱爲盈物，概爲碼頭夫役之所得。後因傭夫等有故意使之多落之弊，自天明四年（一七八四），規定每船一艘，使出砂糖七千五百斤。（註九二）

以上所述，長崎一地，曾設種種名目，向內外商人，徵收稅款，以供諸員役薪金，或分配於內外兩町。前舉諸說外，長崎町所得利潤，仍屬不少。其最著者，名爲「唐人遺拾」，即清人等滯留日本時，米魚蔬菜等食料品與修繕船隻之消費銀也。據長崎奉行之報告，自寶永七年（一七一〇）至正德二年（一七一二）三年平均數，爲千四百七十七貫目（但內含常例置銀船別置銀八朔禮物等）略等於當時貿易額四分之一。（註九三）又有間銀（又名間金），亦爲長崎收入之一種。寬文四年（一六六四），從荷蘭人之請，由翌年起，以銀易金攜回，當時日本時價，每金一兩合銀五十八匁，而使以六十八匁換金，所餘十匁之利，稱爲間銀。分配於長崎。清商等欲攜金回國者亦同。寬文十二年（一六七三）以後，幕府收歸己有。貞享二年（一六八五）以後，又分配於長崎。（註九四）

由上觀之，得海外貿易之利者，僅長崎之町民耳。故新井白石極論其不適當曾云：

「外國本國商人，在長崎買賣，似僅爲利益長崎之人而設者，此理殊不可解。長崎之人，並非由六十餘州之人民中選出以奉公者，乃年年獨受官家之大恩，實古來極不平允之事。然以習慣之故，世人竟不以爲怪。天下類此之事，不知若干，予眞不解」。（註九五）

嗣後幕府遂限定長崎本地分配金之數，餘款皆使上納，稱運上金，或使上納一定之運上金，而以其餘分配於本地。先是元祿八年（一六九五），江戶商人伏見屋四郎兵衞，請於中國荷蘭餘貨内，限銀額一千貫目（内三分之二爲淸貨三分之一爲荷蘭貨）以銅爲代替物以相交易，願以金千五百兩上納於幕府，稱爲運上金此運上金之始也。(註九六)翌年伏見屋又獻運上金一萬兩，請許五千貫目之代物替。(註九七)十年，代物替專歸長崎，運上金定爲三萬六千兩，其餘分配於本地。(註九八）此爲長崎運上金之始。十二年定本地分配金爲七萬餘兩，其餘咸使上納，此本地分配金爲七萬兩之始。(註九九)正德五年（一七一五）改定貿易法，雖廢止代物替，而運上金仍達七萬兩之數。至享保八年（一七二三）運上金改爲五萬兩，其餘分配於本地。(註一〇〇)後因海外貿易衰微，規定之運上金，不能如數上納，至享貞十六年（一七三一）十七年，僅納三萬兩，而本地之窮困亦甚。十八年四月，請免納一萬五千兩，而減爲三萬五千兩。十九年淸舶之數，減爲二十五艘以後，元文元年（一六三六）運上金遂無一定，僅以本地分配之餘金上納耳。(註一〇一)其後不知何時，運上金定爲一萬五千兩。明和七年（一七七〇）於一萬五千兩外，又增上五千兩。安永五年（一七七六）以後，復增七千兩。天明八年（一七八八）又改爲一萬五千兩。屢有變革，靡有一定。(註一〇二)

八　貿易品

清船所齎之商品，種類頗多。中國十五省之物產，網羅殆遍。蓋中國北部西南部之商人，各攜其地之物產，由南京船與廣東船渡來者頗多故也。西川如見之華夷通商考，曾將中國十五省輸出日本之商品，分省別舉。今將與日本關係最深之南京浙江福建廣東四省貨物，摘錄如次：

南京省

書籍　白絲　綾子　紗綾　縐紗　綾機　羅　紗　紀　閃緞　雲綃　錦　裏綃　金緞　五絲　柳條　襪褐　紬　棉織綫袋　綃紬　綿布　絲綿布　絲綿　繰綿布　絲線　紙　書信紙　墨　筆　扇子　箔　硯石　線香　針　櫛篦　香袋　造花　茶　茶瓶　磁器　鑄器　錫器　象眼鐔　漆器（堆朱　青貝（螺鈿）　蒔繪　塗朱　沈金　屈輪）　光明朱　綠青　明礬　綠礬　紅豆　茨實　檳榔子　旃檀　芎藥　黃精　何首烏　白朮　石解　甘草　海螵蛸　紫金錠　蠟藥　花石　木偶人　角細工物　皮匣　纏貨　墨蹟　繪畫　古董　細用器　藥材

浙江省

白絲　縐紗　綾子　綾織　紗綾　雲綃　錦　金絲布　葛布　毛氈　綿　羅　裏綃
茶　紙　竹紙　扇子　筆　墨　硯石　瓷器　茶碗　漆　漆　燕脂　方竹　冬笋
南棗　黃精　芡實　竹鷄　紅花木犀　附子　藥材　細用器

福建省

書籍　墨跡　繪畫　墨　筆　紙　布　葛布　白絲　綾子　縐紗　紗綾　八絲　五絲　柳條　綾織　紗　絽　羅　紬　絹紬　閃緞　天鵝絨　裏綃　絲線　綿布　畦布　砂糖　甘蔗　佛子柑　橄欖　龍眼　荔枝　天門冬　明礬　綠礬　花文石　鹿角菜　紫菜　牛筋（用張彈棉之弓）　天蠶絲　磁器　美人蕉（盆栽之小芭蕉）　線香　鑄器　漆器　古董　扇子　櫛篦　針　蠟　降眞香　回香　藕紛　魚膠　絲綿　茶　蜜餞物　落花生　藥物　細用品

廣東省

白絲　黃絲　錦　金緞　二彩　五絲　七絲　天鵝絨　八絲　閃緞　鎖服　柳條

綾子　縐紗　紗綾　絹紬　紦　綿　紬　綢　漆器　土燒物　銅器　錫器　亞鉛

針　眼鏡　龍眼　荔枝　沉香　烏木　礬枝花（木棉類裝枕用）　玳瑁　檳榔子

龍腦　麝香　眞珠　英石（藥物）　眼茄（木之實其色形似茄子而小眼病時用以拭目）　山歸來　漆　椰子　波羅蜜　蚺蛇膽（藥物）　水銀　鍋　天蠶絲　端硯（硯石）　車渠（石）　花梨木　籐　翡翠　鸚鵡　五色雀　碧鷄　孔雀　藥材　蠟藥

其書又列舉清國以外之地之商品。茲舉交趾東埔寨暹羅咬𠺕吧之貨如次：

交趾

奇楠　沉香　黃絲　紬　紗　羅　王絹（貢於國王者）　絲頭　絲線　木棉島　烏綾　牛黃　籐黃　紫梗　姜黃　鐵刀木　胡椒　樹皮　檳榔　蘇木　大風子　漆　蠟　安息香　乳香　椰子　鮫　砂糖　浮石糖　砂糖蜜　青黛　礬枝花　牛皮　牛角　棉花　花布　山歸來　烏藥　肉桂　霍香　甘松

東埔寨

鹿皮　牛皮　牛角　象牙　虎皮　犀角　犀皮　血竭　漆　蘇木　黑砂糖　大風子

藤　藤席　礬枝花　蠟　牛蠟　魚膠　紫梗　檳榔子　樹皮　雌黃　鮫　椰子

多羅欒　多羅蜜　鳥類（鸚哥孔雀鶴鳩等）　獸

暹羅

花毛氈　花布　木綿島　大木綿（大布）　白檀　水牛角　鹿皮　鮫　象牙　犀角

犀皮　牛皮　紅土　錫　亞鉛　黑砂糖　切砂糖　白砂糖　藤　藤席　白焰硝

藤黃　漆　血竭　鬱金（染料）　蠟　大風子　椰子　檳榔子　大腹皮　姜黃　礬

枝花　多羅蜜　胡椒　乳香　肉桂　阿片　白豆蔻　阿仙欒　蘆薈　綠礬　膽礬

燕脂　藻玉（萍之實）　海椰子（藻之實）　黑胡麻　西國米　繰綿　綿織花毯

石鹼　蘇木　魚膠　虎皮　蛇皮　鷄　鳥獸　米　斑竹

咬𠺕吧

黑木棉（黑棉布）　咬𠺕吧島　沉香　乳香　沒欒　朱砂　石黃（用作欒石繪具）

紫檀　白檀　丁子　血竭　猴棗（生於羊等獸胃內之石用以解萬毒）　砂糖　蘇木

胡椒　漆　蠟　蜜　燕窩　番水鼈　檳榔　肉荳蔻　巴旦杏　蘇香油　比利（魚膽加藥堅煉之者用以治蟲霍亂）　龍腦　安息香　白木棉　烟草　魚膠　籐　籐席

佳文席　竹　鼈甲　鹿皮　鸚哥　孔雀　白鳥　喰火鳥　趙昌鳩　八哥　貂鼠

山豕　猿　麝　犬　荷蘭酒　玻璃瓶　大猿　米

觀此可知當時輸入貨物爲何如矣。概言之，口船船小，故多裝絹絲織物，毛織物，書籍，書畫，骨董，文具，茶，磁，漆器，寶石，藥品，扇，針，櫛，篦等細物。奥船船大，專裝綿，糖，米，香木，香料，籐，籐細工，獸皮，獸角，珍獸，奇鳥等粗物。是等輸入品，年年爲數頗多，不僅爲上流社會所喜，卽普通人亦愛用之。直接間接，對於日人生活上，與以多大影響。尤以唐本書籍之輸入，影響於日本文化者最大。幕府於長崎奉行之下，置書物目利之官，以精識唐本者充之，使司檢閱。據長崎向井氏之記錄，與近藤正齋之好書故事、右文故事，太田南畝之瓊浦雜綴、瓊浦又綴等書，可以推知當時輸入之唐本，與學界之傾向矣。又長崎縣立圖書館中，藏有書籍元帳，記載輸入唐本之書名，並其銷路，亦最有興味。武藤長平氏曾介紹於學界。(註一〇三)惜其記錄，僅存天寶弘化嘉永安政十三册耳。長崎輸入唐書之一部分，稱爲御文庫御用，藏於楓山文庫，後由官板翻刻，官板翻刻之書籍，由周至清之著述，達一百九十三部。(註一〇四)其他入於好學之諸侯之手，有在藩國翻刻者。天保十三年(一八四二)幕府令十萬石以上之諸侯，獎勵翻刻書籍。(註一〇五)此種輸入翻刻之書籍，入日本學士文人之手，致各地文運大興，而清之考證學風，亦由是風靡於日本學界。又詩集、詩論、詩話之輸入，則影響於日本詩學。小說戲曲之輸入，則影響於日本文學。畫論畫譜之輸入，則影響於日本畫界。其他醫學、博物學、理化學等，無一不受影響。中村久四郎博士有近世支那ノ日本文化ニ及ボシタル勢力影響(註一〇六)一文，論述頗詳。

又當時幕府因經濟上有勵行節約之必要，非需要之奢侈品，特指定其名目，禁止輸入。(註一〇七)然其禁令，非永續的，其後次第解禁。

輸出品，則以金銀銅爲最重要。據寶永六年長崎奉行之報告可知。(註一〇八)新井白石亦有論文如左：

「觀由慶長至此凡百七年間，入於外國金銀之大數；又觀慶長以來日本所產金銀之大數；則知金失四分之一，銀失四分之三。再經百年，金必失其半，銀則不出百年，日本將無可用之物。銅則現今已不足爲海船互市之用。卽日本之歲用，亦患不足矣。」(註一〇九)

金銀銅三者之內，銀之輸出者最多，因而貿易額皆按銀額計算。初對中國貿易所用之銀，爲吹南鐐。(最上之銀之名)至慶長十四年(一六〇九)九月用丁銀，(註一一〇)

自元和二年(一六一六)在長崎立銀爐，使改造贋銀及唐船持回之丁銀。(註一一一)然日本之銀，仍次第減少，寬永八年(一六六八)五月乃下令對淸商用金。(註一一二)九年十年皆用金。十一年以後，似又用銀。(註一一三)蓋因計算上之關係也。一方又鑄銅錢，爲與淸商交易之用。因此自萬治二年(一六五九)七月，設造錢廠於長崎，專鑄渡往外國之銅錢。錢文用古錢之文字，寬永年號原在禁例。(註一一四)自元祿八年(一六九五)許以銅爲代替物，銅之輸出驟增。據寶永七年(一七一〇)四月長崎奉行久松忠次郎、別所播磨守之報告，貿易銀額百貫目中只許二貫六十匁之銀出口；銀額六千貫中，只許百六十貫之銀出口。(註一一五)正德三年(一七一三)十二月長崎奉

行大岡備前守之意見書，對於貿易銀額六千貫比例數如左：（註一一六）

銀額百十貫目分　丁銀

銀額二千二十五貫目分　銅百五十萬斤

銀額三千三百八十八貫目分　諸色（種種俵物，描金物，伊萬里燒，長崎紙等。）

銀額千四百七十七貫目分　唐人遣捨（魚菜之價唐船日用賃船別置銀，八朔禮金等）。

據此可知銅爲是時輸出之重要品矣。正德以後，所以屢次限制入港清船，減少貿易額者，皆因日本產銅漸少，不足供貿易之用也。吹塵錄「唐方渡銅額」條，自寶歷五年（一七五五）至天保十年（一八三九）凡八十五年間，年年由清船輸出之銅，有明細之記載。寶歷年間二百萬斤內外，明和、安永、天明年間百五十萬斤，寬政、享和年間百三十萬斤，文化年間百萬斤，文政年間七十萬斤，天保年間六十萬斤內外，大體隨時代之降而減少。

因銅之出產減少，貿易費不足，乃以日本之俵物諸色補之。俵物即海參、鮑魚、魚翅、昆布等海產物。海參效力不劣於人參，最被中國人珍重。又鮑魚、魚翅、昆布等，清國亦多需要，業此頗有利益，故清人多喜此貨。初因辦理俵物，設俵物會所，指定包辦人，由諸地買入。後因辦貨之方法不合，致招損失。自天明五年（一七八五）停止包辦法，由長崎會所派遣員役，赴諸地直接收買。（註一一七）俵物最能補銅之不足，故幕府努力獎勵生產。寶歷十四年（一七六四）三月下令諸國獎勵漁獵海產物及製造海產物。其後於明和二年（一七六五）；安永七年（一七七八）；天明五年（一七八五）；文政十二年（一八二九）；天保二年（一八三一）四年等，對於海參、鮑魚之生產買賣，一再發布命令。（註一一八）俵物之外，又有稱爲諸色者，卽黃銅器具，鍍金器具，描金器具，伊萬里燒（磁器名）等，輸出甚多。此等物皆由奧船運往交趾、東埔寨、暹羅等地。清商等有特向該地定造者。（註一一九）又日本精於染色，淸商來日時，多帶來白地布帛，托長崎浦上之染坊染之，持回。日本染物顏色不變，中國甚珍重之。（註一二〇）

禁止輸出品，因時代而稍有不同。足利時代，日本輸出品中最主要之刀劍、硫黃，前後皆在禁止之列。寬文八年（一六六八）命令禁止輸出物如左：

武器　武者繪　小刀　剃刀　一切刃物　硫黃（但除土硫黃）　絹　紬　綿布　絲

綿　紡綿　麻布　蠟燭　銅　漆　油　油酒（油酒在船中用者可持少許）（註一二一）

正德五年（一七一五）命令禁止輸出之物如左：

金子　定額外之銀子　金銀細工物　金物　武具　武者繪　小刀　剃刀　一切刃物

油（一艘可帶五升左右）　漆　寬永新錢　五穀（一人可帶三斗左右又依清商慾望許各人持歸一斗左右）　絹紬　日野絹　羽二重　布　絲綿　紡綿　綿布　麻

苧　木棉（註一二二）

（註一）長崎志　長崎覺書

（註二）正德新令

（註三）長崎集　長崎御用書物　古集記　長崎年表擧要　長崎奉行勤方留

（註四）長崎事始細見錄　長崎記　崎陽記錄　長崎集

（註五）堺市尹書留

（註六）長崎御用書物　吉集記　崎陽記錄　長崎集　長崎實錄大成

（註七）長崎記　長崎覺書　長崎分限帳

（註八）長崎志
（註九）長崎紀事
（註一〇）長崎記　長崎志續編
（註一一）長崎書付
（註一二）長崎實錄大成
（註一三）長崎覺書
（註一四）長崎志　長崎御用書物　古集記　長崎集
（註一五）長崎御用書物　古集記　長崎事始細見錄　長崎集　長崎聞書
（註一六）長崎志　長崎集　長崎實錄大成
（註一七）長崎御用書物　古集記　長崎實錄大成　崎陽記錄
（註一八）記載長崎與清貿易之書，常有口船、奥船、中奥船等名。此不過大體之區別，無判然之界限。
（註一九）華夷通商考。
（註二〇）某年某號船，及春船、夏船、秋船之名，常見於記載長崎貿易之書。但冬期無來航者，故無冬船之名。
（註二一）華夷變態

（註二二）白石私記

（註二三）長崎覺書　崎陽羣談　長崎始末　鼬屁

（註二四）華夷變態

（註二五）長崎市尹書留　長崎蟲眼鏡

（註二六）令節錄　令條集　長崎志　長崎年表舉要　長崎蟲眼鏡　白石私記

（註二七）長崎奉行書留　白石私記　長崎覺書（又白石私記謂於定額六千貫外許代物替二千貫共八千貫。然據長崎奉行書留所載寶永七年四月長崎奉行所上之意見書，則如本文所記。）

（註二八）白石私記

（註二九）長崎奉行書留

（註三〇）白石上書（關於常例置銀、船別置銀、口錢、懸物、運上金等，參照本章第七節。）

（註三一）長崎奉行書留

（註三二）白石私記

（註三三）長崎奉行書留

（註三四）令條集

(註三五)長崎紀事　長崎志

(註三六)月堂見聞集　堺市尹書留

(註三七)長崎御新令　正德新令

(註三八)長崎書付

(註三九)和漢寄文

(註四〇)堺市尹書留

(註四一)白石私記　華夷變態　崎港商談　長崎紀事　長崎志

(註四二)堺市尹書留

(註四三)長崎實錄大成　長崎紀事

(註四四)此事屢見於華夷變態所載風說役、唐通事目付、唐通事等報告奉行所之書狀中。

(註四五)長崎志　長崎集

(註四六)長崎覺書　京監拔書　崎陽紀錄

(註四七)長崎記

(註四八)長崎志

(註四九)長崎書付

(註五〇)長崎志

(註五一)長崎奉行勤方留

(註五二)長崎記

(註五三)延寶長崎記

(註五四)正德新令

(註五五)唐阿蘭陀商法

(註五六)崎陽記錄

(註五七)長崎記　長崎覺書　長崎實錄大成

(註五八)長崎實錄大成　古集記

(註五九)長崎實錄大成

(註六〇)長崎書付

(註六一)翁草

(註六二)長崎奉行書留

（註六三）長崎實錄大成　長崎志　長崎記事　長崎志續編

（註六四）長崎集

（註六五）絲割符由緒　崎陽記錄　長崎集　長崎御用書物　古集記

（註六六）崎陽記錄　長崎御用書物　古集記

（註六七）長崎集　長崎實錄大成

（註六八）崎陽郡談

（註六九）古集記　堺市尹書留　絲鑑拔書

（註七〇）古集記　長崎御用書物　長崎集

（註七一）長崎志　崎陽記錄　古集記　長崎御用書物　長崎集

（註七二）長崎御新令　正德新令

（註七三）參照次節

（註七四）長崎志　崎陽記錄　長崎覺書

（註七五）長崎志　長崎覺書

（註七六）長崎志續編

(註七七)長崎覺書　長崎記錄大成

(註七八)長崎覺書　古集記　長崎實錄大成

(註七九)長崎覺書

(註八〇)參照本章第六節

(註八一)長崎覺書

(註八二)據長崎書付正德五年六月令絲口錢每白絲一斤徵收五分。

(註八三)長崎覺書

(註八四)長崎實錄大成

(註八五)長崎書付

(註八六)長崎市尹書留　白石私記

(註八七)長崎書付（據白石私記寶永六年時貿易銀額每百貫目收六貫四百十四匁五分）

(註八八)白石私記

(註八九)長崎志

(註九〇)長崎覺書　長崎集

（註九一）長崎奉行勤方留
（註九二）長崎志續編
（註九三）長崎奉行書留
（註九四）長崎御用書物　古集記　長崎集
（註九五）白石上書
（註九六）令條集
（註九七）白石私記
（註九八）長崎志　長崎年表擧要（白石私記元祿十年之運上金爲二萬兩）
（註九九）白石私記
（註一〇〇）雜話談附錄　月堂見聞集
（註一〇一）大成令
（註一〇二）長崎志續編
（註一〇三）崎陽訪古志（西南文運史論所收）
（註一〇四）德川幕府時代書籍考附關係事項出板史

（註一〇五）天保撰要類集

（註一〇六）史學雜誌第二十五二十六編

（註一〇七）長崎志　長崎覺書

（註一〇八）參照本章第三節

（註一〇九）白石私記

（註一一〇）官本當代記　慶長小說

（註一一一）長崎集　長崎實錄大成

（註一一二）長崎實錄大成　正保實錄

（註一一三）長崎記

（註一一四）御日記（延享二年六月廢錢爐明和四年又恢復之）

（註一一五）長崎書付

（註一一六）長崎奉行書留

（註一一七）長崎志續編

（註一一八）天明集成絲綸錄　通航一覽續輯　天保集成絲綸錄

（註一一九）長崎市尹書留　正德新令

（註一二〇）崎陽雜筆

（註一二一）長崎覺書　長崎記　令條留　大成令　憲教類典

（註一二二）長崎書付

第二十四章　往來日本並永留日本之明清人與文化移植之關係

一　來遊日本並永留日本之明清僧

日本足利時代，來日之明僧，對於文化影響，已詳第二十一章；自入德川時代，明清商船，來往頗繁，明清僧之來日者，亦絡繹不絕。今列表如左：

德川時代來日並歸日之明清僧一覽表　凡附○者皆歸還本國者

人名	來日年代	示寂或歸國年代	居住日本年數	附注	典據
眞國	元和六年	慶安元年寂	28	江西饒州府人，元和九年長崎唐三寺之一東明山興福寺剏建時，以眞國爲開山	長崎志　長崎覺書
覺海	寛永五年	寛永十四年寂	9	寛永五年長崎唐三寺之一分紫山福濟寺創建時，以覺海爲開山	同右
了然	同右			隨從覺海來日	長崎志

覺意	同右			隨從覺海來日，監理福濟寺者十三年	同右
超然	寬永六年	正保元年寂	15	寬永六年長崎唐三寺之一聖壽山崇福寺創建時，以超然爲開山	長崎志　長崎覺書
如定	寬永九年	明曆三年寂	25	住興福寺	長崎志
○普定	寬永十六年	明曆元年歸國	16	監理崇福寺	同右
逸然性融	正保二年	寬文八年寂	23	杭州人，住興福寺，善畫，爲日本近世漢畫之祖，承應元年得幕府許可，遣古石自恕二僧，招福州黃檗山之僧隱元隆琦來日	長崎志　長崎覺書　長崎畫人傳
化外				歸日明人馬榮宇之子，北山道長就之學醫	近世叢語　皇國名醫傳
古石				逸然之弟子也，曾受命赴明，迎隱元隆琦	普照國師廣錄
自恕				同右	同右
○百拙	正保三年	慶安二年歸國	3	住崇福寺	長崎志
○淨達覺聞	同右	明曆元年歸國	9	監理崇福寺	同右
蘊謙戒琬	慶安三年	延寶元年寂	23	住福濟寺	禪宗史料
○道者超元	慶安四年	萬治元年歸國	7	福建興化府人，住崇福寺，又居平戶之普門寺金澤之天德寺，到處勸化大衆	長崎志
澄一	承應二年	元祿四年寂	38	杭州府人，往興福寺，延寶五年曾赴明招心越興儔	長崎覺書　續日本高僧傳

獨立性易	同右	寬文十二年寂	19	杭州府人，原名戴笠，字曼公，慨明之滅亡而來日，及隱元來日，遂爲其弟子，時年已五十八矣，隨從隱元到攝津普門寺，下江戶，寬文五年，即非在豐前開福聚寺時，曾扶助其法化，通詩文翰墨篆刻醫術，其俗弟子高玄岱傳其書法	碑銘名家略傳，坤齋日抄，先哲叢談續編
隱元隆琦（大光普照佛慈廣鑑國師）	承應三年	延寶元年寂	19	福州黃檗山之僧，長崎興福寺之超然招之來日，在興福崇福兩寺講法，明曆元年，移居攝津普門寺，萬治元年下江戶，謁將軍，翌年賜寺地于宇治，創建黃檗山萬福寺而開黃檗宗	廣錄年譜，塔銘黃檗開山國師傳，長崎志
大眉性善	同右	延寶元年寂	19	隨從隱元而爲維那，萬福寺開創時，曾爲都寺而司工程，後于山內開東林庵退隱，延寶元年因鐵眼所募刻之大藏經版無鎮藏處，遂以東林庵爲藏經地	黃檗譜略，黃檗開山國師傳，續日本高僧傳
慧林性機（獨知）	同右	天和元年寂	27	黃檗山萬福寺之第三世也，福州人，隨從隱元來日，曾住長崎之崇福寺，攝津之佛日寺	黃檗譜略，黃檗開山國師傳，續日本高僧傳
獨湛性瑩	同右	寶永三年寂	52	福州莆田人，隨隱元來日，開遠江之寶林寺上野之國瑞寺，後爲萬福寺之第四世	同右
獨吼性獅	同右	元祿元年寂	34	福州人，隱元弟子也，隨之來日，在黃檗山內建漢松院居之	同右
南源性派	同右	元祿五年寂	29	福州福清人，隱元之弟子也，隨從來日，在黃檗山內開華藏院居之，後遊歷畿內關東，住攝津國分寺，又復興河內之正興寺	黃檗譜略，續日本高僧傳
獨言	同右			隨隱元來日	長崎志

千呆性安（曇端）	同右	寶永二年寂	48	福州人，隨卽非來日，住崇福寺，後爲黃檗山第六世	黃檗開山國師傳　黃檗宗史料　長崎覺書
卽非如一（雷峯）	明曆三年	寬文十一年寂	14	福州人，在淸時曾上黃檗山歸隱元之法，來日住崇福寺，與當時在福濟寺之木菴同稱爲二甘露門，後抵黃檗山萬福寺，扶助隱元法化，小倉之小笠原氏又請之開廣壽山福聚寺，其人善書，世爭寶之	卽非和尚年譜　續日本高僧傳　長崎志　長崎覺書　先哲叢談續編
慈岳琛	同右	元祿二年寂	34	漳州人，隨木菴來日，住長崎福濟寺	長崎覺書
木菴性瑫	明曆元年	貞享元年寂	29	泉州人，隱元之弟子也，繼隱元之後而來日，住長崎福濟寺，後爲黃檗山第二世，寬文五年下江戸謁將軍，家綱賜以山林田園之朱印，增營萬福寺，又開創江戸白金之瑞聖寺等至十處之多，爲與隆黃檗宗之最有力者	木菴禪師年譜　黃檗開山國師傳　續日本高僧傳　長崎紀事
喝禪	同右	同右	24	在黃檗山內開法林院，又在伏見開禪福寺	黃檗開山國師傳　長崎覺書
惟一	同右	天和三年寂	24	隨隱元來日，居黃檗山內	長崎志　長崎覺書
無上	同右			同右	同右
恆修	同右			同右	同右
良演	同右			同右	同右

悅山道宗	萬治元年	寶永六年寂	51	泉州人，住長崎之崇福寺，大阪之舍利寺，後爲黃檗山第七世	黃檗開山國師傳　長崎覺書
高泉性潡（雲外曇華道人）（大圓廣慧佛智常國國師）	寬文元年	元祿八年寂	34	福州黃檗山之慧門，使賀隱元七十壽辰而來日，遂留日本，後爲加賀之前田氏所聘，寓獻珠寺，藩主在金龍山營祖先廟時，曾請其監督工程，仿用唐式，繼于宇治開佛國寺，靈元上皇賜以敕額，又爲黃檗山第五世，受上皇之皈依，屢在宮中說法，又曾下江戶謁將軍家綱，著書甚多，以扶桑禪林僧寶傳爲最著名	黃檗譜略　黃檗宗史料　黃檗開山國師傳　長崎志
曉堂	寬文元年			與高泉性潡同來日，未幾寂	黃檗開山國師傳
軸賢	同右	寬文八年寂	7	住福濟寺	長崎覺書
東瀾澤	寬文十三年			同右	同右
西意	同右	延寶三年寂	2	與東瀾澤同來日	同右
彝菴				福濟寺招之來日	華夷變態
玉岡	延寶三年			福州人，千呆性安之弟子，住崇福寺	長崎覺書
雪堂	同右	延寶四年寂	2	泉州人，與玉岡同來日，住崇福寺	同右
心越興儔（東皐）	延寶五年	元祿九年寂	19	金華府人，應興福寺澄一之招而來日，因異宗僧徒誣告，而被幽閉，將終其身，後德川光圀迎赴水戶，創祇園寺，長于詩文，遊歷武藏相模各地，皆有吟咏，金澤八景卽其所選，又善書畫；兼精七絃琴	續日本高僧傳　日本洞上聯燈錄　長亭雅談　東皐集

慧雲	延寶五年			與心越同來日，居興福寺，又曾住水戶	長崎覺書
東岸	同右	元祿元年寂	11	泉州人	同右
悅峯道章	貞享三年	享保九年寂	38	來日住興福寺，又爲黃檗山第八世	長崎志長崎覺書
靈源海脈	元祿六年	享保二年寂	24	來日住崇福寺，又爲黃檗山第九世	長崎志
月潭	同右			福州人，千呆性安之弟子	長崎覺書
澹林	同右			同右	同右
○大衡	同右	寶永六年歸國	16	住崇福寺	長崎志
聖垂方炌(獨文)	同右	享寶十年寂	32	泉州開元寺僧，福濟寺招之來日，即住其寺，又爲黃檗山第十一世	長崎覺書 華夷變態
喝浪	元祿七年			泉州人，福濟寺招之來日，住該寺	同右
別光慧徹	寶永六年			福州鼓山寺僧，崇福寺大衡招之來日，住該寺	華夷變態 和漢寄文 長崎實錄大成
智勝	同右			與別光慧徹同來日，住崇福寺	同右
一貫全嚴	寶永七年			福州鼓山寺僧，應福濟寺之招而來日，住福濟寺	華夷變態 長崎志
旭如蓮昉	正德元年	享保四年寂	8	黃檗山第十世	黃檗譜略

桂國	同右			杭州府慈雲寺僧，應興福寺之招而來日	華夷變態
○道本寂傳（臣本）（竹本）	享保四年	享保九年歸國？		住崇福寺	鄰交徵書 長崎志
杲堂元昶	享保六年	享保十八年寂	12	杭州府潮鳴寺僧，來日住興福寺，又爲黃檗山第十二世	和漢寄文 崎港商說
大鵬正鯤（道徽其巖）	享保七年	安永三年寂	62	泉州開元寺僧，應福濟寺一貫全巖之招而來日，住該寺，又爲黃檗山第十九世十八世	長崎港商說 長崎紀事 長崎志
伯珣照浩	同右	安永五年寂	64	住崇福寺，爲黃檗山第二十世	長崎志 和漢寄文
竺庵淨印	享保八年	寶曆六年寂	23	住興福寺，爲黃檗山第十三世	長崎紀事
大成照漢		天明四年寂		黃檗山第二十世	

以上六十餘中國僧，係錄自予所寓目之書者。其數較鎌倉足利時代來日之僧遥多。蓋自德川氏初世至享保年間長崎唐三寺之住持，歷代皆迎中國僧住持也。所謂唐三寺者，即興福寺（南京寺）福濟寺（漳州寺）崇福寺（福州寺）也。先是元和九年（一六二三）來航長崎之南京船船主等相謀，請建一寺以便唐船入港時，嚴査天主教徒，且祈禱海上往來之平安，並爲供養先亡菩提之地；許之，以明僧眞圓爲開山。眞圓乃自元和六年（一六二〇）以來，久住長崎者，並賜寺地于

伊良林鄉內，遂䲨建東明山興福寺，俗呼爲南京寺。寬永五年（一六二八）明僧覺海，偕了然覺意兩僧來日、漳州船船主等，請准興福寺例，䲨建一寺，以覺海爲開山，許之。歸日明人陳冲一（寬永十七年被任命爲唐通事，其子孫稱穎川藤右衞門，世世依例命爲唐通事）爲檀越之領袖，在岩原鄉建分紫山福濟寺，俗名漳州寺。福州船船主等，亦倣此例，是年（一六二九）得許可，以明僧超然爲開山，歸日明人林楚玉（寬永十七年任命爲唐通事，其子孫稱林仁兵衞，代代任命爲唐通事）爲檀越之領袖，在高野平鄉創建聖壽山崇福寺，俗呼爲福州寺。（註一）以上唐三寺皆有船神媽祖堂，每船持來之佛像，悉持來寺內，由住持職僧等仔細審查之。其初僅有興福寺時，每年三月二十三日，在該寺舉行船神天后之祭禮。及福濟寺崇福寺建立，每年三月七月九月之二十三日，三寺輪流舉行祭禮。居住長崎之唐人等，自元祿二年（一六八九）限定唐人住地後，限於是日，准出唐人街，參詣禮拜。（註二）唐三寺皆由入長崎港之中國船主等以特殊之目的建立者，故其住持，必用中國僧。若闕住持時，則特請幕府許可，託往來商舶，贈書於南京漳州福州等諸名剎，延請住持僧，（註三）因而中國僧之來日者不絕。然彼等來日，僅爲住唐三寺之凡僧，對於文化，殆無影響。其間惟崇福寺之道者超元（慶安四年來日）曾居平戶之普門寺，金澤之天德寺，鼓吹一種禪風，稍惹世人注意，然中國僧之渡來者，既絡繹不絕，終有巨匠如隱元隆琦者來矣。先是興福寺之僧逸然，聞福州黃檗山隱元隆琦之盛名，欲招之來日，得幕府之許可，自承應元年（一六五二）以來，或贈書幣，或遣弟子古石、目恕一再請其東渡。隱元因慶安四年（一六五一）其弟子也嬾應崇福寺之請而東渡，途中遭風波溺死，有志未遂，殊深悼惜。承應二年（一六五三）十一月，又接超然第四次之請啓，感其誠懇，曰：此乃子債父還也。乃讓黃檗山之法席於弟子慧門。三年七月，率諸弟子渡日。先在長崎之興福崇福兩寺講法。明曆元年（一六五五）九月，受妙心派下之賜紫龍溪宗潛之懇請，由海路到攝津，入富田之普門寺。萬治元年（一六五八）九月，下江戶謁將軍綱吉，受大老酒井忠勝等之皈依。二年賜寺地於山城之宇治，創建黃檗山萬福寺，而開黃檗宗。（註四）隨從隱元來日之弟子，如大眉性善、慧林性機、獨湛性瑩、獨吼性獅、南源性派等，皆俊傑也。其後追蹤而來之弟子，有木菴性瑫（明曆元年來日）即非如一（明曆二年來日）二人，前者住福濟寺，後者住崇福寺，世稱爲二甘露門。後皆至黃檗山扶助隱元之法化，對於黃檗宗之興隆，最爲有力。木菴繼隱元之法席，爲黃檗山第二世。

寬文五年（一六六五）下江戶，謁將軍家綱。爲黃檗山請得山林田園之朱印大營殿堂。復在江戶白金創建紫雲山瑞聖寺，開闢東黃檗宗之基。福州黃檗山之慧門使者高泉性潡（寬文元年來日）因賀隱元七十歲而來日，遂永留日本，爲黃檗山第五世。得靈元上皇之皈依，屢在宮中說法，居宇治開佛國寺，賜以勅額。又至江戶受將軍家綱之優遇，世呼爲中興黃檗宗之名僧。（註五）

黃檗山爲隱元所開創，故繼其法席者，如木菴、慧林、獨湛、高泉、千呆、悅山、悅峯、靈源、旭如、獨文、杲堂等，隱元之法子法孫，皆中國人也。及時代既降，人才缺乏，第十二世杲堂，於享保九年（一七二四）七月，受幕府命，欲請中國之隱元嫡孫道德學解兼備者，先住長崎唐三寺，以備繼黃檗山之後任。十一年（一七二六）三月，託福州船船長柯萬藏，寧波船船長尹心宜等以幕府之書致福州之黃檗山，杭州之靈隱，福嚴兩寺，長崎唐三寺亦各有副書，招請高德之僧，然清商等只知營私利，行使種種詭計，幕府乃斷然停之。（註六）自此中國僧之渡日者完全停止。杲堂之後，竺庵繼之。竺庵之後，始以日人龍統元棟爲黃檗山第十四世，爾來除大鵬（第十五世第十八世）伯珣（第二十世）大成（第二十一世）三僧外，全非中國僧也。（註七）

二　明清僧與文化之移植

隱元爲臨濟下第三十一世費隱通容之法嗣，繼臨濟禪之系統者。中國之臨濟禪，自明末古音淨琴、笑嚴德寶等出，變爲採淨土教之念佛禪，與以前日本所行之臨濟禪大異。此派對於日本國人精神生活之影響不甚大，不及鎌倉時代蘭溪道隆、兀菴普寧、大休正念、無學祖元、一山一寧等來日所鼓吹之臨濟宗風。但隱元曾在中國管理黃檗山（唐德宗貞元五年正幹所開創，自黃檗希運居此，遂爲臨濟宗之道場。初名建福寺，明神宗時賜勅額改爲萬福寺。）巨刹，前後二次達十七年之久。門下之盛，當時無兩。其盛名久爲留居長崎之中國僧人間所喧傳，且其在中國開版之語錄，當彼未來日以前已傳至日本，日本禪林中最隆盛之京都妙心寺派下僧侶，多購讀之。（註八）故其來日，在禪界當然爲空谷足音。彼在長崎興福崇福兩寺講法時，自曹洞之鐵心、獨本，臨濟之獨照始，以及鐵牛、鐵眼、潮音等諸學僧，亦相次趨其門下。妙心派下之龍溪、禿翁、竺印等，異常驚喜，竟迎隱元至妙心寺焉。此舉頗非易事，彼等先得京都所司代板倉重宗之援助，說大老酒井忠勝，老中松平信綱，迎至龍溪住持地攝津富田之普門寺。更下江戶，謁將軍家綱，乃得創建萬福寺，開創黃檗宗。(註九)後妙心派下僧侶，雖有排斥隱元者，但其來日，能破日本多年沈滯之禪界之寂寞，則事實也。又其弟子木菴，卽非，法孫高泉，相繼來日，亦曾與日本禪界以許多刺戟，而一振臨濟曹洞之勢焉。除隱元一派，宣揚黃檗禪外，鼓吹曹洞宗風者，則有心越興儔，亦不可忽視之人也。心越於延寶五年(一六七七)受興福寺澄一之請而來日，一時因異宗僧徒之誣言，曾被幽禁。後德川光圀迎至水戶，開祇園寺開堂之際，四方來者，至一萬七千餘人之多。(註一〇)

陸續渡來明清之僧，與日本宗教界以許多刺戟，已如前述。其他仍有與日本文化各方面大有影響者，中村久四郎博士所撰之近世支那ノ日本文化ニ及ボシタル勢力影響敍述最詳實，有益之論文也。(註一一)今參取中村博士之論文述其概要如左：

第一、關於建築雕刻者　自黃檗山萬福寺與長崎之唐三寺始，以及各地所建之黃檗宗寺，由明清僧監督起造者，皆純用中國式。據長崎志，崇福寺三門，乃在中國使工匠雕成，齎至日本建成者。又如此等各寺安置之佛像，亦多成自中國雕工之手。故其型式手法，在日本美術史上，不失爲特堪研究之一門。

第二、對於日本書法繪畫之影響　明清僧來日時，常齎許多書畫而珍藏之，因而黃檗山可稱爲明清著名書畫之美術館。故當時絕對不赴海外之文雅之士，苟到此山，即可慰平生之渴望；故由此而啓發者亦不少。加以隱元木菴即非高泉心越獨立等，無一不善書。其中即非以草書著名，心越以篆書著名。獨立於提倡唐式書法亦最有力。獨立，原名戴笠，字曼公，在明時著有永陵傳信錄、流寇編年錄、殉國彙編等。悲明之亡，自晦而入日本，以五十八歲之高齡爲隱元弟子，改名宗易，字獨立。詩文翰墨篆刻醫術等，無所不通。老中松平信綱，深服其才德。長崎人高天漪（深見玄岱）傳其書法，有名於世。正德末年，高天漪至江戶，謁信綱，得其援助，建堂於武藏之平林寺，安置獨立之像，又立碑焉。又如世稱爲近世唐式書法第一人之北島雪山，曾就明人俞立德學文徵明之筆法，一方面又學於獨立。後傳其學於細井廣澤，　繪畫以長崎崇福寺之開山超然爲最優，傳之於渡邊秀石釋道光，（河村若芝）開近世漢畫之基。又隱元以下諸僧，亦長於此技，就中心越尤善作禪門機緣之圖。德川時代南宗畫開祖祇園南海、柳里恭等，其目標亦在黃檗諸師之畫。

第三、與書畫相關聯而促印刻之進步　獨立長於篆刻，亦傳其法於高天漪。唐式書家細井廣澤，亦曾就千呆高泉等學印刻。又心越曾齎淸陳策之韻府古篆彙選至日本，元祿年間，曾翻刻之。又大鵬著有印章篆說流布於世。

第四、促進醫學之發達　獨立最精醫術，傳其術於池田正直、高天漪、北山道長等。正直爲第一高足，所傳者有生理病理之圖七種，及六部九卷之書。其中以痘科之痘科鍵，爲最著名。池田氏由是而大顯於世，寬政時，幕府醫官始設痘科時，使正直之孫瑞仙任之。獨立之外，化林、心越、澄一等諸僧，亦各通醫法。化林傳其術於北山道長，心越傳其術於石原學魯，澄一傳其術於石原學魯、國立貞、今井弘濟等。

第五、對於音樂之影響　心越善琴，來日時，攜來一琴名虞舜琴，見東湖遺稿之虞舜琴記。傳其技於人見竹洞、杉浦琴川、小田野東川等。琴川著有東皐琴譜五卷（東皐卽心越之號）久已中斷之日本琴法，自心越來日，又復興盛。

又中國僧之日常生活完全中國式，對於日本之生活式樣，亦稍有影響。彼等平常用淸語，誦經時亦用唐音，與日本唐音之流布，有密接之關係。彼等平常用唐式點心胡麻豆腐、隱元豆腐、唐豆腐、黃檗饅頭等種種明清風味之烹飪。又有淨素烹飪，用中國格式，主客共同圍桌而食，此皆於日本調味法及會食法，有影響者。

三　留居長崎歸順日本之明清人及其子孫

中國商舶，年年來長崎，故明清人之久居長崎而歸順日本者亦不少。今將見於長崎志、長崎紀事、長崎覺書、長崎實錄大成、長崎事始細見錄等書者，採錄於左：

馮六　慶長九年，首任唐通事。林長右衛門之祖也。

馬榮宇　寬永四年，任命爲唐通事，中山太郎兵衛之祖。又貞享元祿年間之著名醫家北山道長，卽其子也。

陳九官　紹興人，慶長十九年來日。寬永七年任命爲唐通事。潁川官兵衛之祖也。

歐陽雲臺　又名六官。寬永十二年，任命爲唐年行事。善雕刻漆器，世稱雲臺雕。萬治元年任命為唐小通事之陽惣右衛門之祖也。

何海菴　何吉郎右衛門之祖也。按寬永十二年任命為唐年行事者，有明人何三官，何八官，恐即何海菴與下述之何毓楚也。

何毓楚　萬治元年，任命為唐小通事，何仁右衛門之祖。

江七官　泉州人。寬永十二年任命為唐年行事。住至天和三年，計居日本五十一年。江甚兵衛之祖。

張三峯　清川榮左衛門之祖。寬永十二年，任命為唐年行事之張三官，恐即張三峯也。

陳奕山　寬永十二年。任命為唐年行事。矢島專助之祖也。

陳冲一　寬永十七年任命為唐通事。潁川藤右衛門之祖也。

林楚玉　寬永十七年任命為唐通事。林仁兵衛之祖也。

林公琰　元祿時唐通事且以書家著名之林道榮之祖。寬文時為唐年行事之林一官，恐即林公琰也。

陸一官　明信州人。寬文時爲唐年行事，陸市藏之祖也。

薛性田　薛市左衞門之祖也。寬文時爲唐年行事之薛六官，恐卽薛性田。（譯者按薛疑當作辥）

吳宗圓　吳平左衞門之祖也。寬文時爲唐年行事之吳一官，恐卽吳宗圓。

劉一水　彭城仁友衞門之祖也。萬治元年曾任命爲小通事。後貞享元祿年間，以中國語學家著名之彭城宜義，卽其子孫。

劉焜臺　彭城久兵衞之祖。

陳潛明　西村七兵衞之祖。

樊玉環　高尾兵左衞門之祖。

徐敬雲　東海德右衞門之祖。

盧君玉　享保時唐通事盧草拙之祖也。著名本草學家盧草碩，卽玉君之孫。

鄭崇明　吉島惣次郎之祖。

鄭次官　鄭長左衞門之祖。

陳一官　穎川八郎之祖。

蔡三官　蔡長次郎之祖。

曾二官　井手武兵衞之祖。

吳泰官　吳兵藏之祖。

黃二官　黃安右衞門之祖。

王心渠　王熹左衞門之祖也。寬文時居住長崎之中國人王二官王三官，其中當有一人爲王心渠。

兪惟和　河間八平次之祖也。寬文時居住長崎之中國人兪八官，恐卽惟和也。

薛八官　薛久三郎之祖也。寬文時居住長崎。

李八官　寬文時住長崎。

鄧二官　寬文時住長崎。

陳明德　浙江金華府人。慶安中來日。其日本名，爲穎川入德。善醫，最精小兒科，子孫世襲其業。

魏之琰　又名魏九官。寬文十二年來日。

魏高　魏之琰之長子，隨父來日。其日本名曰鉅鹿淸左衞門，曾任東京通事。

魏貴　魏之琰之次子，隨父來日。其日本名曰鉅鹿淸兵衞，曾任東京通事。

魏喜　魏之琰之僕，其日本名曰魏五左衞門。

林友官　正保元年來日。營祕密貿易敗露將處死刑；因告發天主教事，被赦任爲宗門改之目明。其日本名曰小歌八兵衞。

周辰官　泉州人。正保元年來日。因爲天主教徒，敗露獲罪，後被赦，任爲宗門改之目明。住至天和三年，凡在日本三十九年。周權左衞門之祖也。

楊一官　楊藤平之祖也。住至天和二年，在日本凡五十三年。

蔡二官　漳州人。住至天和二年，在日本凡六十一年。

高壽覺　漳州人。初隨父高贊潮來日，仕於薩摩侯。十六歲時，因切斷門前之年松而被監禁，無顏復居日本，乃歸國。海中遭賊，流落於中國各省者十二年。後復來長崎，任爲通事。日本名深見久大夫，就黃檗僧獨立學書法與醫術。高天漪（又名深見玄岱）卽其子孫也。

以上之明清人，乃請於幕府，許居長崎市內，而歸順日本者也。當時呼彼等爲「住宅唐人」。因彼等通中日兩語，故幕府任彼等以唐通事。唐年行事關於中國貿易之職務，其子孫多世襲其職。故幕府自元祿以後，每命唐人子弟爲學習通事。（註一二）又自享寶元年（一七一六）在長崎聖堂設唐韻勤學會，使學習中國語。（註一三）因而彼等之中，以中國語學著名者甚多。劉一水之子孫彭城宣義（字耀哲號東閑）在貞享元祿間最著名，雖方言土語，亦無不通曉。（註一四）學士文人之欲學唐音清語者，皆到長崎，就之受教。因此遂令日本學界，流行水滸傳、紅樓夢、金瓶梅等唐本稗史小說。直接間接，與日本文學上大有影響。又在學術上自成爲長崎派，而主張唐音直讀者，亦由是而起；荻生徂徠，卽其一也。徂徠就當時中國語學最著名之岡島冠山學唐音，因創議讀漢文者不應用以前之和訓倒讀法，應以唐音直讀爲合理，且易見功云。（註一五）

留居長崎之明清人並其子孫在他方面，助長日本文化者亦甚多。其中尤以醫術書法二者爲最著。以醫著者有陳德明、北山道長、高壽覺等。陳德明浙江金華府人，精於小兒科。慶安中來長崎，所投藥餌，有起死回生之效。崎人留之不使歸，遂歸順日本，改名穎川入德。在長崎業醫，著有心醫錄。（註一六）北山道長（字壽安號友松）即寬永四年（一六二七）任爲唐通事之明人馬榮宇之子。學醫於黃檗僧化外獨立，後赴大阪懸壺，聲譽甚振，著有北山醫案、北山醫話、方考評議、名醫方考繩愆、刪補衆方規矩、醫方大成論抄、首書纂方考、首書醫方口譯集等（註一七）高天漪學醫於黃檗僧獨立，延寶中入京，因答太上皇養生保命之勅問，上養生編一篇。又與室鳩巢、三宅觀瀾等同被幕府所召，列於儒官。因曾就獨立學書，頗著聲譽也。所書之江戶淺草觀音堂施無畏之額，久爲書家所歎賞。（註一八）又有林道榮（林公琰之裔名應宷、字疑雲又有道榮官梅等號）者，書法與高天漪齊名，世稱爲長崎二妙。高天漪善草書。林道榮則楷行草隸，無一不能。太宰春臺評此兩人云，林不及高者在筆法無變化。但林兼善諸體，高僅能作草書，此又高之不及林者也。道榮與彭城宣義交厚，共爲唐通事，受知於長崎奉行牛込勝登，日夜侍之賦詩屬文。宣義號東閣，道榮號官梅，因勝登以杜少陵東閣觀梅之句分字此二人也。(註一九)又寶曆明和天明時，以善書聞者，有趙陶齋（名養，字仲頤，陶齋其號也。）者，長崎之淸人趙某之子，曾就黃檗僧笠庵學書。(註二〇)

四　來日之明淸人與文化之移植

因居長崎而歸順日本之明淸人並其子孫，對於日本文化之影響，已如前述。此外來居日本之明淸人，助長儒學、詩文學、繪畫、書法、醫術、工藝等之發達者亦頗多。其中對於日本心的文化有最大影響者，爲明代遺臣朱舜水。（名之瑜，字魯璵，號舜水）舜水，浙江餘姚縣人，先曾屢次來日本及明滅，倣魯仲連義不帝秦之例，於萬治二年（一六五九）歸順日本。筑後柳川之儒臣安東省庵師事之。寬文五年（一六六五）德川光圀迎爲賓師，與起水戶學風，開修史之運，並建築聖堂，以垂模範。木下順菴、林鳳岡、山鹿素行等當代多數學者，直接間接，無不崇其感化。其對於日本儒學界影響之大，無待絮述。

與朱舜水同時來日而仕於尾張德川侯者，有陳元贇（字義都，號芝山，又號升庵，）其來日時，攜來明袁宏道之袁中郎集，傳於僧元政，影響於日本詩文學者最多。元政在日本鼓吹性靈派之詩風，實基於此。元贇元政平生唱和之作，有元元唱和集。元贇又創安南式之元贇窯，頗有雅致。又傳拳法於浪士三浦與次右衞門、磯貝次郎左衞門、福野七郎右衞門等，在日本製陶史與柔道發達史上，亦不可忽視之人也。（註二一）

舜水元贇二人外，畫家書家醫師之渡來者亦頗多，各有良好影響。茲先就畫家言之：自承應至寬文間，有陳賢（隨隱元來日，長於水墨之佛畫）陳元輿（參見木菴、專描黃檗諸僧之頂相）陳淸齋（出其門下者有廣澤一湖）等歸順日本；享保年間，有伊孚九、沈南蘋、高鈞（沈南蘋之弟子）高乾，（同上）鄭培、（同上）費漢源（其門下有楊君山、打橋竹雲）等來渡。延享年間，有諸葛晉（南蘋派之畫家。江戶之淸水靜齋，慕其畫法，改名曰諸葛監。）寶曆年間，有宋紫岩（長於着色之花卉翎毛。江戶之畫家楠本雪溪學之，改名曰宋紫石。）安永年間，有方西園（長於水墨之花卉翎毛。文晁華山皆學其筆意）程赤城；天明年間，有李用雲、張秋谷、費晴湖；文化年間，有孟涵九、江稼圃，（其門下有游龍梅泉、鐵翁、木下逸雲等。伊孚九、費漢源、張秋谷、江稼圃，世稱爲舶來四大家。）江芸閣；文政年間有陸雲鴻、朱柳橋；天保年間，有陳逸舟、華昆田；弘化年間，有顏亳生；文久年間，有徐雨亭、王克三等來日，彼等陸續來日，對於日本畫界影響極大。其事蹟數見於德川時代之畫史、畫論、隨筆、文集等，中村久四郎博士之近世支那ノ日本文化　及ボシタル勢力影響中敍述最詳。(註二二)

其中對於日本畫風影響最大者，爲南宗山水畫之伊孚九，與花鳥寫生畫之沈南蘋。伊孚九，清吳興人，名海有，號也堂。先是享保三年（一七一八）幕府因欲輸入中國良馬，給清人伊韜吉以臨時信牌。後伊韜吉因故不能自來，使其弟伊孚九代之，享保五年（一七二〇）舶載良馬二匹而來。(註二三)孚九長於南宗山水畫，風趣清秀，最爲可愛。就彼直接受教者，雖僅長崎畫家淸水逸（字伯民，號碩翁）等數人，而學其風趣者，則有池大雅、與謝蕪村二大家。在日本釀成南宗畫興隆之機運。(註二四)沈南蘋於明末淸初，受西洋畫之影響，遂發達而爲寫生畫大家，喜描花卉翎毛，其寫生之精緻，着色之豔麗，與從來畫風完全異趣。彼於享保十六年（一七三一）十二月來日，十八年九月歸國，留滯日本雖僅二年，但當雲舟狩野二派，已被世人生厭之時，實與當時畫界以莫大之刺戟。長崎譯官熊代繡江（名斐，字淇瞻，號繡江）首學於其門，汲其餘流者甚多。日本自此遂有南蘋派之寫

生畫。圓山應擧亦私淑南蘋，會得其寫生之眞髓者。（註二五）

其次爲書法。朱舜水陳元贇亦均善書。就中助長日本近世唐式書之興隆最有力者，爲俞立德。俞，杭州人。字君成，號南湖，得文徵明筆法之書家也。寬永初因貿易來長崎者三次，宿於北島雪山（名三立，又有花隱、蘭隱、雪三等號）之家，雪山幼而穎悟，立德愛之，授以筆法，雪山後爲唐式書家，聲名大著者，以此故也。（註二六）又如寬政年間來日之胡兆新、徐荷舟、劉培泉等，亦皆書家也。江戶人秦星池（名馨，字子馨，星池其號也）學得其筆法，大爲日人所推賞。（註二七）

醫術以慶安中歸化之王寧宇爲最著。在江戶白金町業醫，就學者頗多。其門人有列於幕府醫官者，故其一派最盛。（註二八）元祿十六年（一七〇三）又有杭州醫師陸文齋來日。（註二九）及吉宗爲將軍，特重實學，給清商以臨時信牌，迎彼地之良醫，而馬醫與善騎射者，亦多隨之而來。今錄其知名者如次：

吳載南　蘇州醫師。享保三年，幕府託淸商求良醫，翌年三月，應召來日，住福濟寺。是年六月病歿。（崎港商說，長崎紀事）

陳振先　蘇州醫師。享保六年六月來日。（長崎紀事）

朱來章　福建汀州府醫師。享保六年七月來日，住長崎通事彭城宣義家，巡視長崎之病家而診之。曾歸國一次，十年二月又隨下述之朱子章朱佩章來日。十一年五月歸國。（長崎志，長崎覺書）

朱子章　福建汀州府醫師。享保十年二月來日，住彭城宣義家。十一年三月病歿。（長崎志）

朱佩章　福建汀州府儒士。享保十年二月來日，上音樂書律呂精義。因赴清招馬醫及長於騎射者，得臨時信牌，於十一年二月歸國，是年十一月來日。下述之騎士陳采若、沈大成，馬醫劉經光所以來日者，佩章招之也。（長崎志，和漢寄文，柳營年表祕錄）

周岐來　蘇州醫師。享保十年六月來日，命住柳屋治左衛門之家。十二年五月歸國。（長崎記事，長崎實錄大成）

趙淞陽　蘇州醫師。享保十一年十月來日。命住河間八平治之家。十四年八月歸國。（長崎紀事，長崎實錄大成）

陳采若　杭州騎士。享保十二年六月來日。十六年四月歸國。幕府遣富田又左衞門至長崎，就陳采若並下述之沈大成，學一馬一箭一馬三箭蘇秦背劍等騎射之法。（長崎實錄大成，長崎年表舉要，德川實紀有德院殿御實記附錄）

沈大成　寧波騎士。享保十二年六月來日，上武備邊要，十六年十月歸國。（同上）

劉經光　蘇州馬醫。享保十二年六月來日。十六年四月歸國。（同上）

沈燮庵　杭州儒士。享保十二年十二月來日，十六年歸國。（長崎年表舉要）

以上數人中最著名者，爲陳振先與朱子章。陳來長崎時，跋涉近鄉山野，採集藥草百六十二種，並作其功用書。向井元成又爲之加和名旁註，是卽陳振先藥草功用書也。朱子章在來日醫師中爲最優者。其來日也，幕府發出佈告，命對於醫書有疑義者，質之於彼。幕府醫官今大路道三、栗本瑞見贈以書，以療養數事請教。（註三〇）享保以後，唐醫來日者甚少，僅有享和三年（一八〇三）來日之胡兆新。太田南畝奉幕府命，從兆新受藥方。小川汶庵、千賀道隆、吉田長禎等從之學，皆爲幕府著名醫官。

（註一）長崎志　長崎覺書。

（註二）長崎志

（註三）由長崎唐三寺所請之明清僧散見於華夷變態，和漢寄文，長崎志等書。

（註四）普照國師廣錄　年譜　塔銘。

（註五）參照來日並歸化明清僧一覽表。

（註六）和漢寄文　長崎志。

（註七）參照來日並歸日之明清僧一覽表。

（註八）黃檗外記

（註九）普照國師廣錄　年譜　塔銘等（隱元之創黃檗派與妙心派下諸僧之關係，詳見鷲尾博士之黃檗派ノ開立ト龍溪（史學雜誌第三十三編）

（註一〇）續日本高僧傳　日本洞上聯燈錄。

（註一一）史學雜誌二十五二十六編。

（註一二）長崎覺書

（註一三）長崎實錄大成。

（註一四）先民傳　本朝人物叢傳。
（註一五）中村久四郎博士近世支那ノ日本文化ニ及ボシタル勢力影響。
（註一六）先民傳　長崎實錄大成。
（註一七）近世叢語　皇國名醫傳。
（註一八）近世叢語　先哲叢談　習字論章。
（註一九）近世叢語　諸家人物志。
（註二〇）續近世叢語　事實文編。
（註二一）先哲叢談　名人忌辰錄　陶器考　工藝鏡。
（註二二）史學雜誌第二十五二十六編。
（註二三）崎港商說　長崎紀事。
（註二四）畫乘要略。
（註二五）文晁畫談　山中人饒舌　栗山文集題跋　瓊浦畫人傳。
（註二六）二老略傳。
（註二七）松屋叢書　續諸家人物志。

(註二八)中村久四郎博士近世支那及於日本文化之勢力影響。

(註二九)長崎實錄大成。

(註三〇)和漢寄文。

中日交通史

（四）

［日］木宫泰彦◎著
陳　捷◎譯

山西人民出版社
山西出版傳媒集團

第十四章　元師征日

一　第一期之交涉（迄於文永之役）

元師，爲日本未曾有之國難，日人關於此事，研究而發表之文甚多。但本書之目的，不欲詳說雙方之敵對準備與戰爭之經過；只就彼此交涉中可爲中日交通史之一節者，加以考察耳。且此次戰爭之文化的交涉，從來無人研究，今特着眼於此。蒙古既滅金，伐宋，服高麗，欲達其傳統的大統一世界之理想，早晚來攻日本，此乃勢所必然者也。然其直接原因，則自文永元年（元之至元元年西元一二六四），忽必烈聞高麗人趙彝等之言始。試觀元史日本傳可知之。趙彝等若何進言乎？馬哥孛羅之東方旅行記云，

「或有人語忽必烈此島（日本）異常豐富，乃欲起兵取此島。」

元史高麗傳云：

「帝（忽必烈）又曰，自爾（高麗）來者，言海中之事……日本則朝發而夕至，舟中載米，海中捕魚而食之，則豈不可行乎？」

蓋以日本爲極東之寶庫，且由高麗渡日本頗易，故忽必烈於文永三年（元至元三年西元一二六六）八月任兵部侍郎黑的爲國信使，禮部侍郎殷弘爲國信副使，高麗王王禃使其樞密院副使宋君斐，禮部侍郎金贊等爲之嚮導，共向日本。此等人畏風濤之險，翌年正月，自巨濟島引還，於是高麗王使宋君斐隨黑的到蒙古，陳奏海上危險之狀。忽必烈不肯中止，責其不信，復使黑的等諭高麗王。王不得已使其臣潘阜至日本。（註一）潘阜到日本大宰府，送蒙古並高麗國書，爲文永五年（元至元五年西一二六八）正月之事。此爲蒙古與日本發生交涉之始。蒙古國書云：

「上天眷命，大蒙古國皇帝，奉書日本國王。朕惟自古小國之君，境土相接，尙務講信修睦，况我祖宗受天明命，奄有區夏，遐方異域，畏威懷德者，不可悉數。朕卽位之初，以高麗無辜之民，久瘁鋒鏑，卽令罷兵，還其疆域，反其旄倪。高麗君臣感戴來朝，義雖君臣，而歡若父子。計王之君臣亦已知之。高麗朕之東藩也；日本密邇高麗，開國以來，亦時通中國；至於朕躬，而無一乘之使，以通和好，尚恐王國知之未審，故特遣使持書，布告朕志。冀自今以往，通問結好，以相親睦。且聖人以四海爲家，不相通好，豈一家之理哉？以至用兵，夫孰所好？王其圖之，不宣。

至元三年八月　日」

高麗國書云：

「高麗國王王禃，右啓季秋向闌，伏維大王殿下，起居萬福，瞻企瞻企。我國臣事蒙古大朝，稟正朔，有年於茲矣。皇帝仁明，以天下爲一家，視遠如邇，日月所照，咸仰其德化。今欲通好於貴國而詔寡人云：海東諸國，日本與高麗爲近隣，典章政理，有足嘉者。漢唐而下，亦或通使中國；故遣書以往，勿以風濤險阻爲辭。其旨嚴切。茲不獲已，遣朝散大夫尚書禮部侍郎潘阜等奉皇帝書前去，且貴國之通好中國，無代無之，況今皇帝之欲通好貴國者，非利其貢獻，但以無外之名高於天下耳。若得貴國之報音，則必厚待之；其實與否，既通而後，當可知矣。其遣一介之使，以往觀之何如也，惟貴國商酌焉。拜覆

日本國王左右

至元四年九月　日　啓」

少貳覺惠（資能）立即致其國書於幕府，幕府奏之朝廷。經幾次廷議，均謂不宜覆書。（註二）潘阜留大宰府五月，不得要領而歸。高麗王復遣使至蒙古，自謝不能全其使命之罪。（註三）

於是忽必烈又遣黑的、殷弘等赴日本，十一月至高麗，使高麗之臣申思佺、陳子厚、潘阜等爲嚮導。（註四）文永六年（元至元六年西一二六九）二月（註五）到對馬，因土人拒而不納，虜島民塔二郎、彌三郎二人而還，此第二次之使也。是時未曾另齎國書，只對於前年之國書來催覆書耳。（註六）

高麗王使申思佺與黑的同率塔二郎、彌三郎二人赴大都（燕京），忽必烈見日俘，大優遇之，勅觀覽宮殿及諸城闕，且使高麗人金有成、高柔等持中書省之牒護送回國，九月到日本對馬。此第三次之使也。（註七）此中書省之牒，今已不傳，其內容不明。朝廷以其爲中書省之牒，與先年之國書體裁不同，乃以太政官牒答之。翌年文永七年正月，菅原長成所草之太政官牒，載於本朝文集。幕府雖抑其覆牒而未發，據其文，則以蒙古爲不通未聞之國爲理由，拒絕通好。

文永八年（元至元八年西一二七一）正月，蒙古又任祕書監趙良弼爲國信使，經高麗至日本。此第四次之使也。（註八）此次使臣，於九月到筑前之今津，欲直至京都上國書，大宰府不允；問難數日之後，由良弼進其副本，大宰府致之於鎌倉，鎌倉奉之京都。（註九）此時國書，載在元史日本傳如下：

「蓋聞王者無外；高麗與朕既爲一家，王國實爲隣境；故嘗馳信使修好，爲疆場之吏，抑而弗通。所獲二人，勅有司慰撫，俾齎牒以還，遂復寂無所聞。繼欲通問，屬高麗權臣林衍構亂，坐是弗果。豈王亦因此輟不遣使，或已遣而中路梗塞，皆不可知。不然，日本素號知禮之國，王之君臣，寧肯漫爲弗思之事乎？近已滅林衍，復舊王位，安集其民；特命少中大夫祕書監趙良弼充國信使，持書以往。如卽發使與之偕來，親仁善隣國之美事；其或猶豫以至用兵，夫誰所樂爲也。王其審圖之。」

據此，則要求日本遣使修好也明矣。吉續紀云：

「其趣度度雖有牒狀無返牒，此上以來十一月可爲期，猶爲無音者，可艤兵船。」（錄原文）

據此，則知以十一月爲期，倘仍不答覆，卽以兵臨日本也。其書又云：

「可有返牒云云，先度長成卿草少少引直可遣。」（錄原文）

觀此則知有人提議，欲對於前年之草案，稍加修正，與一覆書者；但後仍未答。良弼於翌年文永九年（元至元九年西一二七二）正月，歸高麗，使書狀官張鐸率日人彌四郎等十二人赴元。（文永八年十一月，蒙古建國號爲元。）稱爲日本使者，忽必烈召見之。（註一〇）實則當時欲日本遣使而不得，良弼等恐觸忽必烈之怒，乃偕日本邊民同回，僞稱爲日本使者也。是年三月，忽必烈命中書省送還彌四郎等。五月，張鐸持高麗牒狀送還日本，此第五次之使者也。（註一一）

文永十年（元至元十年西一二七三）趙良弼又來大宰府，欲入京都不許，五月還元，此第六次之使也。（註一二）

元使來日，至是時已至六次，皆由高麗介紹而來。因而其船由高麗來日本時，由最近之金州（註一三）啓行，到日本對馬，或大宰府。此六次使節內，齎忽必烈國書至日本者，惟文永五年正月來日之潘阜，與文永八年九月來日之趙良弼耳。此外皆中書省牒促日本覆書者。

按文永五年，潘阜初齎之國書，曾對日本表示相當敬意；表面原求和親修好，但開首卽以高麗爲言，且謂高麗爲蒙古之東藩，君臣咸感戴來朝，日本亦當倣效高麗；最後又云「以至用兵，夫孰所好，王其圖之，」詞意甚爲侮辱，且有威嚇之意。翌年九月，金有成等所齎之中書省牒，現已缺逸，內容不明。但菅原長成覆書之草案云：

「抑貴國曾無人物之通，本朝何有好惡之便，不顧由緒，欲用凶器，和風再報，疑冰猶厚。（錄原文）」

則中書省牒，仍有威嚇之文辭，可以想見。又文永八年趙良弼所齎之國書云：

「其或猶豫，以至用兵，夫誰所樂爲也，王其審圖之。」

亦威嚇之辭也。鎌倉幕府考慮之後，以爲「蒙古人插凶心，可伺本朝，」（錄原文）（註一四）乃斷然拒絕之。蓋鎌倉幕府，聞入宋僧與歸日宋僧之傳說，早知蒙古心無饜足，故卻之也。

忽必烈當第一次使節潘阜等未歸國復命以前，已命高麗作東征之準備。元史高麗傳云：

「至元五年（文永五年）五月，帝（忽必烈）勅藏用（高麗門下侍郎李藏用）曰，往諭爾王，速以軍數實奏，將遣人督之。今出軍爾等必疑將出何地，或欲南宋，或欲日本，爾王當造舟一千艘，能涉大海，可載四千石者。」

據此文觀之，此種準備，將征服南宋乎？抑將向日本乎？其目的尚未確定。但潘阜歸國復命後，忽必烈即決意以之征伐日本。是年八月，遣都統領脫朶兒等檢閱高麗之兵船，探訪到日本之水路。（註一五）由此觀之，忽必烈早有征伐日本之準備，其第一次國書，即欲用威嚇手段以屈服日本也明矣。結果至有文永、弘安之役。

文永十一年之役，因日本將卒之勇武，與颶風之機會，日本終獲勝利。此次戰役之經過，本無詳說之必要；惟此次戰役，與後來弘安之役不同。斯時尚未加入江南之勢力，惟高麗首當其衝，此乃當注意者。此次使用多數之戰艦與兵糧，概承蒙古之命，在高麗建造，在高麗準備者。試觀元史高麗傳與東國通鑑自明。此時元軍之內，蒙漢軍一萬五千人，高麗軍八千人。又因欲操縱戰艦九百艘，用梢工水手六千七百人，亦均高麗人也。

文永之役，元軍不還者，不下一萬三千五百餘人。(註一六)元軍大敗已成明白之事實，然忽必烈與元人果有如是感想乎？中村榮孝氏曾研究之。(註一七)元史日本傳云：

「冬十月，入其國敗之，而官軍不整，又矢盡，惟虜掠四境而歸。」

元史劉通傳云：

「統軍四萬，戰船九百，征日本，與倭兵十萬遇，戰敗之。」

因颶風失多數之戰艦士卒，而僅在壹岐、對馬寇掠，卽可謂充分達其目的乎？此殆敗北諸將，以虛實相半之詞，作幾多誇大的報告也。忽必烈信之，預料若再遣使於日本，日本必畏懼而來貢，故其明年建治元年（元至元十二年，一二七五）二月，又使禮部侍郎杜世忠，兵部侍郎何文著等持書至日本。(註一八)此次使臣亦先至高麗，以徐贊等爲嚮導，四月到長門之室津，(註一九)八月幕府使送杜世忠等五人至鎌倉，九月斬之於龍口。(註二〇)是時所齎之國書，內容不明，據關東評定傳云：

「今度所貢來牒狀，如前可順伏之趣也。」（錄原文）

可知仍如前次欲令日本順伏也，故幕府斬之於龍口，使元軍不敢再來窺覦。北條九代記云：

「今度刎首事，永絕窺覦不可攻之策也。」（錄原文）

此次最惹吾人研究之興味者，爲被斬者之國籍；杜世忠爲元人，何文著爲宋人，撤魯都丁回回人，果爲董畏國人，徐贊爲高麗人，五人之國籍各異。（註二一）由來蒙古人惟長於戰鬭，其他亦無何等特長，故大用征服諸國之人，使當諸種業務；試統觀元史列傳，卽可知之，此處亦可窺其一端。按當時元朝爲諸外國種種文化朝宗之地，若日元間，能和平通好，則在奈良時代，中央亞細亞與西亞細亞色彩不同之文化，已早流入日本矣。

翌年建治二年（元至元十三年西一二七六）忽必烈經略南宋，已告一段落。乃問宋之降將等，可否征伐日本。時夏貴，呂文煥，范文虎，陳奕等皆對曰可伐。獨耶律希亮奏陳云：

「宋與遼金攻戰，且三百年，干戈甫定，人得息肩，俟數年，興師未晚。」

忽必烈然之，（註二二）蓋希望遣往日本之杜世忠等，齎有吉報，而期待之也。然杜世忠等杳無消息，忽忽經過二三年之久，忽必烈異常焦急，遂覺悟再征日本之難免。弘安二年（元至元十六年西一二七九）二月，勅揚州、湖南、贛州、泉州、建造戰艦六百艘。（註二三）宋降將等雖迎合忽必烈之意言日本可伐，然非出於本心，頗希望以和平手段解決之。故是歲六月，元將范文虎使其部下周福、欒忠、通事陳光等偕日本入宋僧本曉房靈果齎牒狀抵日本對馬(註二四)實爲此也。元史世祖本記云：

「至元十六年（弘安二年一二七九）八月戊子，范文虎言臣奉詔征討日本，比遣周福、欒忠，與日本僧齎詔往諭其國，期來年四月還報，待其從否，始宜進兵。」

弘安三年（至元十七年，一二八〇）二月，元人方知前使日本之杜世忠等，已爲日本所殺。征東元帥忻都、洪茶丘等自請率兵征日本，廷議姑緩。(註二五)蓋欲待前年范文虎所遣周福等之消息也。

周福等所齎之牒狀，裝入一大函中，題爲「大宋國牒」。(註二六)蓋范文虎原爲宋臣，與日本有親善之關係，以宋國之名傳諭日本，且伴日本入宋僧而來，希望能得諒解而達目的也。其牒狀佚而不傳，內容不明。勘仲記云：

「如傳聞者，宋朝爲蒙古已被打取，日本是危，自宋朝被告知之趣歟。」（錄原文）(註二七)

觀此，則其函乃告南宋已爲元滅，諭知日本，日本若不早屈服，則將陷於危亡也。其牒狀由關東牽於朝廷。日廷謂：

「亡宋舊臣直奉日本帝王之條，誠過分歟。」（錄原文）（註二八）

卻之，斬其使者於博多。（註二九）

元遂於至元十七年（日本弘安三年西一二八〇）特置征日本行省，頻作再征之準備，遂於翌年夏，有弘安之役。是役也，不僅中國北部與高麗之軍隊，且新加入中國南部之軍力；與文永之役，大異其趣。元將忻都、洪茶丘，高麗將金方慶等率蒙漢麗軍凡四萬，編成所謂東路軍。又宋降將范文虎等率江南軍凡十萬。江南軍，又名蠻軍或新附軍。此次之師，大半以新附於元之宋軍編成者。東路軍乘高麗建造之戰艦九百艘，發自合浦；江南軍乘揚州、湖南、贛州、泉州等中國南部建造之戰艦三千五百艘，發自江南；預計六月十五日以前，在壹岐島會合而入博多之海上。五月三日，東路軍發自合浦，先侵壹岐，進至博多灣；江南軍後期不到，東路軍中斃於疫者三千餘人，又有糧盡之憂。至七月，江南軍乃到，據平壺島，（註三〇）繼移五龍山，（註三一）筑肥海上，蔽滿元艦，與日軍常起小衝突。至閏七月一日，颶風陡起，元艦之覆沒破壞者甚多，日軍遂獲大勝。（註三二）是時范文虎等諸將，各擇堅艦乘之，棄部下之士卒於五龍山下而遁去。元史日本傳載由日本脫歸敗卒于閶之語如次：

「五日文虎等諸將各自擇堅好船乘之，棄士卒十餘萬於山下。（五龍山）衆議推張百戶者爲主帥，號之曰張總管，聽其約束，方伐木作舟欲還。七日日本人來戰，盡死，餘二三萬爲其虜去。九日至八角島（博多？）盡殺蒙古、高麗、漢人，謂新附軍爲唐人，不殺而奴之，閶輩是也。

「謂新附軍爲唐人不殺而奴之」句，最堪注意。東國通鑑，亦載有弘安五年六月由日本逃歸之江南軍總把沈聰等六人之語云：

「我軍飢不能戰，皆降，日本擇留工匠及知田者，餘皆殺之。」

日本弘安日記抄云：「俘虜二千人。」勘仲記云，「誅戮并生虜數千人」，八幡愚童記，記鷹島之戰云；

「互相射擊無勝負，彼我死者甚多。敵軍存千餘人乞降不許，斬其首於中河（博多灣那珂河）之端，其初梟示，後積置之。唐人中有免死者，分置京都關東，易其服而奴之。」

綜合以上考察之，江南軍中有力竭而降日本者，彼等多數爲江南人，而江南之明州，則貿易上與博多有密接關係者。日本人對於彼等，不似對蒙古人與高麗人之挾有敵意，因於彼等之中，擇其長於工藝，善於耕作者，不殺而奴畜之。又弘安四年九月十六日野上文書云：

「異國降人等事各令預置給分，沙汰未斷之間，津泊往來船，不謂晝夜，不論大小，每度加檢見。如然之輩，輙浮海上，不可出國，云海人漁船，云陸地分內，可有其用意矣。」（錄原文）

可見此等俘虜，分給各將士，其中，如于闐、沈聰等有祕密逃歸本國者，但其大部分，則留於日本，其數約數百人之多。彼等分布於各地，對於日本文化之發達，似必多所貢獻。試觀南禪寺僧蒙山智明之事蹟，可見其一端。其事蹟如下：智明曾受足利尊氏與直義之皈依，歷住博多聖福寺、京都建仁寺、南禪寺等各剎，生於攝津玉造，幼喪父母，會其地有元之降將萬戶將軍，愍其幼孤，養為己子，操鄉音教以四書，故智明頗通中國語。後歸日元僧一山一寧，住南禪寺時，智明充其書記，禪册中有不明者，不須他人通譯，能直接以中國語詢之。(註三三)

三　第三期之交涉（弘安役後）

日本，蕞爾彈丸之國也；元人以十餘萬大軍臨之，以爲必如摧枯拉朽，唾手可得。乃一夜忽化爲海藻，忽必烈聞之，其驚憤何如耶？故復讐之念，如烈火之不可遏。果然於次年（日本弘安五年元至元十九年西一二八二）九月，命平灤（今之河北省舊永平府）、高麗、耽羅、揚州、隆興（今之江西省舊南昌府）、泉州等處造大船三千艘。（註三四）僧斷江曾詠一詩慨嘆之曰：

「萬木森森截盡時，青山無處不傷悲，斧斤若到耶溪上，留個長松啼子規。」（註三五）

又明年（至元二十年西一二八三），任阿塔海爲征東行中書省丞相，復命高麗準備軍糧，或以五衛軍、侍衛軍等充征日本軍；或募舟師習水戰，着着準備東征。觀元史世祖本紀與東國通鑑，曾有以是歲八月迫日本之計畫。（註三六）當時兩國關係雖極險惡，而日本商船之赴元者仍不絕。（註三七）日本利用此種商船，使弘安之役被俘之宋人，潛作間牒，往探元之動靜，（註三八）故得知一切情形。竹林院左府記弘安六年七月一日條云：

「異國之事，近日其聞候，今年秋可襲來之由。」（錄原文）

其後元人所以未能實行此計畫者，因人民迫於徵發，是歲五六月，江南地方，盜賊蜂起，騷擾異常。忽必烈翻然自悔，遂納浙西道宣慰史弼之諫，暫緩建造戰艦；徵發之商船，亦給還之；翌年（至元二十一年西一二八四）二月，又罷免高麗建造戰艦。（註三九）

忽必烈憤激之餘，方整頓大規模之軍備，因此釀成大亂，不得已而中止。然若竟放棄之，則又覺損失大元皇帝之威嚴，其時頗有進退兩難之勢。斯時聞日本上下多皈依禪宗，乃思得一策，遣普陀山之僧愚溪如智等，告諭日本。普陀山乃舟山列島中之一小島，相傳日本入唐學問僧惠蕚（註四〇）在五台山得一觀音像，欲奉之歸國，舟至此島，忽不能動，因祀其像於此島，居民張氏捨其住宅爲寺。北宋神宗元豐三年（一〇八〇），大修殿宇，賜寶陀觀音寺之額，作爲律寺。南宋高宗紹興元年（一一三一），因眞歇靜了結菴於此，改爲禪寺，爲元代禪宗之名剎。（明代賜護國永壽普陀寺勅額，淸代賜普濟禪寺、法雨禪寺、鎭海禪寺勅額。）（註四一）其地近於慶元（宋代之明州），日本商船常到之地，乃日人所共知者。此寺之僧愚溪如智，又爲當時有名之高僧，元人以爲使此人往諭，當能達其目的。故如智於弘安六年（至元二十年西一二八三）八月，與提舉王君治同來日本，宿留海上者八閱月，過黑水洋，遭颶風而空還。翌年（至元二十一年西一二八四）四月，復承忽必烈之旨，五月間，(註四二)與參政王積翁同發慶元，經耽羅、合浦，七月十四日至日本對馬，然舟人中有不欲到日本者，乃殺積翁，故又空還。(註四三)南海觀音寶陀禪寺住持如智海印接待菴記載是時之國書如次：

「上天眷命，皇帝聖旨，諭日本國王。向者彼先遣使入覲，朕亦命使相報，已有定言，想置於汝心而不忘也。頃因信使被執不返，我是以有舟師進問之役。古者兵交，使在其間，彼輒不交一語，而固拒王師。據彼已嘗抗敵，於理不宜遣使。玆有普陀禪師長老如智等陳奏，若復興師致討，多害生靈。彼中亦有佛教文學之化，豈不知大小強弱之理。如令臣等賚聖旨宣諭，則必多救生靈也。彼嘗自省愆心歸附准奉。今遣長老如智，提舉王君治奉詔往彼。夫和好之外，無餘善焉；戰爭之外，無餘惡焉。果能審此歸順，卽同去使來朝。所以諭於彼者，朕其禍福之變，天命議之，故詔示，想宜知悉。」

此書不用國書體裁，而用巧妙之外交辭令，以冀日本之歸順，可知其煞費苦心矣。

如智兩次到日，皆無結果。忽必烈回憶弘安之慘敗，對於日本復讐之念，當然熱烈如焚。故日本弘安八年（至元二十二年，西一二八五）又整理大規模之軍備。四月，以征日本船，運糧於江淮，使習水戰；以在耽羅所造之征日本船百艘，賜高麗；六月命女直、水達達造許多戰艦；十月復立征東行省，以阿塔海、洪茶丘爲左右丞相，招募水手，聚集高麗、江南之海船，及江淮之民船；十一月徵江淮遼東之軍需；課高麗兵萬人，船六百五十艘；又運江淮米百萬石至合浦；東京高麗亦各貯米十萬石。諸軍於弘安九年（至元二十三年西一二八八）三月出發，預定八月會於合浦，殺入日本。（註四四）但是時元方征伐占城、交趾，連年用兵，國民苦於課稅，疲乏已極。元史劉宣傳云：

「連年征日本及用傷者，羣生愁嘆，四民廢業，貧者棄子以偸生，富者鬻產而應役，倒懸之苦，日甚一日。」

吏部尙書劉宣憂之，諫曰：

「今次出師動衆，履險縱不遇風，可到彼岸；倭國地廣，徒衆猥多，彼兵四集，我師無援，萬一不利，欲發救兵，其能飛渡耶？隋伐高麗，三次大擧，數見敗北，喪師百萬。唐太宗以英武自負，親征高麗，雖取數城而還，徒增追悔。且高麗平壤諸城，皆居陸地，去中原不遠，以二國之衆加之，尙不能克；況日本僻在海隅，與中國相懸萬里哉？」

忽必烈納之，乃能是役，江浙軍民聞之，歡聲如雷云。(註四五)

忽必烈雖不得已而納劉宣之諫，亦只於中國方面罷軍役，而征伐日本之根本方針，卒未少變；但專使高麗當其任。日本正應元年（至元二十五年一二八八）二月，任高麗王賰爲征東行尙書省左丞相，翌年（至元二十六年西一二八九）正月，遣參知政事張守智、翰林直學士李天英赴高麗，使助軍糧，(註四六)閏十月派員檢閱合浦兵器。(註四七)其時高麗以爲徒竭民力，不能決操勝算，早缺誠意。經數年之久，軍備仍未成。日本正應五年（至元二十九年西一二九二）八月，高麗王世子入朝，忽必烈問再征日本事；翌年九月，遣洪君祥至高麗商議東侵；(註四八)高麗王知不能再事延緩，乃籌得一策，十月，任金有成爲宣諭使，任郭麟爲書狀官，持國書抵日本，且送還是歲漂泊於耽羅之日本商人。其國書先言高麗臣屬於元，得承襲宗器，而不失國號，百姓安居樂業；而宋則執迷不悟，違命不朝，故三百年積累之基，一旦傾覆云。其書又曰：(註四九)

「念我國（高麗）之存，懲宋之亡，遣一介之使，奉一尺之書，朝於大元；則無損於今，有益於後，誠貴國社稷之福也。若恃阻大洋而不朝，存亡之機未可知也。脫有不測之患，噬臍何及；自古未有特險而能保國家者也。」

卽勸日本倣效高麗，早早遣使朝貢；實高麗自身欲脫軍役之苦也。據北條九代記金有成來日，翌年曾召往關東，其後事蹟不明。高麗史云其後日本僧鉗公到高麗謂有成於德治二年（元大德十一年西一三〇七）病歿於日本云。

高麗遣使之目的既不達，元乃於日本永仁元年（至元三十年一二九三）八月，又遣洪波豆兒赴高麗，管理造船，使瞻恩丁管理軍餉。是時洪波豆兒到高麗，望王宮下馬，流涕而言曰，「雖是衣錦還鄉，職是勞民可愧也。」(註五〇)可知當時高麗苦於軍役之狀況矣。高麗王於翌年（至元三十一年，一二九四）正月，親至元，欲奏東征之不便，適值忽必烈歿，遂罷東侵之兵。(註五一)

此後，元臣之內，仍有計畫東侵者，如江浙平章事也速答兒於永仁六年(大德二年一二九八)，奏請伐日本，成宗答以今非其時。(註五二)翌年日本正安元年（大德三年，一二九九）三月又效忽必烈遣普陀山僧如智之故智，任普陀山之僧一山一寧爲江浙釋教總統，持國書赴日本。欲觀其結果如何，而發東征之軍。五月復置征東行中書省。(註五三)一寧隨曾經來日之西澗士曇與外甥石梁仁恭等到博多，經過京都，十月下鎌倉。(註五四)執權北條貞時，使永留於日本；元成宗遣使之目的又不達。(註五五)一寧事蹟詳第十六章第二節。

據北條九代記自一寧來日後經二年至正安三年（大德五年，一三〇一）一月，有異國船若干，來襲薩摩國甑島，因被風濤而逃去。是否元之兵船，抑爲高麗之海賊船？未能明瞭。然吉續紀，記其事云：

「異國襲來薩摩國子敷島，兵船一艘著之，海上二百艘許見。」（錄原文）

其規模之大可知矣。或以不知一寧等之消息，而出此威嚇的舉動，亦未可知。自此之後，元朝次第衰敗，不遑顧及日本矣。因而此後之事，元史絕筆不書。

(註一)元史日本傳，高麗傳，世祖本紀。　東國通鑑順孝王八年八月條。

(註二)五代帝王物語，　關東評定傳，　師守記文永五年閏正月八日，　深心院關白記文永五年二月條。

(註三)東國通鑑順孝王九年九月條。

(註四)元史世祖本紀　東國通鑑順孝王九年十一月條。

(註五)蒙古使者到對馬之消息，由大宰府報到六波羅時，在三月七日；使者到時，當在二月。

(註六)帝王編年記，五代帝王物語，鎮西要略。

(註七)元史高麗傳，東國通鑑順孝王十年七月條，關東評定傳。

(註八)東國通鑑順孝王十二年正月條。

(註九)五代帝王物語，帝王編年記，吉續記文永八年十月條。

(註一〇)東國通鑑及高麗史順孝王十三年正月條，元史日本傳。

(註一一)元史世祖本紀，及日本傳，關東評定傳。

(註一二)東國通鑑及高麗史順孝王十四年三月條，元史趙良弼傳。

(註一三)高麗史敍文永八年九月趙良弼使日本事云：「宣撫使趙良弼以前年九月到金州境裝舟放洋。」

(註一四)新式目。

(註一五)元史世祖本紀。

(註一六)東國通鑑順孝王十五年十一月條。

(註一七)史學雜誌第三十七編第六，七，八號。

(註一八)元史日本傳。

(註一九)關東評定傳。

(註二〇)(一二一)北條九代記。又撒眘都丁，北條九代記作撒眘丁，今據元史日本傳改正。(譯者按新元史作「撒都眘丁及書狀官董畏」餘同。)

(註二二)元史耶律希亮傳　又元史耶律希亮傳以此爲至元十二年(日本建治元年)之事，然當收於其傳十三年條，中村榮孝氏所著之文永弘安兩役間ニ於ケル日麗元間ノ關係中曾言之。

(註二三)元史世祖本紀。

(註二四)關東評定傳。

(註二五)元史世祖本紀。

(註二六)師守記弘安二年六月二十六日條。

(註二七)勘仲記弘安二年七月二十五日條。

(註二八)同上七月二十九日條。

(註二九)關東評定傳。

(註三〇)元史日本傳作平壺島，張禧傳作平湖島　異稱日本傳以爲平壺平戶音相近，卽平戶島也。

(註三一)五龍山，異稱日本傳，謂卽筑前之玄界島。筑前舊志略謂係筑前之小呂島。然由前後之狀態推之，似爲肥前之鷹島。鷹島卽颶風後殲元師餘衆之處。

（註三二）東國通鑑忠烈王六年八月及七年六月條　元史世祖本紀及日本傳。

（註三三）本朝高僧傳卷三十　延寶傳燈錄卷十九智明傳。

（註三四）元史世祖本紀。

（註三五）貞和集。

（註三六）東國通鑑忠烈王九年三月乙卯條。

（註三七）參照第十五章第一節。

（註三八）元史世祖本紀云：「至元十九年九月庚申，福建宣慰司獲倭國諜者，有旨留之，……戊寅給新附軍賈祐衣糧，祐言爲日本國焦元帥壻，知江南造船，遣其來候動靜，軍馬壓境，願先降附。」

（註三九）元史世祖本紀。

（註四〇）參照第七章第二節。

（註四一）元亨釋書惠蕚傳，重修南海普陀山志。

（註四二）南海觀音寶陀禪寺住持如智海印接待庵記言在五月，元史世祖本紀言在正月，續資治通鑑作二月。

（註四三）南海觀音寶陀禪寺住持如智海印接待庵記（善隣國寶記所引）　元史世祖本紀　續資治通鑑綱目。

（註四四）元史世祖本紀。

(註四五)元史劉宣傳。

(註四六)元史世祖本紀。

(註四七)東國通鑑忠烈王十五年閏十月條，

(註四八)東國通鑑忠烈王十八年八月，又九月條。

(註四九)高麗史忠烈王十八年冬十月條。

(註五〇)東國通鑑忠烈王十九年八月條。

(註五一)東國通鑑忠烈王二十年正月條。

(註五二)元史日本傳。

(註五三)元史成宗本紀。

(註五四)北條九代記。

(註五五)妙慈弘濟大師行記。

第十五章　日本與元人之貿易

一　商舶之來往

日元間之貿易，除天龍寺船外，從來無從他方面加以研究者。蓋以文永弘安之役爲中心，前後亘三十餘年之久，日元之國際關係，異常險惡，無論何人，決不能想及是時仍能行平和的貿易；且關於此事，缺乏完全之史料，欲闡明之，頗感困難也。然試一涉獵入元僧、歸日元僧等之語錄，詩文集傳記等，隨處可得其一鱗半爪；雖不免爲殘缺不全之斷片的事實，然綜合以觀之，頗可得其大概。然後知日元貿易如此興盛，有不得不喫一驚者。今先揭日元商舶來往一覽表於左，以供參考。

元日商舶來往一覽表

元至元十四年（日建治三年）西一二七七	日本商人持黃金抵元，請易銅錢，許之（元史日本傳）

元至元十六年（日弘安二年　西一二七九）	元於前年十一月置淮東宣慰使於揚州，詔諭沿海官司使通日本商船，是歲日本商船四艘抵慶元，許相交易而歸（元史世祖本紀及哈刺解傳）
元至元二十九年（日正應五年　西一二九二）	是歲六月，日本商船四艘赴元，遭暴風，破三舡，只一船至慶元交易（元史世祖本紀）（北條九代記，正應五年七月條，有「附商船歸朝大元燕公南獻牒狀」，殆即此船也）是歲十月，日本商船到慶元求互市，船中具有甲仗，元人恐有異圖，詔設都元帥府，命哈刺帶爲將，以防海道（元史世祖本紀）
元元貞二年（日永仁四年　西一二九六）	是歲日僧可菴圓慧入元，可知日本商船有到元者（本朝高僧傳）
元大德二年（日永仁六年　西一二九八）	是歲夏，日本商船到慶元，元成宗使僧一山一寧持國書附此船來，翌年至日本（妙慈弘濟大師行記）
元大德九年（日嘉元三年　西一三〇五）	是歲日本商船抵慶元，僧龍山德見隨之入元，元怒日本不肯服屬，不許交易，特加抽分之數（眞源大照禪師龍山和尙行狀）
元大德十年（日德治元年　西一三〇六）	是歲四月，日本商人有慶到慶元貿易，獻金鎧甲，元使江浙行省平章事阿老瓦丁等備之（元史成宗本紀）是歲日僧遠溪祖雄入元（遠溪祖雄禪師之行實）
元大德十一年（日德治二年　西一三〇七）	是歲日本商人與元之官吏爭，焚掠慶元（眞源大照禪師龍山和尙行狀）（但元史兵志謂爲至大元年之事，即日本延慶元年事）是歲日僧雪村友梅附商船入元（雪村大和尙行道記）
元至大元年（日延慶元年　西一三〇八）	是歲日僧可菴圓慧歸國，元僧東里弘會來日（本朝高僧傳，延寶傳燈錄）
元至大二年（日延慶二年　西一三〇九）	是歲春日僧嵩山居中入元，元僧東明惠日來日（本朝高僧傳，東明和尙塔銘）

元至大三年（日延慶三年）西一三一〇	是歲日僧復菴宗已，無隱晦元等，入元（本朝高僧傳，延寶傳燈錄）
元至大四年（日應長元年）西一三一一	是歲春日僧孤峯覺明入元（孤峯和尙行實）
元延祐三年（日正和五年）西一三一六	是歲日僧遠溪祖雄歸國（遠溪祖雄禪師之行實）
元延祐五年（日文保二年）西一三一八	是歲日僧嵩山居中（第二次入元）石室善玖，古先印元，業海本淨，明叟齊哲等入元（本朝高僧傳，延寶傳燈錄，古先和尙行狀）
元延祐六年（日元應元年）西一三一九	是歲，元僧靈山道隱至日（本朝高僧傳，延寶傳燈錄）
元延祐七年（日元應二年）西一三二〇	是歲日僧寂室元光，可翁宗然，鈍菴俊，物外可什，別源圓旨等入元（寂室和尙行狀，圓應禪師行狀，別源和尙塔銘，延寶傳燈錄，本朝高僧傳）
元至治元年（日元亨元年）西一三二一	是歲秋日僧無涯仁浩入元（無涯錄）
元至治二年（日元亨二年）西一三二二	是歲春日僧月林道皎入元（月林皎禪師行狀）
元至治三年（日元亨三年）西一三二三	是歲日僧嵩山居中歸日（本朝高僧傳，延寶傳燈錄）

元泰定二年（日正中二年 西一三二五）	是歲秋九月日僧中巖圓月入元（中巖和尚自歷譜）是歲因籌建長寺營造費特派遣建長寺船（中村文書）
元泰定三年（日嘉曆元年 西一三二六）	是歲七月日僧瑞興等四十人赴元（元史成宗本紀）是歲日僧不聞契聞入元（不聞和尚行狀）元僧清拙正澄偕弟子永錤與日僧無隱元晦，古先印元，明叟齊哲等同於六月由元出發，經高麗耽羅，八月到博多，又是歲歸國之石室善玖寂室元光，似亦同船，（清拙大鑑師塔銘，本朝高僧傳，延寶傳燈錄，古先和尚行狀，寂室和尚行狀，應圓禪師行狀）
元泰定四年（日嘉曆二年 西一三二七）	是歲古源邵元附商船到慶元（古源和尚傳）
元天曆元年（日嘉曆三年 西一三二八）	是歲友山士偲正堂顯入元（友山和尚傳）
元天曆二年（日元德元年 西一三二九）	是歲文侍者因迎元僧明極楚俊入元，明極楚俊與竺僊梵仙，懶牛融，及入元僧物外可什，雪村友梅，天岸慧廣等同船，五月發自福州，六月來日（梵仙錄，明極俊大和尚塔銘，竺仙和尚行道記，雪村和尚行道記，本朝高僧傳，延寶傳燈錄）是歲日僧本禮奉豐後大友氏之命赴元，迎入元僧龍山德見（龍山和尚行狀）
元至順元年（日元德二年 西一三三〇）	是歲春入元僧月林道皎歸國（月林道皎行狀）是歲入元僧別源圓旨亦歸國（別源和尚塔銘）
元至順三年（日元弘二年 西一三三二）	是歲初夏入元僧中巖圓月，一峯通玄，歸國（中巖和尚自歷譜）是時日本為籌攝津住吉神社營造費，遣商舶赴元（攝津住吉神社文書）
元元統元年（日元弘三年 西一三三三）	是歲日僧南山士雲之弟子祖庭芳赴元，迎東洲至道，時至道住元大都大覺寺（聖一國師年譜）是歲入元僧不聞契聞歸國（不聞和尚行狀）

元元統二年（日建武元年 西一三三四）	是歲日僧空叟智玄入元（名刹由緒書，汲江山平田禪寺草創記）
元至元五年（日延元四年 西一三三九）	是歲日僧無文元選元通等赴元，在溫州上陸（無文選禪師行實）是歲入元僧大朴玄素空叟智玄歸國（本朝高僧傳，延寶傳燈錄，名刹由緒書，汲江山平田禪寺草創記）
元至正元年（日興國二年 西一三四一）	是歲秋日僧愚中周及赴元在慶元上陸（大通禪師語錄）
元至正二年（日興國三年 西一三四二）	前年十二月日本足利直義與夢窗疎石議，派遣天龍寺船至元貿易，是歲秋遣一船（天龍寺造營記錄）是歲秋僧泉侍者等二十五人入元（梵仙錄）是歲十月日僧性海靈見亦赴元在慶元上陸（性海和尚行實）
元至正三年（日興國四年 西一三四三）	是歲秋七月日本河津氏明因欲使元之畫工描虎關師鍊之頂相，遣使入元（海藏和尚紀年錄）
元至正四年（日興國五年 西一三四四）	是歲秋日僧大拙祖能入元達福州長樂縣（大拙和尚年譜）
元至正五年（日興國六年 西一三四五）	是歲五月日僧友山士偲此山妙在等歸國（友山和尚傳）
元至正六年（日正平元年 西一三四六）	是歲日僧善慧受復菴宗已明叟齊哲之命入元，以書幣贈天目山法雲塔院（開山大光禪師語錄）
元至正七年（日正平二年 西一三四七）	是歲日僧古源邵元歸國（古源和尚傳）

元至正八年（日正平三年　西一三四八）	是歲春日僧無我省吾入元（本朝高僧傳，延寶傳燈錄）
元至正十年（日正平五年　西一三五〇）	是歲三月日僧龍山德見無夢一清等，十八人，乘元之商船歸國（閑太歷）是歲日僧無文元選，義南，碧巖璨等，同船歸國（無文元選禪師行實，無文禪師行狀）是歲日僧椿庭海壽入元（本朝高僧傳）
元至正十一年（日正平六年　西一三五一）	是歲三月日僧愚中周及發自慶元，初夏歸博多（大通禪師語錄）是歲五月入元僧性海靈見歸國（性海和尚行實）是歲元僧東陵永璵至日（延寶傳燈錄）
元至正十七年（日正平十二年　西一三五七）	是歲秋日僧無我省吾歸國（本朝高僧傳，延寶傳燈錄）
元至正十八年（日正平十三年　西一三五八）	是歲入日僧大拙祖能歸國（大拙和尚年譜）
元至正廿三年（日正平十八年　西一三六三）	是歲日僧無我省吾再入元（本朝高僧傳，延寶傳燈錄）
元至正廿四年（日正平十九年　西一三六四）	是歲日僧觀中中諦入元（本朝高僧傳）

右表所錄或確知其年代，或可以推定者。其實商船之往來，不知幾倍於此。此等商船，殆完全爲日本船，是亦有注意之價值。元船之可明證者，惟正平五年（元至正十年西一三五〇）三月，送還入元僧龍山德見等十八人來博多之船耳。（註一）回憶日元國際關係之險惡，想幕府當有嚴厲之

海禁，而事實則大相反；國人之赴海外者，並未加何等制限。弘安之役以後，爲防俘虜之逃亡，曾命大友貞親搜索船舶，又禁止異國人來日，但此不過一時的戒備。（註二）故當時勇敢冒險之商人，仍能多數到元經營貿易。而元朝待遇日本商人，亦意外寬大，請以黃金交易銅錢，無不如願以償。（註三）觀其於揚州置淮東宣慰使，詔諭沿海官司，命與日本通商；（註四）及遣普陀山僧一山一寧持國書至慶元附日本商船來日，可見元人歡迎通商之誠。（註五）至於嘉元三年（大德九年，一三〇五）龍山德見入元之船，元人怒日本不歸附，不許交易，特加其抽分之數，（註六）不過其例外耳。元人對於敵國日本之商船，所以如是寬大者，大約因文永弘安兩役征服隔海日本之困難，故欲用平和的手段，使日歸服也。元末六十年間，殆爲日本商船赴中國最盛之時期。元德元年（天曆二年，一三二九）文侍者入元，迎元僧明極楚俊，至徑山懲愚元僧竺僊梵仙東渡；梵仙恐不得還元，逡巡不決，文侍者勸之曰：

「此船一去，明年卽便又來，但隨意耳，昔兀菴（普寧）亦回，西澗（士曇）回復往。」（註七）

據此可知日本商船，歲歲赴元，往來不絕矣。入元僧留名於史籍者，旣有一百五十餘人，（註八）

則無名之入元僧，其數何止幾百人。是等入元僧，大概託身商船，三三五五而來，元日間商船之夥，略可想像矣。

商船之外，所應考究者，爲倭寇。倭寇，乃日本西方之邊民，侵略高麗沿岸者，始於後堀河天皇之時。(註九) 倭寇最盛之期，在文永之役以後。弘安元年（至元十五年，高麗忠烈王四年）七月，忽必烈罷高麗合浦之鎮戍軍時，高麗之忠烈王曾奏曰：(註一〇)

「留合浦鎮戍軍以備倭寇。」

弘安三年五月，倭寇擾高麗之固城漆浦（慶尙道興海郡之北十日里）合浦，擄漁者而去，事見高麗史。蓋日本西海之邊民，因對於元寇之敵愾心而有是舉也。然當時只擾高麗沿岸，未曾侵及元疆。距弘安之役十數年之後，乃侵略慶元（宋代之明州）海岸，無歲不至。元史成宗本紀大德七年（嘉元元年，一三〇三）條云：

「夏四月丙戌，置千戶所戍定海（慶元港口）以防歲至倭船。」

當時赴元之日本商船，有僅以交易爲目的者；亦有密備甲仗，見彼地警備不嚴，或官憲辦理不善時，忽化爲賊，而逞其刼掠者；商船與倭寇船，頗難區別。故元人對於日本商船，雖許交易，而常嚴爲戒備也。元史王克敬傳云：

「除江浙行省左右同都事，延祐四年（文保元年一三一七）往四明監倭人互市，先是往監者，懼外夷情叵測，必嚴兵自衞，如待大敵，克敬至悉去之，撫以恩意，皆帖然無敢譁。」

又元史世祖本紀，至元二十九年（日本正德五年西一二九二）十月，日本商船到慶元求互市，船中具有甲仗，元人恐有異圖，乃設都元帥府，以哈剌帶爲將，以防海道。成宗本紀，大德十年（日本德治元年西一三〇六）四月，日本商人有慶，赴慶元貿易獻金鎧甲，元使江浙行省平章事阿老瓦丁等備之。是時亦有彼此意志缺欠疏通，而釀成爭鬬者；大德十一年（日本德治二年西一三〇七），日本商人與慶元之官司衝突，焚掠城內官衙寺院，罹兵火者甚多。(註一二)

二　天龍寺船

當此時代，日本幕府，對於日人之渡航海外者，不加何等制限，元人亦不拒絕日本商船。故日元國際上雖無交涉，而日本商船之赴元者則絡繹不絕。此等船，大概係西方冒險的商人之私的商船。就中亦有在幕府保護之下，具一定條件之公的商船；此種商船之好例，爲天龍寺船。

後醍醐天皇乃被足利尊氏，直義兄弟逼走者，天皇崩後，尊氏兄弟恐其懷怨，思有以慰其尊靈，乃在京都嵯峨，營造天龍寺。天龍寺船之性質，古來諸書所傳不一，或謂因募緣而赴元者，或謂僅通商貿易以籌資者，或謂得北朝之公許而通商者，或謂中日國交業已復舊者，異說紛紜，無所適從。三浦博士曾檢覈諸記錄及古文書等，發表關於天龍寺船之新研究（註一二）論文，不獨闡明天龍寺船之性質，並可知是時仍有與天龍寺船同性質之商船。予以上所述，亦根據博士之說，述其梗概，未曾略加私意。

關於天龍寺建立之史料雖多，但最正確而極精細者，僅此寺開山夢窗疏石之法嗣春屋妙葩所輯錄之天龍寺造營記錄。此書對於天龍寺船派遣事，有以下之記錄。（皆日本原文）

「宋船往來事，有其沙汰，元弘以後中絕，經十ヶ年被興行之條，時節可爲何樣哉否，度度有評定，搴議不一揆，諸人謳歌區也。剩御文談之次，被訪明經明法兩道人人畢，其又太略異儀也。有範朝臣獨不可有子細候由被申之，尊卑之說共以不同也，判斷之所存不一決。然而國師不可苦候由，被執申之，任智者遠慮可被免許之由，治定了。宋船二艘事，爲當寺造營要脚，所被免許也，早致用意，明年秋可被放洋由，可被仰綱司候，恐惶謹言。

歷應四
十二月二十三日

直義 在判

天龍寺方丈（疎石）

就彼狀先被渡一船，仍被舉綱司至本，則被成御教書。

同二十五日

造天龍寺宋船壹艘事，任本寺之吹舉，爲綱司可被致沙汰之狀如件。

直——（義）

至本御房

請文云

造天龍寺宋船壹艘事，爲綱司可渡宋候由，申請候上者。不謂商賣之好惡，歸朝之時，現錢伍千貫文可令進納寺家候，仍文如件。

同日　　至本」

以上數文大意，謂因欲營造天龍寺，有派遣宋船（遣元船）之議。惟因自元弘以來，十年之間，業已中絕，羣議紛紛不決。足利直義曾以書函徵求明經明法兩道各人之意見，皆反對之；惟有範朝臣以爲可行。直義初難自決，終因夢窗疎石之贊成，派船赴元。直義以曆應四年（南朝興國二年，西一三四一）十二月二十三日爲贊助營造此寺起見，派船二艘，並告以翌年秋放洋時，應呈請任命綱司。疎石因先派一船，推舉至本爲綱司：直義據其推舉，於是月二十五日，傳令任至本爲綱司。至本卽上呈文，言不論交易之損益如何，歸國後，進納現錢五千貫文於寺家云。

此文首應注意者，卽「元弘以後中絕經十ヶ年被興行之條」之語。驟觀此語，甚屬易解，卽謂自元弘以來，商船之往來已絕，至天龍寺船始復舊也。現今續本朝通鑑亦以是意解之；然實不能如是解釋。考元弘二年（西一三三二），有入元僧中巖圓月、一峯通玄等歸國；元弘三年（西一三三三）有祖庭芳入元，不聞契聞歸國。建武元年（西一三三四）有空叟智玄入元。延元四年（北朝曆應二年西一三三九）無文元選，元通等入元，大朴玄素，空叟智玄等歸國。（註一三）可見商船之往來，迄未中絕。蓋所謂「元弘以後中絕者」謂如天龍寺船之因特殊事情而派遣之商船中絕也。三浦博士研究中村文書與攝津住吉神社所藏文書，謂此種商船，曾於正中二年（西一三二五）爲籌建長寺營造費，派遣住吉神社船。又師守記云：貞治六年（南朝正平二十二年西一三六七）四月，醫師但馬入道道仙（俗名道直）爲籌療病院營造費，亦曾遣商舶至元；請於朝廷並幕府，由京中徵收房捐十文，以充造船費。蓋此種商船，惟宗教及慈善事業，因籌款而派遣者，可蒙許可。

天龍寺船，爲赴元營貿易之商船，與普通商船，本無何等區別。（善隣國寶記，謂其目的爲募緣者非也。）惟爲經幕府公許之商船；（伏敵編謂天龍寺船，經北朝之允准者，乃誤解直義以書函徵北朝明經明法兩道各人之意見等語者）綱司雖由寺家推舉，但其任命及船數，與渡航時期等，皆必待幕府命令；歸國後不問損益如何，負有納一定錢貨於寺家之義務，此其異點也。然於此有一疑問；當時對於赴元營貿易者，並不加以何等制限，而此種船，則須待幕府許可，且對於船數，渡航時期等，均須受指令歸國後仍負擔重大之義務，是何故乎？三浦博士解此疑問，謂據中村文書，正中二年（西一三二五）派遣建長寺船之際，曾使中村孫四郎，自是年七月二十一日至八月五日，在博多方面任警備之責。由此推之，天龍寺船歸國後，所以負納付一定錢貨於寺家之義務者，因須幕府負警備之責防海賊之難也。其初始建派遣天龍寺船之議時，反對者所以謂尙非其時者，因元弘以來，時局糾紛，以幕府責任爲海上安全之保障，甚不易也。

要之入元船之內，除私自往來之商船外，又有一種特殊商船，經幕府公許，得其保護而渡航；歸國後，以擔負一定之義務爲代償者。此種船以天龍寺船爲其中最著名者之一。以前則有建長寺船，與住吉神社船。派遣此等船，限於宗教的慈善的事業求資金之時。

以上皆三浦博士之說也。此種商船，因幕府能保障海上之安全，故僧侶搭乘者甚多；且因與幕府有特殊之關係，故又常趁此機會，以書幣招請中國之高僧焉。

天龍寺船渡航之時期不明；按天龍寺造營記錄中所記，似係曆應四年之次年康永元年（南朝興國三年，西一三四二）秋渡航者。按竺僊和尙語錄，謂是歲之秋，泉侍者等二十五人多數僧侶，就竺僊梵仙，請送行之偈，或卽乘天龍寺船前往者歟？（大通禪師語錄卷六年譜，謂愚中周及，乘天龍寺船入元。按周及入元，爲前年曆應四年秋之事；其說似誤。）又建長寺船，於正中二年（西一三二五）秋，趁所謂秋汛赴元。普通趁秋汛赴元之船，在彼地過年，待翌年初夏西南季節風而回航，故其歸國，必在翌年嘉曆元年（一三二六）五六月時。是歲六月，元僧淸拙正澄，應執權北條高時之請，偕弟子永鎮與日本入元僧無隱元晦、明叟齊哲、石室善久、古先印元、寂室元光等，由元出發，八月到博多，翌年正月入京都，幕府派使者來迎住鎌倉建長寺。（註一四）合觀此二事，建長寺船與淸拙正澄之來日，似有密接之關係。故由是而臆測之，元德元年（大曆二年，西一三二九）文侍者入元迎元僧明極楚俊所乘之船，（註一五）與興國五年（至正四年，西一三四四）大拙祖能與同志數十人入元時之船，（註一六）均此種商船也。

天龍寺船回航之事，天龍寺造營記錄中無所記載。若果如預定，於康永元年秋渡航，其回航恐在康永二年初夏。太平記（註一七）云：

「賣買得利百倍。」

則似得莫大之利益而歸者；果然，當能如約納五千貫文於寺家矣。所納之金，對於天龍寺營造，究有何等效果乎？考歷應二年（南朝延元四年西一三三九）十月以來，工程遲遲，未有進步，想係待天龍寺船回國也。至康永二年（南朝興國四年，一三四三）乃大進步。康永四年工竣，八月二十九日舉行落成供養，由此亦可推知矣。

曩時幕府許可之天龍寺船爲二艘，寺家先派遣一艘，其餘一艘，當然可以渡航；關於此事，無可徵之實錄。若果渡航，或即興國五年（北朝康永三年西一三四四）大拙祖能等數十人便乘之船，亦未可知。又續本朝通鑑云：

「此後每年爲例，世稱之曰天龍寺船。」（錄原文）

後世據此，有謂天龍寺船，每年派遣者；此不過因幕府有許繼續派遣一艘之說，而臆度之辭耳，此後經過百餘年至寶德三年（西一四五一）足利義政之遣明船凡十艘，其中有天龍寺船。如左：

一號船　天龍寺　　二號船　伊勢法樂社

三號船　天龍寺　　　　四號船　九州探題（爲博多聖福寺營造之船）

五號船　島津氏（此船未往）　　六號船　大友氏

七號船　大內氏　　　　八號船　大和多武峯

九號船　天龍寺　　　　十號船　伊勢法樂社

十艘之中，（但島津氏五號船未往）天龍寺爲最重要之船，有一號，三號，九號三艘。蔭涼軒日錄與戊子入明記，言及是時之遣明船，竟有「天龍寺船時」之語。（註一八）然其他名爲天龍寺船者，史乘上一無所見。

三　貿易港與航海

元初倣宋制，於至元十四年（日本建治三年西一二七七），在泉州、廣州、慶元、（宋代之明州，）上海、澉浦、（嘉興府澉浦鎭，在錢塘江口）置市舶司。繼復在溫州、杭州，設市舶司。凡七港。至元三十年（日本永仁元年西一二九三）四月，制定市舶抽分雜禁二十一條；復整理開港場，溫州市舶司併入慶元市舶司，杭州市舶司併入杭州稅務。永仁五年（日本大德元年西一二九七）廢泉州市舶司。翌年上海澉浦二司併於慶元。此後泉州市舶司幾經廢置至至治二年（日本元亨二年西一三二二）只存慶元、泉州、廣州三市舶司。後直至元末未曾更改。（註一九）元之開港場，雖幾經變革，但慶元自宋代即為對日之貿易港，在三港內，最近於日本，故日本商船之赴元者，殆皆入是港，觀前元日商船來往一覽表自知。至於日本元德元年（元天曆二年西一三二九）因迎元僧明極楚俊而入元之文侍者所乘之船，到福州；（註二〇）興國五年（至元四年一三四四）秋，大拙祖能與同志數十八入元之船，達福州路長樂縣：（註二一）不過其中一二例外耳。日本之貿易港，仍惟筑前之博多一港，與前代同，因而有志南詢之僧，均下筑紫，在博多覓便船。

日元之貿易港，一為慶元，一為博多，商船均往來於此二港之間，其航路，則皆橫斷中國東海。航海日數，似不過十日內外。至如嘉曆元年（元朝泰定三年西一三二六）來日之元僧清拙正澄等所乘之船，行遣唐使時代之北路高麗、耽羅，以達博多，費二月餘，（註二二）乃罕見之事也。

商舶往來之時期，雖不免有若干異例，但往航多在春秋，歸航多在初夏。（宜參看元日商舶往來一覽表，）大概中國東海之季節風，自十月至翌年三月，爲東北風；自四月至九月，爲西南風。春秋爲東北季節風流行時期，且爲海上較爲安穩之時期，故利用之以入元。明代稱淸明前後之東北季節風爲大汛，重陽後之風爲小汛。大汛，小汛之期，爲對倭寇最須警戒之時期；因倭寇常以順風到明州也。（註二三）元代之日本商船，亦多依此大汛小汛而航元。其歸航，多在初夏，利用四月以後之西南季節風。故由春期大汛赴元者，至初夏西南季節風時，卽能回國。由秋期小汛赴元者，須在彼地度歲，以待翌年初夏之西南季節風。

四　貿易品

日元之貿易，日本方面最有利益。試觀天龍寺船之綱司至本，預約歸國後納五千貫文於寺家一事可知。故雖彼此國際關係極險惡時代，日本商船赴元者，仍絡繹不絕。然當時之貿易品爲何物乎？先就輸入品言，其主要者，爲銅錢、香藥、經卷、書藉、文房具、唐畫、什器、茶、金襴、金紗、唐錦、唐綾、毛氈等織物。

輸入銅錢一節，元史日本傳云：

「十四年（至元）日本遣商人持金來易銅錢。」

此亦唯一之史料也。元人憂銅錢流出海外，於至元二十三年（日本弘安九年西一二八六）禁止以銅錢與外國貿易。（註二四）但日本之鑄造錢幣，自村上天皇之天德二年（九五八）以來，久已中絕，故前代多輸入宋錢。朝廷雖屢發禁令，民間依然流通。（註二五）至此時代，仍與前同。後醍醐天皇建武中興時，謂求錢於外，藐視國法而擅行流通，可謂故違彝典，乃發詔勑令鑄造新乾坤通寶官錢。（註二六）但此種企圖，是否實行，不能無疑。香藥自古即仰給於中國，此時代亦同。其次為經卷，日本之開雕大藏經，事實頗多；興國六年（貞和元年西一三四五）兵部丞源定規，曾因開雕一切經之功，臨時任官；（註二七）正平六年（觀應二年，西一三五一）足利直義，曾使僧解一管理一切經印版；（註二八）正平八年（文和二年西一三五三）因足利基氏之宿願，開雕大般若經一部六百卷。（註二九）惟斯時全藏，尚未開版，故當時京都、鎌倉及諸地建立禪寺，由元輸入經卷甚多。鎌倉淨妙寺之太平妙準（高峯顯日之嗣）曾於嘉曆元年（西一三二六），使其徒安禪人入元，求福州版大藏經，（註三〇）可見入元僧所齎，與託商船輸入之經卷不少。大通禪師語錄年譜，記派遣天龍寺船事云：

「遣商船求藏經於元國，」

天龍寺船，原非特因求藏經而遣者，實際託赴元之商船輸入者極多。足利尊氏贈近江三井寺之宋本一切經，乃元弘時，鎌倉幕府由元購得者。（註三一）

又當時日本五山開版事業雖盛，但所印概爲禪籍詩文集之類；儒書不過元亨版之古文尚書孔氏傳，正中版之春秋經傳集解，正平版之論語集解數部耳。（註三二）五山僧徒與公卿所讀之儒道諸子百家之書，似皆由元輸入。異制庭訊往來（註三三）（相傳謂係虎關師練所著）中有勸人讀書之書狀，曾列舉毛詩，尚書，周易，禮記，左傳，周禮，儀禮，公羊，穀梁，論語，孝經，老子，列子，莊子，史記，前漢書，後漢書，楊子，荀子，墨子，淮南子，文中子，東皋子，吳子，孫子，呂氏春秋，戰國策，山海經，爾雅，廣雅，神仙傳，孝子傳，先賢傳，列女傳，太平御覽，太平廣記，羣書治要，玉篇，廣韻等諸書。據此，可知當時讀書界之傾向矣。

此外因禪宗之興隆，禪寺什器，亦爲重要輸入品之一。天龍寺紀年考略謂天龍寺船之所以派遣者，因購求什器而附於寺之故；其說雖屬難信，但新建五山十剎等禪宗大寺，則元之叢林所用什器等，輸入必多。又當時禪林與上流社會間，大流行唐式之茶會，茶亭中多飾以思恭、牧溪、吳道子、月壺等中國名畫家所畫之釋迦、觀音、文殊、普賢等佛畫。其前置桌，懸金襴之幔，張金紗之幕，置胡銅花瓶，紫銅燭臺，鍮石香爐等。又各處楇上，多飾以米元輝、陸青、李堯夫、文與可、東坡、檀芝瑞、仲華光、楊補之、韓幹、李伯時、戴嵩、舒悅、所龍翁、張僧繇、胡直夫、陸信忠等宋元名手之畫。主位、客位，置鋪豹皮之胡床，蒙金紗之竹椅，茶具亦皆用中國名器，茶亦用中國之清峯、雅州、茂山、浮梁、田畝、鄉園等名茶。(註三四) 此等唐宋元之名畫、什器、名茶等，一部分固由入元僧帶來，但以由商船輸入者爲多。

輸出品無可徵之史料，難下明確之論斷，但據前代之例，復參考明代狀態，知黃金、刀劍、扇、蒔繪、螺鈿、硫黃、銅等，當爲其主要品。建治三年（元至元十四年西一二七七）日本商人持黃金到元交易銅錢；(註三五) 嘉曆元年（元泰定三年西一三二六）鎌倉淨妙寺太平妙準之徒安禪人，持黃金百鎰，購入福州版大藏經；(註三六) 正平二十二年（元至正二十七年西一三六七）高麗使臣承元朝之命，來日請禁倭寇時，日本報酬其貢獻，曾贈以鎧二領，白太刀三刀，扇子三百本。(註三七) 蓋黃金自前代已爲日本輸出品之主要物。刀劍與扇，製作之精妙，尤足誇示中國。刀劍之輸出，在明代至數十萬把。扇亦日本特產品。硫黃及銅，亦最主要之輸出品。(註三八)此外仍與前代同，蒔繪，螺鈿等美術工藝品輸出者亦不少。

五　貿易之狀況

日本商船赴元貿易之狀態如何乎？元於至元三十年（日本仁元元年一二九三）四月，制定市舶抽分雜禁二十一條。因此，元商欲赴海外貿易時，先陳告所在之市舶司，市舶司申請於總府衙門，發給公驗公憑。公驗，乃給於本船者。公憑，乃與柴水船者。驗憑中記明商船所赴國名，不許隨意往他國；由海外回國時，必到以前起程之港；請於前給驗憑之市舶司，受其點檢及抽分貨物後，始許發售船貨於商賈。外國商船，亦由元市舶司發給驗憑，赴元時，預請本國官署在公驗之空紙內，詳細填明姓名，貨物件數，觔重等。元之市舶司，據此照數點檢而後抽分，限定四個月間，發販淨盡。又外舶入元港時，應立即將綱首、直庫、雜事、部領、梢工、碇手等各職人名，報告於市舶司；所攜兵器，則收於市舶司之倉庫，回國時發還。元人又爲防止祕密貿易起見，凡外船未領驗憑者，不許擅行開船；犯者杖百七，船貨沒官，以其三分之一給與告發者。若因風波遺失驗憑，所在之官司問明後，移牒於市舶司，市舶司申請總府衙門，再發給之。如妄稱被難，祕密入他港貿易者，則所在官司，使其回至起帆之港，由該地市舶司究斷之。又如遭遇風波灘礁，爲求供給薪水，臨時泊海岸者，船人上陸，亦不許密售貴重舶貨；犯者杖百七，告捕者以沒官貨三分之一賞之。又外船碇泊於貿易港時，該地商人等以市舶司之小船運送薪水食料之際，若在船中祕密賣買貴重貨物，而免抽分者，杖百七，告捕人以沒官貨三分之一賞之。(註三九)

日本商船之赴元者，在以上規定之內，許與貿易。對於舶貨，必行抽分，亦無待言。觀嘉元三年（元大德九年西一三〇五）日本商船到慶元時，元人怒日本不歸服，不樂互市，頓加抽分之率(註四〇)即其明證。元代抽分之制，乃世祖忽必烈定江南時，沿宋制而定者。細貨十分之一，粗貨十五分之一。(註四一)其後抽分率，亦有若干昇降，但無宋代收買之事。(註四二)泉州除抽分外，另徵舶稅三十分之一。至元三十年，（日本永仁元年西一二九三。）制定市舶抽分雜禁時，其他市舶司，亦倣泉州之例，徵收船稅。(註四三)至日本當時有何規定，無可考證。回航之商船，殆任意分配船貨，而佔利益耳。但如天龍寺船得幕府之許可而赴元者，在未履行其預約之一定義務時，不許自由處分船貨。天龍寺開山夢窗疏石上堂時，謝天龍寺船綱司至本有「滿船官貨孰私商」之語，據此可知矣。不問損益如何，歸國後必納一定之現錢於寺家，形式上雖與元之抽分不同，精神上謂與抽分同一性質，亦無不可。想係當時之入元僧及商人，以元人普通所行之抽分制，應用於日本，藉此而得社寺之營造費者。(註四四)

(註一)園太曆正平五年四月十四日條。
(註二)野上文書(弘安四年九月十六日附)。
(註三)元史日本傳。
(註四)元史世祖本紀。
(註五)妙慈弘濟大師行記。
(註六)眞源大照禪師龍山和尙行狀。
(註七)竺僊和尙語錄。

（註八）參照第十七章第一節。

（註九）明月記有嘉祿二年對馬人與高麗人交戰事。百練抄謂是年對馬人寇高麗之全羅州吾妻鏡謂貞永元年肥前之民擾亂高麗沿岸。

（註一〇）高麗史忠烈王四年七月戊戌條。

（註一一）眞源大照禪師龍山和尙行狀（元史兵志亦載之，事在至大元年，卽日本延慶元年。）

（註一二）史學雜誌第二十五編第一號　日本史ノ研究所收。

（註一三）參照本章第一節。

（註一四）清拙大鑑禪師塔銘　本朝高僧傳元晦、齊哲、善玖、印元、元光傳，寂室和尙行狀　圓應禪師行狀。

（註一五）竺僊和尙語錄。

（註一六）大拙祖能年譜。

（註一七）太平記二十二天龍寺建立事。

（註一八）蔭涼軒日錄文明十五年五月十九日，鹿苑日錄明應八年八月六日條　戊子入明記，允澎入唐記。

（註一九）元史食貨志。

（註二〇）梵僊和尙語錄。

（註二一）大拙祖能年譜。
（註二二）清拙大鑑禪師塔銘。
（註二三）籌海圖編卷之二。
（註二四）元史食貨志。
（註二五）參照第十二章第三節。
（註二六）建武二年記。
（註二七）田中敬氏圖書學概論三一五頁。
（註二八）鎌倉淨妙寺文書。
（註二九）宮內省圖書寮藏大般若波羅密陀經十五跋。
（註三〇）芳庭法菊撰藏經舍利記（延寶傳燈錄所引。
（註三一）三井寺續燈記。
（註三二）田中敬氏圖書學概論（正平版論語跋）
（註三三）異制庭訓往來，普通謂虎關師鍊所著；平泉澄博士謂爲應安六年以後，至德三年以前之物。
（註三四）喫茶往來　禪林小歌。

（註三五）元史日本傳。

（註三六）芳庭法菊撰藏經舍利記。

（註三七）太平記。

（註三八）參照第二十章第九節。

（註三九）元典章　柏原昌三氏日元貿易ノ研究（史學雜誌第二十五編第三號）。

（註四〇）眞源大照禪師龍山和尙行狀。

（註四一）元史食貨志。

（註四二）參照第十二章第三節。

（註四三）元史食貨志。

（註四四）三浦周行博士天龍寺船ニ關スル新研究（史學雜誌第二十五編第一號）。

第十六章 歸日元僧與文化之移植

一 元僧之來日

因日元之交通，元僧來化日本者亦甚多，今先揭其一覽表以供參考。

歸日元僧一覽表。爲傳臨濟禪者之符號
・爲傳曹洞禪者之符號

字(號)・諱	諡號	師僧	來日年月	住山	示寂年月日	典據
○一山一寧	特賜妙慈弘濟大師	頑極行彌	正安元年三月	建長，圓覺，淨智，南禪	文保元年十月二十五日	一山國師語錄，一山國師行記，元亨釋書
○西澗士曇(註一)	勅諡大通禪師	石帆惟衍	同右	圓覺，建長	德治元年十月二十八日	勅諡大通禪師行實，元亨釋書，五山記考異
○石梁仁恭	勅諡慈照慧燈禪師	一山一寧	同右	慈雲(信濃)聖福，建仁，壽福	建武元年十二月十八日	本朝高僧傳，和漢禪刹次第，五山歷代，扶桑五山記
○東里弘會		月潭智圓	延慶元年	禪興，建長	文保二年八月二十八日	本朝高僧傳，延寶傳燈錄，五山記考異

·東明慧日		眞翁得擧	延慶二年	禪興，圓覺，建長，萬壽，東勝，壽福	興國二年十月四日	東明和尙塔銘，本朝高僧傳，延寶傳燈錄，洞上聯燈錄
○靈山道隱	勅諡佛慧禪師	雪巖祖欽	元應元年	建長	正中二年三月二日	本朝高僧傳，延寶傳燈錄，鎌倉五山記，五山記考異
○清拙正澄	勅諡大鑑禪師	愚極智慧	嘉曆元年六月	建長，淨智，圓覺，建仁，南禪	延元四年正月十七日	清拙大鑑禪師塔銘，本朝高僧傳，鎌倉五山記
○□□永錤		清拙正澄	同右		?	清拙大鑑禪師塔銘，本朝高僧傳
○明極楚俊	特賜佛日燄慧禪師	虎巖淨伏	元德元年六月(註二)	建長，南禪，建仁	建武三年九月二十七日(註三)	明極語錄，塔銘，本朝高僧傳，鎌倉五山記
○竺僊梵仙		古林清茂	元德元年六月	淨妙，淨智，南禪，眞如，建長	正平三年七月十六日	竺僊梵仙語錄，行道記，本朝高僧傳
○懶牛□融		明極楚俊	同右		?	明極和尙滄海餘波序，東海一漚集
·東陵永璵	勅諡妙應光國慧海慈濟禪師	雲外雲岫	正平六年	天龍，南禪，圓覺，建長	正平二十年五月六日	本朝高僧傳，延寶傳燈錄，日本洞上聯燈錄，鎌倉五山記

(註一)西澗士曇於文永八年來日時年二十三歲，留滯京都鎌倉者凡七年，弘安元年歸國。此後經二十餘年，至正安元年，又從一山一寧來日。

(註二)本朝高僧傳謂明極楚俊來日在元德二年，誤矣。其來日與竺僊梵仙同時，據建長禪寺竺仙和尙行道記、天岸慧廣東歸集、明極和尙滄海餘波序等書，當爲元德元年。

(註三)佛日焰慧禪師明極楚俊大和尙塔銘，謂明極楚俊示寂之年，爲建武五年。但建武三年改元爲延元，恐係建武三年之誤。

本朝高僧傳，謂住建仁寺與淨智寺之別傳妙胤，亦係元僧。但龍山德見之妙胤贊云：「一舸出東海，南詢志益堅。」中巖圓月之贊云「歸來扶桑四座道場」則謂為元僧者誤矣。（註一）以上所舉之元僧十三人，係留名史藉者，其他事蹟不傳者，當不止一二。一寧來日之際，隨行者五人，（註二）其名傳於今日者，惟士曇仁恭二僧耳。元僧之中，如一寧則帶元朝之使命來日而留於日本者；如惠日、正澄、楚俊，則應日本之聘而來化者；（註三）又如永璵，則慕日本之地而來者。（註四）

元僧之中，一寧、正澄、楚俊、梵仙等，在元時為有名之高僧，來日受朝廷與幕府之歸依，主持京都鎌倉之名藍，鼓吹禪風，對於日本精神界，影響甚大。又對於儒學、文學、繪畫及其他各種方面，貢獻於日本文化之進步者亦不少，

二　一山一寧與文化的影響

歸化元僧內，最先來日，對於日本文化各方面，有絕大影響者，為元之慶元府普陀山僧一山一寧。一寧之事，第三章已略述之。正安元年（大德三年，一二九九）附乘慶元府之日本商船而來。到

博多，過京都，下關東。虎關師練記是時之情狀云；

「伏念堂上和尙（一寧）往己亥歲自大元國來我和域，象駕僑寓於京師，京之士庶奔波瞻禮，騰沓係途，惟恐其後。公卿大臣未必悉傾於禪學，逮聞師之西來，皆曰大元名衲過於都下，我輩盍一偸眼其德貌乎！花軒玉驄，嘶鶩輻馳，盡出於城郊，見者如堵，京洛一時之壯觀也。某時懷一香隨衆伍而展拜，當時人甚多矣，如今事已久矣，料想師之不必記焉」（錄原文）（註五）

此文乃德治三年（一三〇七）六月，師練上於一寧者。雖有粉飾之辭，但彼時不僅以其爲異國僧而珍重之也，實有欽慕其德風之心理存焉。

一寧乃帶敵國之使命而來者，執權北條貞時編置於伊豆之修善寺。後聞其爲有道之士，乃迎至鎌倉，使住建長寺。住三年，至正安四年（一三〇二）十月，遷於圓覺寺。在職二年，又回建長寺，後移淨智寺。後宇多上皇，景仰其德風，特下詔關東招之，使住南禪寺，屢問法要。後以老病，屢請退隱，不聽，乃潛遁越州。上皇特下書慰諭使歸。文保元年（一三一七）秋，有疾；上皇屢詣其寺問疾。及其寂也，賜國師號，使前權大納言源有房作文祭之。又勅建塔於龜山廟側，賜「法雨」之額，上皇嘗親製像贊云：

「宋地萬人傑，本朝一國師。」（原文）

一寧在元，住普陀山，元成宗曾賜妙慈弘濟大師之號，固高僧也。來日之後，在鎌倉、京都張法筵，前後凡二十年，上下之尊信極篤，所住之處，縉紳士庶之隨喜者，門庭如市。（註六）其及於日本精神界之影響極著。弘安以來，幾乎斷絕之中國留學，所以能再盛者，全由一寧刺戟而成。入元僧龍山德見、雪村友梅、無著良緣、嵩山居中、東林友丘等，皆彼會下所出之人材也。（註七）試觀師鍊之書，知當時之公卿大臣，未必皆傾向於禪；此時之所謂禪，乃以鎌倉爲中心之武家禪也。蓋京都台徒妨害禪宗頗甚，故公卿之內，對於禪宗，有懷反感者。如源有房曾著野守鏡，借歌道以罵禪宗，然二十年後，有房又爲一寧作祭文，蓋對禪宗已甚有興味矣。及一寧去鎌倉，住南禪寺，公家禪遂達興隆之機運，此卽禪宗之中心，去鎌倉而移於京都之樞紐也。

一寧所著之書，傳於今日者，僅語錄二卷。然一寧實博覽多識，教乘諸部，儒道百家之學，已無待言；卽稗官小說，鄉談俚語，亦無所不通。且善書翰。其親近侍者虎關師鍊，述其住圓覺寺時之事蹟如次：

「師孤坐一榻，不須通謁，新到遠來，出入無間，人便於參請。禪策中無索隱，僅事苑而已，往往漫下雌黃者多，江湖患之。及師至理闕疑，然言語不通，乃課觚牘隻字片句，朝諮暮詢，師道韻柔婉，執翰酬之；教乘諸部，儒道百家，稗官小說，鄉談俚語，出入泛濫，輒累數幅，是以學者推博古。又善魯公屋漏之法，擂紙帛乞掃寫者，鐵闢或可折矣。」（錄原文）（註八）

師鍊又云；

「某（師鍊）智簿識譾，每見程揚之說，不能盡解，老師（一寧）宏材博學，賴以愚所疑。」（錄原文）

所謂程揚之說者，揚，乃前漢揚雄，作太玄以擬易者。程，乃宋之程子，本易以論陰陽者。言比較揚雄程子之說，就太玄與易之異同，質疑義於一寧也。師鍊在日本為最早有志於宋學之一人，其研究宋學，由一寧所剌戟所啓發者甚多。有時談及書畫，一寧屢讚育王山藏叟善珍之書，與溫玉山之蔔萄畫。其論書畫云：

「書與畫非取其逼眞，大體取其意。故古人之淸雅好事者，只貴淸逸簡古，其人之名德非筆墨間也。畫以古人高逸者爲重，書以晉宋間諸賢筆法爲妙。」（錄原文）

一寧嘗以日本高僧遺事，詢問師練，師練多不能答；一寧曰：「公之辨博涉於異域者，章章可悅，然至本朝之事頗澁於酬對何也。」師練聞之大慙，於是遍考國史雜記，成元亨釋書三十卷之大著作。（註九）

以上僅一寧與師練間之遺事耳。一寧在日本二十年，接見多數道俗，淸談酬應，對於日本之學問、文學、書法、繪畫、各方面，實有不少之刺戟。

三　淸拙正澄與文化的影響

北條氏世世皈依禪宗，執權北條時宗，曾招無學祖元來日，在鎌倉創圓覺寺大伽藍。其後執權高時，亦倣效之，屢齎書幣，招致中國名德。應招而來日者，前有淸拙正澄，後有明極楚俊，竺僊梵仙。此等高僧，在干弋叢裏，受王侯之優禮；對於日本文化之發達，咸有力焉。

清拙正澄，杭州府淨慈寺愚極智慧之法嗣也。在元時，住松江（江蘇省上海之南）眞淨寺名剎。與當時高僧古林茂東嶼海竺田心斷江恩等並稱英俊。（註一〇）因而日本之天岸慧廣，無著良緣，平田慈均，寂寶元光古先印元等，多數入元僧，皆聞其道譽而參其法會。此等事蹟，在各人之傳記，及正澄所著禪居集中常見之。因而其盛名騰於日本叢林間。執權高時所以遣使招之者，非偶然也。彼於嘉曆元年（一三二六）隨日本入元僧無隱元晦，明叟齊哲等六人來日；自博多，經京都，下鎌倉，執權高時請住建長寺。後主持淨智，圓覺二剎。又奉後醍醐天皇之勅，居建仁寺二次，南禪寺一次。是時信濃之小笠原貞宗，又請創開善寺，爲開山第一祖。（註一一）彼爲赴日元僧中之最傑出者。因而其所及之影響極大。本朝高僧傳之著者師蠻，贊之云：

「大凡東渡宗師十有餘人，皆是法中獅也，至大鑑師（正澄之諡號）可謂獅中主矣。」

（錄原文）（註一二）

彼不僅受朝廷與幕府之尊信，且與小笠原貞宗，士岐賴貞，賴遠，賴康，多數武士接近，大影響於彼等之精神生活；據其語錄與塔銘，可知之。又對於五台山文學之發達，貢獻甚多。隨彼來日之永錤所編禪居集(註一三)中，存有豐富之詩文。此外有應特筆大書者，因其來日，日本叢林之規矩，乃大完備；對於日本一般禮法大有影響。中國叢林所行之規矩，乃唐憲宗時，江西省南昌府（唐代洪州，元代龍興路）百丈山懷海所定，所謂百丈清規是也。其後隨時代之推移，後人多以臆見損益之；南宋時代，已有無所適從之患。度宗咸淳中，一山、晦機、雲屋三僧，共同刪修刊正，遂立一代之典章。其後元文宗，在金陵創建大龍翔集慶寺，開山笑隱大訢（日本古先印元等之師，）因欲行百丈清規，請百丈山大智壽聖禪寺之住持東陽德輝（日本無夢一清、中巖圓月、大拙祖能等之師，）重編之。是時德輝搜索百丈古清規而不可得，不得已，參酌宋崇寧中眞定之宗頤，咸淳中金華之惟勉，元至大中東林之弌咸所集之崇寧清規，咸淳清規，至大清規等，芟繁正訛，至至元二年（日本延元元年，西一三三六）告成。此即敕修百丈清規二卷是也。(註一四)正澄來日，在敕修清規告成前十年，未能攜其書至日本。但彼最能諳悉百丈清規，曾自著大鑑廣清規，大鑑略清規，因而尊崇百丈懷海甚篤。每以日本叢林，未設百丈忌爲憾。嘗謂無隱元晦曰：「我滅當在百丈忌辰，小師等宜同設齋。」後果於百丈忌辰，正月十七日示寂，世稱百丈再來云。彼欲日本叢林，專行百丈清規，故來日之始居建長寺時，即仿杭州府靈隱之制，定衆寮之規矩。故謂日本禪林之規矩，由正澄始行肅淸，亦非過言。(註一五)其徒古鏡明千，入元傳入勅修百丈淸規。正平十一年（北朝文和五年一三五六）在京都眞如寺募緣印刻流布，殆非偶然也。(註一六)

正澄與百丈淸規之關係，已如上述；又與日本武家禮法之發達，有密接之關係，因而對於一般之禮法，亦大有影響。前述之小笠原貞宗，乃日本武家禮法之祖也；特爲正澄創開善寺，就之剃髮，號曰泰山，熱心修禪。當其定武家諸禮法時，因喜禪林嚴肅之規矩，擇其所長，盡行採入。記述小笠原流諸禮法之書，名三議一統。是書序文中，謂係足利義滿命小笠原長秀（貞宗之玄孫）伊勢滿忠，今川氏賴三人撰述者，故書中有三人之名。伊勢貞文辯之云是書初名當家弓法集，後改名三議一統，加入有似三人所撰之序文，此書實可認爲小笠原家禮法之覺書。(註一七)因而此書，爲小笠原派禮法書之最可據者。觀此書之內容，則知自第二法量門始，皆參取禪家之禮法者。世謂貞宗與正澄相議，定諸禮法，蓋本於此。(註一八)

四　明極楚俊竺僊梵仙與文化的影響

清拙正澄來日後三年，元德元年（西一三二九）明極楚俊、竺僊梵仙二僧偕楚俊之徒懶牛融，與日本入元僧物外可什、天岸慧廣等來日。(註一九)梵仙於天岸慧廣（佛乘禪師）十三年忌辰陞座，述其來日之原由如次。

「一日在徑山，忽日本文侍者至，言鄉船在福州，以明極和尚有宿昔之約欲取之。時明極欲挽山僧（梵仙）偕行不可；乃謂文曰，若能化仙公共往行矣；否則不然且又自謂山僧曰，汝於此但此國人識汝耳，有何利益，亦可去彼行汝古林和尚一枝佛法於外國也好，此乃佛天在上，余不誑言。又曰，我之老大昏耄，尚且欲去，況汝後生，精明百倍，而又事事敏妙。且聞彼之船不一二年間，必又來此，就回亦可，亦望託汝寄附鄉書也。時日本亦有數人在彼，余乃問文等曰，可得回否？文曰，此船一去，明年即便又來，但隨意耳，昔兀菴亦回，西㵎回復往，但自貪我國之好者自不回耳云云。佛乘禪師（天岸慧廣）曰，我觀此土，皆無叢林，看不上眼，今唯我鄉間尚有，不異百丈在世時也；如或不信，則同往一觀而回。又曰，西堂和尚（明極楚俊）之言是也，當去行佛法，而今佛法流東，凡我鄉間無不敬信者，順緣而行，今正是時，大丈夫何自凝滯，而不決耶？先是昔在保寧（金陵之鳳台）爲侍者時，寮賓兩浙鄉曲外有日本三十二人，鳳台老人（梵仙之師古林淸茂）每見則戲之曰，此日本國師也。又曰，汝若誠能一往，則大化於彼。余曰，去則不辭，慮不得返。曰，出家兒遇緣卽宗，何且慮此。於是感其先言，固戲之耳，而又誠也。但一行之遂至於此，迨今不覺十九年矣。禪師（天岸慧廣）化去又十三載。」（錄原文）(註二〇)

觀此，則楚俊、梵仙等來由自明，又當時日元叢林間之關係，如何密接，交涉如何頻繁，亦可知矣。

要之楚俊在元，爲歷主金陵之奉聖、慶元之瑞巖、普慈、婺州之雙林等名藍之名僧。梵仙爲曾受金陵保寧之古林淸茂幸辣鉗鎚之俊傑。故雖在日本戰亂劇烈時代，仍得朝廷與幕府之優禮。前者歷住建長、南禪、建仁等寺，後者歷住淨妙、淨智、南禪、眞如、建長等寺，鼓吹禪風。對於日本上流社會之精神生活，頗有感化。(註二一) 建武元年（西一三三四）楚俊在南禪寺時，奉勅以此寺爲全國第一山，位在五山之上，(註二二)楚俊爲當時所重如此。又梵仙受足利尊氏、直義之皈篤皈依，載在所著行道記。攝津廣嚴寺文書所載明極和尙行狀，言就楚俊受法者，公卿中有四條隆資、萬里小路藤房、坊門淸忠等。又武士中如赤松圓心亦最熱心參究者。楚俊在所創之攝津廣嚴寺山內建卽心院，往還必宿此以參禪。楠正成亦於湊川之戰前，到廣嚴寺參見曰：「生死交謝時如何，」楚俊曰：「兩頭俱截斷，一劍倚天寒。」正成曰：「落處作麽生，」楚俊震威一喝；正成起立三拜，通身流汗。楚俊曰「儞徹矣。」明極和尚行狀可疑之點，載在參考太平記，此等話雖難悉信，但當時公卿與武士，就楚俊、梵仙等學禪者甚多，則事實也。

又楚俊梵仙之詩文，亦最卓絕。前者在語錄中有豐富之詞藻；（註三）後者在語錄外，有天柱集，來來禪子集，尚時集，東渡集等許多詩文集。日本五山僧侶所作詩文，毫無倭臭，純爲宋元風，爲日本純粹中國文學中之最優秀者。彼等大都留學中國甚久，與中國人營共同生活，因而理解中國之風趣；而歸日元僧等之刺戟，亦大有力焉。

（註一）別傳妙胤非元僧，上村觀光氏所著之五山文學小史亦言之。

（註二）一山國師語錄卷下。

（註三）東明和尚塔銘　清拙大隆禪師塔銘　佛日焰慧禪師明極楚俊大和尚塔銘。

（註四）本朝高僧傳三十永璵傳。

（註五）濟北集上一山和尚書。

（註六）一山國師語錄　一山國師妙慈弘濟大師行記。

（註七）龍山和尚行狀　雪村大和尚行道記　本朝高僧傳良緣，居中，友丘傳。

（註八）一山國師妙慈弘濟大師行記。

（註九）海藏和尚紀年錄。

（註一〇）清拙大鑑禪師塔銘。

（註一一）清拙大鑑禪師塔銘　本朝高僧傳卷三十元晦傳，又齊哲傳。

（註一二）本朝高僧傳卷二十五正澄傳。

（註一三）禪居集，因正澄晚年退隱京都東山禪居菴而得名。

（註一四）勅修百丈清規序並奧書。

（註一五）清拙大鑑禪師塔銘。

（註一六）勅修百丈清規奧書。

（註一七）貞丈雜記十六。

（註一八）結毦錄下。

（註一九）本朝高僧傳二十七可什傳　佛乘禪師傳　東歸集明極和尙滄海餘波序。

（註二〇）竺僊和尙住建長寺語錄　又竺僊和尙住南禪師寺語錄有明極楚俊七周忌辰之普說，亦述此事。

（註二一）佛日焰慧禪師明極俊大和尙塔銘　建長禪寺竺仙和尙行道記。

（註二二）明極和尙語錄　空華日工集康曆三年十一月二十六日條。

（註二三）明極和尙語錄第六册中之詩文，題爲明極楚俊遺稿，收入五山文學全集詩文部第三輯。

第十七章　入元僧與文化之移植

一　史籍中之入元僧

日元間國際關係，雖極險惡，而商船之往來，依然不絕；故日本禪僧赴元者頗多。弘安役後，十餘年間，禪僧之往來雖一旦斷絕；但熱心求法之僧，自永仁（一二九三至一二九八）時，又漸渡海。正安元年（一二九九）元僧一山一寧來日以後，其弟子龍山德見受其剌戟而渡海；其後入元者與年俱增，時有數十人大舉渡海者。據臥雲日件錄長祿四年十一月十九日條，清拙正澄寂後，其徒友石清交等二十五人曾同時入明。竺僊梵仙語錄云：「壬午（興國三年西一三四二）秋，海船既發，春夏間欲南遊者，競乞贈行，師乃信筆應之若干首，今以一類錄之。」

其中列記贈泉侍者，關禪人，頎侍者，裔節書記（梵仙之弟子），洲侍者（南海寶洲，）瑞侍者

（明極楚俊之弟子，）宗侍者，裔訓侍者（梵仙之弟子，）策侍者，雲禪人，裔澤藏主（梵仙之弟子），璵侍者，裔翔侍者（梵仙之弟子，）苗禪人，楚侍者，椿侍者，熹侍者，裔翰侍者（梵仙之弟子，）柔侍者，充書記，廣侍者，恢知客，古知客，裔龍知客（梵仙之弟子，）忠藏主（義空性忠？）等二十五人送行之偈。又大拙祖能於興國五年（北朝康永三年西一三四四）入元時，偕行者亦數十人。（註一）故入元僧之數非常之多。僅予所寓目者，其數已達百四十餘人。若仔細探討該時代禪僧之語錄、詩文集、傳記等，入元僧尤不知凡幾。今先揭其一覽表，以供參考。

入元僧一覽表　附×為住元之禪剎者　附·為歿於元者

人名	入元在元歸國年代	在元年數	在元時之狀況	雜纂	典據
可菴圓慧（圓光禪師）	永仁四年入元 延慶元年歸國	12	遍游江浙之禪林而回	在三河創願成寺，請其師應通為開山	延寶傳燈錄，本朝高僧傳
愚直師侃	永仁中入元			歷住京都之圓通寺三聖寺	同右

×龍山德見（眞源大照禪師）	嘉元三年入元 正平五年歸國（註一）	45	一山一寧之弟子，入元參天童山之東巖，會倭寇燒慶元，因嫌疑被捕，置於洛陽白馬寺，後被赦，謁天童山之竺西，虎丘之東洲，古林，雲巖之平山，元人請住隆興之兜率寺	歸國，受足利尊氏直義之皈依，歷住南禪天龍等寺，有（清拙正澄之禪居集，「一日東見侍者血書楞嚴」之一偈，殆即德見也）	圓太曆，龍山和尚行狀，延寶傳燈錄，本朝高僧傳
無夢一清	嘉元中入元 正平五年歸國		謁廬山之龍巖，雪峯之樵隱，百丈之東陽等，齎其師京都普門寺慧峯之頂相，得徑山古鼎之贊而同	歸國後住備中寶福寺，後居東福寺	圓太曆，延寶傳燈錄，本朝高僧傳
遠溪祖雄	德治元年入元 正和五年歸國	10	登天目山師事中峯七年，遂嗣其法而同	歸國後在丹波開創高清寺	祖雄禪師行實，延寶傳燈錄，本朝高僧傳
祖繼大智	正和三年入元 正中元年歸國	10	參見古林茂，雲外岫，中峯本，無見覩等	加賀祇陀寺之開山	大智禪師偈頌，延寶傳燈錄，本朝高僧傳，日本洞上聯燈錄
×雪村友梅（寶覺眞空禪師）	德治二年入元 元德元年歸國	22	十八歲入元，參訪名宿，曾謁道場之叔平隆元，當時距弘安之役未久，元人疑為間諜，下之湖州，霅川之獄，或謂逐竄西蜀，後被赦，及文宗即位，請住長安翠微寺，賜寶覺眞空禪師之號	歷住信濃慈雲寺，京都西禪寺，豐後萬壽寺等，後因赤松圓心之請，在播磨建法雲寺，又住京都萬壽寺建仁寺，其詩集名岷峨集	雪村和尚語錄，岷峨集，雪村大和尚行道記，日本名僧傳，延寶傳燈錄，本朝高僧傳

嵩山居中（大本禪師）	第一次　延慶二年入元，未幾歸國		參天童山之東巖日		鎌倉五山記，五山記考異，和漢禪刹次第，延寶傳燈錄，本朝高僧傳
	第二次　文保二年入元，元亨三年歸國	5	參見永福之古林茂，天童之雲外軸，後謁蔣山之曇方忠，爲其第一座	歷住南禪建仁圓覺等寺，後結室於圓覺寺側號瑞雲菴，居之	
復菴宗已（大光禪師）	延慶三年入元（註二）	12	師事天目山之中峯明本，九年明本寂，歸國	開常陸之法雲，筑波之禪源，結城之華藏，古內之清音等寺，爲東關之叢席，當時江湖雲衲，不至其輪下則不爲遍參僧，寺衆常及二千人云	大光禪師語錄，空華集，延寶傳燈錄，本朝高僧傳
無隱元晦（法雲普濟禪師）	延慶三年入元（註三）嘉曆元年歸國	16	與復菴宗已同入元，謁天目山之中峰明本而嗣其法，元僧清拙正澄來日時，隨之歸國	歷住聖福，圓覺，建長等諸名藍，後在壹岐開安國寺	五山傳，扶桑五山記，延寶傳燈錄，本朝高僧傳
孤峯覺明（三光國濟國師）	應長元年入元		始參天目山之中峯明本，復參元翁，古林，斷崖，雲外，無見，諸老	在出雲創雲樹寺，後醍醐天皇在伯耆時，召至行在•受其戒法，賜國濟國師之號，後村上天皇又加賜三光國師，在京西妙光寺時，尊氏直義屢請不赴，後在泉州開大雄寺	孤峯和尚行實，扶桑五山記，延寶傳燈錄，本朝高僧傳
石室善玖	文保二年入元　嘉曆元年歸國	8	與古先印元等同入元，參見建康鳳台之古林清茂	歸國後，隨南禪寺之竺仙梵仙，後住京都之萬壽寺，天龍寺，鎌倉之圓覺寺，建長寺，又在武藏開平林寺	鎌倉五山記，五山記考異，延寶傳燈錄，本朝高僧傳

古先印元（正宗廣智禪師）	文保二年入元 嘉曆元年歸國	8	先謁華頂之無見覩，次事天目山之中峯本多年，又參建康鳳台之古林茂，元僧清拙正澄來日時隨之歸國	初住甲斐之惠林寺，後歷住京都之等持，眞如，萬壽，鎌倉之淨智，圓覺，建長等寺	古先和尙行狀，鎌倉五山記，五山記考異，本朝高僧傳
業海本淨	文保二年入元		與同志數人入元，參天目山之中峯明本	歸國後居甲斐之棲雲寺	延寶傳燈錄，本朝高僧傳
明叟齊哲	文保二年入元 嘉曆元年歸國	8	與古先印元等入元，參天目山之中峯明本，與鄉友六人及元僧清拙正澄歸國	住京都眞如寺甲斐惠林寺	延寶傳燈錄，本朝高僧傳
寂室元光（圓應禪師）	元應二年入元 嘉曆元年歸國	6	初參天目山之中峯，次謁徑山之元叟，保寧之古林，雞足之清拙，靈隱之靈石，般若之絕學，華頂之無見，天目之斷崖等	歸國後久韜晦於備作之間，後從近江之佐佐木氏賴之請，開永源寺	寂室禪師語錄，寂室和尙行狀，圓應禪師行狀，本朝高僧傳
可翁宗然（普濟大聖禪師）	元應二年入元（註四）	10	與寂室元光，鈍翁俊，入元參天目山之中峯，又謁古林元叟無見等諸名宿	住筑前崇福寺，京都萬壽寺，建仁寺，在泉州建禪通寺，後奉詔，住南禪寺，天性巧於丹青，世爭寶之	五山傳，延寶傳燈錄，本朝高僧傳
鈍庵　俊	元應二年入元		與寂室元光可翁宗然同入元，參天目山之中峯	清拙正澄在元時，曾作「日東俊侍者」之詩，載在禪居集，恐即鈍菴俊也	寂室和尙行狀，圓應禪師行狀
物外可什（眞照大定禪師）	元應二年入元 元德元年歸國	9	遍游江浙禪林，在淨慈寺與中巖圓月同居，元僧明極楚俊來日，隨之歸國	大友賴尙請住筑前崇福寺，後住建長寺	東海一漚集，五山記考異，延寶傳燈錄，本朝高僧傳

別源圓旨	元應二年入元 元德二年歸國	10	參謁鳳台之古林，天童之雲外，天目之中峯，本覺之靈石，華頂之無見，東林之古智，圓通之竺田，妙果之南楚，龍岩之眞首座，般若之誠菴主等	從越前朝倉氏之請，開創弘祥寺，南禪寺之東林永嶼，請與分座說法，又奉幕府命住眞如寺，其詩集名南遊東歸集	別源和尙塔銘，延寶傳燈錄，本朝高僧傳
大朴玄素（眞覺廣慧大師）	元應中入元 延元四年歸國		曾參中峯，古林，靈石，月江等諸名宿，依百丈如菴，任智藏之職，謁智者之雲屋，分座說法，元宣宗賜號眞覺廣慧大師	在播磨開圓通寺，又住豐州之崇祥寺	延寶傳燈錄，本朝高僧傳
了偉　位			白雲惠曉之弟子，師寂後入元，謁天目山之中峯，爲師請贊		臥雲日件錄
×·東洲至道			圓爾辨圓之嗣，入元在大都創大覺寺，元弘三年南山士雲遣其徒祖庭芳招之，未回		聖一國師年譜
秀崖宗胤				南浦紹明之嗣，筑前崇福寺之僧	增補正燈世譜
緣（首座）	元應二年在元		一山一寧之弟子，一寧寂後，攜其語錄入元，求本覺之靈石如芝作序		一山國師語錄序
西庭　柏			一山一寧之弟子，一寧寂後，攜其語錄入元，至湖州卞山幻住普應禪寺，訪中峯明本求跋		一山國師語錄跋

月心慶圓			月翁元規之嗣，入元，元人稱爲大乘菩薩	歸國住美濃定林建長建仁南禪等寺，有賀元亨釋書入藏之偈	延寶傳燈錄
靈光周徹			參建康鳳台之古林清茂	歸國嗣夢窗疎石之法，在播磨開瑞光寺	延寶傳燈錄，本朝高僧傳
實翁聰秀			入元遍歷叢林，善於書翰，元帝下敕不許淚書	高峯顯日之嗣，住淨智建長等寺	鎌倉五山記，五山記考異，延寶傳燈錄，本朝高僧傳
無雲義天			鏡堂禪圓之弟子，入元上天童山，爲本師求安牌法語，參諸知識而回	歷住播磨之法雲，京都之安國建仁南禪等寺	無雲天禪師行實，臥雲日件錄，延寶傳燈錄，本朝高僧傳
千峯本立				無及德詮之弟子，住淨妙寺	同右
見山崇喜（佛宗禪師）				無學祖元弟子，歸國後住淨智寺南禪寺，在信濃創興禪寺	同右
無礙妙謙（佛眞禪師）			高峯顯日之弟子，入元謁雪村友梅，天岸慧廣，並遍游江浙之禪林，後參天目山之中峯明本	歷住壽福圓禪二寺，在伊豆開國清寺	同右
東林友丘			一山一寧之弟子，參育王之月江印，天寧之楚石琦	歷住建長圓禪二寺	鎌倉五山記，五山記考異，延寶傳燈錄，本朝高僧傳
𡿺（上人）				澹居稾有「送𡿺上人還日本幷簡雙林明極和尙」一詩	澹居稾

無崖仁浩	元亨元年入元(註五)		歷參蘇州建康等名宿	歸國後住鎌倉東勝寺京都建仁寺	無涯錄，延寶傳燈錄，本朝高僧傳
月林道皎(普光大幢國師)	元亨二年入元 元德二年歸國	8	師事鳳台之古林清茂八年而嗣其法，元文宗賜佛慧智鑑大師之號	中納言久我具房之子，在京都開長福寺，花園上皇皈依之，屢招致宮中說法要	月林皎禪師行狀，禪林僧傳，長福寺記，延寶傳燈錄，本朝高僧傳
鐵牛景印	元亨中入元		參謁靈石芝，獨孤明，月江印，龍巖眞，古林茂，明極俊等	在伊豫開觀念寺，爲其第一祖	延寶傳燈錄，本朝高僧傳
全珠	正中元年在元		入元在雪竇時，遇中巖同月，偕往吳興，參天寧之靈石如芝		中巖圓月自曆譜
中巖圓月(佛種慧濟禪師)	正中二年入元 元弘二年歸國	7	初寓雪竇，繼謁天寧之靈石芝，鳳台之古林茂，雲巖之濟川檝，吳門之絕際中，淨慈之雲巖欽，百丈之東陽輝，永福之竺田心等	歸國後在上野建吉祥寺，歷住下總之龍澤，相模之萬壽，豐後之萬壽，京都之萬壽，建仁等寺，持鎌倉之建長等寺，曾著日本記朝議令焚其草，不行於世，箸有語錄並東海一漚集詩集	中巖和尙自曆譜，東海一漚集，日本名僧傳，鎌倉五山記，五山記考異，延寶傳燈錄，本朝高僧傳
鈍夫全快			入元參靈隱之月江印	歸國在信濃開善應寺，住圓覺建長二寺	鎌倉五山記，五山記考異，延寶傳燈錄，本朝高僧傳
無著良緣			謁古林茂，一山萬，清拙澄等，在元二十餘年	元僧清拙正澄來日住建長寺時，爲其第一座，復住京都西禪寺，有集名新羅箭	延寶傳燈錄，本朝高僧傳

寂室了光			登天童山拜長翁如淨之塔，刻乃祖道元之牌，奉入南谷菴之祖堂，到婺州雙林，參見明極楚俊	歸國住能登之洞谷山	延寶傳燈錄，本朝高僧傳，洞上聯燈錄
天岸慧廣（佛乘禪師）	元泰定中入元元德元年歸國（註六）		巡歷天目山徑山天童山天台山等諸靈區，參見建康鳳台之古林清茂，元僧明極楚俊來日時隨之歸國	歸國後住淨妙寺，因足利尊氏之父家時之請，在相模建報國寺，其詩集名東歸集	佛乘禪師傳，明極和尚滄海餘波序，東歸集，延寶傳燈錄，本朝高僧傳
安（禪人）	嘉曆元年入元		淨妙寺太平妙準之徒，因求福州版藏經入元		芳庭法菊撰藏經舍利記
瑞　興	嘉曆元年入元				元史泰定帝紀
不聞契聞	嘉曆元年入元元弘三年歸國	7	游歷天台山靈隱淨慈等，參見諸老，一日遊錢塘江，元人疑爲日本間諜，送至武昌，後被赦，赴建康，謁古林茂等，再歸淨慈，三年而歸	住武藏之應瑞，駿河之清見，相模之金山等寺，又主持圓覺寺	不聞和尚行狀，五山記考異，本朝高僧傳，日本洞上聯燈錄
古源邵元	嘉曆二年入元正平二年歸國	20	謁華頂之無見覩，天目之斷崖義，龍山之千巖長等，登五台山，又久居嵩山少林寺，在大都時，元朝選僧百員於禁中轉大藏經，曾預其選	歸國後依夢窗疎石，爲天龍寺之前堂，繼住京都之大聖，等持，東福，播磨之法雲等寺	東福寺第二十五世古源和尚傳，延寶傳燈錄，本朝高僧傳
正堂　顯	嘉曆三年入元		與法弟友山士偲同入元		友山和尚傳，本朝高僧傳
友山士偲	嘉曆三年入元興國六年歸國	17	參兩浙之名宿，久事松江之空林果，後於承天之南楚說會中，任後版之職	住甲斐淨居寺，京都安國寺，在山崎開正續寺，後住東福臨川等寺	友山和尚傳，延寶傳燈錄，本朝高僧傳

平田慈均			參鳳台之古林茂，天目之中峯本，何山之月江印等，又遊天台山	歷住播磨之圓應，京都之普門院南禪東福等寺	平田和尚傳，延寶傳燈錄，本朝高僧傳
交(侍者)	元德元年入元		因迎元僧明極楚俊入元	明極和尚語錄，有「示日本文上人」一詩，恐卽此人	竺僊和尚語錄
本　禮	元德元年入元		住豐後萬壽寺，時奉國主大友氏命，入元迎龍山德見		龍山和尚行狀
一峯通玄	元弘二年歸國		入元時會見中巖圓月，元弘二年同回	住京都之普門寺出雲之安國寺，正平十五年元亨釋書奉敕入藏時，禪林諸師五十餘員以偈賀之，通玄書跋	中巖和尚自歷譜，延寶傳燈錄，本朝高僧傳
祖庭　芳	元弘三年入元		南山士雲之弟子，奉師命赴元迎大都大覺寺之東洲至道		聖一國師年譜
紹(侍者)			南禪寺溍溪處謙之弟子，元德二年處謙寂，持其頂相入元，得本覺之靈石芝之眞贊而歸	東海一漚集，有中巖圓月「送紹侍者之龍門」一詩，恐卽此人也	本朝高僧傳
秀涯全俊			建長寺鈍夫全快之法嗣，入元與大儒宋景濂有詩交		五山詩僧傳
賢(禪人)			沒於元，清拙正澄之禪居集，有「悼日本賢禪人」一詩		禪居集

靈栖				清拙正澄之禪居集，有「送靈栖侍者之元」一詩	同右
演（禪人）				清拙正澄之禪居集，有「送演禪人」一詩	同右
友石清交		26	清拙正澄之弟子，正澄寂後與同輩二十五人入明，在明二十六年		臥雲日件錄
古鏡明千		20	清拙正澄之弟子，從雪峯之樵隱逸，樵隱移居靈隱，又隨之，遂嗣其法，在元二十年，禪居集有「送千侍者之元」一詩	歷住京都之眞如，信濃之開善，京都之萬壽等寺，正平十一年募緣印刻勅修百丈清規	勅修百丈清規奧書，延寶傳燈錄，本朝高僧傳
東傳正祖			入元師事建康大龍翔集慶寺笑隱大訢而嗣其法		五山詩僧傳
宗（侍者）				明極和尚語錄，有「送宗侍者歸日本」一詩	明極和尚語錄
夫（藏主）				明極和尚語錄，有「百丈夫藏主歸日本」一詩	同右
大象宗嘉				大德寺徹翁義亨之法嗣，歸國住大德寺	本朝高僧傳，龍寶山誌
虎溪道壬			宗峯妙超之法嗣，在元時聞妙超之訃，曾作偈欲終於元，徹翁義亨遣僧招之，歸住大德寺		大德寺世譜，紫巖譜略，延寶傳燈錄，本朝高僧傳

清溪通徹			游歷江浙之叢林，逹三十餘年	歸國後嗣夢窗疎石之法，歷住京都之臨川天龍南禪等寺，受光嚴院之皈依，曾講碧巖集	清溪和尚行實，延寶傳燈錄，本朝高僧傳
子建淨業			中巖圓月之嗣沒於元		五山詩僧傳
空叟智玄	建武元年入元 延元四年歸國	5		歸國後爲遠江平田寺之第二世	名刹由緒書，汲江山平田禪寺草創記
無文元選	延元四年入元 正平五年歸國	11	到溫州參見福州大覺寺之古梅友，天寧之楚石琦，本覺之了菴欲，天目之千巖長，建康龍翔集慶寺之笑隱訢	後醍醐天皇之子，在遠江奥山開創方廣寺，爲開山第一祖	無文禪師語錄，無文選禪師行業，無文禪師行狀，延寶傳燈錄，本朝高僧傳
元通	延元四年入元		與無文元選同入元		無文選禪師行業，無文禪師行狀
愚中周及（佛德大通禪師）	興國三年入元 正平六年歸國	10	師事曹源之月江印，金山之即休了等數年，與入元僧石室善玖龍山德見等往來，互相琢磨	歸國後安藝之小早川春平，請創佛通寺，爲開山第一祖	大通禪師語錄，延寶傳燈錄，本朝高僧傳
密（禪人）			愚中周及入元，在道場中遇密禪人，勸其參金山之即休了，當爲是時之入元僧	鐵舟德濟之閻浮集中，有「送密上人之大元」一詩，恐即此人也	延寶傳燈錄，本朝高僧傳
森（禪人）	興國三年入元			與等持寺之古先印元，同刊建康鳳台古林清茂語錄，竺僊和尚語錄有「遠森侍者南詢」一詩，恐即此人也	古林和尚語錄序

泉(侍者)	同右			竺僊和尚語錄有送竺僊梵仙入元之詩	竺僊和尚語錄
瀾(禪人)	同右			同右	同右
頓(侍者)	同右			同右	同右
齋節	同右		竺仙筑仙弟子	同右	同右
瑞(侍者)	同右		明極楚俊弟子	同右	同右
宗(侍者)	同右			同右	同右
齋訓	同右		竺僊梵仙之弟子	同右	同右
筞(侍者)	同右			同右	同右
雲(禪人)	同右			同右	同右
齋澤	同右		竺僊梵仙之弟子	同右	同右
璵(侍者)	同右			同右	同右
齋翔	同右		竺僊梵仙之弟子	同右	同右
茁(禪人)	同右			同右	同右
楚(侍者)	同右			同右	同右

椿(侍者)	同右		爲參了菴清欲而入元	同右	同右
喜(侍者)	同右			同右	同右
裔翰	同右		竺僊梵仙之弟子	同右	同右
柔(侍者)	同右			同右	同右
充(書記)	同右		爲參了菴清欲而入元	同右	同右
廣(侍者)	同右			同右	同右
恢(知客)	同右			同右	同右
古(知客)	同右			同右	同右
裔龍	同右		竺僊梵仙之弟子	同右	同右
義空性忠	同右		清拙正澄之法嗣，入元爲智者之第一座	歸國後住駿河清見寺，竺僊和尙語錄有送忠藏主入元詩，忠藏主卽性忠也	竺僊和尙語錄，延寶傳燈錄
南海寶洲	興國三年入元(註七)		初欲從中巖圓月入元，公府因故不許渡海，興國三年復與同志十餘人入元，遇暴風船破，抵高麗後卽歸國	竺僊和尙語錄，有送洲寺者入元詩，洲侍者卽寶洲也	竺僊和尙語錄，南海和尙傳，延寶傳燈錄，本朝高僧傳
鳳(禪者)				竺僊和尙語錄有送鳳禪者南遊之詩	竺僊和尙語錄

智（藏主）				竺僊和尚語錄有送智藏主南遊之詩	同右
麟（知客）				竺僊和尚語錄有送麟知客南遊之詩，圓太曆正平五年歸國僧中，有祥麟首座祖麟藏主二人，當爲其中之一	竺僊和尚語錄
璨（禪人）				竺僊和尚語錄，有送璨禪人南遊之詩	同右
性海靈見	興國三年入元正平六年歸國	9	謁天寧之空海念，繼參月江印，即休了，竺源遠，而蒙其優賞，又上徑山納其師虎關師練之牌於正續庵而歸	受足利義滿之皈依，住三聖寺東福寺，又管理天龍寺二次，領南禪之席三次，晚年，閑居於東福之退耕庵	性海和尚行實，碧山日錄，延寶傳燈錄，本朝高僧傳
大拙祖能（廣圓明鑑禪師）	興國五年入元正平十三年歸國		與同志數十人入元，達福州長樂縣，參江心之無言宣，雙林之東陽輝，後嗣天目千巖長之法，又參月江印，了菴欲，行叟泰，無用貴等諸老	歸國後，風化九州地方，次移關東，在常陸笠間開楞嚴寺，來學於僧堂者達三萬餘人，慕其師千巖長之風，不喜居華地，圓融天皇敕，住天龍寺不往	大拙和尚年譜，五山記，考異，延寶傳燈錄，本朝高僧傳
此山妙在	興國六年歸國		入元參諸老，在石霜時，典藏經之鑰，與友山士偲同歸國	歷住建仁南禪圓覺等寺，其詩集名若木集	若木集，鎌倉五山記，五山記考異，延寶傳燈錄，本朝高僧傳
大本良中	興國六年歸國			歸國後住上野長樂寺信濃善應寺，平素與義堂周信交厚	空華集，五山詩僧傳

金山明昶			據碧山日錄長祿四年閏九月廿三日條，在元曾與性海靈見愚仲周及等同伴，則其在元當在興國正平時	住播磨之圓應，淡路之安國，駿河之清見寺諸剎，又在但馬開宗鏡寺，後居東福寺	碧山日錄，延寶傳燈錄，本朝高僧傳
鐵舟德濟（圓通大師）			在元時，元順宗慕其道高，賜圓通大師之號	歸國後嗣夢窗疎石之法，住萬壽寺，次退隱天龍之龍光院，天性善草書，隻字片牋為世寶貴，著有閻浮集二卷	閻浮集，本朝高僧傳
太虛元壽			約翁德儉之弟子，入元謁靈石芝，月江印，竺田心等，以佛燈國師（約翁德儉）語錄，請諸師題跋，又請上天竺之悟菴講主，作佛燈國師塔銘而歸	住攝津之福巖寺，淨智寺請之辭不赴	延寶傳燈錄，本朝高僧傳
大岳妙積			入元參楚石琦等	歷往鎌倉之淨妙圓覺二寺	五山記考異，延寶傳燈錄
古劍妙快	正平二十年歸國		參恕中慍，楚石琦，穆菴康等	光明院在伏見大光寺時，召之詢法，賜官茶並御製之詩，歷住建仁建長二寺	了幻集，五山記考異，扶桑五山記，延寶傳燈錄，本朝高僧傳
×•約菴德久			紀州大慈山之高山慈照弟子，入元參天寧之楚石琦，靈巖之了菴欲，後住嘉興府之圖通禪寺，明洪武九年寂於中國		約菴禪師略傳，日本名僧傳，延寶傳燈錄，本朝高僧傳

善慧		正平元年入元 正平五年歸國		奉復菴宗已明叟齊哲之命，齎書幣赴蘇州幻住普應禪寺之玉庭珂月及天目山法雲塔院之善榮處，得珂月善榮之答書，善榮又贈以中峯本之法衣一領，眞贊頂相一軸	開山大光禪師語錄中僅有惠上人，據圜太曆正平五年與龍山德見同歸國者之中，有善慧侍者，當然爲一人，又鐵舟德濟之閻浮集，有送惠侍者入元之詩，亦善慧也（日本慧與會通）	開山大光禪師語錄，圜太曆本朝高僧傳
×・無我省吾	第一次	正平三年入元正平十二年歸國		參淨天之仲銘新，淨慈之用章俊，靈隱之用貞良，天寧之楚石琦，本覺之了菴欲，育王之月江印等，後住建康之牛頭山		延寶傳燈錄，本朝高僧傳
	第二次	正平十八年再入元		再赴元時，慨元末亂後牛頭山之荒廢，乃恢復其殿堂，明太祖聞其德風，延見問法，賜紫金衣，後寂於中國		
大功績				聖福寺秀山元中之弟子，正平四年元中寂後，入元，爲其師求鳳臺古林茂之入祖堂佛事法語，及天寧楚石琦之眞贊		延寶傳燈錄，肥後國誌
圓蕭		正平五年歸國				圜太曆
祥麟		同右			竺僊和尚語錄有送麟知客南遊之詩，或即此人，抑爲後列之祖麟不明	同右

致柔	同右			清拙正澄之禪居集有送柔侍者入元之詩，恐即致柔也	同右	
元東	同右				同右	
守一	同右				同右	
元榮	同右				同右	
自肯	同右				同右	
裏淨	同右				同右	
清安	同右				同右	
寬珍	同右				同右	
祖麟	同右			竺僊和尚語錄有送麟知客南遊之詩，或即此人，抑爲前列之祥麟不明	同右	
智燈	同右				同右	
妙愚	同右				同右	
正幢	同右				同右	

特峯妙奇	同右			高峯顯日之法嗣，細川賴之迎至丹波，開慧日寺	圓太曆，延寶傳燈錄，本朝高僧傳
義南	同右		入元與業海本淨等同參天目之中峯本，順宗欽其智德賜菩薩號，與無文元選同歸國	歸國後在關西鼓吹禪風，以機鋒孤峭聞	無文禪師行狀，延寶傳燈錄，本朝高僧傳
碧巖璨	同右		入元嗣千巖元長之法，與無文元選同歸國		無文禪師行狀
良樹			雪村友梅之弟子，攜雪村友梅之語錄入元，請諸名宿題跋，歸國在周防灶戶病歿		前田侯爵本雪村行道記
竺芳裔			與前述之良樹同船歸國，良樹寂時，以雪村友梅語錄之題跋付之		同右
無格良標			雪村友梅之弟子，歸國時寂於船中	信儂金刺滿貞之子	延寶傳燈錄
謙溪令裕			與無格良標同歸國，良標寂於船中時曾作追悼詩		同右
×椿庭海壽	正平五年入元 文中二年歸國	(23)	事天寧之笁海念而司藏鑰，繼謁月江印、了堂照等，穆菴康招之爲淨慈寺之第二座，在應天府（金陵）之天界寺時，明太祖命住持白菴金選名，緇點大藏經時，曾與其事，太祖又召問日本四方之遠近，	足利義滿請住京都之眞如寺，又歷住淨智圓覺天龍南禪等寺	五山歷代，五山傳，南禪住持籍，本朝高僧傳，善隣國寶記

			皇運之治亂，洪武五年住鄞縣之福昌寺，一期之後爲明使祖闡等之通譯而歸國		
•×大初啓原	正平六年入元		與宗猷等十八人同入元，嗣徑山傑峯英之法，住羅陽之三峰寺及山交龍護院，永樂五年寂，年七十五		釋氏稽古略，延寶傳燈錄，本朝高僧傳
宗猷	正平七年入元		與大初啓原等十八人同入元		本朝高僧傳
易（侍者）				鐵舟德濟之闍浮集有送易惠二侍者入宋之詩，惠侍者卽前述之善慧也	闍浮集
俸（侍者）				闍浮集有「送俸侍者之大元」一詩	同右
濟（知客）				闍浮集有「送濟知客遊宋」一詩	同右
輔（侍者）				闍浮集有「送輔侍者之大元」一詩	同右
儀（禪人）				闍浮集有「送儀禪人赴大元」一詩	
信中自敬	北朝延文中入元		與月心慶圓同入元，參天寧之了堂一，佛日之楚石琦等	在美濃開正法寺	延寶傳燈錄，本朝高僧傳
月心慶圓	同右		與信中自敬同入元，謁諸尊宿，見地凋偉，學術博依，元人稱之爲大乘菩薩	住美濃之定林寺，又住建仁建長二寺	鎌倉五山記，五山記考異，本朝高僧傳

觀中中諦（性眞圓智禪師）	正平十九年入元		到台州，將赴福州，因紅巾之亂，道路不通，不得已而歸國	依天龍之春屋妙葩，歷住阿波之安國，京都之等持相國等寺，其詩文集名青嶂集	空華集，五山歷代，五山傳，本朝高僧傳
仲（藏主）	正平二十三年入元		孤峯覺明之弟子，入元謁淨慈之用章俊，請得其師之塔銘而歸		本朝高僧傳
寰中元志	正平末年歸國		嗣天寧楚石琦之法	歸國後，菊池持朝建成道寺，請爲其開山	延寶傳燈錄，本朝高僧傳
日岩光			入元僧約菴德久之侍者，約菴寂於元，奉遺命齎遺書佛祖圖並約菴之師高山慈照之塔銘（楚石琦撰）等歸國，置於建仁之靈洞院		約菴禪師略傳，本朝高僧傳
獨芳清曇	弘和中歸國		清拙正澄之弟子，入元歷叩諸刹，元人見其行潔才秀，稱之爲曇菩薩		五岳前住籍，五山歷代，本朝高僧傳

（註一）龍山和尙行狀謂龍山德見歸國在貞和五年。（正平四年）圓太曆謂在正平五年三月。

（註二）本朝高僧傳卷三十八宗已傳有「延慶三年與無隱晦等同參浮海入元」等語卷三十齊哲傳有「釋齊哲，字明叟，文保二年與復菴已無隱晦古先元等踰海入元」等語，今據前者。

（註三）如註二所述，無隱元晦入元之年，本朝高僧傳作延慶三年，又作文保二年，今據前者。

（註四）本朝高僧傳謂可翁宗然入元在文保初。但宗然乃與寂室元光同入元者，應據寂室和尙行狀，作元應二年。

（註五）本朝高僧傳卷三十齊哲傳，與卷三十五善玖傳無涯仁浩與古先印元等同船入元。古先印元之入元，在文保二年，可據古先和尙行狀而知之；故仁浩亦當於文保二年入元。但無涯錄自謂「余辛酉秋打海舶遠入古宋元地」則其入元當在元亨元年辛酉。

（註六）本朝高僧傳卷二十五慧廣傳天岸慧廣之入元，在元亨元年。又卷二十七可什傳，與物外可什同於元應二年入元。但佛乘禪師傳謂爲元泰定中。（自日本正中元年至嘉曆二年）又本朝高僧傳卷二十五慧廣傳，謂「其歸國在正中元年；但慧廣自於明極和尙滄海餘波序中自言爲元德元年」

（註七）本朝高僧傳卷三十三寶洲傳，謂南海寶洲入元在貞和之初。但據竺僊和尙語錄，有與國三年送洲侍者（卽寶洲）入元之詩，其在與國三年甚明。

右表所載，雖僅有其名，但能傳至今日，尙屬幸事。此外冒萬里之鯨波而入元，志願未償，歿於彼地之無名之僧，當仍不少。那波利貞之燕吳載筆，述臨安府（杭州）淨慈之裏山有許多日本僧之墳墓云：

「有寺僧告我等曰，此寺後山有貴國僧侶之墓三四十座。此寺與貴國佛教關係不淺，不亦奇乎！我等聞此言，不得不想見五山僧侶之雄圖。乃返詢之曰，若謁其墳墓而摩挲之，可易行否？答曰，墳墓附近，雜草古木繁生，且多蛇，欲於短時間進謁，恐不可能。故探訪之念，雖熱烈如焚，然如寺僧所答，我等預定之時間有限，祇有仰望南屏之翠巒老樹，空呑萬斛之恨耳。』

予讀是文，不得不想起中巖圓月弟子子建淨業入元時所詠之詩「不識何山松竹底，又添一箇土饅頭」（註二）之句。

入元僧之數雖多，大概多屬凡庸，而非俊傑之士。虎關師鍊述其入元之志曰：

「近時此方庸緇，燥然例入元土，是遺我國之恥也。」（錄原文）（註三）

故卽平安歸國，亦多歿世而不顯其名。正平五年（北朝觀應元年，西歷一三五〇）與龍山德見同歸國之僧，有圓薰、祥麟、一清、致柔、元東、守一、元榮、自肯、裹淨、清安、寬珍、祖麟、妙奇、智燈、妙愚、正憧、善慧等十七人之名，載在園太曆。（註四）而列名於本朝高僧傳與延寶傳燈錄傳其事蹟於後世者，僅一清與妙奇二人耳。前述梵仙作送偈入元之僧凡二十五人，其中知名者，不過寶洲與性忠二人。由此例推，無名之入元僧，不知凡幾矣。

宗教雖無國境，但彼此國際關係，既極險惡，中國對倭寇之警戒，亦異常嚴重，故彼等入元，困難極多。如嘉元元年（一三〇三）龍山德見入元，到慶元（明州）時，因對日本警備嚴重，不許入城。彼早有爲法亡身之志，乃於夜半密登城壁投身城中，偶墜於富室之家，被捕，乃求紙筆，筆述來自日本，因慕天童山和尚之道風而來者。適其家主人夫妻皆曾皈依天童山東岩和尚者，大嘉其志，白諸官，赦其罪，始得掛錫於天童山。（註五）又如無文元選，於延元四年（北朝曆應二年，西曆一三三九）入元，達慶元時，聞日人有被捕殺者，乃泛海五晝夜達溫州，絕飲食者七日，始尋得有人處而行。（註六）愚中周及於興國二年（北朝曆應四年，西曆一三四一）入元時，慶元太守見其船，疑爲倭寇，以舳艫數千，遮於海上，不許近岸。踰年，防備益嚴，船中水盡，人皆死云。（註七）此外因疑與倭寇有關，誤認爲間諜而獲罪者甚多。如德治二年（元大德十一年，一三〇七）倭寇焚燒慶元時，官憲巡查諸寺至天童山，捕日本僧十餘人，載之站船，送於大都（燕京），置於洛陽白馬寺。（註八）他如以五山文學家著名之雪村友梅，亦彼疑爲間諜，投於湖州（浙江省）霅川之獄，刑吏欲加白刃，乃朗吟圓覺寺開山無學祖元（佛光國師）之偈云：「乾坤無地卓孤筇，且喜人空法亦空。珍重大元三尺劍，電光影裏斬春風。」方免於難。後彼竄逐西蜀，在成都岷峨間者十年。故其詩集，名岷峨集。（註九）又如嘉曆元年（一三二六）入元之不聞契聞，偶遊錢塘江被捕，送至武昌，題詩於館壁曰：「孤筇遠入異鄉雲。滿耳語音渾不分。唯有簷頭深夜雨，蕭蕭猶似舊時聞。」適高昌王子被謫於此，讀其詩而大感，請於官赦之。（註一〇）

入元僧因日元之國際關係疎遠，而蒙不白之冤者，固屬甚多。但元朝篤信禪法，對於專心求法之日本僧侶，並不妄加迫害，且禮遇有加。故入元僧中以有德著名者，元朝每特賜禪師或大師之號，或使住名藍焉。如雪村友梅則賜寶覺眞空禪師之號；月林道皎則賜佛惠智鑑大師之號；大朴玄素則賜眞覺廣慧大師之號；鐵舟德濟則賜圓通大師之號，（註一一）使龍山德見住隆興之兜率寺；使雪村友梅住長安之翠微寺；使約菴德久住嘉興之圓通寺；使無我省吾住建康（江寧卽南京）之牛頭山，（註一二）皆其例也。

二　入元僧之遊歷地

元代禪界，徑山有古鼎銘，靈隱有東嶼海，天童有雲外軸，淨慈有樵隱逸，育王有月江印等名宿，各自鼓吹宗風，故日本入元僧巡歷此等諸寺而掛錫者甚多。然元代禪界之中心，雲衲聚集最多之處，則爲杭州路之天目山，恰與前代之徑山相似。天目山在徑山之西，爲道家第三十四洞天，道士遊行之處也。元代高峯原妙（佛日普明廣濟禪師）在此山之師子禪院張法席，其名漸著。其法嗣中峯明本雖屢被靈隱徑山等諸名刹延請，固辭不往，而在此山接待雲衲，以孤峻嚴冷著名。於是緇徒之來掛錫者日衆。仁宗慕其德風，賜佛慈圓照廣慧禪師之號，改師子禪院爲師子正宗禪寺。（註一三）日本古先印元入元，謁台州華頂峯之無見覩，無見覩愛其俊發，乃云：

「中峯本公唱道於天目山，爐鞴正赤，學者咸受煅煉，子當急行。」（註一四）

可知當時雲衲爭受明本煅煉之狀態矣。故日本入元僧，登天目山參叩中峯者甚多。現今知名者，有遠溪祖雄，可翁宗然，嵩山居中，大朴玄素，復菴宗已，孤峯覺明，別源圓旨，明叟齊哲，平田慈均，寂室元光，無礙妙謙，古先印元，業海本淨，義南，祖繼大智等十餘人。（註一五）

又入元僧巡歷之地，較前代爲廣，亦應注意。前代雖云巡歷江南名刹，然惟限於臨安府與明州各寺；而巡歷較遠之十刹者，殆無其人。迨至元代，除慶元（宋代之明州）之雪竇外，南至婺州（浙江金華）之雙林，溫州（宋代瑞安府）之江心，福州之雪峯，北至湖州之道場，平江（蘇州）之萬壽，虎丘，建康（江蘇江寧）之蔣山等處者亦不少。十刹之外，又到慶元之瑞巖，台州之華頂，婺州之智者，嘉興之天寧，平江之承天，鎮江（江蘇）之金山，建康之保寧；且遠赴龍興（江西南昌）之百丈者亦不少。今據府志、通志、和漢禪刹次第、名藍圖、大明一統志、及僧傳等，摘錄此等名刹之大要如左：（參看第十三章第二節）

雪竇　十刹第五，在慶元（宋之明州，今之寧波）寺名資聖禪寺，開山爲常通禪師。因居中日交通之關門，如中巖圓月等到此寺者甚多。

雙林　十刹第八，寺名寶林禪寺，在婺州（浙江金華）義烏縣南二十五里雲黃山之麓。善慧大士結庵於此山之雙檮樹間，故名雙林，又名二林。山頂有七佛庵、行道塔。當日本平安朝，與源信僧都有交涉之七佛道場，似即此處。元德二年來日之明極楚俊曾住此。鐵牛景印、寂室元光、大拙祖能等皆曾掛錫於此。

江心　十刹第六寺名龍翔禪寺。開山名眞歇子禪師。因在浙江温州永嘉縣永寧江（甌江）中，故有此名。大拙祖能曾至此。

雪峯　十刹第七寺名崇聖禪寺。開山名眞覺禪師。在福州府城西二百餘里。無夢一淸，古鏡明千，友山士偲等曾至此。

道場　十刹第二寺名護聖萬歲禪寺。在湖州府城南十二里。開山名如訥禪師。雪村友梅曾掛錫於此。

萬壽　十刹第四，宋高宗時所建報恩光孝禪寺之一。在平江府（蘇州）開山名禪月大師。有江東第一禪林之號。

虎邱　十刹第十，在平江府。寺名雲巖禪寺。開山名明教嵩禪師。古稱虎邱山寺。隋文帝仁壽元年頒舍利建塔時之一寺也。其塔於明永樂中再建，宣德中重修今僅寺後存其殘址。日本龍山德見曾掛錫於此，見其寺中有虎邱雲巖寺興造記（元至元六年建）虎邱雲巖寺修造記（明永樂二十二年建）蘇州虎邱寺塔重建記（明正統十年建）敕賜藏經閣記（明景泰四年建）四碑，得知此寺之沿革。現今寺內有由日本傳入之梵鐘。（據該梵鐘之銘謂，日本紀伊國海士郡吹上白雲山報恩寺之僧日順於德川綱吉之貞享四年鑄於紀伊國名草郡應供寺。明治維新時，由商人之手送至中國。）

蔣山　十刹第三，建康（江寧）東北之山也，一名鍾山。漢秣陵尉蔣子文，被盜所逐而死於此，吳大帝爲之立廟，故名蔣山。寺在山之東南，晉代創建，開山名寶誌禪師。元代名靈谷寺。嵩山居中曾居於此。

瑞巖　寺名瑞巖開善禪寺。在距慶元路定海縣東南九十里之青松峯，宋大中祥符中，峯下生紫芝，因呼爲瑞巖山。山下有芝草詔碑。

華頂　在臺州府天臺縣東北六十里之地。登其絕頂，可望滄海，俗名望海尖。草木叢茂。夏有積雪。無見覩居此山，故可翁宗然、孤峯覺明、別源圓旨、寂室元光、友山士偲、古先印元、祖繼大智等，掛錫於此者甚多。

智者　智者禪師所創，寺名智者廣福禪寺。在婺州金華府城西北七十五里。風景絕佳，世稱金華第一刹。日本僧到此者，有大木玄素等。

天寧　在嘉興府之北。宋英宗治平中創建，名天寧寺。高宗紹興九年，改爲報恩光孝禪寺。楚石琦住此，故東林友丘、約菴德久、寰中元志、無我省吾等，皆曾掛錫於此。

承天　在平江府治西北隅。開山名傳宗禪師。宋代名承天寺，元代名能仁禪寺。別源圓旨、友山士偲、無我省吾等曾居此。

金山　鎭江揚子江中之島，今已連於陸地。開山名裴頭陀，黃蘗希運之法嗣，相國裴休之弟子也。相傳裴頭陀在此得金，故名金山。寺名初稱澤心寺，後因宋眞宗夢遊此寺，改稱龍遊寺。據大通禪師（愚中周及）年譜，當時之入元僧等以金山爲安息處。愚中周及、龍山德見、石室善玖、性海靈見、古源邵元等，曾往還於此。

保寧　寺在建康之鳳凰臺。開山乃牛頭禪之祖法融禪師。相傳宋元嘉十六年，秣陵王來遊此臺，曾見文彩五色之靈鳥，故名鳳凰臺。僧傳中所謂鳳臺者，卽指此。古林淸茂住此，故月林道皎、中巖圓月、祖繼大智、別源圓旨、石室善玖等掛錫於此者頗多。元德元年來日之元僧竺僊梵仙，亦清茂之法嗣也。竺僊和尚住建長寺語錄云，與梵仙同在清茂會下之日本僧，有三十二人云。

百丈　在龍興府（今江西南昌）奉新縣西百四十里之地。與源之水，飛下及千尺，故名百丈山。又因山勢超拔羣山，故名大雄山。寺名大智壽聖禪寺，在百丈山下。開山爲創始禪林淸規之百丈懷海禪師。大木玄素、無夢一淸、中巖圓月等，均曾到此。

此外如明州之香山（智度寺）大慈（教忠報國禪寺）平江之楓橋（普明寺）溫州之雁山（能仁普濟禪寺）袁州之仰山（太平興國禪寺）江州（九江府）之東林（太平龍興禪寺），圓通（廬山崇勝禪寺）入元僧多遍歷之。

以上所述之五山十刹，與所謂甲刹（十刹外之甲等禪刹）等名藍，入元僧等概遍歷之。其他有因寃罪而遠竄者，如龍山德見則遠赴大都（燕京）；雪村友梅則滯在長安與蜀；不聞契聞則至武昌。（註一六）其尤放異彩者，爲嘉曆二年（一三二七）入元之古源邵元，不獨遍歷江南之名刹，並遊日本僧久已絕迹之五台山。又掛錫於少林寺；卽達磨面壁九年之河南府嵩山少林寺也。又在大都時，元朝選僧百員在禁中轉大藏經，彼亦得參與其光榮。（註一七）常盤博士前年遊嵩山少林寺，由其寺天主殿外右面之列碑中，發見邵元所撰之碑，介紹於學界。蓋其寺住持無爲波容等，爲天慶義讓（息庵禪師）建道行之碑，特請日本僧邵元撰文，此爲中國唯一之日人撰文之碑，可寶貴也。（註一八）

要之入元僧之遊歷地，較前代範圍擴大，有至中國北部者。彼等渡海時，朝廷與幕府，並未給以旅費；又不似入唐僧之帶譯者與從僧；其隨身之物，不過戴於頭之編代笠，與懸於肩之裝包及手攜之柱杖耳。（註一九）飢則乞點心，暮則投宿，惟恃各處所惠之草鞋錢以作旅費，到處訪尋叢林，有歷二三年始回者。友山（士偲）傳，記其在元時之事云：

「始見空林果山主於松江，此歲巨水爲害，吳中禪刹鐘鼓寂爾，遊方之士無放包之地，憐師之爲異邦之人，苦留過冬，爾來竭來其門，殆七年矣，視以骨肉。」（錄原文）

類此之事，多散見於入元僧傳中。彼地宗匠，鄰異域之僧，遇之有逾骨肉，彼等了無一物，所以能多年遍歷諸方者，因此故也。

三　入元僧攜來品

入元僧大概爲禪宗僧侶，攜來經論甚少。然禪寺亦各設輪藏，安置大藏經，以便諸人披閱。故鎌倉京都相繼建立禪宗大伽藍，多由入元僧攜來大藏經。如鎌倉淨智寺之太平妙準，（高峯顯日之法嗣）於嘉曆元年（西曆一三二六）遣其徒安公赴元求福州版大藏經，置於寺中，卽其一例也。此藏經於延文二年（一三五七）多遭火災，化爲烏有，是時煙氣所及之處，皆生舍利，石薜林葉，纍纍如貫珠云。妙準之法嗣芳庭法菊，撰有藏經舍利記。（延寶傳燈錄所引）後東福寺之剛中玄柔使十禪客入明求大藏經，經三年得二藏而還，一藏大慈寺，一藏東福寺。（註二〇）此殆杭州南山大普寧寺，自至元十五年（一二七八）至二十六年（一二八九）間開雕之元版大藏經也。

然入元僧之齎回經論者，實居少數。其帶來品之重要者，爲彼地之名僧語錄，及詩文集。此事實促進日本五山開版事業之發達。其流布也，對於五山文學之興隆，大有影響。例如杭州徑山虛堂智愚在世時之語錄，與寂後所編纂之後集三卷，由入元僧次第攜來。其時日本尙未刊行，獲之頗難；沙彌宗哲乃於正和二年（一三一三）捨財在西京之龍翔寺開版。智愚之法孫南禪寺絕崖宗卓曾作題跋。（註二一）又金陵鳳臺古林淸茂之語錄，在中國尙未編次，由入元僧攜至日本者頗多，因得之不易，森禪人乃募緣刊行之。當時得等持寺之古先印元（入元參古林清茂者）與春屋妙葩之援，於興國三年（北朝康永元年西歷一三四二）完成由清茂法嗣南禪寺之竺僊梵仙作序（註二二）諸如此類，其例頗多。又如足利時代，五山僧徒，最愛讀宋明教大師契高之鐔津文集。入元僧帶來由春屋妙葩翻刻印行。（註二三）如此者，宋元禪籍詩文集，遂次第普及於日本。貞和年間，義堂周信選得宋元禪林之偈頌數千首，其後又得三千首，命名曰貞和類聚祖苑聯芳集，鏤梓而流通之。（註二四）

入元僧又曾攜來中國僧傳而印行之，是亦不可忽視者。正平元年（北朝貞和二年西歷一三四六）源性明起捐資刻感山雲臥記談，（註二五）是爲日本開雕僧傳之始。正平三年（北朝貞和四年西歷一三四八）前伊勢守玉峯大居士又開雕景德傳燈錄，置於建仁寺之塔中天潤菴，以流通之。（註二六）普門寺之則川三，曾欲刊行佛祖統紀不果，其弟子生岌繼其志，曾請義堂周信書募緣之疏偈。（註二七）此等中國僧傳之刊行，與虎關師鍊所撰元亨釋書，於正平十五年（北朝延文五年西歷一三六〇）奉敕入藏，上梓頒行；（註二八）皆於研究佛教史方面貢獻頗多。

宮內省圖書寮中，藏有明州育王山廣利寺宸奎閣碑銘，光明塔碑，明州天童山景德寺天輪藏記等拓本。此等碑，在明代業已破損無存，碑上所刻之貴重記錄，必觀此等拓本，始知之。(註二九)此種拓本，當亦入元僧帶來者。此時元之名僧涉獵日本禪僧之語錄詩文集等，而代作其序跋，行狀，塔銘等者甚多。此因日本僧侶入元時，或攜其先師之語錄詩文集等，訪彼地之名匠而求序跋，或請作行狀塔銘故也。此風自前代已有之，例如禪忍攜其師道隆之大覺禪師語錄入宋，求杭州上天笠之佛光法師法照與淨慈之虛堂智愚作序跋；(註三〇)寒山義尹攜其師道元之永平廣錄入宋，求瑞巖之無外遠，靈隱之退耕寧，徑山之虛堂愚作序跋。(註三一)皆是。但其時尚未盛行，至此時則頗多矣。僅予所知者，有二十餘種如左：

佛光國師(無學祖元)行狀　淨慈之靈石芝撰。

佛光禪師塔銘　翰林學士揭傒斯撰　資政大夫全岳柱篆額。

一山國師語錄序跋　本覺之靈石芝序　永福之古林茂，育王之東山明，天目之中峯本跋。

大圓禪師(西澗士曇)行實　天童之雲外岫撰。

佛燈國師(約翁德儉)語錄序跋　圓通之竺田心，道場之月江印序。淨慈之靈石芝跋。

佛燈國師約翁和尙無相塔銘　上天竺之匡道大師本無撰。奉議大夫趙雍書。中奉大夫王都中篆額。

本源禪師（鐵庵道生）語錄序　育王之月江印，雪峯之樵隱逸序。

佛日焰惠禪師明極俊大和尙塔銘　天臺國淸之文懿大師夢堂曇噩撰。

東明和尙語錄跋　天童之雲外岫跋。

大鑑禪師舍利塔銘　金山之契了撰文幷書篆。

高山照禪師塔銘　天寧之楚石琦撰。資善大夫周伯琦書幷篆額。

竺僊和尙語錄序跋　紹興崇報禪寺之番陽至仁序。靈巖之了菴欲，四明之楚石琦跋。

竺僊和尙行道記　靈巖之了菴欲撰。

竺僊和尙塔銘　翰林學士臨川危素撰。資善大夫周伯琦篆額。

來來禪子（竺僊梵仙）歌　鳳臺之古林茂撰。

來來禪子集跋　長汀之祖銘，薦福之定山一，妙果之南楚悅，圓通之竺田心，江左之思菴叡跋。

月林和尚語錄跋　鳳臺之故林茂撰。

孤峯和尚塔銘　淨慈之用章俊撰。

月堂宗規語錄題跋　承天之新中銘，天寧之楚石琦，淨慈之用章俊，靈隱之用貞良題跋。

圓通大應國師塔銘　中天竺之延俊撰。

鈍鐵集（鐵庵道生之詩集）題跋　育王之月江印題，雪峯之樵隱逸跋。

禪居集（清拙正澄之詩集）題跋　淨慈之德海，仰山之希陵跋。

南游集（別源圓旨之詩集）題跋　天童之雲外軸，本覺之靈石芝題跋。

觀此等序跋、行狀、塔銘等，則日元叢林間之如何親善，亦可知矣。且此等文章，大概成於元代第一流名匠之手，故對於日本五山之詩文學，大有刺戟。

入元僧與入宋禪僧，爲自己之參禪辨道計，多特求中國名僧之法語偈頌而歸。試觀元僧語錄中，常有題爲「示日本某禪人」等之法語偈頌，彼等每揭於禪室之壁間，以爲修禪之機緣，遂開後世廳堂懸掛書畫之風，已如前述。(註三二)此與頂相贊，皆養成日人對於中國墨蹟之趣味，而學其筆法。

蓋入元僧常有持其日本先師之頂相，（肖像）以求贊者。例如無夢一清，爲其師玉溪慧瑃（京都普門寺僧）就徑山之古鼎銘請贊；紹侍者爲其師潛溪處謙（南禪寺僧）就本覺之靈石芝請贊。信中自敬爲其師嫩桂正榮（大醫禪師）就佛日之楚石琦請贊。（註三三）此外類此之舉，決不止二三。此種頂相，有由本國攜往者，亦有在中國使名工描繪者。此種頂相，當然與日本肖像畫大有影響。入元僧又攜來釋迦、觀音、文殊、普賢、十王、羅漢、達磨、布袋、寒山拾得等畫像，及山水、動物、花草等宋元名畫頗多。此於日本繪畫發達史上，最堪注目。南北朝時代，禪寺與上流社會，盛行唐式之茶會（註三四）其茶亭之壁與榻上，多掛宋元之名畫。喫茶往來一書，曾謂飾以思恭之釋迦，牧溪之觀音、文殊、普賢、寒山拾得、竹林七賢、商山四皓、龍虎白鷺等之唐畫云云。禪林小歌亦云，用思恭之釋迦三尊，因多羅（楚人）之羅漢，吳道子月壺（金山寺長老）牧溪之觀音，米元輝、陸青、李堯夫之山水，文與可、東坡居士、檀芝瑞之竹，仲華光之十梅，楊補之之梅，韓幹、李伯時之馬，戴嵩、舒悅之牛，牧溪之虎，所翁、龍、張僧繇之龍，胡直夫之人物，陸信忠之十王等名畫。實際現今遺物中，仍有存者。玆舉其有名者如左：

京都府愛宕郡高桐院藏

山水圖　相傳爲唐吳道子筆，然似南宋之物。

京都東福寺藏

釋迦文殊普賢像　相傳爲吳道子筆，然似南宋之物。

京都大德寺藏

楊柳觀音像　相傳爲吳道子筆，然似元代之作。

京都大德寺藏

觀音猿鶴圖　南宋牧溪筆，足利義滿所珍藏。

京都智恩院藏

蓮鷺圖　相傳五代徐熙筆，唯無確證。

京都建仁寺藏

十六羅漢　圖中有良詮筆，乃摹寫北宋李龍眠之作者。

京都東福寺藏

維摩居士像　李龍眠派之畫，似南宋時物。

京都大德寺藏

五百羅漢　南宋周季常林庭珪等筆。一幅五羅漢，原有百幅，遺失六幅。十二幅藏於美國波斯頓博物館，現存八十二幅。

京都相國寺藏

十六羅漢　南宋陸信忠筆，但中國畫傳，不見信忠之名。

千葉縣東葛飾郡法華經寺藏

十六羅漢　趙璚筆。趙璚亦逸傳之畫家，由畫風推之，似係南宋人。

讚岐法然寺藏

十王像　陸信忠筆。

甲斐久遠寺藏

夏景山水圖　此與金地院藏之秋冬山水圖二幅，並所在不明之春景山水圖，共成四季聯幅，足利義滿所珍藏。相傳係北宋徽宗筆，唯無確實典據。

京都南禪寺金地院藏

秋冬山水圖　見前。

京都南禪寺藏

藥山李翺問答圖　相傳爲南宋馬公顯筆。

京都妙心寺藏

普賢菩薩像　相傳爲南宋馬麟筆，與釋迦文殊像共成三幅，今僅存普賢像。

京都府愛宕郡知恩寺藏

蝦蟇鐵拐兩仙人像　元顏輝筆。

京都鹿王院藏

出山釋迦像　有可翁印記，然似元畫。

此外尙多。試觀寬政四年柴野彥助住吉內記調查之寺社寶物展閱目錄，卽可見其一斑矣。（然觀其朱批，知其中僞物甚多。）此等物中大半由赴元之日本商舶輸入但由入元僧攜來者亦不少。此種宋元名畫對於日本畫界，實加以猛烈之刺戟，而促其發達。備如京都嵯峨二尊院之十王像，（足利時代初期日本所製作者）完全模倣南宋陸信忠等所描十王像之形式。又如東福寺之明兆，模倣北宋李龍眠與元之顏輝，在佛畫中開一生面。又如相國寺之如拙，學牧溪等宋元墨繪之手法，與日本畫界以新光明。及至周文、雪舟、正信等名家輩出，雲谷派，狩野派，並峙；宋元風之墨繪，遂支配日本畫界矣。

四　入元僧與中國文藝之移植

入元僧移植宋元之文化，當然頗爲廣汎。今應先硏究者，爲彼等入元之目的。彼等均爲禪僧，因而歷訪中國之叢林，參禪辨道，當然爲其主要目的。然其入元之目的，亦不必僅在於此。

試考中國禪界之情勢，宋代已達於爛熟之域。至元代則次第傾於衰運，已成明白之事實。入元僧天岸慧廣，在杭州府徑山，勸元僧竺僊梵仙東渡曰：

「我觀此土，皆無叢林，唯日本尚有公（竺僊梵仙）若不信，則同往一觀而回。」（註三五）

又默菴周諭與南遊之志，欲與古劍妙快等同入元，其師夢窗疎石留之曰，縱到元，亦無過我者。（註三六）又性海靈見入元歷參諸師，皆不滿意，曰無如我師，虎關師練者乃歸國。（註三七）蓋自宋僧道隆，祖元，正念等來日以後，日本禪學，次第培養，決不劣於元也。如祖元之法子法孫高峯顯日（佛國國師）夢窗疎石二人，皆未入元，又元僧淸拙正澄見宗峯妙超而驚嘆曰：「不意日本有明眼宗師也。」（註三八）宗峯妙超（大燈國師）亦未曾入元。故當時僧侶，若僅以參禪辨道爲目的，實無冒萬里鯨波之必要。然當時禪僧，競欲南詢者，其故安在乎？蓋彼等極慕元人之風物，除研究禪學外，可經驗中國之叢林生活，領略中國之風味。故知當時之入元者，無非一種漫遊的豪興耳。倘以專心研究眞面目之禪而論，則反有墮落之傾向。然彼等在元，期間頗久，（註三九）隨意領略中國之風趣，因此遂於日本文化各方面，大有影響。其中最顯著者，乃日本之中國文學也。

對於不立文字之禪僧，而謂其與日本之中國文學大有助力，似屬奇談。要知禪宗者，乃完全中國化之佛教也。表現其思想，必用漢文，寄托其見解，亦須用漢語之偈；不然則不能吻合。不立文字之教，反欲借重於文字，故修禪者，必努力學漢字漢文。於是乃見五山文學之興隆矣。日本五山文學，實與平安朝貴族所作之中國文學及德川時代儒者所成之中國文學，鼎足而峙；且在三者之中，爲最優秀。蓋其詩文完全脫離倭臭，可目爲宋元詩文之一分派，而成純粹之中國文學故也。嘉興府天寧之楚石琦，見義堂周信之詩曰：「不意竟有此人，不知者必疑爲中華人所作。」（註四〇）五山僧徒之傳記，常見此語。能脫盡平安朝以來根深蒂固之倭臭，而與宋元詩人，達於共同馳驅之域者，實因彼等禪僧，居中國至十年二十年之久，起居坐臥，與中國人營共同之生活，故其趣味，其好尚，全然爲中國化也。如雪村友梅，於德治二年（西歷一三〇七）入元，時方十八歲，歷遊江南名藍，交結當時名匠，曾參湖州道場叔平隆，奉命司大藏之關鑰；又下湖州獄，竄西蜀，居長安；元德元年（西歷一三二九）歸國，前後實達二十三年之久。（註四一）其詩集岷峨集中，金聲玉振之佳篇甚多，世稱爲五山文學之開祖，（註四二）非偶然也。此外如著南遊東歸集者之別源圓旨，著東歸集者之天岸慧廣，著東海一漚集者之中巖圓月，著艸餘集者之愚中周及，皆世所謂五山文學家，皆久留於中國者也。故日本五山中之中國風味，頗形濃厚。當時日本五山之生活，與中國叢林，極其相似。如義堂周信未曾入元，而善解中國之風，尙元人驚嘆爲傑作，實其環境所養成者也。

文學之外，書法與繪畫亦有相似之傾向。入元僧中，如愚仲周及、實翁聰秀、鐵舟德濟等皆善書，此彼等傳記中所常見者。就中如實翁聰秀在元時，元帝下詔，不許浪書，則其爲名手無疑。(註四三)雪村友梅善書，試觀京都建仁寺塔頭禪居菴所藏之出山釋迦畫贊可知。可翁宗然亦長於此，其畫爲後世所重。(註四四)彼等之善書畫，固由天資聰穎，亦因在元日久而習得者。入元僧又帶來許多宋元書畫，遂促成日本雄偉之書風，與雅淡之墨繪。

五　入元僧與中國寺院制度之移植

日本之禪學，當傳來之初期，尙未能完全脫天台眞言等舊佛教之窠臼；至宋僧道隆正念祖元等來化，漸改爲中國風。當時日本禪林，不問事之大小，均以中國爲模範；就中如日本設置五山十刹，建立安國寺利生塔，乃其最顯者也。中國之五山十刹，乃南宋寧宗時，倣印度之五精舍十塔而設置者：(註四五)日本五山十刹，又倣效中國者。其設置之年月不明。正平元年（西歷一三四六）建長寺住持某所撰建長興國禪寺碑文有云：

「遍擇靈地，至建長辛亥得之於山內，曰巨福禮鄉。十一月初八日開基創草，爲始作大伽藍，擬中國之天下徑山爲五岳之首。」（錄原文）

據此文，似當建長寺草創時，已定五山之計劃；但此不過根據正平元年定建長寺爲五山第一之事實而記載者耳。夢巖祖應之旱霖集有「關東平元帥置之」之語。無象靜照行狀記云：靜照於正安元年（一二九九）住鎌倉淨智寺時，陞該寺於五山之列；則知日本五山大體定於鎌倉之末期。其設置之初，僅就鎌倉之禪刹，定五山之位次。其後鎌倉之禪，次第流傳至京都；及北條氏滅，政治之中心，歸於京都，禪宗之中心，亦有移於京都之勢。建武元年（一三三四）遂合鎌倉京都之禪寺，置定五山。其後屢有變更，及足利義滿剏建相國寺，元中三年（北朝至德三年西歷一三八六）遂在鎌倉、京都，各定五山，列南禪於五山之上，以建長、圓覺、壽福、淨智、淨妙爲鎌倉五山，以天龍、相國、建仁、東福、萬壽爲京都五山。(註四六)興國三年（北朝曆應五年西曆一三四二）始以淨智（相模）

禪興（相模）聖福（筑前）萬壽（山城）東勝（相模）萬壽（相模）長樂（上野）眞如（山城）安國（山城）萬壽（豐後）爲十刹。北朝康曆中改以等持（山城）臨川（山城）聖福（筑前）眞如（山城）安國（山城）萬壽（豐後）淸見（駿河）定林（美濃）寶幢（山城）崇福（出羽）爲十刹。又以瑞泉禪興東勝、萬壽長樂國淸、大慶圓福、善福、（按此只有九刹似有脫漏）爲關東十刹。（註四七）故日本五山十刹，隨時代而變更，與中國之固定者不同。此等各寺之經營管理爲國家事業。其住持大概由朝旨府帖定之，概仿中國之制。又以南禪爲天下第一山，位在五山之上；（註四八）驟觀之，似屬日本創例；其實亦模倣元制者。先是元文宗天曆至順間，（一三二八——一三三二）在金陵𣂏建大龍翔集慶寺，使笑隱大訢住持，列於五山之上。（註四九）日本南禪寺係龜山上皇敕建之寺，故亦倣元文宗大龍翔集慶寺之例也。入元僧古先印元，於延元四年，（北朝曆應二年西曆一三三九）在京都開創等持寺，倣金陵鳳凰臺，號其山爲鳳凰山。（註五〇）遠溪祖雄倣其在元掛錫之杭州天目山，在丹波創瑞巖山高源寺。（註五一）友山士偲在山崎建精舍，慕杭州徑山之正續院，乃於扁上書正續二字。（註五二）如是之例，此外當必甚多。又足利尊氏直義，當北朝之曆應年間，在京都建天龍寺又於日本六十六州二島中每國設一寺一塔，寺名安國，塔名利生，是爲日本佛教史上重要之事，辻博士曾加詳細之研究，（註五三）謂亦仿中國之制者。

天龍寺建立之原由已詳第十五章第二節。安國寺利生塔建立之原由，乃弔元弘以來爲國亂戰死之魂者；事見夢窗疎石之天龍寺佛殿並東山八坂寶塔慶讚陞座之語。（註五四）各地之安國寺並利生塔，新建者甚少，多以舊有之寺塔充之，惟稍加修補耳。將舊有之教寺，改爲禪寺，由禪宗言之，亦發展上之好機會也。又由足利氏言之，乃以此表現統一全國之精神，爲安撫人心之一手段，且對於南朝，爲自己勢力範圍之標識，又爲軍略上之要地，在政治上亦有絕大意義存焉。（註五五）

返觀中國，類於日本天龍寺安國寺者，唐代有龍興開元兩寺，（註五六）南宋有報恩光孝禪寺。佛祖統紀卷四十七云；

「紹興九年，敕天下州郡立報恩光孝禪寺，爲徽宗專建追嚴之所。」

蓋金人大舉南侵，徽宗被擄，宋高宗爲弔其菩提，乃設置報恩光孝禪寺，此實與日本天龍寺建立之趣旨相似。其寺設置於各州，又與日本之安國寺性質相同。又以舊有之教寺充之，亦屬相似。日本入元僧等常掛錫之杭州淨慈寺，（五山第四）蘇州萬壽寺，（十刹第四）嘉興府天寧寺，皆係教寺而改爲其州之報恩光孝禪寺者。（註五七）

日本之利生塔，乃效隋之舍利塔者，隋文帝令各州立舍利塔事，前已言之。（註五八）其建立之動機，因文帝未爲帝時，有一梵僧告之曰，檀越他日將爲天下之慈父，特授大覺之遺靈，請供養之，乃與以舍利一裹而去。後即帝位，乃於海內諸州建塔供養舍利。（註五九）要之文帝建立舍利塔，乃其一統天下之精神所發露，統一南北朝後，用以鎮撫民心之一手段也。觀其建立舍利塔之詔，（註六〇）亦與足利氏建立利生塔之趣旨相同。

日本天龍寺之建立，與安國寺利生塔之設置，乃出入幕府之五山僧徒夢窗疎石等所勸者。當時禪宗雖云隆盛，但專行於京都鎌倉二地，尙未普及於全國，五山僧徒在元，聞南宋高宗立報恩光孝禪寺，隋文帝建立舍利塔事，乃行之日本，爲發展禪宗之一手段，幕府遂爲所動，且尊氏直義亦熱心歸依禪法者，對於禪宗之興隆，本欲有所盡力也。

六　入元僧與中國式茶會之流行

數百僧侶，次第入元，永留中國至十年二十年之久，與中國人營同樣之生活；歸國後，概住京都與鎌倉之名藍受公武之皈依；對於日本上流社會之生活形式，實有莫大之影響。卽如由彼等傳入唐式茶會，而盛行於日本上流社會間，對於食物之烹調，與住宅之建築，室內之裝飾等皆有影響。又唐式之茶會，次第爲日本化，單純化，成爲後世之「茶之湯」（茶會儀式）其中含有靜寂閑雅之趣味，不可不特筆記載其始末。

自榮西提倡喫茶日本喫茶之風漸盛。尤以禪家爲除妨礙修禪之睡魔計，嗜者甚多。其時五山僧侶之詩文集中屢見之。(註六一)喫茶之風既盛，於是日本上流社會亦效唐風，集合多數人飲茶，名爲茶會，又名茶寄合。(註六二)其時尚無茶之湯之名，(註六三)其內容亦與茶之湯大異。茶會之情形，詳見喫茶往來並禪林小歌。喫茶往來，乃叡山之玄慧所作。禪林小歌乃傳通院之開山聖冏（了譽上人）所作。聖冏罵禪林之唐式茶會，飾室集衆之狀況者。兩者均爲南北朝時代之作，可以窺見是時茶會之狀態。乃最有價值之資料也。喫茶往來述茶會之狀態如下：

「抑彼會所爲體，由客殿懸珠簾，前大庭鋪玉沙，軒牽幕，窗垂帷。好士漸來，會衆既集之後，初水纖酒三獻，次索麵茶一返，然後以山海珍物勸飯，以林園美果甘哺。其後起坐退席，或對北窗之築山避暑於松柏之陰，或臨南軒之飛泉，披襟於水風之涼。爰有奇殿，峙棧敷於二階，排眺望於四方，是則喫茶之亭，對月之砌也。左思恭之彩色釋迦靈山說化之粧巍巍，右牧溪之黑繪觀音，普陀示現之姿蕩蕩。普賢文殊爲脇繪，寒山拾得爲面餝，前重陽，後對月，不言丹果之脣吻吻，無瞬青蓮之眸妖妖。桌懸金襴，置胡銅之花瓶，机敷錦繡，立鍮石香匙火箸。嬋娟兮瓶外之花飛，疑於吳山千葉之粧，芬郁兮爐中之香，誤於海岸三銖之煙。客位之胡牀敷豹皮，主位之竹倚臨金沙。加之於處處障子，餝種種之唐繪。四皓遁世於商山之月，七賢隱身於竹林之雲；龍得水而昇，虎靠山而眠；白鷺戲蓼花之下，紫鴛遊柳絮之上；皆非日域之後素，悉以漢朝之丹青。香臺並衡朱衡紅之香箱，茶壺各栂尾高雄之茶袋。西廂前置弌對之餝棚，而積種種珍菓，北壁下建一雙之屏風，而構色色懸物。中立鑵子而練湯，迴並飲物而覆巾。會衆列坐之後，亭主之息男獻茶菓，梅桃之若冠通建盞。左提湯瓶，右曳茶筅，從上位至末坐獻茶，次第不雜亂。茶雖無重請，敬數返之禮，酒雖用順點，未及一滴之飲，或四種十服之勝負，或都鄙善惡之批評，非啻催當坐之興，將又生前之活計，何事加之。盧同云，茶少湯多則雲脚散，茶多湯少則粥面聚云云，誠以有與有感，誰不翫之哉。而日景漸傾，茶禮將終；則退茶具，調美肴。勸酒飛盃，先三遲而論戶，引十分而勵飲。醉顏如霜葉之紅，狂粧似風樹之動。式歌式舞，增一座之興，又絃又管，驚四方之聽。夕陽沒峯，夜陰移窗，堂上挑紅蠟之燈，簾外飛紫麝之薰，菸菸遊宴，不申盡」（錄原文）

又禪林小歌云：

「近來片鄙聚落有號唐樣。餝室集衆催與之宴。……先客殿引物華綾敦絲木綿，四季屛風有之。思恭釋迦三尊，因多羅羅漢懸，吳道子月壺觀音，米元輝、陸青、李堯夫山水，文與可、東坡居士檀芝瑞竹，仲華光十梅，楊補之梅有哉。韓幹、李伯時馬形，戴嵩、舒悅牛畫，牧溪虎所翁龍，張僧繇龍畫，雲雨時必有鱗甲動不思議。胡直夫人形，陸信忠十王，有日觀雪窗。梁楷筆猶又其外名筆盡數。其前多立卓，金欄打敷，金紗水引，燭臺、燭切、香匙、火箸、胡銅、紫銅、鍐深銅，金瑠璃茶碗，並鍮石香爐，花瓶立華，微笑梅花含雪潔，半枯枯木帶苔緣，古木奇木時花色色見。……各次第着座，最初受湯，先點心次第，水昌包子，驢腸羹，水精紅羹，驢脊羹，鼈羹，豬羹，甫羊羹，寸金羹，白魚羹，骨

頭羹，都盧羹，羹數差差也。有乳餅，茶麻菓，饅頭，卷餅，温餅等。餛飩，螺結，柳葉麵，桐皮麵。經帶麵，打
麵，三維麵，素麵，薤葉麵，冷麵，更互誣之。取菓子，龍眼，荔子，榛林檎，胡桃，柏子，松子，棗，杏，栗，柿，柑子，
温州橘，薯蕷，薢上物緣高折敷無置處見犀皮盤，胡兹盤，建鹽，多居。油滴曜卞，建盞，胡盞，湯盞，幅
（福）州盞，天目立茶出處。先栂尾名坊，田中，山本池，閼伽井，尾崎，深瀨，逆淵，乘一畠，小畠，天狗
畠，禪賀院，御堂之薗，故勝。取東山清水寺，靜閑寺，北北野，仁和寺，高雄，葉室，宇治，八幡，淀，山崎，寺
（般）若寺，山階，醍醐，勸修寺。取國伊賀，大和，都鄙名所無殘。膽瓶，湯瓶，取持，度度立迴之。彼玉
泉七椀，是憶遺焉。其後退座，旦偃息，山水向會處，置書棚机。硯，瞿眼，鳳味。筆，鷄距，紫毫，落聚，孫包。
墨，松墨，油煙，碧雲，三脚，蝦蟆水滴。又見傍眞壺，玉壺，胡瓶，百花，金花瓶，茶花，牡丹，龍壺，觀，乳，定州，
冬苽，清苽，東陽瓶並置。釣軒，風鈴，順風其響，滴滴東了，滴滴東了，鳴心細乎曲祿，孤牀，縄牀，靠備，
椅子，脚踏，副，拄杖，竹枝，拂子，扇子有之。敷花氈，肉氈，木綿氈，豹虎皮。或有偃牀，臂爲枕，或有登倚
子學坐禪人思思誘……漸齊（齋）出來，皆又直本座。青漆椀，光明朱，影曜計也。維摩鉢，瓶現
白雲，㗖雪，蒸飯，海雲汁，苔汁，山菜，野菜，海藻，無殘菜。老少共並居食，受有樣，費程恐哉……見二

三臺，有餑飯冰薄麵水團等哉。齊（齋）了菓子時景物無殘。其後取香火思思燒香。香合何何，桂昌，金紫金枝花堆朱堆紅，九蓮絲黃九紅花綠葉銀絲犀皮堆漆。燒香何何，一水三山萬安羣鷓鴣班，宇治山陰伽羅木有海岸況哉。當世早香，春桂藥松風，夕星羅漢，法華經滿室薰香甚覺。……猶又戀餘波集喫茶曲本非新古引合，亭容合唯合，無試十服茶無名批判，二種四服。宋朝名所清峯，雅州，茂山浮梁田畝，鄉園，打六札唐茶名之香。隣梅夏木立秋草初雪契戀戀四季三種是。其外萎葉秋虁無殘風情……是此日暮思思還」（錄原文）

試讀此文，自知當時茶會，頗用中國之式。且有禪宗之風，而禪林小歌，且明指爲「唐樣」。最初點心，（註六四）有包子、羹類、餅類、麵類等，均中國式之烹飪也。又室內裝飾，用思恭、牧溪、吳道子、月壺等中國名手所畫之釋迦、觀音、文殊、普賢等佛像。其前懸金襴之幔，張金紗之幕，置胡銅花瓶，紫銅燭臺，鍮石香爐等具，華焚香，宛然有禪寺之趣。又處處飾以人物、山水、動物、花草等種種唐畫。主位客位之席，置鋪豹皮之胡床，陳張金紗之竹椅。茶器均用舶載珍品。其茶除日本栂尾產外，皆用中國之淸峯、雅州、茂山、浮梁、田畝、鄉園等名茶，中國色彩，極其濃厚。

茶會之餘興，又往往行所謂四種十服茶，無試十服茶，亦受中國所行鬬茶之影響者。（註六五）異制庭訓往來中亦明載鬬茶之名。所謂四種十服茶者，以茶三種，各包四服，先各取一服試飲之，三種各餘三服，凡九服，別加客茶一服，共十服，一一點出，使飲者辨別其產地也。所謂無試十服茶者，不先試飲，惟取茶三種各三服，加客茶一服耳。四種十服茶又名貢茶，言如子貢聞一知二也。無試十服茶，又名回茶，言如顏回聞一知十也。當此時每賭物以別勝負。太平記卷三十九道譽大原野花會事條云：

「飲百服之本非，彩物如山積矣。」

日本山城栂尾之茶，名「本之茶。」栂尾爲高辨（明惠上人）種植榮西所贈茶子之地，日本最古之產茶地也。非山城栂尾之茶，稱「非之茶。」（註六六）光嚴院御記亦載飲茶賭物事。太平記公家武家榮枯易地條，亦詳載當時茶會陳設之華，飲食之奢，彩物價值之巨，一次茶會有費數十萬錢者。故建武式目第二條，認爲有弊而禁之。

當時中國所行之茶會如何，因無明證，不能加以比較。然日本之茶會，既稱爲「唐樣，」則其內容，必含中國趣味矣。且有禪宗之風，則必爲入元僧傳入，初行於日本禪林，次第廣行於上流社會者也。

唐樣之茶會，在日本南北朝時代，僅爲上流社會遊戲之一，本非重要之史事。然因茶會之流行，直與日本生活形式大有影響。先就食物言之；茶會喜用種種包子、羹類、餅類、麵類等中國風味之食物。於是日本烹調法大受影響。當時入元僧，早傳入中國式之食物。龍山德見在元時之俗弟子，有名林淨因者，隨德見來日，改姓鹽瀨，在南都製中國式之饅頭，名奈良饅頭，相傳爲今之京都烏丸鹽瀨之祖。(註六七)再就建築言之，據喫茶往來所載，當時因茶會之盛，乃極林泉之美，庭園之內，築有特種樓閣，名爲茶亭。按中國嘉興府天寧寺（報恩光孝禪寺）有月波樓。又凡言中國禪刹之境致者，往往言何亭何閣。日本模倣之，故當時京都之天龍寺有龍門亭。正平元年（一三四六）三月，太上天皇光嚴院曾臨幸觀花。(註六八)又鎌倉瑞泉寺中，嘉曆三年（一三二八）夢窗疎石建有一覽亭，關東管領基氏與氏滿，往往在此約會禪僧，開觀櫻觀楓之會，(註六九)亦茶亭之一種也。

(註一)大拙和尚年譜。

(註二)上村觀光氏五山詩僧傳所引。

(註三)海藏和尚紀年錄。

(註四)圓太曆正平五年四月十四日條。

(註五)眞源大照禪師龍山和尚行狀。

(註六)深奧山方廣開基無文選禪師行業。

(註七)大通禪師語錄卷六年譜。

(註八)眞源大照禪師龍山和尚行狀。

(註九)雪村大和尚行道記。

(註一〇)不聞和尚行狀。

(註一一)雪村大和尚行道記　禪林僧傳大梅山開山月林皎禪師　本朝高僧傳卷二十六玄素傳,又卷三十六德濟傳。

(註一二)眞源大照禪師龍山和尚行狀　雪村大和尚行道記　約菴禪師略傳　本朝高僧傳卷三十三省吾傳。

(註一三)大明一統志　佛祖歷代通載卷二十二　中峯和尚廣錄。

(註一四)古先和尚行狀。

(註一五)參照本章第一節。

（註一六）眞源大照禪師龍山和尙行狀　雪村大和尙行道記　不聞和尙行狀。

（註一七）東福寺廿五世古源和尙傳　本朝高僧傳卷三十邵元傳。

（註一八）常盤大定博士邵元禪師撰文之碑（支那時報四之五）及支那ニ唯一ノ邦人撰文ノ碑（東京日日新聞一七七八七號）

（註一九）敕修百丈清規大衆章第七裝包。

（註二〇）本朝高僧傳卷三十五玄柔傳。

（註二一）肅堂智愚語錄跋。

（註二二）古林和尙語錄序。

（註二三）潭津文集影響於五山文學，詳見那波利貞氏之五山文學論。（室町時代之研究所收）此書爲五山僧徒，與智識階級所喜讀，詳情散見於空華日工集與愚管記。

（註二四）空華集中之書新刊貞和集後。

（註二五）感山雲臥紀談跋。

（註二六）若木集中之重刊景德傳燈錄疏。景德傳燈錄之板，因正平十年京都之亂，大半遺失。正平十三年，此山妙在撰勸募之疏，募緣重刊之。

（註二七）空華集中之新開佛祖統紀板募緣疏。

（註二八）元亨釋書題　空華集中之東福寺海藏院重刊元亨釋書化疏。

（註二九）芝葛盛氏談帝室祕庫之寶典（東京日日新聞一七九八三號）

（註三〇）大覺禪師語錄序跋。

（註三一）永平廣錄序跋。

（註三二）參照第十三章第三節。

（註三三）本朝高僧傳卷二十四慧春傳，處謙傳卷二十七自敬傳。

（註三四）參照本章第六節。

（註三五）竺僊和尙住南禪寺語錄。

（註三六）本朝高僧傳卷三十二周諭傳。

（註三七）碧山日錄長祿四年閏九月廿三日條。

（註三八）大燈國師行狀。

（註三九）入元僧之在元期間，普通皆十年內外，亦有至二三十年者。觀本章第一節入元僧一覽表自知。

（註四〇）空華日工集應安八年三月十八日條。

（註四一）敕謚寶覺眞空禪師，前往大唐京兆翠微寺，後往日本京城東山建仁禪寺，雪村大和尙行道記。

（註四二）五山文學之祖，應推何人，諸家之說不一。或推一山一寧，或推雪村友梅。那波利貞氏之五山文學論（室町時代ノ研究所收）云：所謂五山文學者，乃鎌倉末期至足利時代五山僧徒所爲文學之總稱。廣義以解之，以一山一寧爲始祖，原無不可。然五山文學，乃五山之日本僧徒之純粹中國文學，實當以雪村友梅爲始祖。何則？一山一寧，不過對於日本五山之學問研究上，與以許多剌戟耳；終爲元僧之歸日者，其撰述亦僅有語錄二卷。而雪村友梅則在日本僧侶中，爲作宋元派詩文最初之一人。

（註四三）本朝高僧傳卷三十二聽秀傳。

（註四四）本朝高僧傳卷三十七宗然傳。

（註四五）參照第十三章第二節。

（註四六）和漢禪刹次第　五山之沿革，無詳說之必要。其詳見鷲尾博士五山ノ起源並ニ沿革（五山文學小史所收）茲僅記其大略。

（註四七）禪林象器箋　和漢禪刹次第。

（註四八）明極和尙語錄。

（註四九）敕修百丈清規序　宋濂護法錄。

（註五〇）扶桑五山記　空華外集和合勝義中。
（註五一）丹波州水上郡佐治莊瑞巖山高源寺，開山遠溪祖雄禪師之行實。
（註五二）友山和尚傳。
（註五三）辻博士安國寺利生塔考（日本佛教史之研究）。
（註五四）夢窗國師語錄。
（註五五）辻博士安國寺利生塔考。
（註五六）參照第八章第七節。
（註五七）大明統一志　名藍圖（虛堂智愚語錄註所引）佛祖統紀第四十七。
（註五八）參照第八章第七節。
（註五九）佛祖歷代通載卷十。
（註六〇）廣弘明集。
（註六一）虎關師練之濟北集，與義堂周信之空華集中，關於茶之詩文最多，兩書共十餘首。
（註六二）茶會之名，見喫茶往來及異制庭訓往來。茶寄合之名，見於建武年間記，建武式目，蓋當時通行之名稱也。
（註六三）「茶之湯」之名，見伊勢守貞忠亭御成記大永三年八月五日條。

（註六四）據輟耕錄點心之名中國自唐代已有之。日本專用於禪林，言爲解悶計，稍喫食物也。

（註六五）中國自宋代有所謂鬬茶，見於宋唐庚鬬茶記；（淵鑑類函卷三百九十所引）及種種書傳中。與日本四種十服茶之內容雖或不同，恐日本卽模倣中國之鬬茶者。

（註六六）海人藻芥云：「所謂本之茶者，栂尾也，所謂非者，宇治等茶也。」異制庭訓往來云：「我朝名山者以栂尾爲第一也。」「仁和寺、醍醐、宇治、葉室、般若寺、神尾寺，是爲補佐，此外大和寶尾、伊賀八島、伊勢河居、駿河清水、武藏河越茶，皆是天下所指言也。」（錄原文）

（註六七）雍州府志卷六。　瓦礫雜考下。

（註六八）天龍寺臨幸私記。

（註六九）夢窗國師年譜　空華日工集。

第十八章　征西府與明朝之交涉

一　明使之往來

明太祖洪武元年十一月，遣使至日本安南占城高麗四國；蓋因滅元而新建國家，君臨中國，乃頒詔以諭四夷之君長也。太祖之詔如次：

「昔帝王之治天下，凡日月所照，無有遠邇，一視同仁。故中國奠安，四夷得所；非有意於臣服之也。自元政失綱，天下兵爭者十有七年；四方遐裔，信好不通。朕肇基江左，掃羣雄，定華夏，臣民推戴，已主中國，建國號曰大明，建元洪武。頃者克平元都，疆宇大同，已承正統，方與遠邇相安於無事，以共享太平之福。惟爾四夷君長酋帥等，遐邇未聞，故茲詔示，想宜知悉。」（註一）

是時日本九洲之征西將軍懷良親王，勢力方盛，因而使者來至親王之征西府。親王以從來未聞其名之明國，對日本用「爾四夷君長酋帥等」等倨傲之文辭，不受其國書而拒絕之。故明史太祖本紀，僅於洪武二年（日本正平二十四年西曆一三六九）載安南占城高麗入貢，而無日本。

太祖派遣使節詔諭日本，已屬徒勞，而倭寇又頻掠山東沿岸，故太祖亦不能永久棄日本而不問；洪武二年三月，又遣楊載等七人詔諭日本，責以倭寇之事。其使臣至征西府，其國書頗有恐嚇之詞云：

「宜朝則來廷，不則修兵自固，倘必爲寇盜，卽命將徂征耳，王其圖之。」（註二）

親王怒，殺明使五人，拘留楊載吳文華二人三個月後始釋之。（註三）

第二次之使，又無何等效果，而倭寇擾害益甚。不僅寇掠山東，且南下掠浙之明台溫諸州，而及福建。洪武三年（日本建德元年西曆一三七〇）三月，又遣萊州府同知趙佚來日，是時太祖鑑於前兩次之失敗，一方責倭寇之事曰：

「恐積惡貫盈，天必降禍於汝，我國家必奉天討，用興問罪之師。」

一方使前曾來日之楊載，送還捕獲之日本海賊僧侶十五人，並云：

「所獲之人，情犯深重，揆諸法律，罪在不容，緣係日本所部，故不欲便加殺戮；如不施之以刑，又無以示其懲戒，是用刑其肢體，遣人送還」（註四）

明使趙佚等到征西府，懷良親王引見之，宣言曰：

「吾國雖處扶桑東，未嘗不慕中國；惟蒙古與我等夷，乃欲臣妾我，我先王不服，乃使其臣趙姓者，訹我以好語；語未既，水軍十萬，列海岸矣。以天之靈，雷霆波濤，一時軍盡覆。今新天子帝中夏，天使亦趙姓，豈蒙古裔耶？亦將訹我以好語而襲我也。」（原文）

言已，目視左右，有加害意。趙佚泰然對曰：

「我大明天子，神聖文武，非蒙古比，我亦非蒙古使者後，能兵兵我。」

親王氣沮，禮遇之。（註五）蓋征西府屢次拒絕明使，實因未明中國情形；且見其國書，常有威嚇之辭，疑其爲第二蒙古也。及趙佚來日，乃明瞭明朝之事，故親王遣僧祖來使明。據明史日本傳，祖來於洪武四年（日本建德二年西曆一三七一）十月到金陵，（註六）奉表稱臣，獻馬及方物，且送還倭寇所掠明州台州之明人七十餘人。太祖本紀，亦記載是歲日本入貢，則實有遣使之事矣。所以送還明州台州之民七十餘人者，因楊載送還日本海賊僧侶等十五人而答禮也。但親王向執自主的對等的態度，似未必有奉表稱臣之事。或起草之僧侶作如是形式歟？抑或撰明史者潤色之詞？未可知也。

二　明使祖闡克勤來日

當時明人苦倭寇之侵害，故防止之策，實最重要之問題也；因而太祖急欲知日本之國情。當時日本留學僧椿庭海壽，掛錫於金陵天界寺自菴金處。太祖特召見於奉天殿，詢日本四方之遐邇，皇運之治亂。（註七）日使祖來到金陵謁太祖，亦詢以日本國事。於是太祖乃稍知日本情形。始悟現與交涉之懷良親王，非日本國王；親王之外，京都尚有持明天皇。（即北朝天皇）故當祖來歸國時，特遣嘉興府天寧禪寺住持仲猷祖闡，金陵瓦官教寺住持無逸克勤二人來日。太祖召二人曰，朕三度遣使於日本，爲欲見持明天皇也，今關西使者（即征西府使者祖來）之來，非朕本意。然欲見持明天皇，每爲關禁所阻，非僧侶難達目的，所以遣汝等也。朕聞日本君臣，咸奉佛敬僧，汝等到持明天皇處，應告以宜禁倭寇，通商賈，仍循唐宋故事，修好如初。但到彼地，言語難通，今遣椿庭海壽與杭州中竺藏主權中巽二人爲通事云云。此一班人，於洪武六年（日本文中二年，西一三七三）五月二十日發自明州。（元代名慶元，明初名明州，後改名寧波。）五日達肥前之五島，又五日抵博多。（註八）當是時，適值日本九州武家之今川了俊爲鎭西探題，勢力方盛。懷良親王是歲由博多移於肥後之菊池，（註九）且彼等爲僧侶，又以日本留學僧爲通事，故是時征西府未加阻難。六月二十九日至京，入嵯峨之向陽院，滯留京都，凡二閱月，至八月二十九日退去（註一〇）此乃足利幕府與明人交涉之初步也。其交涉內容無可考證。二僧中之無逸克勤，長於詩文，在日時，五山僧徒與之往來，曾託刪改詩文，並請作詩軸之序。克勤見義堂周信詩文，極口贊賞，事見空華日工集。（註一一）二僧歸國時，又至征西府聘問，上大統曆及文綺紗羅。懷良親王以彼等祕密入京，惡之，又憤其頒示大統曆，有使奉正朔之意，拘留二僧甚久。至洪武七年（日本文中三年，西曆一三七四）五月，始得回金陵。（註一二）

據明史日本傳，是年七月，「其大臣」遣僧宣聞溪等齎書上中書省，貢馬及方物，而無表，太祖卻之。未幾「別島守臣氏久」又遣僧奉表來貢，以無日本國王之命，且不奉正朔，亦卻之。命禮臣移牒，責以越分私貢之非且命中書省移牒，責以倭寇之事。所謂「其大臣」者，卽事奉懷良親王之菊池武政也。所謂「別島守臣氏久」者，卽當時大隅守護之島津氏久也。島津氏通明，自是時始。後至應永二十五年（明永樂十六年西曆一四一八）島津久豐（法號存忠）又曾派使至成祖處。(註一三)

三　日本使之往來與胡惟庸事件

日本天授二年（明洪武九年西曆一三七六）懷良親王遣僧廷用文珪使明，其目的不明。大約因明人禁遏倭寇，屢以威嚇的態度相臨，而報以一矢也。文珪是歲四月達金陵，贈書及方物等。太祖惡其書詞缺誠意，降詔戒諭。(註一四)高皇帝御製文集中之諭日本國王詔，恐卽作於是時。是時使者文珪，曾中與京北之寶福寺而建經藏，後光嚴院曾賜「轉法輪藏禪寺」之勅額。入明時，曾請翰林學士宋景濂撰寺記，勒之堅珉。(註一五)

據明史，此後日本使者，常至中國；然諸書所載，頗不一致。高皇帝御製文集，亦謂貪商假名之徒不少。然則其可信之程度如何，不能知也。據明史日本傳洪武十二年（日本天授五年西曆一三七九）日本來貢，因無表文，太祖卻之。洪武十三年（西曆一三八〇）又來貢，亦無表文，只齎將軍義滿贈明丞相書。太祖以其書辭倨傲，卻其貢物，且遣使者詔諭之。但義滿是否贈書，明之詔諭使是否來日，不能無疑。洪武十四年（日本弘和元年西曆一三八一）亦有日本使者赴明。參考圖書編與籌海圖編，其使者乃懷良親王所遣之僧如瑤也。是時亦未齎表文，太祖卻之；命禮官致書於懷良親王並將軍義滿。示欲以兵征伐之意。高皇帝御製文集卷二之設禮部問日本國將軍一文，恐卽是時所作。其書曾否送至義滿處，及義滿如何處置，皆不能明。懷良親王之回書如次：

「良懷（懷良之誤）上言，臣聞三皇立極，五帝禪宗，惟中華之有主，豈夷狄而無君。乾坤浩蕩，非一主之獨權，宇宙寬洪，作諸邦以分守；蓋天下者乃天下之天下，非一人之天下也。臣居遠弱之倭，褊小之國，城池不滿六十，封疆不足三千，尙存知足之心；陛下作中華之主，爲萬乘之君，城池數千餘，封疆百萬里，猶有不足之心，常起滅絕之意。夫天發殺機，移星換宿，地發殺機，龍蛇走陸，人發殺機，天地反覆。昔堯舜有德，四海來賓，湯武施仁，八方奉貢。臣聞天朝有興戰之策，小邦亦有禦敵之圖，論文有孔孟道德之文章，論武有孫吳韜略之兵法。又聞陛下選股肱之將，起精銳之師，來侵臣境，水澤之地，山海之洲，自有其備，豈肯跪途而奉之乎？順之未必其生，逆之未必其死，相逢賀蘭山前，聊以博戲，臣何懼哉？倘君勝臣負，且滿上國之意；設臣勝君負，反作小邦之羞。自古講和爲上，罷戰爲強，免生靈之塗炭，拯黎庶之艱辛，特遣使臣敬叩丹陛，惟上國圖之。」(註一六)

太祖見此表，憤甚，惟鑑於蒙古之覆轍，未能興師，(註一七)然其後稱爲日本使者而赴中國者則甚多。弘和二年（洪武十五年西曆一三八二）廷用文珪再使明。(註一八)元中元年（洪武十七年西曆一三八四）如瑤復使明。(註一九)如瑤因下述之胡惟庸事件而入貢，恐卽是時之事。洪武十九年（西曆一三八六）日本使者又至，太祖卻之。(註二〇)洪武二十年（西曆一三八七）胡惟庸事發覺矣。此事，諸書所傳不一，據明史日本傳與胡惟庸傳，當時明左丞相胡惟庸，陰思篡奪，而欲得日本之助，乃與寧波之衛指揮林賢結合，伴奏賢罪，謫之日本，使與其君臣相通；尋又奏復其職，遣使召之；祕密致書日本國王借兵；於是賢還國，日本國王遣如瑤率兵卒四百餘人，詐稱入貢，獻巨燭，中藏火藥刀劍；如瑤至中國時，胡惟庸已敗，其計不行。然帝仍未知日本與謀也；後經數年，至洪武二十年，

（日本文中四年西一三八七）其事始露。太祖大怒，滅賢之族，與日本斷絕國交，嚴加海防。後太祖著祖訓，列日本於十五不征之國。此所謂日本國王，係指懷良親王，細讀明史自能了解。此事不見於日本國史。但弘和元年，曾有爲親王使者抵明之僧；由當時親王對明之強硬態度，與弘安以來養成之冒險的風氣推之，想必有此事也。

要之明初之中日交涉，不過征西府與明之交涉耳。文中二年明使仲猷祖闡無逸克勤等之入京，實爲異例。明史雖云：「日本來貢，」實與足利幕府，全無關係。明史日本傳，雖云義滿於日本弘和元年贈書明丞相；然日本國中全無確實之史料；且應永八年（明建文三年西曆一四〇一）義滿遣祖阿至明時，亦不見有前曾與明相通之形跡。

（註一）皇明資治通紀卷二。

（註二）明史日本傳。

（註三）修史爲徵一大明皇帝書。

（註四）同上。

（註五）明史日本傳　圖書編卷五十日本國考。

（註六）籌海圖編卷二，謂爲洪武二年，誤矣。
（註七）本朝高僧傳海壽傳。
（註八）善鄰國寶記　明史日本傳。
（註九）阿蘇文書。
（註一〇）花營三代記。
（註一一）空華日工集應安六年八月三十日，又八年三月十八日，至德二年二月二十日等條。
（註一二）明史日本傳。
（註一三）皇明實錄卷百十太宗。
（註一四）明史日本傳。
（註一五）本朝高僧傳文珪傳。
（註一六）明史日本傳。
（註一七）同上。
（註一八）圖書編日本國考　籌海圖編卷之二。
（註一九）圖書編日本國考。
（註二〇）明史日本傳。

国家出版基金项目
NATIONAL PUBLICATION FOUNDATION

中日交通史

（三）

［日］木宫泰彦◎著
陳　捷◎譯

山西出版傳媒集團
山西人民出版社

第十章　五代時之中日交通

一　商船之來往

唐昭宗時，節度使朱全忠誅宦官，專權勢，弒昭宗，滅唐室，都汴京，國號後梁。此乃日本醍醐天皇延喜七年（九〇七）事也。後梁歷二世十六年而亡。其後有後唐、後晉、後漢、後周四代，旋起旋滅，自唐亡至宋興，不過五十三年，五代之興亡已畢。五代諸國之勢力範圍，僅在中原之地；其割據一方而稱王者，惟前蜀、後蜀、楚、荊南、吳、南唐、吳越、閩、南漢、北漢十國較大，是爲五代十國之世。是時弒逆、篡奪、戰亂之事，接踵而起；僅半世紀間，易五代十三君，是爲紛亂最甚之時代。然雖在此等時代，中日之交通，商船之往來，仍甚繁數；蓋日唐交通之餘勢使然也。今將五代時中日往來之船舶列表如左：

五代中日往來船舶一覽表

•爲由日本赴中國船之符號
△爲由中國至日本船之符號

船主及船員	年代	雜纂	典據
•	醍醐延喜九年（九〇九）	二月十七日，曾遣牒狀於留唐僧中瓘，故知是時有歸中國之舶。	日本紀略 扶桑略記裏書
△	同右	閏八月九日，曾使大宰府檢進中國商舶貨物，故知是時有來日之商船。	扶桑略記
△鮑置求	醍醐延喜十九年（九一九）	七月十六日交易唐物使藏人所出納內藏大屬當麻有業，曾上中國商客鮑置求所贈之孔雀於朝，以交易唐物供御覽。	日本紀略 扶桑略記
•	醍醐延長五年（九二七）	正月廿三日僧寬建等，受大宰府賜牒，乘中國商船赴中國。	日本紀略
吳越人 △蔣承勳	朱雀承平五年（九三五）	九月吳越人蔣承勳獻羊數頭，十二月唐物藏人藤原親盛曾赴大宰府，檢進蔣承勳所齎貨物。	日本紀略 公忠朝臣集 朝忠卿集 新千載和歌集
吳越人 △蔣承勳 季盈張	朱雀承平六年（九三六）	七月十三日大宰府報告吳越人蔣承勳季盈張等來日，此時承勳似帶吳越王元瓘之使命而來，八月二日左大臣藤原忠平贈書吳越王。	日本紀略
吳越人 △蔣承勳	朱雀天慶元年（九三八）	七月廿一日大宰府進中國商客所獻之羊二頭，八月廿三日大宰府曾以布賜蔣承勳，則此時來航者，殆蔣承勳也。	本朝世紀
吳越人 •蔣承勳？	朱雀天慶三年（九四〇）	七月左大臣藤原仲平曾贈書吳越王元瓘，則知是時有歸中國之舶，或者天慶元年來日之蔣承勳，此時始歸國歟？	日本紀略

△吳越人 蔣袞 俞仁秀 張文過	朱雀天慶八年（九四五）	七月念五日大宰府報告吳越商客蔣袞俞仁秀張文過等百人，至肥前松浦郡柏島。	本朝世紀
△吳越人 蔣袞	村上天曆元年（九四七）	天慶八年來日之蔣袞，是時又爲吳越王佐之使者來日，上書並進土宜。	本朝文粹
•吳越人 蔣袞	同　右	蔣袞歸國時左大臣藤原實賴（清愼公）於閏七月二十八日贈吳越王佐書贈沙金二百兩。	本朝文粹 帝王編年紀
△吳越人 蔣承勳	村上天曆七年（九五三）	蔣承勳爲吳越王弘俶之使者來日，上書並錦綺等珍品。	本朝文粹
•吳越人 蔣承勳	同　右	七月蔣承勳歸國，右大臣藤原師輔贈回書於吳越王。	本朝文粹
△吳越人 盛德言	村上天德元年（九五七）	七月廿日吳越國持禮使盛德言來日上書。	日本紀略
•吳越人 盛德言	村上天德三年（九五九）	正月十二日吳越國持禮使盛德言來日上書。	同右

以上僅史籍之可徵者耳實則此外之交涉，必仍不少此等來往船舶，悉中國商船，而日本船一無所見。蓋是時日本政府對於海外，頗採消極態度也降至永承二年（一〇四七）淸原守武因私行入宋之罪貨物沒官，流於佐渡其黨五人處以徒刑。（註一）嘉保元年（一〇九四）前大宰權帥藤原伊房又因遣明範法師至契丹，交易貨物而得罪。亦可見朝庭久持閉關自守之主義矣。（註二）

二　航海與貿易之狀況

來日之中國商舶，似皆發自吳越，橫斷中國東海，經肥前松浦郡値嘉島而入博多津者。其航海也，概利用季節風，春夏來日，秋冬歸國，與唐代之舶無異。試覩前表，略可推知。本朝世紀天慶八年七月廿六日條述吳越船來日之事云，

「今日唐人來着肥前國松浦郡柏島，仍大宰府言上解文在左，其文多不載，只取其大綱，大宰府解申請官裁事，

言上，　大唐吳越船來着肥前國松浦郡柏島狀，

舶壹艘，勝載參什斛，乘人壹百人，（交名在別）

一船頭蔣袞，　二船頭俞仁秀，　三船頭張文過，

右得管肥前國今月十一日解，同日到來，偁管高來郡肥最埼警固所今月五日解狀，同月十日亥刻到來云。今月四日三尅，件船飛帆，自南海俄走來。警調兵士等，以十三艘追船，留肥最埼港

島浦。爰五日寅一刻，所司差使者問所送牒狀云，大唐吳越船，今月四日到岸，狀請准例速差人船，引路至鴻臚所牒者。儲加實檢，所申有實，仍副彼牒狀言上如件云云。蔣袞申送云，以去三月五日，始離本土之岸，久□滄海云云。

天慶八年六月廿五日」（錄原文）

此等解文，雖僅記其大綱，亦可窺見此時吳越船來日之狀態矣。商舶來至博多時，大宰府報告京師，朝廷派遣交易唐物使與商客交易，概與前代相同。（註三）惟醍醐天皇延喜九年（九〇九）未曾派使，惟令大宰府檢進，而以藏人所之牒將應進物品知照大宰府。（註四）但此不過一時之事，非常例也。商客來日時，多齎孔雀、羊等珍奇鳥獸，獻於日廷。（註五）雖至宋代，仍沿此習，可查日本紀略、扶桑略記、百練抄等書而知之。商客等所攜貿易品，雖難盡知其主要者，仍爲香藥錦綺等，與前代同。日本與之交易，專用沙金。天元五年（九八二）三月，因賜答金於商客而徵金於陸奧，其一證也。（註六）交易之唐物，送至京都，天皇御覽後，藏於內藏寮，以備不時之需，不用者有時給於臣下。然獲賜者惟限於朝臣，並非廣及民間也。

三 日本與吳越國之交涉

由中國來日之舶，概以貿易爲目的；一面又爲吳越國與日本間國交（但吳越國與日本之國交並非正式之國交）之媒介。吳越國者，杭州臨安人錢鏐所建之國也。初，唐昭宗乾寧二年（八九五）任錢鏐爲鎮海鎮東軍節度使，後唐莊宗同光元年（九二三）自立稱吳越王；宋太宗太平興國三年（九七八）國亡。凡歷鏐（字具美，謚武肅，九二三——九三一）元瓘（鏐之子，字明寶，謚文穆，九三二——九四〇）佐（元瓘之子，字祐，謚忠獻，九四一——九四七）倧（佐之弟，即位後不久被廢）弘俶（佐之弟，字文德，謚忠懿，九四八——九七八）五主，保有吳越之地者，凡五十五年。（註七）

吳越王遣使日本之始，蓋在朱雀天皇承平六年（九三六）；因是年七月十三日大宰府報告吳越人蔣承勳（註八）季盈張等來日，（註九）則是時承勳似帶吳越王元瓘之使命而來者。八月二日，左大臣藤原忠平致書吳越王；（註一〇）其書已佚，不能知其內容。（承勳前年九月亦來日，獻羊數頭，是否帶吳越王之使命不明）(註一一)後天慶三年（九四〇）七月，左大臣藤原仲平曾贈書吳越王元瓘；(註一二)蓋因天慶元年（九三八）蔣承勳來日，至是回國，贈以回書歟？(註一三)然其書亦不傳。此後經五年至天慶八年（九四五）六月，始有前節所述之吳越國蔣袞來日；是時曾否帶吳越王之使命亦不明。及至村上天皇天曆元年（九四七）吳越王佐使者又來上書及土物。是年閏七月二十七日，日本用左大臣藤原實賴（清愼公）之名，贈以回書，並沙金二百兩。其回書，乃大江朝綱（後江相公）起草，見本朝文粹卷六，今錄於左：

爲清愼公報吳越王書（加沙金送文）　　後江相公

「蔣袞再至，枉一札，開封捧讀，感佩駭懷，筆語重疊，不異面展，幸甚幸甚。袞等逆旅之間，聊加慰問，邊城程遠，恐有疎略。今交關已畢，歸帆初飛，秋氣涼，伏維大王動用兼勝，卽此其祖遣。又所惠土宜，有憚容納，既恐交於境外，何留物於掌中，然而遠志難拒，忍而依領，別贈答信，到宜收納。生涯阻海，雲濤幾里，南翔北嚮，難付寒温於秋鴻，東出西流，只寄瞻望於曉月。抑去四月中，職昇左相府，今見封題在未轉前，左右之間，願勿遲疑，勒袞等還，不宣謹言。

天曆元年閏七月廿七日。　日本國左大臣藤原朝臣

吳越殿下謹空，

沙金貳伯兩。

右甚雖輕微，當士所出聊表寸心，謹狀。

天曆元年閏七月廿七日」（原文）

後天曆七年（九五三），蔣承勳又爲吳越王弘俶之使者來日，致書並贈錦綺等珍品。是年七月，右大臣藤原師輔，託承勳贈以回書，是時之回書，爲菅原文時（菅三品）起草，亦見日本文粹卷七。今錄之於左：（原文）

爲右丞相贈大唐吳越公書狀，　菅三品

「蔣承勳來投傳花札，蒼波萬里，素意一封，重以嘉惠，歡惕集懷。抑人臣之道，交不出境，錦綺珍貨，奈國憲何？然而志緒或織叢竹之色，德馨或引沈檀之薰，受之則雖忘玉條，辭之恐謂嫌蘭契，強以容納，蓋只感君子親仁之義也。今抽微情，聊寄答信，以小爲遺，到願檢領。秋初，伏惟動履清

勝，空望落日長緜私戀而已。勒丞勳還書不盡言，謹狀。

天曆七年七月日，　日本國右大臣藤原朝臣謹言。」

天德元年（九五七）及三年，吳越國持禮使盛德言又來上書。日本紀略天德元年七月廿日條云，

「大唐吳越國持禮使盛德言上書，」（原文）

三年正月十二日條云，

「大唐吳越持禮使盛德言上書，」（原文）

兩事完全相同，或一事而誤爲二歟？此事記載簡單，其他又無可徵之記錄，不能知其詳矣。吳越國與日本交通雖繁，而吳越王贈日本之書，亦無一傳於後世者，故亦不能知其詳細。但藤原實賴回書云，

「抑去四月中，職昇左相府，今見封題，在未轉前，左右之間，願勿遲疑。」

由是觀之，知其書非贈日廷或政府，乃贈政治上之領班大臣者。蓋吳越國保一隅之地，不過僭

稱王號，故謙讓而執此態度。日本答書，亦不用朝廷與政府名義，事實上雖有國際之交涉，形式上仍執私交體裁。蓋當時日本政府，對海外之態度，頗爲消極，不欲自求交際，惟作因人來求，不得已而應之之態度。試觀實賴之書云：

「所惠土宜，有憚容納，既恐交於境外，何留物於掌中，然而遠志難拒，忍而依領。」

師輔之書云：

「抑人臣之道，交不出境，錦綺珍貨，奈國憲何？然而志緒或織叢竹之色，德馨或引沈檀之薰，受之則雖忘玉條，辭之恐謂嫌蘭契，強以容納，蓋只感君子親仁之義也。」

可以知矣。故回書與答禮，亦不特派使臣，惟附交回國之商客耳。

日本雖持消極的態度，吳越國仍一再贈書贈土宜，其故安在？蓋明越州之地，爲吳越之領土，而古來中日交通之門戶也；其地客商，自唐代已從事中日間貿易，常獲大利；吳越既建國於此，仍根據前代之習慣，而謀貿易之利耳。

四　文化的交涉

日本與吳越之貿易，亦帶若干文化的交涉。客商齎來商品內，亦含有若干書籍，（但較之唐代則天地懸遠矣。）如承平七年十月十三日大宰府使中國商人抄進中國是歲並翌年之曆本是也。（註一四）而吳越王弘俶則曾託商客求天台論疏於日本。皇朝類苑卷七十八云，

「吳越錢氏多因海舶通信，天台智者教五百餘卷，有錄而多闕。賈人言，日本有之，錢俶買書於其國，主奉黃金五百兩，求寫其本，盡得之。訖今天台教大布江左。」（楊文公談苑）

釋門正統卷二義寂傳亦云：

「初智者所說教迹，自安史挻亂以來，會昌籍沒之後，當時碩德，但握半珠，隱而不曜，所有法藏，多流海東。師痛念本折枝摧，力網羅之，先於金華古藏中僅得淨名一疏而已。後以錢忠懿王（錢弘俶）覽內典，昧於教相，請叩韶國師，（天台德韶國師）韶稱師（義寂）洞明台道，王召師建講，遣使抵日本，求其遺逸，仍爲造寺，賜號淨光，追諡九祖尊者，台道鬱而復興，師之力也。」

佛祖統紀卷八所載略同。但日本史不載此事。（神皇正統記，係根據佛祖統紀而成文者，）人多疑之；然此後三十餘年至長德元年，（九九五）宋杭州奉先寺曾來求仁王般若經疏，彌勒成佛

經疏、小彌陀經疏並決疑、金光明玄義及荆溪撰華嚴骨目等。時天台座主覺慶，書寫此等論疏送之，則吳越國之求經固意中事，(註一五)惟年代不明耳。外交史稿紀此事於承平六年，但是時弘俶與其兄佐尚未卽位。或者天德元年（九五七）或三年，吳越國持禮使盛德言來日，卽因此事歟？

是時與唐代不同者，日本僧侶渡海者極少；史上留名者，僅寬建、寬輔、澄覺、長安、超會、寬延、日延耳。寬建爲興福寺僧，延長四年（九二六）因欲巡禮五台山，奏請渡海，許之，賜旅費黃金百兩。彼又欲得當時有名文士之詩集而行，因賜菅原道眞、紀長谷雄、橘廣相、都良香之詩集九卷，（菅紀兩氏各三卷，橘氏三卷，都氏一卷。）並以小野道風之行草書各一卷付之，使流布於中國；(註一六)翌年正月，搭中國商舶渡海。(註一七)據扶桑略記，寬建渡海時，與從僧三人，童子四人，近事二人同行。又據奝然在唐記（鵝珠抄卷六所引）寬建同伴共十一人，寬建之外有寬輔、澄覺、長安、超會四人。奝然於永觀元年（九八三）入宋，在洛陽與超會相遇，得聞寬建等人之消息。西岡虎之助氏謂此爲極堪重視之史料。(註一八)據其書謂寬建悶死於建州浴室；澄覺等於長興中（後唐明宗之年號，九三〇——九三三）入京，詣五台山，遍歷諸方聖跡，又遊鳳翔、長安、洛陽等地。澄覺能漢語，講唯識論、上生經等，蒙賜紫衣，授賚化大師之號。因欲歸國，乃去之兩浙。寬輔在京，弘瑜伽大教，中國賜以弘順大師之號。洛陽本無眞言教，自寬輔來傳密教，授法灌頂者至有三十餘人之多。時超會已八十五歲，雖有談話之心，而日本語已全忘云。

寬延之事蹟不明，惟天台宗成尋延久二年（一〇七〇）正月十一日呈請入宋護照書中云：

「天慶寬延，天曆日延，天元奝然，長保寂照，皆蒙天朝之恩許，得禮唐家之聖迹。」（註一九）

寬延或即寬建，因其字形相似而誤歟？

日延事蹟，據寶篋印經記所載肥前國司之言曰：

「當洲沙門日延，天慶中入唐，天曆之杪歸來。」（原文）

又鷲尾順敬氏古經跋語所載古版往生西方淨土瑞應删傳之識語有云：

「天德二年（歲以戊午）四月二十九日（庚辰木曜紫宿）延曆寺（度西海）沙門日延（大唐吳越州□日賜紫□光大師初導傳持寫之得焉）」（原文）（註二〇）

據此書知日延爲肥前國人，比叡山延曆寺之僧，天慶中渡海，天曆末歸國者。歸國時，曾齎來寶篋印塔。其塔乃吳越王弘俶，倣阿育王塔故事，作八萬四千塔，內藏寶篋印心咒經，頒行各地者。此事已有多數學者紹介於學界，(註二一)今不贅述。今因欲明其塔之由來，錄康保二年（九六五）七月二十二日僧道喜所記之實篋印經記之全文如左：

「去應和元年春，遊右扶風。於時肥前國刺史（多治比實相）稱唐物出一基銅塔示我，高九寸餘，四面鑄鏤佛菩薩像，德宇四角上有龕，龕形如馬耳，內亦有佛菩薩像，大如棗核。捧持瞻視之頃，自塔中一囊落，開見有一經。其端紙注云：天下都元帥吳越王錢弘俶摺本寶篋印經八萬四千卷之內，安寶塔之中，供養迴向已畢。顯德三年丙辰歲記也。文字小細，老眼難見，即屢一僧令寫大字，一往視之，文字落誤，不足耽讀。然而粗見經趣，肝動膽奮，淚零涕迸。隨喜感悅，問弘俶意。於是刺史答曰：由无願文，其意難知。但當州沙門日延，天慶年中入唐，天曆之杪歸來，即稱唐物。付囑是塔之次，談云：大唐顯德以往，天下大飢，黃巾結黨，抄劫邊州，烟塵漲天，殆及封畿。弘俶爲大將，領天下兵，征伐凶黨。及九年，比與賊合戰二十四度，斬首五萬餘級。顯德元年春，人彌飢荐，烏合蟻結，蠶食華鄙。弘俶麾其師旅，應響攻擊，賊飢不戰，立以大敗。乘勝追北，至汶水邊，洪水頓漲，激浪鼓怒，津處無船，賊徒知其叵脫，各投深水，暴虎憑河之輩，追捕溺殺，其數不知幾億萬，汶水爲之不流。自爾以降，天下淸肅。弘俶復命之日，主上大喜，作九錫命，封王吳與越。弘俶不幾坐殺若干人罪，得重病送數月，常狂語云，刀劍刺胸，猛火纏身，展轉反側，擧手謝罪。爰有一僧告云，汝願造塔書寶篋印經，安其中供養香花。弘俶咽中發件願，兩三度合掌禮謝，卽得本心，隨喜感嘆云，願力無極，重病忽差。於時弘俶思阿育王昔事，鑄八萬四千塔，摺此經，每塔入之，是其一本也云云。妙哉大國僧，有此優識，惜哉小藝之客，無其精勤。爰我價募身命，訪求正本，京中郊外蹠履遍問，適於江都禪寂寺得件經，其本亦多誤。然兩本相合，互檢得失，終獲其眞。然後日分轉經，終日无惓，夜至誦呪，每夜不眠。漸經三箇月，於時空中有聲告曰，汝於此經殷重渴仰，但此經有兩譯，師所持者先譯，多除梵本，其後譯者爲之具足也。其本在伊豆國禪院，天下无二本。我常與二十八部大藥叉大將等守護彼經，我獨感汝精誠，常迴汝邊，亦告此事。於時小僧，就國司便詵觸可書贈彼經之狀。遂以康保二年四月十三日送件經，披閱其卷，功能絕妙，躭弄其文，深理染肝，十二分教爲礫。是經其中如意珠，八萬法藏爲沙，是經其中紫磨金，一句之味如醍醐，百病萬惱，一般消滅，一字之光越日月，鐵圍沙界，俱時照明。非可忽重罪速證佛果者，何得記是經典聞斯妙理哉。

康保二年乙丑七月二十六日甲午釋道喜記。」（錄原文）

要之五代時，中日間文化之交涉，已不如以前之重大，渡海之僧侶頗少，而僧侶之求法者，仍遵前代遺風，惟以巡拜天台五台之聖蹟，爲重要目的。是時不獨受中國文化之影響甚少，反由日本輸出文化。雖質量二者，皆不足言；然如應吳越王弘俶之需，贈以天台教迹；寬建渡海，攜帶菅原道眞、紀長谷雄、橘廣相、都良香等詩集，小野道風之行草書，流布於中國。寬輔、澄覺，在中國興隆佛教，而得賜紫衣與大師之號，固非虛語也。

蓋自平安朝之初，次第萌芽之日本文化，至是日益發達，有足誇示於中國者矣。

（註一）百鍊抄永承二年十二月廿四日條。
（註二）同上嘉保元年三月六日條。
（註三）參照第七章遣唐使廢絕後之日唐交通。

（註四）扶桑略記延喜九年閏八月九日條。

（註五）扶桑略記延喜十九年七月十六日。　日本紀略承平五年九日。　本朝世紀天慶元年七月廿一日條。

（註六）小右記天元五年三月廿五日條，

（註七）五代史卷六十九吳越世家卷七。

（註八）日本紀略概作蔣承勳，本朝文粹作蔣烝勳，二者必有一誤。

（註九）日本紀略承平六年七月十三日條。

（註一〇）同上承平六年八月二日條。

（註一一）同上承平五年九月條。

（註一二）同上天慶三年七月條。

（註一三）本朝世紀天慶元年七月廿一日，及八月廿三日條。

（註一四）日本紀略永平七年十月十三日條。

（註一五）本紀文粹卷十二牒大宋國杭州奉先寺傳天台智者教講經論和尚。

（註一六）扶桑略記延長四年五月二十一日條。

（註一七）日本紀略延長五年正月二十三日條。

（註一八）西岡虎之助氏奝然ノ入宋ニ就イテ（歷史地理第四十五卷第三號）。

（註一九）朝野羣載卷二十。

（註二〇）佛敎史學第一編第十號史話（日延ト清算）。

（註二一）荻野仲三郎氏寶篋印經古寫ト八萬四千塔ニ就イテ（佛敎史學第一編第十號）小野玄妙氏吳越王錢弘俶造金塗塔私考（佛敎ノ美術及ビ歷史）西岡虎之助氏日本ト吳越トノ交通，（歷史地理第四十二卷第一號。

第十一章　日本與北宋之交通

一　商舶之來往

宋代三百一十餘年間，政治上分爲北宋，南宋。北宋約當日本藤原氏全盛時期，南宋約爲日本武門與隆之期。此種時代之區分，在宋日交通上亦適用之。北宋時代，日本外國貿易頗形退步，禁止國人私自渡海，守一種閉關主義，故來往宋日間者，只有宋船。至南宋時代，日本武門與起，採進取主義。如平清盛奬勵海外貿易，日本商舶赴南宋者乃多。文化之交涉，在兩時代間，亦大不相同。北宋時代，爲復與唐末五代以來已衰之文化時期，而藤原時代，亦爲日本文化榮盛之期。日本一面攝取宋人文化；一面又輸出文化於宋以補其闕。兩方文化，略居於對等地位。及至南宋，宋人有宋人之特別文化，能應日本新起武家之好尚，因而日人又極力吸收宋人文化，與遣唐使時代移植唐之文化者同。時代之特色既甚濃厚，故本章先就北宋關係，述之於下：

北宋一百六十餘年間，中日間之交通，從來雖未曾重視，而宋船之來日者，實異常之多。今爲記述簡明計，列北宋交通一覽表如左：

北宋交通一覽表

圓融天皇 天元元年（九七八）	是歲宋人始來日（小右記）
圓融 永觀元年（九八三）	八月一日，僧奝然搭吳越商陳仁爽，徐仁滿等之船入宋（成算法師記）
花山 寬和二年（九八六）	七月九日大宰府報告宋商鄭仁德來日，入宋僧奝然搭此船歸國，翌年二月入京（日本紀略，扶桑略記，百練抄，宋史）
一條 永延元年（九八七）	十月宋商朱仁聰來日（扶桑略記）
一條 永延二年（九八八）	正月僧源信面悟宋商朱仁聰，以所著往生要集等，託其攜回，使流布於中國（正元古寫源信僧都傳）
一條 永延二年（九八八）	二月八日奝然使其弟子嘉因，並宋僧祈乾，搭宋商鄭仁德之船返宋，獻物於宋帝（續左丞抄，日本紀略，扶桑略記，宋史）

一條 正曆元年（九九〇）年	是歲宋商周文德來日（勝尾寺緣起）（據朝野羣載周文德贈書源信，報告往生要集已送入天台山國清寺，當係此時之事，其書中日期爲二月十一日，乃正曆二年二月十一日也）
一條 正曆元年（九九〇）年	是歲宋商揚仁紹來日（元亨釋書）（據正元古寫源信僧都傳，宋婺州雲黃山行辿覆源信書，言收到往生要集，其書似係揚仁紹齎來者，日本紀略，正曆二年九月條云，「大宋國雲黃山僧行辿送經教於天台源信，」蓋二年九月，其書始到京師也）
一條 正曆三年（九九二）年	三月十七日，僧源信以其所著因明論疏四相違略註釋，託宋商揚仁紹贈雲黃山僧行辿，又另抄一本，託行辿贈長安慈恩寺弘道大師門下各人，請決其是非而埀教焉（因明論疏四相違略註釋）
一條 長德元年（九九五）年	九月宋商朱仁聰，林庭幹等七十餘人來若狹，長德二年使明法博士勘朱仁聰罪狀，因若狹守兼隆，被仁聰等侮辱也（台記，日本紀略，權記，小右記）
一條 長德元年（九九五）年	是歲宋僧源清，以法華示珠指等七卷贈比叡山，並求智者大師所作仁王般若經疏等，蓋託朱仁聰等送來者（本朝文粹）
一條 長德二年（九九六）年	閏七月十九日，宋人獻鵝羊，是時當有來日之宋船（日本紀略）
一條 長德二年（九九六）年	十二月使大江匡衡作致宋僧源清之回書，以天台座主覺慶之名，贈以智者大師所作仁王般若經疏等（本朝文粹）
一條 長保二年（一〇〇〇）年	七月十四日定唐物價值，八月二十四日，宋商朱仁聰，因不賜雜物代價而愬訴，蓋仁聰是時又來日也（權記）
一條 長保三年（一〇〇一）年	是歲僧源信著因明義斷纂註釋，託宋僧齊隱，贈宋慈恩寺弘道大師之門人（正元古寫源信僧都傳）

一條長保四年（一〇〇二）	是歲宋建州海賈周世昌，遭暴風漂流至日本，凡七年始歸國（宋史）
一條長保五年（一〇〇三）	七月二十日諸卿陳奏宋商來日，是時當有來航之宋船（百練抄）
一條長保五年（一〇〇三）	八月二十五日，僧寂昭發自肥前入宋（扶桑略記，歷代皇紀）
一條寬弘二年（一〇〇五）	八月十四日，大宰府陳奏宋商曾令文（一作曾令久）來日（日本紀略，百練抄，權記）
一條寬弘二年（一〇〇五）	十二月十五日，入宋僧寂昭致書左大臣藤原道長（法成寺攝政記）
一條寬弘四年（一〇〇七）	九月野人若愚（具平親王？）贈入宋僧寂昭書（皇朝類苑）
一條寬弘五年（一〇〇八）	七月左大臣藤原道長贈入宋僧寂昭書（皇朝類苑）
一條寬弘五年（一〇〇八）	九月治部卿源從英（俊房？）贈入宋僧寂昭書（皇朝類苑）
一條寬弘五年（一〇〇八）	是歲日本使者至宋云，國東有祥光現，舊傳中原天子聖明，方有此瑞，眞宗大喜，勅建一寺，賜額名神光，此蓋大宰府官吏私遣者（皇朝類苑，佛祖統紀）

三條長和二年（一〇一三年）	是歲宋人贈牒日廷，使式部大輔高階積善草回書，所謂宋人之牒，殆明州刺史所贈也（日本運上錄）
三條長和四年（一〇一五年）	五月七日入宋僧寂昭之從僧念救，曾歸國求入宋僧寂昭、元燈、念救、覺因、明蓮等五人度牒，則是時確有來日之舶矣。閏六月二十五日，宋商周文德曾獻孔雀，則此時來航之宋商，殆周文德也（日本紀略，百練抄，小右記）
三條長和四年（一〇一五年）	七月二十日念救發自京都再赴宋，似係乘周文德之船。又六月二十三日左大臣藤原道長，贈書入宋僧寂昭，恐係念救攜往者（日本紀略，百練抄）
後一條寬仁四年（一〇二〇年）	九月十四日，大宰府曾陳奏「宋商客解文」，則是時當有來日之宋舶（小右記）
後一條萬壽三年（一〇二六年）	七月，宋台州商客周文裔歸國（小右記）
後一條萬壽三年（一〇二六年）	是歲秋，宋福州之商客陳文祐歸國（小右記）
後一條萬壽三年（一〇二六年）	十二月，大宰府遣人贈土物於宋，明州刺史以無國書不納（宋史）
後一條萬壽三年（一〇二六年）	是歲宋商周良史來日（續國史實錄）
後一條萬壽四年（一〇二七年）	是歲秋，宋福州商客陳文祐再來日（小右記）

後一條萬壽四年（一〇二七）	是歲入宋僧寂昭，贈書藤原道長，當係陳文祐攜來者（百練抄）
後一條長元元年（一〇二八）	八月十五日宋商至對馬，十月十三日關白藤原賴通，觀唐物於清涼殿，當係宋商齎來者（小右記，左經記）
後一條長元元年（一〇二八）	九月，宋福州商客周文裔又來日，十二月十五日，上書右大臣藤原實資，獻方物（小右記）
後一條長元四年（一〇三一）	九月六日，獻唐物於上東門院，又以之賜中宮及皇太子，則是時當有來日之宋船（小右記）
後一條長元五年（一〇三二）	十二月二十三日，關白藤原賴通，代先公道長贈入宋僧寂昭回書（日本紀略，百練抄）
後朱雀長曆元年（一〇三七）	五月宋商慕晏誠等漂流來日（百練抄）
後朱雀長久元年（一〇四〇）	先是長曆二年十月十四日，以宋商慕晏誠之裝回貨物護照，下大宰府，是歲四月二十七日大宰府又請賜慕晏誠等攜回金錢之護照，慕晏誠似是歲歸國者（百練抄，春記）
後朱雀寬德元年（一〇四四）	七月宋商張守隆漂流至但馬（百練抄）
後冷泉永承元年（一〇四六）	十月十三日會議宋人來日事，則是時當有來日之宋船（百練抄）

後冷泉 永承三年(一〇四八)	八月宋商來日，議決不納(百練抄)
後冷泉 永承四年(一〇四九)	是歲給僧慶盛護照入宋(入唐記)
後冷泉 永承六年(一〇五一)	九月十七日會議宋商漂流至日事，當有來日之宋船(百練抄)
後冷泉 康平三年(一〇六〇)	八月七日議宋商林養(一作林表)俊政等漂流至越前事(百練抄，扶桑略記)
後冷泉 治曆二年(一〇六六)	五月一日宋商王滿來日，獻靈藥及鸚鵡(百練抄，扶桑略記)
後冷泉 治曆二年(一〇六六)	九月八日，前年漂流至日本之宋人又來日，請買貨物(百練抄)
後三條 延久元年(一〇六九)	四月四日，賜宋人盧範物，使之歸國(扶桑略記)
後三條 延久二年(一〇七〇)	是歲宋商潘懷清獻佛像於大宰府(續本朝通鑑)
後三條 延久四年(一〇七二)	三月十五日，大雲寺僧成尋，乘宋商孫忠之船，發自肥前壁島入宋(參天台五台山記)

後三條 延久四年（一〇七二）	六月十六日，日皇有覲覽宋人貢物事，是時當有宋舶來日（百練抄）
白河 延久五年（一〇七三）	十月入宋僧成尋，託弟子僧賴緣等五人並宋僧悟本等，乘宋商孫忠之舶，送宋帝所贈金泥法華經錦二十四，及在宋求得之新譯經等來日（參天台五台山記，百練抄）
白河 承曆元年（一〇七七）	二月二十八日，有宋商獻羊事，是時當有宋舶來日（百練抄，扶桑略記）
白河 承曆元年（一〇七七）	三月，太皇太后，宮大夫源隆信，贈入宋僧成尋書，是書蓋託翌年正月入宋之仲回攜往（朝野羣載）
白河 承曆二年（一〇七八）	正月二十五日，僧仲回乘宋商孫忠之舶入宋，並攜答宋帝書及回禮（玉葉　宋史）
白河 承曆二年（一〇七八）	據善鄰國寶記，是歲孫忠又齎來宋牒，據百練抄是歲十月二十五日諸卿對宋人貢物有所陳奏，參考宋史，此牒狀貢物，似係仲回乘孫忠之舶歸國時齎來者（善鄰國寶記，百練抄，宋史）
白河 承曆四年（一〇八〇）	閏八月宋商孫忠，又齎明州之牒入越前敦賀之港（扶桑略記）
白河 永保二年（一〇八二）	八月八日，有宋商楊宥獻鸚鵡事，楊宥殆於是時來日（百練抄）
白河 永保二年（一〇八二）	承曆四年，因孫忠齎來明州牒狀，一再會議，是歲十一月二十一日，使大江匡房草回書，交付孫忠，孫忠似於是時歸國（百練抄）

堀河寬治元年(一〇八七)	十二月七日，曾議宋人來越前事，是時當有宋船來日(百練抄)
堀河寬治二年(一〇八八)	十月十七日，曾卻宋人張仲所獻之豹，張仲當係是時來日(百練抄)
堀河寬治五年(一〇九一)	七月二十五日，宋人堯忠來敦賀(爲房卿記)
堀河承德元年(一〇九七)	九月宋人迗騾來，十二月二十四日使大宰府致回書於宋明州(師守記)
堀河承德二年(一〇九八)	十一月七日，有議宋人來大宰府事，是時當有宋船來日(中右記)
堀河康和四年(一一〇二)	是歲宋泉州商客李充來日(朝野羣載)
堀河長治元年(一一〇四)	是歲宋泉州商客李充歸國(朝野羣載)
堀河長治二年(一一〇五)	八月宋泉州商客李充等到大宰府，進本國公憑，請貿易(朝野羣載)
鳥羽天永元年(一一一〇)	四月宋商李侁來日，(朝野羣載)

鳥羽　永久四年(一一一六)	五月十六日，諸卿會議宋之牒狀，其牒狀係宋商孫俊明，鄭清等齎來者，日廷曾一再討論此事(百練抄，善鄰國寶記，師守記)

此表僅就予目見者中擇其有確實之年代，或可以推測其年代者錄之，故脫漏者甚多。然北宋百六十餘年間中日交通之情勢，已可據此而知矣。考宋日間商船往來，異常繁數，恐無歲無之。宋商之內，如朱仁聰、(註一)周文德(註二)周文裔、陳文祐、孫忠(註三)李充等，均屢次往還於宋日間者。又如三條天皇延久四年(一〇七二)，僧成尋入宋時，由宋人陳一郎(註四)通事陳詠(後為成尋之佛弟子，改名悟本)等照料一切，極其周到，此二人善操日語，來日至五次之多云。(註五)

宋商來日，仍依前代成例，安置於鴻臚館，供給衣糧。然來者太多，則費用浩繁，不勝應付；故一條天皇時，限定年歲，給以定期來日之證照。小右記記寬弘二年(一〇〇五)曾令文(註六)來時之情形云：

「八月二十一日，左大臣、右大臣、左兵衛督申云，宋人定年紀可來由，給官符了，而不待彼期早來。若可被追卻者，早任彼官符，可被追卻歟。宋人若有申待便風可罷歸之由，隨又有有裁許者，有追卻名，自廻一兩年，不異安置，若然者，偏可被安置歟云云。二十四日庚子，左頭中將賴定來談云，宋人可被安置之由云云。」（原文）

觀此，則宋商貪貿易之利，多有不待年限而來日者，故小右記、百練抄等常有拒絕入口之事。

（註七）其後又有託辭被風漂來者，如長曆元年（一〇三七）五月來日之慕晏誠，寬德元年（一〇四四）五月來日之張守隆，永承六年（一〇五一）九月來日之宋商某，康平三年（一〇六〇）八月來日之林養、俊政，皆是。（註八）

宋船來日者雖多，而日本竟無一船赴宋者。蓋日本守閉關主義，偶有欲航行海外者，皆嚴禁之。試觀後冷泉天皇永承二年（一〇四七）十二月，筑前人清原守武因私自入宋，貨物沒官，流於佐渡，其黨五人皆處徒刑，亦可知矣。（註九）然其中仍有密犯國禁遣商船至海外，求貿易之利者。如自堀河天皇寬治三年（一〇八九）至嘉保元年（一〇九四）五年間，大宰權帥藤原伊房，遣僧明範至契丹交易貨物是也。百練抄嘉保元年（一〇九四）三月六日條云：

「諸卿定申前帥伊房遣明範法師於契丹，交易貨物之罪科。」（原文）

按伊房遣明範至契丹，實嘉保以前之事。查遼史道宗紀大安七年（寬治五年，一〇九一）條云：

「九月己亥日本國遣鄭元鄭心及僧應範等二十八人來貢。」

僧應範，即百練抄之明範之誤也。彼此參考自可知之。又大安八年（一〇九二）條云：

「九月丁未日本國遣使來貢，」

殆亦伊房所遣者。未幾此事發覺，諸卿屢議其罪，百練抄、中右記等所常見者也。伊房降位一級，（註一〇）嘉保元年（一〇九四）二月二十五日，貶爲從二位，且停其權中納言之職，殆爲此也。（註一一）

二　航海與貿易

是時宋人往來中日間之商船，普通爲載六七十人之小帆船。（註一二）皆發自兩浙，橫斷中國東海而至肥前値嘉島，自此又迴航至筑前之博多，與唐末五代時無異。惟其末期更由博多入日本海而至越前敦賀者亦不少，是亦大堪注目者。（註一三）蓋當交通不便，地方民政紊亂之時代，與其在西方博多交易，不如在近都之敦賀爲便也。是時敦賀有應接外客之松原客館。（註一四）

商船往來時期，原難一致；但來日者多在夏季，回國時多在秋末冬初，似皆利用中國東海之季節風者。其橫斷中國東海之日數極少，普通不過一週內外耳。如延久四年（一〇七二），成尋入宋時之船，三月十九日得順風，由肥前松浦郡壁島（今之加部島）出發，廿五日已達蘇州。（註一五）宋之商客等，惟據天星以定方向，而繼續進行，及往來已熟，遂得中國東海上之種種智識，而能利用之以航海矣。成尋之參天台五台山記延久四年三月廿二日條所載，頗有興味，今錄之如左：

「林皐告云，（字林少郎）昨日未時入唐海了，以繩結鉛入海底時，日本海深五十尋，底有石砂，唐海三十尋，底無石有沼，右昨日量了者。」（原文）

宋船至博多之交易狀況，仍與前代無異。宋船入博多灣時，警固所報告大宰府，大宰府即派府使、通事等，往詢前來之原由，並令交出本國公憑，（提舉兩浙路市舶司所發）人員名簿，貨物名目等，轉報京師。（註一六）是時商客多贈送孔雀、鵝、羊、鸚鵡等珍奇動物及藥品等，（註一七）又時有上執政之書，或進方物。（註一八）於是日廷集諸卿會議，處置宋商事，亦有因其過於繁數而拒絕者。（註一九）若許其交易，則安置宋商於博多之鴻臚館，特派交易唐物使，辦理一切事務。

當時宋商所齎貿易品，雖不能徹底明瞭，但其主要者當為錦綾、香藥、茶碗、文房具等。考成尋入宋時，宋神宗詢以日本須用漢地何物，成尋對以香藥、茶碗、錦、蘇芳等物。（註二〇）又宋福州商客周文裔，於長元元年（一〇二八）九月來日，贈右大臣藤原實資之方物，為「翠紋花錦壹匹，小紋絲殊錦壹匹，大紋白綾參匹，麝香貳臍，丁香伍拾兩，沈香五兩，薰陸香貳拾兩，何梨勒拾兩，石金青參拾兩，光明朱砂伍兩，色色牋紙貳百幅，絲鞋參足。」（原文）等，則宋商貿易品據此亦略可推測矣。（註二一）

日本輸出品亦與前代同，其主要者為沙金、水銀、錦、絹、布等。又藤原時代，日本文化逐漸發展，輸出之美術工藝品頗被宋人珍重。又入宋僧奝然歸國後，於永延二年（九八八）二月曾遣其弟子嘉因（註二二）與宋僧祈乾（註二三）赴宋，有獻於太宗，其物品如下：（註二四）

佛經（納於青木函），

琥珀青紅白水晶，紅黑木槵子念珠各一連，（納於螺鈿花形平函。）

毛籠一，（納螺杯二口。）

葛籠一，（納法螺二口染皮二十枚。）

金銀蒔繪筥一合，（納髮鬘二頭。）（譯者按蒔繪卽描花。）

金銀蒔繪筥，（納參議正四位上藤佐理手書二卷進奉物數單一卷，表狀一卷。）

金銀蒔繪硯筥一合，（納金硯一，鹿色筆，松煙墨，金銅水瓶，鐵刀。）

金銀蒔繪扇筥一合，（納檜扇二十枚，蝙蝠扇二枚。）

螺鈿梳函一對，（一納赤木梳二百七十，一納龍骨十橛。）

螺鈿書案一。

螺鈿書几一。

金銀蒔繪手筥一合，（納白細布五匹。）

鹿皮籠一，（納貂「宋史作貂」裘一領，螺鈿鞍轡一副，銅鐵鐙，紅絲鞦，泥障，倭畫屛風一雙，石流黃七百斤。）

又隨從寂昭入宋之念救，因天台山重建大慈寺，於長和四年（一〇一五）爲知識使，歸國募施物，是時左大臣藤原道長所施物品如下：（註二五）

木樓子念珠陸連，（四連琥珀裝束二連水精裝束。）

螺鈿蒔繪二蓋廚壹雙。

蒔繪筥貳合。

海圖蒔繪衣箱壹雙。

屏風形軟障陸條。

奧州貂裘參領。

七尺鬘壹流。

砂金百兩。

大眞珠伍顆。

檀華布拾端。

大納言藤原實資，贈螺鈿鞍等。（註二六）據此可知日本所製之金銀蒔繪、螺鈿及琥珀、水晶、紅黑木樓子、念珠、扇、屏風等美術工藝品，宋人甚重之矣。又皇朝類苑卷六十風俗雜誌，記日本扇云，

「熙寧（宋神宗年號日本白河天皇時代）末，余遊相國寺，見賣日本國扇者，琴漆柄，以鴉青紙，如餅揲爲旋風扇。淡粉畫平遠山水，薄傅以五彩。近岸爲寒蘆衰蓼鷗鷺竚立，景物如八九月間。艤小舟，漁人披蓑釣其上，天末隱隱有微雲飛鳥之狀。意思深遠，筆勢精妙，中國之善畫者或不能也。」

相國寺，在宋東京，（汴京，）其寺中庭甚廣，商旅交易，咸集於此；每月開市五次，有名之市場也。相國寺之市場，有賣日本扇者，已足惹日人之與感；而扇上之倭繪，使宋人嘆爲「意思深遠，筆勢精妙，中國之善畫者或不能也，」則日本文化之發展已可想見。由宋商輸出之日本刀劍，宋人亦異常珍重。歐陽修日本刀歌曰：（註二七）

三　國際之交涉

昆夷道遠不復通　世傳切玉誰能窮　寶刀近出日本國　越賈得之滄海東　魚皮裝貼香木鞘　黃白間雜鍮與銅　百金傳入好事手　佩服可以禳妖凶

宋船往來既多，國際交涉亦因之而起。皇朝類苑卷六十三云，祥符中（宋眞宗年號，卽日本一條天皇時代）日本貢使奏謂祥光現於日本之東，據舊說中原天子聖明方有此瑞，眞宗大喜，勅建一寺，賜額曰神光云。佛祖統紀卷四十五亦載此事。惟日史全無所見，由此事之內容推之，蓋非日廷之所遣者，或與藤原伊房私遣明範至契丹事同，(註二八)大宰府官吏貪貿易之利，而祕密遣往者歟？又宋史日本傳載有仁宗天聖四年（日本後一條天皇萬壽三年，西元一〇二六）大宰府遣使至宋贈土物，明州刺史以無國書，拒而不納事，是亦大宰府所私爲者。又日本運上錄三條天皇長和二年（一〇一二）載宋送牒狀來，日廷使式部大輔高階積善草回牒事。此等牒狀與回牒今皆不傳，其內容不能知，恐亦明州刺史之牒也。宋與日本明行國際交涉者，惟白河天皇時代，入宋僧成尋之弟子歸國，宋神宗託攜國書來，並贈金泥法華經，及錦二十四耳。

僧成尋於延久四年（一〇七二）三月，偕弟子賴緣、快宗、聖秀、惟觀、心賢、善久、長明七人乘宋商孫忠之舶入宋，先登天台山，繼巡拜五台山聖蹟，後入洛陽，神宗召見於延和殿，賜紫服、絹帛等，館之於太平興國寺傳法院，頻加優遇。成尋留宋，復登天台山，在智者十二所道場修祕法，一兩年後，又遊五台，在五頂峯中每峯皆作法壇修行，各三七日。賴緣、快宗、惟觀、心賢、善久五人先歸國。神宗聞之，乃託彼等贈日本以御筆文書並金泥法華經，及錦二十四。賴緣等五人，於延久五年（一〇七三）六月，乘宋商孫忠之船發明州而向日本，與宋僧悟本偕來。（註二九）水左記承保三年六月二日條亦云，「大宋國方物使等悟本。」悟本原名陳詠，曾來日本五次，頗通日本語，為成尋通事，隨同巡拜天台五台，延久五年四月五日在東京就成尋剃度。（註三〇）賴緣等歸國入京在是年十月；故百練抄延久五年十月條云，

「大宋皇帝被獻金泥法華經一切經（註三一）錦二十段。」（原文）

然百練抄承保二年（一〇七五）正月廿六日條又云，

「左大臣（師實）以下參入大宋國皇帝付入唐闍梨成尋獻貨物有之。」（原文）

觀此文，似宋帝是時又贈方物者，其實不過就延久五年賴緣等齎來之物，議其是否收納耳。所謂宋帝御筆文書，與其謂為正式國書，寧謂為贈品外所附之簡單送狀，惟因其為宋帝之書，故不得不特筆記之耳。日廷對於宋帝贈物，應否收納，屢經會議，歷三年而未決。據百練抄、水左記、玉

葉等可知之。蓋宋帝文書有「迴賜日本國」文字，於我國之名分有關也。(註三二)承保三年（一〇七六）六月二日又會議答宋禮物事，宋僧悟本與宋商孫忠亦與議，議時欲用火取玉、（水晶玉）水銀、美乃長絹、眞珠；又欲用長絹、細布、金銀類，或加和琴。(註三三)至次年承曆元年（一〇七七）五月五日，使長季朝臣草回書，其答禮定爲六丈織絹二百匹，水銀五千兩。(註三四)承曆二年（一〇七八）正月廿六日，使通事僧仲回乘孫忠之船，攜之入宋。仲回到明州致使命，宋賜以慕化懷德大師之號而歸。(註三五)據善鄰國寶記，是歲孫忠又齎「賜日本國大宰府令藤原經平」之牒狀來日。百練抄載是歲十月廿五日，諸卿申奏宋人貢物。參考宋史日本傳，此牒狀與貢物似僧仲回乘孫忠之船歸國時齎來者。日本對於此牒狀，貢物，頗爲懷疑。百練抄承曆二年（一〇七八）十月廿五日條云：

「諸卿定申大宋國貢物事，錦廣黄等也。此事已爲朝家大事，唐朝與日本和親久絕，不貢朝物，近日頻有此事，人以成狐疑。」（原文）

故對於此事一再會議，四年（一〇八〇）五月廿七日閏八月十四日之兩次會議，似卽議此事者。權中納言源經信首先主張受納；又訪問大宰大貳藤原經平後，始決定應否答書。惟每次回書

均有答禮，此次則無。（註三六）

日廷未曾議定之時，宋商孫忠先已歸國，承曆四年閏八月又齎明州之牒，入越前敦賀，（註三七）日廷遣使徵其牒狀，關於此事又屢次會議，散見於帥記、中右記、水左記等書。（註三八）至永保二年（一〇八二）十一月廿一日，乃使右中辨大江匡房草回書交孫忠攜回。（註三九）

此後十餘年間，交際斷絕。至堀河天皇承德元年（一〇九七）九月，宋人又送牒狀來日本。於是歲十二月廿四日，使大宰府送回書於明州，（註四〇）其內容亦不詳。至鳥羽天皇永久四年（一一一六），宋人又送牒狀來，五月十六日諸卿奏陳之。（註四一）參照善鄰國寶記知齎此牒者為宋商俊明、鄭清等。其書中有下列數句：

「矧爾東夷之長，實惟日本之邦，人崇謙遜之風，地富珍奇之產，曩修方貢，歸順明時，隔闊彌年，久缺來王之義，遭逢熙旦，宜敢事大之誠。」（原文）

日廷對於此牒，曾使諸學者調查是否與舊例相符，又對於應否回書，應否答禮，屢經評議，（註四二）結果則置之不答。（註四三）

日本與北宋之交涉，大體已盡於此。宋帝之書，祇一二次，此外史書，所謂「大宋國牒狀」者，概明州刺史之書也。日本回書亦多用大宰府之名。蓋非純粹之公開國際，亦全無政治的意味。明州刺史之牒狀，不過爲使宋商於貿易上得諸種便宜計，附以一紙公文耳。又宋帝贈物及國書事，中國歷代，此例甚多，在中國爲慰撫外蕃之一種手段，不過以此表示中國之偉大滿足其自尊心耳。故對日本常用對待屬國之態度，牒狀中有「迴賜日本國」「爾東夷之長」等語也。日本亦尊重國家體面，力求不失自主的對等態度，所以對於宋人牒狀，始則調查舊例而於應否受其禮物應否回禮回書等事，一再評議，經數年而始決也。

四　史籍中之入宋僧

北宋百六十餘年間，日本入宋僧之最著名者，僅奝然、寂昭、成尋等三四人耳，此外多湮沒無聞。今據高楠博士之遊方傳叢書與西岡虎之助氏之研究（註四四）始得闡明若輩之事蹟。

入宋僧人數，固不及入唐僧遠甚；然北宋時代之留名史上者，奝然、成算、祚壹、嘉因、寂昭、元燈、念救、覺因、明蓮、紹良、慶盛、成尋、賴緣、快宗、聖宗、惟觀、心賢、善久、長明、仲回等亦有二十八人之多。就中入宋最早聲名最著者爲奝然，宋史日本傳記載頗詳。奝然於圓融天皇永觀元年（九八三）乘宋商陳仁爽、徐仁滿等之舶入宋，（註四五）先詣天台山，繼入東京謁太宗，又詣五台山，復歸東京，巡歷洛陽、龍門等佛蹟。（註四六）在宋凡三年，花山天皇寬和二年（九八六）七月，乘宋商鄭仁德之船歸國。（註四七）其入宋時有弟子數人隨行，宋史日本傳云：

「日本國僧奝然與其徒五六人浮海而至。」

此五六人中有成算、（註四八）祚壹、嘉因（註四九）等。成算事蹟，據後一條天皇寬仁三年（一〇一九）三月十五日，補任成算爲阿闍梨之太政官牒云：

「方今盛算大法師者，與奝然共渡海入唐。」（原文）

又言曾巡歷五台、天台、洛陽、龍門等佛蹟，在洛陽太平興國寺，就天竺震旦之僧學悉曇梵書云。（註五〇）祚壹歸國時，曾齎來藥師如來儀軌（即五代時入中國求法僧寬輔持來之本）其跋有云：

「祚一，奝然弟子也，即同時入唐人也。」（原文）（註五一）

奝然歸國後，似又於永延二年（九八八）使嘉因赴宋，其請狀云：

「今件嘉因久住東大寺苦學三論无相之宗教，同往西唐國，共受五部祕密之灌頂，并晉學顯密之法，兼以解漢地之語，然則足爲譯語者也。」（原文）（註五二）

此等人當奝然在宋時，似曾隨遊天台、五台、東京、洛陽、龍門等地者。奝然歸國後，惟祚壹仍暫留宋，曾求得宋端拱二年（卽日本永祚元年，奝然歸國後三年）正月廿八日書寫之藥師如來儀軌。

奝然歸國之翌年（永延二年西曆九八八）二月，遣弟子嘉因乘宋商鄭仁德之船（註五三）赴五台山施財供養，兼訪求新譯之經，（註五四）並謝奝然在宋所蒙之恩而獻士儀（註五五）。嘉因入宋致使命事，宋史日本傳亦載之，其歸國則無考。按日本紀略正曆二年（九九一）六月三日條云：

「奝然法橋弟子僧，奉迎唐佛入洛，」（錄原文）

嘉因歸國似在是時。然據西崗虎之助氏之考證，則謂與嘉因無關。

此後十餘年無入宋僧。至一條天皇之長保五年（一〇〇三）八月，源信之弟子寂昭（俗名大江定基，）發自肥前入宋，九月到明州。（註五六）翌年（寬弘元年西曆一〇〇四）入東京（汴京）

謁眞宗，賜號圓通大師，(註五七)繼遊天台山，訪四明傳教沙門知禮，詢問其師源信所記之天台疑問二十七條。(註五八)是時蘇州人三司使丁謂，見寂昭而大悅，告以蘇州山水之美，寂昭赴蘇，曾掛錫於丁謂所營之吳門寺。(註五九)其後事蹟不明，長元七年(一〇三四)寂於杭州淸涼山麓。(註六〇)寂昭詣五台山事，不見正史，惟此爲其入宋之重要目的，(註六一)在宋既三十餘年，其必詣五台可知。今昔物語卷十九，載其徒念救歸國時之傳語，謂寂昭曾詣五台山拜文殊化身云。

寂昭入宋亦率其徒七八偕行。宋史日本傳云：「其國僧寂昭等八人來朝，」皇朝類苑卷第四十三云：「寂昭領徒七八。」歷代皇紀一條天皇長保五年條云：

「八月二十五日參川入道寂昭(俗名定基)僧元燈念救等離日本進發西海，九月十二日着大宋國明州府。」(原文)

可知其弟子內有元燈與念救矣。念救當再建天台大慈寺時，曾爲其知識使而歸國，得左大臣藤原道長與大納言藤原實資等之知識物，是年七月再由京都赴宋，(註六二)是時並求得寂昭、元燈、覺因、明蓮並自己共五人之度牒。(註六三)可知隨從寂昭入宋之弟子中，又有覺因明蓮二人矣。寂昭弟子七人內已知名者四人，此外仍有三人；考寂昭掛錫於蘇州吳門寺時，其徒有不願留住者數人，使歸本國，(註六四)此三人或先已歸國歟？元燈、念救、覺因、明蓮四人，後事無徵。惟成尋參天台五台山記延久四年五月十八日條云：

「有一老僧將來日本國元燈上人影像，賜紫大師號幷讚依忽劇不書取但見日本人影感淚頗下。」（錄原文）

可知宋朝曾賜元燈紫衣，授大師號也。

寂昭入宋之際，皇慶亦隨之下鎮西，時有鳩數千集於舶上，逐之不去，試令皇慶下船，鳩忽飛去。人謂八幡大菩薩愛惜日本人材，不令之去云。(註六五)又延殷亦有渡海之志，從寂昭下鎮西，長官愛其才，下牒留之。(註六六)故皇慶、延殷二僧，未曾入宋。

繼寂昭入宋者有紹良。釋門正統卷二云：

「智禮傳，日本國師源信嘗遣學徒寂昭，持二十七問，詢求法要，師答之，咸臻其妙。厥後廣智徧席，復遣其徒紹良等二人，齎金字法華經，如贄見之禮，因哀泣致敬，請學於輪下。三載其道大成，還國大弘台學。曾魯公碑其塔具道之。」

教行錄卷四亦載此事。佛祖統紀卷十三於廣智法嗣下亦列「日本紹良法師」之名。據此二書則紹良寂昭同爲源信弟子奉師命攜金字法華經入宋，就學於四明廣智，三年而歸。其入宋年代不明；本朝高僧傳卷十紹良傳，謂後一條天皇之長元初年入宋云。

此後四十年間，殆無入宋僧。惟心覺入唐記，謂有慶盛者，於永承四年（一〇四九）請讓照入宋云。後三條天皇延久四年（一〇七二）三月，大雲寺僧成尋偕弟子賴緣、快宗、聖秀、惟觀、心賢、善久、長明等七人入宋巡拜天台、五台聖跡，在洛陽受神宗優遇。延久五年十月，賴緣、快宗、惟觀、心賢、善久等五人，攜宋帝致日本國書並金泥法華經與錦等歸國。通事僧仲回，又攜日本覆宋帝書並答禮入宋，已如前述。成尋在宋九年，永保元年（一〇八一）寂於宋之開寶寺，(註六七)其弟子聖秀、長明二人後況如何？無考。

五　入宋僧之目的與在宋時之狀況

有名無名之入宋僧，達二十餘名，其中主要者爲奝然、寂昭、成尋三人，其他概隨此三人入宋者。其宗旨與入唐僧不同；入唐僧之最大目的，均爲求法，故到彼地先歷訪碩德而學新教，務齎新法門以流通於日本。蓋其時日本佛教界深恐落中國之後，故特遣彼等留學，彼等自不得不盡國家留學生之職務也。入宋僧則非爲利國家利衆生而求法者，但爲消滅自己罪障，爲後生菩提而巡拜佛蹟者也，奝然自述渡海之志願云：（註六八）

「奝然天祿以降，有心渡海。本朝久停方貢之使而不遣，入唐間間待商賈之客而得渡。今遇其便，欲遂此志。奝然願參五台山，欲逢文殊之卽身，願次詣中天竺，欲禮釋迦之遺跡。」（原文）

又云，

「得到唐朝，有人問我，曰是汝何人，捨本土朝巨唐，有何心有何願乎？答曰，我是日本國無才無行一羊僧也，爲求法不來，爲修行卽來也。」（錄原文）

寂昭亦爲巡禮五台山之靈蹟而往者。日本紀略並百練抄之長保四年三月十五日條云：

「入道前三河守大江定基（法名寂昭）上狀，向大宋國巡禮五台山，」（原文）

成尋亦然，其入宋請狀云，

「五台山者，文殊化現之地也。故華嚴經云，東北方有菩薩住處，名清涼山，過去諸菩薩，常於中住。彼現有菩薩，名文殊師利，有一萬菩薩眷屬，常爲說法。又文殊經云，若人聞此五台山名，入五台山，取五台山石，踏五台山地，此人超四（似因字之訛）果聖人，爲近無上菩提者。天台山者，智者大師開悟之地也。五百羅漢，常住此山矣。誠是炳然經典文。但以甲於天下之山，故天竺道猷登華頂峯，而禮五百羅漢。日域靈仙，入清涼山，而見一萬菩薩。某性雖愚魯，見賢思齊，巡禮之情，歲月已久矣。加之天慶寬延，天曆日延，天元奝然，長保寂昭，皆蒙天朝之恩計，得禮唐家之聖跡。爰齡迫六旬，餘喘不幾，若無遂舊懷，後有何益，宿緣所催，是念彌切也。」（錄原文）（註六九）

蓋唐代以後認五台山爲文殊菩薩示現之靈場，由平安朝初入唐之靈仙始，以及圓仁、惠運、宗叡、惠蕚等，多往巡拜聖蹟；日本佛教徒間所朝夕欽慕者也。彼等巡禮佛蹟，專爲消滅自己罪障，爲後生菩提，全係個人之事，故遂其本願，實非易事。當時又禁止出洋（註七〇）往返旅費必需自籌，甚爲困難；是以彼等入宋，非先得勅許不可。

彼等之入宋也，例皆先獻土物於朝。奝然獻太宗銅器十餘種，日本職員令、年代紀各一卷，孝經鄭氏註一卷，越王孝經新義第十五一卷。寂昭獻眞宗有無量壽佛像、紺紙金字法華經、水晶念珠等。成尋獻宋神宗銀香爐、念珠五串、顯密法門六百餘卷(註七一)此皆爲其個人所獻。然宋則以爲日本國所獻方物，以入宋僧爲方物使；元史外夷傳日本條云：

「至熙寧（宋神宗年號）以後連齎方物，其來者皆僧也。」

宋朝待入宋僧頗厚，彼等來謁時，宋帝親自慰問，賜紫衣，授大師號。如奝然謁太宗，則問日本風土文物，使以筆對之，賜紫衣，授法濟大師之號，又給印本大藏經。(註七二)寂昭謁眞宗，亦加慰問，賜紫方袍，授圓通大師之號，後任爲蘇州僧錄司。(註七三)成尋於延和殿謁神宗，賜紫袈裟衫衣裙，授善慧大師之號。(註七四)又彼等巡禮佛蹟時，宋朝極力與以便宜，奝然詣五台山，寂昭赴天台山，特詔所過縣道，供給糧食。成尋由洛陽向五台山時，神宗特遣使隨之，每站供給驛馬，每州出兵二十八保護，所宿之驛，必設齋饗，以珍味佳肴，禮遇極優。(註七五)較之圓仁由登州向五台山時，弟子惟政、惟曉、行者丁雄萬、沿途乞食求宿者，相去甚遠矣。(註七六)

入宋僧之主要目的，既爲巡禮佛蹟而非求法，故彼等在宋，殆無有特訪碩德而學法者。(註七七)若奝然之弟子盛算，就印度那爛陀寺三藏法天學悉曇梵書從梵學翻經三藏大德賜紫令遵阿闍梨受兩界瑜伽大法，及稟受諸尊別法，實難能而可貴者也。(註七八)又寂昭曾受其師源信之託，攜天台疑問二十七條，訪問四明知禮（法智尊者）(註七九)按唐時圓載曾攜天台之衆疑五十科入唐，訪天台山禪林寺廣脩、維蠲等求答釋；(註八〇)圓仁曾攜延曆寺未決二十條入唐，訪五台山志遠請決釋；(註八一)日本謂之「唐決」。宋時則惟有源信疑問二十七條耳。且源信果因有疑而問乎？抑欲試異域學匠之學術淺深而故爲此問歟？仍不無可疑。是時叡山有安海學匠者，見源信二十七疑問條目，曾云，是等膚義，豈須遠問，乃自作上、中、下三答案；曰宋之答釋必不出此三種。安海死後，知禮之決釋始至，不過安海之中下答案耳。(註八二)本朝高僧傳之著者師蠻評此事云：

「殊不知信師之意欲試異域之學匠也。暨答釋來，多不契其意，況又不出安海中下之釋邪。」

（錄原文）(註八三)

蓋宋承唐末五代之擾亂，文化衰微；而日本當藤原時代，文化已大發展，佛學之研究，已凌駕中國而上之矣。一條天皇長德元年（九九五）宋杭州奉先寺沙門源清，以自作之法華示珠指二卷，龍女成佛義一卷，十六觀經記二卷，及同門僧鴻羽作佛國莊嚴論一卷學生僧慶照注心印銘一卷，合五部七卷，送往日本比叡山延曆寺，而求智者大師所作仁王般若經疏。（註八四）當時日本佛教學者，對於此等新書，頗多議論。日廷使慈覺智證兩徒加以駁斥。斯時三井寺之實因、勸修各批駁法華示珠指一卷；慶祚批駁龍女成佛義；叡山之源信、覺連各批駁十六觀經記一卷；靜照批駁佛國莊嚴論；安慶、聖救批駁心印銘。（註八五）因有此等事實，故成尋參天台五台山記，雖記載在洛陽太平興國寺傳法院時，與中天竺宣梵大師賜紫日稱，廣梵大師賜紫天吉祥，宋宣祕大師賜紫惠賢，梵才大師賜紫惠詢，文惠大師賜紫智普，梵惠大師賜紫師遠，廣智大師賜紫惠琢，崇梵大師賜紫明遠等諸龍象往來談論，然受教於此等諸人之記事，全無所見。成尋且以「法華法」傳授大相國寺東經藏戒律院圓則座主。（註八六）成尋奉神宗勅，祈雨三日，頗有靈驗，宋之朝野上下無不感嘆。或問日本仍有如闍梨能祈雨得感應者乎？成尋對曰，日本密乘甚盛，勝於我者，不知若干人，我不過日本國無智無行之啞羊僧耳云云，大足爲日本生色也。（註八七）

六　入宋僧往來所攜之物品

前節曾言長德元年（九九六），宋杭州奉先寺僧源清以自作之法華示珠指等五部七卷贈比叡山，而求宋人所缺之智者大師仁王般若經疏、彌勒成佛經疏、小彌陀經疏幷決疑、金光明經玄義、荊溪之華嚴骨目等天台座主覺慶乃寫此等經疏贈之。（註八八）蓋中國自唐末五代變亂以來，典籍之缺逸頗多，故日本入宋僧每攜經疏至宋以補其闕。如奝然入宋謁太宗，獻孝經鄭氏註一卷，越王孝經新義第十五一卷，（均金縷紅羅褾水晶軸之卷物。）（註八九）寂昭入宋，亦攜若干典籍，其中有南嶽禪師之大乘止觀與方等三昧行法、宋已缺逸天竺寺沙門慈雲大師遵式乃請於寂昭而付梓，並記其始末於序及後序中。（註九〇）成尋攜天台眞言等經典六百餘卷入宋，其時本欲就長安青龍寺之經藏，考正眞言經儀軌之訛謬者，及謁神宗時，乃獻此等經典六百餘卷。（註九一）是亦非前代之所有者。可知是時之日本文化，已與宋人居對等之地位矣。

入宋僧雖因襲前代之遺風，崇拜中國而欽慕其文化；一方面又誇耀我國體，表示我文化之優美。如奝然謁太宗上日本年代記一卷，乃誇示我國皇室萬世一系，臣下亦世官世職者。(註九二)成尋在洛陽時，示人以源信之往生要集與行狀，而介紹其事業於彼地；又示人以慶耀所書之梵字不動、梵字文殊眞言一卷、尊勝眞言一卷，以誇示書法之端麗。(註九三)蓋當時日本文化發展，書法亦隨之進步，足以誇耀彼地，此亦大堪注目者也。奝然善隸書，寂昭書法亦秀，宋史日本傳曾嘆賞之。皇朝類苑第四十三謂日本多習王右軍書，寂昭尤能傳其法云。又載日本國王之弟野人若愚（具平親王？）(註九四)左大臣藤原道長，治部卿源從英（俊房？）(註九五)寄書於寂昭事，並評曰，「凡三書皆二王之迹，而野人若愚章草特妙，中土能書者亦鮮及」云。

入宋僧固多齎日本經典以補宋之亡佚，亦曾由宋攜來日本所無之書籍。奝然之攜來品內，有太宗所賜之印本大藏經。(註九六)考中國大藏經之全部彫板者，實始於開寶勅版；此版係宋太祖勅命開彫，自開寶四年（九七一）至太宗太平興國八年（九八三）凡歷十二年而成。(註九七)奝然入宋謁太宗，適當開寶勅版告成之年，故太宗所賜之印本大藏經，實開寶勅版之初印本也。此大藏經藏於京都法成寺，見成尋之參天台五台山記第七，其後法成寺荒廢，大藏經亦散佚不傳。然現今石山寺法隆寺所存平安朝末期之寫經，概根據開寶勅版者，故此等寫經之後，亦依樣寫作開寶某年彫某年印云云。（註九八）總之印本大藏經之來日，實影響於日本之開版事業不少。是時宋太宗又賜奝然新譯經二百八十六卷，亦納入法成寺經藏。（註九九）

奝然之攜來品內最知名者，爲現存於嵯峨清涼寺之栴檀釋迦像。攜來之人，古來傳說不一；最可據者爲隨從奝然入宋之盛算，館於東京（汴京）聖觀音禪院時所作之優塡王所造栴檀釋迦瑞像歷記（江都開元寺講經論內殿倍從賜紫沙門十明輯）及其卷尾之盛算法師記。據此書謂天竺優塡王，當釋迦在世時，使毗首羯摩造其像，後傳於西域龜茲國，前秦苻堅使將軍呂光伐龜茲，攜至中國，歷代王室珍藏之；宋太祖安置於東京開寶寺永安院，太宗時，迎入大內之滋福殿；後移入啓聖禪院。奝然入宋拜其像，命佛工張榮模刻而攜來云。然後世之書，謂清涼寺現存之釋迦像，非模佛而爲本佛，殊屬難信。但其台座上刻有陰文「唐國台州開元寺僧保寧」數字，後人遂有疑成算法師記爲不確者。要之此陰文實後世所刻者也。（註一〇〇）與栴檀釋迦像同來者有十六羅漢像，見百練抄及扶桑略記，現藏清涼寺。（註一〇一）

寂昭歿於宋，雖未攜來何物，然治部卿源從英贈寂昭書云：

「所諮唐曆以後史籍及他內外經書未來本國者因寄便風爲望商人重利，惟載輕貨而來，上國之風絕而無聞，學者之恨在此一事。」（錄原文）（註一〇二）

又其弟子念救於長和四年（一〇一五）歸國後復入宋，藤原道長曾託攜金百兩交寂昭代購一切經論諸宗章疏等（註一〇三）寂昭掛錫於蘇州吳門寺時，弟子中曾有數人歸國，其後又遣念救還日本，又曾託商船屢與本國通信，諒必能應道長從英之希望而送歸也。

成尋雖未歸國，延久五年（一〇七三）使其隨從弟子賴緣、快宗、惟觀、心賢、善久五人歸國時，曾託送若干新譯經典。宋熙寧六年（一〇七三）三月，成尋在太平興國寺傳法院時，曾請賜奝然前次求經後之新譯經典，得顯聖寺印經院印本新譯經共二百七十八卷，蓮華心輪迴文偈頌一部二十五卷，祕藏詮一部三十卷，逍遙詠一部一十一卷，緣識一部五卷，景德傳燈錄一部三十三卷，胎藏教三册，天竺字源七册，天聖廣德錄三十卷，共四百十三卷册（註一〇四）以上皆顯聖寺印本。成尋在太平興國寺傳法院時，屢與譯經三藏等往來，得有未彫板之新譯經與佛書。此外或借抄，或購買，參天台五台山記卷六、七屢見之，難以枚舉。此中大部分，似係賴緣等歸國時攜回者。成尋所送之新譯經典，藏於何處，已不能明；惟必在宇治經藏，大雲寺經藏，石藏經藏，左大臣藤原師實，民部卿藤原俊家，治部卿源隆俊等處，可據參天台五台山記熙寧六年正月二十三日，二十九日條而知之。妻木直良氏嘗於京都南禪寺經藏中得宋版佛本行集經卷第十九，其後注云，

大宋開寶七年甲戌歲奉勅彫造　孫清

> 熙寧辛亥仲秋初十日　中書劄子奉
> 聖旨賜大藏經板於顯雲寺聖壽禪院印造
> 提轄管勾印經院事智悟大師賜紫　懷謹

此經乃熙寧四年（辛亥）八月十日顯聖寺印造者。「提轄管勾印經院事智悟大師賜紫懷謹，」必爲成尋於熙寧六年受顯聖寺印本時有關係之僧也，見參天台五台山記熙寧六年三月二十四日條。(註一〇五)

七　源信與日宋文化之交涉

延曆寺源信（惠心僧都）託弟子寂昭入宋，以天台二十七條疑問問四明知禮，已如前述。此外源信關於日宋間文化交涉上之可記者尚多，先進學者對此發表之考證亦不少。（註一〇六）今摘錄其大要於下。

源信於日本淨土教發達史上佔重要地位，彼因刻念往生極樂界，於寬和元年（九八五）四月，撰述往生要集。（註一〇七）因宗教不分國境，久欲致之於宋，以結往生極樂之緣。永延初年下西海，遇宋商朱仁聰並同船之宋僧齊隱歸國，乃以往生要集託之，並以先師慈惠大僧正良源之觀音讚，慶滋保胤作十六相讚，及日本往生傳，源爲憲作法華經賦交之。（註一〇八）時永延三年（九八八）正月十五日也。（註一〇九）往生要集到宋，頗有影響。正曆元年（九九〇）來日之宋商周文德，於次年二月送源信（註一一〇）書狀云：

「文德謹啓，以仲春比，付豐州吏，獻上書狀既畢，鬱望之至，曉夕不休，重啓達子細。抑大師擇往生要集三卷，頂戴參天台山國淸寺，卽彼領狀先以上畢。爰緇素隨喜貴賤歸依結緣男女五百餘人同時出家。卽投淨財施入國淸寺，忽嚴飾五十餘間廊屋，彩畫柱壁，內外莊麗，供養繁昌也。佛日重光盛朗，興隆佛法洪基，往生極樂因緣只在茲也。其禮拜詞曰，南謨日本教主源信大師，其次彼此相語云，若不得能化教主之影像，爭預所化之利益哉。文德重得衆催幷蒙宣旨，任風裸耳。然遇衰弊時，既取衣食艱難，次帝皇恩下，未被降誰（應作詔）勅，伏乞大師垂照鑒，尤所望也。不勝墳（應作憤）念之至，敬表禮代之狀，恐懼恐懼。」（註一一）（原文）

往生要集，納入天台山國淸寺後，緇素隨喜，貴賤歸依之盛，據此可知。據正元古寫源信僧都傳，是時應周文德之求，曾使木工權少允巨勢廣貴描源信影像。續本朝往生傳云，其後宋人又求源信之像，使弟子承圓描之，宋人稱爲「楞嚴院源信大師」而禮拜之云。然其後成尋入宋，在洛陽訪譯經三藏文惠大師，曾示以往生要集三卷，源信僧都行狀一卷，宋婺州七佛道場行沚和尙收納往生要集回書一通，日本諸儒參源信僧都房作詩一卷等所著參天台五台山記云：

「始自國淸寺諸州諸寺往生要集不流布由聞之大略，婺州請納不流布歟？於日本所聞全以

相違。」（錄原文）（註一一二）

據此，則源信所送之往生要集，似僅存於婺州七佛道場行辿之手，天台山國淸寺以及諸州諸寺均未流布。宋商周文德殆因欲源信供給衣糧，故虛構其辭歟？然成尋入宋在送往生要集後八十餘年；或因年湮代遠，其時宋僧已不知此事乎？總之周文德之言，亦不能盡謂爲虛構，雖不能盡如日本所傳，諒必有相當之影響。

源信於圓融天皇貞元三年（九七八）三月，因被選爲比叡山法華會廣學豎義之豎者，特研究因明，著有因明論疏四種相違略註釋三卷。（註一一三）一條天皇正曆三年（九九二）三月，以其書託宋商揚仁紹送交宋婺州雲黃山七佛道場行辿；又抄一本，託行辿轉贈慈恩寺弘道大師門下各人。（註一一四）按行辿與源信，前此已有交涉，前源信送往生要集時，行辿曾有收納之回書。參天台五台山記熙寧五年十月二十五日條云，「唐婺州七佛道場行辿和尙請納往生要集返事（回書）一通。」其書乃正曆元年（九九〇）揚仁紹來日（註一一五）時攜來者，日本紀略正曆二年九月條云，「大宋國雲黃山僧行辿送經教於天台源信。」蓋行辿回書達京師時所記載者。因有此等關係，故正曆三年三月揚仁紹歸國，卽託送因明論疏四相違略註釋至行辿處。源信於送書於宋時，書其卷尾云：

「正曆三年壬辰春三月，更寫一本，付大宋國商揚仁紹傳婺州雲黃山行辿和尙贈慈恩寺弘道大師門人。蓋是欲令詳定是非，以披愚蒙而已。」（錄原文）

長安慈恩寺爲研究因明之根本道場，故請其批評也。但其後竟無回音，其是否送到不明。故長保三年（一〇〇一）源信又錄因明之大意著因明義斷纂要注釋一卷，託宋杭州錢塘西湖水心寺沙門齊隱復送弘道大師門人，請其決疑。（註一一六）

從來日本只收受中國經典（光仁天皇寶龜三年遣唐學問僧戒明、得清等，亦曾持聖德太子所撰勝鬘經本疏、法華義疏等呈唐揚州隆興寺靈祐）（註一一七）而源信乃能再三送其著述於宋，則日本文化之發展，已値一注目矣。慈慧別傳卷十四亦云：

「往生要集三卷末代之指南也。遠經滄海，遂渡震旦。傳聞九州之中廣崇斯文，如教修行，有得往生者，法水東流，自古而存，未有日域製作還利西朝矣。」（錄原文）（註一一八）

源信所以送往生要集者，以宗教無國境而欲結往生極樂之緣故也。所以送因明論疏四種相違略註釋，與因明義斷纂要注釋者，欲請彼地學匠嚴正批判，以誇耀己之才力於宋國也。此時日本佛教已與宋立於對等地位，又可認爲日本獨立佛教興盛之萌芽。

(註一)權記長保二年八月十七日條。百練抄、小右記、扶桑略記等作朱仁聰。權記長德元年九月二十四日條，及日本紀略，皆作朱仁聽。

(註二)百練抄長保四年閏六月二十五日條，有周文商，係周文德之誤。

(註三)扶桑略記永曆四年閏八月三十日條有孫吉忠；百練抄永保二年十一月二十一日條有孫思違，皆孫忠之誤。

(註四)宋商客至日本，多用日本式之名，如曾聚名曾三郎，吳鑄名吳十郎，鄭慶名鄭三郎是也。陳一郎亦然，其本名不明。

(註五)參天台五台山記延久四年四月十九日，熙寧六年四月五日條。

(註六)日本紀略及百練抄有曾令文，權記作曾令久，未知孰是。

(註七)小右記寬仁四年九月十四日及萬壽四年九月十四日條。百練抄永承元年十月三日，永承三年八月條。

(註八)百練抄長曆元年五月，寬德元年七月廿七日，永承六年九月十七日，康平三年八月七日各條。百練抄有林養、俊政，扶桑略記有林表、俊改。

(註九)百練抄永承二年十二月廿四日條。

(註一〇)百練抄寬治六年六月廿六日，七年二月十九日，嘉保元年三月六日條。中右記寬治六年九月十三日條。

(註一一)公卿補任。

(註一二)日本紀略謂長德元年九月來日之朱仁聰船，共載七十餘人；朝野羣載謂康和四年來日之李充船亦載七十餘人。

(註一三)入越前敦賀港者，康平三年八月，有林養、俊政等；承曆四年五月，有孫忠等；寬治五年七月，有堯忠等；其例甚多。

(註一四)延喜式五十雜式。

(註一五)參天台五台山記第一。

(註一六)朝野羣載卷二十。

(註一七)日本紀略長德二年閏七月十九日，長和四年閏六月廿五日。百練抄治曆二年五月一日，承曆元年二月廿八日等條，其例甚多。

(註一八)小右記長元二年三月二日條。

(註一九)參照註七。

(註二〇)參天台五台山記熙寧五年十月十五日條。

(註二一)小右記長元二年三月二日條。

(註二二)日本紀略，扶桑略記，佛祖統紀皆作嘉因，宋史日本傳作喜因。

(註二三)扶桑略記，佛祖統紀皆作祈乾日本紀略作禮乾；宋史日本傳作祚乾。

(註二四)宋史日本傳。

(註二五)御堂關白記長和四年七月十五日條。

(註二六)小右記長和四年六月十九日條。

(註二七)歐陽文忠公全集卷十五。

(註二八)參照本章第一節。

(註二九)參天台五台山記第六，七，八。

(註三〇)參天台五台山記熙寧六年四月五日條。

(註三一)據百練抄，宋帝於金泥法華經錦二十匹之外，仍贈有一切經，似誤；此可據參天台五台山記而知之。蓋成尋在宋求得新譯經，是時送歸日本。誤傳爲宋帝所贈耳。

(註三二)百練抄承保二年十月廿六日，同十一月五日條。水左記承保二年十月廿六日條。玉葉承安二年九月廿二日條。

(註三三)水左記，百練抄，扶桑略記承保三年六月二日條。

(註三四)百練抄承曆元年五月五日條。

(註三五)宋史日本傳。

(註三六)百練抄承曆四年五月廿七日，同閏八月十三日條。　經信卿記承曆四年閏八月十四日條。

(註三七)扶桑略記承曆四年閏八月三十日條。

(註三八)帥記、中左記承曆四年八月廿六日條。　帥記承曆四年九月十九日，同九月廿日，同永保元年十月十七日條。帥記，水左記永保元年十月廿五日條。

(註三九)百練抄永保二年十一月廿一日條。

(註四〇)師守記承德元年九月，同十二月廿四日條。

(註四一)百練抄永久四年五月十六日條。

(註四二)善鄰國寶記。

(註四三)師守記元永元年三月十五日條。　百練抄元永元年六月八日，同二年三月廿六日條。

(註四四)入宋僧寂昭ニ就イテノ研究（史學雜誌第三十四編第九第十號）奝然ノ入宋ニ就イテ（歷史地理第四十五卷第二，三，五號）源信ヲ中心トセル日宋ノ文化交涉（史學雜誌第三十五篇第十二號，第三十六編第二，三號）。

（註四五）成算法師記。

（註四六）奝然在宋時之狀況，西岡虎之助奝然ノ入宋ニ就イテ中考核頗詳。

（註四七）宋史日本傳，扶桑略記寬和二年七月九日條。

（註四八）古寫掌中樞要記（醫學士島田乾三郎氏藏）識語中之清算，與盛算同爲一人，詳見清算カ盛算（佛教史學第一編第十一號）。

（註四九）參照本章第二節註。

（註五〇）傳法灌頂雜要鈔第三裏書。

（註五一）西岡虎之助奝然ノ入宋ニ就イテ所引。

（註五二）續左亟抄第一。

（註五三）續左亟抄第一，日本紀略，扶桑略記永延二年二月八日條。

（註五四）續左亟抄第一。

（註五五）宋史日本傳。

（註五六）扶桑略記長保五年八月廿五日條，歷代皇紀一條天皇長保五年條。

(註五七)宋史日本傳。

(註五八)教行錄卷四。

(註五九)皇朝類苑第四十三。

(註六〇)續本朝往生傳大江定基。

(註六一)日本紀略，百練抄長保四年三月十五日條。

(註六二)御堂關白記長和四年七月十五日條，小右記長和四年六月十九日條。

(註六三)日本紀略，百練抄長和四年五月七日條。

(註六四)皇朝類苑卷第四十三。

(註六五)日本高僧傳要文抄第二池上阿闍梨傳，天台霞標五編卷之二慈應皇慶阿闍梨。

(註六六)明匠略傳日本下。

(註六七)本朝高僧傳卷六十七成尋傳。

(註六八)本朝文粹卷十三爲奝然上人入唐時爲母修善願文。

(註六九)朝野羣載卷二十聖人申渡唐。

(註七〇)參照本章第一節。

(註七一)宋史日本傳　參天台五台山記第四。

(註七二)宋史日本傳。

(註七三)宋史日本傳　本朝高僧傳卷六十七寂昭傳。

(註七四)參天台五台山記第四，第七。

(註七五)宋史日本傳　皇朝類苑第四十三。

(註七六)參天台五台山記第五。

(註七七)入唐求法巡禮行記卷二。

(註七八)傳法灌頂雜要抄第三裏書。

(註七九)教行錄卷四　釋門正統第一。

(註八〇)天台霞標初編卷之三圓載和尙。

(註八一)入唐求法巡禮行記開成五年五月十七日條。

(註八二)元亨釋書卷五安海傳。

(註八三)本朝高僧傳卷十源信傳。

(註八四)本朝文粹第十二牒大宋國杭州奉先寺傳天台智者教講經論和尙。

（註八五）元亨釋書卷四勸修傳，慶祚傳。　妙玄私記卷七（天台霞標初編卷之四所收）。大唐國法華宗章疏目錄。

（註八六）參天台五台山記熙寧六年正月二十四日，及二十六日條。

（註八七）參天台五台山記第七。

（註八八）本朝文粹第十二牒大宋國杭州奉先寺傳天台智者教講經論和尙。

（註八九）宋史日本傳　文獻通考三百二十四。

（註九〇）天台霞標初編卷之四圓通寂照上人。

（註九一）參天台五台山記熙寧五年六月二日，同七月十一日條。

（註九二）宋史日本傳。

（註九三）參天台五台山記熙寧五年十月十八日二十五日條。

（註九四）異稱日本傳天台霞標二書，皆疑野人若愚，卽具平親王。

（註九五）治部卿源從英，異稱日本傳謂從與俊字形相似，英與房日本音相同，恐係俊房。

（註九六）宋史日本傳。

（註九七）佛祖統紀卷四十三。

（註九八）妻木直良氏開寶勅版ノ宋版大藏經ニ就イテ（史林第四卷第二號）。

（註九九）參天台五台山記熙寧六年三月二十六日條。

（註一〇〇）清涼寺栴檀釋迦像，西岡虎之助之奝然ノ入宋ニ就イテ內，揭載古來各異說，有詳細之考證。

（註一〇一）京都府寺志稿清涼寺。

（註一〇二）皇朝類苑第四十三。

（註一〇三）御堂關白記長和四年七月十五日條。

（註一〇四）參天台五台山記熙寧六年三月二十四日，同四月十三日條。

（註一〇五）妻木直良氏開寶勅版ノ宋版大藏經ニ就イテ。

（註一〇六）今津洪嶽氏正元古寫源信僧都傳證註（山家學報惠心僧都紀念號。） 眞泉光顯氏惠心僧都ト宋國トノ交涉（同上。） 西岡虎之助氏源信ナ中心トセル日宋文化ノ交涉（史學雜誌第三十五編第十二號，第三十六編第二三號。）

（註一〇七）往生要集奥書。

（註一〇八）今津洪嶽氏藏正元古寫源信僧都傳（此書爲自源信入滅之寬仁元年至康平四年間所作，源信傳之最可據者。山家學報惠心僧都紀念號中，有今津氏之詳細證註。）

（註一〇九）天台霞標二篇卷三所載源信送往生要集於宋時之書狀，題爲「與宋周文德書」，其日期爲寬和二年正月十五日，故多解爲寬和二年正月十五日託宋商周文德送往者。然往生要集所載之同書狀，無此標題，日期亦僅有「正月十五日」五字，無「寬和二年」字樣。朝野羣載所收者，亦僅有「惠心僧都贈往生要集於大宋國」等字，無寄周文德字樣，日期只有「年月日」字樣。天台霞標所載書狀，謂「與宋周文德書」並「寬和二年」等字，似後人推定而加書者，不足深信。正元古寫源信僧都傳謂「永延之初」下西海，遇宋商朱仁聰，則往生要集所載書狀中之「正月十五日」，恐是永延二年正月十五日也。

(註一一〇)勝尾寺緣起謂正曆元年宋商周文德來日，朝野羣載所收之宋商周文德書狀，似於此時送源信者，其日期之二月十一日，似在正曆二年。

(註一一一)據正元古寫源信僧都傳。(朝野羣載卷二十，現行往生要集及壒囊抄第十五所載文辭與此頗異。)

(註一一二)參天台五台山記，熙寧五年十月二十五日條。

(註一一三)因明論疏四違略註釋序。

(註一一四)因明論疏四違略註釋奧書。

(註一一五)元亨釋書卷二十八寺像志勝尾寺。

(註一一六)正元古寫源信僧傳。

(註一一七)勝鬘經義疏解題(世界聖典全集所收。)

（註一一八）天台霞標初編卷之四慧心源心和尙條所引。

第十二章　日本與南宋之貿易

一　商舶之來往

日本與南宋，雖無國交，然商舶之私相往來者極繁。惟初期三十年間，其數甚少，只久安六年（一一五〇）時，有宋商劉文仲來日。（註一）至平清盛出，日宋之交通乃繁。清盛因保元之亂有功，繼藤原忠能之後爲大宰大貳，領鎭西之機務；（註二）見日宋貿易之有利，乃大奬勵之。曾於攝津福原，構別莊，修兵庫之港，通音戸之海峽，當時賢明如藤原兼實，亦批評之曰：「天魔之所爲歟。」然清盛不爲之動，招宋人於福原之別莊，特請後白河法皇臨視；（註三）此無非欲提倡日宋貿易耳。承安二年（一一七二）九月，宋明州刺史贈方物並牒書，其內容不明；蓋宋人亦早注意於海外貿易之利，極力招致外國及番舶，故時時齎勅書、金帛，以招誘之也。（註四）牒書有「賜日本國王物色」之句，日人見「賜」字滿朝大譁，大外記清原賴業，主張速卽退還。(註五) 然清盛熱心貿易，不顧盈廷反對，於翌年(一一七三)三月，使藤原永範草回書，君臣各有答禮。法皇贈蒔繪(描金)櫥子一隻，內納色革三十枚；蒔繪手箱一隻，內納砂金百兩。淸盛贈手箱一隻，內納寶劍及物具。宋史日本傳云「乾道九年(日本承安三年)始附明州綱首以方物入貢」蓋記此事者。保守派之公卿不悅，固不待言矣。藤原兼實之日記玉葉，謂回書之內稱已辭尊號而入佛道之法皇爲太上天皇爲非，且答禮中有革亦犯忌，武器亦不應出境外云。(註六)

由此觀之，可知日宋交通已次第加繁。建久二年(一一九一)六月十二日，大宰府上書，請准宋國之請，處罰宋人楊榮、陳七太，因此二人在宋行爲狼藉，楊榮係生於日本者云。(註七) 此雖只唯一之史料，亦可想見博多之宋船，不絕往來矣。

又南宋中葉以後，日本商船赴宋者亦不少，是乃與前代大異者。治承初頃，(註八) 平重盛曾使築前宗像氏國家之子許斐忠太妙典入道，赴宋明州之育王山布施黃金。(註九) 按大宰府考中所引之宗像記云：

「宗肩氏國家之子，許斐忠太妙典入道入宋七次，入竺二次，著有舟路指南書海雲記。又斐氏有軍略，曾煆煉船軍。宗肩舟入宋之公役幷商船等，皆由忠太佈置。」

妙典殆常從事於日宋貿易者。宋史日本傳淳熙三年（日本安元二年，一一七五。）十年（日本永壽二年，一一八五。）紹熙四年（日本建久四年，一一九三。）慶元六年（日本正治二年，一二〇〇。）嘉泰二年（日本建仁二年，一二〇二。）屢有日本商船，漂至宋地沿岸，宋帝下詔，賑以常平倉錢米，使還國。是蓋日本商船，赴宋貿易途中遭暴風者。吾妻鑑建長六年四月二十九日條云：

「許定唐船事，有沙汰，被定其員數，卽今日被施行之，唐船者五艘之外不可置之，速可令破卻。」

（錄原文）

幕府以建長六年，定入宋船爲五艘，可知前此船數不止五艘矣。開慶四明續志卷八云：

「倭人冒鯨波之險，舳艫相銜，以其物來售。」（註一〇）

據此可見日本商船到宋明州者甚多。日本赴宋商船之所以多者，因當時日本武門興隆，頗具進取之目的，淸盛尤奬勵海外貿易之故。宋人亦欲得貿易之利，歡迎番船，當其入港時，提舉市舶司，

支送酒食，舉行燕犒，待遇極優。(註一一)

總之南宋中葉以後，日宋商船往來頗繁，事實甚明。當時日本僧之赴宋，與宋僧赴日本者極多；皆託身於此等商船以往來。現今可舉其名者，實達九十餘人之多。其中有往復至二三次者。(註一二)不特此也，彼等又屢託便船，與宋之高僧互通音信。(註一三)若其時商船往來不繁，究不可能。建保四年（一二一六），宋人陳和卿謂將軍源實朝之前身爲宋明州育王山長老。實朝因欲渡宋，詣育王山，且派定扈從六十餘人，使造大船云。(註一四)此種計畫，驟觀之似屬奇突，若從當時日宋交通頻繁上考之，則知不足異矣。

厥後元世祖於文永五年（一二六八）正月，贈牒狀於日本，日元關係，逐漸險惡。而日宋間商船之往來，依然不絕。當此時代，僧侶往來者頗多。(註一五)執權北條時宗，當文永八年，曾遣德溫、宗英二僧赴宋，請求宋僧希叟紹曇之法語。(註一六)又於弘安元年（一二七八）自作請帖，遣德詮、宗英二僧，迎宋僧無學祖元（佛光國師）來日。(註一七)建治三年記云：

「建治三年（一二七七）六月八日晴，宰府脚力參着，宋朝滅亡，蒙古統領之間，今春渡宋之

商船等，不及交易走還，」（錄原文）

二　貿易港與航海

南宋時代，與日本有密接關係者，仍在兩浙地方，與前代同。在其地監理海外貿易者，有所謂兩浙市舶司。初高宗時，置市舶司於秀州華亭縣（今之松江）使統轄杭州（臨安）明州（慶元）溫州、秀州、江陰軍等五市舶務。孝宗乾道二年（一一六六）廢市舶司。光宗紹熙元年（一一九〇）時，廢杭州市舶務。寧宗慶元元年（一一九五）廢溫州、秀州、江陰軍之市舶務，僅留明州市舶務。（註一八）但至南宋中葉，宋之對日貿易港，並不僅限於明州。宋史日本傳，淳熙十年（日本壽永二年，西歷一一八三）及紹熙四年（日本建久四年，西歷一一九三）均有日本商船到秀州華亭縣。日本建久十年（西歷一一九九）泉涌寺之俊芿入宋時，乘便船到江陰軍。（註一九）日本商船，有時或達泉州。（註二〇）但最重要之港爲明州，故於此留市舶務；惟所司之事，並不限於此港也。日本之貿易港，則限於筑前之博多，與前代無異。此時代途中寄泊地，常見有肥前平戶之名，亦有注意之價值。建治元年（一二七五）亨菴宗元所編榮尊和尙年譜，記嘉禎元年（一二三五）榮尊與東福寺之開山圓爾辨圓（聖一國師）同入宋云：

「師歲四十一，與辨圓相共乘商船出平戶，經十晝夜，直到大宋明州。」（錄原文）

元亨釋書榮西傳，記建久二年（一一九一）榮西歸國事云：

「西趨出到奉國軍（注今改慶元府）乘楊三綱船，著平戶島葦浦。」（錄原文）

是乃記載平戶之名之最古者。平戶島，卽日本後紀中之庇良島，三代實錄中之庇羅島，遣唐使船常寄泊之地也；（註二二）其爲此時代中日交通上重要之寄泊地可知。榮西歸國時寄泊之葦浦，在平戶島江袋灣之一隅，現今仍存其名。

日宋商船，乃往來日本博多與宋明州之間者。由日本向宋者，多在三四月。由宋向日本者，多在五六月間。今列擧所知之入宋僧，並宋僧入日本之渡海月日，以供參考。

人名	入宋月日	歸國及來日本月日	典據
榮西	仁安三年四月十八日放洋二十五日到明州	仁安三年九月歸國	興禪護國論序

僧	入宋	歸國	出典
俊芿	建久十年四月十八日發自博多五月初到江陰軍	建曆元年二月二十八日發自明州三月三日到博多	泉涌寺不可棄法師傳
道元	貞應二年三月下旬發自博多四月初到明州		建撕記
辨圓	嘉禎元年四月辨圓榮尊同船發自平戶經十晝夜到明州	仁治三年五月一日發自明州遭暴風漂流至耽羅七月到博多	聖一國師年譜
榮尊		曆仁元年六月歸國	榮尊和尚年譜
覺心	建長元年三月二十八日發自博多	建長六年六月上旬歸國	圓明國師行實年譜
祖元		弘安二年五月發自明州而來日	佛光國師年譜

據此表，可知由日本赴宋，概在三四月間。藤田博士引用之宋會要亦云：

「（乾道）三年（一一六七）四月三日，姜詵言明州市舶務每歲夏汛，高麗日本外國船舶到來，依例提舉市舶官於四月初親去檢察。」（註二二）

兩相對照，若合符節。想係利用春期東北季節風而航海者。由宋向日本，多在五六月間，利用初夏之西南季節風也。

三　貿易之狀態與貿易品

宋船至博多之貿易狀況，雖難詳言；但鎌倉幕府創立之前，大宰府先行交易，然後方許一般人民交易，大體仍承前代之制。及入鎌倉時代，文治二年十二月，天野爲景爲鎭西九國奉行人，以後，大宰府之政柄完全歸之。(註二三)其後建久七年，武藤資賴（少貳氏之祖）任大宰少貳，補鎭西守護職；大友能直，補鎭西奉行職，少貳大友二氏並行國政，(註二四)海外貿易權，殆亦全歸二氏掌握。

宋代當番舶入港時，市舶司官吏檢查船載貨物，抽分博買之後，方聽其與一般商人交易。所謂抽分者，即輸入稅，抽取貨物幾分之幾也。其稅率因時與地而異。又因其粗細（容量輕少而價貴之貨物，名曰細色。容量重大而價賤之貨物，名曰粗色）而不同，普通稅十分之一。博買付還本錢而收買之意。凡禁榷貨（政府之專賣品）及獲利較多者，皆收買之，其率多在半數以上。博買之貨物，其初與抽分之貨物同送納於中央；後又改章，取其中之幾分，在市舶司中發賣於民間。(註二五)此乃宋人對於一切番舶之通例也。日本商船之赴宋者，抽分博買，自不能免。但日本商人所齎之黃金，本非多數；抽分博買，利益亦薄。又日人因避官府之博買，而祕密與宋商貿易者，亦不多；宋朝鑑於官吏之虐取，牙儈之把持等弊，自理宗寶祐六年（一二五八），對於日本商人船載之黃金，免其抽分博買，

聽其自由交易。(註二六)

再就此時代之日宋貿易品考之。輸入日本品,與前代相同,仍以香藥、書籍、織物、文具、茶碗等爲其重要者。試觀宋商劉文仲於仁平年間,獻東坡指掌圖二帖、五代記十帖、唐書十帖於左大臣賴長;治承三年十二月十六日平清盛由宋新輸入太平御覽,上於高倉天皇;(註二七)文治元年十月二十日,源範賴以唐錦十端、唐綾羅絹等百十端、唐墨十挺、唐蓆五十枚,上於後白河法皇;(註二八)亦大略可知矣。

其時宋錢盛行輸入日本,流通於日本國內者甚多,是亦大可注意者。考宋錢之流出以開國之初爲甚,太祖開寶三年(九七〇)曾下禁止之令。後神宗熙寧七年(一〇七四)王安石解除此禁,故錢貨流出益甚。張方平曾痛論其弊。(註二九)哲宗元祐六年(一〇九一),再下錢貨輸出之禁令,但實行頗難;至南宋時,遂成所謂錢荒時代。高宗紹興十年(一一四〇)對於市舶,立一定之制。當船舶解纜之際,特派官吏親臨檢查,使不得密載銅錢。又至港口目送船舶放洋,以防其海上祕密貿易。(註三〇)可見宋錢流出之多。其一部輸入日本,盛行流通於民間。玉葉治承三年(一一七九)

七月二十五日條云：

「近代渡唐士之錢於此朝，恣買賣私鑄錢者處八虐，雖不私鑄，所行旨同私鑄錢，尤可致停止事歟。」「錄原文」

建久四年（一一九三）七月四日朝旨云：

「應自今以後永從停止宋朝錢貨事。　右左大臣宣奉勅云云自非止錢貨之交關，爭得定直法於和市，仍仰檢非違使幷京職自今以後永從停止。」（錄原文）（註三一）

據此可見一斑矣。

日本自元明天皇和銅元年（七〇八）至村上天皇天德二年（九五八）二百五十年間，鑄造錢貨，雖達十二次；當時政府模倣唐制，爲獲利計，概以新錢當同樣舊錢之十。因此錢價下落，貨價騰貴；發行之新幣，不能充分流通，多退還於發行者之手。其鑄法又不精巧，同種之貨幣大小輕重互不相同，貨幣制度極爲紊亂，至不能作貨物之標準。至花山一條時代，日本貨幣至完全斷絕流通。本朝世紀花山天皇寬和二年（九八六）六月十六日條云：

「從去年九月中至於今，一切世俗錢不用，交關之間不通，人民無不嗟嘆。」（錄原文）

日本紀略一條天皇永延元年（九八七）十一月二日條云：

「仰檢非違使，加制止上下人人不用錢貨事。」（錄原文）

百練抄，扶桑略記所載亦同。此種形勢，繼續頗久。日本錢貨，僅可按照銅價使用，欲作法貨流通，極其困難。然政府仍強使通用，故輸入無法價關係之宋錢，以自然之價格流通之。此可據建久四年之宣旨而略知之。

以上乃輸入日本品之大概情形也。至於日本之輸出品，寶慶四明志卷五敍賦下，市舶條（註三二）曾列舉以下各品。

細色

金子　砂金　珠子　藥珠　水銀　鹿耳　茯苓

粗色

硫黃　螺頭　合蕈　松板　杉板　羅板

其中黃金之數，加藤博士曾有詳密之研究。日本商人所齎黃金最多之年，總額至多達四五千兩。（註三三）至於松板、杉板、羅板等之輸出，頗堪研究。宋趙汝适諸蕃志卷下倭國條（註三四）云：

「（上略）多產杉木羅木，長至四十丈，徑四五丈餘，土人解為枋板，以巨艦搬運至我泉貿易。」

又當時入宋僧傳記中亦多見此語；其輸出額之多，似出人意料之外。例如榮西入宋，師事明州天童山之虛庵懷敞，寺中將修千佛閣，榮西歸國後曾輸送多數良材以助其工作。（註三五）重源亦輸送周防國之木料，建立明州育王山舍利殿。（註三六）東福寺之開山辨圓（聖一國師）於仁治三年（一二四二），住博多承天寺時，聞在宋掛錫之杭州徑山火災，勸承天寺之開基謝國明，募化千板送之。（註三七）泉涌寺之湛海，在宋時，慨明州白蓮教寺之荒廢，趁鄉人之便，取良材數千，自行督工，復興門廊殿閣。（註三八）

除此以外，殆皆少量，與前代同。日本美術工藝品之輸出者，仍為蒔繪、螺鈿、水晶細工、刀劍、扇等。承安三年之答禮（見第一章第一節）即其明證。又（註三九）安元元年（一一七五），僧阿覺贈其師宋杭州靈隱之佛海慧遠，有水晶降魔杵及數珠二臂、綵扇二十。（註四〇）建長七年（一二五五）

前關白藤原實經，因東福寺辨圓之勸，爲報先妣准三后太夫人之德，使一族兒女昆弟等親書法華經四部，共三十二卷，藏於縷金螺鈿層匣中，捨於宋明州徑山之正續院。（辨圓之師無準師範之塔院，）（註四一）建長八年（西歷一二五六）高野山禪定院之覺心（法燈圓明國師）以水晶念珠一連，金子一塊，贈其師宋杭州護國仁王禪寺之無門慧海（佛眼禪師）。（註四二）由是觀之，蒔繪螺鈿，水晶細工，刀劍扇等日本美術工藝品中，足以誇示海外，又爲宋人所最珍重者，輸出甚多。至如水晶，相傳以日本產爲最上品，有「倭國者上品，信州者次之」（註四三）之諺。

又吾人所最覺奇異者，即當時輸出日本米也。據帝王編年記云：

「寬治元年（一二四七）十一月二十四日被宣西國米穀渡唐停止事。」（錄原文）

此雖不過唯一之記事，但既云停止西國米之輸出，可知當時日本曾輸出米穀矣。

（註一）百練抄仁平元年九月二十四日條，有左大臣藤原賴長以沙金贈宋商劉文仲事，因其去年（久安六年）進送書籍也。可知劉文仲來日在久安六年。

（註二）清盛任大宰大貳之年月，諸書互有異同。據公卿補任云：保元三年三月六日大宰大貳藤原忠能薨，清盛蓋繼其後者。

（註三）玉葉嘉應二年九月二十日條。

（註四）藤田豐八博士宋代ノ市舶司及ビ市舶條例（東洋學報第七卷第二號）。

（註五）玉葉承安二年九月十七日，及二十二日條。

（註六）玉葉，百練抄承安三年三月三日條。

（註七）玉葉建久二年二月十五日，又十九日，六月十二日等條。

（註八）平家物語，重盛前於安元時命妙典入宋。金石私誌以爲治承中入宋。按命妙典在安元時，其奉使之年，在治承初年。

（註九）平家物語無紋カネワタシ條。宗像記（大宰府考所引），金石私誌筑前宗像阿彌陀佛經碑。

（註一〇）開慶四明續志卷八，蠲免抽博倭金條。（加藤繁博士唐宋時代ニ於ケル金銀ノ研究所引。）

（註一一）藤田豐八博士宋代ノ市舶司及ビ市舶條例。

（註一二）參照第十三章第一節。

（註一三）嘉泰普燈錄卷二十，載有叡山之覺阿，與宋臨安府靈隱之佛海慧遠通書事。聖一國師年譜並語錄亦云，東福寺開山辨圓（聖一國師）與宋臨安府徑山之無準師範（佛鑑禪師）常常互通音信。此等事多散見於是時入宋僧之語錄，傳記，年譜中。

（註一四）吾妻鑑建保四年六月十五日；又十一月二十四日；又五年四月十七日等條。

（註一五）參照第十三章第一節。

（註一六）希叟紹曇禪師廣錄卷四示日本國平將軍法語。

（註一七）圓覺寺文書　佛光國師語錄卷三。

（註一八）藤田豐八博士宋代ノ市舶司及ビ市舶條例。

（註一九）泉涌寺不可棄法師傳。

（註二〇）宋趙汝适諸蕃志卷下倭國條。（加藤繁博士唐宋時代ニ於ケル金銀ノ研究引之）

（註二一）參照第六章第四節。

（註二二）藤田豐八博士宋代ノ市舶司及ビ市舶條例。

（註二三）吾妻鏡文治二年十二月十日條。

（註二四）歷代鎭西志。

（註二五）藤田豐八博士宋代ノ市舶司及ビ市舶條例。

（註二六）加藤繁博士唐宋時代ニ於ケル金銀ノ研究。

（註二七）百練抄治承三年十二月十六日條。

（註二八）吾妻鏡文治元年十月二十日條。

（註二九）宋書食貨志及張方平傳。

（註三〇）藤田豐八博士宋代ノ市舶司及ビ市舶條例。

（註三一）法曹至要抄中出擧條。

（註三二）加藤繁博士唐宋時代ニ於ケル金銀ノ研究所引。

（註三三）加藤繁博士唐宋時代ニ於ケル金銀ノ研究。

（註三四）加藤繁博士唐宋時代ニ於ケル金銀ノ研究所引。

（註三五）宋樓鑰撰太白山千佛閣記。

（註三六）東大寺造立供養記　南無阿彌陀佛作善集。

（註三七）聖一國師年譜。

（註三八）律苑僧寶傳湛海傳　本朝高僧傳湛海傳。

（註三九）玉葉承安三年三月十二日條。

（註四〇）嘉泰普燈錄卷二十。

（註四一）聖一國師年譜。

（註四二）法燈圓明國師遺芳錄及行實年譜。

（註四三）居家必用事類戊集卷之十水品（異稱日本傳所引）。

第十三章　入宋僧歸日宋僧與文化之移植

一　史籍中之入宋僧

南宋中葉以後，爲日宋商船往來最繁盛之時代。因而此時代入宋僧之數甚多。彼等大部分傳南宋爛熟之禪宗，及宋代特色之新文化。由文化之移植上觀之，實爲最重要時期。

此時代之僧侶，不似唐末五代及北宋時代渡海者之攜多數從僧，大概個人（間有偕他僧同行者）託身於商船而往來。然其數之多，實在意料之外。僅予所知者已達八十餘人之多。茲揭其一覽表如左：

南宋時代入宋僧一覽表

人名	入宋在宋歸國年代	在宋年數	在宋時之狀況	附記	典據
重源（俊乘坊）	仁安三年歸國		因巡拜五臺山聖跡而入宋，以其爲金國領土，不能如願，乃詣天臺山育王山，又由日本購木料營造育王山之舍利殿	歸國之際，齎來宋版大藏經，淨土五祖像等，重建東大寺，乃人所共知者，玉葉及東大寺造立供養記，謂渡宋凡三次	玉葉，南無阿彌陀佛作善集，東大寺供養記，元亨釋書
安覺良祐（色定）	建保二年歸國		發大願書寫藏經一部，在宋十餘年，成其一半	良祐始書寫藏經，在文治三年，至安貞二年凡四十二年而畢，經卷四千數百卷，現存於筑前宗像郡田島村興正寺	不可棄法師傳，鵝林玉露，本朝高僧傳
慶政（勝月房）	建保五年在宋			園城寺之僧，歸國後，庵居於山城國松尾，又在京都西山開法華山寺(峯堂)	慶政上人傳考
行一				宮內省圖書館寮所藏宋大藏經，刻有「日本國行一捨」「日本國僧慶政捨」字樣，行一與慶政，似同時入宋者	
戒覺				萬代集有戒覺入宋歌一首	西征求法歌集
志遠				新後撰集，有志遠歸國後回憶唐土事實歌一首	同前
元要				新葉集有右近大將長親母回憶元要上人入唐歌一首	同前

不可棄俊芿（大興正法國師）		正治元年入宋，建曆元年歸國	12	登天台山，又到雪竇、徑山學禪，又就明州景福寺之如庵學律三年，又就秀州華亭縣超過教院之北峯宗印，學天台八年，其後與臨安府下天竺之禪教律名僧論道，又與公卿大夫交遊	歸國之際，帶回經論儒書等甚多。後得後鳥羽高倉兩上皇之皈依，在京都東山開創泉涌寺	泉涌寺不可棄法師傳
安秀		正治元年入宋		隨從俊芿入宋，與俊芿共同行動		同前
長賀		正治元年入宋		同前		同前
法忍淨業（忍律法師）	第一次	建保二年入宋，安貞二年歸國	14	就學於中峯之鐵翁，理宗賜以忍律法師之號	舶載一切經而歸，在京都創戒光寺	律苑僧寶傳，本朝高僧傳，山城名勝志
	第二次	天福元年入宋，仁治二年歸國	8		齎回佛像梵夾甚多，在筑紫開西林寺，在洛東開東林寺	
思齊		建保五年入宋			泉涌寺俊芿之使者，攜法礪之四分律疏等入宋，其後事蹟不傳	泉涌寺不可棄法師傳
幸命		同前			同前	同前
聞陽湛海	第一次	嘉禎末入宋，寬元二年歸國	7	經兩浙，遊南湖，學於晦巖，又留明州白蓮教寺數歲而歸	泉涌寺俊芿之弟子，帶回經論甚多	律苑僧寶傳，本朝高僧傳
	第二次	寶治時入宋，建長七年歸國		募白蓮教寺之佛舍利再入宋，因營造其寺之門廊殿閣有功，得佛舍利，又遊臨安府之下天竺上天竺	由白蓮教寺得佛舍利，供奉於泉涌寺，每年九月八日開舍利會，永以爲例	

明觀智鏡		曆仁元年入宋		在宋時與蘭溪道隆交厚，勸其東渡	泉涌寺後芿之法孫。歸國後住泉涌寺	本朝高僧傳，律苑僧寶傳
自性道玄				入宋歷訪律匠，諮葶戒疏	定舜之弟子，歸國後住泉涌寺，著比丘鈔解一卷	本朝高僧傳，律苑僧寶傳
明菴榮西（千光法師）	第一次	仁安三年入宋，同年歸國	1	登天台山及育王山	齎回天臺之新章疏三十餘部六十卷，又傳入茶種	明菴西公禪師塔銘，元亨釋書，興禪護國論，吾妻鏡
	第二次	文治三年入宋建久二年歸國	4	欲渡印度不果，改就天台山萬年寺之虛庵懷敞學禪，後懷敞移住天童山。從至天童山遂嗣其法，宋孝宗賜以千光法師之號	歸國後受平政子，源賴家之皈依，在京都建建仁寺。在鎌倉建壽福寺，大鼓吹禪風，爲日本禪宗之始祖	
覺阿		承安元年入宋		參見臨安府靈隱之佛海慧遠	高倉天皇聞其德風，召入宮中，詢以禪要，後菴居比叡山不出	嘉泰普燈錄，五燈會元，元亨釋書
金慶		同前		覺阿之法弟，與覺阿同入宋		同前
練中		文治五年入宋		爲其師攝津三寶寺之大日能忍之使者入宋，贈書幣於育王山之拙菴德光，呈其所悟，德光證之，授法衣及贊達磨像		訂補建撕記
勝辨		文治五年入宋		大日能忍之弟子，與練中同入宋		同前
隆禪		貞應二年在宋			道元入宋時，曾與日本隆禪上座相遇，同見龍門佛眼派下之嗣書，故當爲是時之入宋僧	建撕記

明　全	貞應二年入宋		攜弟子道元等同入宋，元仁元年在天童山，於先師榮西之忌辰，捐楮卷，千緡寄於諸庫，又設齋施衆，嘉祿元年寂於其山之了然寮		日本國千光法師祠堂記，建撕記，永平廣錄
希玄道元（承陽大師）	貞應二年入宋，安貞元年歸國	4	從明全入宋，歷訪天童山徑山等，後參天童山之長翁如淨，傳曹洞禪之正脈而歸	歸國後，在山城深草開興聖寺，在越前開永平寺，爲日本曹洞宗之始祖	道元和尙行錄，永平三祖行業記，永平實錄，建撕記
廓　然	貞應二年入宋		隨從明全道元等入宋		訂補建撕記所引渡海牒
亮　照	同前		同前		同前
圓爾辨圓（聖一國師）	嘉禎元年入宋，仁治二年歸國	6	歷訪天童淨慈靈隱等諸寺，參智識後，登徑山，嗣無準師範之法而歸	歸國後，受藤原道家之皈依，在京都東山開東福寺	聖一國師年譜，榮尊和尙年譜
神子榮尊	嘉禎元年入宋，曆仁元年歸國	3	與圓爾辨圓同入宋，歷訪江南之禪林，嗣徑山無準師範之法	歸國在肥前國開與聖萬壽寺	榮尊和尙年譜
性才法心		9	嗣徑山無準師範之法而歸	在陸奧松島開圓福寺	元亨釋書，本朝高僧傳，延寶傳燈錄
大歇了心				歸國後，歷住壽福建仁二寺，詳悉清規，日本禪苑創始於榮西，衣服禮典，至了心而大備	扶桑五山記・本朝高僧傳，空華日工集
隨乘湛慧（隨乘坊）			嗣徑山無準師範之法而歸	歸國在筑前開崇福寺，請圓爾辨圓開堂演法	聖一國師年譜

無外爾然（應通禪師）			佛鑑禪師（無準師範）五會錄與希叟紹曇禪師語錄，皆見有日本然上人之名，恐卽爾然也	歸國在三河開實相寺，請圓爾辨圓爲第一祖	同前
琳（上人）			入宋參徑山之無準師範		佛鑑禪師五會錄
承性				歸國後在建長寺隨從蘭溪道隆	大覺禪師語錄
天祐思順			入宋嗣北磵居簡之法	歸國後在京東草河建造勝林寺	圓明國師行實年譜
大和				東巖安禪師行實中有入宋僧大和法橋之名，乃草河之門弟，或卽天祐思順之徒也	東巖安禪師行實
一翁院豪（圓明佛演禪師）	寬元二年入宋		入宋參徑山無準師範	歸國住上野長樂寺，宋僧兀菴普寧與無學祖元東渡時，曾就之請益	佛光國師語錄，延寶傳燈錄，本朝高僧傳，
印（上人）	同前		攜圓爾辨圓書入宋，呈於徑山之無準師範		聖一國師語錄，聖一國師年譜
妙見道祐	寬元三年在宋		入宋嗣徑山無準師範之法	歸國後隱於京北之妙見堂	東巖安禪師行實
悟空敬念	同前		圓爾辯圓之弟子，入宋嗣徑山無準師範之法	歸國後遊鎌倉，謁兀菴普寧，其徒東巖惠安，在京東建福田菴時，請往開堂演法，後隱於筑前之首羅山	同前
心地覺心（法燈圓明國師）	建長元年入宋，六年歸國	6	因圓爾辨圓之勸，入宋赴徑山，參癡絕道冲，繼遊育王山，後嗣臨安府護國仁王寺無門慧海之法	在紀伊之由良開興國寺	圓明國師行實年譜，高野春秋，本朝高僧傳

覺儀			隨從心地覺心入宋		圓明國師行實年譜
觀明			同前		同前
證(上人)			入宋參見希叟紹曇與西巖了慧		希叟紹曇禪師語錄，西巖了慧禪師語錄
後(上人)			同前		同前
覺(上人)			入宋參見希叟紹曇		希叟紹曇禪師語錄
無關普門(普門房)(大明國師佛心禪師)	建長三年入宋，弘長二年歸國	11	圓爾辨圓之弟子，到淨慈嗣斷橋妙倫之法	歸國住東福寺，又得龜山上皇皈依，在京都開創南禪寺	無關和尚塔銘
無象靜照(法海禪師)	建長四年入宋，文永二年歸國	13	入宋登徑山，嗣石谿心月之法，其時遍歷育王天台天童淨慈等，並謁虛堂智愚	歸國後開創京都之佛心寺，丹後之寶林寺，常陸之興禪寺，又主持筑前之聖福寺，上奏叡山之徒嫉禪宗之興隆，請停之，於是著興禪記一卷	無象禪師語錄，法海禪師行狀記，延寶傳燈錄，本朝高僧傳
台(上人)			入宋參石谿心月		石谿心月禪師語錄
源心	建長五年在宋		建長五年，在宋遇心地覺心，覺心勸參無門慧海		圓明國師行實年譜
寒山義尹	建長五年入宋，文永四年歸國	14	參明州瑞巖之無外，淨慈之虛堂，靈隱之退耕等	歸國後在肥前開大慈寺	寒岩禪師略傳，日域洞上諸祖傳，本朝高僧傳

約翁德儉（佛燈國師）	建長中入宋	8	參育王之寂窗，天童之石帆，淨慈之東叟，靈隱之虛舟，徑山之藏叟等	歸國住建仁寺	佛燈國師塔銘
無隱圓範（覺雄禪師）			蘭溪道隆之弟子，入宋遍歷江南之叢林而歸	歷住建仁圓覺建長等寺	大覺禪師語錄，鎌倉五山記，本朝高僧傳
樵谷惟僊	建長末入宋		巡歷徑山天童山育王山等，參詢虛堂，偃溪，介石，簡翁，別山•諸老	歸國後隱於信濃，開安樂寺住之	扶桑五山記，延寶傳燈錄，本朝高僧傳
寂菴上昭（宏光禪師）			與南浦紹明，約翁德儉，無象靜照，樵谷惟僊等，同參虛堂，偃溪，介石，簡翁，諸老	歸國後到鎌倉，依大休正念，繼住壽福寺	鎌倉五山記，延寶傳燈錄，本朝高僧傳
常禪房			正嘉元年春，從在宋之無象靜照贈圓爾辨圓之書而入宋，途中船破。生死不明		聖一國師年譜
乘道房			同前		同前
山叟惠雲（道空房）（佛智禪師）	正嘉二年入宋，文永五年歸國	10	圓爾辨圓之弟子，入宋嗣淨慈之斷橋妙倫之法	歷住筑前承天寺崇福寺，後赴陸奧開勝滿寺，後隱於東福寺	佛智禪師傳
南洲宏海（眞應禪師）				歸國後，參建長寺之兀菴普寧而嗣其法，住淨智寺	鎌倉五山記，五山記考異，本朝高僧傳
徹通義介	正元元年入宋		道元弟子，道元寂後又從懷奘，繼入宋登天童山，禮祖塔，後歷遊諸方	歸國後爲永平寺之第三世	永平三祖行業記，日域洞上諸祖傳，日本洞上聯燈錄，

南浦紹明（圓通大應國師）			參淨慈之虛堂智愚，虛堂遷於徑山，又隨之，遂嗣其法	歸國後，歷住筑前之興德崇福，京都之萬壽，鎌倉之建長等寺，	大應國師語錄，大應國師塔銘，鎌倉五山記
智　光			入宋參虛堂智愚		虛堂禪師語錄
海月明心			京都草河之僧，入宋嗣大川普濟，虛堂和尚語錄中有日本國心禪人，殆即明心也		萬治版虛堂禪師語錄註
寂巖　了	文應弘長時在宋			寂巖了歸日本時，清拙正澄在宋，送之至明州，正澄之禪居集，有跋了寂巖回日本頌軸後	禪居集
禪　忍（忍禪）	文永元年在宋		蘭溪道隆弟子，攜大覺禪師語錄入宋，文永元年在宋雕版，請淨慈之虛堂智愚校勘，上天竺之佛光法師法照作序，	大覺禪師語錄中。有「示禪忍上人」之法語，虛堂禪師語錄「日本建長寺隆禪師語錄跋」中有「忍禪」之名	大覺禪師語錄
東林　忍			入宋參乎石如砥	乎石如砥禪師語錄中有日本僧東林禪忍侍者之名，或即禪忍亦未可知	乎石如砥禪師語錄
巨（藏主）			入宋參乎石如砥		乎石如砥禪師語錄
（無量房）覺山順空（圓鑑禪師）	弘長三年入宋，文永六年歸國	7	圓爾辨圓之弟子，入宋參徑山之偃溪廣聞等諸老宿，後參石林鞏，所得甚多	歸國後在肥後開高城寺，住筑前之承天寺，後隱於東福寺	聖一國師年譜，元亨釋書，五山傳，本朝高僧傳
一關祖丘				神子榮尊之弟子，爲其師請賜紫並諡號	榮尊和尚年譜

不退德溫	文永中入宋		蘭溪道隆弟子，與宗英同入宋，謁希叟紹曇，爲時宗求法語		希叟紹曇禪師語錄
宗英　第一次	文永中入宋		同前	歸國時以圓鑑獻蘭溪道隆	希叟紹曇禪師語錄，一山撰圓鑑贊並序
宗英　第二次	弘安二年入宋同年歸國	1	奉時宗之命，與無及德詮同入宋，迎無學祖元來日		圓覺寺文書，鎌倉五山記
圭堂璦林	文永中入宋		參徑山之虛舟普度而嗣其法	歸國後住京東草河之勝林寺，嘉元中以虛舟和尚語錄，附商舶入宋印行之	延寶傳燈錄，本朝高僧傳
(正智房)眞翁智侃(佛印禪師)			初參蘭溪道隆，後入宋歷參智識	歸國後嗣圓爾辨圓之法，在豐後開萬壽寺，後隱於東福寺	聖一國師年譜，直翁和尚塔銘，五山傳
覺㧉			初參兀菴普寧，後入宋參叩名宿	歸國後隨從大休正念，在越州開淨福寺，本朝高僧傳中有總覺，或卽此人	佛源禪師語錄，本朝高僧傳
慈心				歸國後參大休正念	佛源禪師語錄
圓海	文永二年歸國		入宋參訪智識，與無象靜照同船歸國	在京都開佛心寺，請無象靜照住持	法海禪師行狀記
(道顯房)白雲惠曉(佛照禪師)	文永三年入宋，弘安二年歸國	13	圓爾辨圓弟子，入宋參瑞巖之希叟紹曇而嗣其法	歸國後，參無學祖元，後隱於東福寺	佛照禪師塔銘，聖一國師年譜

無傳聖禪			圓爾辨圓之弟子，入宋嗣徑山荊叟如珏之法	歸國後參大休正念，繼住越後之花報寺	聖一國師年譜
巨山志源			登徑山嗣虛堂智愚之法	住鎌倉之禪興寺，以宗乘詩偈聞名於叢林之間	
林叟德瓊(覺照禪師)			蘭溪道隆弟子，歷訪江南諸叢林而歸	歷住鎌倉之禪興壽福二寺	鎌倉五山記，五山記考異，延寶傳燈錄，本朝高僧傳
道意房	建治三年歸國		建治三年歸國之際，宋僧西磵子曇，託其贈書於圓爾辨圓		聖一國師年譜
桃溪德悟(宏覺禪師)	弘安二年歸國		蘭溪道隆之弟子，入宋謁育王山之頑極行彌，宋僧無學祖元來日時，隨之回國	歷住筑前之聖福，鎌倉之圓覺等寺	鎌倉五山記，五山記考異，延寶傳燈錄，本朝高僧傳
龍峯宏雲	弘安二年歸國		入宋歷訪諸名刹，無學祖元來日之際，隨之歸國		名刹由緒書
無及德全	弘安二年入宋，同年歸國	1	蘭溪道隆弟子，奉時宗命與宗英同入宋，迎無學祖元來日		圓覺寺文書，鎌倉五山記
靈果(本曉房)	弘安二年歸國		隨元將范文虎所遣之使者周福欒忠等回國		關東評定傳

右表所列，僅予所寓目者耳，其他不知凡幾。試觀當時有名宋僧之語錄，多見有日本僧之名，如希叟紹曇禪師語錄中有日本證上人，日本然上人，日本覺兄日本俊侍者。西巖了慧禪師語錄中有日本證上人，日本俊上人。平石如砥禪師語錄中有東林忍侍者，日本巨藏主。石谿心月禪師語錄中，

有日本台上人佛鑑禪師（無準師範）五會錄中，有日本然上人，日本琳上人，虛堂智愚禪師語錄中有日本心禪人日本智光禪人。其數甚多，然概傳其諱之一字，其記事亦只有傳與彼等之簡單法語、偈頌之類。其人物如何，至今仍難闡明。

是等許多入宋僧，仔細檢點之，因時代不同，其入宋之目的亦異，可區分爲三類：

第一類，入宋較早，其目的與前代之奝然、寂昭、成尋等同，非爲求法，只爲消滅自己罪障後生菩提，而巡拜佛蹟者。如俊乘坊重源，初因欲巡拜五臺山聖蹟入宋，後以其地爲北方金國所領，不得已而巡歷天台山與育山王而回。（註一）榮西第一次入宋，曾巡歷天臺山育王山，第二次入宋，更進而欲瞻禮印度之佛蹟，以關塞不通，不得官廳許可，乃轉參黃龍八世之法孫虛菴懷敞而傳臨濟禪。（註二）又有以一切經一筆書行人著名之安覺良祐與山城松尾之勝月房慶政，及行一、戒覺、志遠、元要等，其事蹟雖不明，恐亦此種入宋僧也。

第二類，乃欲傳習律宗而入宋者。律宗當奈良朝孝謙天皇時，唐僧鑑眞傳來，一時大爲興盛。及入平安朝，漸次萎靡不振；中頃以後，法脈殆絕，蓋當時僧侶，一般有墮落之傾向；又因最澄所創之叡山大戒興隆故也。正治元年（一一九九）四月，俊芿攜其弟子安秀、長賀二僧入宋；就明州景福寺如庵，學律部者三年；又登明州雪竇（十刹第五資聖禪寺），臨安府徑山（五山第一興聖萬壽禪寺）學禪；又至嘉興府（五代爲秀州，元代爲松江府）華亭縣超果教院，就北峯宗印學天台；又到臨安，與禪、教、律諸名德論道；在宋十二年，建曆元年（一二一一）歸國。得高倉、後鳥羽、順德諸帝之皈依。在京都創泉涌寺，大張法筵。（註三）又法忍淨業於建保二年（一二一四）入宋，學戒律於鐵翁，在宋十四年，安貞二年（一二二八）歸國，在京都建戒光寺。於是泉涌、戒光二寺對峙，爲學律者之淵叢。自此以後，俊芿之弟子聞陽湛海、法孫明觀智鏡、目性道玄等，相繼入宋，傳習戒律。（註四）

第三類，乃爲學禪宗而入宋者，此類占此時代入宋僧之大部分。禪宗自唐代已大行，日本入唐僧與唐僧入日本者傳禪於日本者頗多。白雉四年（六五三）遣唐學問僧道昭，曾學於相州（清彰德府）隆化寺之慧滿（禪宗第二祖慧可法孫僧那之法嗣）。（註五）天平八年（七三六）來日之唐僧道璿，嘗參崇山（湖南省）之普寂（神秀之法嗣）學禪。（註六）最澄亦曾就台州禪林寺之翛然，學牛頭禪。（註七）圓仁亦訪靑州（山東省）居士蕭慶中問禪法。（註八）又仁明天皇時，來日迎遣唐學問僧惠蕚之唐僧義空（杭州靈池院齊安國師之法嗣）亦在檀林寺傳禪法。（註九）又入宋僧奝然歸國後，亦以三學宗之名，鼓吹戒，慧與禪。（註一〇）但禪宗雖屢次傳於日本，實未大盛。蓋禪宗僅附隨其他宗派以傳，未足惹世人之注意。且奈良平安朝之人，只以研究經典與祈禱法會爲佛教，而禪宗無可依據之經典，亦無可祈禱之對象，超絕一切官能，一切智識，彼時之人尙不能了解也。中國之禪宗，則經五代，北宋，而益趨盛大，至南宋已達爛熟之期。其時所謂中國之佛教，殆只有禪宗。是故日宋交通漸盛，僧侶往來漸多，日本自亦受其影響。當建久二年（一一九一）榮西歸國傳禪宗以前，叡山之覺阿，於承安元年（一一七一）與法弟金慶入宋，嗣臨安靈隱（五山第二，景德靈隱禪寺）佛海慧遠之法而歸。（註一一）攝津三寶寺之大日能忍亦自修而有所得；文治五年（一一八九）遣其徒練中勝辨二僧入宋，贈書幣於明州育王山之拙菴德光，且呈其所悟而得證明。（註一二）至是禪宗乃漸動日人之耳目。且是時日本平安朝之文化，業已衰頹，宗教思想，已有若干搖動；而欲得新智識之欲望，亦與時俱進。是時適榮西歸國，在博多構聖福寺，在鎌倉開壽福寺，在京都建建仁寺，盛行鼓吹禪風；日本之禪宗，由此大興，亦勢所必然也。然榮西所提倡者，非純粹之禪；彼不過欲復興最澄理想之圓頓禪戒，以完全令法久住鎭護國家之祖意。惟最澄置禪於第三位，榮西則「以戒始以禪終」(註一三)稍不同耳。建仁寺當草創之時，並構眞言止觀二院，行菩提大戒，亦修台密事業，原非純粹之禪寺也(註一四)。蓋榮西因襲前代思想未能完全脫離舊佛教之範圍；他一方面，又避台徒之妨害，有不得不然者。

然而榮西之鼓吹禪風，對於當時佛教界，實與以多大之刺戟而喚起禪宗之興味。自此以後，羨慕南宋禪風而入宋者，遂絡繹不絕。榮西弟子明全於貞應二年（一二二三）偕其徒道元等入宋。明全歿於中國，道元參天童山之長翁如淨傳曹洞禪之正脈而歸，開越前永平寺。其徒寒岩義尹、徹通義介等亦相繼入宋。又榮西之法孫圓爾辨圓，於嘉禎元年（一二三五）與同門神子榮尊同船渡宋，嗣徑山無準師範之法，歸國後在京都開東福寺。寬元四年（一二四六）宋僧蘭溪道隆來日，執權時賴迎至鎌倉開創建長寺。與辨圓東西相呼應，發揚禪風。此二僧之徒，學於宋者亦甚多。辨圓門下之悟空敬念，心地覺心，無關普門，山叟惠雲，無外爾然，白雲惠曉，無傳聖禪；道隆門下之約翁德儉，無隱圓範，南浦紹明，禪忍，藏山順空，不退德溫，宗英，直翁智侃，林叟德瓊，桃溪德悟，無及德銓等皆

相繼入宋。故宋末五十年間，爲是等禪僧往來最繁之時期。（註一五）

二　入宋僧之游歷地

入宋僧雖多，而在宋遊歷之地，則惟限於以南宋國都臨安爲中心之狹小地域。蓋江北之地，概爲金（金滅後爲元）人所領，已不能似前代隨意巡禮五臺山之聖跡，遊歷洛陽長安之名藍矣。且當時大部入宋僧皆爲學禪而往。而禪宗之名刹，亦限於江南之地也。

中國古代無禪寺，隋唐以來，修禪者只借律院居住。及至五代，吳越王錢鏐皈依禪法。改江南各地之教寺爲禪寺，於是禪寺始多。次經北宋南宋，江南之禪寺乃大興盛。寧宗時，從衞王史彌遠奏言，始定江南禪寺之等級，設禪院五山十刹。五山十刹乃倣印度釋迦在世時鹿苑、祇園、竹林、大林、那爛陀等五精舍並倣釋迦滅後之項塔、牙塔、齒塔、髮塔、爪塔、衣塔、鉢塔、錫塔、瓶培、盥塔等十塔者。其經營管理，爲國家的事業。宋代之五山十刹如左。（地名爲宋代地名，括弧內爲現在地名。）（註一六）

五山

第一　徑山　臨安府（浙江杭州）徑山　興聖萬壽禪寺
第二　靈隱　臨安府北山　景德靈隱禪寺
第三　天童　明州（浙江寧波）太白山　景德禪寺
第四　淨慈　臨安府南山　報恩光孝禪寺
第五　育王　明州育王山　廣利禪寺

十刹

第一　中竺　臨安府　天寧萬壽永祚禪寺
第二　道場　湖州（浙江湖州）烏程縣　護聖萬歲禪寺
第三　蔣山　建康府（江蘇江寧）上元縣　太平興國禪寺（後改爲靈谷寺）
第四　萬壽　平江府（江蘇蘇州。）　報恩光孝禪寺
第五　雪竇　明州　資聖禪寺
第六　江心　瑞安府（浙江温州）永嘉縣　龍翔禪寺

第七　雪峯　福州（福建福州）候官縣　崇聖禪寺

第八　雙林　婺州（浙江金華）金華縣　寶林禪寺

第九　虎丘　平江府　雲岩禪寺

第十　國淸　台州（浙江台州）天台縣　教忠禪寺

此外又有教院五山十剎，以臨安府之上竺、下竺，瑞安府（浙江省温州府）之能仁，明州之白蓮寺，爲教院五山。以臨安府之集慶、演福、普福，湖州之慈感，明州之寶陀，紹興府之湖心，平江府之大善、北寺，松江府之延慶，建康府之瓦官，爲教院十剎。（註一七）此時代之入宋僧，予所謂可屬於第二類者，如俊芿曾寓於臨安府之下竺，湛海曾掛錫於明州之白蓮教寺，（註一八）歷訪教院五山。屬於第三類之禪僧，皆必巡歷禪院五山十剎。然亦惟遊歷中日交通關門之明州，及台州、臨安府等各寺，稍遠之南方瑞安府（温州府）、福州，與北方平江府（蘇州府）、建康府等各寺，則往者甚少。觀前之入宋一覽表可知。

禪院五山之內，最初爲日本人所熟知者，爲育王山。奈良朝來日之唐僧鑑眞，曾攜日本遣唐學問僧榮叡，普照等瞻禮該寺；事見唐大和上東征傳。育王山原名鄮山，晉武帝太康二年（二八一）劉薩訶（後出家爲僧名惠達）在此山發見印度阿育王八萬四千塔之一，因改名阿育王山，略稱爲育王山。東晉安帝義熙元年（西歷四〇五）始勅構塔亭，梁武帝普通三年（西歷五二二）賜阿育王寺之額，宋眞宗大中祥符元年（西歷一〇〇八）賜廣利寺額。此寺改爲禪寺，殆在此時。（註一九）此山在明州東方五十華里，與日本早有交涉，平重盛遺妙典施黃金者此寺也；源實朝造大船欲參詣者，亦此寺也。重源與榮西早瞻禮於此。重源又輸送周防國之木料，建立此寺之舍利殿，其後入宋僧如心地覺心、無象靜照、約翁德儉、樵谷惟僊、桃溪德悟等掛錫於此寺者，絡繹不絕。

次於育王山而早爲日本入宋僧掛錫處者，天童山也。寺在明州東六十五華里之太白山中。相傳西晉惠帝永康元年（三〇〇），義興所開創。唐玄宗開元二十年（七三二），法睿建寺於此，日誦法華經，太白星化爲天童，日日齋供，故名此山爲太白山云。（註二〇）日本入宋僧，最初登此山者，榮西也。文治三年（一一八七）第二次入宋時，先登天台山，參萬年寺之虛菴懷敞，後懷敞移住天童山，彼又從之，凡四年而嗣其法。適值此山修營千佛閣，故歸國後送許多良材以助其工。（註二一）自此天童山之名，次第爲日人所知。貞應二年（西曆一二二三）榮西弟子明全，偕其徒道元，掛錫於此，病歿於此山之了然寮。道元就此山長翁如淨，嗣洞山十四世之正統而歸。爾來圓爾辨圓、無象靜照、約翁德儉、樵谷惟僊、寂菴上昭、徹通義介等遊此山者甚多。又來化日本之宋僧蘭溪道隆（建長寺開山大覺禪師），無學祖元（圓覺寺開山佛光國師）鏡堂覺圓（大圓禪師）等，亦曾居此。其地近於明州，故爲往來日宋間之僧侶必遊之地。

以上爲育王山、天童山之大略；然占南宋禪院五山之首位，而與日本最有關係者，徑山也。徑山在臨安西北七十華里，環以高峻五峯，於平地建一寺，山徑通西方天目山，故有此名。又名雙徑或徑塢。唐代宗時，法欽（牛頭宗第七世國一禪師）開創。其後久歸荒廢；懿宗咸通二年（西曆八六一），鑒宗（無上禪師）住此，再興之。爾來經幾多變遷。南宋紹興七年（西曆一一三七）大慧宗杲住此，鼓吹臨濟宗風，乃大興盛。當時僧衆有一千七百餘人之多，二大僧堂，尚不能容，紹興十年，建千僧閣，其盛況可以想見矣。(註二二)宗杲寂後，嗣其席者有妙空了明、密菴咸傑、佛照德光、蒙菴元聰。日本泉涌寺俊芿，掛錫於徑山，卽在蒙菴元聰住此寺時。(註二三)理宗紹定五年（一二三二）無準師範

（大鑑禪師）住此。日本東福寺開山圓爾辨圓（聖一國師）與肥前與聖萬壽寺開山神子榮尊，入宋參謁師範，實其後四年端平三年（日本嘉禎二年，一二三六）之事。（註二四）爾後性才法心、隨乘湛慧、一翁院豪妙見道祐、悟空敬念等掛錫徑山嗣師範之法者甚多。又來日曾見時賴之兀菴普寧，時宗之師圓覺寺開山無學祖元，亦師範門下之俊傑也。祖元來日時曾云，「老僧雖在大唐與日本兄弟同住者多」云云，（註二五）可見當時日本僧在師範會下者甚多。師範之後，嗣其席者爲癡絕道冲、石谿心月、虛堂智愚。日本之心地覺心曾謁道冲、無象靜照曾參心月。樵谷惟僊、寂菴上昭、南浦紹明、巨山志源等則嗣智愚之法者也。

此外有西湖西岸五山第二之靈隱，與西湖南岸五山第四之淨慈，均近宋都臨安，日本僧之掛錫者，亦絡繹不絕。靈隱一名鷲峯在武林山東晉咸和（三二六至三三五）之初，西竺人慧理三藏來中國，遊其地，見山岩之秀麗，曰，此乃中天竺靈鷲山之一小嶺，不知何年飛來，佛在世時，仙靈多隱此山云云，於是在此地建靈鷲、靈隱二刹。唐會昌年間廢佛，焚之。吳越王錢鏐，因其舊址，建五百羅漢堂，使永明延壽主持開堂禮。宋景德四年（一〇〇七）賜景德靈隱禪寺勅額。（註二六）入宋僧中最先掛錫於此者爲覺阿，在此參佛海慧遠，歸國後常通書信，已如前述，圓爾辨圓與約翁德儉亦曾謁之。

淨慈寺，山號南山，又名南宕，或作南蕩。其勝境之一，有南屏山，故又書作南屏。後周顯德元年（九五四）吳越王錢弘俶之所建，稱慧日永明院，開山者永明延壽也。宋太宗時，改爲壽寧禪寺。宋高宗紹興九年（一一三九）改稱報恩光孝禪寺（註二七）南宋時代，斷橋倫、虛堂愚等俊傑，皆曾住此。圓爾辨圓、無關普門、無象靜照、寒宕義尹、山叟惠雲、南浦紹明等，遊此者頗多。

靈隱附近，有西湖三天竺，卽中竺、上竺、下竺三寺也。中竺爲禪院十刹中第一寺，隋代開皇十七年（五九七）有名寶掌者由印度來此，開一梵刹。北宋時代名崇壽院；徽宗政和四年（一一一四），改稱天寧萬壽永祚禪寺。上竺（後晉天福四年僧道翊所開創）下竺（隋開皇十五年眞觀、道安所開創）爲列於教院五山之寺，因近靈隱，遊者頗多。下竺爲俊芿掛錫之地。

此外，如道場、蔣山、萬壽、江心、雪峯、雙林、虎丘等十刹各寺，因離明州臨安稍遠，入宋僧之遊歷者極少。其盛也，乃其後元代之事。

三　入宋僧攜來物品

此時代之入宋僧，多齎經典者，惟予所謂第一類第二類之僧。彼等所攜之物，應先舉者，為福州版（又名閩本）大藏經。此大藏經，為太祖之開寶勅版。（註二八）其次為福州東禪開元二寺雕造之私版。其時各雕一藏歟？抑兩寺共成一藏歟？殊不可知；似係各雕一藏者。據藤堂祐範之調查報告，宮內省圖書寮所藏之福州版大藏經中之大般若經六百卷為東禪寺版。智恩院所藏者，為開元寺版。（註二九）東禪寺版自神宗元豐三年（一〇八〇），至徽宗崇寧三年（一一〇四）二十四年間所雕，凡五百六十四函六千八十七卷。開元寺版，自徽宗政和二年（一一一二）至南宋高宗建炎三年（一一二九）十七年間所雕，凡五百餘函。後自紹興十六年（一一四六）至十八年間又加四十函，共五百六十四函。孝宗乾道八年（一一七二）又追加禪宗部，共五百六十七函六千一百十七卷云。（註三〇）後至淳熙三年（一一七六）勅東禪開元二寺，刻天台一宗之教部入藏，（註三一）此等版連同追加版完成之期，東禪寺版，約經百年，開元寺版，約經六十餘年。

福州版大藏經，現存於日本者，宮內省圖書寮(註三二)智恩院高野山中尊寺皆有之，但已殘缺。此等經卷殆皆是時之入宋僧齎來者。宮內省圖書寮本之大般若經、大寶積經、新華嚴經，刻有「日本國僧慶政捨」者約十卷。大般槃涅經，刻有「日本國僧行一捨」者數卷。(註三三)又據橋本進吉之慶政上人傳考，福州版大方廣佛華嚴經二十三卷中刻有「日本國僧慶政捨周正刀」等字。行一之事蹟不明，慶政即山城國松尾之慶政上人也。慶政入宋，在宋寧宗嘉定十年（日本建保五年，西紀一二一七）曾居泉州高山寺舊藏波斯文文書（山田永年氏藏）序中有云：

「此是南番文字也南無釋迦如來南無阿彌陀佛也兩三人到來船上望書之。

爾時大宋嘉定十年丁丑於泉州記之。

爲送遣本朝辨和尙（高辨明惠上人）禪菴令書之。彼和尙殊芳印度之風故也。沙門慶政謹記之」（皆原文）(註三四)

慶政若至泉州，途次當遊福州東禪開元二寺，或即於此時印造福州版攜回乎？彼歸國後，於弘長三年（西歷一二六三）當式乾門院利子內親王之十三年忌日，開京都西山法華山寺，(峯堂)

會行唐本一切經之供養，（註三五）亦其旁證也。圖書寮本，所以刻有「日本國僧慶政捨」者，原來福
州版，乃經長久年月而始完成者，慶政入宋時，距完成之日，已在四十年後，各處版本缺少者當不少，
殆於印造之際，喜捨而補充之者歟？

東大寺重源，亦曾齎宋本大藏經回國，建久六年十一月七日，施於醍醐寺（註三六）又於笠置之
般若台寺，施宋本大般若經一部，（註三七）此等經疑亦福州版。東寺金剛藏中，亦有宋版般若心經並
般若心經詁謀抄各一帖，中有墨書「奉渡日本國僧重源」八字，則亦重源攜來者。（註三八）又京都
戒光寺開山之法忍淨業，於安貞二年（一二二八）亦船載大藏經而回。（註三九）故當時大藏經之
輸入，似不止三四次。建曆元年（一二一一）十月十九日，將軍實朝曾於鎌倉永福寺，營宋本一切
經之供養，事見吾妻鏡。又建長七年（一二五五）十一月九日，前長門守從五位上行藤原時朝曾
在常陸之鹿島神宮供養宋本一切經，事見遺峽之跋語。此外奈良市外之白毫寺，亦有宋版大藏經，
乃託弘長二年（一二六二）入宋者輸入，每年三月八日修一切經會，典儀極盛。般若寺與海龍王
寺，似亦有宋版大藏經，因般若寺之一切經會事時見於古記錄也。又常見蓋有海龍王寺印之宋版

零經，散在民間。(註四〇)此等輸入之宋版大藏經，對於鎌倉時代以後，日本印板事業之發達，直接間接，與以刺戟。如僧行圓於弘安年間曾奉勅着手開印藏經，其事雖不成，而當時印板事業之盛可知矣。及入南北朝時代，興國六年（貞和元年一三四五）兵部丞源定規因一切經開雕之功，臨時任以官職。(註四一)正平六年（觀應二年一三五一）五月二十四日，足利直義，使僧解一，管理一切經印板及經藏事，見淨妙寺文書，可見是時有開雕大藏經之謀矣。

重源入宋凡三次，(註四二)除經卷外，攜來他種物品，似亦甚多，曾於高野山新別所奉安中國所雕之觀音勢至像，又納唐本十六羅漢像十六軸。(註四三)又受法然上人之託，齎來淨土五祖（曇鸞，道綽，善導，懷感，少康）畫像。(註四四)淨土五祖像，現存京西嵯峨之二尊院，觀其筆法及朱衣金紋之特徵，明爲南宋畫也。

泉湧寺俊芿之攜來品亦多。泉涌寺不可棄法師傳所載如下：

佛舍利三粒　　普賢舍利一粒

如菴舍利三粒　　釋迦三尊（三幅）碑文

十六羅漢二本(三十二幅)　水墨羅漢(十八幅)

南山靈芝眞影各一幅　律宗大小部文三百二十七卷

天台教觀文字七百十六卷　華嚴章疏百七十五卷

儒道書籍二百五十六卷　雜書四百六十三卷

法帖御書堂帖等碑文七十六卷

以此與平安朝入唐八家之請來目錄等比較觀之，知儒書與雜書頗多。因彼在臨安時，與錢相公、史丞相、樓參政、楊中郎等當時俊穎博學之儒士往來故也。(註四五)此在日本宋學發達史上，爲不可忽視之事。不可棄法師傳中僅記儒道書籍二百五十六卷，其書名不詳。考當時宋之朱熹，集宋學之大成，所著大學中庸章句，與論孟集註。刊行之時，恰當俊芿歸國之嘉定四年(日本建曆元年西紀一二一一)彼所齎儒書，殆即四書之類，多關於宋學者歟？其結果遂令日本有志於宋學者次第興起。寶治元年(一二四七)有一人匿其名氏，署名「陋巷子」，覆刻宋槧本論語集註十卷，此爲日本開雕儒書之濫觴，亦堪注目。(註四六)至鎌倉末期，虎關師鍊，就元僧一山一寧質宋學之疑義，得日本之宋學研究先軀者之名，(註四七)蓋彼少時，在京都之三聖、東福、南禪等寺時，有閱覽藏於泉涌寺中俊芿帶來儒書之機會也。空華日工集永德二年二月二十九日條，師練述海藏院之事，亦可參考。其文云：

「海藏院經籍所藏謂之文庫，祕惜天下儒釋二書皆藏焉。」（原文）

禪月大師（五代人名貫休，在石霜和尚會下掌知客職）嘗夢遊西竺，親拜生身羅漢，覺後描之，爲水墨羅漢十八幅，久爲宋室所藏。臨安府開化寺之比丘尼正大姊，宋之王族也。見俊芿，謂其容貌似第十七慶友尊者，乃贈之。(註四八)卽京都高台寺現藏之羅漢像也。其面貌甚奇，顎長垂耳過肩，頭顱凹凸，極力發揮所謂禪月式樣。此禪月大師羅漢像，對於後世所繪之羅漢像影響頗大。又俊芿攜來品內之可貴重者，有南天竺秦里封國（眞里富卽眞臘）之赤色布一段，多羅葉一片。秦里封國王獻象於宋朝，遣印度僧三人爲使，惟彼等不通宋語，書梵字而乞鉢盂，無人能解之，獨俊芿解之，與以一鉢，彼等大爲歡悅，乃贈此二物以報之也。(註四九)

京都戒光寺開山法忍淨業，第一次入宋（建保二年入宋，安貞二年歸國），舶載大藏經而回，已如前述。第二次入宋(天福元年入宋,仁治二年歸國)又齎多數佛像與梵夾而歸(註五〇)俊芿弟子聞陽湛海,第一次入宋(嘉禎末入宋,寬元二年歸國)時,齎回經論數千卷。第二次入宋,(寶治年間入宋,建治七年歸國)攜明州白蓮教寺(中國教院五山之一)之佛舍利而回,供奉於泉涌寺;每年九月八日,開舍利會,永爲定例。(註五一)俊芿以下,如淨業、湛海等所齎經卷頗多。彼等爲律宗之僧侶,當然多屬於律部。因圖律宗之再興,曾在泉涌寺覆刻宋版律部。此亦印板史上應注意者。

大屋德城對於泉涌寺版,舉出下列七種:(註五二)

比丘六佛圖　寬元四年十月開版,　發願者道玄。

梵網經盧舍那佛說心地法門品菩提戒本　寶治二年十二月開版,　發願者湛海。

資持記　建長四年四月開版,　發願者憲靜。

四分律刪繁補闕行事鈔　同上。

盂蘭盆經疏新記　永仁六年六月開版,　發願者叡禪。

四分律含注戒本疏行宗記　正安元年九月開版,　發願者覺阿。

新删定四分僧戒本　元亨二年正月，　發願者會源。

以上所述，皆予所謂第一類、第二類之入宋僧，攜來經典甚多。而第三類之禪僧，殆無所攜。但榮西與辨圓，非純粹之禪僧，故帶來經典亦不少。榮西於仁安三年第一次入宋時，齎回天台新章疏三十餘部六十卷，呈於天台座主明雲。（註五三）辨圓之取來品，原藏於普門院，當時亦有請來目錄，現祕藏於東福寺，多數爲天台宗禪宗之書，而儒書亦網羅之，中有太平御覽一千卷。（註五四）其後入宋禪僧，殆無齎回經卷者。蓋禪家爲教外別傳，不立文字，不重經典，只重精神修養。彼等所最注重者，爲在宋時，其師所授之法語、偈頌、與頂相贊之類。法語與偈頌，稱爲掛字，彼等揭於禪室之壁間，爲修禪之機緣。後世廳堂間挂書畫之風，亦因是而次第發達者。明良洪範卷二十三云：「近世僧俗，每於牀間及書院座次，有掛書畫之事，在古爲押板，始於禪室。京都鎌倉，崇敬臨濟宗之人，向和尚乞本則時，由其一千七百則要文中選出二三五字書之，貼於押板，掛於壁上，是名掛字，觀其字可得悟入工夫也。」

頂相贊者，乃託彼地畫家，描師家頂相（禪家之肖像）或請本人自贊，或請其他高僧題贊而攜回者。日本此種頂相贊，來由明白者，爲藏於東福寺之無準師範之像。此寺之開山辨圓入宋，師事杭州徑山之師範時，使彼地畫工描其像，請師範題贊者。背靠圓椅手持警策，足爲肖像畫之規範。其面貌爲淡陰影示寫實之手法，是爲南宋畫之特色。入宋僧歸來時，齎此種之頂相者甚多。禪宗興隆時多描之，爲日本頂相之模範，其手法對於畫家之寫實風，亦大有影響。

入宋僧攜來品中影響最大者，爲榮西帶來之茶種。按奈良朝茶已傳於日本，但專供藥用。平安朝初，貴族社會與留學於唐之僧侶，有嗜之者。嵯峨天皇弘仁六年六月，命畿內及近江、丹波、播磨等處植茶，年年入貢（註五五）然其後喫茶之風，次第衰敗，延喜式各地貢物內亦無之。本朝文粹載慶保胤過三河藥王寺時，見其寺有茶園，蓋其時已稍有種茶者，但其後日本人竟不知茶爲何物。然宋人喫茶之風則益盛，以之饗客，固不待言；江南都市有於街頭賣茶者，人每出錢一文，以銀茶器喫茶，詳見入宋僧成尋之參天台五臺山記。日本不問何事，均模倣中國，故喫茶之風，亦於此時流行。是時適榮西由宋傳入茶子，且著喫茶養生記二卷，說喫茶養生之法，故日本喫茶之風，由是漸盛。榮西傳入茶子，在仁安三年（一一六八）第一次入宋時，初植之於肥前之背振山，後贈山城栂尾之高辨（明惠上人）高辨培養之於栂尾山中。栂尾明惠傳記幷遺訓云：

「建仁寺長老（榮西）贈茶，問於醫師，知茶有遣困、消食、快意之效。然此物日本不多，乃尋得其實，植兩三株。誠有醒眠舒氣之功，亦使衆僧服之。或謂此茶子，乃建仁寺僧正御房（榮西）由大唐攜來植育而成者。」

後世山城之宇治，以日本國第一植茶處著名。但自鎌倉至室町時代中葉，則推栂尾爲日本國第一名山，其茶稱爲「本茶」，最被珍重。（註五六）

榮西傳茶子，勸喫茶，謂能養生延齡，詳所著喫茶養生記。建保二年（一二一四）二月四日，將軍源實朝病，榮西聞之，上茶一盞及「所譽茶德之書」一卷，稱茶爲良藥，見吾妻鏡。「所譽茶德之書」，殆卽喫茶養生記也。又喫茶能解悶、覺睡，爲修禪之資，亦見於天龍寺開山夢窗疎石之夢中問答。其文云：

「我朝之栂尾上人（高辨）建仁開山（榮西）皆甚愛茶，以其能解悶覺睡，爲道行之資，誠實物也。」

可知喫茶之風，先行於禪僧之間，次第普及於世。後世日人贊茶，常云「茶禪一味」，其與禪有密接關係者，蓋有因也。

四　宋僧之來日

日本禪宗既盛，禪僧入宋者固多，宋僧之赴日者亦不少。寬元四年（一二四六），宋陽山無明慧性之法嗣蘭溪道隆（大覺禪師）偕其弟子義翁紹仁（普覺禪師）龍江等數人來日，是爲中國禪僧來化日本之始。其來日之原由，亦有足述者。初，道隆與日本入宋僧明觀智鏡交厚，早有遊化之志。寬元四年，居明州天童山，適聞日本商舶泊於來遠亭，往浮橋頭觀之，忽有神人告之曰，「師之緣在東方」，遂來日。（註五七）蓋聞日本禪風漸興，遊心忽動而來，遂附會其說也。彼由博多上京都，訪明觀智鏡於泉涌寺之來迎院，從其勸，下鎌倉。寶治二年（一二四八）十二月，執權北條時賴，請住粟船之常樂寺。翌年建長元年（一二四九），建立僧堂，此實鎌倉有禪宗道場之始。按禪宗乃與中國六朝時代之老莊主義，以相同之根底發達者，全係中國人之思想與風習組織而成，乃最中國化之佛教也。在日本舉揚之者爲宋僧，故皆依據中國叢林之淸規。道隆於常樂寺開堂上堂時，曾云「種件依唐式行持。」（註五八）時賴早欲於鎌倉建一大伽藍而未得其機，及得道隆，方遂素志。建長元年，擇定巨福呂地獄谷之地起工，建長五年（一二五三）十一月竣工，以道隆爲開山始祖。是卽巨福山建長寺也。建長七年（一二五五）二月，時賴發願，勸慕淋長等一千人之勝緣，鑄造巨鐘，道隆自爲作銘，署名「建長禪寺住持宋沙門道隆」（註五九）是爲日本禪寺之名之始。從前與天台眞言相混之禪宗，至是乃得獨立。榮西嘗因提唱禪宗，屢被台徒妨害，台徒曾請禁止達磨宗。（註六〇）今宋僧道隆，在幕府保護之下，依中國淸規，鼓吹禪風，台徒亦無可如何矣。道隆感謝時賴云：

「予依大檀那之力，成此大叢林，正如順風使帆。」（註六一）

蓋道隆亦以爲進行順利，爲向來所未有也。元僧一山一寧至日本，稱贊道隆，謂爲「此土禪宗之初祖，」（註六二）可謂洞悉其實狀者。

繼道隆而來者，爲文應元年（一二六〇）宋之南禪福聖寺僧兀菴普寧。彼與東福寺之開山圓爾辨圓同爲徑山無準師範之法嗣。道隆在蔣山及徑山時，與有厚交。其來日也，殆由道隆等函勸者。彼由博多上京都，訪法弟辨圓於東福寺，繼應時賴之請下鎌倉。弘長元年（一二六一）承道隆之後住建長寺。（註六三）時賴喜其氣宇快偉，言行灑脫，屢參見之。至弘長二年十月十六日，遂領得大事，受其印可。於是普寧之名大噪，雲衲之請掛錫者，絡繹不絕。文永二年（一二六五）忽留一偈而歸宋。偈曰：

「無心遊此國，有心復宋國，有心無心中，通天路頭活。」

蓋時賴於弘長三年十一月卒，台密之徒妬其聲望而誹謗之，此歸宋之主因也。（註六四）普寧在日本僅五年，其法嗣不過東岩惠安、南洲宏海等二三人耳。但能接化執權時賴，而使達大悟徹底之域，遂令鎌倉武士與禪結合，其功頗偉。中巖圓月云：

「密以西（當作最）明寺平相公，喫兀菴寧公禪師一踏，直下百了千萬，實爲我海東禪宗鼎盛權輿也。」（註六五）（原文）

道隆原讓建長寺之席於普寧而上京都，住建仁寺。普寧歸國後，又回鎌倉住禪興寺。此寺原名最明寺，在建長寺山內，本時賴所住而重興者。（註六六）至文永六年（一二六九）徑山石谿心月之法嗣大休正念（佛源禪師）來日，承道隆之讓，住禪興寺，正應二年（一二八九）寂，歷住建長、壽福、圓覺等寺，鼓吹石谿宗風，多化鎌倉武士，觀其語錄中法語偈頌等之豐富，亦可見矣。（註六七）正念以後，文永八年（一二七一）天童山石帆惟衍之法嗣西澗士曇（大通禪師）來日，是時年僅二十三歲，不肯主持一刹，遊歷京都鎌倉之間凡七年，弘安元年（一二七八）歸宋。（後又於正安元年與元僧一山一寧來日，住圓覺、建長等寺。）（註六八）

弘安元年七月，道隆寂於建長寺，執權時宗欲迎宋之碩德繼其任。是歲十二月，自作請帖，遣德詮宗英二僧赴宋。（註六九）二年五月，迎無學祖元（佛光國師）來日。祖元與辨圓、普寧，同爲徑山無準師範門下之俊傑；太傅賈似道曾請住台州眞如寺，其地被蒙古侵略，不能安靜舉揚宗風，不得已去之明州天童山，依託法兄環溪惟一，而爲其第一座。及見時宗請帖，遊心頓動，遂偕法姪鏡堂覺圓，弟子梵光一鏡等來日，到鎌倉，住建長寺，與住壽福寺之正念對峙，大揚禪風。當時自執權時宗，武藏守宗政以下，諸鎌倉武士，參謁者甚多。弘安四年（一二八一）夏，元軍大舉攻日本，曾激勵時宗發大勇猛心，觀其語錄可知也。弘安五年十一月，鎌倉建立圓覺寺，請爲開山第一祖。（註七〇）與祖元同來之鏡堂覺圓（大圓禪師，）爲天童山環溪惟一之法嗣，來日歷住禪興，淨智，圓覺，建長，建仁，等寺。（註七二）佛光國師語錄又載有弘長年間來日之古澗□泉事，謂祖元於咸淳（一二六五—一二七四）初年，在宋開壽寺，遇由日本歸來之古澗，談及日本事；古澗極言日本上下，深崇禪法，執權時賴，參禪究道，了悟大事，並詳述其臨終時儼然之狀態。祖元聞之，乃大感嘆，謂君若再赴日本，幸約我同行云。

宋僧如古澗曾經來日而事蹟不傳於後世者，何止一二，茲舉其知名者列表如左：

來日宋僧一覽表（加。爲留日者，加•爲歸宋者。）

字(號)・諱	諡號	師僧	來日年月	住山	示寂或歸國之年月日	典據
建長寺開山 ○蘭溪道隆	勅諡大覺禪師	無明慧性	寬元四年	常樂，建長，建仁，禪興，壽福	弘安元年七月二十四日寂	大覺禪師語錄，元亨釋書，大覺開山塔銘
○義翁紹仁	勅諡普覺禪師	蘭溪道隆	寬元四年	建長，建仁	某年六月二日寂	本朝高僧傳
○□□龍江		蘭溪道隆	寬元四年			本朝高僧傳
高麗僧 ○了然法明		無準師範	寶治元年	出羽玉泉寺	文永四年春寂	本朝高僧傳
、兀菴普寧		無準師範	文應元年	建長	文永二年歸國	兀菴禪師語錄，東巖安禪師行實
•古澗□泉			文應時?		文永初歸國?	佛光國師語錄

○大休正念	勅諡佛源禪師	石谿心月	文永六年	建長，壽福，圓覺	正應二年十一月晦日寂	佛源禪師語錄，元亨釋書，鎌倉五山記
•西澗士曇(註)		石帆惟衍	文永八年		弘安元年歸國	勅諡大通禪師行實，元亨釋書，五山記考異
○無學祖元 圓覺寺開山	勅諡佛光國師	無準師範	弘安二年五月	建長，圓覺	弘安九年九月三日寂	佛光國師語錄，無學禪師行狀，佛光禪師塔銘
•鏡堂覺圓	勅諡大圓禪師	環溪惟一	弘安二年五月	禪興，淨智，圓覺，建長，建仁	德治元年九月二十六日寂	鏡堂禪師語錄，大圓禪師傳，鎌倉五山記
○梵光一鏡		無學祖元	弘安二年五月			佛光國師語錄

(註)西澗士曇於正安元年又與元僧一山一寧來日，歷住圓覺，建長等寺，德治元年十月二十八日寂，勅賜大通禪師之號。

五　來日宋僧與心的影響

入宋僧與歸日宋僧，陸續輸入宋代之新文化，對於日本之各方面，影響甚大。就中以鎌倉武士受歸日宋僧之心的影響爲第一。提倡鎌倉禪宗之最致力者，當然爲執權北條時賴，但彼初時亦非誠實皈依禪宗者，不過在政策上與隆之耳。蓋承久之亂後，北條氏已握得全國政權，而教權嘗無所獲。諸大寺概集於京畿地方，貴族寺院中皆皇族公家出身，鎌倉幕府，自覺不滿。故時賴極欲在鎌倉建立一大伽藍，使鎌倉爲政治上之中心，又爲宗教上之中心。然舊有之天台宗、眞言宗、淨土宗、日蓮宗，終不能脫離舊勢力之羈絆，故時賴以爲不如完全脫離日本佛教之關係，而採用純粹中國式現方趨於興隆機運之禪。時賴於寶治元年（一二四七）七月，遣使赴越前永平寺，迎道元至鎌倉，自受菩薩大戒；且興土木營造壯大之伽藍使居之，可見其精神之發露矣。(註七二)然道元守先師之戒，謂「不可親近國王大臣」，(註七三)固辭不受，在鎌倉僅半載即歸越前。(註七四)時賴又招寬元四年（一二四六）來日之宋僧蘭溪道隆，在鎌倉營造建長寺，使爲開山第一祖。日本當時舊佛教徒，營私利，逞私慾，腐敗墮落，達於極點；而禪僧專以寡慾質素爲宗旨，除三衣一鉢外，不思居所，不貪衣食，守百丈禪師之所謂「一日不作一日不食」之主義，專心爲道。時賴以下之鎌倉武士，乃素以勤儉樸素爲宗旨者，於是咸被感動。又叢林規矩之嚴正，禪家機鋒之銳利，亦爲重禮節、尙意氣之鎌倉武士所最欽悅，故時賴漸次熱心皈依禪法。康元元年（一二五六）夏，在建長寺山內另建一寺，名最明寺，請道隆開堂演法。(註七五)十一月，讓執權職於武藏守長時，自就道隆落髮，在最明寺禪室專事修禪。(註七六)然當時尙未至徹底大悟之域；文應元年（一二六〇）宋僧兀菴普寧來日，住建長寺，時賴就之熱心參究，至弘長二年（一二六二）十月十六日，遂受其印可。(註七七)觀其遣使至宋，問法於徑山之石谿心月，即可知其皈依禪法之如何熱心矣。心月之法嗣大休正念（佛源禪師）於文永六年（一二六九）來日，其語錄云：

「徑山石谿先師承故大檀那最明寺殿（時賴）遣使問道，回書中畫一圓相，着語云，徑山收得江西信。」

石谿心月禪師語錄卷下，載有一偈，與此若合符節。如左：

寄日本國相模平將軍

徑山收得江西信　藏在山中五百年　轉送相模賢太守　不煩點破任天然

弘長三年十一月時賴病，是月三十二日，卒於最明寺之北亭，臨終時着袈裟安坐繩牀，述遺偈而逝，恰如高僧最後狀態。當時宋之叢林亦喧傳之。(註七八)普寧贊時賴之像云「末後一機超佛越祖。」(註七九)

時賴，幕府之中心人物也，其得普寧印可，最後放儼然之異彩，對於一般鎌倉武士，實與以極大之剌戟。故執權時宗，亦就道隆、正念，有所參究。又遣德溫、宗英二僧赴宋，求希叟紹曇之法語，以爲修禪之機緣。(註八〇)弘安元年（一二七八），道隆寂，當時元日間風雲雖急，仍自作請帖，遣德詮、宗英二僧，迎無學祖元來日，(註八一)就之參究，事見佛光國師（無學祖元）語錄，其於禪之修養，蓋亦非淺矣。正念贊時宗云：

「法光寺殿（時宗）幼慕西來直指之宗，早悟卽心卽佛之旨。」(註八二)

又武藏守宗政、左馬權頭貞時、武藏守左近大夫時村、駿河守業時、越後守顯時等北條氏之一族，無不學禪者。正念、祖元等禪僧給與彼等之法語、偈頌，難以枚舉。宗政亦最熱心參究，正念云：

「故檀那武州刺史（宗政）……切切以生死大事爲桎梏，孜孜以西來祖意爲眞歸。」(註八三)

無象靜照亦云：

「惟我故武州明公禪門（宗政之法名）乘悲願力，現宰官身，深慕西來直指之宗，早悟卽心卽佛之旨。」(註八四)

其末後灑然獨脫，實可謂當世絕無僅有者。(註八五)北條氏一族之外，武士之參謁道隆、正念、祖元等者甚多。僅此三僧之語錄中見其名者，已達五十餘人。彼等與雲衲爲伍孜孜兀兀以參究之狀況，可據禪僧語錄中之法語問答而知之。諏訪入道眞性問祖元曰：

「昨蒙指誨，要做工夫，奈何公家事忙，做靜工夫不得。望和尙有何方便令我易入。」（錄原文）（註八六）

信州四郎左衞門，問祖元曰：

「某七八年看狗子無性話，至今未有分曉。」（錄原文）（註八七）

木工左衞門入道道圓謂祖元曰：

「二十餘年做工夫不見佛性。」（錄原文）（註八八）

彼等武士與僧侶不同，各有職務，奔走公事，少有餘暇，乃爲一公案，費十年二十年之歲月，孜孜不倦以究之；其念念在道之狀態，亦可見矣。

鎌倉武士參禪之時代，女子亦多參加者。道隆、正念、祖元三語錄中，載其名者達三十餘人之多。時宗之夫人覺山志道大師；於時宗卒後，就祖元落髮（註八九）遂修賴朝叔母所建之鎌倉道心寺，改寺號爲東慶寺，終生住此，弔時宗之菩提，專事修禪。(註九〇)鏡堂禪師語錄中有鏡堂覺圓之長文法語，乃爲覺山志道大師說悟後修業之必要者，可知其修養工夫，亦非淺矣。

鎌倉武士熱心參禪，對於精神方面有如何影響乎？此最有興味之問題也。欲闡明之，不得不研究禪之本質。但著者門外漢也，對此不能充分解答。據修禪者云，禪與吾人之相對的常智不同，而爲絕對的智識，非有非無，有無俱存，有無俱空。所謂「色卽是空，空卽是色」是卽禪之本旨也。「兩頭俱截斷，一劍倚天寒」是卽禪之境界也。由來所謂禪者，教外別傳，不立文字，不能以言語形容，因其全爲絕對的。例如問「時間者何耶？」「空間者何耶？」無論何人，不能完全說明之；是吾人之認識時間與空間者，全爲絕對的也。吾人常智爲相對的，故無確然不動之眞理；如科學上之理論，昨是今非，吾人所屢屢經驗者，結果遂令人生感無限之不安，臨事乃周章狼狽。禪則爲絕對的，得萬古不變之眞理，所謂「立處皆眞，隨處爲主」也。譬如盤上之珠，無論如何迴轉，不能顚覆。此修禪者所以臨事一絲不亂也。祖元曰：「若能空一念，一切皆無惱，一切皆無怖，猶如着重甲入諸魔賊陣，魔賊雖衆多，不被魔賊害，掉臂魔賊中，魔賊皆降伏。」(註九一)

當此之時，元軍攻日，時宗經未曾有之大難，能斷然行其所信。尤以弘安四年元軍大舉迫博多，時宗如不介意，能從容以息國難，蓋得力於修禪之功不少。時宗三周忌日，祖元說法之際，贊時宗云：

「弘安四年，虜兵百萬在博多，略不經意，但每月請老僧與諸僧下語，以法喜禪悅自樂，後果佛天響應，家國貼然，奇哉有此力量，此亦佛法中再來人也。」（註九二）

觀此，可見時宗當國家危急之秋，泰然自若之狀態。

禪爲絕對的，對於生死，視之如一，所謂「古來一句無生無死，萬里雲盡長江水淸」也。道元云，「生一時也，死亦一時也，亦如春而夏也，夏而秋也，秋而冬也。」此眞能道出禪家對於生死之見解者。正念說與時宗之法語云：

「擊碎生死牢關，便見過去心不可得，現在心不可得，未來心不可得。所謂一念不生，前後際斷，方可出生入死，如同遊戲之場，縱奪卷舒，常自泰然安靜，胸中不掛寸絲，然立處旣眞，用處得力。」（註九三）

旣實見生死如一，則出入於生死之途，恰如遊戲之場，泰然安然，無絲毫擾累於胸中矣。鎌倉武士，平生能孜孜參究，卒因禪學之修養，破碎生死之牢關，一旦處事，隨時能有主解，然則禪之有補於日本武士道也大矣。

六　宋代文化之移植

禪宗對於鎌倉武士之心的影響，已如前述。此外因入宋僧之往來，宋僧之來化，宋人新文化繼續移入日本文化各方面，亦大受影響。

先就建築言之，其時由宋傳入二種新式，一稱天竺式，一稱唐式。源賴朝重建東大寺大佛殿，督工者爲俊乘坊重源，天竺式即重源傳入者。重源初次入宋時，目的本在巡禮五台聖蹟，其後入宋二次，（註九四）似因準備重建大佛殿，在宋地研究建築式樣者。彼又於此時，以周防之良材運於宋，建立明州育王山舍利殿，對於大建築作實地之試驗。（註九五）重建大佛殿之工人，其後又散布全國，而應用其修得之技術，所造遺物於今可認者，尙有二三。就中如山城醍醐寺之經藏，播磨淨土寺之淨土堂，乃其重要者也。（註九六）

唐式，一名禪宗式，卽依樣移入宋禪刹之式者。當禪宗興盛時，盛建禪寺，多應用之；此式對於日本建築界，影響頗大。然其時建築物，今已悉歸烏有，所遺存者，僅鎌倉圓覺寺之舍利殿耳。(註九七)始傳禪式於日本者，爲日本禪宗始祖榮西。榮西在宋時，曾營造天台山萬年寺三門之兩廊；又營修智者大師之塔院；又助成天童山千佛閣之工程；飽有建築之經驗。(註九八)歸國後，大揚禪風。當其在博多建聖福寺（建久六年建立）在鎌倉建壽福寺（正治二年建立）在京都建建仁寺（自建仁二年建立）時，當必遵宋之叢林清規，模仿宋之禪刹也。其後道元自宋歸，天福元年（一二三三，在山城建興聖寺，其僧堂亦全採宋式，建撕記云：

「僧堂最爲緊要，今將建立。其體裁爲堂宇七間，堂內隔開，設長牀，僧衆集住，晝夜行道，無或怠。正中住聖僧，僧衆圍繞住之。三室一堂之儀軌，行來既久，功德亦多，佛事亦廣。」

又京都東福寺之開山圓爾辨圓（聖一國師）嘉禎元年（西歷一二三五）入宋，仁治二年（西歷一二四一）歸國，居宋六年，皆在徑山師事無準師範。當時徑山因紹定六年（日本天福元年，一二三三）四月火災，全山悉爲灰燼，師範拮据經營，建立幾多大伽藍。(註九九)圓爾辨圓目睹其狀態，歸國後，在京都東山建立東福寺，必多模仿之也。然是時日本之禪宗，非純粹之禪宗，乃加入天台眞言之混淆的禪宗也。故此等各寺，亦非純粹的禪宗建築，乃夾雜舊來天台眞言之建築也，如建仁寺中建立眞言、止觀二院，可爲明證。東福寺亦爲夾雜天台、眞言之建築。光明峯寺入道前關白道家公處分狀東福寺條（註一〇〇）云：

「東西迴廊各二十六個間（合五十二個間瓦葺）

東西壁奉圖繪，西天二十八祖，震旦六祖，幷眞言八祖，天台六祖等行狀。（中略）

灌頂堂一字（五間四面南在禮堂，號莊嚴藏院。）

奉安置兩界曼荼羅各一鋪

八祖師像各一鋪（中略）

寶藏二字（各三間二面瓦葺）

一字　密宗章疏幷寶書等

一字　顯宗章疏幷俗書等」（錄原文）（下略）

然則純粹之禪宗建築，果何在乎？似當推建長五年十一月竣工之鎌倉建長寺。建長寺草建入佛記之古寫本中，記此寺創建之規模云：

「法堂十七間四面高三丈二重二丈五尺　本房方丈十間八間半　客殿十三間九間半　庫裏八間五間半　經堂五重八間四面高六丈二尺　山門高二丈平五間橫三間半　中門高二丈五尺平七間橫四間半　禪堂十間七間　鐘樓五間四面　修樓八間四面　食樓五間四面」（錄原文）

可知建長寺創立時，禪宗建築之規模大體已備矣。建長七年（西歷一二五五），鑄造此寺巨鐘，開山道隆自作鐘銘，署名爲「建長禪寺住持宋沙門道隆」，故名實兩方皆備禪式者，實自建長寺始。自此以後，禪興寺（註一〇一）、壽福寺（註一〇二）、圓覺寺、淨智寺（註一〇三）等許多禪寺，或新建或重建，宋僧道隆、正念、祖元等咸參與其工程。模仿宋之禪刹者當必甚多。金澤大乘寺，藏有五山十刹圖，乃此寺之開山徹通義介於正元元年（一二五九）入宋時，遍歷五山十刹，親描其建築與堂內之設備而來者。京都之東福寺，若狹之常高寺（註一〇四）亦有與此相似之圖。蓋當時禪僧赴宋，攜來此式之圖甚多；故日本禪寺之建築，堂內之設備，多仿用之。又新編相模風土記云，當建立時，日本曾遣工匠至宋，實地調查徑山諸堂，倣其規模而建立。由當時日宋交通之頻繁推之，此種舉動，亦勢所必有。且有時又曾招聘宋匠至日，佛源禪師（大休正念）語錄中，有宋人朗元房、宗德、行恭之名。朗元房之名，又見於佛光國師語錄，時宗之侍醫也。其餘二人事蹟不明。可見當時鎌倉地方，除僧侶以外，仍有宋人留日者，此中或有來建禪寺之工匠，亦未可知。

再就美術工藝言之，東大寺鑄大佛時，宋之鑄佛師等亦來參與，對於日本鑄物之發達，多所貢獻。按養和元年（一一八一）三月計畫鑄佛之始，造佛長官藤原行隆，曾率鑄師十餘人估計之，鑄師等謂「此事非人力之所及，設雖蒙勅勘爭勵微力」云云，對此頗爲躊躇。次年壽永元年，宋之鑄師陳和卿等來日經商，（宋之鑄師來日經商一語，殊屬可疑，或者彼等聞商人言日本將鑄大佛而來日者歟？）乃招致之。(註一〇五)

又加藤四郎左衞門景正，曾隨道元入宋，研究中國之製陶術而歸，在尾張之瀨戶開窯，創所謂瀨戶燒，爲日本製陶術開一新紀元。(註一〇六)又有彌三者，從辨圓入宋，傳習廣東織法、緞子織法而歸，在博多創博多織，(註一〇七)其名頗著。此外類此之事，當必甚多。

禪宗既已興隆，日本亦倣效宋之叢林印行禪籍，此亦日本文化史上，不可忽視者也。宋叢林中凡高僧上堂、(上法堂或僧堂講說法要也，又名大參。)小參、(對於大參而言，元旦、結制(四月十五日)、解制、(七月十五日)、冬至等四節前晚演法也)普說、(雖似上堂，惟不焚祝香，不搭法衣。中國稱上堂爲陞座，日本多稱普說爲陞座。)法語、偈頌、佛祖贊、自贊、小佛事、題跋、書簡等，概由侍者編纂，緣付梓，廣爲流布。雖海外嗣法之弟子，亦託便贈之。如仁治三年(西曆一二四二)天童山以如淨禪師語錄贈日本越前永平寺之道元，(註一〇八)嘉元中，徑山以虛舟和尙語錄贈日本京東草河勝林寺之圭堂瓊林，(註一〇九)皆是。印行禪書，所以極力傳播流布者，其主旨在使人便於參究領會也。其他諸宗，以書寫印刻諸經爲功德，不必定求其傳播流布；禪宗則大異其趣。宋之禪林既如是，故日本倣之，印行禪書亦甚多。鷲尾順敬博士之鎌倉武士與禪文中曾言之。今試列舉其有明徵者於次：

潙山大圓禪師警策

宋明州育王山之拙菴德光（佛照國師）以此贈日本攝津三寶寺之大日能忍，能忍特雕板流布之，是爲日本印行禪書之嚆矢。（潙山大圓禪師警策奥書。）

大覺禪師（蘭溪道隆）語錄

參見道隆之直翁智侃，於文永初年，攜道隆之語錄入宋，謁大川濟，求其校正，歸國後，印行流布之。（東福寺第十世勅賜佛印禪師直翁和尚塔銘。）

道隆之弟子禪忍，亦曾攜大覺禪師語錄入宋，弘長二年（宋景定三年，）請宋臨安府上天竺之佛光法師法照作序，又經當時居於淨慈之虛堂智愚校勘。文永元年（宋景定五年，）在宋印行。（大覺禪師語錄序並奥書。）

兀菴（普寧）禪師語錄

相傳普寧住建長寺時，寺中曾爲之開版。普寧歸時，謂我在日本之語錄，無可觀者，乃盡毀之，投之於火。（東巖安禪師行實。）

黄檗希運禪師傳心法要

北條顯時發願，模刻唐本而流布之，正念爲之作後序。（佛源禪師語錄。）

圓覺了義經

北條時宗，於道隆忌日雕刻者，祖元爲之供養而普說之。（佛光國師語錄。）

佛光國師（無學祖元）語錄

祖元寂後，其門人鏤板印行，攜之入宋，學者爭相傳誦。（佛光禪師搭銘。）

佛源禪師（大休正念）語錄

弘安七年印行，正念自序。（佛源禪師語錄。）

禪門寶訓集

弘安十年，古倫慧文命工雕刻，施入建長寺之正續菴，廣爲流布，正念爲之書序及偈。（禪門寶訓集奧書，佛源禪師補遺。）

傳法正宗記

弘安十年九月，寶積寂惠等，繼先師宴海之願而刊行者。（傳法正宗記奧書）

虛舟和尙語錄

京東草河勝林寺之圭堂瓊林，曾入宋，師事虛舟普度，憂其語錄之湮滅，命工鋟梓流布。（虛舟和尙語錄序。）

此外印行之禪書尙多。正念之黃檗希運禪師傳心法要序中有云「以唐本模刊」，可知雕刊之時，概模宋版。日本禪林之開版事業，既次第發達，至次代乃更隆盛，有所謂五山版。

是時對於日本醫學之影響，亦有一瞥之價值。榮西所著之喫茶養生記，本敍茶之效力者，亦可視爲傳授養生術之醫書。其書中曾云：

「今得唐醫口傳治諸病無不得效驗矣。」（錄原文）

書末又云：

「此等記錄皆有稟承於大國乎，若不審之輩，到大國詢問無隱歟。」（錄原文）

觀此，可知在宋時，曾就宋醫學醫方矣。此外入宋僧中類此之事尙多。如隨從道元入宋之木下道正，（俗名藤原隆英，）學習解毒丸之製法而歸，亦一例也。（註一一〇）又如前述之宋醫朗元房在

鎌倉三十餘年，得時賴時宗之知遇，爲其侍醫，對於日本醫學之發達，亦當有若干貢獻。（註一一一）

宋僧與入宋僧，所得宗教上之內容外形，完全爲中國化之禪宗，故日常生活，亦多模倣宋式。此事影響於日本之生活樣式者甚大，例如日本僧舉揚禪之宗旨時，特用中國語；又寄託其見解時，亦用中國語之偈。觀其語錄自知。日本國語之語彙由此遂逐漸豐富，中國詩文學亦漸興盛。又沙石集卷十建仁寺本願僧正條云：

「故建仁寺之本願僧正（榮西）……歸國後，有志建寺。其時適有風災，世人謂此風爲異國之狀，與着大袈裟、大衣之僧，共見於世。衣袖之廣，袈裟之大，已漸成一種風氣。」

觀此可知榮西與其徒着宋式之大袈裟、大衣，而一般衣服器具，亦染其風。又食物烹飪法，日本亦有行宋風者，試觀圓覺寺開堂之齋，曾用饅頭，（註一一二）可見一斑。是等事初行於禪剎，後皈依禪宗之上流社會亦多行之。

（註一一一）玉葉壽永二年正月二十四日條。

（註一一二）興禪護國第五宗派血脈門　入唐緣起　元亨釋書卷二　興禪護國論序。

（註三）泉涌寺不可棄法師傳。

（註四）本朝高僧傳五十八淨業傳，湛海傳，智鏡傳，道玄傳。律苑僧寶傳十一。

（註五）元亨釋書卷一。

（註六）三國佛法傳通緣起。

（註七）內證佛法相承血脈譜　元亨釋書卷一。

（註八）慈覺大師傳。

（註九）元亨釋書卷六，卷十六。

（註一〇）興禪護國論第三問之餘　三僧記類聚。

西岡虎之助氏，在歷史地理第四十六卷第一號中，有「然ト三學宗ノ建立」一文，曾述此事。

（註一一）嘉泰普燈錄卷二十　元亨釋書卷六。

（註一二）訂補建撕記。

（註一三）興禪護國論卷三世人決疑門。

（註一四）歷代編年集成卷二十三　空華日工集卷三　元亨釋書卷二　興禪護國論序。

（註一五）參照南宋時代入宋僧一覽表。

（註一六）釋門事始考五山十刹　蔭凉日涉卷一　和漢禪刹次第　空華日工集永德二年五月七日條　禪林象器箋。

（註一七）蔭凉日涉卷一。此書所載教院五山僅上竺下竺、能仁、白蓮四山，尙缺其一。

（註一八）泉涌寺不可棄法師傳　本朝高僧傳五十八湛海傳。

（註一九）廣弘明集第十五　佛祖統記卷三十七　佛祖歷代通載卷第六　阿育王山志　阿育王山之事，以阿育王山志十卷爲最詳。明萬曆四十年住僧祕藏正理編纂，郭子章補刪。佛教史學第一編第六號，有服部俊崖氏之阿育王山志解說。

（註二〇）佛祖統紀卷四十　重纂天童寺志　關於天童山之考究，有天童寺集七卷，（明嘉靖十四年楊明編纂，萬曆年間，此寺之無憂萬懽增修，）天童寺志五卷，（明崇禎五年白山布公與居士張延賓編纂，）重纂天童寺志十卷（崇禎十四年黃毓祺編纂）等。以上各書，佛教史學第一編第三號中，有服部俊崖氏之解說。

（註二一）參照第十二章第一節。

（註二二）服部俊崖氏徑山志考（佛教史學第一編第九十二號）　徑山志（徑山志十四卷，共六册。明天啓四年宋奎光編纂，李燁然等刪訂。）佛教史學第一編第四號中有服部俊崖氏之解說。

（註二三）泉涌寺不可棄法師傳。

（註二四）聖一國師年譜　榮尊和尙年譜。

（註二五）佛光國師語錄第六。

（註二六）靈隱寺志　佛祖歷代通載卷六　和漢禪刹次第。

（註二七）淨慈寺志　佛祖統紀卷四十七。

（註二八）參照第十一章第六節。

（註二九）藤堂祐範氏宋版大藏經ノ零本追記（歷史卜地理第十八卷第二號）。

（註三〇）日本百科全書，常盤博士大藏經條。

（註三一）佛祖統紀卷四十七。

（註三二）石清水八幡宮所藏，後轉藏於宮內省圖書寮。其一部爲大阪市西區靱上通森木佐兵衛氏所藏，大正十五年六月，獻於宮內省。

（註三三）藤堂祐範氏宋版大藏經ノ零本（歷史卜地理第十七卷第六）。

（註三四）橋本進吉氏慶政上人傳考所引（日本佛教全書遊方傳叢書所收）。

（註三五）風雅和歌集卷十八釋教歌。

（註三六）醍醐寺座主次第　南無阿彌陀佛作善集。

（註三七）南無阿彌陀佛作善集。

(註三八)大屋德城氏寧樂刊經史二一四頁。

(註三九)本朝高僧傳五十八淨業傳。

(註四〇)大屋德城氏寧樂刊經史二一六——二二一頁。

(註四一)田中敬氏圖書學概論三一五頁。

(註四二)玉葉壽永二年正月二十四日條，東大寺造立供養記。

(註四三)南無阿彌陀佛作善集。

(註四四)法然上人行狀畫圖六。

(註四五)泉涌寺不可棄法師傳。

(註四六)田中敬氏圖書學概論二九九頁。

(註四七)海藏和尚紀年錄。

(註四八)泉涌寺不可棄法師傳。

(註四九)同上。

(註五〇)本朝高僧傳五十八淨業傳。

(註五一)本朝高僧傳五十八湛海傳。

（註五二）大屋德成氏寧樂刊經史一七五——一七七頁。

（註五三）洛陽東山建寧仁禪寺開山始祖明菴西公禪師塔銘。

（註五四）大屋德成氏寧樂刊經史二一五頁。

（註五五）參照第八章第四節。

（註五六）異制庭訓往來 狂雲記。

（註五七）本朝高僧傳十九道隆傳。

（註五八）大覺禪師語錄。

（註五九）集古十種，本國寺年譜，鎌倉五山記，鎌倉五山記考異。

（註六〇）百練抄卷十。

（註六一）大覺禪師語錄中。

（註六二）一山國師語錄中。

（註六三）兀菴禪師語錄上。

（註六四）兀菴禪師語錄中，東巖安禪師行錄。

（註六五）鷲尾博士鎌倉之禪風（佛教史學第一編第六號所引）。

（註六六）新編相模風土記稿。

（註六七）佛源禪師語錄。

（註六八）大通禪師行實，聖一國師年譜，元亨釋書卷八，鎌倉五山記。五山記考異。

（註六九）圓覺寺文書。

（註七〇）佛光國師語錄，無學禪師行狀。佛光禪師塔銘，

（註七一）鏡堂禪師語錄，大圓禪師傳。

（註七二）永平廣錄卷三，永平實錄，建撕記，道元禪師行錄。

（註七三）寶慶記。

（註七四）永平廣錄卷三。

（註七五）大覺禪師語錄卷中。

（註七六）吾妻鏡十四。

（註七七）兀菴禪師語錄，東巖安禪師行實，東巖和尙行狀記，元亨釋書卷十七。

（註七八）佛光禪師語錄卷六。

（註七九）兀菴禪師語錄卷下。

（註八〇）希叟紹曇禪師廣錄卷四示日本國平將軍法語。

（註八一）圓覺寺文書　佛光禪師語錄卷三。

（註八二）佛源禪師語錄卷一。

（註八三）佛源禪師語錄卷二。

（註八四）無象禪師語錄卷上。

（註八五）佛源禪師語錄卷一，敍宗政臨終時態度云：「末後灑然獨脫，當世實爲希有。」

（註八六）佛光國師語錄卷七。

（註八七）佛光國師語錄卷七。

（註八八）佛光國師語錄卷一。

（註八九）佛光國師語錄卷四。

（註九〇）松岡東慶寺考。

（註九一）佛光國師語錄卷七。

（註九二）佛光國師語錄卷三。

（註九三）佛源禪師語錄卷四。

（註九四）玉葉壽永二年正月二十四日條，東大寺造立供養記。

（註九五）東大寺造立供養記　南無阿彌陀佛作善集。

（註九六）醍醐寺座主次第，古社寺保存會明治三十年十二月特別保護建造物調書。

（註九七）據正續院佛牙舍利記云：源實朝於建保五年遣使至宋之能仁寺，請佛舍利，初安於勝長壽院，後移於大慈寺，至執權北條貞時時，特在圓覺寺建舍利殿安置之。

（註九八）日本國千光法師祠堂記，元亨釋書榮西傳，興禪護國論序，太白山千佛閣記。

（註九九）無準師範禪師行狀。

（註一〇〇）光明峯寺入道前關白道家公處分狀，乃建長二年十一月藤原道家留書處分財產者，辻博士之鎌倉時代ニ於ケル禪宗ト他宗トノ軋轢（日本佛教史之研究所收）引之。

（註一〇一）康元元年北條時賴在建長寺山內別建一寺，號最明寺，請道隆開堂演法，自居於此，專事修禪。時賴卒後，文永二年再修堂宇，改稱禪興寺，以道隆爲開山第一祖。後正念住此，新創方丈、法堂、山門、僧堂、廚庫等，面目爲之一新。（大覺禪師語錄，佛源禪師語錄，本朝高僧傳，新編相模風土記稿。）

（註一〇二）壽福寺乃榮西從平政子之本願而建立者，後於正嘉二年正月罹火災，榮西之法孫藏叟朗譽再修之。弘安中正念住此，請於時宗，大興工程，伽藍大備。（東鑑卷十六十七四十八，佛源禪師語錄，新編相模風土記稿。）

（註一〇三）淨智寺，乃北條時宗之弟宗政卒後，一族相謀，因弔其菩提，使兀菴普寧之嗣南洲宏海建立者，以普寧爲開山。其建立年月不明，似於弘安五年八月宗政卒後，未久卽着手工程，弘安七年八月，宗政三周忌時，工已略成，請正念營供養。（佛源禪師語錄，新編相模風土記稿。）

（註一〇四）伊藤忠太博士五山十刹圖ニ就イテ（佛教史學第一編第四號）又據伊東博士之說，大乘寺、東福寺、常高寺之圖，內容殆同，只些細之點，彼有此無，此有彼無耳。三圖以外，殆別有分別謄寫之原本。試觀大乘寺與東福寺之圖白描，常高寺之圖有彩色，蓋因所摹之原本有彩色也。

（註一〇五）東大寺續要錄造佛篇。

（註一〇六）瀨戶窯世系。

（註一〇七）農商工公報第七所引博多記。

（註一〇八）建撕記坤卷。

（註一〇九）虛舟和尙語錄序（本朝高僧傳瓊林傳所引）。

（註一一〇）道正菴卜純撰系譜記（訂補建撕記所引）。

（註一一一）佛源禪師語錄大小佛事（佛光國師語錄卷七）。

（註一一二）佛源禪師語錄，偈頌雜題。

中日交通史

（二）

[日]木宫泰彦◎著
陳捷◎譯

山西出版傳媒集團
山西人民出版社

第七章　遣唐使停止後之唐日交通

一　商船之來往

遣唐使之停止，普通以爲在宇多天皇寬平六年（八九四），實則以仁明天皇承和五年（八三八）派遣者爲最後，其後遂完全停止。予所謂遣唐使停止後者，指仁明朝之使以後也。

自仁明天皇承和六年（八三九）至醍醐天皇延喜七年（九〇七）唐亡，凡七十年間，往來唐日間之船中，亦未嘗無日本船與新羅船也，例如圓仁歸國時，由明州所乘神御井等之船，即日本船也。圓仁由登州乳山長淮浦歸國之金珍等船，乃新羅船也。（註一）然由大體上言之，即謂只有唐之商船亦可。其中雖有在日本建造之舶，而建造之、操縱之者，概爲唐人。（註二）今將此等船舶，列表如左：

往來唐日船舶一覽表

自承和六年（八三九）至延喜七年（九〇七）

•為由日本赴唐之船之符號

△為由唐來日本之船之符號

（注意）到岸月日旁附••••者為大宰府報告京師之月日，實際入港之月日，在前一月以上。

船主及船員	出發之港	所到之港	出洋年月日	到岸年月日	航海日數	搭乘者	雜纂	典據
•		楚州		仁明承和八年（八四一）秋		惠蕚	楚州之梢工水手等，送仁明朝之遣唐使來日後，歸唐時乘此船。入唐學問僧圓載之弟子仁濟順昌入唐時，似亦乘此船。	入唐求法巡禮行記
△李鄰德	明州		仁明承和九年（八四二）春			惠蕚	惠蕚前年巡拜五臺山，今因向本國求五台山之費用，乘此船而歸。	同右
•李處人	肥前國值嘉島那留浦	溫州樂城縣玉留鎮	仁明承和九年（八四二）八月二十四日	同八月二十九日	六	惠運	此船乃李處人在肥前值嘉島，費時三個月，以楠木造成者。	安祥寺惠運傳

△新羅人張公靖等二十六人	楚州	長門國	仁明承和十年（八四三）	同 十二月癸亥		仁好 順昌	學問僧圓載上表本國，請求衣糧，遣弟子仁好，等二人乘此舶歸國。	入唐求法巡禮行記 續後紀
•		常州		仁明承和十一年（八四四）			入唐求法巡禮行記會昌四年七月三日條，從日本國過來船兩隻，到江南常州界。	入唐求法巡禮行記
•				仁明承和十一年（八四四）		惠蕚	惠蕚攜五臺山費用復入唐時所乘之舶，或即下條仁好所乘之舶，亦未可知。	同右
•				仁明承和十一年（八四四）		仁好	仁好攜朝廷賜圓仁圓載之黃金二百兩復入唐之舶。	續後紀
•李鄰德		楚州		仁明承和十三年（八四六）十二月頃		性海	圓仁弟子性海，因送本國之書信物件至圓仁處而入唐之舶。	入唐求法巡禮行記
△日本人神御井等	明州		仁明承和十四年（八四七）四月頃				圓仁歸國時欲乘是舶，因已出發，遂不及乘。	同右
△張支信元淨等三十七人	明州望海鎭	肥前國值嘉島那留浦	仁明承和十四年（八四七）六月二十二日	同 六月二十四日	三	惠運 仁好 惠蕚	入唐求法巡禮行記謂隨從圓仁弟子性海入唐之日本人春太郎神一郎，於明州乘張支信船歸國者，似即此舶。	安祥寺惠運傳 續後紀

△新羅人金珍等四十四人	蘇州松江口	肥前國鹿島	仁明承和十四年(八四七)五月十一日	同九月十日		圓仁 惟正 性海 丁雄萬	七月二十日圓仁與其弟子惟正、性海、行者丁雄萬等，在登州、乳山長淮浦乘此船歸國。	入唐求法巡禮行記
△五十三人				仁明嘉祥二年(八四九)八月				續後紀
△欽良暉				文德仁壽二年(八五二)閏八月				智證大師傳
・欽良暉	肥前國值嘉島鳴浦	福州連江縣	文德仁壽三年(八五三)八月九日	同八月十五日	六	圓珍 豐智 閑靜 丁雄萬	此船去年來日，今始歸。	行歷抄 智證大師傳
△李英覺 陳太信	廣州		文德齊衡三年(八五六)				圓珍遊廣州，託此船送天竺貝多樹杖、廣州班藤柱杖、琉璃瓶子等至日本。	智證大師請來目錄
△李延孝	明州	肥前國值嘉島旻美樂	文德天安二年(八五八)六月八日	同六月十九日	十一	圓珍		智證大師傳
△李延孝四十三人				清和貞觀四年(八六二)七月廿三日				三代實錄

張支信 •金文習 任仲元	肥前國 值嘉島	明州 石丹奥	清和貞觀四年（八六二）九月三日	同 九月七日	四	眞如法親王 宗叡 賢眞 惠蕚 忠全 安展 禪念 惠池 善寂 原懿 猷繼	張支信因眞如法親王入唐，在肥前國松浦郡柏島所造之舶。	頭陀親王入唐略記
△張支信	明州		清和貞觀五年（八六三）四月			賢眞 惠蕚 忠全	去年送眞如法親王赴唐，是年歸國。	同右
•詹景全			清和貞觀五年（八六三）				圓珍託詹景全送書至長安興善寺三藏智惠輪處。	上智慧輪三藏決疑表
△詹景全			清和貞觀六年（八六四）					同右
•詹景全			清和貞觀七年（八六五）					同右

△李延孝六十三人	明州望海鎮	肥前國值嘉島		清和貞觀七年（八六五）七月二十五日	三	宗叡	據三代實錄卷四十五及禪林寺僧正傳，宗叡歸國在貞觀八年，而宗叡之請來目錄則云七年十一月十二日已至東寺，則當以七年為正。李延孝船於七年七月來日，見三代實錄卷十一，是船殆即宗叡所乘之船。	禪林寺僧正傳 三代實錄
△張言等四十一人				清和貞觀八年（八六六）九月一日				三代實錄
•			清和貞觀十六年（八七四）				三代實錄貞觀十六年六月，使學問僧名以船者入唐，賜大宰府管內正稅稻千束。又同月大神已井，多治安江等入唐求香藥，是時當有赴唐之船。	三代實錄
△崔及等三十六人		肥前國松浦郡		清和貞觀十六年（八七四）六月三日				同右
△楊清等三十一人		筑前國荒津岸		清和貞觀十八年（八七六）七月十四日				同右

△崔鐸等六十三人	台州	筑前國	陽成元慶元年(八七七)六月一日	同　七月二十五日		多治安江	三代實錄云，自台州載多安江來，且貨物甚多，多安江郎貞觀十六年因求香藥使唐之多治安江。學問僧智聰歸國，恐亦乘此舶。	同右
△張蒙				陽成元慶五年(八八一)			唐婺州人李達受圓珍囑，以一切經之闕本百二十卷。託張蒙之舶送來。	上智慧輪三藏決疑表　智證大師傳　唐房行履錄
·張蒙？			陽成元慶六年(八八二)				上智慧輪三藏決疑表云，圓珍是年託唐人李達送書並黃金於長安大興善寺慧輪而求闕經。智證大師傳云，使弟子三慧入唐求闕經三百四十卷，恐卽乘前年來日之張蒙之舶。	同右
△柏志貞				陽成元慶七年(八八三)			天台國清寺諸德並越州良諝和尚之遺弟子，送書信於圓珍。	智證大師傳
△				光孝仁和元年(八八五)			是時諭飭大宰府司，禁止王臣家使及管內吏民私以貴直競買舶來品。	三代實錄
△王訥				宇多寬平五年(八九三)三月			在唐僧中瓘，託王訥報告唐朝之凋弊。	菅家文草

△周汾等六十人		筑前國博多津	宇多寬平五年（八九三）七月八日	同 七月二十一日	十三		齎在唐僧好眞之牒來日者，似卽此船。	入唐五家傳
			宇多寬平六年（八九四）				宇多天皇寬平六年七月二十二日，有報牒給在唐僧中瓘，此時必有赴唐之舶。	日本紀略 管家文草
△梨懷				宇多寬平八年（八九六）			寬平八年三月四日，唐人梨懷被召入京，是時必有來日之舶。	日本紀略
△景球				醍醐延喜三年（九〇三）			延喜三年十一月二十日，唐人景球等獻羊一頭白鵝五角，景球等恐卽是年來日者。	扶桑略記 日本紀略

右表所載，乃見諸史傳者，實則其他往來之船必甚多，其交通之繁，亦可知矣。唐商張支信（註三）於承和十四年送學問僧惠運、仁好、惠蕚等來，（註四）後在大宰府爲唐通事（註五）頗久。貞觀四年眞如法親王（高岳親王）入唐時，在肥前國松浦郡柏島造一船，張支信又與唐人金文習任仲元等送法親王，及其隨行僧宗叡、賢眞、惠蕚、忠全、安展、禪念、惠池、善寂、原懿、猷繼等赴唐，故其名最著。（註六）他如李鄰德、李延存、李達、（註七）詹景全、欽良暉等往復於日唐間者，亦非一次，入唐學問僧等，皆知其名。

二　學問僧之往復

唐日間交通既繁，年年唐船來往不絕，是時之入唐請益僧與學問僧，皆託身於唐船而往來，入唐之事，較遣唐使時代似更易。因而惠蕚往復唐日間至三次之多。其第一次入唐在仁明天皇承和八年秋，其時巡拜五臺山，登天台山度歲，翌年春，因求五臺山費用，乘李鄰德之船歸國，十一年再入唐。（註八）據文德實錄，惠蕚攜橘皇后所作之繡文袈裟與寶幡鏡奩等入唐，施彼地之僧，又施入五臺山，亦是時之事也。（註九）十四年六月，乘張支信之船歸國。（註一〇）元亨釋書謂惠蕚謁杭州鹽官縣靈池寺之齊安國師，與其弟子義空偕歸，似係此時之事。（註一一）第三次，貞觀四年隨從眞如法親王入唐，翌年歸國。（註一二）後世書籍對於彼之入唐年代，有種種傳說者，以其往復唐日間，非一次也。又承和五年入唐之天台學問僧圓載，於承和十年使從僧仁好回國求衣糧。（註一三）翌年攜朝廷所賜黃金二百兩復入唐，（註一四）十四年六月又與惠蕚等同歸國。（註一五）

日本請益僧與學問僧入唐時，多在楚州或明州覓便船。楚州新羅坊譯者劉愼言，常與在長安及天台山之日本僧通書信，代覓便船，並代辦一切大小事件。如圓仁、圓載、惠蕚、仁好、性海等仁明朝文德朝入唐僧概託彼照料，（註一六）故是時入唐僧欲覓便船，不甚困難。

是時之入唐僧在唐期間甚短。最長者，圓仁八年，惠運、圓珍五年。未有若奈良朝或奈良朝以前，留唐至二三十年之久者。只圓載於承和五年從遣唐使入唐，元慶元年歸國，途中船破溺死，（註一七）在唐至三十八九年之久。然圓珍行歷抄，謂圓載在唐妄食國家糧食，蓄有妻子，不修學業。日本入唐僧等，皆不直其所爲，此不得不視爲例外。（註一八）是時留學期間所以甚短者，因此時多請益僧（請益者，已受教而更有所請者之謂也）也。斯時日本對唐朝文化，惟就其可攝取者而攝取之，以補其不足，又因唐日間之交通頻繁，欲得便船，不甚困難也。

三　航路並航海之發達

往來唐日間之商船，較遣唐使舶爲小，所載人數，大抵自四十八至六十八。據前表亦可知之。航路與遣唐使航路同，有北路，有南路。北路可視爲唐與新羅交通之路，而延長至日本者。是時唐與新羅交通頗繁，楚州（江蘇省舊淮安府）以北，現今江蘇省與山東省沿岸各州縣，處處有新羅坊，坊中有總管，並有翻譯。(註一九)蓋新羅坊即新羅人之居住地也。日本仁明朝遣唐使藤原常嗣等歸國時，因日本使船不完好，在楚州新羅坊雇新羅船九隻，又雇新羅人之居楚州與楚州漣江縣者，取北路傍新羅而歸。(註二〇)此後楚州新羅坊總管薛詮，與譯者劉慎言所以為日本入唐僧通書信，覓便船者，其關係蓋自此始。薛詮與劉慎言介紹之船中，似由楚州出發行北路者居多。如圓仁歸國所乘之金珍等船為最顯著之一例。又據入唐求法巡禮行記，亦能知其航路，即由楚州沿海岸到登州文登縣赤山莫琊口（山東省靖海灣附近），由此向正東，橫斷黃海，沿新羅西岸南下，通過躭羅國（濟州島）之北，遙望東方對馬而到肥前松浦郡値嘉島，復迴航至筑前之博多津也。承和十年，新羅人張公靖之舶載學問僧圓載之弟子仁好、順昌二人發自楚州，到日本長門國時，亦由此路。南路皆發自明州（浙江省寧波）（發自福州台州者亦必至明州）橫斷中國東海，到値嘉島，由此入博多津。値嘉島即今之五島列島並平戶島之舊名。入唐求法巡禮行記有鹿島(シカ)，即値嘉(チカ)島之音訛者也。此島自奈良朝以後，當唐日交通之要衝，取南路者與取北路者，皆碇泊於此島。安祥寺惠運傳中之值嘉島那留浦，圓珍行歷抄中之值嘉島鳴浦，皆五島列島之奈留島。智證大師傳之值嘉島旻美樂，即五島列島福江島之三井樂也。

行北路者，只沿岸而行，日數較多。行南路者，則橫斷中國東海，日數極少，普通自三晝夜至六七晝夜，超過十晝夜者甚少。船破漂流之事，亦不常見。船破者只元慶元年圓載歸日之李延孝船，（註二二）漂流者，只仁壽三年圓珍等赴唐之欽良暉船，（註二三）其他並不多見。較之文武朝後行南路之遣唐使船，日數多而每次不免船破漂流者大不相同，殊堪驚異。蓋此時造船術大有進步，較遣唐使船，小而輕快。其最重要理由，則唐商等已知季節風，利用之以航海也。觀唐商之舶來日本時，皆在六七月。恰值西南季節風流行時期，歸唐時皆在八九月，預知是時西南季節風已止，而交東北季節風時期也。張支信船，於承和十四年六月二十二日發自中國明州望海鎮頭，而向日本安祥寺惠運傳記其形情云：

「得西南風三個日夜，纔歸着遠值嘉島那留浦，纔入浦口風即止，」（錄原文）

又記李處人舶於承和九年八月二十四日發自值嘉島而赴唐云：

「得正東風六個日夜法（似係流字）著大唐溫州樂城縣玉留鎭府前頭」（錄原文）

觀此可見彼等利用季節風之態度矣。

又頭陁親王入唐略記記眞如法親王貞觀四年入唐之情形云：

「僧俗合六十八，駕舶離鴻臚館，赴遠値嘉島，八月十九日，著於遠値嘉島，九月三日從東北風飛帆，其疾如矢，四日三夜，馳度之間，此月六日未時，順風忽止，逆浪打艫，卽收帆投沈石，而沈石不着海底，仍更續儲料綱下之，綱長五十餘丈，纔及水底，此時波濤甚高如山，終夜不息，船上之人皆惶失度，異口同音祈願佛神，但見親王神色不動，曉旦之間，風氣微扇，乃觀日暉，是如順風，乍嘉行矴挑帆隨風而走，七日午尅遙見雲山，未尅著大唐明州之楊扇山，申尅到彼山石丹奧泊，卽落帆下矴，」（錄原文）

又入唐求法巡禮行記開成四年四月十七日條云：

「早朝雨止，雲霧重，云不知向何方行，海色淺綠，不見白日，行迷方隅，或云向西北行，或云向正北行，或云前路見島，進行數尅，海波似淺，下繩量之，但有八尋，欲下矴停，不知去陸遠近，有人云，

今見海淺，不如沈石暫住，且待霧霽，方定進止，衆咸隨之下矴繫留，」（錄原文）

觀此記事，是時航海，若得順風則利用之，風不順或有霧難定方向時，則收帆投矴以防漂流，及霧晴風順，再揚帆隨風前行。

四　貿易品與貿易之方法

唐之商船，以貿易爲主，來時必齎許多貨物；故史傳記其來日時之事，每云「多齎貨物」（註二三）至其品目，雖不能明，其重要者當不外當時人所信仰之經卷、佛像、佛畫、佛具、及文集、詩集、藥品、香料之類。元慶五年張蒙之船，受圓珍之託，齎來一切經之闕本百二十卷；（註二四）文德天皇朝，命大宰少貳藤原岳守，檢校唐船之貨物，得元白之詩，上於朝廷。（註二五）貞觀十六年遣伊豫權掾大神宿禰巳井、豐後介多治眞人安江赴唐求香藥，元慶元年搭載唐商崔鐸之船歸國。（註二六）唐船來日時，先寄港於値嘉島，每祕密採取該島藥草，加入貨物之內；（註二七）據此亦可略知其物品矣。

唐船既到博多津，大宰府馳驛走報京師，奉勅安置唐商於鴻臚館而供給之。（註二八）圓仁入唐求法巡禮行記，記承和十四年十月乘金珍等之船至博多津時之事云：

「十月六日借得官庫絹八十疋綿二百屯給船上四十四人冬衣，六日生料米十碩送來依國府從十月一日始充行，十九日太政官符來大宰府，圓仁五人速令入京，唐人金珍等四十四人，仰大宰府量加支給者，官符在別」（錄原文）

日本優待外商可以概見。大宰府官員以藏於府庫之砂金、水銀、錫、綿、絹等類易唐商之貨物，（註二九）此際由京師派出交易唐物使，使掌交易。交易唐物使多係內藏寮人員。（註三〇）大寶令規定官司未交易前，不許私與諸蕃交易。若私行交易而被告發，則二分其物，一與告發者，一沒於官。若官司發見之，則悉沒於官。又按律，官司未交易前，私與諸蕃交易者，以盜論，罪徒三年。（註三一）定律雖然如此，但不易實行，唐船到時，公卿、朝臣、富家等，每爭遣其使者至港購買舶來品。三代實錄仁和元年十日二十日辛未條云：

「先是大唐商賈人着大宰府，是日下知府司，禁王臣家使及管內吏民私以貴直競買他物，」（錄原文）

又延喜三年八月一日之太政官符云：（下二段皆原文）

「應禁遏諸使越關私買唐物事。

右左大臣（藤時平）宣，頃年如聞唐人商船來着之時，諸院、諸宮、諸王臣家等官使未到之前遣使爭買，又墎內富豪之輩，心愛遠物，踊直貿易，因玆貨物價直定准不平，是則關司不慥勘過府吏簡略檢察之所致也云云」（原文）

據此亦可知矣。

唐之商舶，輸入之珍貴品物，在當時之實社會方面觀之，固無甚緊要，但實足使京都貴族與富豪之文化生活內容益見豐富。

（註一）圓仁入唐求法巡禮行記第四。

（註二）據安祥寺惠運傳，承和九年學問僧惠運入唐時之船，係唐人李處人在肥前國松浦郡値嘉島，費時三月，以大楠木造成者。又據頭陀親王入唐略記，貞觀四年眞如法親王入唐時之船，係唐人張支信在肥前國松浦郡柏島，費時八月造成者。

（註三）圓仁之入唐求法巡禮行記卷四，安祥寺惠運傳，頭陀親王入唐略記，均作張支信。續後紀承和十四年七月，三代實錄貞觀六年八月條，皆作張友信，不知孰是。

（註四）安祥寺惠運傳，續後紀承和十四年七月條。

（註五）三代實錄貞觀六年八月條。

（註六）頭陁親王入唐略記。

（註七）智證大師傳有李遠，圓珍元慶六年送長安大興善寺慧輪之上智慧輪三藏決疑表中有李達，今據後者。

（註八）圓仁入唐求法巡禮行記卷四。

（註九）文德實錄嘉祥三年五月辛巳條。

（註一〇）安祥寺惠運傳。續後紀承和十四年七月辛未條。

（註一一）元亨釋書卷六義空傳。

（註一二）頭陁親王入唐略記。

（註一三）入唐求法巡禮行記卷四。

（註一四）續後紀承和十一年七月癸未條。

（註一五）續後紀承和十四年七月辛未條。

（註一六）入唐求法巡禮行記。

（註一七）上智慧輪三藏決疑表，智證大師傳。

（註一八）圓珍之行歷抄記圓載之失德事頗多。茲摘錄其一節如下：「會昌三年本國僧圓修惠運來到此山（天台山），具知圓載犯尼之事。僧道詮和上曰圓修道心，多有材學，在禪林寺，見圓載數出寺，舉聲大哭，國家與汝糧食，徒衆待汝學滿卻歸本寺流傳佛法，何不勤業，作此惡行，蒼蒼天天。圓載因此結怨含毒，圓修從天台發去明州已後載雇新羅僧，將毒藥去擬殺圓修。修便上舡發去多日，事不着，便新羅僧卻來曰趁他不著，載曰叵耐叵耐」。（錄原文）

（註一九）入唐求法巡禮行記。

（註二〇）續後紀承和六年八月條。

（註二一）圓珍之上智慧輪三藏決疑表云，圓載與唐人詹景全、李達同渡日本遇風，圓載、詹景全沉海死，惟李達幸免。智證大師傳云，圓載與學問僧智聰同乘李延孝舶歸國，途中船破，圓載、李延孝死，智聰乘一小板漂流至唐之溫州。兩書記載互異。

（註二二）智證大師傳。

（註二三）續後紀嘉祥二年八月乙酉。　三代實錄元慶元年八月二十二日條。

（註二四）智證大師傳　唐房行履錄卷上。

（註二五）文德實錄仁壽元年九月條。

（註二六）三代實錄貞觀十六年六月，元慶元年八月條。
（註二七）文德實錄貞觀十八年三月條。
（註二八）三代實錄記載唐舶來日時事，多有「勅大宰府安置鴻臚館例供給」之語。
（註二九）三代實錄元慶三年十月條。
（註三〇）扶桑略記延喜十九年七月十六日條。
（註三一）關市令。 延喜三年八月一日太政官符「應禁遏諸使越關私買唐物事。」

第八章　遣唐留學生與文化之移植

一　史籍中之遣唐留學生

日本中古之文化，全係由唐移植之文化，無論何人決無異議。其直接移植文化者，則赴唐留學生也。故對彼等作精細之調査在日本文化之研究上，實有重大之意義。

赴唐留學生，書紀中分學生與學問僧二種。前者，指學一般學藝之學生；後者，指學佛教之僧侶。平安朝留學生內有還學生還學僧。還者，往而復反之意，隨遣唐使而往，復從遣唐使而回之謂也。又續後紀等，多有請益生、請益僧之名。所謂請益者，已受教而更有所請也。例如曾在日本大學已學明經紀傳、種種專門學業之學生，或已就師僧習得普通經論之僧侶，仍欲探其奧蘊而留學者，是亦遣唐留學生之一種。今爲明瞭遣唐留學生之性質，倂考察彼等移植唐代文化之狀況，先列一覽表如左：

遣唐留學生一覽表

自舒明天皇二年（六三〇）至宇多天皇寬平六年（八九四）•為歿於海上或歿於唐者之符號○為未入唐者之符號

附新羅留學生

人名	入唐便船	入唐年代	習得之學藝宗教	歸國便船	歸國年代	在唐年數	攜來品及雜纂
道嚴	遣唐大使吉士長丹之舶（紀）	白雉四（紀）					
道通	同	同					
道光	同	同	學律宗而歸（三國佛法傳通緣起）		天武七（同上）	二五	著有四分律抄撰錄文（三國佛法傳通緣起）
惠施	遣唐大使吉士長丹之舶（紀）	白雉四（紀）					文武二年三月任僧正（僧綱補任）
覺•勝	同	同					歿於唐
辨正	同	同					懷風藻中之辨正另為一人

惠照	同	同					
僧忍	同	同					
知·聰	同	同					途中死於海上（紀註）
道昭（道照）	同	同	到長安就玄奘學法相宗，又奉玄奘命學禪（續紀）	遣唐副使津守吉祥之船？（註一）	齊明七？	八？	攜來經論甚多，置於平城右京禪院，建禪院於元興寺東南隅居之，後周游各地，鑿井架橋，盡力於種種社會事業，文武四年寂，火葬於栗原，火葬自此始。（續紀）法相宗第一傳（三國佛法傳通緣起）
定惠（貞慧）	同	同	到長安在惠日道場中就學於神泰（貞慧傳）	唐使劉德高之船（紀註）	天智四（紀註）	一二	鎌足之子，開創大和多武峯。（貞慧傳）
安達	同	同					
道觀	同	同					
巨勢臣藥	同	同					
氷連老人	同	同					
知辨	遣唐大使吉士長丹之船（紀註）	白雉四（紀之註）		遣唐大使吉士長丹之船？	白雉五（紀註）	一	

義德	同	同		新羅船(紀)	持統四(紀)	三八	
坂合部連磐積(石積)	遣唐大使吉士長丹之舶(紀註)	白雉四(紀註)					奉天武朝勅，撰新字一部，凡四十四卷。(紀)
道·福	遣唐大使高田根麻呂之舶(紀)	白雉四(紀)					溺死於海(紀)
義·向	同	同					同
惠·妙							死於唐(紀註)
智·國							同
智宗		白雉四？		新羅船(紀)	持統四(紀)	三八？	
義·通							溺死於海(紀註)
妙位				遣唐大使吉士長丹之舶？	白雉五(紀註)		
法勝				同	同		
高黃金				同	同		

智通	新羅船（紀）	齊明四（紀）	到長安就玄奘窺基受學無性衆生義，傳法相宗。（紀）				法相宗第二傳（三國佛法傳通緣起）
智達	同	同	同				同
◦間人連御廐							至新羅未入唐，持統三年歸國。（紀）
◦依網連稚子							同
道久（道文）					天智十（紀）		
筑紫君薩野馬					同		
韓島勝娑婆					同		
布師首磐					同		
土師宿禰甥				新羅船（紀）	天武十三（紀）		
白猪史寶然				同	同		
淨願				同	持統四（紀）		
智藏		天智朝（懷風藻）	在吳越間就高學尼學三論宗（懷風藻）		持統朝（懷風藻）		三論宗第二傳（三國佛法傳通緣起）

觀常（留學新羅？）	新羅船（紀）	天武十四（紀）					
雲觀（留學新羅？）	同	同					
智隆（留學新羅？）				新羅船（紀）	持統元（紀）		
明聰（留學新羅？）				同	持統三（紀）		
觀智（留學新羅？）				同	同		扶桑略記慶雲四年十月，有新羅流學僧觀智，殆留學於新羅者。
山田御史形（留學新羅？）					持統朝		歸國後教授生徒，又爲周防守。（續紀）其詩歌見懷風藻萬葉集。
辨通（留學新羅？）	新羅船（紀）	持統七（紀）					和銅五年爲少僧都（續紀）
神叡（留學新羅？）（註二）	同	同					養老三年賞其有德，賜食封五十戶，天平元年爲少僧都（續紀）
辨・正		大寶中（懷風藻）	謁唐玄宗以善圍棋見愛（懷風藻）				歿於唐，秦朝元卽其在唐所生之子。（懷風藻）

道慈	遣唐大使粟田眞人之船（續紀）	大寶二（註三）	到長安學三論法相又謁善無畏（三國佛法傳通緣起）	遣唐大使多治比縣守之船？	養老二（續紀）	一七	與神叡同爲釋門之秀，著有愚志一卷，倣唐長安西明寺之規模，建大安寺（續紀）三論宗第三傳（三國佛法傳通緣起）其詩見懷風藻。
智鳳		大寶三（三國佛法傳通緣起）	就濮陽智周學法相宗（三國佛法傳通緣起）				慶雲三年爲維摩會講師（扶桑略記）法相宗第三傳（三國佛法傳通緣起）
智鸞		同	同				法相宗第三傳（三國佛法傳通緣起）
智雄		同	同				同
義法（留學新羅？）				新羅船？	慶雲四（續紀）		
義基（留學新羅？）				同	同		
惣集（留學新羅？）				同	同		
慈定（留學新羅？）				同	同		

淨達(留學新羅)				同	同		元亨釋書云，入新羅求法。和銅二年應藤原不比等之請，修維摩會(扶桑略記)
行善(留學新羅)		齊明朝？			養老二(扶桑略記)		續紀養老五年云，沙門行善負笈游學，既經七代，備嘗難行，則其留學在齊明朝。
勝曉							養老四年十二月，命與唐僧道榮，同訂正轉經唱禮。(續紀)
玄昉	元正朝遣唐使之舶(續紀)	養老元(註四)	就濮陽智周學法相宗(三國佛法傳通緣起)	遣唐大使多治比廣成之舶(續紀)	天平六(註五)	一七	齎來經論五千餘卷及諸佛像(續紀)法相宗第四傳(三國佛法傳通緣起)
吉備真備	同	同	到長安學經史(續紀)	同	天平六(註六)	一七	齎來唐禮一百三十卷，太衍曆經一卷，太衍曆立成十二卷，測影鐵尺一枚，銅律管一部，鐵如方響、寫律管聲十二條，樂書要錄十卷，又弓箭等。(續紀)
大和長岡	同	同	學刑名之學(續紀)	同？	天平六(註七)	一七	精刑名之學，與吉備真備同删定律令二十四條。(續紀)
阿倍仲麻呂	元正朝遣唐使之舶(續紀)	養老元					天平勝寶五年，與孝謙朝之遣唐大使藤原清河同歸，漂流至安南，復回中國，仕於唐，

理鏡	元正朝之遣唐使舶？	養老元？		遣唐副使中臣名代之舶（婆羅門僧正碑）	天平八（婆羅門僧正碑）	一九？	與中天竺之婆羅門僧正菩提僊那歸國（婆羅門僧正碑）
榮叡	聖武朝遣唐使舶？	天平五？	始學於洛陽長安，後隨從揚州龍興寺鑑眞。（唐大和上東征傳）				將與普照共迎鑑眞歸國不果，天平二十年病歿於唐。（唐大和上東征傳）
普照	同	同	同	遣唐副使吉備眞備之船（東征傳）	天平勝寶五（東征傳）	二〇？	天平寶字三年，奏請朝廷於道傍種植果樹（扶桑略記）
玄朗	同	同	同				唐大和上東征傳，天平十五年就歸國之途，果否歸國不明。
玄法	同	同	同				同上
業行							續紀天平寶字七年五月條云，與榮叡同勸鑑眞東歸，或係普照之誤亦未可知。
金文學							原名不明。文苑英華有沈頌送金文學還日東詩。異稱日本傳云，金文學似卽吉備眞備。
藤原刷雄	孝謙朝遣唐使之舶？	天平勝寶四？（註八）					藤原仲麻呂第六子，因仲麻呂之亂，流於隱岐後被赦，桓武朝爲大學校長。（續紀）

膳大丘	孝謙朝遣唐使之舶（續紀）	天平勝寶（續紀）	在長安國子監學儒學（續紀）				歸國後爲大學助教，繼爲博士，神護景雲二年七月奏請尊孔子爲文宣王，許之。（續紀）
行賀	孝謙朝遣唐使之舶？（註九）	天平勝寶四？	學唯識法華兩宗（扶桑略記）			一三	攜來聖教要文五百餘卷。又筆削法華經疏弘贊略，唯識僉議四十餘卷。（扶桑略記）延歷十五年爲大僧都（後紀）
船連夫子				孝謙朝之遣唐使舶？	天平勝寶六？		續紀天平勝寶六年十一月授外從五位下，辭不受。
高內弓				送渤海使板振鎌束之船（續紀）	天平寶字七（續紀）		
戒融				同	同		
永忠		寶龜初（元亨釋書）	學經論及音律（元亨釋書）		延歷初（元亨釋書）		齎來律呂旋宮圖，日月圖各二卷，律管十二枚，塤一枚。（元亨釋書）住近江梵釋寺，嵯峨天皇臨幸該寺之際，煑茶奉進，（後紀）
戒明		寶龜初（延曆僧錄）					寶龜三年與得清同攜聖德太子所著之勝鬘經義疏與法華經義疏入唐，贈揚州龍興寺靈祐。
得清							同

智藏							文苑英華有劉禹錫「贈日本僧智藏」之詩。但天智朝入唐之智藏另爲一人，由年代推之自知
鑒禪師							原名不明。文苑英華有司空圖「贈日本鑒禪師」之詩。
褚山人							原名不明。文苑英華有賈島「送褚山人歸日本」之詩。
朴山人							原名不明，文苑英華有釋無可「送朴山人歸日本」之詩。
伊豫部家守			學五經大義及切韻說文之字體		寶龜九		歸國後，建議定孔子之享坐爲南面，舉爲大學助教（國史紀事本末）
粟田鮑田麻呂				桓武朝遣唐使舶？	延曆二十四？		後紀延曆二十四年十月敍正六位上。
善議							道慈之弟子，三論宗之名僧，弘仁三年八十四歲寂。（後紀）
最澄	遣唐副使石川道益之舶（叡山大師傳）	延曆二十三（叡山大師傳）	到天台山從道邃行滿學天台，又到越州龍興寺從順曉學密教。（叡山大師傳）	遣唐大使藤原葛野麻呂之舶（叡山大師傳）	延曆二十四（叡山大師傳）	一	齋來經疏等二百三十部四百六十卷及佛畫佛具等（傳教大師進官錄上表，比叡山最澄和尙法門道具等目錄）

義眞（最澄譯者）							據叡山大師傳，傳教大師行狀記，扶桑略記等，爲最澄之譯者入唐，往復均隨最澄。
丹福成（最澄傔從）							據傳教大師將來台州錄，將來越州錄爲最澄之從者入唐。
空海	遣唐大使藤原葛野麻呂之舶（大師御行狀集記）	延曆二十三（大師御行狀集記）	就長安青龍寺惠果學密教）上新請來經等目錄表）	遣唐判官高階遠成之船（大師御行狀集記）	大同元（大師御行狀集記）	二	齎來新譯經等一百四十二部二百四十卷，梵字眞言讚等四十二部四十四卷，論疏章三十二部一百七十卷，並佛像、祖師影、眞言道具等。（御請來目錄）
靈仙	桓武朝之遣唐使舶？	延曆二十三（靈仙三藏行歷考）					弘仁元年，在長安醴泉寺與般若三藏等翻譯大乘心地觀經梵夾。（靈仙三藏行歷考）繼居五台山數年，後在靈境寺被毒殺。（入唐求法巡禮行記）
圓基							圓珍行歷抄云，唐貞元（桓武朝）中，留學僧圓基，僞稱眼疾歸國。
橘逸勢	遣唐大使藤原葛野麻呂之舶（橘逸勢傳）	延曆二十三（橘逸勢傳）	到長安歷訪明哲受業（橘逸勢傳）	遣唐判官高階遠成之船（橘逸勢傳）	大同元（橘逸勢傳）	二	唐之文人呼之爲秀才（文德實錄）

金剛三昧							原名不傳，爲日本唯一之入竺僧，唐元和十三年（弘仁九年）與蜀僧廣昇同登峨嵋山，事見酉陽雜俎。（新村博士日本南國關係史料）
圓行	仁明朝之遣唐使船（入唐求法巡禮行記）	承和五（靈嚴寺和尚傳）	就長安青龍寺義眞學密教（靈嚴寺和尚請來法門道具等目錄）	仁明朝之遣唐使船（入唐求法巡禮行記）	承和六（靈嚴寺和尚傳）	一	齎來經論章疏六十九部一百二十三卷，並佛像佛具佛舍利等。（靈嚴寺和尚請來法門道具等目錄）
常曉	遣唐判官菅原善主之船（常曉和尚請來目錄）	承和五（常曉和尚請來目錄）	就淮南栖靈寺文璨學密教。（常曉和尚請來目錄）	仁明朝之遣唐使船（明匠略傳）	承和六（明匠略傳）	一	齎來經論三十一部六十三卷，並佛像佛具等。（常曉和尚請來目錄）又携大元帥象，安置於山城宇治法琳寺，始行大元帥祕法。（續後紀）
戒明	仁明朝之遣唐使船？	承和五？		仁明朝之遣唐使船？	承和六？	一？	據圓仁之入唐求法巡禮行記，爲仁明朝之眞言請益僧入唐，而未許入京。
義澄	同	同		同	同	一？	戒明之法弟，入唐未許入京，乃爲遣唐判官之從者入京。（入唐求法巡禮行記）
眞。濟							爲眞言請益僧，乘仁明朝之遣唐使第三船入唐，因船破不果。（續後紀三代實錄）
眞。然							同

圓仁	遣唐大使藤原常嗣之舶（入唐求法巡禮行記）	承和五（入唐求法巡禮行記）	在揚州就宗叡學梵語，繼詣五台山。又至長安就元政、義眞學密教。又從南天竺寶月學悉曇。（入唐求法巡禮行記）	新羅人金珍等之船（入唐求法巡禮行記）	承和十四（入唐求法巡禮行記）	九	携來經論章疏傳記等五百八十四部八百二卷，胎藏金剛兩部大曼陀羅，及諸尊壇像、舍利、並高僧眞影等五十九種。（入唐新求聖教目錄）
（圓仁之從僧）惟正	同	同		同	同	九	圓仁弟子。圓仁在唐時常隨從。（入唐求法巡禮行記）
（圓仁之從僧）惟曉	同	同					圓仁弟子。從圓仁入唐，客死長安。（入唐求法巡禮行記）
性海	唐商李鄰德之船（入唐求法巡禮行記）	承和十三（入唐求法巡禮行記）		新羅人金珍等之船（入唐求法巡禮行記）	承和十四（入唐求法巡禮行記）	一	圓仁弟子。圓仁在唐時，曾送本國書信信物至圓仁處。（入唐求法巡禮行記）
（圓仁行者圓珍譯者）丁雄萬（丁滿）第一回	遣唐大使藤原常嗣之舶（入唐求法巡禮行記）	承和五（入唐求法巡禮行記）		新羅人金珍等之船（入唐求法巡禮行記）	承和十四（入唐求法巡禮行記）	九	初名丁勝小麿，隨遣唐使舶，水手入唐，後爲圓仁之行者，改名丁雄萬。（丁滿）圓仁在唐時常隨從。（入唐求法巡禮行記）
第二回	唐人欽良暉之船（圓珍台州府公驗）	仁壽三（圓珍台州府公驗）		唐人李延孝之船？	天安二？	五	爲圓珍譯者入唐，見圓珍行歷抄，及台州府公驗，由此推之，當與圓珍同時歸國。

圓載	遣唐大使藤原常嗣之船（入唐求法巡禮行記）	承和五（入唐求法巡禮行記）					元慶元年，與智聰同乘唐商李延孝船歸國，途中船破溺死。（智澄大師傳扶桑略記）
仁好（圓載從僧） 第一回	同	同		新羅人張公靖之船（續後紀）	承和十（續後紀）	五	圓載之弟子，從圓載入唐，圓載使向本國請衣糧而歸國。（入唐求法巡禮行記）
仁好 第二回	唐商之船 ？	承和十一（續後紀）		唐商張支信之船（續後紀）（註十）	承和十四（續後記）	三	攜朝廷賜給圓仁圓載之金入唐，歸國時攜圓載謝表回。（續後紀）
伴始滿（圓載行者）	遣唐大使藤原常嗣之舶（入唐求法巡禮行記）	承和五（入唐求法巡禮行記）					圓載之行者，隨從圓載入唐，是否歸國不明。
○刀岐直雄貞							因命從仁明朝遣唐使留學，避匿不往，流於佐渡，（續後紀）
○佐伯直安道							同
○志斐連永世							同
春苑宿禰玉成	仁明朝之遣唐使舶（續後紀）	承和五（續後紀）		仁明朝之遣唐使舶？	承和六？	一？	爲遣唐陰陽師兼陰陽請益入唐，傳入難義一卷，以教陰陽寮諸生（續後紀）

管原梶成	仁明朝之遣唐使舶（文德實錄）	承和五（文德實錄）	通醫術，因欲請問醫術上之疑義，受命入唐留學，（文德實錄）	仁明朝之遣唐使舶（文德實錄）	承和六（文德實錄）	一	歸爲鍼博士，繼爲侍醫。（文德實錄）
長岑宿禰	仁明朝之遣唐使舶？	承和五？		仁明朝之遣唐使舶？	承和六？	一？	圓仁入唐求法巡禮行記云，留學僧圓載託送書信四通，黑角如意一柄至叡山。
圓覺（田圓覺 田口圓覺）		承和五？					智證大師請來目錄中有田圓覺，行歷抄中有田口圓覺，似係承和五年入唐者。承和七年以來，久居五台山，後到長安，圓珍入唐時助之，抄寫聖教繪曼荼羅等。（智證大師請來目錄）
圓修							圓珍行歷抄云，承和十年登天台山，聞留學僧圓載犯尼，大爲概嘆。
順昌		承和八？		新羅人張公靖之船（續後紀）	承和十（續後紀）	二？	圓載之弟子。圓仁入唐求法巡禮行記中常見其名，爲圓載使者，向本國請衣糧，與仁好同歸。
仁濟		承和八？					圓載之弟子。圓仁入唐求法巡禮行記中常見其名，但是否歸國不明。

惠蕚 第一回		承和八（入唐求法巡禮行記）	巡拜五台山登天台山（入唐求法巡禮行記）	唐人李鄰德之船（入唐求法巡禮行記）	承和九（入唐求法巡禮行記）	一	因求五台山費用歸國（入唐求法巡禮行記）
惠蕚 第二回		承和十一（入唐求法巡禮行記）		唐人張支信之船（續後紀）	承和十四（續後紀）	三	文德實錄云，攜橘皇后所作之繡文袈裟與寶幡鏡奩入唐，施彼地之僧及五台山，此時事也。又元亨釋書云，謁杭州鹽池寺之齊安國師，迎其弟子義空而歸，似亦此時之事。
惠蕚 第三回	唐人張支信之船（頭陀親王入唐略記）	貞觀四（頭陀親王入唐略記）		唐人張支信之船（頭陀親王入唐略記）	貞觀五（頭陀親王入唐略記）	一	隨從平城天皇之子眞如法親王入唐（頭陀親王入唐略記）
惠運（慧雲）	唐人李處人之船（安祥寺惠運傳）	承和九（安祥寺惠運傳）	巡拜五台山聖跡。就長安青龍寺義眞學密教。（安祥寺惠運傳）	唐人張支信之船（安祥寺惠運傳）	承和十四（安祥寺惠運傳）	五	齎回眞言經軌等一百七十卷（惠運禪師將來教法目錄）又孔雀一、鸚鵡三、狗三、獻於朝廷（續後紀）
圓珍	唐人欽良暉之船（智證大師傳）	仁壽三（智證大師傳）	在福州開元寺，就中天竺之般怛羅學悉曇，在越州開元寺學天台，後由洛陽到長安，就法全學密教。（智證大師傳）	唐人李延孝之船（智證大師傳）	天安二（智證大師傳）	五	齎回經論章疏四百四十一部一千卷，道具法物等十六種。（智證大師請來目錄）

閑靜(圓珍從僧)							圓珍之台州府公驗，智證大師請來目錄，皆云隨從圓珍入唐，則歸國當亦與圓珍同時。
的良(圓珍行者)							同
物忠宗(圓珍行者)							同
大全吉(圓珍行者)							同
豐智(智聰)(圓珍從僧)	唐人欽良暉之船	仁壽三(圓珍台州府公驗)			元慶元(三代實錄)	二四	爲圓珍從僧而入唐，改名智聰，留唐未歸。眞如法親王入唐時，從到長安，後與圓載同乘李延孝船歸國，途中船破，又漂流至唐，元慶元年歸國。(圓珍行歷抄 頭陀親王入唐略記 智證大師傳 三代實錄)
眞如法親王(高丘親王)・	唐人張支信之船(頭陀親王入唐略記)	貞觀四(頭陀親王入唐略記)	由明州經洛陽入長安，得赴天竺之官符，經廣州向天竺。(頭陀親王入唐略記)				據在唐僧中瓘之奏，親王將渡天竺，到羅越國而薨。(三代實錄)
賢眞(眞如法親王之從僧)	唐人張支信之船(頭陀親王入唐略記)	貞觀四(頭陀親王入唐略記)		唐人張支信之船(頭陀親王入唐略記)	貞觀五(頭陀親王入唐略記)	一	隨從眞如法親王入唐(頭陀親王入唐略記)貞觀九年領近江滋賀郡比良山妙法寂勝兩官寺(三代實錄)

（同）忠全	同	同		同	同	一	隨從眞如法親王入唐（頭陀親王入唐略記）
（同）宗叡（宗睿）	同	同	隨從眞如法親王入唐，巡禮五台山聖跡，又上天台山，在大華嚴寺行千僧供養，又學於長安洛陽（三代實錄）	唐人李延孝之船（三代實錄）	貞觀七（註十一）	三	齎回經論章疏一百三十四部一百四十三卷（宗叡書寫請法門來等目錄）
（同）安展	同	同					隨從眞如法親王入唐（頭陀親王入唐略記）歸國年月不明。
（同）禪念	同	同					同
（同）惠池	同	同					同
（同）善寂	同	同					同
（同）原懿	同	同					同
（同）猷繼	同	同					同
豐演							眞如法親王弟子，入唐學眞言，歸國後住山崎相應寺，修眞言行法，日夜誦讀金剛般若經（今昔物語）

中瓘							元慶五年十月送書，報告眞如法親王薨去（三代實錄）寬平六年三月，託唐人王訥報告唐國凋弊。（菅家文草）
以船		貞觀十六（三代實錄）					貞觀十六年六月十五日使以船入唐，勅大宰府賜管內正稅稻千束。（三代實錄）
濟•詮（齊詮濟撰）		元慶元（三代實錄）					乘唐舶渡海，被海賊所殺。（明匠略傳）
安◦然							元慶元年將與濟詮同入唐，下大宰府，未渡海而止。（明匠略傳）
玄◦昭							同
觀◦溪							同
三慧	唐人張蒙之船？	元慶六（智證大師傳）					元慶六年奉圓珍命，因搜寫闕經三百四十卷而入唐。（智證大師傳）
好眞							入唐五家傳，載有唐景福二年（寬平五年）閏五月十五日好眞之牒，據此則爲是時之在唐僧明矣。

弘舉
因在唐僧好眞之牒，寬平五年八月十六日發太政官府，使大宰府給在唐之弘舉衣糧。（入唐五家傳）

（註一）三代實錄元慶元年十二月條，有「道照還此之後壬戌年創禪院寺」（原文）句壬戌爲天智元年，則其歸國當在齊明天皇時。續紀文武四年三月條，有「隨使歸國」句，則其歸國當搭齊明七年遣唐副使津守吉祥之船。

（註二）扶桑略記引唐僧思託之延曆僧錄，以神叡爲「唐學生」，然由前後事實推之，似留學於新羅者。書紀稱入唐之學問僧爲「大唐學問僧」，新羅之學問僧單書爲「學問僧」。

（註三）續紀天平十六年十月條，謂道慈入唐在大寶元年，此乃任命遣唐使之年。實際入唐在大寶二年。

（註四、五）續紀天平十八年六月條。謂玄昉入唐在靈龜二年，此乃任命遣唐使之年。實際入唐在養老元年。又謂其歸國在天平七年者，亦其入京之年；實際歸國在前一年。

（註六）續紀寶龜六年十月條，謂吉備眞備歸國在天平五年。但眞備係乘遣唐大使多治比廣成之船歸國，恐係天平六年之誤。

（註七）續紀神護景雲三年十月條，有勝寶中改大和長岡之姓忌寸爲宿禰之語，其歸國蓋乘天平六年聖武朝之遣唐使舶。

（註八）續紀天平勝寶四年閏三月條，有「授留學生无位藤原朝臣刷雄從五位下」（原文）句，殆係是歲隨從遣唐使入唐者。

（註九）續紀謂行賀於延曆三年六月任少僧都。扶桑略記有「住唐三十一年」之語，似係隨從孝謙天皇天平勝寶四年之遣唐使入唐者。

（註十）安祥寺惠運傳、頭陀親王入唐略記皆作張支信；續後紀承和十四年七月，三代實錄貞觀六年八月條，皆作張友信；其中必有一誤。

（註十一）禪林寺僧正傳，三代實錄元慶八年三月二十六日宗叡傳，皆謂宗叡歸國在貞觀八年，然據宗叡之書寫請來法門等目錄，謂貞觀七年十一月已回京都東寺，則爲貞觀七年之誤明矣。

右表雖必有遺漏，然史籍中有名者實已搜羅其大部分，此等人皆人所共知者。又如金剛三昧（註一）與靈仙三藏（註二）幸近時由學者研究始得闡明其事跡。其中不幸而不傳其名者，亦皆生性勇敢，冒萬里之波濤，備嘗艱苦，以貢獻文化於日本者也。故我等對此等無名之留學生，亦不得不表重大之敬意。予所以不憚煩勞，務求多舉其名者，亦不外弔其英魂之微意耳。又隨留學生入唐之譯者行者等名，亦併載於表中者，亦此故也。嚴格言之彼等本不得列於留學生之內；然彼等常隨從留學生共嘗辛苦，輔助之功亦不可沒。例如丁雄萬（註三）於承和五年爲遣唐使舶水手入唐，又爲請益僧圓仁弟子，相從巡拜五台，留學長安。圓仁在唐九年，常隨從之，備嘗辛苦。（註四）仁壽三年又爲請益僧圓珍譯者再入唐。（註五）圓仁，圓珍二僧，在日本佛教史上，留不朽之盛名，固因彼等自身人物之偉大，而丁雄萬之功勳亦不可忘也。

二　遣唐留學生之便船與人數

前後十三次遣唐使之內，天智朝之使，大概因百濟與唐之政治關係而遣者。孝謙朝之使，因東大寺鑄大佛購買黃金而遣者。（註六）其他概因輸入唐之文化而遣者。故遣唐使往返時，皆攜多數留學生；蓋送迎留學生，實遣唐使重要任務之一。然遣唐使平均二十年一次，急思入唐求法之僧侶，有不待其派遣而自覓便船入唐者。文武天皇以前，遣唐使迂回朝鮮半島而行北路時代，與新羅之交通頗繁，貢船來往不絕，故搭其船以入唐者不少。（註七）蓋當時新羅對於日本，有似中國之文化分店，故留學於新羅者亦不少。如書紀所載之觀常、雲觀、智隆、明聰、觀智、辨通、神叡，(註八)續紀中之山田御形、義法、義基、摠集、慈定、淨達，(註九)皆天武持統兩朝留學於新羅者。其中之神叡，與遣唐學問僧道慈，實同爲釋門之秀。(註一〇)

文武天皇以後，遣唐使由南路入唐，留學生概由遣唐使船往來。蓋是時新羅漸強，對日多缺禮，國際關係，日益疏隔也。仁明朝以後，既不派遣唐使，則專由唐船往來。自仁明朝承和六年（八三九）遣唐使歸國後，至醍醐天皇延喜七年（九〇七）唐亡，凡七十年間，唐商張支信、李鄰德、李延孝、李達、詹景全、欽良暉等往來頗繁。彼等概發自唐之明州（寧波），横斷中國東海，經肥前國松浦郡值嘉島入博多津而營貿易，其往來之見於史傳者，有三十餘次之多。故當時之遣唐留學生，皆託身於此等唐船以往來。(註一一)

遣唐留學生之時代不同，往復之船自異，其間以文武朝爲界。文武朝以前，乘北路遣唐使船與新羅船，其游學殆限於中國北部。文武朝以後，乘南路遣唐使船與唐船，其巡歷之範圍，及於中國南部。此在考察文化移植之情形上，所當留意者也。

與遣唐留學生船舶有關聯者，則爲彼等之人數。乘新羅船唐舶者，不過單獨的三三五五往來；合其全部，亦非多數。由遣唐使船來往者，其數較多；然亦不若世人所傳之甚。文武朝以後，遣唐使人員，超過五百人者甚多。然謂其大多數爲留學生者，殊屬謬誤。同行人員即有五百人，其中二百五十人至三百人爲水手。又預防漂至南海島中，被蠻人襲擊，備有弓手甚多；此外雜使從人等亦復不少。智識階級，少則七八十人，多亦不過百人內外。（註一二）光仁朝遣唐使一班人員由揚州上陸時，值安祿山亂後，中國以館驛凋弊爲辭，入京者限八十五人，（一說六十五人）其餘不許入京。（註一三）此八十五人，大體屬於智識階級。屬智識階級之七八十人至百人內外之中，大使、副使、判官、錄事之外，仍有史生、知乘船事，造舶都匠、譯者、主神、醫師、陰陽師、樂師、畫師等；故留學生恐祇十數人，多亦不過二三十人。蓋留學生皆貴族階級子弟，與僧侶中之優秀份子，各隨業以擇人者；（註一四）朝廷既令其留學，必有相當之供給，（註一五）故由人物上經濟上言之，皆不能一時派遣留學生至數百人也。

三　遣唐留學生之留學期間

文武朝以前，遣唐留學生留學期間皆久，至二三十年者不少。是時與朝鮮半島交通頻繁，並非無船歸國，蓋彼等欲攝取中國文化之意氣甚盛故也。文武朝以後奈良朝之留學生，留學時期亦長。一因是時留學生非徹底的研究中國文化之底蘊不可，且其時與朝鮮半島關係疎遠，無論如何，非待下次遣唐使難以歸國。及至平安朝，留學期間頗短，普通一二年，超過五年者甚少。留學生中之還學生、還學僧、請益生、請益僧，亦惟此時有之。留學期間所以甚短者，一因日本國民之元氣萎縮，唐船之往來頻繁，欲覓便船，不甚困難；他一方面，對於唐之文化之可攝取者，只略攝取之以補其不足；故是期之留學生，已不似前代無何計畫，而漫然留學矣。彼等入唐後，如何就碩學，如何請問，大體早已預定，因而留學期間雖短，而所得較多。例如菅原梶成明達醫經，熟練診察，因仍有疑義，必需請問，故爲仁明朝之請益生（註一六）而入唐。又如仁明朝之請益僧圓仁，擕延歷寺未决之疑義三十條入唐，就彼地碩德以資決釋。（註一七）又如大判事興原敏久等抄出刑法難義數十事，欲入唐詢問，後經明法博士讚岐永直詳解其義，累年之凝滯，一時頓釋，（註一八）遂停止入唐。據此亦可窺見一班矣。是期之留學生，無在中國學漢語之餘暇，故先在本國學之。濟詮曾學漢語，入唐時，先謁圓珍，詢問唐人之風俗，即其一例也。(註一九)又有相當之位置者，皆攜熟悉漢語之譯者同行；最澄入唐時，因其徒義眞自幼學漢音，略通唐語，以之爲譯者而同行。(註二〇)圓珍留學時，以圓仁之行者在唐九年之丁雄萬爲譯者與之偕行。(註二一)又彼等期間雖短，而所得欲多，故極力搜寫未傳入日本之經論章疏，帶回本國，歸國時，多齎回數十部數百部之經卷。最澄於三個月間，在台州龍興寺，就道邃學天台教義，一方雇經生數十人，以台州刺史陸淳所贈之紙，書寫經論，得一百二十八部三百四十卷。又聞越州龍興寺藏有多數經疏，乃往就順曉受祕密灌頂，同時得眞言並雜經迹等一百二部，凡一百十五卷。(註二二)於此可窺見一班矣。是時學問僧入唐，所以皆帶從僧、弟子若干人者，即使擔任搜寫經論，搬運經論等事務者也。圓仁之從僧惟正、惟曉，行者丁雄萬，常與圓仁同甘苦而助成其業，詳見圓仁之入唐求法巡禮行記。

四　遣唐留學生之生活

欲考察遣唐留學生移植唐人文化之狀態，不得不先研究其在唐所營之生活。彼等在唐，何以維持其生計，無論何人，皆欲知之。奈良朝以前，無文獻可徵，奈良朝以後，則可約略推斷。據延喜式卷三十，凡任命遣唐使時，大使副使以下各賜絁綿布等物：大使絁六十疋，綿一百五十屯，布一百五十端；副使絁四十疋，綿一百屯，布一百端；判官絁十疋，綿六十屯，布四十端；錄事絁六疋，綿四十屯，布二十端；知乘船事、譯者、醫師、陰陽師、畫師等各賜絁五疋，綿三十屯，布六十端；其他職員則較少。然留學生、學問僧，則賜絁四十疋，綿一百屯，布八十端；還學僧絁二十疋，綿六十屯，布四十端。留學生、學問僧、還學僧之賜物，較判官爲多，殆與副使匹敵。所以獨賜留學生、學問僧、還學僧三者，多數絁、綿、布等物者，當係爲充入唐後學費之用也。當時中國學生集合於京師者，曾各齎其鄉土物產，賣於市中，以換其日用必需之品；日本留學生當亦倣之。又單獨乘唐船入唐者，朝廷於其時亦有給獎。貞觀十六年以船入唐，勅大宰府賜管內之正稅稻千束；(註二三)十九年濟詮、安然、玄昭、觀溪等入唐，特賜御府黃金；(註二四)即其例也。及在唐既久，祇此不足以供全部學費，則遣使至本國請衣糧，朝廷又託使人送以黃金。仁明朝之學問僧圓載，於承和十年遣其徒仁好歸國請衣糧，(註二五)朝廷以請益僧圓仁、學問僧圓載等，久遊絕域，當皆乏旅費，各賜黃金二百兩，飭仁好攜往。(註二六)又寬平五年據在唐僧好眞之牒，使大宰府給衣糧與在唐之弘擧。(註二七)又桓武朝學問僧在唐參與譯經事業之靈仙，于天長二年託渤海使上表；淳和天皇特賜百金使渤海僧貞素攜往。靈仙感聖恩之浩蕩，託貞素獻舍利一萬粒，新經二部。淳和天皇復以百金使貞素賜之。貞素于天長五年，訪靈仙于五台山之靈境寺，知已遷化，大爲悲痛，作弔詩一篇，以慰其英魂。(註二八)是時唐朝對於日本、新羅、渤海等國學生、學問僧、亦皆有施與。如日本聖武朝之學問僧榮叡、普照、玄朗、玄法等，每年給絹二十五疋，及四季衣服。(註二九)仁明朝之學問僧圓載，特給五年食糧。(註三〇)僧侶過簡素之僧院生活時亦由信徒施與；若遊歷各方時，各州有龍興寺、開元寺等，可隨時就寺求食請宿。若無寺，則請民家施與，故彼等在唐期間雖長，實不甚困窮。圓仁偕其弟子惟正、惟曉、行者丁雄萬，自登州出發，到五台山，凡二個月，到處受施與，因得繼續旅行。詳見圓仁之入唐求法巡禮行記。

日本留學生之到唐也，一時皆從唐之風俗習慣，不僅衣食住爲然，即其姓名，倣唐風者亦不少。(註三一)其中亦有娶婦生子者。書紀白雉五年，有別倭種韓智興、趙元寶二人，附隨遣唐使來日。(註三二)別倭種者，即日本留學生娶唐婦所生之混血兒也。又大寶中入唐以圍棊見寵于玄宗之僧辨正，在唐生朝慶、朝元二子。朝元來日襲父俗姓秦氏，聖武朝爲遣唐判官入唐，(註三三)歸國歷任圖書長、主計長等。(註三四)又天平勝寶六年學生高內弓偕其妻高氏男廣成、綠兒、乳母等，乘送渤海使板振鎌束之船將歸日本海上遭暴風，鎌束以船中有異邦婦女，致遭風波之難，命水手等拋擲內弓之妻、綠兒、乳母等於海中。(註三五)

故留學生在唐既久，全與唐人同化，與唐人營同樣生活，學其學問，信其宗教，並傳入唐之風俗習慣，故對於日本之衣食住等種種方面，皆有甚大之影響。

養老二年，遣唐大使多治比縣守歸國，三年正月行朝見禮，縣守服唐朝所賜之朝服。(註三六)據此則普通新歸國之留學生，類此之事必多。故上流社會之服裝等，次第加入唐風，養老三年二月，遂令全國百姓，衣皆右襟。(註三七)

飲食烹調法，亦由留學生傳來。平安朝之初，朝廷賜宴，均用中國烹調法，此其顯著者也。延曆二十二年三月，遣唐大使藤原葛野麻呂副使石川道益餞宴，亦用漢法。(註三八)弘仁四年九月，皇太弟(淳和)設宴於清涼殿，亦用漢法。(註三九)又嘉祥二年十月，仁明天皇四十生辰，嵯峨太皇太后賀以種種禮物，內有黑漆棚櫥子二十個，內盛唐餅。(註四〇)茶亦于奈良朝傳入，惟專供藥用。日吉社神道祕密記等後世之書，謂傳教大師攜茶種至日本事雖難信，然平安朝之初，實由留學僧傳入喫茶之風。嵯峨天皇弘仁六年四月幸近江滋賀之韓埼，過梵釋寺，該寺大僧都永忠，親自煮茶以奉，乃賜以御被。(註四一)永忠爲寶龜初留學於唐之僧，蓋平常嗜茶者。因此遂于是年六月，命畿內、近江、丹波、播磨等地植茶，爲年年之調物。(註四二)又凌雲集云：嵯峨天皇行幸秋日皇太弟之池亭時，有御製詩云：「蕭然幽興處，院裏滿茶烟。」夏日臨幸藤原冬嗣之閒居院時，有詩云：「吟詩不厭搗香茗，乘興偏宜聽雅彈。」可知茶在是時，已漸爲風雅之對象矣。

住宅亦由留學生傳入唐風，上流社會，次第推行。天平十一年所建之法隆寺傳法堂，據天平寶字五年緣起資財帳，係由光明皇后之母橘夫人之宅遷建者，是乃貴族邸宅之唐式構造之唯一標本也。聖武天皇神龜元年十一月，太政官奏云：京師乃帝王所居之地，萬國朝見之所，不壯麗不足以表威德；乃命有司，凡五位已上及庶人之有力營造者，皆構瓦舍，塗以赤白。(註四三)又如藤原時代之寢殿造，雖于種種方面加入日本趣味，但其左右均齊之配置，則完全模倣唐制，然則自奈良朝時代已如是矣。凡建築左右配置均齊者，皆中國人固有之趣味，中國宮殿、寺觀、廟官衙、陵墓等，概屬此種建築。住宅亦以主人居住之大房爲中心，後爲夫人居住之後房，大房之前有廣庭，稱爲院子，左右有相對之廂房，以供家族居住。此等諸房，皆以遊廊連絡之。其他如庖廚奴僕房屋，堆積物件之室，殆與日本寢殿造同樣。可見中國房屋配置之式，由古至今幾無變化也。(註四四)

中國每年正月元旦之屠蘇，正月七日之七種菜，三月上巳之曲水宴，四月八日之灌佛，五月五日之菖蒲酒，七月七日乞巧祭，七月十五日盂蘭盆會，九月九日菊酒，除夜之儺等，概起自秦漢時代，經六朝、隋、至唐而完成者。荊楚歲時記等書，曾詳載之。此等風俗，日本自飛鳥奈良朝以至平安朝之初，亦次第仿行。其大部分，當亦留學生傳來者。

五　遣唐留學生之學術

遣唐留學生中，分學生學問僧二類，二者遊學之地不同，所學亦異。學生人數，較留學僧爲少，且單獨入唐者稀，概隨從遣唐使赴長安，入學於國子監中六學館之一，各學專門學業，前後無大變化。

學生內最著名者，爲元正朝之吉備眞備，在唐十七年，學習經史，博涉衆藝。日本學生，揚名於唐者，眞備、朝衡（阿部仲麻呂）二人而已。（註四五）又孝謙朝之膳大丘，在長安國子監學經史，歸國爲大學助教及博士，日本奈良朝儒學之興隆，與有力焉。（註四六）專學法律者，有大和長岡，自少好刑名之學，潛心研究，後與眞備等同入唐請益，頗有發明。當時之所謂法令家，皆就長岡質疑義。（註四七）長岡又與眞備同刪定律令二十四條，辨輕重之舛錯，矯前後之差誤，此人所共知者也。（註四八）以文學著名者，爲桓武朝之橘逸勢，唐之文人，亦呼之爲橘秀才。（註四九）其他如仁明朝之春苑玉成，爲遣唐陰陽師兼陰陽請益，學陰陽道，傳入難義一卷，以教陰陽諸生。（註五〇）菅原梶成，爲遣唐醫師兼醫請益學醫術，歸爲鍼博士、侍醫，於日本醫學，多所貢獻。（註五一）此學生之大概情形也。學問僧方面因時代不同，遊歷之處不同，所學宗派，亦因之而異。雖同爲佛教，而及於日本文化之影響，則因時代而變化。以下分節論述其大略。

六　遣唐學問僧與奈良朝之都市佛教

唐代佛教之情形，在唐初爲三論法相二宗全盛時代。三論宗自龜茲國之鳩摩羅什傳於後秦，至隋代吉藏出而大隆盛。始傳三論宗於日本者，爲高麗僧慧灌，（推古三十三年來日，三論宗第一傳。）吉藏之弟子也。（註五二）法相宗自唐太宗時，玄奘由印度傳來，在長安大慈恩寺極力譯經布教，門徒多至三千，達者七十，高徒四人。日本學問僧受其影響，當奈良朝初期此二宗中必學其一。智藏（天智朝入唐，三論宗第二傳）道慈（大寶二年入唐，三論宗第三傳）專傳三論宗。道昭（白雉四年入唐，法相宗第一傳，）智通，智達，（齊明四年同入唐，法相宗第二傳）智鳳，智鸞，智雄（大寶三年同入唐，法相宗第三傳，）玄昉（養老元年入唐，法相宗第四傳）專傳法相宗。（註五三）

當時唐都長安，爲中國佛教中心地。隋文帝時，已建立興善寺，觀音寺（唐景雲二年改稱青龍寺）等大寺。唐代復建興聖寺（太宗以舊宅爲寺）慈德寺（太宗以慶善宮爲穆太后建寺，）普光寺（太宗爲皇太子建立，）弘福寺（太宗爲穆太后建立）大慈恩寺（太宗爲文德皇后建立，玄奘譯經於此，）西明寺（高宗爲皇太子建立，）薦福寺（隋煬帝舊宅，則天武后時建寺，中宗大加修飾。義淨譯經於此，）等大寺。許多堂塔伽藍，次第建立。當時留學長安之日本學問僧等，目睹此等盛觀，故於傳入佛教教理，攜來珍貴經典以外，並齎來營造佛寺建立佛像等種種佛教藝術。日本平城京乃倣長安之制以營造者，遷都之時，興福寺、元興寺、藥師寺、大安寺等諸寺，亦與之俱遷，是亦模倣長安以作帝都之裝飾者。當此等各寺遷移之時，以學問僧等在唐所見聞之新智識，直接間接供參考者，當不少也。天平元年遷移大安寺時，由當時新歸國之道慈計畫構造，故續紀天平十六年十月辛卯條云：

「遷造大安寺於平城，勅法師（道慈）勾當其事。法師尤妙工巧，構作形製，皆稟其規模，所有匠手，莫不歎服焉。」（錄原文）

大安寺緣起云：道慈在唐時，描繪長安西明寺之圖，歸國後按圖建造。（註五四）西明寺乃唐高宗勅建，有大殿十三所，（註五五）以著名之道宣律師為上座，並選京師之大德居之，（註五六）與日本學問僧最有關係之寺也。奈良朝末，近江梵釋寺之永忠入唐，嘗住此寺。後空海入唐，亦居此寺，歷訪城中名德。（註五七）眞如法親王入唐，因待赴印度官符，逗留此寺者凡六閱月。（註五八）

七　遣唐學問僧與國分寺之建立

日本中古之制度，人皆以爲多係日本自創；然一檢唐史，則固多模倣唐制也。例如天平寶字三年，東大寺普照奏請畿內七道諸國驛路之兩側，並植果樹，旅行者夏日憩于木蔭以納涼，飢則摘果實以充飢。(註五九)考中國道路兩側，並植柳木，自周代已行之。舊唐書玄宗本紀開元三十八年條云：「春正月兩京路及城中苑內種果樹。」按開元二十八年，(日本天平十二年)普照適在唐留學，(普照天平五年入唐，天平勝寶五年歸國，)蓋見唐有此政，乃移之於日本者。諸如此類，諒必甚多。又建國分寺，乃奈良朝佛教之一大偉業也；其實乃仿唐龍興寺之制者。國分寺模倣唐制一事，青木昆陽草廬雜談曾言之。辻博士之國分寺考(日本佛教史之研究所收，)亦論及此事。予因博士論文所啓發，又得若干考證，茲特略舉鄙見于左：

中國各州建立寺塔之制頗早，隋文帝仁壽元年(六〇一)令雍州以下三十州各建寺塔，分置舍利。二年(六〇二)又令五十一州建塔，分置舍利。隋末唐初之終南山道宣所著廣弘明集卷十九，載有隋高祖立舍利塔詔，著作王劭舍利感應記，安德王雄百官等慶舍利感應表並答等。隋高祖立舍利塔詔云。

「門下仰惟正覺大慈大悲，救護羣生，津梁庶品。朕歸依三寶，重興聖教，思與四海之內，一切人民，俱發菩提，共修福業。使當今見在，爰及來世，永作善因，同登妙果。宜請沙門三十人，諳解法相，兼堪宣導者，各將侍者二人，並散官各一人，薰陸香一百二十斤，馬五疋，分道送舍利，往前件諸州起塔。其未注寺者，就有山水寺所起塔，依前山，舊無山者，於當州內淸靜寺處，建立其塔。所司造樣送往當州。僧多者三百六十人，其次二百四十人，其次一百二十人，若僧少者，盡見僧。爲朕，皇后，太子廣，諸王子孫等，及內官外人，一切庶民，幽顯生靈，各七日行道並懺悔，起行道日打剎，莫問同州異州，任人布施，錢限止十文以下，不得過十文，所施之錢，以供營塔，若少不充，役正丁，及用庫物，率土諸州僧尼，普爲舍利設齋。限十月十五日午時，同下入石函。總管刺史已下縣尉已上，自非軍機，停常務七日，專檢校行道及打剎等事，務盡誠敬，副朕意焉。主者施行。仁壽元年六月十三日，內史令豫章王臣暕宣。」

據此，則知此詔頒行於仁壽元年（六〇一）六月十三日。隋書高祖紀仁壽元年六月乙丑條，亦云「其日頒舍利於諸州。」是時建塔之寺如左：

一、雍州仙遊寺。二、岐州鳳泉寺。三、涇州大興國寺。四、泰州靜念寺。五、華州思覺寺。六、同州大興國寺。七、蒲州栖巖寺。八、幷州舊無量壽寺。九、定州恆嶽寺。十、相州大慈寺。十一、鄭州定覺寺。十二、嵩州閑居寺。十三、亳州開寂寺。十四、汝州興世寺。十五、泰州岱嶽寺。十六、青州勝福寺。十七、牟州巨神山寺。十八、隋州智門寺。十九、襄州大興國寺。二十，揚州西寺。二十一、蔣州栖霞寺。二十二、吳州大禹寺。二十三、蘇州虎丘山寺。二十四、衡州衡嶽寺。二十五、桂州緣化寺。二十六、番州靈鷲山寺。二十七、交州禪衆寺。二十八、益州法聚寺。二十九、廓州法講寺。三十、瓜州崇教寺。

此三十處，皆以是年十月十五日午時，同時安置舍利，營偉大之供養，詳見著作王劭舍利感應記。仁壽二年復下詔命於正月二十三日分送舍利于五十一州，是年四月八日午時，同時安置供養，一如前式。其詔云：

「朕與王公等及一切民庶，宜更加剋勵，興隆三寶。今舍利眞形猶有五十，所司可依前式，分送海內。庶三塗六道，俱免蓋纏，稟識含靈，同登妙果，主者施行。」

安德王雄百官等慶舍利感應表亦云：

「仁壽二年正月二十三日，復分布五十一州，建立靈塔，令總管刺史已下縣尉已上，廢常務七日，請僧行道教化打剎，施錢十文，一如前式。期用四月八日午時，合國化內同下舍利，封入石函。」

五十一州，卽恆州，瀛州，黎州，觀州，魏州，泰州，兗州，曹州，晉州，杞州，徐州，鄧州，安州，趙州，豫州，利州，明州，衞州，洛州，毛州，冀州，宋州，懷州，汴州，洛州，幽州，許州，荊州，濟州，楚州，莒州，營州，杭州，潭州，潞州，洪州，德州，鄭州，江州，蘭州，慈州，廉州，陝州也。可據諸州表奏舍利之感應而知之。（註六〇）

文帝所以在諸州起塔，分置舍利，以營盛大之供養者，因帝歸依三寶，大興佛教，欲與四海之內一切人民，共發菩提，修福業，永作善因，而得妙果也。可據仁壽元年之詔而知之。文帝建立舍利塔，與日本天平十二年六月令每地建七重塔，分置法華經十部相似。日本所以用法華經代舍利者，係根據法華經第四法師品第十之文。其文云：

「藥王，在在處處，若說若讀若誦若書，若經卷所住處，皆應起七寶塔，極令高廣嚴飾，不須復安舍利。所以者何，此中已有如來全身，此塔應以一切華香瓔珞繒蓋幢幡伎樂歌頌，供養恭敬尊重讚歎。若有人得見此塔禮拜供養，當知是等皆近阿耨多羅三藐三菩提。」

隋文帝只于雍州等州建舍利塔。唐代則屢命每州建立寺院；第一次在高宗乾封元年（六六六），舊唐書高宗本紀云：「天下諸州置觀寺一所。」觀寺之名稱不明，或係寺與觀並設者。因高宗爲熱心崇佛家，又自信爲道教之祖老子之後裔故也。

第二次則天武后天授元年（六九〇），令每州建立大雲寺。舊唐書則天武后本紀云：

「有沙門十人僞撰大雲經表上之，盛言神皇受命之事。制頒于天下，令諸州各置大雲寺，總度僧千人。」

佛祖歷代通載第十二亦云：

「天后臨朝稱制，是爲則天。明年（天授元年）七月，沙門十輩詣闕上大雲經，盛稱則天當卽宸極。則天大悅，賜十沙門紫方袍銀龜袋，頒經于天下郡國，各建大雲寺。九月則天革唐命，改國號周，自稱聖神皇帝。」

大雲經，詳名曰大方等大雲經，或名大方等無想經，凡六卷，北涼曇無讖三藏譯。其卷六云：

「善男子，汝今諦聽，我當說之，以方便故。我涅槃已七百年後，是南天竺有一小國，名曰無明。彼國有河，名曰黑闇，南岸有城，名曰熟穀。其城有王，名曰等乘。其王夫人產育一女，名曰增長，其形端嚴，人所愛敬，護持禁戒，精進不倦。其王國土，以生此女故，穀米豐熟，快樂無極，人民熾盛，無有衰耗病苦憂惱恐怖禍難，成就具足一切吉事。鄰比諸王，咸來歸屬。有爲之法，無常遷代，其王未免，忽然崩亡。爾時諸臣，卽奉此女，以繼王嗣。女既承正，威伏天下，閻浮提中所有國土，悉來承奉，無拒違者。女王自在，摧伏邪見，爲欲供養佛舍利故，遍閻浮提起七寶塔，齋持雜綵，上妙幡蓋栴檀妙香，周遍供養。見有護法持淨戒者供養恭敬，見有破戒毀正法者，呵責毀辱令滅無餘。具足脩習十波羅密，受持五戒，拯濟貧窮，教導無量一切衆生，說大雲經以調其心。若聞大乘方等經者，恭敬供養尊重讚歎，滿二十年，受持讀誦書寫解說是大雲經，然後壽盡。是時乃當轉此女身，爲衆生故示大神通，爲欲供養無量壽佛故，故生彼界。世尊，是女王者，未來當得阿耨多羅三藐菩提不耶？善男子，如是女王未來之世過無量刼，當得作佛，號淨寶增長如來。」

第三，中宗之神龍元年（七〇五）二月，令天下諸州建立中興寺、中興觀。舊唐書中宗本紀曾謂「諸州置寺觀一所，以中興爲名」。蓋因是時中宗復位恢復國號故也。神龍三年（七〇七）二月，復改中興寺觀爲龍興寺觀，自是不許復稱中興（註六二）按龍興寺之設置，先於日本國分寺三十六年，最堪注意。

第四，玄宗開元二十六年，（七三八）使天下諸郡（玄宗時一時改州爲郡，）建立開元寺。佛祖統紀卷四十云：「二十六年（開元）勅天下諸郡立龍興開元二寺。」按龍興寺實建于中宗神龍元年，佛祖統紀所記，似不正確，然開元寺實建於是年。釋氏稽古略云：「開元二十六年詔，天下州郡，各建一大寺以記年爲號，額曰開元寺。」宋高僧傳卷十四唐會稽開元寺曇一傳亦云：「二十五年（開元）仗錫東歸，明年詔置開元寺。」又是時亦與中宗時同，不僅立寺，且並立觀。舊唐書玄宗本紀天寶三載條云：「勅兩京天下州郡，取官物鑄金銅天尊及佛各一軀，送開元觀、開元寺」，是其證也。

中宗之龍興寺，玄宗之開元寺，不皆新建，有就舊有之寺更名者。其中以各州大雲寺代之者亦不少。如鑑眞所住之揚州龍興寺，卽大雲寺改稱者。(註六二)唐會要卷四十八云：「天授元年十月二十九日，兩京及天下諸州各置大雲寺一所，至開元二十六年六月一日，並改爲開元寺。」按大雲寺，原多改爲開元寺者；但揚州之大雲寺，則改爲龍興寺。亦有永久保存大雲寺之名者。總之龍興、開元二寺，爲各州代表的寺院，國忌之行導散齋，千秋節之祝壽，皆就此二寺行之。又唐代僧官，分僧錄、僧正、監寺三級。僧錄統天下各寺，僧正統一州各寺，監寺僅領一寺。而僧正則概住開元寺，(註六三)因爲一州之代表寺院也。龍興、開元二寺，雖有不久卽荒廢者，但大體當唐時多能存在。圓仁入唐求法巡禮行記承和五年（八三八）十一月二十九日條云「每州有開元寺龍興寺」。又圓仁自登州赴五台山，途中詣登州開元寺佛殿，見殿中壁上，有日本天平寶字三年（七五九）迎入唐大使高元度等同人所描寫西方淨土及補陀落淨土之壁畫；又宿於萊州龍興寺，而歎其荒廢；又曾宿於靑州之龍興寺，唐州及趙州之開元寺；(註六四)是其證也。

日本國分寺建立之次第，凡分三段。第一，天平九年三月，令日本境內各國造丈六釋迦佛金銅像一軀，並旁侍之菩薩二軀。(註六五)當時雖無國分寺之名，但釋迦佛爲國分寺之本尊，則謂爲國分寺之濫觴可也。第二天平十二年六月，使境內每國各抄法華經十部，建七層塔。(註六六)此蓋根據法華經第四法師品第十者，故可視爲國分尼寺之濫觴。第三天平十三年二月，(註六七)詔每國置僧尼兩寺，僧寺置僧二十八，寺名金光明四天王護國寺；尼寺置尼十八，寺名法華滅罪寺。(註六八)前者乃據金光明最勝王經四天王護國品第十二之說，因欲消除國家災厄疫癘而祈四天王護祐者。後者專爲比丘尼滅罪作善，誦讀法華經者。觀其名稱，卽可知矣。

以此與唐之龍興寺開元寺比較觀之，建立之精神，所依之經曲，雖有不同，但其爲國家之事業，各地一律建設，則全相同也。惟日本之所模倣者，爲龍興寺乎？抑開元寺乎？似謂爲模倣龍興寺者爲妥。何則？開元寺之建立，只先於日本國分寺三年。日本於建立開元寺之前年，卽天平九年(七三七)曾今各國建立釋迦佛金銅像，則已立國分寺之基礎矣。大概唐代之事移植於日本者，普通皆在數十年之後。例如唐用大衍曆，始於玄宗開元十六年(七二八)(註六九)日本採用此曆，則在淳仁天皇天平寶字七年，(七六三)在三十年之後。(註七〇)又唐之千秋節，卽日本天長節。千秋節始於玄宗開元十七年(七二九)(註七一)而日本則至四十六年後，光仁天皇寶龜六年(七七五)。(註七二)

始行之。故日本國分寺，與其謂模倣開元寺，寧謂爲模倣龍興寺也。日本所以建寺而不建觀者，以日本無道教之故。唐無國分尼寺，而日本有之者，則因提倡建立國分寺者爲光明皇后之故。

然則傳龍興寺之制於日本者，爲何人乎？則當爲是時入唐之學問僧，而道慈似爲其中最有力之一人。道慈在入唐學問僧中，較玄昉稍先，爲奈良朝初期興隆佛教最有力之人。彼於大寶二年，從大使粟田眞人入唐，(註七三)在長安學三論宗、法相宗，並密教者十七年，養老二年歸國。(註七四)其在唐之時，恰值唐之各州龍興寺完成之際，最堪注意。其在唐時，以學業穎秀聞，故特選入宮，講仁王般若兩經，優加賞賜。(註七五)歸國之翌年養老三年十一月，與新羅學問僧神叡，均以有德受賞。詔云：

「道慈法師遠涉蒼波，覈異聞於絕境，遐遊赤縣，研妙機於祕記。參跡象龍，旅莫秦漢，並以戒珠如懷滿月，慧水若瀉滄溟。儻使天下桑門智行如此者，豈不殖善根之福田，渡苦海之寶筏？朕每嘉歡不能已也。宜施食封五十戶，並標揚優賞，用彰有德。」(註七六)(錄原文)

又當時有「釋門之秀唯道慈法師與神叡法師二人」之語，(註七七)據此則其時如何見重，可以想見。天平十六年十月寂，年七十餘。其住大安寺時，甚得朝廷信任，(註七八)故得參與建立國分寺之議，而在唐所得之智識，遂得大供參考。續紀天平九年十月丙寅條云：

「講金光明最勝王經於太極殿朝廷之儀一同元旦請律師道慈爲講師堅藏爲讀師聽衆一百，沙彌一百。」（錄原文）

金光明最勝王經，與金光明經同本異譯。後者北涼曇無識三藏譯；前者，唐義淨三藏譯。故金光明經，早行於日本。自持統天皇八年始，日本各處，每年正月，皆誦此經，（註七九）而金光明最勝王經，至奈良朝始傳入聖武天皇神龜二年，詔用以代金光明經。（註八〇）道慈曾奉勅講此經於太極殿，可知其精通此經，而始傳此經於日本者，亦必爲道慈矣。何則？金光明最勝王經，係道慈入唐之前年久視元年（七〇〇）義淨奉武后勅在東都翻譯，乃最新之經典也。（註八一）總之，道慈爲流布金光明最勝王經最力之人，且與建立國分寺有重大關係者無疑。蓋國分寺乃據金光明最勝王經卷六，四天王護國品第十之說而建立者。又續紀天平十六年冬十月辛卯條，就道慈所著之愚志記載如下：

「著述愚志一卷，論僧尼之事。其略曰，今察日本素緇行佛法軌模，全異大唐道俗傳聖教法則，若順經典，能護國土，如違憲章，不利人民。一國佛法，萬修善，何用虛設，豈不慎乎。」（錄原文）

愍志一書，今已不傳，不能知其詳細；然據此文，可知建立國分寺，乃遵從經典之教，欲祈國土之安寧，萬民之幸福者；此亦道慈與建立國分寺有關係之旁證也。

八　唐白司馬坂之大佛像與日本東大寺大佛

唐初爲三論法相二宗全盛時代，繼此而興者；爲律、華嚴二宗。律宗，乃曹魏時，印度之曇摩訶羅及曇諦所傳；華嚴宗，爲隋末杜順（帝心尊者）所傳。但此不過其開端耳，高宗時，道宣出而律宗始盛；武后時法藏（賢首大師）出而華嚴宗始盛。故日本奈良朝之佛教，大受二宗之影響。其中如鑄造東大寺盧舍那佛，實可謂此影響之具體表現者也。日本建立國分寺，係模倣唐之龍興寺，已如前述。東大寺之盧舍那佛，亦可視爲模倣唐制者。東大寺要錄第一，雖云：

「昔阿輸加大王之起八萬四千塔，未鑄大佛於金銅之像。蘇達多長者之造四十九重殿，無施戶邑於紫磨之尊。印度支那，未嘗見聞者矣。」（錄原文）

但唐代之造大佛，已非一次，今歷數之如下：

第一，乃洛陽龍門之盧舍那佛大石像也。其像據高宗之勅，則天武后以脂粉錢二萬貫助成，開鑿龍門黑大理石巖壁以造佛龕，於其中央刻成高三十五尺，台座十尺之大石像。自咸亨三年（六七三）至上元二年（六七五）前後費時四年而成（註八二），

第二，乃則天武后在洛陽北邙山白司馬坂，（註八三）造成之大銅佛也。初，武后發大願，於久視元年（七〇〇）使天下僧尼每日出一錢以助其成，後因宰相狄仁傑上疏諫阻，不得已而停止。舊唐書狄仁傑傳云：

「則天又將造大像，用功數百萬，令天下僧尼每日人出一錢，以助成之。仁傑上疏諫曰，臣聞為政之本，必先人事。陛下矜羣生迷謬，溺喪無歸，欲令像教兼行，覩相生善；非為塔廟必欲崇奢，豈令僧尼皆須檀施。得栰尚捨，而況其餘。今之伽藍，制過宮闕，窮奢極壯，畫繢盡工，寶珠殫於綴飾，瓌材竭於輪奐。工不使鬼，止在役人，物不天來，終須地出，不損百姓，將何以求。生之有時，用之無度。編戶所奉，常若不充，痛切肌膚，不辭箠楚。遊僧一說，矯陳禍福，剪髮解衣，仍慚其少。亦有離間骨肉，事均路人，身自納妻，謂無彼我，皆托佛法，詿誤生人。里陌動有經坊，闤闠亦立精舍。化誘倍

急，切於官徵，法事所須，嚴於制勅。膏腴美業，倍取其多，水碾莊園，數亦非少。逃丁避罪，併集法門，無名之僧，凡有幾萬，都下檢括，已得數千。且一夫不耕，猶受其弊，浮食者衆，又劫人財。臣每思惟，實所悲痛。往在江表，像法盛興，梁武簡文，捨施無限；及其三淮沸浪，五嶺騰烟，列刹盈衢，無救危亡之禍，緇衣蔽路，豈有勤王之師。比年已來，風塵屢擾，水旱不節，征役稍繁，家業先空，瘡痍未復。此時興役，力所未堪。伏惟聖朝功德無量，何必要營大像，而以勞費爲名。雖斂僧錢，百未支一。尊容既廣，不可露居，覆以百層，尚憂未徧，自餘廊廡，不得全無。又云不損國財，不傷百姓，以此事主，可謂盡忠。臣今思惟，兼採衆議，咸以爲如來設教，以慈悲爲主，下濟羣品，應是本心，豈欲勞人，以存虛飾。當今有事，邊境未寧，宜寬征鎭之徭，省不急之費。設令雇作，皆以利趨，既失田時，自然棄本。今不樹稼，來歲必饑，役在其中，難以取給。況無官助，義無得成，若費官財，又盡人力，一隅有難，將何救之。則天乃罷其役。是歲九年病卒。

觀「是歲九月病卒」句，則知狄仁傑之卒，在久視元年（七〇〇）矣。佛祖歷代通載卷十二所載，大略相同。唐書狄仁傑傳，資治通鑑則天順聖皇后條所載，則較此爲簡。

武后對於此事，仍不能忘懷，至次年長安元年，（七〇一）復欲建立大佛像。是時監察御史張廷珪上疏諫之，舊唐書張廷珪傳云：

「長安中累遷監察御史。則天稅天下僧尼出錢，欲於白司馬坂營建大像。廷珪上疏諫曰：夫佛者以覺知爲義，因心而成，不可以諸相見也。經云，若以色見我，以音聲求我，是人行邪道，不能見如來。此眞如之果，不外求也。陛下信心歸依，發弘誓願，壯其塔廟，廣其尊容，已徧於天下久矣。蓋有住於相而行布施，非最上第一希有之法。何以言之，經云若人滿三千大千世界七寶以用布施，及恆河沙等身命布施，其福甚多；若人於此經中，受持及四句偈等爲人演說，其福勝彼。如佛所言，則陛下傾四海之財，殫萬人之力，窮山之木以爲塔，極冶之金以爲像，雖勞則甚矣，費則多矣，而爲護福，不愈於一禪房之匹夫。菩薩作福德，不應貪著，蓋有爲之法，不足高也。況此營建事般土木，或開發盤礴，峻築基階，或塞穴洞，通轉採斫，輾壓蟲蟻，動盈巨億，豈佛標坐夏之義，愍蠢動而不忍害其生哉？又役鬼不可，唯人是營。通計工匠，率多貧窶。朝驅暮役，勞筋苦骨，簞食瓢飲，晨炊星飯，饑渴所致，疾疹交集，豈佛標徒行之義，愍畜獸而不忍殘其力哉？又營築之資，僧尼是稅，雖乞丐所致，而貧闕猶多。州縣徵輸，星火逼迫，或謀計靡所，或鬻賣以充，怨聲載路，和氣未洽，豈佛標隨喜之義，愍愚蒙而不忍奪其產哉？且邊朔未寧，軍裝日給，天下虛竭，海內勞弊。伏惟陛下，愼之重之，思菩薩之行，爲利益一切衆生，應如是布施，則其福德若府西北方四維上下虛空不可思量。夫何必勤住相，凋蒼生之業，崇不急之務乎？臣以時政論之，則宜先邊境，畜府庫，養人力；臣以釋教論之，則宜救苦厄，滅諸相，崇無爲。伏願陛下，察臣之愚，行佛之意，務以理爲上，不以人廢言，幸甚幸甚。則天從其言，卽停所作。仍於長生殿召見，深賞慰之。」

佛祖歷代通載卷十二所載略同。唐書張廷珪傳則較簡略。此事年代雖不明，但確在長安年間，佛祖歷代通載，作長安元年（七〇一），據舊唐書武后納廷珪諫，暫行停工，然終不肯拋棄素志，至長安四年（七〇五）復令起工；是時李嶠又上疏諫之。舊唐書李嶠傳云：

「長安末，則天將建大像於白司馬坂，嶠上疏諫之，其略曰臣以法王慈敏，菩薩護持，唯擬饒益衆生，非要營修土木。伏聞，造像稅非戶口，錢出僧尼，不得州縣祇承，必是不能濟辦。終須科率，豈免勞擾。天下編戶貧弱者衆，亦有傭力客作，以濟糇糧，亦有賣舍貼田以供王役，造像錢見有一十七萬餘貫，若將散施，廣濟貧窮，人與一千，濟得一十七萬餘戶，拯饑寒之弊，省勞役之勤，順諸佛慈悲之心，霑聖君亭育之意，人神胥悅，功德無窮。疏奏不納。」

唐書李嶠傳，佛祖通載卷十二所記略同。資治通鑑則天順聖皇后條，御批通鑑輯覽卷五十三，皆謂張廷珪與李嶠同時諫奏，武后納之而罷役，其實誤謬。此時實未納其奏，仍謀工程之進行，據上文「疏奏不納」四字可知之。佛祖歷代通載有「是冬像成，率百僚禮祀」之語，原難深信；（佛祖歷代通載，成於佛教徒之手，當有若干左祖之筆）但其下文又有中宗神龍之初營造佛祠之語，則此佛像似曾完成者。再張廷珪疏云：「陛下傾四海之財，殫萬人之力，窮山之木以爲塔，極冶之金以爲像，」「此營建事殷土木，或開發盤礴，峻築基階，或塞穴洞，通轉採斫。」李嶠疏云：「造像錢，見有一十七萬餘貫，若將散施，廣濟貧窮，人與一千，濟得一十七萬餘戶，拯饑寒之弊，省勞役之勤。」其規模之雄大，費用之浩繁，亦可想見。又狄仁傑疏云：「尊容既廣，不可露居，覆以百層，尙憂未徧，自餘廊廡，不得全無。」由此觀之，則知曾有營造大佛殿及其他堂廊之計劃，其工未竣而歿，中宗繼其業，始完成之。此可據唐書張廷珪傳而知之。張廷珪傳云：

「神龍（七〇五七〇六）初，詔白司馬坂復營佛祠。廷珪方奉詔，抵河北道，出其所見營築勞亟懷不能已，上書切爭。且言自中興之初下詔書弛不急斥少監楊務廉，以示中外。今土木復興，不稱前詔，掘壞伐木浸害生氣，願罷之，以紓窮乏。帝不省。」

武后自久視元年發弘願，至此已經六度星霜矣。此大佛像今已不存，以非石像而爲銅像，其後至廢佛之際，殆用以鑄錢歟?舊唐書武宗紀，記會昌五年廢佛之事云：

「中書又奏，天下廢寺銅像鐘磬委鹽鐵使鑄錢。其鐵像委本州鑄爲農器。金銀鍮石等像銷付度支。衣冠士庶之家所有金銀銅鐵之像，勅出後限一月納官。」

衣冠士庶之家所有之金銀銅鐵佛像，且悉歿入官，則近於洛陽之白司馬坂大銅佛，當不得不首先破壞矣。

此等大銅佛，是否爲盧舍那佛，雖不能知；但當此之前，武后於萬歲元年（六九六）曾詔法藏（賢首大師）開示華嚴宗旨，聖曆二年（六九九）譯成于闐國傳來之梵本華嚴經八十卷。長安元年（七〇一），又召法藏講新譯之華嚴經於長生殿；法藏指殿隅之金師子爲喻，金師子章之成，即此時之事。(註八四)如是則當時正爲法藏大成華嚴宗之時代此大佛像，似當爲華嚴教主之盧舍那佛。

日本鑄造東大寺盧舍那佛，在龍門大石佛後七十年，在白司馬坂之大佛像後四十年，究以何者爲模範乎？關野博士謂係模仿龍門大石像者；(註八五)然予則以爲模仿白司馬坂之大佛像者。蓋前者爲石佛，後者由張廷珪之疏察之，則爲銅佛。且如前述其時並營造大佛殿及其他堂塔，亦與日本建造東大寺情形相似也。

然則移植於日本者又何人乎；細察之，仍爲是時之入唐學問僧，道慈與玄昉，實爲其中重要人物。而當時歸化日本之外國僧，亦與有力焉。盧舍那佛之建造，與華嚴宗之隆盛，有絕大之關係，已無待言。考日本華嚴宗之大興，雖自僧良辨感靈夢，於天平十二年十月，請大安寺之新羅僧審祥(嘗入唐從法藏學華嚴經)講華嚴經始；(註八六)但天平八年來日之唐僧道璿，曾齎來華嚴章疏，按華嚴淨行品，一一依行。(註八七)又與道璿同時來日之中天竺婆羅門僧正菩提，亦常誦華嚴經。(註八八)故華嚴宗之興隆，實受此等歸化僧之影響爲多。入唐僧與歸日僧由唐來日，傳說白司馬坂大佛像之偉觀，其時事事模倣唐文化之日本佛教界與智識階級，既受其刺戟；他一方面，華嚴宗又日臻隆盛，故聖武天皇乃鑄造盧舍那佛也。天平勝寶四年四月，舉行盧舍那佛開眼之大供養，以菩提爲開眼導師，道璿爲咒願師，(註八九)非僅因其爲歸化僧而受上下之尊信，殆亦以其與盧舍那佛之建造，大有關係歟？

小野玄妙氏，嘗研究東大寺盧舍那佛蓮瓣之刻畫，謂其圖樣爲梵網經所說三千大千世界百億須彌之圖。遂以東大寺盧舍那佛大像，擬梵網經所說華藏世界蓮華臺上之盧舍那本身；以諸國國分寺本尊丈六釋迦佛，爲葉中分身之釋迦。後鑑眞來日，在東大寺建立戒壇院，亦謂東大寺之盧舍那佛，非華嚴之教主，而爲梵網之教主。(註九〇)然盧舍那佛開眼供養之際，講讀師曾同登高座，講說華嚴經；(註九一)又每年春東大寺舉行華嚴大會時，亦講說華嚴經；(註九二)由此推之，確知爲華嚴之盧舍那。蓋華嚴盧舍那，梵網盧舍那，其名相同，思想亦相似，故兩者易致相混歟？果然，則唐僧道璿等，或未曾參與建立之事？按道璿雖曾齎華嚴章疏來日，與日本華嚴宗興隆，有密接之關係；然彼原爲律僧，聖朝武入唐學問僧榮叡普照，請其傳戒律於日本，乃於天平八年來日，館於大安寺之西唐

院，講所齋之律藏行事抄，爲日本弘通律宗之先驅者也。(註九三)

九　天台山五臺山之巡禮與日本之山嶽佛教

繼華嚴律二宗之後，傳入日本者，爲天台眞言二宗。天台宗，爲隋代智顗所大成者。至唐初頗不振，幸與戒律、禪、密教連絡，勉強保其命脈。及六祖湛然出，排斥混淆的天台，發揮智顗之純粹精神，乃漸隆盛。(註九四)密教當玄宗開元四年，天竺善無畏到華，從事翻譯密教經典，乃大隆盛。(註九五)因而日本佛教，亦自奈良朝中葉，次第受其影響。考天平八年來日之唐僧道璿，原爲律僧，亦爲天台學者。天平勝寶六年來日之鑑眞，曾齎來摩訶止觀，法華玄義，法華文句，小止觀，六妙門等許多天台章疏。(註九六)又隨從鑑眞來日之法進、如寶、思託等，亦皆天台學者，曾在唐招提寺盛行講說。(註九七)最澄著有天台付法緣起三卷，謂道璿、鑑眞及其門人法進等爲天台弘通之匠。道慈在唐時，曾就天竺善無畏學求聞持之法，歸國後傳之於善議、慶俊，善議傳於勤操，勤操傳於空海。(註九八)又奈良朝時，對於密教諸尊，亦早有信仰。鑑眞曾帶來彫白栴檀之千手像一軀，繡千手像一鋪，救世觀世音像一鋪。

(註九九)又東大寺三月堂本尊不空羂索觀音，法華寺本尊十一面觀音，唐招提寺金堂千手觀音等，乃當時之遺物也，亦皆合於密軌。(註一〇〇)陀羅尼之書寫，讀誦，乃密教一大要素也；當時亦盛行。且其時往往構造大辯才天女壇、隨求壇等密壇。正倉院文書可爲確證。(註一〇一)其時密教潛勢力之深而且廣，可以想見。奈良朝既養成此潛勢力，至平安朝之初，最澄空海出世，遂開天台眞言二宗。平安朝之學問僧，概因學此二宗而入唐者。其結果遂令修學之地，較前代稍有變更，是亦宜注意者也。眞言學問僧、請益僧，仍與前代相同，一心前往長安，學於當時密教大道場之長安青龍寺。(註一〇二)惟日本天台宗，常參入戒、禪、密，而爲混淆的天台；故天台學問僧、請益僧，亦皆往青龍寺，承密教之血脈。(註一〇三)但天台學問僧、請益僧之主要目的，則在登天台山，謁善智識，請問平日之疑義，且巡拜宗祖智顗之靈跡也。按天台山在浙江台州，初智顗感靈夢，入此山開天台一派。(註一〇四)隋煬帝大業元年（六〇五）爲智顗開國淸寺兼賜寺額，(註一〇五)其後次第建立多數堂塔伽藍，於是爲天台宗之根本道場。此山近於明州，而明州則中日交通之關門也。榮叡、普照二學問僧皆曾隨鑑眞巡拜此山聖迹。(註一〇六)然日本僧之巡拜此山最盛者，則在最澄入唐以後；平安朝之天台學問僧、請益僧，未登是山者，僅圓仁一人耳。然圓仁入唐，原將自揚州向台州者，因未得勅許而不能往，乃從遣唐使乘船歸國。行至登州，仍欲遂其巡拜天台山素志（註一〇七）故與弟子惟曉、惟正、行者丁雄萬復登陸也。

平安朝入唐僧之最喜巡拜者，天台山之外，又有信為文殊菩薩顯現地之五台山（其山有中台東台西台南台北台五峯，故有此名。）山在山西代州，與四川嘉定峨眉山普賢菩薩顯現之地同為唐代佛教之靈場。（註一〇八）

華嚴經云：

「東北方有菩薩住處，名清涼山。過去諸菩薩，常於中住。彼現有菩薩，名文殊師利，有一萬菩薩眷屬，常為說法。」

又文殊經云：

「若人聞此五台山名，入五台山，取五台山石，踏五台山地，此人超因果聖人，為近無上菩提者。」

隋末唐初，華嚴宗日臻興隆；而長安東北方適有具有五台之山，故緣附經說，而以此山為文殊菩薩之靈場。時北天竺之佛陀波利，於高宗儀鳳元年（六七六）巡拜此山，遇文殊菩薩所化之老翁，從其教歸西土，取尊勝陀羅尼來在長安翻譯流布。後復入是山，以了餘生。故中國佛教界遂喧傳爲靈山，（註一〇九）於是建立淸涼寺、竹林寺等十二大寺，許多堂塔伽監，相繼成立，名僧智識住此張法筵者頗多。唐室每年勑使齎衣鉢香花等施十二大寺，設齋營千僧供養，（註一一〇）沿爲成例。一般僧俗，亦極尊重此山，而巡禮此聖迹。唐室爲此等巡禮者，建立普通院多處，施捨宿膳。所謂普通院者，不論僧俗，均許來聚故名。（註一一一）因而日本平安朝入唐僧，拜巡五台山之聖迹者亦不少。桓武朝之學問僧靈仙，爲參與唐室翻經之唯一日本僧，又爲入此山之最先者。靈仙於元和十五年（八二〇），巡禮五台山，住山中金閣寺堅固菩薩院者二年。大和元年（八二七）歿於此山靈境寺。（註一一二）圓仁在登州上陸，住登州文登縣淸寧鄉赤山院，將往南方天台山，適遇新羅僧聖林，告以五台聖迹，頗多奇特，且聞天台後傑志遠，在此山修法華三昧。乃不向天台而向五台。此開成五年（八四〇）事也。弟子惟曉、惟正、行者丁雄萬亦從之登山。自中台始，依次禮拜五台聖迹，且謁志遠，呈延曆寺之未決三十條，求其解釋；事詳其所著入唐求法巡禮行記。其他圓覺、惠運、惠蕚、宗叡、奝然、寂昭、成

尋等，亦皆曾巡拜五台山。(註一一三)

日本入唐僧登天台五台巡拜聖迹者既多，故日本貴族社會亦極尊崇此山；或託入唐僧，或特遣使，施以袈裟、寶幡、黃金等，以資供養。如承和五年（八三八）學問僧圓載入唐時，橘皇后付以袈裟，使供養天台山智者大師之像。(註一一四)承和十一年（八四四）后又遣惠萼以親製繡文袈裟，施天台之僧；並以寶幡鏡奩，施五台山。(註一一五)貞觀四年（八六三）隨從眞如親王入唐之宗叡，登天台山，依朝廷所願在大華嚴寺行千僧供養。(註一一六)元慶元年（八七七）濟詮入唐，日皇及諸大臣多捨黃金，以爲五台山文殊菩薩供養之資。(註一一七)諸如此類，殆難悉數。

天台五台之崇拜，與日本平安朝之山嶽佛教有密接關係。天台眞言等平安朝新佛教，每喜在深山幽谷之地建立寺院者，因欲遠避腐敗之都市，以便嚴守戒律，專事修行也。空海於弘仁七年六月十九日，上表奏請高野山之地，而以日本高山峻嶺，無修行之所爲憾，欲從禪經之說，爲修行者芟夷荒藪，建立一禪院云。(註一一八)故日本建立寺院於山上，亦倣天台五台之例也。弘仁九年，最澄告諸弟子曰：

「我尋法華圓宗之元由者，初靈鷲，次大蘇，後天台，並皆於山說聽修學解悟矣。是故我宗學生初修之頃，當爲國爲家山修山學利益有情興隆佛法。」（錄原文）（註一一九）

其後，圓融天皇天元五年（九八二）奝然入宋詣五台山歸國後，請以愛宕山擬五台山，稱其山爲五台山大淸涼寺，許之，（註一二〇）又其一證也。山嶽佛教之隆盛不獨可以開發地方文化，即政治上亦有重大影響。

又天台、五台之巡禮，與日本所謂修行遍歷，似亦有密接之關係。因施教而周遊名地者，道昭行基雖早行之，但因訪聖迹而巡禮者，則始於平安朝中葉以後。後世書籍，謂巡拜西國三十三處觀世音靈場始自花山法皇，雖難盡信；然後拾遺集中確有詣熊野詣書寫山時御製之詩，則由是時次第推行，亦事實也。此等習俗，殆亦倣傚入唐僧之巡禮天台、五台聖迹者。

十　遣唐留學生之攜來品

遣唐留學生，不獨在唐學得學藝與宗教傳於日本也。彼等歸國之際，大概攜有多數書籍、經卷，而與國人以新刺戟，藉以促進日本文化。而遣唐使，亦以輸入唐人文化產物，爲其重要目的之一。故日本使臣既在唐自行購買；而唐人回贈我國禮物又甚多，故歸國之際，皆齎許多貨物而來。書紀亦云，遣唐大使吉士長丹歸國時，得有多數文書寶物而歸。（註一二一）遣唐使齎回之物之一部，爲頒幣於神社山陵之用，或頒賜親王以下參議已上，內侍等。（註一二二）其時有稱宮市者，乃朝廷以雜唐物頒於臣下者也。（註一二三）奈良正倉院所藏之舶來品，大部分爲遣唐使所齎來者。遣唐使所齎者，大都爲彩帛、香藥、傢具等。留學生等個人所齎者，大都爲書籍、經卷、佛像、佛畫、佛具之類。留學生之物，乃彼等在唐苦心搜寫，或節省學費以買來者，當交通不便時代，搬運上之勞苦與犧牲亦頗大，因而不能見物即取，必詳細選擇而取其最精者；故其中多有未曾傳入之新譯經卷，優美之著述，珍貴之詩集。因而其攜來之品，對於日本文化之發達，實能與以淸新之刺戟。

奈良朝以前，留學生攜來物品無文獻可徵，無從考究；奈良朝留學生攜來之物，則有可知者。吉備眞備齎來唐禮一百三十卷，太衍曆經一卷，太衍曆立成十二卷，測影鐵尺一枚，銅律管一部，鐵如方響，寫律管聲十二條，樂書要錄十卷，絃纏漆角弓一張，馬上飲水漆角弓一張，露面漆四節角一張，射甲箭二十隻，平射箭十隻。（註一二四）玄昉齎經論五千餘卷，及諸佛像。（註一二五）行賀齎來聖教要文五百餘卷。（註一二六）眞備所呈之唐禮，對於日廷禮儀，影響甚巨。又所齎太衍曆經與太衍曆立成，與日本曆法之改革亦有密接關係。太衍曆，乃眞備留學時，唐玄宗開元十六年（七二八）僧一行所作之最新曆也。至淳仁天皇天平寶字七年（七六三）八月，廢儀鳳曆而採用是曆，（註一二七）此不可謂非眞備之功績。此外樂書、樂器，對於奈良朝唐樂之興隆，關係亦鉅。又玄昉進呈經論五千餘卷亦堪注意。此五千餘卷之經論，推定爲開元大藏經之全部。玄昉歸國，爲天平六年（七三四），（註一二八）其四年前，唐開元十八年（七三〇），西崇福寺智昇撰開元釋教錄。其卷十八曾云：「合大小乘經律論及聖賢傳見入藏者，總一千七十六部，合五千四十八卷。」而日本正倉院文書天平十一年（七三九）二月十三日之寫經司啓亦云：「合依開元目錄應寫一切經五千四十八卷。」開元大藏經中多含唐代新譯之密教經典，（但不空三藏於玄宗天寶五載方歸自西域，故其譯經不在內，）故與日本密教以大興之機運。其後空海大興密教，實非自平安朝突然發現，實奈良朝以來，漸次涵養之潛勢力之暴露者也。以上乃史籍中有明徵者，此外由有名無名之留學生攜來者當亦不少，而當時外國歸化僧所攜者亦不可忽視。天平八年(七三六)來日之道璿，曾齎來華嚴章疏。(註一二九)佛徹齎來密部亦甚多。(註一三〇)天平勝寶六年(七五六)來日之鑑眞，齎來如來肉舍利三千粒，功德繡普集變一鋪，阿彌陀如來像一鋪，彫白栴檀千手像一軀，繡千手像一鋪，救世觀世音像一鋪，藥師彌陀彌勒菩薩瑞像各一軀及障子，大方廣佛華嚴經八十卷，大佛名經十六卷，金字大品經一部，金字大集經一部，南本涅槃經一部四十卷，四分律一部六十卷，法勵師四分疏五本各十卷，光統律師四分疏百廿紙，鏡中記二本，智周師菩薩戒疏五卷，靈溪釋子菩薩戒疏二卷，天台止觀法華玄義、文句各十卷，四教義十二卷，次第禪門十一卷，行法花懺法一卷，小止觀一卷，六妙門一卷，明了論一卷，定賓律師飾宗義記九卷，補釋飾宗記一卷，戒疏二本各一卷，觀音寺高律師義記二本十卷，南山宣律師含注戒本一卷及疏，行事抄五本，羯磨疏等二本，懷素律師戒本疏四卷，大覺律師批記十四卷，音訓二本，比丘尼傳二本四卷，玄奘法師西域記一本十二卷，終南山宣律師關中創開戒壇圖一卷，法銑律師尼戒本一卷及疏二卷合四十八卷，玉環水精手幡四口，——金帖——————菩提子三斗，青蓮花葉廿莖，玳瑁疊子八面，天竺革履二緉，王右軍眞跡行書一帖，小王眞跡三帖，大竺朱和等雜體書五十帖，阿育王塔樣金銅塔一區等。（註一三一）此等物品，與華嚴、律、天台、眞言之隆盛，深有關係，當於次章述之。

經書史書等，其時亦次第傳入，次第傳寫，至奈良朝之末，遂傳遍各地。續紀神護景雲三年十月條云：

「大宰府言，此府人物殷繁，天下之一都會也。子弟之徒，學者稍多。而府庫但蓄五經，未有三史正本，涉獵之人，其道不廣。伏乞列代諸史，各給一本，傳習管內，以興學業。詔賜史記、漢書、後漢書、三國志、晉書各一部。」（錄原文）

以上乃奈良朝之狀況也。至平安朝，有最澄、空海、常曉、圓行、圓仁、惠運、圓珍、宗叡所謂入唐八家之請來目錄，更可據以知其詳細。今爲易於明瞭計，列表如左：

入唐八家請來法門道具等略表

	經論章疏傳記等	其他
最澄	合計二百三十部四百六十卷 台州求得一百二十八部三百四十五卷 越州求得一百二部一百十五卷	眞言道具等十餘種 石搨眞跡等十七種

僧名	經卷	其他
空海	合計二百十六部四百六十一卷 新譯經等一百四十二部二百四十卷 梵字眞言讚等四十二部四十四卷 論疏章三十二部百七十卷	胎藏金剛界等曼荼羅祖師影等十鋪 眞言道具九種 惠果阿闍梨付囑物十三種
常曉	合計三十一部六十三卷	大元帥本身將部曼荼羅一鋪 大元帥大悲身像一軀 大元帥忿怒身像一軀 大元帥化身像一軀 外佛像數軀 佛具數種
圓行	合計六十九部一百廿三卷 新請來眞言經法二十六部三十三卷 梵字三部四卷 顯教論疏章四十部八十十卷	佛舍利三千餘粒 義眞阿闍梨付囑物三種 佛像曼荼羅十二種 眞言道具十六種
圓仁	揚州求得 一百二十八部一百九十八卷 五台山求得 三十四部三十七卷 長安求得 四百二十三部五百五十九卷	揚州求得 胎藏金剛兩部曼荼羅諸尊壇樣高僧眞影及舍利二十一種 五台山求得 五台山土石等 長安求得 胎藏金剛兩部曼荼羅諸尊壇樣道具等廿一種
惠運	合計一百八十卷	
圓珍	合計四百四十一部一千卷	眞言道具十六種 曼荼羅數鋪 雜碑銘文等石搨數種
宗叡	合計一百三十四部一百四十三卷	眞言道具八種 曼荼羅壇樣等十餘種 佛舍利七十粒

據右表，可見入唐八家攜來經論章疏、佛像、佛具等之多矣。就此等攜來品以分解之，則知有以下五種關係：

第一，內含天台法門甚多也。最澄在台州求得者中，多智者、荊溪等天台巨匠撰述之論疏；（註一三二）苟一觀其請來目錄，則可窺見日本平安朝天台宗之所以勃興矣。又圓仁在五台山，圓珍在天台山求得天台法門，爲數亦皆甚巨。（註一三三）

第二，內含密教教典甚多也。空海所齎新譯經等一百四十二部二百四十卷，中有一百十八部一百五十卷，爲不空三藏所新譯者。其餘二十四部九十七卷，或新譯而未傳入日本，或舊譯而日本所無者。（註一三四）蓋自玄宗晚年及肅宗、代宗之世，不空三藏完成密藏，而空海實傳入其大部分，日本密教由此勃然興起，固其宜也。又圓行、圓仁、惠運、圓珍、宗叡等，由長安求得之經論章疏，其中大部分亦皆密教。（註一三五）此等密藏中所含許多儀軌，對於日本平安朝之佛教藝術，影響甚大。

第三，梵文與梵漢兩文之陀羅尼、眞言儀軌讚之類甚多也。其中有空海齎來之梵字眞言儀軌讚等四十二部四十四卷。其請來目錄云：

「釋教者也本乎印度。西域東垂，風範天隔，言語異楚夏之韻，文字非篆隸之體。是故待彼翻譯，乃酌清風。然猶眞言幽邃，字字義深，隨音改義，賒切易謬，粗得髣髴，不得清切。不是梵字，長短難別。存源之意，其在茲乎。」（錄原文）（註一三六）

又圓仁在揚州求得梵漢兩文經典有三十一卷之多。在長安求得梵字經典，有八十餘卷之多。（註一三七）且圓仁在揚州曾就宗叡學悉曇，在長安又就學於南天竺之寶月。（註一三八）後圓珍又在福州開元寺，從中天台之般怛羅學悉曇。（註一三九）故日本當密教傳來之時，悉曇學亦同時大興。貞觀元年三月十九日大僧都傳燈大法師眞雅上表云：

「悉曇梵字者，凡聖之教父，人天之知母者也。所以學字相者，廣生世間乘智；觀字義者，深證出世妙智。似巨海吞百川，如大地載萬物。如來說法，自斯字而發；薩埵圓覺，從彼文而開。眞雅苟爲傳薪之人，何無弘法之思。待緣仰運，齡傾力衰。如今當於此際會，不果彼心期，則俟河之清，人壽幾何。若夫嘉祥寺者，先帝（文德）奉爲深草天皇（仁明）所建立也，舊跡風流，宛然在日。伏願，便於彼等新院，永賜三人度者，教以悉曇文相，學以梵字字義。」（錄原文）

詔許之。（註一四〇）後因悉曇學之興隆，遂促日本音韻學之發達。日本五十音之排列，亦受悉曇之影響而完成者。

第四，胎藏金剛兩部曼荼羅，與祖師像甚多也。空海齎來曼荼羅五鋪，並金剛智、善無畏、不空金剛、惠果、一行等五師眞像。常曉、圓行、圓仁、圓珍、宗叡等亦皆有所齎。圓仁在揚州長安二地求得者，多至四十餘種。（註一四一）此等物皆唐之畫工所描者。空海之請來目錄云：

「眞言祕藏經疏隱密，不假畫圖，不能相傳則喚供奉丹青李眞等十餘人，圖繪胎藏金剛界等大曼陀羅等一十鋪。」（錄原文）

再觀圓仁入唐求法巡禮行記會昌元年四月條，亦可窺見一斑。其文云：

「十三日喚畫工王惠商量畫胎藏幀功錢。十五日晚間博士王惠來，畫幀功錢同量定了，五十貫錢作五副幀。 二十八日，始畫胎藏幀。」（錄原文）

空海齎來之眞言五祖像，今仍藏於京都教王護國寺。五像皆已朽損剝落，姿態模糊，惟不空金剛像，較爲完全。金剛智、善無畏、不空金剛三印度僧，皆用飛白體書梵漢兩名；惠果、一行唐僧，僅書漢名；像下各載其行狀。據段成式京洛寺塔記，描畫此像之畫家李眞，畫長安諸寺院之壁畫甚多，名震一時。其描法周到，濃淡之間，極見意匠，形容畢肖，筆力雄渾，唐代人物畫之唯一標本也。入唐僧所以齎祖師像來者，無非對高僧表敬慕之情耳。又曼荼羅者，據空海之請來目錄，謂眞言祕藏經疏，極其隱密，不假圖繪，則難以言傳。此等物對於平安朝以後之佛畫，影響頗大。此眞言五祖像與藏於教王護國寺之龍猛、龍智二祖之像，據性靈集卷七「奉爲四恩造二部大曼羅願文」之句，知空海於弘仁十二年，有志結緣，當描繪兩界大曼荼羅時，亦曾取五祖像而摹之。又神護寺所藏之兩界大曼荼羅，乃淳和天皇天長年間，空海爲天皇及國家祈福，特使畫家描繪者，完全模倣唐風。降至奈良縣高市郡子島寺之兩界大曼羅，則華麗細緻，因此遂發生藤原時代流麗典雅之畫風。

第五碑銘等拓本與眞跡等甚多也。最澄於其法門道具等目錄內，有特標爲書法目錄者，凡十七種如左：

趙模千字文，（大唐石搨）　大唐聖教序。（大唐石搨）

眞草千字文，（大唐石搨）　天后聖教碑。（大唐石搨）

台州龍興寺碑，（大唐石搨）　潤州牛頭山第六祖師碑。（大唐石搨）

王羲之十八帖，（大唐石搨）　開元神武皇帝書法。（鶺鴒大唐石搨）

歐陽詢書法，（大唐石搨二枚）　王獻之書法。（大唐石搨一枚）

褚遂良集一枚，（大唐石搨）　安西內出碑。（大唐石搨）

梁武帝評書，（大唐石搨）　天台佛窟和上書法一枚。（眞跡）

兩書本一卷（此間書，）　眞草文一卷（此間書。）

古文千字文（此間書。）

其他諸家之請來目錄，亦常見有拓本眞跡等。此亦平安朝書法發達史上所不可忽視者也。

此外，諸家所齎之詩文集與雜書，諒必不少，但請來目錄中不多見耳。惟圓仁之入唐新求聖教目錄中，記載如下：

大唐新修宣（宣一作定）公卿士庶內族吉凶書儀三十卷。　鄭餘慶重修定（定一作宣）

開元詩格一卷。

祇對義一卷。

判一百條（條一作修）一卷　駱賓王撰。

祝無膺（無膺一作无膺）詩集一卷。

杭越定和詩集一卷。

詩集五卷。

法華經二十八品七言詩一卷。（以上揚州求得）

嗣安集一卷。

百司舉要一卷。

兩京新記三卷。

皇帝拜南郊儀注一卷。

丹鳳樓賦一卷。

詩賦格一卷。

私越唱和詩一卷。（私當作杭）
進士章嶰集一卷。
僕郡集一卷。
莊翶集一卷。
李張集一卷。
杜員外集二卷。
臺山集。（臺一作素）
雜詩一卷。
白家詩集六卷。（以上長安求得。）
宗叡之書寫請來法門等目錄所載如下：
都利聿斯經一部五卷。
七曜禳災決一卷。

七曜二十八宿曆一卷。

七曜曆日一卷。

六壬名例立成歌一部二卷。（王一作壬）

明鏡連殊一部十卷。（殊一作珠）

祕錄藥方一部六卷。（兩策子）

削繁加要書儀一卷。　元和年中有（有一作者）

西川印子唐韻一部五卷。

同印子玉篇一部三十卷。

彼等承官命賚國幣而入唐者，爲求法也。歸國時所當進呈之請來目錄，自應將詩文集與其他雜書，另行記載。故宗叡書寫請來法門等目錄，於雜書目之後註云：

「右雜書等，雖非法門，世者所要也。」（錄原文）

以上不過就入唐八家而言之耳；此外由有名無名之學問僧帶來者，當亦不少。如惠蕚於承和十一年第二次入唐時，攜白氏文集而回，即其一例也。江談抄載金澤文庫所藏之白氏文集卷三十三後註曰：

「會昌四年（日本承和十一年）五月二日夜，奉爲日本國僧惠蕚上人寫此本西峯謂。」（錄原文）

據白居易會昌五年五月一日自撰長慶集後序云，初著長慶集五十卷，元微之爲之序；繼成後集二十卷，自爲序；又成續後集五卷，亦自爲序，前後七十五卷，凡詩三千八百四十首云。前此傳於日本而爲嵯峨上皇所珍重之白氏文集，乃前著之長慶集五十卷；其後新著後集二十卷，續後集五卷惠蕚似未曾攜來。

總之日本書籍，至此時已次第豐富。試觀平安朝之初和氣廣世一人，藏內外經書至數千卷，亦可知矣。（註一四二）淳和天皇天長元年（八二四），勅參議滋野貞主等編次古今文書，以類相從，八年乃成，此即祕府略一千卷也，爲漢學傳入以來所未曾有之大編纂。（註一四三）是書係根據梁之華林遍略，北齊之脩文殿御覽，唐之藝文類聚，初學記，北堂書鈔，白氏六帖等而編纂者。今已散佚不存，所存者僅百穀錦繡二卷耳。此書較百五十年後宋太宗時編纂之太平御覽（與祕府略同，亦一千卷。）尤爲詳細，其編纂規模如何宏大，日本典籍如何豐富，可想見矣。(註一四四)清和天皇貞觀十七年（八六五）冷泉院火災，圖書蕩盡；宇多天皇寬平年間，藤原佐世奉勅撰日本現在書目錄，是爲新蒐集之書籍目錄；據此目錄亦可見當時日本所藏中國書籍之多。

唐代三百年間，由學生、學問僧所學及齎來之文化的產物，日本漸次受其刺戟，唐代文化逐漸進步，日本亦常追隨其後焉。以是日本文化無一時之固定，不斷的取唐之所長而日臻發達。然一面則妄喜新奇，造成易變而無着落之國民性，至不能一心不亂，建設足以誇耀世界之偉大文化。

(註一)金剛三昧之原名不傳，乃日本唯一之入竺僧也。唐元和十三年（弘仁九年）與蜀僧廣昇同登峨眉山，見酉陽雜俎。此事由新村博士之日本南國關係史料補遺（藝文第六年九號）中摘出。

(註二)靈仙三藏，參與唐之譯經事業，亦日本僧中所僅見者。唐元和五年（弘仁元年）在長安醴泉寺與罽賓國三藏賜紫沙門般若三藏等翻譯大乘心地觀經梵夾，後居五台山中數年，在靈境寺被毒殺。妻木直良氏之唐代ノ譯場ニ參シタル唯一ノ日本僧（東洋學報第三卷第三號）中闡明其事跡。又大日本佛教全書游方傳叢書中有靈仙三藏行歷考。

(註三)圓仁入唐求法巡禮行記云，始名丁勝小麿，後改名丁雄萬。圓珍行歷抄中有丁萬。

(註四)圓仁入唐求法巡禮行記。

(註五)圓珍，台州府公驗。　圓珍行歷抄。

(註六)扶桑略記天平感寶元年正月四日條。

(註七)據書紀，持統四年歸國之義德、智宗，齊明四年入唐之智通、智達。天武十三年歸國之土師宿禰甥、白猪史寶然、淨願，均乘新羅船。

(註八)書紀天武十四年，持統元、三、七年條。

(註九)續紀養老六年三月，慶雲四年五月條。

(註一〇)續紀天平十六年十月條。

(註一一)參照第七章遣唐使廢絕後ノ日唐交通。

(註一二)參照第六章第二節遣唐使之組織。

(註一三)續紀寶龜九年十月條云八十五人，同十一月條云六十五人。

(註一四)慈覺大師傳云：「頃者朝家有遣唐使之議，隨衆擇人。」

(註一五)參照本章第四節遣唐留學生之生活。

（註一六）文德實錄仁壽三年六月條。

（註一七）圓仁入唐求法巡禮行記開成五年五月條。

（註一八）三代實錄貞觀四年八月條。

（註一九）智證大師傳。

（註二〇）叡山大師傳。

（註二一）圓珍台州府公驗，圓珍行歷抄。

（註二二）圓仁入唐求法巡禮行記開成五年五月條，傳教大師將來台州錄，傳教大師將來越州錄。

（註二三）三代實錄貞觀十六年六月十五日條。

（註二四）明匠略傳。

（註二五）入唐求法巡禮行記會昌四年二月條。

（註二六）續後紀承和十一年七月癸未條。

（註二七）入唐五家傳。

（註二八）入唐求法巡禮行記，靈仙三藏行歷考。

（註二九）唐大和上東征傳，延曆僧錄榮叡傳（日本高僧傳要文抄第三所引）。

（註三〇）入唐求法巡禮行記開成四年二月二十四日條。

（註三一）留學生阿培仲麻呂又名朝衡。此外如遣唐大使藤原清河又名河清；送唐客使布勢清直又名與能；遣唐大使藤原葛野麻呂又名賀能。由此例以推之，留學生用唐式之名者，當必不少。

（註三二）書紀白雉五年引伊吉博德言。

（註三三）懷風藻。

（註三四）續紀天平九年十二月，同十八年三月條。

（註三五）續紀天平勝寶六年十月條。

（註三六）續紀養老三年正月己亥條。

（註三七）續紀養老三年二月壬戌條。

（註三八）日本紀略延曆二十二年三月庚辰條。

（註三九）日本紀略弘仁四年九月癸酉條。

（註四〇）後紀嘉祥二年十月癸卯條。

（註四一）後紀弘仁六年四月癸亥條。

（註四二）後紀弘仁六年六月壬寅條。

（註四三）續紀神龜元年十一月甲子條。

（註四四）伊東忠太博士支那建築史（東洋史講座所載）

（註四五）續紀寶龜六年十月壬戌條。

（註四六）續紀神護景雲二年七月辛丑，同寶龜八年正月戊寅條。

（註四七）續紀神護景雲三年十月癸亥條。

（註四八）續紀延曆十年三月丙寅條。

（註四九）橘逸勢傳。

（註五〇）續後紀承和八年正月甲午條。

（註五一）文德實錄仁壽三年六月辛酉條。

（註五二）三國佛法傳通緣起卷中，三論宗。

（註五三）同上法相宗。

（註五四）大安寺緣起訛誤甚多，平子鐸嶺氏大安寺ノ平城京遷移ニ就イテ（史學雜誌第十七編第二號）曾詳論之。
然謂大安寺倣長安西明寺之規模，則可認爲事實。

（註五五）佛祖統紀第五十三。

(註五六)宋高僧傳卷十四，唐京兆西明寺道宣傳。

(註五七)弘法大師傳。

(註五八)頭陀親王入唐略記。

(註五九)類聚三代格卷七。

(註六〇)隋文帝建立舍利塔，見佛祖歷代通載卷十，但此乃根據隋高祖立舍利塔詔，著作王劭舍利感應記而成文者。

(註六一)舊唐書中宗本紀神龍三年二月條。

(註六二)唐大和上東征傳，宋高僧傳卷十四唐揚州大雲寺鑑眞傳。

(註六三)入唐求法巡禮行記開成四年正月十八日條。

(註六四)同上開成五年三月四月條。

(註六五)續紀天平九年三月丁丑條。

(註六六)續紀天平十二年六月甲戌條。

(註六七)續紀謂建立國分寺之詔發於天平十三年三月乙巳，(十四日)而勝寶感神聖武皇帝銅板詔書、延曆僧錄、類聚三代格、東大寺要錄等，皆謂二月十四日發願，蓋續紀之三月，乃二月之誤也。小野玄妙之東大寺草創考(佛教之美術及歷史)中曾論及之。

（註六八）勝寶感神聖武皇帝銅板詔書。

（註六九）舊唐書玄宗本紀開元十六年八月條。

（註七〇）續紀天平寶字七年八月戊子條。

（註七一）舊唐書玄宗本紀開元十七年八月條。

（註七二）續紀寶龜六年九月壬寅條。

（註七三）續紀天平十六年十月辛卯條，謂道慈入唐在大寶元年，其實此爲任命遣唐使之年。

（註七四）續紀天平十六年十月辛卯條，三國佛法傳通緣起。

（註七五）懷風藻。

（註七六）續紀養老三年十一月乙卯朔條。

（註七七）續紀天平十六年十月辛卯條。

（註七八）同上。

（註七九）書紀持統天皇八年五月癸巳條。

（註八〇）續紀神龜二年七月戊戌條。

（註八一）佛祖統紀卷三十九。

（註八二）參照關野博士西遊雜信（建築雜誌三八四號）。

（註八三）佛祖歷代通載卷十二，作「白馬坂」。資治通鑑則天順聖皇后下有「洛城北邙山有白司馬坂」句。

（註八四）佛祖歷代通載卷十二。

（註八五）洛陽龍門盧舍那佛大石像關野博士解說（帝國大學新聞第百十七號所載）。

（註八六）三國佛法傳通緣起卷中，東大寺要錄第五東大寺華嚴別供緣起。

（註八七）三國佛法傳通緣起卷中，延曆僧錄道璿傳（日本高僧傳要文抄第三所收）。

（註八八）婆羅門僧正碑。

（註八九）東大寺要錄第二供養章第三。

（註九〇）東大寺大佛蓮瓣ノ刻畫ニ見ユル佛教ノ世界說，東大寺草創考（佛教之美術及歷史所收）。

（註九一）東大寺要錄第二供養章第三。

（註九二）同上第四諸會章第五。

（註九三）三國佛法傳通緣起卷下。

（註九四）前田慧雲博士傳教大師天台法門ノ由來，（佛教史學第一編第三號所收）。

（註九五）佛祖歷代通載卷十三。

（註九六）唐大和上東征傳。

（註九七）唐招提寺緣起略集。

（註九八）三國佛法傳通緣起卷下。

（註九九）唐大和上東征傳。

（註一〇〇）小野玄妙氏奈良朝ノ密教ニ就イテ，（佛教ノ美術及ビ歷史所收）

（註一〇一）大屋德城氏寧樂刊經史一三——二八頁。

（註一〇二）空海就青龍寺惠果受法。圓行、惠運就該寺義眞受法。宗叡就該寺法全受法。

（註一〇三）圓仁就青龍寺義眞受法。圓載、圓珍就該寺法全受法。

（註一〇四）佛祖歷代通載卷十。

（註一〇五）佛祖統紀卷三十九。

（註一〇六）唐大和上東征傳。

（註一〇七）入唐求法巡禮行記卷二。

（註一〇八）佛祖統紀卷五十三，名山勝跡條。

（註一〇九）佛祖歷代通載卷十二。

（註一一〇）入唐求法巡禮行記開成五年六月六日條。

（註一一一）同上開成五年四月廿三日條。

（註一一二）靈仙三藏行歷考。

（註一一三）參照本章第一節遣唐留學生一覽表及第十一章。

（註一一四）天台山僧維蠲獻郎中使君閣下書，（異稱日本傳所引）。

（註一一五）文德實錄嘉祥三年五月辛未條。文德實錄關於惠萼攜五台山旅費入唐事，年代不明；然據入唐求法巡禮行記會昌四年七月三日條，推定爲承和十一年（八四四）。

（註一一六）禪林寺僧正傳。

（註一一七）智證大師傳。

（註一一八）朝野羣載十七。

（註一一九）叡山大師傳。

（註一二〇）花鳥餘情。

（註一二一）書紀白雉五年七月條。

（註一二二）後紀延曆二十四年七月辛卯。日本紀略大同二年正月辛丑。續後紀承和六年十二月辛酉及庚午條。

(註一二三)續後紀承和六年十月癸酉條。

(註一二四)續紀天平七年四月辛亥條。

(註一二五)續紀天平十八年六月己亥條。

(註一二六)扶桑略記延曆二十二年二月己未日條。

(註一二七)續紀天平寶字七年八月戊子條。

(註一二八)續紀天平十八年六月條，言玄昉歸國在天平七年；其實天平七年，爲其入京之年，其歸國實在前一年。

(註一二九)三國佛法傳通緣起卷中。延曆僧錄道璿傳（日本高僧傳要文抄第三所收。）

(註一三〇)本朝高僧傳卷二佛哲傳。

(註一三一)唐大和上東征傳。

(註一三二)傳教大師將來台州錄。傳教大師將來越州錄。

(註一三三)圓仁撰入唐新求聖教目錄。智證大師請來目錄。

(註一三四)空海撰御請來目錄。

(註一三五)圓行撰靈巖寺和尚請來法門道具等目錄。圓仁撰入唐新求聖教目錄。惠運禪師將來教法目錄。智證大師請來目錄。宗叡撰書寫請來法門等目錄。

(註一三六)空海撰御請來目錄。

(註一三七)圓仁撰入唐新求聖教目錄。

(註一三八)圓仁撰入唐求法巡禮行記。

(註一三九)智證大師傳。

(註一四〇)三代實錄貞觀元年三月十九日乙亥條。

(註一四一)圓仁撰入唐新求聖教目錄。

(註一四二)日本後紀延曆十八年二月乙未條。

(註一四三)日本逸史。

(註一四四)內藤博士平安朝時代ノ漢文學(歷史ト地理第六卷五號)。

第九章　歸日唐人印度人西域人與文化之移植

一　歸日唐人與文化的影響

遣唐使往復時，唐人入日本者頗多；印度人，西域人亦與焉。於是唐之文化，與印度系伊蘭系之文化，乃與若干俱來。

按唐朝外交上之儀禮，每次日本遣唐使歸國時，皆遣使送之。如天智天皇六年十一月，遣唐副使坂合部石積等歸國，使司馬法聰送之。（註一）淳仁天皇天平寶字五年八月，迎入唐大使高元度等歸國，使沈惟岳、陸張什等三十九人送之。（註二）光仁天皇寶龜九年十月，持節副使小野石根歸國，使趙寶英、孫興進等數十人送之。（註三）送者使事告竣，雖卽應反本國，然其中亦有失渡海機會，留日本不返者。如沈惟岳永留日本，敍從五位下，賜姓清海宿禰，被任爲美作權掾。（註四）此外如見於續紀之袁晉卿（清村宿禰）李元環，皇甫東朝，皇甫昇女，晏子欽（榮山忌寸）徐公卿（榮山忌寸）孟惠芝（嵩山忌寸，）張道光（嵩山忌寸）吾稅兒（永國忌寸，）盧如津（清川忌寸，）王維倩（榮山忌寸，）朱政（榮山忌寸，）王希逸（江田忌寸；）後紀之李法琬清川忌寸斯麻呂（與續紀之盧如津殆同一人，）榮山忌寸千島榮山忌寸諸依，（續紀之晏子欽、徐公卿、王維倩、朱政四人內當有此二人，）清根忌寸松山，皆歸化之唐人也；亦各賜姓、敘位、任官。（註五）若輩於移植唐人文化上實有大功，就中如袁晉卿，於日本音道之發達，皇甫東朝於日本唐樂之發達，貢獻甚多。袁晉卿乃隨從聖武朝之遣唐使而來者，精悉文選爾雅之音，賜姓清村宿禰，敘從五位上，爲大學音博士，歷任玄蕃頭，大學頭，安房守等。（註六）皇甫東朝最善音樂，天平神護二年十月，與皇甫昇女共奏唐樂於舍利會，敘從五位下。（註七）神護景雲元年三月，任爲雅樂員外助，兼花苑司。（註八）又遣唐使往復時，唐僧隨同歸日者亦不少。奈良朝初期之僧，有道明與道榮；道明爲大和長谷寺開基之僧，養老二年，造十一面觀音，（註九）在日本密教發達史上，實不可忽視。十一面觀音，明爲祕密佛教之一尊；前文曾言平安朝初期，空海顯揚之密教，實自奈良朝開其端，此可以養老時道明造十一面觀音證明之。續紀載養老四年十二月癸卯之詔云：

「釋典之道，教在甚深，轉經唱禮，先傳恆規，理合遵承，不須輒改，比者，或僧尼自出方法，妄作別音，遂使後生之輩，積習成俗，不肯變正，恐汙法門，從是始乎，宜依漢沙門道榮學問僧勝曉等轉經唱禮，餘音並停之。」（錄原文）

可知道榮爲當時歸化僧，致力於流布漢音者。

稍後於道明道榮者有道璿。道璿爲洛陽大福先寺之僧，被日本學問僧榮叡普照慫慂，於天平八年，從遣唐副使中臣名代來日，館於天安寺之西唐院，講其所齎之律藏行事鈔，爲日本弘通律宗之先驅。且與華嚴天台二宗之隆盛，亦有密接之關係：來日之際，齎有華嚴章疏，（註一〇）依華嚴淨行品一一行之。（註一一）華嚴宗之大興於日本也，自僧良辨感靈夢於天平十二年十月，請當時住大安寺之新羅僧審祥（嘗入唐就學於華嚴宗法藏）（賢首大師）講大華嚴經始。（註一二）而華嚴宗所以大盛者，則道璿等之力爲多；東大寺盧舍那佛之建立，道璿亦與有力焉。（註一三）彼又爲天台學者；最澄所著付法緣起內亦謂道璿爲弘通天台之匠。道璿又嘗參謁普寂（北宗禪之祖神秀之弟子）修禪，見最澄師行表。（註一四）凝然所著之律宗瓊鑑章第六云：

「大德（道璿）戒律、華嚴、台教、北禪、窮其幽旨，啓彼宗途。」

有此原因，故其後最澄所開之日本天台，與純粹之中國天台不同；其中參加密、禪、戒而更覺莊嚴也。

二　鑑眞並其弟子之來日與新佛教之關係

奈良朝歸日僧，於佛教影響之外，又在他方面影響甚大者，當推天平勝寶六年來日之鑑眞並其弟子等。鑑眞原揚州龍興寺僧。其來日也，實因日本學問僧榮璿普照所慫慂。初元興寺僧隆尊，歎日本傳戒之無人，奏請朝廷迎之：天平五年，使榮璿，普照二僧，隨遣唐使入唐。（註一五）是時唐以戒律爲入道之正門，不持戒者，至爲僧中所不齒。安祿山之亂，右僕射裴冕用權計，於大府各置戒壇度僧，稱其稅緡爲香水錢，以充軍費；據此一事，可以窺見其盛況矣。（註一六）二僧之入唐也，先請洛陽大福先寺道璿赴日本，己則仍留中國，就學於揚州盛講戒律之鑑眞，且迎之來日。鑑眞東渡時，挫折至五次，徘徊於逆旅者十餘載，備嘗艱辛，出入於死生之途者屢矣。榮叡竟寂於中國，事詳唐大和上東征傳。據其書，是時隨從鑑眞來者，有揚州白塔寺僧法進，泉州超功寺僧曇靜，台州開元寺僧思託，揚州興雲寺僧義靜，衢州靈耀寺僧法載，竇州開元寺僧法成等十四人；藤州通善寺尼智首等三人；揚州優婆塞潘仙童，胡國人安如寶，崑崙人軍法力，膽波國人善聽等，共二十四人。凝然之律宗瓊鑑章謂隨從弟子內顯名於後代者，有仁韓、法進、曇靜、法顒、思託、義靜、智威、法載、法成、靈曜、懷謙（以上十一人在唐受具足戒）如寶、惠雲、惠良、惠達、惠常、惠喜（以上六人在日本受具足戒）沙彌道欽等十八人。鑑眞之來日也，在東大寺建戒壇院；天平寶字三年，復建唐招提寺。寂時使法進管領東大寺之戒壇院，使法載、義靜、如寶三弟子在唐招提寺，努力弘通戒律。東大寺建立戒壇院一事，乃日本佛教史上最宜注目之事。東大寺爲日本佛教之總本山，而名實上皆能確立其主權者，自此時始。何則，自此至平安朝比叡山延曆寺建立大乘戒壇，教界主權二分之先，無論何人，若不受戒法於東大寺之戒壇或其末寺下野藥師寺筑前觀世音寺者，不能爲大僧也。

鑑眞並其弟子，本律僧而兼天台學者，其攜來物品內，有摩訶止觀、法華玄義、法華文句、小止觀、

六妙門等許多天台章疏。(註一七)又曾演講於唐招提寺。唐招提寺緣起略集云，(下三段皆錄原文)

「從三年（天平寶字）八月一日初講讀四分律幷疏等，又玄義，文句，止觀等，永定不退軌則。兼和上（鑑眞）天台教觀，稟法進僧都，如寶少僧都，法載，思託等和上化，講天台代代相承而於今不絕。

桓武天皇追慕和上鑑眞之嘉德，重以莊嚴於遺其構五間四面精舍一宇安彌陀三尊，（自百濟國來）勅於此寶殿講玄義、文句，止觀，永代不絕。」

鑑眞及其弟子，與密教之關係亦深。其攜來品內，有彫白旃檀千手像一軀，繡千手像一鋪，皆祕教諸尊之像也。(註一八)唐招提寺金堂內有相傳爲如寶所作之千手觀音，今仍存在。

吾故曰最澄空海所大顯揚之台密二教，非自平安朝突起者。嚴格以言之，並不得謂爲平安朝之新佛教。蓋奈良朝之歸化唐僧，已次第涵養其潛力；不過賴最澄、空海之力，始浮出於歷史表面耳。

三　鑑眞並其弟子與佛教藝術之關係

鑑眞並其弟子，既努力於弘通戒律矣；而其影響於日本之佛教藝術者亦不少。蓋鑑眞於造寺造佛，富有經驗；在唐講說時，修造古寺至八十餘處之多。（註一九）隨來弟子，皆扶助鑑眞在唐事業之人，或爲建築家，或爲彫刻家，皆有一門之長。天平寶字三年右京五條二坊所建唐招提寺之堂塔伽藍並佛菩薩像，實成於此輩之手。

古來述唐招提寺之緣起者甚多，有招提寺建立緣起，唐招提寺緣起拔書略集，南都唐招提寺略錄，唐招提寺戒壇記，商都璿山戒壇勝劣事，唐招提寺解，傳律圖源解集，招提千歲傳記等。其中可據者，爲建立緣起緣起拔書略集二書。前者文中有「當今大僧都豐安」一句，且記撰述之歲曰「于時歲在單閼」，可知爲豐安（繼如寶後住唐招提寺，爲平城天皇之戒師，任大僧都）住唐招提寺之癸卯歲，即弘仁十四年（該寺創建後六十四年）所撰。後者乃應永二年，該寺賢盛由古記錄中抄出者。其記載堂塔伽藍與佛像之建造文中，常有「本源記云」四字，則知由豐安之招提本源流記中摘出者。此外有千歲傳記，係元祿時代所編，乃該寺義澄遍覓古銘殘文，經十餘年之久，研究而成者；頗足以資參考。今據此等諸書，考察該寺堂塔之建立，佛像建造之次序，如下：

（一）金堂　如寶率有緣之檀主建立。

本尊丈六金色盧舍那佛坐像　建立緣起，謂爲義靜作；緣起拔書略集，謂思託、曇靜所作；略錄、千歲傳記謂思託作。據千歲傳記，內爲竹筐，外以布及漆塗之，凡十三層云。

左脇侍丈六藥師像　建立緣起謂如寶作；緣起拔書略集謂法力作；略錄謂思託作。

右脇侍丈六千手觀音像　建立緣起謂如寶作；其他諸書謂天人來降七晝夜作成者。

梵天帝釋四天王　如寶作。

（二）講堂　平城之朝集殿，施爲講堂。

丈六彌勒像　法力作。

（三）東西近廊並八角堂二基　義靜建立。

（四）食堂　藤原仲麻呂之家屋施入者，安置障子藥師淨土。

（五）羂索堂　藤原清河之家屋施入者。

不空羂索像　鑑眞攜來。

（六）文殊堂　建立者不明。
赤栴檀文殊像　鑑眞攜來。
（七）不動堂　義靜建立。
不動明王像　緣起拔書略集謂義靜所作；千歲記謂由唐傳入者。
（八）地藏堂　如寶建立。
地藏菩薩像　空海隱居此寺一夏所彫刻者。
（九）御影堂。
鑑眞和上像　思託作。
（一〇）禮堂。
毘首羯磨作釋迦像　鑑眞攜來。
（一一）經藏　建立緣起謂如寶建立；略錄、千歲傳記謂義靜建立。
（一二）鐘樓　如寶建立。

以上乃唐招提寺草創時之主要建築物及佛像也。而建造之人，諸緣起所以不一致者，因鑑眞寂後，法進在東大寺，如寶、法載、義靜三人在唐招提寺四人同心協力當營造之任故也。(註二〇)總之唐招提寺，乃鑑眞及其弟子所計畫建立，以安置彼等手刻或由唐帶來之佛像者也。其寺當孝謙天皇末賜唐律招提寺勅額以前，名建初律寺，爲日本弘通律宗之寺之濫觴(註二一)其寺多取範於唐之律寺，(註二二)又從經典所示，以表現其理想；(註二三)故寺院之建築，佛像之建造，與前代不同。其形式構造手法等，亦較有進步。其寺之金堂，現仍存在，爲現存此時代建築物中之最大最美者；識者謂其構造裝飾，足以代表當時最發達之式樣手法云。特別保護建造物及國寶帳解說評曰：

「金堂乃其徒如寶率有緣之檀主建立者。實今日遺存天平時代最大最美建築物。堂爲單層七間四面，立石壇上，前面通一間皆開放，爲他時代所無。以豐肥之柱，雄大之斗拱，承遠大之出簷。屋蓋爲四注，大棟兩端高舉鴟尾，呈莊重之外觀。斗拱，用所謂三層斗拱式，乃最發達而達於完美之域者。鴟尾可爲當代遺制之唯一標本。內部中央有石築佛壇，安置本尊盧舍那佛及脇侍梵天帝釋天，四天王等像。其天花板則爲複形穹窿之最美者，豎條間描佛菩薩寶相花，格間作藻彩文樣。當初佛壇後壁，畫三千佛，柱上橫木亦施彩繪，今已剝落難辨矣。外部皆塗丹土，今斗拱之豎條間，猶存彩畫之痕迹。要之此堂爲今日所存天平時代佛殿之最完備者，其構造裝飾，足以代表當時最發達之式樣手法。」

又金堂之本尊盧舍那佛，爲乾漆像之最偉大最巧妙者，與天平時代他作不同。其表現上所以能加森嚴之意，成獨得之刻法者，殆受律宗之影響。特別保護建造物及國寶帳解說評之曰。

「此爲天平時代末，最偉大最巧妙之彫像，已爲衆所共許。其全形之格式，可謂權衡盡善。所設衣襞甚爲自由，不失寫生之體，較三月堂式之乾漆手法已大進步。千釋迦之大光背，猶不失巍然之舊面目，可令人想見東大寺大金堂五丈三尺遮那尊往時之偉觀也。」

四　鑑眞並其弟子與學藝之關係

鑑眞及其弟子，不僅對於佛教與藝術上有大影響也；其他種種方面，嘗於日本文化之發達，大有貢獻。鑑眞雖因漂流日南國，受暑毒而失明；然熟記經典，故能在東大寺校正一切經。(註二四)又曾刊刻律之三大部。刊刻律之三大部事，僅見於三國傳記。三國傳記一書，撰述頗晚，是否確實，不能無疑；若果為事實，則為日本開版事業最古者之一。鑑眞又通醫學，尤精本草學，當時日本人多不知藥物之眞僞，乃勅令辨正，鑑眞辨之以鼻，無一錯誤。後光明皇太后不豫之際，曾進藥石，頗有效驗云。（註二五）藤原佐世之日本國現在書目錄中，亦載有鑑上人祕方一卷。故由日本醫學本草學之發達上言之，鑑眞亦為不可忽視之人。

鑑眞弟子中，長於詩文，而有貢獻於日本漢文學之發達者亦不少。就中如思託乃其最著名者；其著述頗多，而在史料上文學上最堪注目者，為鑑眞和上傳與延曆僧錄。惜兩書皆散佚不傳。鑑眞和上傳一書，據宋高僧傳唐揚州大雲寺鑑眞傳云：

「僧思託著東征傳詳述焉，」（錄原文）

又招提千歲傳記撰述篇云：

「東征傳三卷，（思託之述）」（錄原文）

此書乃因鑑眞被世人誹謗，思託為顯揚其德風而撰者。延曆僧錄中之自敍傳云：

「後眞和上移住唐寺，被人謗讟，思託述和上行記，兼請淡海眞人元開，述東征傳，荃則揚先德流芳後昆。」（錄原文）

寶龜十年淡海眞人元開（卽三船）所撰唐大和上東征傳（羣書類從傳部所收）卽以此書爲底本。招提千歲略記云：

「眞人元開之撰，是云略傳，指思託之述云廣傳也。」（原文）

東大寺要錄卷四有「大和尚傳云」句，似卽引此書之文。其下記鑑眞居唐崇福寺時，邂逅婆羅門僧正菩提事。

延曆僧錄一書，爲延曆初年所撰。日本高僧傳要文抄、東大寺要錄、東大寺雜錄等，多抄錄之。由要文抄觀之，其書卷數似由第一至第五。其所抄錄者，有鑑眞、道璿、思託、榮叡、普照、隆尊、淨三、慶俊、戒明等僧傳，及聖德太子、聖武天皇、光明皇后、桓武天皇、桓武后藤原乙牟漏等傳，藤原宿麻呂、藤原魚名、藤原種繼、石上宅嗣、佐伯今毛人、石川恆守、淡海三船、大中臣諸魚、穗積加古等傳。東大寺要錄，載有聖德太子、聖武天皇、光明皇后傳，藤原不比等、藤原魚名、藤原豐成之傳。東大寺雜錄，載有聖武天皇、光明皇后傳。是書爲奈良朝之貴重史科，又爲現存當時漢文之尤者。

唐大和上東征傳卷尾，載有思託之傷大和上傳燈逝之詩云：

「上德乘杯渡。金人道已東。戒香餘散馥。慧炬復流風。月隱歸靈鷲。珠逃入梵宮。神飛生死表。遺教法門中。」

又載有法進傷大和上詩云：

「大師慈育契圓空。遠邁傳燈照海東。度物草籌盈石室。散流佛戒紹遺蹤。化畢分身歸淨國。娑婆誰復爲驗龍。」

當時歸日唐僧，在日本講經，似概用漢語。唐大和上東征傳云：

「唐道璿律師請大和上門人思託曰，所學有基緒，璿弟子閑漢語者，令學勵疏幷鎮國記，幸見開導。僧思託便受，於大安唐院，爲忍基等四五年中，研磨數遍。寶字三年，僧忍基於東大唐院，講疏記，僧善俊於唐寺講件疏記，僧忠惠於近江講件疏記，僧眞法於與福寺講件疏記。從此以來，日本律儀漸漸嚴整，師資相傳，遍於寰宇。（錄原文）

因歸化唐僧之講說，遂令日本廣用漢語，於此可見。此事影響於日本音道之發達者頗多。

五　歸日印度人與西域人

日本奈良朝之文化，不僅唐文化也，並含有印度西域等文化；其內容頗複雜，早為學者所注意。總之奈良朝文化本源之唐代自身文化，已非單純之漢人文化矣。蓋當唐代國運隆盛之時，東西交通頻數，外使外商，至唐者甚多，唐人又採開放主義，雖外國人亦能取其才而竭力任用之。日本安倍仲麻呂、藤原清河二人，被唐任用，日本史上喧傳為無上之尊榮；而唐人視之則平淡無奇，蓋印度、西域、波斯、大食等諸國人，被唐任用者甚多也。其時唐僧有留學於西域者；印度、西域、印度僧來唐，從事布教翻經者亦不少。故唐之文化，非僅漢人之文化，四方異國之文化，皆朝宗於唐，尤以印度系伊蘭系文化為甚。(註二六)故留學於唐之日本學生、學問僧，直接間接，皆受此等影響。至奈良朝，則有印度、波斯、西域之人，由唐來日，直接傳其文化；是為他時代所未見之例。

鑑真之弟子如寶，後世書中或曰唐人，或曰朝鮮人，然唐大和上東征傳明言「胡國人安如寶」

則其爲西域人明矣唐之胡人中出身於Bokhara（安國）者，則姓安，（註二七）如寶當亦安國人也，日本建唐招提寺，如寶與有力焉後任少僧都，爲桓武天皇以下皇妃、皇太子、公卿等之戒師。（註二八）又作唐招提寺講堂之丈六彌勒像。其時又有軍法力者，崑崙人也曾作金堂之左脇侍丈六藥師像。又隨鑑眞來日之善聽，爲瞻波國（即占城國）人。（註二九）

此外最著名者，有天平八年來日之婆羅門僧菩提。（所謂婆羅門僧正。）菩提與唐僧道濬，同乘遣唐副使中臣名代之舶來日。是時又有波斯人名李密醫者來日。（註三〇）李密醫事跡雖不明，由其名推之，殆精於醫術者。

記婆羅門僧菩提之事者，有僧正入室弟子修榮作於神護景雲四年之南天竺婆羅門僧正碑。按菩提實隨天平五年入唐之遣唐使，於天平八年來日；而碑文乃云開元十八年（即天平二年）由唐出發誤矣。學者因此疑爲後世之僞作。（註三一）但碑文記其至日之年，亦爲天平八年，與續紀之文一致；然則所謂開元十八年者，殆傳寫之誤也。此外並無謬誤，所敍事蹟，亦不雜奇蹟之語，似係菩提傳之最可據者。此外如大安寺菩提傳來記（東大寺要錄第二所引），扶桑略記天平十八年條所引之某記，元興寺小塔院師賢相承記（東大寺要錄第二所引，）婆羅門僧正傳（日本要文抄第一所引，）僧正菩提傳（南部高僧傳所引）等甚多但皆平安朝中頃以後之書，且多述奇蹟，似難輕信。

天平勝寶八年六月二十一日，光明皇后御製之東大寺獻物帳云，

「先帝陛下，德合乾坤，明並日月，崇三寶而遏惡，統四攝而楊（揚？）休，聲籠天竺，菩提僧正涉流沙而遠到，化及振旦，鑑眞和上凌滄海而遙來。」（錄原文）

則菩提為印度僧，由西域陸路至中國者明甚。其至中國之目的，乃欲詣五台山拜文殊菩薩者。大安寺菩提傳來記以下諸書，說皆一致，且亦為事理上所應有者。何則，五台山為文殊菩薩示現之地，唐代佛教界最尊重之靈場也；高宗時，北印度佛陀波利曾擕尊勝陀羅尼入此山，則其名遠傳於西域印度可知矣。（註三二）其所以來日本者，蓋因遣唐使與學問僧之慫慂也。南天竺婆羅門僧正碑謂遣唐大使多治比廣成學問僧理鏡所聘請，殆事實也。當時日本力求佛教之興隆，常託遣唐使與學問僧，招請有學德之異國僧；試觀道璿與鑑眞來日之因由，即可知之。然大安寺菩提傳來記等則

謂菩提赴五台山途次，遇一老翁言文殊爲利衆生，託生日本；菩提因欲見文殊，故來日本云。又日本往生記（東大寺要錄第二所引）謂彼在難波津上陸時，行基迎之，因執行基之手，而詠和歌如下：

「迦毗羅惠邇等毛邇知岐里之加比阿利天文殊乃美賀保阿比美都留加奈」（原文）

聞之者，遂謂行基爲文殊化身云。但此不過因有至中國巡禮五台山之事實而附會之語耳。（迦毗羅惠邇之歌，拾遺和歌集等亦載之，但實爲後世僞作，無待深論。）菩提奉勅住大安寺，天平勝寶二年任爲僧正，四年爲東大寺盧舍那佛開眼供養之導師，天平寶字四年五十七歲寂。（註三三）

據南天竺婆羅門僧正碑，與菩提同來者，有林邑僧佛徹。大安寺菩提傳來記作佛哲；扶桑略記有佛誓。蓋佛徹佛哲字音相同；佛哲佛誓，字形相似，因致誤傳耳。其名既如是混雜，正史之續紀，又不見其名，其是否爲實在人物，原不無疑義；（註三四）但予則以爲與菩提同時來日之實在人物。續紀中雖僅有菩提而無佛徹，殆因其爲菩提從僧，故略而不載耳。試觀天平勝寶六年鑑眞來日時，同來者，有法進、法載、思託、義靜、如寶等，皆後世知名之高僧也，而續紀亦只載法進之名，可以類推。佛徹爲林邑國僧，諸書所傳一致。（大安寺菩提傳來記，作瞻波國僧。其國名下註曰「此云林邑北天竺國」

平安朝人之海外智識，故有此誤。）彼與印度僧菩提，由何處會合，無從考據，故不能明。（大安寺菩提傳來記云佛哲欲得如意珠而入海，漂流南天竺，爲菩提之弟子，同涉流沙，踏險路而至五台山，遂來日本云。南天竺婆羅門僧正碑，則無何等記載。扶桑略記所引之某記，謂彼欲得如意珠而入海時，菩提由南天竺渡海來會，遂結伴而來。但菩提實由陸路至中國，可據光明皇后東大寺獻物帳而知之。故扶桑略記所引，殊不足信。）又來日時居何處亦不明，由諸傳說推之，似爲菩提之從僧，住大安寺者。

六　婆羅門僧菩提佛徹二人與文化移植之關係

菩提與佛徹之來，影響於日本之文化者又不少。第一，菩提與奈良朝華嚴宗之興隆，有密接之關係。南天竺婆羅門僧正碑云：「僧正諷誦華嚴經以爲心要。」華嚴宗之興隆，與奈良朝建立東大寺盧舍那佛，又有不可相離之關係。天平勝寶四年四月，開眼供養之際，所以推菩提爲開眼導師者，不僅以其爲異國僧而受上下之尊信也；亦以其與華嚴宗深有關係之故。

第二，菩提佛徹二人，曾傳梵語於日本。菩提最善咒術，就學者頗不乏人。(註三五)其咒文似必用梵語。其攜來品內，有多羅葉梵字百枚。(註三六)又佛徹亦齎若干密部而來，所著有悉曇章一卷，永傳不朽。(註三七)日本悉曇學之大興，爲平安朝以後之事。空海、圓仁、圓珍等攜來品內，多梵文與梵漢兩文陀羅尼、眞言儀軌讚之類。圓仁又在揚州就宗叡學悉曇；又在長安就學於南天竺之寶月。(註三八)圓珍亦在福州開元寺，就中天竺般怛羅學悉曇。(註三九)由是日本悉曇學大興，遂促音韻學之發達。但奈良朝之菩提佛徹，實早已釀其機運，此亦大堪注目者。今存東大寺之聖武天皇親書梵本，亦因此而成。

第三，佛徹曾傳林邑樂於日本。大安寺菩提傳來記云。

「天平十五年歲次癸未，始鑄造東大寺大佛像。勝寶四年壬辰七月九日開眼大會，卽仰諸大寺令奏漢樂矣。彼佛哲□□少少師於彼瞻波國習得并儛并部侶拔頭樂儛歌，令傳習。爰思惟其儛之處，忘夫行道之笛也，而此寺大長兄人爲姓橫笛獻吹出其曲件，僧忽然悅，預令習件樂矣。卽於東大寺奉獻開眼大會。爾時聖帝并皇太后行幸會場，爰來集貴賤共致奇異，無不歎息，階下致希有之念發隨喜之慮。便被宣旨稱，此音聲者遠浮波遠崖既登，是境響徹天漢疑也，神工之所作聖者之傾感歟！甚相忘大願□不讚嘆哉！但大安寺獨行，餘寺莫行，自爾以降代代帝皇同傳唐國殊給渤海客斯樂由迹如此歟！」（錄原文）

據此，則林邑樂內有菩薩、部侶（倍臚？）拔頭三曲，爲佛徹在本國瞻波（卽林邑）（註四〇）時所學，而在大安寺傳習者。天平勝寶四年，東大寺大佛開眼供養時奉獻，天皇、太皇后大爲贊賞，因此爲大安寺特有之技，唐使渤海使來日時，皆奏此樂。

津田博士曾就林邑樂有詳細之考證，（註四一）博士謂林邑樂爲拔頭、倍臚、菩薩、迦陵頻四曲；前二者爲西域系統，後二者爲日本所作。所謂由印度僧菩提、林邑僧佛徹傳來者，不過附會之說：因其樂爲大安寺特有之技，乃假託於與該寺有關之菩提等云。博士所謂印度僧菩提傳入林邑樂事，原不見於正史，誠屬難信；然其爲佛徹所傳，或係事實。惟佛徹所傳之林邑樂，或與平安朝之林邑樂內容有異；又或不似大安寺菩提傳所載有菩薩、倍臚、拔頭三曲；抑或大佛開眼供養時，偶使在大安寺一演其本國之林邑樂歟？查天平十八年（七二九）大安寺流記資財帳，雖有唐樂之什物伎樂之具，而無關於林邑樂之記載，或誠如大安寺菩提傳來記所言，至天平勝寶四年（七四九）大佛開眼供養時，始傳習者乎？

因大佛開眼供養時大安寺奏此樂，遂爲大安寺之特技。自此經十一年，至天平寶字七年正月，饗五位已上及渤海使王新福以下蕃客及文武百官主典已上於朝堂，奏唐、吐羅、東國、隼人等樂，並奏林邑樂。（註四二）又神護景雲元年二月，天皇幸山階寺時，曾奏吳樂與林邑樂。（註四三）平城天皇大同四年三月，改定雅樂寮樂師時，置唐、高麗、百濟、新羅、度羅等樂師，並置林邑樂師。（註四四）然是時林邑樂已受唐樂等之影響，較始傳來時已大變動；故原爲唐樂之拔頭、倍臚等，亦編入林邑樂中。

（註一）書紀天智天皇六年十一月乙丑條。

（註二）續紀天平寶字五年八月甲子條。

（註三）續紀寶龜九年十月乙未，又十年五月癸卯條。

（註四）續紀寶龜十一年十一月丙戌，又延曆八年三月辛酉條。

（註五）續紀寶龜九年十二月庚寅，天平神護三年十月癸卯，神護景雲元年三月己巳，延曆三年六月癸丑，五年八月戊寅，後紀延曆十八年正月癸酉等條。

（註六）續紀寶龜九年十二月庚寅條。

（註七）續紀天平神護三年十月癸卯條。

（註八）續紀神護景雲元年三月己巳條。

（註九）七大寺年表養老五年條。

（註一〇）三國佛法傳通緣起華嚴宗及律宗條。

（註一一）思託撰延曆僧錄道璿傳。（日本高僧傳要文抄第三所引）

（註一二）三國佛法傳通緣起華嚴宗條。

（註一三）參照第八章第八節「唐白司馬坂之大佛像與日本東大寺大佛」。

（註一四）三國佛法傳通緣起華嚴宗條。

（註一五）延曆僧錄榮叡傳，（日本高僧傳要文抄第三所引）東大寺要錄卷一。

（註一六）宋高僧傳卷八唐洛京荷澤寺神會傳。

（註一七）唐大和上東征傳。

（註一八）同上。

（註一九）戒律傳來記上卷（此書乃繼如寶住唐招提寺之豐安於承和元年奉敕撰進者。共三卷，現僅存上卷。）

（註二〇）唐招提寺解云：（以下錄原文）

和尚（鑑眞）御弟子雖有數輩，四人專受附屬，仍圖其名字。

鑑眞和尚　法進大僧都　東大寺

　　　　　如寶少僧都　招提寺

　　　　　法載大德　　招提寺

　　　　義靜大德　　　招提寺

此四人殊同心合力造營寺院。

（註二一）唐招提寺緣起拔書略集云，孝謙天皇賜官額號唐律招提寺。初名建初律寺，依日域傳戒最初也。（錄原文）

（註二二）招提寺建立緣起之注云，「或說云，天竺雞頭摩寺、揚州之龍興寺，日本招提寺相傳移之也云云。」（錄原文）

（註二三）唐招提寺緣起拔書略集等，記該寺建立戒壇事云，「依經任圖所建立。」（原文）

（註二四）續紀天平寶字七年五月戊申條。

（註二五）同上。

（註二六）桑原隲藏博士王朝ノ律令ト唐ノ律令（歷史ト地理第六卷第五號）。

（註二七）石田幹之助氏唐都長安ニ於ケル胡人（史學雜誌第三十六卷第七號彙報）。

（註二八）唐招提寺緣起拔書略集。

（註二九）唐大和上東征傳。

（註三〇）續紀天平八年八月庚午，十月戊申，十一月戊寅條。

（註三一）村上專精博士著大日本佛教史六五四頁，津田左右吉博士林邑樂ニ就イテ（東洋學報第六卷第二號）。

（註三二）參照第八章第九節天台山五台山之巡禮與日本之山嶽佛教。

（註三三）南天竺婆羅門僧正碑。東大寺要錄第二供養章第三。

（註三四）津田左右吉博士林邑樂ニ就イテ。

（註三五）南天竺婆羅門僧正碑。

（註三六）東大寺要錄卷二所引元興寺小塔院師賢相承記。

（註三七）眞源撰悉曇目錄。本朝高僧傳佛徹傳。

（註三八）圓仁撰入唐求法巡禮行記。

（註三九）智證大師傳。

（註四〇）津田博士林邑樂考謂玄奘西域記三摩呾吒國條，有「摩訶瞻波國卽此云林邑是也」等語，則瞻波當爲林邑之別名。

（註四一）津田左右吉博士林邑樂ニ就イテ（東洋學報第六卷第二號）。

（註四二）續紀天平寶字七年正月庚申條。

（註四三）續紀神護景雲元年二月戊子條。

（註四四）類聚三代格大同四年三月二十一日大政官符。